Deutsches Strafrecht

Allgemeiner Teil

Von

Dr. August Köhler,

a. o. Professor der Rechte in Jena.

Verlag von Veit & Comp., Leipzig 1917.

Vorwort.

Das Strafrecht bildet einen Grundpfeiler jeder Gesellschaftsordnung und hat sich deren jeweiligen Zielen anzupassen.

Gehört es zu den wichtigsten Aufgaben einer Kulturperiode, Rassenhygiene anderen Zielen voranzustellen, so wird die Gründung von Heil- und Pflegeanstalten, von Nacherziehungs- und Verwahrungsanstalten für Rechtsbrecher, die Versetzung der moralischen Schwächlinge in eine für sie günstigere Umgebung und Lebenslage, die Verhinderung der Fortpflanzung von Defektmenschen durch Eheverbote und Keimelimination im Vordergrunde der Maßnahmen stehen, die den gemeinschaftsfähigen Typus des Menschen züchten wollen. Eine Anleitung zu solcher Entwickelung gibt v. Hentigs Buch: Strafrecht und Auslese, 1914. Für die nächste Zukunft ist indessen kaum anzunehmen, daß sämtliche Vorbedingungen für einen guten Erfolg der Umgestaltung des Strafrechts nach dieser Richtung gegeben wären.

Dem Strafrecht der Gegenwart sind bescheidenere, aber leichter mit befriedigenden Ergebnissen zu verfolgende Ziele gesteckt. Es dient vornehmlich dem Schutz der verschiedenen Gegenstände rechtlichen Interesses, d. i. der Rechtsgüter. Es will sie schützen nach dem Verhältnis ihrer Bedeutung für die Gesamtheit und nach dem Maß an Bedenklichkeit, das in den Willensbetätigungen der Angreifer zum Ausdruck kommt. Diese Ausgestaltung des Strafrechts nach Gesichtspunkten der schuldhaften Einzeltat schließt es nicht aus, daß mit ihr gleichzeitig

Rassenhygiene gepflegt wird. Nur wo die Forderungen der letzteren mit denen des Schuldstrafrechts unverträglich sind, werden sie zurückzutreten haben.

Außer den großen Fragen der Zukunft, die noch manche andere Gegensätze hervorrufen, gehören zum weiten Gebiete des Strafrechts ungezählte anregende, aber schwierig zu entscheidende Zweifelsfragen über den Sinn und die Zweckmäßigkeit der einzelnen bestehenden Rechtsvorschriften. Fortwährend fördern die Zeitverhältnisse und Zeitbedürfnisse neue, praktisch wichtige Fragen zutage. Auch während des Krieges ist für die Wissenschaft kein Stillstand eingetreten. Es sei nur an die Idee der Rechtsvereinheitlichung zwischen Deutschland und Österreich-Ungarn, an die trotz emsiger Fürsorgetätigkeit empfindlich gesteigerte Kriminalität der Jugendlichen, an die Behandlung des Irrtums über Höchstpreise, an die Frage der Gültigkeit mancher Verfügungen erinnert. Nicht entfernt alle wichtigeren Gegenwartsprobleme sind bereits gelöst oder auch nur geklärt. Es bedarf dazu eines Zusammenwirkens vieler. Ihnen bleibt auch die Möglichkeit, auf beachtliche neue Rechtsgedanken aufmerksam zu machen und damit der Rechtspflege den Weg vorzubereiten.

Als schlichter Beitrag eines der Mitarbeiter zur weiteren Förderung des Rechtsstoffes ist das vorliegende System der allgemeinen Lehren des Strafrechts gedacht.

Seine Fortsetzung durch eine Darstellung der einzelnen Delikte ist in Aussicht genommen. Annähernd die Hälfte liegt im Manuskript vor. An der Vollendung ist aber der Verfasser zurzeit durch äußerliche Umstände gehindert. Das Erscheinen wird auch von der Bedürfnisfrage abhängen.

Etwas mehr als es in den meisten Lehrbüchern üblich ist, arbeitet das Buch mit Beispielen, die es mitunter den theoretischen Leitsätzen voranstellt. Ob diese stärkere Verwertung einer induktiven Methode sich bewährt, bleibt abzuwarten.

Die tiefen Meinungsverschiedenheiten über die Grundlagen und Ziele des Strafrechts hatten leider vor Ausbruch des Krieges gelegentlich zu scharfer persönlicher Gereiztheit geführt, welche die gegenseitige Verständigung erschwerte und das Fortschreiten der Wissenschaft hemmte. Im Interesse der deutschen Wissenschaft liegt es, jene persönlichen Gegensätze nicht mehr aufkommen zu lassen. Um diesem Ziele zu dienen, hielt es der Verfasser für angezeigt, jede als unsachlich deutbare Äußerung bei der Kritik von Ansichten zu vermeiden, er hofft, daß ihm dies gelungen ist. Er tat dies um so lieber, als er sich seiner eigenen Irrtumsfähigkeit sehr wohl bewußt ist und gerne bekennt, auch aus den Schriften von Gegnern seiner strafrechtlichen Grundanschauungen gelernt zu haben.

Das Manuskript wurde im Sommer 1916 abgeschlossen; doch war es infolge Entgegenkommens des Verlags möglich, einige spätere Erscheinungen noch während des Druckes zu berücksichtigen.

München, Neujahr 1917.

Aug. Köhler.

Inhaltsverzeichnis.

Einleitung.

Erstes Buch.

Die Strafgesetze und ihr Herrschaftsgebiet.

Zweites Buch.

Das Verbrechen und die Voraussetzungen seiner Strafbarkeit.

Erstes Kapitel: Einleitung.

Zweites Kapitel: Die Tatseite des Verbrechens.

Drittes Buch.
Die Bestrafung des Verbrechens.

Erstes Kapitel: Die Strafarten.

Zweites Kapitel: Die Anwendung der Strafen.

Einleitung.

§ 1.

Die Entstehung des Strafgesetzbuches; Abänderungen.

Vgl. Binding Hdb. 1, 49—100, 123—151; C. G. Wächter, Beilagen (1877) 198—221; Rüd.-Stenglein (4) 9—26.

I. Das Strafgesetzbuch.

Auf einen Antrag der Abgeordneten Wagner und Planck beschloß im Jahre 1868 der Norddeutsche Reichstag und ihm zustimmend der Bundesrat, den Bundeskanzler um die Ausarbeitung eines gemeinsamen Strafgesetzbuches zu ersuchen. Die Zuständigkeit hierzu besaß der Norddeutsche Bund auf Grund von Art. 4 Z. 13 der norddeutschen Bundesverfassung vom 26. Juli 1867.

Bereits 1869 kam ein im preußischen Justizministerium ausgearbeiteter Entwurf, verfaßt vom nachmaligen preußischen Justizminister Dr. Friedberg (damals Geh. Oberjustizrat), zustande (sogen. Friedbergscher Entwurf). Friedbergs Hilfsarbeiter waren Rüdorff und Rubo, von denen jeder später das StGB. kommentierte.

Dem Entwurfe waren Motive (sogen. Motive I) und vier Anlagen: Vergleichende Zusammenstellung strafrechtlicher Bestimmungen aus deutschen und außerdeutschen Gesetzgebungen, Ueber die Todesstrafe, Erörterungen strafrechtlicher Fragen aus dem Gebiete der gerichtlichen Medizin, Ueber die höchste Dauer zeitiger Zuchthausstrafe, beigegeben.

Der Bundesrat berief eine Kommission von 7 Praktikern ein, welche den Entwurf bis Ende 1869 durchberiet und revidierte. Das Ergebnis war der zweite oder Bundeskommissionsentwurf. Durch ein paar kleine Aenderungen im Plenum des Bundesrates entstand der 3. Entwurf (der sogen. Bundesratsentwurf), der dem Reichstag am 14. Februar 1870 zuging. Die Motive waren von Friedberg im Auftrage des Bundesrats entsprechend den beschlossenen Aenderungen bearbeitet worden (sogen. Motive II). Außer den ursprünglichen Anlagen wurden noch 5 weitere Beilagen als Anhang 1 hinzugefügt. Sie betreffen: Die Aufnahme der Uebertretungen und ihre Behandlung im Entwurf, Die im Kgr. Sachsen über die vorläufige Entlassung bestehenden Vorschriften, Die Polizeiaufsicht, Mildernde Umstände, Exkurs zu den §§ 128 und 129 des Entwurfes (StGB. §§ 130, 131).

Im Reichstag wurde von seiten des Regierungsvertreters betont, es sei der Gedanke der Herstellung einer Rechtseinheit in den Vordergrund zu stellen, das rein Juristische solle in den Hintergrund treten.[1] Der Reichstag beschloß, den Allgemeinen Teil und Abschn. 1—7 des Besonderen Teils sofort im Plenum zu beraten und nur für den übrigen Teil des Entwurfs eine vorbereitende Kommission von 21 Reichstagsmitgliedern einzusetzen. Die Kommission erstattete dann nur mündlich Bericht. In der Gegenwart würde ein so einschneidender Entwurf erst nach vollständiger und eingehender Kommissionsberatung im Plenum verbeschieden.

Der Hauptstreit zwischen Regierung und Volksvertretung betraf die Abschaffung der Todesstrafe. Die Abschaffung wurde am 1. März 1870 trotz einer eindringlichen Rede Bismarcks mit 118 gegen 81 Stimmen beschlossen. Die Regierung erklärte diesen Beschluß für unannehmbar, und nach einer kurzen weiteren Rede Bismarcks am 23. Mai wurde die Beibehaltung mit 127 gegen 119 Stimmen für zwei Fälle angenommen. Damit war die Bedingung erfüllt, an welche der Bundesrat das Zustandekommen des Gesetzes geknüpft hatte. Am 25. Mai wurde das

---

[1]) Vergl. Stenogr. Berichte des Nordd. Reichst. 1. Sess. (1870) 1, 47; Binding Hdb. 1, 66.

Ganze des Entwurfs vom Reichstag mit «sehr großer Majorität» (Sten. Ber. S. 1187) angenommen und am gleichen Tage auch vom Bundesrat sanktioniert. Am 31. Mai erhielt der Entwurf des StGB. und der des Einf.-Gesetzes die Unterschrift des Bundespräsidenten. Letztere bestimmt das offizielle Datum des StGB. für den Norddeutschen Bund.

Die Gesetze traten in dessen Gebiet und in Südhessen am 1. Januar 1871 in Kraft. Infolge der Gründung des Deutschen Reiches wurde eine Neuredaktion notwendig, welche indessen sachlich wenig änderte.[1] In der neuen Gestalt als StGB. für das Deutsche Reich wurde das Gesetz vom Kaiser am 15. Mai 1871 unterzeichnet. Dies ist das offizielle Datum des Reichsstrafgesetzbuchs. Das RStGB. trat in Elsaß-Lothringen am 1. Oktober 1871 in Kraft. Für Elsaß-Lothringen wurde am 30. August 1871 ein eigenes Einführungsgesetz geschaffen. Im übrigen Deutschen Reich, also auch in Bayern, Württemberg und Baden, trat das RStGB. am 1. Januar 1872 in Kraft. In Helgoland wurde das RStGB. durch VO. v. 22. März 1891 mit Wirkung vom 1. April 1891 eingeführt.

II. Änderungen.

Bereits am 10. Dezember 1871 ergab sich eine Ergänzung des StGB. durch Einfügung des § 130a, betr. den Mißbrauch des geistlichen Amtes.

Unter den späteren 19 Änderungen sind hervorzuheben:

1. Die Novelle vom 26. Februar 1876. Sie strich bei verschiedenen Delikten das bisherige Erfordernis, daß die Handlung nur auf Antrag des Verletzten zu verfolgen sei (§§ 176, 177, 240, 241, 296, 370 Z. 4). Sie schränkte das Antragserfordernis ferner bei verschiedenen Delikten ein, bei welchen seine völlige Abschaffung unzweckmäßig erschien; z. B. in der Weise, daß die Handlung nur noch dann einen Antrag des Verletzten verlangt, wenn der Täter ein Angehöriger des Verletzten war (§§ 247, 263, 292; auch § 223, hier durch Einfügung des § 223a als Offizialdeliktes). Die früher bei allen Delikten erlaubte

[1] Sachliche Änderung bedeutete die Änderung des Wortlauts „Ein Norddeutscher“ in „ein Deutscher“ beim internationalen Strafrecht. Vergl. Binding, Hdb. 1, 89.

Zurücknahme des gestellten Antrags wurde nur mehr da zugelassen, wo ausdrücklich der Zurücknahme Erwähnung geschah. Für die vor der Gesetzesnovelle begangenen Antragsdelikte sollten die bisherigen Bestimmungen über den Strafantrag als die milderen fortgelten.

Die Novelle von 1876 hat ferner 8 neue Strafbestimmungen hinzugefügt (§§ 49a, 103a, 130a II, 223a, 296a, 353a, 361 Z. 10, 366a). Sie hat außerdem an die Stelle der Talerwährung die Markwährung gesetzt und eine Anzahl von Redaktionsversehen beseitigt (z. B. wurde aus § 102 das Zitat des § 80 gestrichen).

Der Text des geänderten StGB. wurde 1876 im Reichsgesetzblatt neu veröffentlicht. Der Sinn war lediglich der, die Strafgesetznovelle in übersichtlichem Zusammenhang mit den bestehenbleibenden Vorschriften zu bieten. Dies geht aus den Ueberschriften der Novelle und der neuen Textbekanntmachung hervor. Es erscheint daher nicht geboten, das geltende StGB. als StGB. vom 26. Februar 1876 zu bezeichnen.[1])

2. Die Konkursordnung vom 10. Februar 1877 strich die §§ 281—283 des StGB. über Bankrott, welcher nach französischem Vorbild nur von Kaufleuten verübt werden konnte. Statt neue verbesserte Paragraphen einzufügen, regelte sie die von ihr erweiterten Konkursdelikte selbst, und zwar durch die Bestimmungen der §§ 209—213 KO. In der gegenwärtigen Fassung der KO. sind es die §§ 239—244.

3. Die Wuchernovelle vom 27. Mai 1880 fügte die §§ 302a—302d ein, da das wirtschaftliche laisser faire sich nicht bewährt und zur Ausbeutung der Kreditbedürftigen geführt hatte. Eine neue Wuchernovelle vom 19. Juni 1893 verbesserte die Fassung der zitierten Paragraphen und schuf in § 302e ein weiteres Wuchervergehen.

4. Art. 34 des E. BGB. vom 18. August 1896 hat ohne große sachliche Änderungen eine Anzahl familienrechtlicher Ausdrücke des StGB. mit der Terminologie des BGB. in Einklang gebracht. In bezug auf andere Ausdrücke, z. B. Verwandte,

---

[1]) A. M.: Binding-Naglers sehr brauchbare Textausgabe (1913) in Abweichung von der herrschenden Zitierweise, vergl. z. B. Allfeld 72, 73, Wachenfeld 30, welche das Ges. von 1876 nur als Novelle bezeichnen; vergl. ferner Frank S. 1.

bleiben beabsichtigte Verschiedenheiten bestehen. Sachliche Aenderungen ohne einschneidende Bedeutung ergab z. B. die neue Fassung der §§ 55, 195.

5. Veränderungen, und zwar größtenteils Verschärfungen der Delikte wider die Sittlichkeit, wurden geschaffen durch eine Novelle vom 25 Juni 1900, die sogen. Lex Heinze (genannt nach einem Zuhälter dieses Namens). Insbesondere wurde das Zuhältertum durch § 181a mit erheblichen Strafen bedroht.

6. Die sog. kleine Strafgesetznovelle vom 19. Juni 1912, in Kraft seit 5. Juli 1912. Sie milderte die Strafrahmen mehrerer Delikte, deren Minimum zu hoch erschienen war, z. B. bei den §§ 136, 137, 239, durch fakultative Zulassung von Geldstrafe an Stelle der früher allein angedrohten Freiheitsstrafe.

Sie vermehrte die Fälle eines Antragserfordernisses, so beim Hausfriedensbruch, der bisher in allen qualifizierten Fällen von Amts wegen zu verfolgen war, § 123, bei Diebstahl und Unterschlagung aus Not, § 248a, beim Betrug aus Not, § 264a. Sie schuf mildere Diebstahls-, Unterschlagungs- und Betrugsfälle (§ 248a, 264a) und erweiterte einen bereits bisher bestehenden Milderungsgrund in § 370 Z. 5, den sie zugleich auf das Delikt der Unterschlagung ausdehnte.

In anderen Beziehungen führte die Novelle zu einem strengeren Rechtszustand: Sie enthielt eine Vermehrung der Fälle strafbaren Hausfriedensbruchs (§ 123) sowie der schwerer bedrohten Körperverletzung (§ 223a II); sie gab eine der reichsgerichtlichen engeren Auslegung entgegentretende authentische Auslegung des Begriffs der telegraphischen Depesche in einem sie erweiternden Sinne (§ 355 II).

§ 2.

Sonderstrafgesetze, Reformprojekte.

I. Unter den **Bundes- und Reichgesetzen außerhalb des StGB.** enthalten sehr viele auch strafrechtliche Bestimmungen. Hervorzuheben sind folgende Gesetze:

1. Die Gewerbeordnung vom 21. Juni 1869, durch viele Novellen geändert; die letzte vom 27. Dezember 1911. Sie enthält zahlreiche Vergehen und Übertretungen der Gewerbe-

polizei. Besonders wichtig ist § 153, der Verletzungen der Koalitionsfreiheit bedroht.

2. Das Vereinszollgesetz vom 1. Juli 1869. Es enthält eingehende Vorschriften über Konterbande und Defraudation sowie über ihre geschärften Unterarten, § 134f.

3. Das Militärstrafgesetzbuch vom 20. Juni 1872, letzte Änderung vom 14. Juli 1914. Zivilpersonen kommen als Teilnehmer militärischer Delikte und als Täter bestimmter im MStGB. bezeichneter Verbrechen auf Kriegsschauplätzen oder in okkupierten Gebieten in Betracht. Subsidiär gilt auch für Militärpersonen das gemeine Reichs- (und Landes-)Strafrecht; StGB. § 10.

4. Das Preßgesetz vom 7. Mai 1874. Es behandelt u. a. die strafrechtliche Haftung des Redakteurs für Delikte, die durch das Mittel der Presse begangen werden, und regelt die Pflichten des verantwortlichen Redakteurs und des Verlegers. Die Rechtsgarantien des Preßgesetzes gelten nicht für die Dauer eines Krieges, Preßgesetz § 30.

5. Das Sprengstoffgesetz (Dynamitgesetz) vom 9. Juni 1884. Es betrifft Sprengstoffattentate auf Menschen und Güter sowie Vorbereitungshandlungen dazu.

6. Das Gesetz gegen den Verrat militärischer Geheimnisse vom 3. Juni 1914 (ursprüngliche Fassung vom 3. Juli 1893). Seine Hauptdelikte sind: Geheimnisverrat, Spionage, unbefugte Veröffentlichung von Truppenbewegungen im Kriege.

7. Das Gesetz über das Urheberrecht an Werken der Literatur und Tonkunst vom 19. Juni 1901 (letzte Novelle vom 22. Mai 1910) = Schrifturhebergesetz oder literarisches Urhebergesetz. Es bedroht insbesondere den wissentlichen Nachdruck § 38 Z. 1, das Plagiat § 44, die unbefugte Verbreitung, den unbefugten Vortrag von geschützten Werken.

8. Die Seemannsordnung vom 2. Juni 1902. Sie bedroht insbesondere bestimmte Dienstpflichtverletzungen, ferner Gehorsamsverweigerung seitens der Seeleute. §§ 96f, 100f.

9. Das Süßstoffgesetz vom 7. Juli 1907. Es betrifft das Verbot des Sacharinschmuggels und Sacharinhandels.

10. Das Gesetz, betr. die Bestrafung der Majestäts-

beleidigung vom 17. Februar 1908. Es vermehrte die Vorbedingungen der Bestrafung aus §§ 95f. des StGB. und verminderte dadurch die Zahl straffälliger Majestätsbeleidigungen (zurückzuführen auf die eigene Initiative des Kaisers).

11. Das Reichsvereinsgesetz vvm 19. April 1908. Es enthält Strafdrohungen gegen die Ueberschreitung der Vorschriften zur Ordnung des öffentlichen Vereins- und Versammlungswesens.

12. Das Gesetz über den Verkehr mit Kraftfahrzeugen vom 3. Mai 1909. Bedroht wird u. a. das Fahren ohne Führerschein, das Davonfahren bei Betriebsunfällen.

13. Das Gesetz gegen den unlauteren Wettbewerb vom 7. Juni 1909. Ursprüngliche Fassung vom 27. Mai 1896. Es bekämpft u. a. die lügnerische Reklame, die Geschäftsanschwärzung, die betrüglichen Ausverkäufe, das unlautere Schmieren von Angestellten, den Verrat von Geschäfts- oder Betriebsgeheimnissen.

14. Das Viehseuchengesetz vom 26. Juni 1909 (in Kraft seit 1. Mai 1912). Es ersetzt zum Teil die Bestimmungen des § 328 StGB. und schafft eine Reihe seuchenpolizeilicher Delikte.

15. Das Wehrbeitragsgesetz und das Besitzsteuergesetz, beide vom 3. Juli 1913. Sie enthalten Strafbestimmungen gegen Steuerdefraudationen.

II. Reformprojekte.

Im Oktober 1909 wurde der Vorentwurf eines neuen StGB. veröffentlicht. 310 §§. (Abgekürzt: VE.) Er enthält die von der Regierung vorläufig nicht offiziell übernommenen Vorschläge einer vom Reichsjustizamt einberufenen Kommission.

Mit seiner Umarbeitung war bis September 1913 im Reichsjustizamt eine zweite Kommission von Rechtslehrern und Praktikern beschäftigt. Die Frucht der Arbeiten bildet der Kommissionsentwurf, 428 §§, bisher nicht veröffentlicht.[1])

[1]) Nach Lucas, Leipziger Z. **10**, 841, werden infolge der Kriegsereignisse mutmaßlich aus finanziellen Gründen einzelne der geplanten Änderungen, welche Gründung neuer Anstalten voraussetzen, vorläufig zurückzustellen sein.

Knappen Bericht darüber bringt die Schrift von Ebermayer, der Entwurf eines deutschen Strafgesetzbuchs 1914. (Abgekürzt: Komm. E.)

Als Privatarbeit stellten dem VE. Kahl, v. Lilienthal, v. Liszt und Goldschmidt den Gegenentwurf (nebst Begründung) 1911 gegenüber. (Abgekürzt: GE.)

Im Jahre 1909 erschien auch ein neuer österreichischer Vorentwurf, der die Umgestaltung des in Österreich geltenden StGB. von 1852 betrifft. Im Juli 1912 ist daraus mit einigen Abänderungen ein Regierungsentwurf geworden.

Endlich wurde im Herbste 1909 auch ein neuer schweizerischer Vorentwurf veröffentlicht, der im Herbste 1908 fertiggestellt war. Er soll ein bisher fehlendes einheitliches StGB. für die Schweiz schaffen. Eine Neuredaktion seit 1912 in Kommissionsberatung. Abschluß noch im Jahre 1916 geplant. Bericht darüber in: Schweizerisches Strafgesetzbuch. Protokoll der zweiten Expertenkomm. 1912f. (Bis Herbst 1916 fünf Bände.)

Der Gedanke, ein einheitliches Strafgesetzbuch für das Deutsche Reich, Österreich und Ungarn zu schaffen, ist während des Weltkriegs angeregt worden. Vgl. Graf Gleispach, Strafr. E. 3, 107, Vámbéry, Strafr. Z. 3, 195. Die Ungleichheiten der Staatsverfassung, der sozialen und religiösen Verhältnisse sowie der bestehenden Rechtseinrichtungen, namentlich des öffentlichen Rechts, die schutzbedürftig sind, bilden vorläufig überwiegende Bedenken. Treffend Kahl, Strafr. Z. 3, 275.

§ 3.

Literaturauswahl.

I. Kommentare und Handausgaben.

1. Zum RStGB.: a) der größte und reichhaltigste ist der von Olshausen, 9. Aufl. 2 Bde. 1912. Die Strafbestimmungen der KO. im Anhang sind von Zweigert. Übersichtlichkeit hier und da verbesserungsbedürftig.

b) Sehr übersichtlich und dogmatisch vertieft ist der Kommentar von Reinhold Frank, 11.—14. Aufl. 1914.

c) Die Mitte zwischen beiden hält der Kommentar von Ernst Schwartz. 1914.

d) Textausgaben insbesondere von v. Liszt-Delaquis,

24. Aufl., 1914, v. H. Schmitt, 10. Aufl., 1912, von Fr. Doerr, 2. Aufl., 1912, und von Binding-Nagler (2), 1913.

e) Handausgaben von Henle-Schierlinger, 3. Aufl., 1912, ferner von H. Goebel, 1913.

2. Zu den Sonderstrafgesetzen: a) Kommentar von Stenglein; 4. Aufl., herausgegeben von mehreren Reichsgerichtsräten, 3 Bde., 1910f. Nachträge 1913f.

b) Sammlung kleinerer strafrechtlicher Reichsgesetze von Kriegsmann, 3. Aufl., 1910.

c) Sammlung von Reichsgesetzen strafrechtlichen Inhalts von H. Schmitt, 2. Aufl., 1909.

d) Allfeld, Die Strafgesetzgebung des Deutschen Reiches, 2. Aufl., 1913 (sorgfältige Textsammlung).

II. Handbücher.

1. Binding, Handbuch des Deutschen Strafrechts, 1885. Nur der erste Band erschienen, etwa die Hälfte des Allgemeinen Teils enthaltend.

2. Hälschner, Gemeines deutsches Strafrecht, 2 Bde. (der zweite in zwei Teilen), 1881—1887.

3. v. Holtzendorff, Handbuch des deutschen Strafrechts, 4 Bde., 1871—1877.

4. Binding, Lehrbuch des gemeinen deutschen Strafrechts. Besonderer Teil. 2 Bde., der 2. in zwei Teilen. 2. Aufl., 1904|05. (In handbuchartiger Stoffbehandlung.)

5. v. Bar, Gesetz und Schuld im Strafrecht, 1906, 1907, 1909. (Ein Handbuch des Allgemeinen Teils mit Ausschluß der Lehre von den Strafen und ihrer Anwendung.)

III. Lehrbücher und größere Grundrisse.

1. H. Meyer-Allfeld, Lehrbuch. 7. Aufl., 1912; Nachtrag von 1913. (Bis zur 5. Aufl. das Lehrbuch von H. Meyer, in der 6. Aufl. durchgearbeitet von Allfeld, in der 7. Aufl. wesentlich umgearbeitet von diesem.)

2. v. Liszt, Lehrbuch, 20. Aufl., 1914.

3. Wachenfeld, Lehrbuch, 1914.

4. Carl Reichardt, Kurzgefaßtes Lehrbuch des Strafrechts, 1912. (Anlehnung an die Heilfronschen Lehrbücher.)

5. M. E. Mayer, Der Allgemeine Teil des deutschen Strafrechts, 1915.

6. Adolf Merkel, Lehrbuch, 1889.

7. Finger, Lehrbuch des deutschen Strafrechts, Bd. 1, 1904 (enthält den Allgemeinen Teil).

8. Thomsen, Das deutsche Strafrecht, 1905|06 (mehr im Charakter von Vorlesungen).

9. Beling, Grundzüge, 4. Aufl., 1912.

10. Kohler, Leitfaden, 1912.

11. Binding, Grundriß des deutschen Strafrechts. Allgemeiner Teil. 8. Aufl., 1914. (Neudruck der 7. Aufl.)

12. R. Loening, Grundriß, 1885.

13. v. Lilienthal, Grundriß, 4. Aufl., 1916.

IV. Zeitschriften.

1. Gerichtssaal, seit 1849 (vorwiegend Dogmatik und Exegese pflegend, daneben aber auch anderes); abgekürzt: GerS. oder GS.

2. Goltdammers Archiv, jetzt Archiv für Strafrecht, begründet von Goltdammer, seit 1853 (Pflege der Dogmatik und Exegese, sowie seit Anfang regelmäßige Beigabe oberstrichterlicher Erkenntnisse); abgekürzt: GA.

3. Zeitschrift für die gesamte Strafrechtswissenschaft, seit 1881 (Pflege der Dogmatik, der Exegese und besonders der Hilfswissenschaften; regelmäßige Beigabe von Literaturberichten); abgekürzt: ZStW., auch Z.

4. Deutsche Strafrechtszeitung, seit 1914 (Pflege der Dogmatik und der Gesetzesreform, Berichte über Schrifttum und Rechtspflege); bgekürzt: StrafrZ.

5. Monatsschrift für Kriminalpsychologie und Strafrechtsreform, seit 1905 (Psychologie des Verbrechers, Kriminalätiologie und Kriminalpolitik besonders berücksichtigend); abgekürzt: MonKrimPsych.

6. Archiv für Kriminologie (bis 1916 = Archiv für Kriminalanthropologie und Kriminalistik), seit 1899 (Tatbestandsdiagnose, Biologie und Psychopathologie besonders berücksichtigend); abgekürzt: ArchKrimAnthr.

V. Entscheidungssammlungen.

1. Rechtsprechung des Reichsgerichts in Strafsachen, herausgegeben von Mitgliedern der Reichsanwaltschaft, d. i. der reichs-

gerichtlichen Staatsanwaltschaft, abgeschlossen mit dem 10. Bde., 1888; bis dahin reichhaltigste Sammlung; abgekürzt: Rspr. oder RGR. oder R.

2. Entscheidungen des Reichsgerichts in Strafsachen, seit 1880. Herausgegeben von den Mitgliedern des Gerichtshofs und seit 1888 auch von den Mitgliedern der Reichsanwaltschaft. Abgekürzt: RGE., auch E., im v. Lisztschen Lehrbuch: R.

3. Jahrbuch der Entscheidungen des Kammergerichts, einschlägig seit 1881. Abgekürzt: Berlin KG. — auch K.G.J.

4. Sammlung von Entscheidungen des Oberlandesgerichts München in Strafsachen 1881—1901; abgekürzt: OLG. München. Auf Grund des Übergangs oberlandesgerichtlicher Zuständigkeit auf das Oberste Landesgericht entstand die Sammlung von Entscheidungen des Bayerischen Obersten Landesgerichts in Strafsachen seit 1901. Abgekürzt: OstLG.

5. Entscheidungen des Reichsmilitärgerichts, seit 1902. Abgekürzt: RMG.

VI. Werke von allgemeinerer Bedeutung.

1. Vergleichende Darstellung des deutschen und ausländischen Strafrechts, 16 Bde., 1905 f. Abgekürzt: VD. A. (= Allg. Teil). B. (= Bes. Teil).

2. Die Strafgesetzgebung der Gegenwart in rechtsvergleichender Darstellung. Bd. 1 (1894), Bd. 2 (1899).

3. Binding, Die Normen und ihre Übertretung, 2. Aufl. Bd. 1 (1890), Bd. 2 erste Hälfte 1914. Bd. 2 ist in der 2. Hälfte noch nicht neu aufgelegt (1. Aufl. 1874). Bd. 3 noch nicht erschienen.

4. Beling, Die Lehre vom Verbrechen 1906.

5. Liepmann, Einleitung in das Strafrecht 1900.

6. Binding, Strafrechtliche und strafprozessuale Abhandlungen 1915.

7. v. Liszt, Aufsätze und Vorträge, 1905.

8. A. Merkel's Lehre von Verbrechen und Strafe, herausgegeben von Liepmann 1912 (erweiterte Neuausgabe des Lehrbuchs von A. Merkel für den Allgemeinen Teil des Strafrechts).

9. Kohler, Studien aus dem Strafrecht, 1 (1890); die Bände 2—5 (1895—1897) betreffen das Strafrecht der italienischen Statuten vom 12.—16. Jahrhundert.

§ 4.

Begriff und Arten der Strafe.

I. Begriff.

1. Strafe im weiteren Sinne ist ein beabsichtigtes Übel, welches gegen den Urheber einer mißbilligten Handlung als angemessener Ausdruck ihrer Mißbilligung verhängt wird.

a) Sie ist ein Übel.[1] Eine Strafe liegt nicht vor bei bloßen Vorstellungen oder Vorhalten, bei Versetzung des Täters in eine günstigere Lage, um seine verbrecherischen Neigungen abzulenken.[2]

b) Sie ist ein beabsichtigtes Übel.[3] Keine Strafe ist eine Heilbehandlung, die ungewollt auch unerfreuliche Wirkungen für den Betroffenen hat, z. B. die Fürsorgeerziehung in ihren günstigeren Formen.

c) Die Strafe ist Ausdruck der Mißbilligung.[4] Sie will den Eindruck, daß ein bestimmtes Verhalten nicht gewünscht sei, in der Mitwelt und in der Regel auch beim Täter verstärken. Der Strafcharakter fehlt den bloßen Verhütungsmaßregeln, z. B. der Wegräumung von Gelegenheiten zum Verbrechen. Er fehlt der Präventivhaft. Er fehlt ferner, wenn die Rückwirkung der Tat auf die Übelsart oder -größe ganz beiseite geschoben ist, z. B. wenn die Maßregel außer Zusammenhang mit der Tat verhängt wird, so, wenn sie eine reine Verwahrung von unbrauchbaren Elementen darstellt.

---

[1] Herrschende Lehre, vgl. z. B. Birkmeyer, Strafe u. sich. Maßn. (1906) 11, v. Liszt, § 58 I, Liepmann, Einleitung, 192. A. M.: F. Berolzheimer, Rechts- u. Wirtschaftsphilos., 5, 202.

[2] Die kriminalpolitische Idee v. Th. Sternberg, Das Verbr. in Kultur und Seelenleben der Menschheit (1912) 28f., das Verbrechen dadurch zu bekämpfen, daß man den Verbrecher anpaßt, d. h. ihn in eine Stellung versetzt, wo die Motive zum Verbrechen ausgeschaltet sind, ist beachtlich, aber nicht neu, auch nur zum kleinen Teile durchführbar.

[3] Richtig: Frank S. 37, Kohler L. 1.

[4] Richtig betont, aber zu sehr auf Kosten anderer Merkmale geltend gemacht von v. Bar H. 1, 321.

d) Sie will den Urheber treffen. Keine Strafe ist daher ganz regelmäßig die Haftbarmachung dritter Personen, z. B. der Erben für die Steuerdefraudationen des Erblassers.[1]

Ob zugelassenes Landesrecht durch ausdrückliche Regelung Abweichendes bestimmen und einen Tatbestand ohne Verschulden aufstellen könnte, ist eine andere Frage; vgl. E. 47,15 (19). In § 361 Z. 9 sieht das StGB. nur eine öffentlichrechtliche Haftpflicht vor.

e) Sie ist ein angemessener Ausdruck der Mißbilligung, d. h. sie will nicht ohne Maß und Ziel bloß mißbilligen. Die Rache, aus der die Strafe hervorging, ist maßlos und ist um so vollständiger, je mehr sie die Quantität des seinerzeit zugefügten Schadens übertrumpft. Ob die Grenzen der Übelswirkung in der Erreichung eines zukünftigen Zweckes liegen, z. B. der Abschreckung, Besserung, oder in der Bedeutung der vergangenen Tat, ist für das Wesen der Strafe im weiteren Sinne nebensächlich. Daher ist Strafe auch das Arbeitshaus oder die Polizeiaufsicht, obwohl ihre Dauer sich nicht nach der Schwere der vergangenen Tat bemißt.

f) Nebensächlich ist auch, ob die Strafe im Gesetz angedroht ist. Daher sind Strafen auch solche Übel, die der Richter zur Zeit des früheren gemeinen Rechts als poenae arbitrariae nach seinem Ermessen bestimmen durfte.[2]

g) Nicht begriffswesentlich ist für den erweiterten Strafbegriff ein Verschulden des Urhebers. Wenn daher z. B. das Vereinszollgesetz § 137 ein solches für bestimmte Tatbestände nicht voraussetzt, so ist die Unrechtsfolge deswegen doch eine Strafe. Das positive Recht kann aber den Strafbegriff enger fassen und für die Regel ein Verschulden des Täters verlangen. Dann hat es für die Regel einen engeren Strafbegriff. So das StGB. ausweislich seiner §§ 51, 59.

2. Die Strafe im engeren Sinne setzt außerdem voraus, daß die Handlung eine schuldhafte war, Maßregeln gegen Unschuldige sind in diesem Sinne keine Strafen; vgl. z. B. § 55, 56 StGB.[3]

---

[1]) Bestr. Gl. M.: v. Liszt S. 252, Mayer 96.

[2]) A. M.: Wachenfeld 215.

[3]) Dies auch der Strafbegriff bei Allfeld S. 5.

3. In einem abermals engeren Sinne ist Strafe ein beabsichtigtes Übel, welches den Täter proportional der Bedeutung seines schuldhaften Verhaltens treffen soll.[1])

Diejenigen Maßregeln, welche dies nicht tun, z. B. Strafen auf Grund eines unbestimmten Strafurteils, Strafen bei Erziehung von Kindern, Überweisung an die Landespolizeibehörde scheiden dann aus dem Strafbegriff aus. Dieser Begriff bezeichnet die Strafe, wie sie sein soll, wie sie auch im geltenden Recht regelmäßig ist, aber nicht, wie sie nach der geschichtlichen Überlieferung ist, welche auch Abschreckungsstrafen als Strafen bezeichnete. Dem geltenden Recht scheint auch der Umstand, auf den Binding[2]) Gewicht legt, nicht wesentlich zu sein, ob die Polizei sie vollstreckt oder ein anderes Organ, ob das Vollzugsorgan verpflichtet ist, sie zu vollstrecken, oder nur berechtigt. Sehr wesentlich ist aber, ob die betreffende Unrechtsfolge, z. B. das Arbeitshaus, normalerweise als Übel mit beabsichtigt ist. Der gleichzeitige Präventivzweck ist dann kein Gegensatz zum positiven Strafzweck. Im Zweifel darf die Überschrift „Strafen“, unter denen die Polizeiaufsicht eingereiht ist, als Andeutung über die Auffassung des Gesetzes von 1870 gelten. Ist aber die Polizeiaufsicht Strafe nach dem damaligen Standpunkt des Rechts, so ist es die korrektionelle Nachhaft mit ihrem intensiven Übelsgehalt sicherlich ebenfalls.

Anhang: Geschichtliche Terminologie. Die Germanen verwendeten in der Regel nur die Bezeichnung der einzelnen Strafart, z. B. Buße, compositio, Friedlosigkeit.

Als zusammenfassender Ausdruck kommt vor: haramscara, wîzi, anado, später: Pein (peinlich), von poena, bzw. ποινή. „Strafe“, erst seit dem 14. Jahrhundert auftauchend, wird abgeleitet teils von straffmachen (unwahrscheinlich), teils von streifen (= richten), teils von strefan = tadeln, schelten (wahrscheinlichste Ableitung).[3])

---

[1]) Dieser Strafbegriff liegt zugrunde bei Kohler, Leitf. S. 2, Beling, Grdz. (4) S. 9, Birkmeyer in seiner RE. § 20.

[2]) G. 240, 264.

[3]) Vgl. auch v. Amira Grdr. 240; Günther, Wiedervergeltung 1, 6; Kluge, DWB., 8. Aufl. (1915) unter „Strafe“.

II. Arten der Strafen.

1. Staatliche Strafen, kirchliche Strafen, Schul- und Familienstrafen.

Nur die ersten bilden den Gegenstand der Strafrechtsdarstellungen.

2. Öffentliche und Privatstrafen.

Privatstrafen sind im weiteren Sinne solche Strafen, deren Vollstreckung oder deren Ertrag sei es dem durch das Delikt verletzten einzelnen, sei es einem privaten Ankläger überlassen wird.[1]

Sie gehören fast ausschließlich der Geschichte an. Die Römer hatten z. B. die actio furti manifesti, welche dem Kläger das Vierfache des gestohlenen Gutes eintrug, ferner die actio furti nec manifesti, welche dem Kläger das Zweifache des gestohlenen Gutes einbrachte.[2]

Ob es im geltenden Recht noch Privatstrafen gibt, ist bestritten. Die herrschende Praxis[3] hält die dem Verletzten in verschiedenen Fällen zuzusprechende Befugnis, die Verurteilung auf Kosten des verurteilten Täters öffentlich bekanntzumachen, noch für eine Strafe, und zwar für eine lediglich der Genugtuung des verletzten einzelnen dienende Strafe; vgl. StGB. §§ 165, 200, Gesetz gegen den unlauteren Wettbewerb vom 7. Juni 1909 § 23 II, ferner Merkel-Liepmann 192 (= Merkel 173).[4] Eine Privatgenugtuung ohne Strafcharakter erblicken in ihr Allfeld 343, N. 2, Finger 1, 510, Olshausen § 200, N. 4. Eine private Rufreparation ist sie nach Binding Grdr. 266. Dem steht entgegen, daß nicht jede Beleidigung den Ruf des Beleidigten schädigt und daß die Urteilspublikation über die Reparation hinausgreifend auch eine Demütigung enthält. Der Charakter als Strafe dürfte, wenn man ihn bei der Polizeiaufsicht bejaht, ebenso auch hier dem Grundgedanken des StGB. näher liegen. Praktische Bedeutung hat die Frage u. a., wenn der Täter mehrere Gesetze verletzt hat, die Strafen hierfür aber

---

[1] Vgl. Dernburg, Pand. (6) 2, 353, Girard, Gesch. u. Syst. des röm. R. (1908), 425.

[2] Dernburg, Pand. (6) 2, 358.

[3] Z. B. E. 16, 73; 35, 17.

[4] Vgl. auch Birkmeyer, RE. (2) 1143.

nur aus einem der Gesetze entnommen werden dürfen (vgl. dazu § 73, Preßges. § 21); ferner für die Vollstreckbarkeit nach dem Tode des Täters, welche bei Strafen zu verneinen ist. Privatstrafen, deren Ertrag dem Privaten zufällt, bestehen nicht mehr.

3. Das Strafrecht als wissenschaftliche Disziplin und als Rechtsmaterie bezieht sich nur auf Kriminalstrafen. Das sind die nach Maßgabe der Strafprozeßgesetze im Anklageverfahren verhängbaren Strafen. Sie werden wegen eines im Reichsrecht oder Landesrecht näher bezeichneten verbotenen Verhaltens auferlegt.

Die Regeln des StGB. z. B. über Versuch, Teilnahme, Verjährung beanspruchen daher keine Geltung für die Ordnungsstrafen im technischen Sinne, für die Disziplinarstrafen, für die Zwangs- (= Beuge- oder Exekutiv-) Strafen.[1])

a) Die Ordnungsstrafen im technischen Sinne betreffen teils Vergehungen wider die in einer besonderen Rechtslage gebotene gute Sitte, die nur im allgemeinen Umriß bezeichnet sind, d. h. keine nähere Bezeichnung des Tatbestandsinhalts geben (z. B. die Strafen wegen Ungebühr bei einem gerichtlichen Termin, GVG. § 179); teils betreffen sie genauer bezeichnete Vergehungen, welche von anderen Personen als den Strafbehörden der SPO. auferlegt werden oder nur in einem anderen Verfahren als dem des ordentlichen Strafprozesses ihre Erledigung finden können, z. B. die Ordnungsstrafen, von denen die Reichsversicherungs-Ordnung vom 19. Juli 1911 spricht, die Strafen wegen Zeugnisweigerung nach SPO. § 69 I, ZPO. § 390 I. Stets bleibt aber bei Ordnungsstrafen im technischen Sinne der strafprozessuale Weg einer Anklageerhebung durch die Staatsanwaltschaft ausgeschlossen. Sachlich bedeuten die Ordnungsstrafen eine staatliche Reaktion gegen qualitativ geringfügiges Unrecht. In den letzteren Fällen kann die gleiche Deliktshandlung auch nicht nebenher kriminell gestraft werden.

Ordnungsstrafen (im nichttechnischen Sinne) heißen außerdem gewisse leichte echte Kriminalstrafen für geringe Ver-

---

[1]) Vgl. v. Kries, Strafpr. 68f., Frank § 27 II, Finger 1, 130, Allfeld 300, Ullmann, Strafpr. 93f., Krakenberger, Die rechtl. Natur der Ordnungsstrafe (1912).

fehlungen gegen Finanzgesetze (Zoll- oder Steuergesetze, Börsengesetz) ohne betrügliche Absicht. Vgl. z. B. Vereinszollgesetz von 1869 § 137: „Kann der Angeschuldigte nachweisen, daß er eine Konterbande oder Defraudation nicht habe verüben können oder eine solche nicht beabsichtigt gewesen sei, so findet nur eine Ordnungsstrafe bis 150 M. statt."[1]) Vereinzelt findet sich der Ausdruck Ordnungsstrafe endlich auch für Exekutivstrafen.[2])

b) Die Disziplinarstrafen sind eine Reaktion auf Verfehlungen gegen die Zucht und Ordnung innerhalb eines geschlossenen Personenkreises, welche die Mitglieder als solche ergreift.[3]) Sie bilden nicht durchweg eine Unterart der Ordnungsstrafen im technischen Sinne. Denn sie bedeuten nicht etwa notwendig ein geringfügiges Unrecht, das einer Kriminalstrafe nicht bedürftig befunden wurde. Neben einer Disziplinarstrafe kann wegen des nämlichen Delikts auch eine Kriminalstrafe verwirkt sein.

Disziplinarstrafen kommen u. a. vor gegen Staatsdiener (vgl. z. B. Reichsbeamtengesetz von 1907 § 74), gegen Kirchendiener, Studierende, Militärpersonen, Sträflinge.

c) Die Zwangs- oder Exekutivstrafen (Beugestrafen) sind Übel, welche auferlegt werden, um von einem anderen ein bestimmtes Verhalten zu erzwingen. Sie sind Strafen überhaupt nur in einem weiteren Sinn, da der begangene Ungehorsam bei ihnen nur eine Voraussetzung, aber keinen Maßstab der Übelsauferlegung bildet und auch nicht ohne weiteres ihre Auferlegung auslösen kann.

Sie finden sich u. a. in der ZPO. §§ 888, 889; 390 II, 653 II, SPO. § 69 II sowie in partikulären Polizeistrafgesetzbüchern.

---

[1]) Gl. M.: Allfeld 300, N. 8; dagegen lehnt Krakenberger 71f. hier das Vorhandensein einer Kriminalstrafe ab.

[2]) Vgl. Allfeld 301, N. 12. Beispiel: BGB. § 1837 II FGG. § 33. Dagegen enthält KO. § 84 keine bloße Beugestrafe. Gl. M.: Wilmowski KO. § 84 N. 1. A. M.: E. Jaeger KO. (5) § 84 N. 1.

[3]) Einen genaueren Tatbestand kann es für Disziplinarstrafrecht sehr wohl geben. A. M.: Mayer 5. Beispiel: Bruch des Dienstgeheimnisses, Schlägermensur.

Ist nach vorgängigem Ungehorsam das gewünschte Verhalten des zu Zwingenden eingetreten, so werden sie nicht mehr verhängt; z. B. wenn ein Schuldner zur Leistung des Offenbarungseides über sein Vermögen verurteilt ist, aber sich weigert, ihn zu leisten, so kann er in Haft genommen werden, bis er den Eid geleistet hat. Hat aber der Schuldner nach anfänglichem Ungehorsam den Eid geleistet, so darf eine nicht begonnene Haft gegen ihn nicht vollzogen, eine begonnene Haft nicht fortgesetzt werden, ZPO. § 902 II. In einzelnen Fällen darf jedoch eine Zwangsstrafe nachträglich vollzogen werden sofern sie nur vor der Brechung des Ungehorsams verhängt war; so im Falle von ZPO. § 890.[1]) In letzterem Falle bekommt also die Zwangsstrafe mit ihrer Verhängung zugleich auch den Charakter einer Repressivmaßregel für vergangenen Ungehorsam.

4. Die Strafen des StGB. sind im Prozeß auferlegte Strafen, nicht freiwillig übernommene Strafen. Das Hauptgebiet der freiwillig übernommenen Strafen bilden die Vertragsstrafen des bürgerlichen Rechts; vgl. BGB. §§ 339—345. Sie setzen kein Verschulden voraus und richten sich lediglich nach bürgerlichrechtlichen Gesichtspunkten (z. B. Anstifter haften nicht, die strafrechtliche Verjährung greift nicht Platz). Nur in seltenen Ausnahmsfällen kann eine strafrechtlich verwirkte Strafe ohne Verfahren durch Zustimmung des Beschuldigten übernommen und damit vollstreckungsreif werden; Vereinszollges. § 142 IV, Reichspostges. § 34.

5. Die Strafen des geltenden Strafrechts sind teils Hauptstrafen, teils Nebenstrafen. Hauptstrafen sind diejenigen, die nach dem Gesetz auch vorkommen können ohne begleitende andere Strafen, z. B. die Todesstrafe, die Zuchthausstrafe, die Geldstrafe. Die Nebenstrafen dagegen können ihrer Art nach immer nur zu einer anderen Strafe hinzu verhängt werden, z. B. die Aberkennung der bürgerlichen Ehrenrechte, die Einziehung.

---

[1]) Für FGG. § 33 wird überwiegend, aber kaum mit Recht, das Gegenteil angenommen; vgl. Schlegelberger FGG. (2) 1914 § 33 VI.

§ 5.

Die Kriminalstrafe im Gegensatz zu anderen Unrechtsfolgen des StGB.

I. Maßregeln des geltenden Rechts, die entsprechend dem Begriff der Kriminalstrafen im positiven Recht aus dem Strafbegriffe ausscheiden.

1. Die Präventiv- oder Sicherungsmaßregeln. Man teilt sie in bessernde und schützende ein.[1])

Zu dieser Gruppe gehört z. B. die Besserungsanstalt, die Fürsorgeerziehung §§ 55, 56; ferner die Einziehung im Falle des § 152; die Unbrauchbarmachung im Falle des § 41 mit 42. (Hierzu ist ein Verschulden des Täters nicht erforderlich.)

2. Die Buße als eine Form zivilrechtlichen Schadensersatzes. (Hier fehlt es an einer als Übel beabsichtigten Maßnahme.)

3. Die Pensionsentziehung, die Amtsentsetzung und ähnliche landesrechtliche Disziplinarstrafen. (Hier fehlt es an einer Feststellung der Unrechtsfolgen im Wege der ordentlichen Strafprozeßgesetze.)[2])

Bezüglich des Adelsverlustes gilt Besonderes, vgl. die Lehre von den Nebenstrafen.

II. Maßregeln, deren Strafcharakter bestritten ist, aber von der herrschenden Praxis wohl mit Recht bejaht wird.[3])

Im Falle der Bejahung sind sie zu den Nebenstrafen zu zählen. Bei Hauptstrafen entsteht über ihre Zugehörigkeit kaum ein Zweifel. Nur bei dem Verweis wird vereinzelt[4]) die Strafeigenschaft bestritten.

---

[1]) Exner, Theorie der Sicherungsmittel (1914), S. 69, v. Liszt § 58 I 1.

[2]) Gl. M.: Frank § 34 I. A. M.: Olshausen § 33, N. 2.

[3]) Bejahend z. B. Allfeld 331, Kohler L. 78, v. Liszt § 59 II B; Olshausen N. 3 vor § 13, Wachenfeld 220; E. 17, 193; E. in GA 48, 356. A. M.: Beling Gr. 8, Frank II vor § 13, Binding G. 264. Einen nicht haltbaren Mittelweg schlägt Schwartz § 38 N. 1, § 362 N. 3 für die Fälle des § 38 und 362 vor, die Auferlegung der Maßregel bedeute eine Strafe, der Vollzug eine Präventivmaßregel.

[4]) von Loening, VD. A. 1, 445.

1. Die Überweisung an die Landespolizeibehörde. Die regelmäßige weitere Wirkung ist die Einweisung des Verurteilten in ein Arbeitshaus auf die Dauer bis zu zwei Jahren, § 362 II StGB.

Gegen die Strafnatur kann geltend gemacht werden, daß ihre Dauer sich nicht nach der Höhe des Verschuldens zu richten braucht, ferner daß sie die künftige Wiedergewöhnung des Gefangenen an gesetzmäßige Arbeit bezweckt.[1])

Für die Strafnatur läßt sich anführen, daß ihr ein schwerer Übelscharakter ihrer Natur nach unbedingt anhaftet, daß das Deutsche Reich zu reinen Präventivmaßregeln (1870|71) keine Zuständigkeit besaß und es dem Sinne des Gesetzes mehr entspricht, die Übelsmaßregeln desselben als Strafen zu behandeln, mag auch ihre Eignung dazu seither wissenschaftlich sehr stark angezweifelt sein. Endlich spricht dafür, daß eine Strafe ihre Eigenschaft nicht schon dadurch verliert, daß sie zugleich in erheblichem Maße spezialpräventiv wirkt und wirken soll.[2])

2. Die Stellung unter Polizeiaufsicht §§ 38, 39 StGB.

3. Derjenige Fall der Einziehung, welcher nach dem Gesetz die gleichzeitige Verurteilung des schuldhaften Eigentümers zu einer Hauptstrafe voraussetzt.

Vgl. auch die Motive zu § 40[3]); z. B. wenn dem Diebesgehilfen die Verbrechenswerkzeuge eingezogen werden sollen und er gleichzeitig verurteilt wird, so trifft ihn die Einziehung als eine Nebenstrafe.[4])

4. Die Aberkennung bürgerlicher Ehrenrechte

---

[1]) Vgl. Frank § 362 II.

[2]) Vgl. Allfeld 331, Wachenfeld 240.

[3]) A. M.: Beling 8, der sich damit aber wohl außerhalb des Bodens der lex lata auf einen konstruierten Strafbegriff stützt.

[4]) A. M.: M. E. Mayer 476, die gleiche Maßregel könne „offenbar" nicht je nach der Prozeßlage verschiedenen Charakter haben. Weshalb mit ihr nicht etwas anderes ausgedrückt werden kann, wenn man sie gegen einen Schuldigen oder gegen einen anderen ausspricht, leuchtet nicht ein. Richtiger Ansicht nach variieren auch andere Maßregeln in ihrer Bedeutung, z. B. die Urteilspublikation § 200, die Geldstrafe § 30.

oder allgemeiner bürgerlicher Fähigkeiten, vgl. z. B. §§ 32, 35, 161.[1])

5. Der Ausspruch, daß von Amts wegen das Urteil auf Kosten des Verurteilten veröffentlicht werde.[2]) Vgl. z. B. § 200 II, betreffend die Urteilspublikation bei Beleidigungen, die durch die Presse begangen sind, ferner Nahrungsmittelgesetz § 16.

III. Praktische Bedeutung.

Sie zeigt sich u. a. in folgender Richtung:

1. Reine Präventivmaßregeln darf das Landesrecht auferlegen, ohne durch die Vorschriften der §§ 5, 6 EG. gebunden zu sein, sofern die Maßregel nicht etwa eine Umgehung von unzulässigen Strafarten bedeutet.[3]) Ist es dem Landesrecht verwehrt, Adelsverlust als Straffolge vorzusehen, so darf es ihn auch nicht dadurch einführen, daß es die Maßregel etwa als Präventivmaßregel ausgibt.

2. Durch ein rechtskräftiges Strafurteil wird ein neues Kriminalstrafverfahren ausgeschlossen, dagegen nicht ohne weiteres ein neues Verfahren zur Herbeiführung von anderen Unrechtsfolgen. Mit anderen Worten: der Grundsatz ne bis in idem gilt ohne weiteres nur für eine neue Kriminalverfolgung. Eine Ausnahme für das Militärrecht ergibt sich aus E. MStGB. § 3 mit MStGO. § 157. Auch die Einziehung im objektiven Verfahren nach §§ 42, 40 kann wegen der Fassung der §§ 40, 42 nicht mehr in einem zweiten Prozeß betrieben werden, wenn der Eigentümer der Sachen bereits in einem Vorprozeß verurteilt oder freigesprochen ist.[4])

Anders die Unbrauchbarmachung gegenüber einem aus subjektiven Gründen Freigesprochenen; denn sie setzt zum objektiven Verfahren nicht wie der Fall des § 40 einen schuldhaften Täter voraus.[5])

---

[1]) A. M.: Thomsen 190, weil das Gesetz sagt „neben der Strafe"; allein damit will es nur die Hauptstrafen bezeichnen.

[2]) Gl. M.: Binding, Grdr. 267, Allfeld 343 N. 1.

[3]) Vgl. auch Kitzinger, Verhinderung strafb. Handlungen 194, über eine einschlägige Streitfrage.

[4]) Vgl. Olshausen § 40 N. 12; § 42 N. 3a; E. 44, 315 (19).

[5]) Gl. M.: E. 32, 53 (55) zu § 41.

3. Manche Verfahrensarten der SPO. sind nur dann zugelassen, wenn eine bestimmte Strafart und Strafhöhe nicht überschritten wird; z. B. der Strafbefehl darf keine andere Strafe als Geldstrafe bis 150 M. oder Freiheitsstrafe bis zu 6 Wochen enthalten; SPO. § 447. Auf den Ausspruch sonstiger Unrechtsfolgen bezieht sich diese Einschränkung nicht

4. Die Vorschriften über Verjährung von Strafen beziehen sich nicht auf andere Unrechtsfolgen.

5. Für die Herbeiführung von Präventivmaßregeln gilt das Legalitätsprinzip in der Regel nicht. Ausnahmen §§ 41, 152 StGB.

6. Die Begnadigung im engeren Sinne ist ohne weiteres nur bezüglich der Kriminalstrafen für zulässig zu erklären (z. B. nicht bezüglich der Maßregeln nach §§ 41, 56, 152). Inwieweit landesrechtliche Präventivmaßregeln und Disziplinarstrafen einem begnadigungsähnlichen Erlaß zugänglich sind, darüber entscheidet das Landesstaatsrecht. Reparaturverbindlichkeiten (z. B. die dem Beschuldigten zur Last fallende Urteilspublikation, wenn man sie als keine Strafe erachtet, die Buße) sind der Begnadigung in jeder Form entzogen.

7. Nur von Strafen gilt die generelle Regel, daß eine noch mögliche Vollstreckung nach dem Tode unzulässig ist (beachtlich für Urteilspublikation, Unbrauchbarmachung, Einziehung).

8. Wenn durch eine und dieselbe Handlung mehrere Strafgesetze verletzt sind, so soll die Strafe ausschließlich aus dem schwersten der verletzten Strafgesetze entnommen werden; näheres § 73 StGB. Andere Unrechtsfolgen jener Handlung dürfen dagegen auch dann ausgesprochen werden, wenn sie bloß bei dem milderen Strafgesetze vorgesehen sind; z. B. ein Bettler bettelt unter betrügerischen Angaben. Verletzt ist hier einmal § 263 (das Vergehen des Betrugs betreffend) und sodann § 361 Z. 4 (die Übertretung des Bettelns betreffend). Die letztere Bestimmung enthält die leichtere Hauptstrafe und daneben fakultativ die Überweisung an die Landespolizeibehörde. Wenn diese Überweisung eine Nebenstrafe ist, so kann sie nicht verhängt werden, weil die Strafen gegen den betrügerischen Bettler ausschließlich aus dem Betrugsparagraphen (§ 263) entnommen werden dürfen, da dessen Hauptstrafen

schwerer sind als die des § 361 Z. 4. Anders stünde es, wenn die Überweisung an die Landespolizeibehörde überhaupt keine Strafe wäre. — Anderes Beispiel: Durch einen Schuß tötet der A vorsätzlich den B und verwundet gleichzeitig den C. Die Strafe kann wiederum nur aus dem schwereren Gesetze, dem Tötungsparagraphen, entnommen werden. Da die Buße keine Strafe ist, so darf sie trotzdem neben der Strafe wegen Tötung ausgesprochen werden, obwohl die Buße nur bei dem leichteren Delikt, nämlich der Körperverletzung (§ 231), vorgesehen ist.

§ 6.

Begriff und Grenzen des Strafrechts.

I. Strafrecht im objektiven Sinn

(ius poenale oder criminale, beides neulateinisch)[1] ist der Inbegriff der Rechtssätze über Unrechtsfolgen zwecks Verbrechensbekämpfung und über die Voraussetzungen ihres Eintritts.

Es zerfällt in zwei große Teile:

1. Das materielle Strafrecht. Darunter versteht man die Rechtssätze über die (allgemeinen und besonderen) Voraussetzungen, unter denen jemand Strafe verwirkt hat, und über die verschiedenen Bekämpfungsmittel des Verbrechens.

Für die Gegenwart erscheint zu eng die der Wortbedeutung durchaus entsprechende Umgrenzung, daß das materielle Strafrecht die Lehre von dem verbrecherischen Verhalten und seiner Bestrafung sei.[2] Das Strafrecht als Rechtsdisziplin hat seine ursprüngliche engere Bedeutung gesprengt und auch Sicherungsmaßregeln mit aufgenommen. Richtig ist aber, daß nicht alle Unrechtsfolgen ins Rechtsgebiet des Strafrechts, in die Strafrechtswissenschaft und in die Strafgesetzbücher aufgenommen sind. Möglich ist auch, daß man künftig aus dem Strafrecht ein Recht der Verbrechensbekämpfung durch andere Mittel abscheiden wird. Aber gegenwärtig wird bei dem Ausdruck

---

[1]) Binding, Gr. 1. Der Ausdruck „Strafrecht" scheint von Regnerus Engelhard, Versuch eines allgem. peinl. R. 1756 zu stammen; so Frank, Die Wolffsche Strafrechtsphilosophie S. 22 N. 16.

[2]) So Beling, Grdz. 1, und ähnlich Hälschner 1, 1; v. Liszt 1.

Strafrecht auch das Rechtsgebiet der Strafersatzmittel herkömmlich zum Teil mit einbezogen. Das Strafrecht hat ferner nicht nur das menschliche Verhalten (die strafbaren Handlungen), sondern auch andere Voraussetzungen der Bestrafung zum Gegenstande.

2. Das formelle Strafrecht. Darunter versteht man die Rechtssätze über die Verfassung und das Verfahren der Justizbehörden in Strafsachen. Das formelle Strafrecht nennt man gewöhnlich Strafprozeßrecht.

Das formelle Strafrecht beantwortet u. a. die Frage, wem es obliegt, das materielle Recht zur Anwendung zu bringen, und welche Garantien für die ordnungsmäßige Prüfung sowie für die Verwirklichung von Strafansprüchen gegeben sind.

II. Strafrecht im subjektiven Sinn

(ius puniendi) ist der dem Staate (aus dem Delikt) erwachsene Anspruch, daß der Täter ein beabsichtigtes Übel erleide.[1])

Der Strafanspruch bedeutet keinen Anspruch im bürgerlich rechtlichen Sinn.[2]) Andrerseits ist er auch kein unmittelbar aus der Staatsgewalt abzuleitendes Recht, sondern bedeutet den Zustand, in welchem infolge schuldhaften Verhaltens eines anderen kraft der Strafgesetzgebung die Möglichkeit besteht (manchmal bedingt durch einen Strafantrag), daß die den Staat vertretende öffentliche Gewalt (oder eine physische Person) zu eigenem Nutzen dem Täter ein Übel auf-

---

[1]) Vgl. Allfeld 1, Stooß (2) 1, Finger 1, 133, Merkel Liepmann 191, Ullmann, Strafpr. 7. Bei v. Liszt 1, Hälschner 1, 2, Wachenfeld 2 ist ius puniendi das Recht des Staates, Strafrechtssätze zu geben. Diese Bedeutung ist nebensächlich, weil ein solches Recht in weitestem Umfang ohne weiteres aus dem Wesen der Staatsgewalt folgt, aber keinen Anspruch im technischen Sinn erzeugt.

[2]) Bedenklich Thomsen 38. In entgegengesetzter Richtung zu weitgehend J. Goldschmidt, Materielles Justizrecht in: Festgabe für Hübler (1905) 85f., der S. 112 einen staatl. Strafanspruch für Schall und Rauch erklärt und nur ein konkretes Recht des Strafrichters zur Strafverfolgung und zur Strafvollstreckung (S. 114) anerkennt. — Unabhängig von der Frage nach dem Bestehen von Strafansprüchen ist das Problem, ob die Strafe eine Leistung des Verurteilten bedeutet. Da Leistungen auch in Unterlassungen (z. B. auch im Dulden) bestehen können, ist dies zu bejahen. Einige Strafen verlangen sogar positives Tun, z. B. Arbeitsverrichtung. Vgl. auch Ludwig, GS. 84, 309.

erlegen darf, das grundsätzlich einen Gegenwert des schuldhaften Verhaltens darstellt.

Der Anspruch durchläuft regelmäßig drei Stadien bis zu seiner Realisierung.

1. Ein Strafanspruch ist vorhanden, wenn ein Delikt verübt wurde, das von dem Anspruchbesitzer (der Staatsgewalt) verfolgt werden kann.

Der Anspruch ist aufschiebend bedingt, solange für die öffentliche Gewalt kraft Gesetzes ein rechtliches Hemmnis besteht, die Prüfung und autoritative Feststellung des Anspruches zu betreiben.

Der Täter ist etwa durch seine Abgeordneteneigenschaft vielleicht vor Verfolgung zeitweise geschützt. Oder: das Delikt darf vielleicht nur auf Antrag des Verletzten verfolgt werden, und dieser Antrag steht noch aus. — Ein bloß tatsächliches Hindernis, z. B. Erkrankung des Täters, Unbekanntsein desselben, genügt nicht, um den Anspruch auf Strafe als bedingt erscheinen zu lassen.

Der Strafanspruch ist fällig, wenn die Staatsgewalt seine Prüfung und Feststellung bei den zuständigen Organen betreiben darf. Ob der Anspruch, sei es unbedingt, sei es bedingt, entstanden ist, lehrt das materielle Strafrecht.

2. Ein Strafklagerecht ist entstanden, sobald der zur Anklage Berechtigte (z. B. der Staatsanwalt, der Privatkläger) von einem bestimmten zuständigen Organ (in der Regel von einem Gericht) die Prüfung und Entscheidung über den behaupteten Strafanspruch gegen eine bestimmte Person verlangen darf.[1]

[1] Goldschmidt, Materielles Justizr. (Festg. f. Hübler) 137 nimmt statt dessen an, es bestehe kein Rechtsschutzanspruch des Staates, sondern nur ein Strafrecht (im Sinne eines ius puniendi). Es bestehe in einem Gestaltungsrecht, gerichtet auf Gestaltung der konkreten Rechtsbeziehungen zwischen Staat und Beschuldigtem durch richterliche Prozeßhandlungen. Ein solches richterliches Gestaltungsrecht ist aber nicht anzunehmen, z. B. durch die Erklärung der Privatklagezurücknahme (SPO. § 431) wird die Gestaltung dem Richter einfach entzogen. Da tatsächlich der Staatsanwalt die Vollstreckungsbehörde ist, kann auch kein generelles gerichtliches Vollstreckungsrecht (Ausnahme, § 483 SPO.) angenommen werden. Die Unabhängigkeit des Strafanspruchs tritt u. a. darin zutage, daß auch ohne ein bestehendes Strafverurteilungsrecht

Wann ein Strafklagerecht vorhanden ist, beantwortet das Strafprozeßrecht. Dazu gehören z. B. die Fragen, ob das angerufene Gericht zuständig ist, ob eine ordnungsmäßige Anklage vorliegt, ob der Angeklagte unter deutscher Gerichtsgewalt steht, ob der Privatkläger prozeßfähig ist.

3. Ein Strafvollstreckungsanspruch ist entstanden, wenn durch rechtskräftige Entscheidung das Bestehen und die Größe des Strafanspruchs ausgesprochen ist. Auch dieser Anspruch gehört zum Strafprozeßrecht. Der Anspruch liegt z. B. vor, wenn die letzte Instanz bestätigt hat, daß der Angeklagte mit Recht zu 1 Monat Gefängnis verurteilt worden ist.

Normalerweise soll der spätere Anspruch nicht entstehen ohne das Vorliegen des vorhergehenden. Regelmäßig soll ferner aus dem vorhergehenden Anspruch der nächstfolgende sich entwickeln. Allein infolge der Verschiedenheit der Voraussetzungen für die einzelnen Stadien ist dies tatsächlich nicht immer der Fall; z. B. wenn ein Verbrechen begangen, der Täter aber nicht ermittelt ist, so ist zwar ein Strafanspruch, aber kein Strafklagerecht zur Entstehung gekommen. Ferner: wenn jemand einer strafbaren Handlung, z. B. eines Diebstahls, dringend verdächtig ist, so kann ein Strafklagerecht bestehen, ohne daß ein Strafanspruch bestünde. Denn das Strafklagerecht setzt nicht voraus, daß der Kläger jedesmal einen Anspruch auch auf eine ihm günstige Entscheidung besitzt. Es bedeutet nur, daß der Kläger einen Anspruch formeller Natur darauf hat, von dem angegangenen Gericht die Untersuchung und Entscheidung des eingeklagten Falles zu verlangen. Dieses

---

eine Begnadigung wirksam erfolgen kann. (Der ausländische Souverän begnadigt den ins Inland vor der Verfolgungsmöglichkeit übergesiedelten Deutschen, der im Auslande ein Verbrechen beging, § 5 Z. 2). — Ferner: in der Regel kann nur aus einem Strafanspruch (§ 40) ein Einziehungsanspruch (§ 42) entstehen. Dieser setzt aber nicht voraus, daß in irgend einem Augenblick ein Recht zur Strafverfolgung entstanden war. Vgl. auch Beling, L. v. Verbr. 34|35. Nach alledem wird es richtiger sein, das Strafrecht in subj. Sinn als einen von dem Strafklagerecht trennbaren Anspruch der Staatsverwaltung auf Strafe anzuerkennen. — Die Strafe kann unmittelbare Vermögenswerte in sich bergen. Wem sie auch immer geschuldet sein mögen, dem Strafrichter werden sie in der Gegenwart nicht geschuldet. — Vgl. auch Binding, H. 1, 192f.

Klagerecht ist demnach möglicherweise vorhanden, auch wenn sich hernach der Verdacht im Prozeß als unbegründet herausstellt, ein Anspruch auf Strafe also dem Klagerecht nicht zur Seite stand. — Auch der Strafvollstreckungsanspruch kann ohne vorgängige andere Ansprüche entstehen. Wenn jemand von einem unzuständigen Gericht oder trotz fehlender Prozeßfähigkeit des Privatklägers infolge einer materiell unrichtigen Rechtsauslegung rechtskräftig verurteilt worden ist, so wird das Urteil vollstreckbar (d. h. ein Vollstreckungsanspruch liegt vor), obwohl kein Strafklagerecht bestanden hatte und infolge fehlenden Delikts auch kein Strafanspruch im technischen Sinne vorhanden war. Derartige Fälle sind glücklicherweise selten, theoretisch ausgeschlossen sind sie nicht.[1])

III. Die Zugehörigkeit der einzelnen Rechtssätze zum materiellen oder zum formellen Strafrecht.

Im StGB. sind verschiedentlich Rechtssätze über das Verfahren enthalten, z. B. §§ 93, 164 II, 191. Ebenso enthält die SPO. verschiedentlich Rechtssätze, die dem materiellen Recht zugehören, z. B. §§ 50, 69 SPO. über Strafen gegen ungehorsame Zeugen. Man kann daher nicht sagen, alle Rechtssätze des StGB. gehörten zum materiellen Strafrecht, alle Rechtssätze der SPO. zum formellen Strafrecht. Auch wird nirgends ausdrücklich erklärt, was dem materiellen Rechte zuzuweisen sei, was dem Prozeßrecht. Dagegen ist im Gesetze mehrfach vorgesehen, daß in bestimmter Richtung materiell rechtliche Vorschriften anders zu behandeln seien als prozeßrechtliche. Infolgedessen ist der Literatur und der Praxis die Aufgabe erwachsen, eine grundsätzliche Ausscheidung zu suchen. Zweifel sind dabei hauptsächlich darüber aufgetaucht, wohin solche Vorschriften gehören, welche die Fälligkeit des Strafanspruchs und die Entstehung eines Strafklagerechts zugleich bedingen wollen.

---

[1]) Die Selbständigkeit des Strafanspruchs auch gegenüber dem Vollstreckungsanspruch tritt zutage, wenn das Vollstreckungsrecht ausschließlich der Behörde des Aufenthaltsstaates zusteht; GVG. § 163. Das Staatsoberhaupt des verurteilenden Staates kann auch während solcher Vollstreckung im auswärtigen Staate begnadigen.

1. Praktische Tragweite der Ausscheidung.[1]) Hierzu gehört:

a) Bestimmungen des materiellen Strafrechts dürfen gemäß § 2 E. StGB. vom Landesrecht in größerem Umfange getroffen werden als Bestimmungen des Strafprozeßrechts gemäß E. SPO. § 6.

b) Den Bestimmungen des materiellen Strafrechts sind auch die Mitglieder landesherrlicher Familien unterworfen, den Bestimmungen des Prozeßrechts aber nur soweit, als das Landesrecht keine Abweichungen verfügt; E. SPO. § 4 E. GVG. § 5.

c) Bei der Frage, welches von mehreren anzuwendenden Strafgesetzen das mildeste oder schwerste sei (§§ 2 II, 73) kommen die bloß prozessualen Voraussetzungen für die Anwendung der Strafe nicht in Betracht.

d) Die Anfechtung richterlicher Urteile wegen falscher Anwendung des Prozeßrechts ist teilweise an strengere Voraussetzungen gebunden als die Anfechtung wegen falscher Anwendung des materiellen Rechts; vgl. z. B. §§ 380, 384 SPO.

e) Fristen des materiellen Rechts werden nicht nach der für Prozeßvorschriften gegebenen Bestimmung der §§ 42, 43 SPO. berechnet.

f) Änderungen im Vorliegen von Bedingungen des materiellen Strafanspruchs, die während der Revisionsinstanz eintreten, können bei erhobener Rüge einer Verletzung des materiellen Rechts noch berücksichtigt werden; z. B. der Strafantrag wird nachgebracht, res judicata tritt in einem anderen Prozeß über die Sache ein. Vgl. E. **49**, 170.

2. Die grundsätzliche Lösung.

Nicht maßgebend ist der Ort, wo die betreffende Vorschrift untergebracht ist. Ebensowenig ist entscheidend, ob eine materiell rechtliche Bestimmung daneben zugleich Wirkungen auf die Zulässigkeit des Prozesses hat. Dadurch wird sie noch nicht zur reinen Prozeßvoraussetzung. Anderenfalls wären fast alle Voraussetzungen einer Bestrafung, z. B. Nichtverjährung, Nichterlaß, Fehlen tätiger Reue, Strafbarkeit am Tatort, zum Prozeßrecht zu zählen.

---

[1]) Vgl. Birkmeyer, Strafpr. 17, K. 5; Rosenfeld, Strafpr. 35|36.

Dem Prozeßrecht sind vielmehr nur diejenigen Vorschriften zuzuweisen, welche lediglich die zweckmäßigen Mittel und Wege ebnen oder eingrenzen wollen, wie der Strafanspruch am gerechtesten durchzuführen sei (durch Prüfung, Feststellung und Vollstreckung). Vgl. des näheren die Lehre von den Bedingungen der Strafbarkeit.

3. Zweifelsfälle.

Die Praxis und die überwiegende Theorie hält mit Recht für materiellrechtlich folgende Lehren, die teils positive, teils negative Bedingungen des Strafrechts enthalten: Die Verjährung, die beschränkte Unverantwortlichkeit von Mitgliedern gesetzgebender Versammlungen, StGB. § 11, das Erlöschen des Strafanspruchs durch einmaligen Gebrauch (= Grundsatz ne bis in idem). Daß dieses Erlöschen daneben auch prozeßrechtliche Wirkungen aufweist, steht dem nicht entgegen (vgl. E. **49**, 170). Ferner: die Begnadigung, die Erlangung des Strafmündigkeitsalters, die unwiderleglichen Schuldvermutungen (sie schaffen Strafansprüche aus objektiven Tatbeständen).

Dagegen erachtet die überwiegende Praxis und wohl auch die überwiegende Theorie mit Unrecht für prozeßrechtlich vor allem den Strafantrag.[1]

Binding[2] nennt den Grundgedanken des Antragsrechts einen dem Gebiete des materiellen Rechts angehörigen. Da er aber das subjektive Strafrecht des Staates nicht bedinge, sei er Voraussetzung des Strafklagerechts. Vgl. auch Binding H. **1**, 610. Unterscheidet man zwischen Existenz und Fälligkeit eines Anspruchs, so wird man die Prämisse, daß der Antrag das subjektive Strafrecht nicht bedinge, nur in dem Sinne aufrechthalten können, daß er die Existenz nicht bedinge. Damit ent-

---

[1] Vgl. z. B. Allfeld 268, Goldschmidt (Festg. f. Hübler) 143, v. Liszt § 44 IV, Wachenfeld 276, Frank § 61 II, Mayer 101, E. **2**, 221, **6**, 161, R. **1**, 614; unentschieden E. **44**, 161 (62). Dagegen jedoch Birkmeyer RE. (2) 1148, Strafpr. 71; Wach, VD. A. **6**, 52; Kohler L. 66, v. Bar **3**, 297, Eckstein GS. 84, 377, Spinola GA. **19**, 377. RMG. **5**, 37; OstLGM. **9**, 436 (38), **10**, 75, RGR. **1**, 180 (82), OLG. Cöln, GA. **52**, 261, OLG. Naumburg GA. **42**, 51; **52**, 263.

[2] Normen 1 (2), 30.

fällt dann die Folgerung Bindings, daß der Strafantrag nur Voraussetzung des Strafklagerechts (= Prozeßvoraussetzung) sei. — Geschichtlich dürfte die Ansicht, daß zur Zeit des StGB. dem Antrag eine materielle Bedeutung beigemessen wurde, jedenfalls den Vorzug verdienen. Vgl. z. B. Preuß. StGB. § 50: Ein Verbrechen . . . dessen Bestrafung nur auf den Antrag einer Privatperson erfolgen kann, soll straflos bleiben, wenn . . . Bayr. StGB. v. 1861, Art. 88: In allen Fällen, in welchen das Gesetz die gerichtliche Verfolgung der Handlung von der Stellung eines besonderen Antrags abhängig macht, ist die Strafbarkeit erloschen, wenn . . . . Daß die veränderte Fassung des § 61 eine veränderte Behandlung des Strafantrags bedeuten sollte, ist angesichts des Schweigens der Motive und der Einreihung der Bestimmungen über Entstehung und Untergang des Antragsrechts unter den Abschnitt: Strafausschließungs- und Milderungsgründe unwahrscheinlich. Die in § 156 SPO. enthaltenen Vorschriften über die Form der Anbringung sind dagegen prozeßrechtlich.

Als prozeßrechtlich gilt der überwiegenden Lehre ebenso die Ermächtigung (z. B. § 90), die Auflösung einer Ehe (§§ 170, 172, 238).[1]

Sachlich treten für die materielle Natur des Antrags auch diejenigen ein, welche ihm eine gemischte Natur zuschreiben.[2] Letztere besteht sachlich allerdings. Aber für die Frage, ob im Sinne der §§ 380, 384 SPO. der Antrag zu den Normen über das Verfahren gehört, ist damit nichts entschieden. Hier gibt es nur ein aut—aut. — In Leipziger Z. 9, 822 spricht das RG. passim vom Fehlen des Antrags als einem Strafausschließungsgrund. Bei Festhaltung an der rein prozeßrechtlichen Natur des Antrags wäre dieser Ausdruck nicht glücklich.

---

[1]) Die Gruppierung der Ansichten ist im wesentlichen die gleiche; doch hält Birkmeyer, Strafprozeßr. 71, das Ermächtigungserfordernis für prozeßrechtlich, v. Liszt § 44 III das Eheauflösungserfordernis für materiellrechtlich.

[2]) So Hälschner 1, 711, Olshausen § 61 N. 1, E. Schwartz § 61 N. 2.

§ 7.

Der Grund und Zweck der Strafe.

I. Der Grund.

Hierunter versteht man die treibenden Kräfte, welche es historisch und politisch erklären und rechtfertigen, daß der Staat zu dem Mittel der Kriminalstrafe greift. Die historische Erklärung liegt in dem Erstarken der Staatsgewalt, die bei ihrer Entwickelung das Fehde- und Racherecht der einzelnen Verletzten und ihrer Sippe ablösen mußte, um ihren Bestand zu sichern. Eine rechtspolitische Rechtfertigung haben absolute Theorien teils darin gesucht, daß das Unrecht nichtig sei und daher als Schein aufgezeigt werden müsse (Hegel), teils darin, daß die Vergeltung ein kategorischer Imperativ unseres sittlichen Bewußtseins sei (Kant). In der Gegenwart hat man fast allgemein die spekulativen letzten Verankerungen des Strafbedürfnisses als Hauptstütze aufgegeben und eine realpolitische Rechtfertigung gesucht.[1]) Aus der Beobachtung der Bedürfnisse in der konkreten Ordnung des menschlichen Zusammenlebens ergibt sich für die Gegenwart:

Den Grund für das Bestehen einer staatlichen Strafe bildet das in mehrfacher Richtung fühlbare Bedürfnis nach einer Bewährung des Rechtswillens gegenüber seinen schuldhaften Verletzern. Dieses Bedürfnis könnte durch Strafersatzmittel in vielen Ungehorsamsfällen nicht so vollständig oder nicht so einfach oder nicht so sicher befriedigt werden.[2])

Einzelheiten: 1. Das Bedürfnis nach Bewährung des Rechtswillens ist fühlbar zunächst bei dem durch ein schuldhaftes Unrecht Verletzten. Dieser empfindet ein

---

[1]) Vgl. R. Schmidt, Strafrechtsreform 28, Köhler, Vergeltungsgedanke 11.

[2]) Nach v. Liszt § 44 I a. E. ist das Verbrechen, inhaltlich betrachtet, der für die gegebene Rechtsordnung nach Ansicht des Gesetzgebers besonders gefährliche Angriff auf rechtlich geschützte Interessen. Danach wird die Aufgabe des Gesetzgebers hinsichtlich der Aufstellung von strafbaren Handlungen wesentlich enger begrenzt, als oben im Texte bezeichnet.

lebhaftes Interesse, daß die ihm rechtlich gewährleisteten Lebensgüter nicht verletzt werden, ohne daß dafür seitens des Verletzers ein Ausgleich geleistet wird (Genugtuungsbedürfnis). Daneben besteht aber ein Bedürfnis der staatlich organisierten Gesellschaft nach Einschränkung der Selbsthilfe und nach Unterdrückung der Selbstrache wie auch der Lynchjustiz, welche sofort lebendig werden und sich in mannigfachen offenen und versteckten Formen äußern würde, wenn dem Täter für sein schuldhaftes Verhalten nicht von Obrigkeits wegen ein Übel widerfährt.

Es ist ferner ein Bedürfnis jedes am Staate interessierten guten Bürgers,[1]) daß der Gemeinwille nicht beliebig ohne eine entsprechende Gegenreaktion der Gesellschaft gekränkt und mißachtet werden kann. Der gute Bürger hat ein Bedürfnis nach Aufrechterhaltung der Ordnung, der er selbst ja auch die Normen seines Verhaltens entnommen hat. Er hat ein Bedürfnis nach Sicherheit vor ähnlichen Angriffen, wie sie der Täter gegen den Verletzten ausgeführt hat; kurz, ein Bedürfnis nach Gerechtigkeit und Rechtssicherheit.

Es besteht endlich ein Bedürfnis der Staatsgewalt, die Rechtsunterworfenen unter ihren Willen nötigenfalls zu zwingen, um die Staatsaufgaben durchführen zu können. Dieses Streben geht mit anderen Worten dahin, einen gehorsamen Willen bei dem Verbrecher, aber auch bei den übrigen Rechtsgenossen zu erzielen (Bedürfnis nach Gehorsam). Zu diesem Zweck sollen in dem Übertreter des Rechtswillens und Dritten Gegenmotive gegen das Unrechttun geweckt werden. Solche Gegenmotive zu wecken, ist erfahrungsgemäß die Strafe besonders geeignet. Dies gilt von der Strafdrohung wie auch von dem ihr nachfolgenden Vollzug.[2]) Die Vorstellung, welche durch

---

[1]) Vgl. dazu insbes. R. Schmidt, Aufgaben der Strafrechtspflege (1895) 76f.

[2]) Ist allerdings in der Bevölkerung die Annahme verbreitet, daß gewisse Strafdrohungen doch nur eine leere Drohung bleiben werden, so leidet darunter die abhaltende Kraft der betreffenden Strafdrohungen, ja allmählich die Achtung vor dem Strafrecht überhaupt. Daraus ergibt sich das Postulat, daß der Gesetzgeber mit der Aufstellung von Strafgesetzen nicht gar zu schwelgerisch umgehe, daß er insbesondere die

regelmäßiges Funktionieren der staatlichen Straftätigkeit sich verbreitet, geht dahin, daß der Täter die durch ein Verbrechen erhoffte oder erlangte Befriedigung durch die ihm auferlegten Übel aufgewogen erhalte, welche annähernd gleich starke oder stärkere Unlustgefühle zu wecken geeignet seien. Außer der Vorstellung der Nutzlosigkeit wird sich bei vielen Individuen auch ein Gefühl der Beschämung einstellen, welches sich zunächst nur auf die Tatsache der Bestrafung bezieht, aber häufig auch Reflexwirkungen auf die Vorstellungen von dem Verbrechen als der Ursache der Bestrafung äußert. Die regelmäßig funktionierende Strafe kann also nicht nur die Erkenntnis der Nutzlosigkeit, sondern bei vielen auch die Erkenntnis der Unsittlichkeit oder Unanständigkeit eines bestimmten Ungehorsams fördern. Es ist nach den Erfahrungen mit der Nacherziehung Erwachsener oder Halberwachsener sehr zu bezweifeln, ob die bloße erziehliche Belehrung der bereits Gestrauchelten ebenso wirksam die Vorstellungen von der Nutzlosigkeit und der Unanständigkeit strafbarer Handlungen bei den Genannten und den Volksgenossen einzuprägen pflegt wie eine dem Maße des Unrechtes angepaßte Strafe. Auch ist zu beachten, daß der schädliche Einfluß, den verdorbene Elemente auf empfängliche Genossen auszuüben pflegen, auch durch straffe Anstaltserziehung schwer auszuschalten ist und die von den Erziehern eingepflanzten Motive häufig zu paralysieren vermag. Diese Nacherziehung ist gleichwohl häufig nützlich; doch ist sie nur als ultima ratio, insbesondere bei sonst drohender schwerer Verderbnis oder bei gebotener Gelegenheit der Unterbringung unter nicht ansteckungsgefährliche Zöglinge, zu empfehlen.

2. Eine Vorbedingung für die Nützlichkeit von Strafen bildet aber immer die generelle Möglichkeit,

---

Aufstellung von solchen Verboten und Geboten bei Strafe tunlichst meide, über deren Befolgung er nicht annähernd ausreichende Kontrollen besitzt. Gegen diese Erwägungen wurde während des Weltkrieges häufig gefehlt. Auf dem Lande ist z. B. ein Verbot der Verwendung des Erdöls zu Leuchtzwecken kaum zu kontrollieren, und ein Gebot, die im Ausland hinterlegten Wertpapiere anzugeben, ist ebenfalls kaum einigermaßen befriedigend durchzusetzen. Ergehen Strafgesetze zu reichlich, so ist der einfache Mann schließlich gar nicht mehr in der Lage, nachzukommen, er wird gegen neue Strafdrohungen abgestumpft.

im konkreten Falle durch das auferlegte Übel Gegenmotive gegen das Verbrechen zu fördern. Diese Vorbedingung fehlt bei Unzurechnungsfähigen und bei schuldlos handelnden Tätern.

Wenn jemand die Handlung nicht vermeiden konnte, weil er sie in geistiger Umnachtung beging oder weil er ohne Verschulden aus Versehen den Erfolg herbeiführte (z. B. er ist auf einer dunklen fremden Treppe ausgeglitten und hat beim Fallen eine fremde Sache beschädigt), so wird seine Bestrafung wegen des Erfolges niemanden von Handlungen abhalten, die allgemein als zufällige Schadenszufügung angesehen werden. Durch eine Bestrafung kann man in der Regel auch Geisteskranke von einer fehlerhaften Willensrichtung nicht abbringen. Soweit dies ausnahmsweise (z. B. bei Platzangst) doch der Fall ist, steht der Erfolg in einem Mißverhältnis zu gleichzeitiger Verschlimmerung des übrigen Geisteszustandes. Derartige Bestrafungen ohne Schuld verfehlen außerdem auch den guten Eindruck bei der Mitwelt. Diese kann sich daran kein gutes Beispiel nehmen, Handlungen zu unterlassen, die die einzelnen von sich aus doch nicht vermeiden können. Somit setzt das Bedürfnis nach Strafe voraus, daß der Täter generell zurechnungsfähig war und auch im Einzelfall zurechenbar (d. h. schuldhaft und rechtswidrig) gehandelt hat.

3. Die Bestrafung als eine unerfreuliche Aufgabe im Rahmen der staatlichen Tätigkeit wird nur dann voll gerechtfertigt erscheinen, wenn im Hinblick auf die massenhaften Gelegenheiten zum Ungehorsam (nach dem Gesichtspunkte der Kräfteökonomie) die durchschnittlichen nützlichen Wirkungen der Straftätigkeit nicht ebenso vollkommen und ebenso schnell und leicht durch Strafersatzmittel oder Mittel zur Hebung der Volkswohlfahrt[1]) erzielt werden können. Dies ist aller-

[1]) Die Strafe ist kein Allheilmittel. Es wäre daher eine Überspannung ihrer Bedeutung, wenn man glaubte, alle sozialen Schäden, alle Unsitten durch Strafdrohungen gegen ein bestimmtes bedenkliches Verhalten bannen zu können. Die nützliche Wirkung der Strafe erhöht sich, wenn Strafgesetze nur bei wirklichem Bedürfnis zu ihrem Bestehen erlassen werden.

dings für die Gegenwart in sehr beachtlichem Umfang nicht der Fall.

Man könnte insbesondere an ein generelles Ersatzmittel der Entschädigungspflicht denken. Bei fahrlässiger Schadensverursachung bedarf es zu einem der Bedeutung des schuldhaften Unrechtes entsprechenden Schutze der angegriffenen Interessen einer beabsichtigten warnenden Übelsauferlegung in der Tat häufig nicht. Gefährdeter sind die Schutzobjekte, wenn auch vorsätzliche Angreifer nichts weiter zu besorgen haben, als den Zwang zum Schadensersatz, der bei mißglückter Unternehmung ohnedies entfällt. Gegenüber der vorsätzlichen Angriffshandlung ist daher eine auf Willensbeugung hinzielende Reaktion in Betracht zu ziehen. Schadensersatzpflicht kann zwar empfindlich sein, wenn der Angreifer den erwarteten Vorteil von seiner Handlung nicht zog und trotzdem den Verletzten schadlos halten muß. Allein Schadensersatz für das Getane läßt sich von armen Leuten nicht immer verlangen, auch nicht durch Abarbeitung. Er wiegt außerdem nur den etwa vorhandenen äußeren Vermögensschaden auf, dagegen nicht andere Rechtsverletzungen, z. B. nicht Ehrverletzungen, nicht Angriffe auf die Sittlichkeit, nicht Gotteslästerungen und vor allem nicht den Eintrag, der dem Interesse der Staatsgewalt an dem Gehorsam gegen die Normen geschehen ist. Den Nachteil eines schuldhaften Ungehorsams kann man in einem bestimmten Vermögenswert oft gar nicht angemessen zum Ausdruck bringen. Schadensersatz als bürgerlich rechtliches Institut reicht also nicht aus.[1]) Aber der Schadensersatz ist sehr häufig außer der Strafe eine selbständig vorgesehene Unrechtsfolge; vgl. z. B. BGB. § 823f.

Polizeiliche Präventivmaßregeln allein (d. h. ohne ein System von Strafdrohungen), etwa in der Form einer scharfen Überwachung aller zu strafbaren Handlungen Geneigten, wären ohne Bestrafungsmöglichkeiten überaus kostspielig. Erziehungsmaßregeln, die wichtigste Form der Prävention, werden ohnehin

---

[1]) Über den Gegensatz von Strafe, die zwar einen Ersatz, aber keinen Schadensersatz darstellt, zum Schadensersatz vgl. Binding, Strafr. Abh. 1, 88, Kullmann, Strafr. u. Läsionenlehre, 1912; Allfeld 301.

gegen alle Menschen insbesondere in der Jugend ergriffen, reichen aber nicht in jedem Alter aus. Gegenüber Erwachsenen sind sie von sehr zweifelhaftem Wert. Außerdem verlangen sie lange Zeit sowie viel Mühe und Kosten. Die staatlich organisierte Gesellschaft wird daher auch das Mittel eines auferlegten beabsichtigten Übels mit verwenden müssen, um den zahlreichen Antrieben zum Verbrechen entgegenzuwirken. Das auferlegte Übel wirkt dann zunächst auf den Bestraften selbst; aber es verfehlt auch nicht seinen Eindruck auf die Mitwelt.

Daß daneben aber die Verbrechensprävention mit Nachdruck betrieben werden muß, steht dem Gesagten nicht entgegen. — In beachtlicher Weise suchen amerikanische Unionsstaaten (Wiskonsin und Pennsylvanien voran) in neuerer Zeit durch Eheverbote gegen Personen, die an gewissen ansteckenden Krankheiten leiden, und gegen Trunksüchtige die Entstehung eines degenerierten und kriminell disponierten Geschlechts zu hemmen. Wieweit allerdings die Vererbung krimineller Disposition als eine soziale Gefahr zu betrachten ist, wie groß ferner die Regenerationswahrscheinlichkeit ist, dies muß vorläufig noch als eine genauerer statistischer Beobachtung bedürftige Frage bezeichnet werden.[1])

Es gibt auch Unrechtsformen, bei denen die Prävention eine Aufgabe besonderer Sorgfalt bildet, da die Strafe hier nur schwachen Schutz bieten kann, obwohl man sie nicht gänzlich missen möchte. Dahin gehören Massenverbrechen, etwa aus Anlaß politischer oder wirtschaftlicher Unruhen, z. B. Auflauf, Landfriedensbruch. Eine ausschreitende Menschenmenge von Tausenden einzusperren, ist schwer durchführbar. Der klug vorbauenden Prävention gebührt hier die Hauptaufgabe, die Ordnung zu sichern; erst in zweiter Linie ist dies Aufgabe der Strafe und des unmittelbaren behördlichen Zwangs. — Zu den Fällen, in denen mit Strafe weniger auszurichten ist als durch besondere Prävention, gehören ferner der Zweikampf und die Abtreibung. Aber als völlig ersetzbar hat sich die Strafe auch hier nicht erwiesen.

---

[1]) Vgl. dazu Journal of the Amer. Inst. of Criminal Law and Criminologie 5, 366.

II. Der Zweck.

Unter dem Zweck der Strafe versteht man die Gesichtspunkte, welche bei Ausmessung der Strafe ihrer Art und Größe nach bestimmend sein sollen.

Die größtmögliche Nützlichkeit der Strafe wird nicht durch eine möglichst strenge oder möglichst beschämende Ausgestaltung erreicht; im Gegenteil, bei drakonischen Strafen oder Prangerstrafen wird nach der geschichtlichen Erfahrung (z. B. aus dem 15. und 16. Jahrhundert) der Nutzen der Strafe durch ihre Schäden stark beeinträchtigt oder sogar überwogen.[1] Der Grund hierfür liegt in folgendem:

1. Der moderne Staat sieht sich durch Rücksichtnahme auf bestehende soziale Bedürfnisse und auf die Verschiedenwertigkeit der Unrechtsarten dazu gedrängt, die Bestrafung einzudämmen nach Maßgabe allgemein anerkannter Werturteile über die verschiedene Bedeutung der einzelnen Delikte.

Zu diesen sozialen Bedürfnissen gehören: Die Erhaltung eines staatstreuen Volkes. Durch allzu vieles Abstrafen der Bevölkerung wird die staatstreue Gesinnung erschüttert. Dies ist ebenfalls ein Grund für einen weisen Gesetzgeber zur Maßhaltung in der Aufstellung von Strafdrohungen. Ferner gehört hierher die Erhaltung des einzelnen Menschen als nützlichen Organes für die Volkskraft, für seine Familie und für seine Freunde, das allgemeine Bedürfnis nach humaner Behandlung von Mitmenschen, auch wenn sie gelegentlich gestrauchelt sind, die Verhütung der Hervorrufung von einseitigem Mitleid oder auch von roher Gesinnung bei sinnlicher Wahrnehmung der Strafleiden anderer.

Namentlich die ersteren Bedürfnisse verlangen nach einer Abwägung der nützlichen Seiten einer nur mäßigen Bestrafung mit der verschiedenartigen Bedeutung der einzelnen strafbaren Handlungen.

Die größtmögliche Nützlichkeit wird durch eine Übelsauferlegung auch nicht erreicht, wenn man aus Anlaß einer konkreten strafbaren Handlung den mehr oder minder schlechten

---

[1]) Vgl. dazu auch Ferri, Das Verbrechen als soziale Erscheinung (1896) 154.

Charakter, die gesamte üble Gesinnung des Täters als Maßstab der Bestrafung wählt. Vielmehr erscheint es besser, nur einen Ausschnitt aus der ganzen psychischen Persönlichkeit des Täters, nämlich die konkrete (vielleicht aus der Gesinnung entstandene, vielleicht nur durch sie erleichterte, vielleicht ihr artfremde) Einzelhandlung, zum Gegenstand einer Bewertung durch Zumessung einer Strafe zu machen. Dies rechtfertigt sich durch folgende Erwägung:

2. Das Bedürfnis eines Verfassungsstaates, bloße Gedanken zollfrei zu belassen, d. h. sie nicht durch Strafen zu unterdrücken (die zugleich vorhandene Unsicherheit der Erkenntnis bloßer Gedanken und Gesinnungen), veranlaßt die Beschränkung der Strafzumessung, d. h. der beabsichtigten Übelszufügung, auf denjenigen Schuldgrad, der mit einer konkreten Willensbetätigung abgegrenzt wird. Infolgedessen ist Art und Maß der Strafe nicht nach der mutmaßlichen konkreten Gefährlichkeit eines Charakters zu bestimmen,[1] sondern nach dem verschiedenen Interesse des Staates an dem Unterbleiben der begangenen schuldhaften Tat. Da der Gesetzgeber die Verschiedenheiten der Einzelfälle durch Deliktstypen mit eigenen Strafdrohungen nicht erschöpfend im voraus genau würdigen kann, ergibt sich das Bedürfnis nach Aufstellung von Strafrahmen, innerhalb deren dann das richterliche Ermessen nach dem gleichen Gesichtspunkte die Bewertung des Einzelfalles vornimmt. Bei Aufstellung der Strafrahmen wird der Gesetzgeber natürlich den Grad der Abschreckungsbedürftigkeit der in Frage stehenden Verbrechergruppe, den Grad der Sicherungsbedürftigkeit des angegriffenen Gutes, die psychischen Eigentümlichkeiten der Verbrecher, die unter seinen Delikttypus fallen (z. B. den Zusammenhang der Tat mit pathologischen Anlagen, mit Alkoholismus, mit jugendlicher Unreife), nach dem Stande

---

[1] Aus diesem Grunde erscheint es auch nicht angängig, mit H. v. Hentig, Strafrecht und Auslese (1914) 9f. das Strafrecht als einen sozialen Ausleseprozeß zur Elimination bzw. Besserung von Individuen zu behandeln, die sich als nicht sozial gezeigt haben. Diese Auslese ist eine häufige Teilerscheinung bei der Strafrechtspflege, aber nicht das maßgebende Ziel der Bestrafung.

der jeweiligen richterlichen, pädagogischen, psychiatrischen Erfahrungen, soweit solche zuverlässig zur Verfügung stehen, mit zu würdigen haben. Aber das alles sind ihm nur Teilfaktoren der Bewertung; erst die Abwägung der verschiedenen Bewertungsfaktoren gegen einander gibt ihm den ungefähren Maßstab für die Bedeutung des einzelnen Unrechtstypus (z. B. Erpressung, Brandstiftung, Einbruchsdiebstahl), der dann in dem aufzustellenden Strafrahmen zum Ausdruck gelangt. Eine Unrechtsbewertung, welche alle erheblicheren Bewertungsfaktoren mit berücksichtigt, aber sich die grundsätzliche Schranke auferlegt, die Gesinnung und Willensrichtung nur insoweit heranzuziehen, als sie sich in die Tat umgesetzt hat, nennen wir eine Bewertung nach dem Maßstabe der ausgleichenden Vergeltung.[1]) Wer z. B. den X beleidigt hat, wird nicht nach dem Maßstabe der Beleidigungen zu bestrafen sein, die er noch weiter vor hat, aber bei seiner ersten Beleidigungshandlung noch in keiner Weise kundgab. Der Student, der wegen einer Mensur vor Gericht steht, wird nicht darnach beurteilt, ob er einer schlagenden Verbindung angehört. Wann und inwieweit künftige Gefährlichkeit zu Präventivmaßnahmen Veranlassung bietet, steht bei der Frage der Strafbemessung nicht in Frage.

Diese Selbstbeschränkung im Strafen führt aber zu einer Erkenntnis, die sich erst in neuerer Zeit völlig Bahn bricht. Das Strafübel mit seiner präventiven Kraft kann dem Staatszweck der Aufrechterhaltung des Rechtswillens nicht unbegrenzt dienstbar gemacht werden. Es kann ohne Ueberspannung des Bogens nur insoweit zu diesem

---

[1]) Mayer 422 vertritt die Ansicht, wer der Meinung sei, der Begriff der Vergeltung bedürfe einer Definition, sollte ihn lieber nicht gebrauchen. Allein der Begriff ist verschieden verwendet worden, z. B. auch als Ausdruck für persönliche gefühlsmäßige Genugtuungserlangung, als Bezeichnung für die bloße Tatsache einer Reaktion gegen das Verbrechen; vgl. Köhler, Vergeltungsgedanke 15. Es empfiehlt sich also die Angabe, in welchem Sinne der einzelne ihn verwendet. Oben im Text wird er weder in dem Sinne der gleichartigen Wiedervergeltung (= talio), noch im Sinne einer Befriedigung aufgetretener persönlicher Genugtuungsgefühle, noch als reine deskriptive Bezeichnung für Unrechtsreaktion verwendet.

Ziele helfen, als das die erörterten Grenzen einer beabsichtigten Übelsauferlegung zulassen. Dies führt zu einer dritten Erwägung:

3. Soweit die Aufrechterhaltung des Rechtswillens durch die vergeltenden Strafen noch unbefriedigend gefördert wird, bedarf es außerdem der Vorkehrung sichernder Maßregeln gegen gewisse Gruppen von Rechtsbrechern.[1]) Die sichernden Maßregeln (zum großen Gebiet der Prävention gehörig) haben aber, da sie nicht mehr eine schuldhafte Einzeltat würdigen, sondern eine bestimmte zukünftige Gefährlichkeit bekämpfen wollen, tunlichst allen Übelscharakter abzustreifen.

Sie können das Strafbedürfnis, wo ein solches besteht, nicht voll ersetzen, da sie ihrer Art und Dauer nach nicht nach einer die Strafbedürfnisse weckenden Einzeltat bemessen werden, da sie ferner in gleichem Umfang gegen schuldige wie gegen schuldlose Personen eintreten können.[2]) Wohl aber kann die Strafe manches Präventionsbedürfnis mit befriedigen, da der Strafe begrifflich auch präventive Wirkungen innewohnen (nicht umgekehrt). Die Sicherungsmaßregeln werden demnach nicht als Ausgleich für eine vergangene Betätigung verhängt, die Gegenstand einer verdienten Bestrafung werden kann. Sie gehen teils neben einer Bestrafung einher oder schließen sich zeitlich an dieselbe an. Zum Teil kommen sie auch allein zur Anwendung, namentlich dann, wenn wegen Mangels einer schuldhaften Tat jede beabsichtigte Uebelsauferlegung wegzubleiben hat.

---

[1]) Vgl Binding, Strafr. Abhandlungen 1, 92, v. Birkmeyer, Kritik der Schrift Prinzipien der Strafgesetzreform (1911) 80, Beling, Vergeltungsidee (1908) 148. Die Antithese von Mayer 436 und Graf Dohna, Mon.Krim.Psych. 5, 67: vivat die Strafe und pereat das Verbrechen seien die Gegensätze zwischen v. Birkmeyer und v. Liszt, beruht auf einem Mißverständniß. v. Birkmeyer verkennt keineswegs die Notwendigkeit von Sicherungsmaßregeln; er glaubt nur, sie können ein etwa vorhandenes Strafbedürfnis nicht restlos ersetzen.

[2]) Für gelegentliches Vikariieren der sichernden Maßnahmen an Stelle verdienter Strafen insbes. Exner, Theorie der Sicherungsmittel (1914) 215f. Sparr, Schweiz. Z. f. Strafr. 26, 54f. Dagegen jedoch Löffler, Verh. d. 31. Juristentags 2, 785, 803; Köhler, Verh. d. 31. Juristentags 2, 311.

III. Überblick über die wichtigsten Strafrechtstheorien[1]) der neueren Zeit,

geordnet nach dem gedachten Zweck der Strafe.[2])

1. Absolute Theorien. Sie stimmen darin untereinander überein, daß die Strafe als wesentlichen (= obersten) Zweck nur den einen haben darf, ein geschehenes Unrecht durch ein dem Unwerte dieses Unrechts entsprechendes Übel auszugleichen, also zu vergelten.

Diesen Zweck vertreten u. a. Kant, Hegel, Merkel, Birkmeyer, Allfeld, Wachenfeld, Binding.[3])

Die älteren Vertreter dieser Richtung suchten außerdem den Grund des Bestehens einer Strafe überhaupt ohne Rücksicht auf praktische Bedürfnisse, d. h. absolut, durch metajuristische Erwägungen zu rechtfertigen. Dies lehnen die neueren Vertreter des Ausgleichungsgedankens nach dem Maßstabe der vergangenen schuldhaften Einzeltat ab. Vom Standpunkt der Strafrechtfertigung hat die Theorie der letzteren daher relative, d. h. auf Nützlichkeiten gerichtete Bestandteile. Nur die Ausgestaltung der Strafe hat bei ihnen einen absoluten,

---

1) Soweit sie sich auf den Hauptstreitpunkt, nämlich Rechtfertigung der Strafe, beschränken, sind sie nur Straftheorien. Die meisten beschäftigen sich aber zugleich mit Voraussetzungen des Strafens, z. B. mit der Motivierbarkeit, nur weichen sie hier selten grundlegend von einander ab und bedürfen daher insoweit keiner Gegenüberstellung. Die Annahme Mayers 417, die übliche Bezeichnung Strafrechtstheorien enthalte eine „Anmaßung", geht daher entschieden zu weit.

2) Vgl. v. Bar, Hdb. 1, 219; Berner, Lehrb. 3f.; Binding, G. 203f., Abhandlungen 1, 67f.; Finger 10f.; Geyer 1, 5f.; Heinze, H. H. 1, 256f.; Wächter, Beil. 11f.; G. Vidal, Princ. fondam. de la Pénalité (1890) 215f. Römische und mittelalterliche Aussprüche über das Ziel der Strafdrohungen und Bestrafungen sind zusammengestellt in Holtz. H. 1, 246. — Vgl. auch Pertile, Storia del dir. pen. 57|58.

3) Kant, Metaphys. Anfangsgr. des Rechts (2. Ausg. 1798) S. 227; Hegel, Grundl. der Phil. des R. (Ausg. v. Lasson 1911) § 101 S. 90; Merkel, Krim. Abhandlungen (1. Aufl. 1867) 112f.; Birkmeyer, Strafe und sichernde Maßnahmen (1906) 15; Allfeld, Einfluß der Gesinnung des Verbrechers auf die Bestrafung (1909) 57; Wachenfeld, Lehrb. 6; Binding, Strafr. Abhandlungen 1, 67.

d. h. durch das Maß der Ausgleichung begrenzten Maßstab, welcher darüber hinausgehende präventive Zwecke für die Größe der Übelsauferlegung unberücksichtigt läßt. Weil die Neueren die Strafe mit sogen. relativen Zwecken rechtfertigen und nur ihrer Ausgestaltung einen absoluten Zweck beilegen, kann man sie bei anderer Einteilung der Straftheorien als Vertreter einer gemischten Theorie bezeichnen.

Das Postulat, daß die Strafe absoluta ab effectu futuro sei, bedeutet übrigens nicht, daß auch die Strafgröße für ein bestimmtes Verhalten sich zu allen Zeiten gleich bleiben solle. Denn der Unwert, der einem Delikte beizumessen ist und den die Strafe nicht übersteigen soll, kann sehr variieren. Die Unsittlichkeit, Schädlichkeit, Gefährlichkeit usw. einer bestimmten Handlungsweise wird je nach dem Kulturzustand und den Zeitläuften verschieden beurteilt. Maßgebend für die Beurteilung sind die durch wissenschaftliche Nachprüfung zu läuternden Werturteile der führenden Kreise im Volk.

2. Synkretistische oder Vereinigungstheorien. Sie haben gemeinsam, daß sie unter die Zwecke der Strafe auch den Zweck der Vergeltung des schuldhaften Unrechts aufnehmen, aber diesem Zwecke nur eine koordinierte Stellung neben den sogen. künftigen (oder Neben-) Zwecken der Strafe einräumen. Vertreter sind Berner, v. Hippel.[1]

Wenn man dabei die Vergeltung nur als Genugtuungstrieb (sei es des einzelnen, sei es der Masse) annimmt und diesen dann natürlich nicht allein berücksichtigt, sondern die gesamten Bedürfnisse, welche Faktoren für das Strafmaß abgeben, so ist der Streit nur ein Wortstreit. Denn auch die unter 1 bezeichneten Vertreter, soweit sie sich näher ausgesprochen haben, denken nicht daran, den physischen Genugtuungstrieb (Wiedervergeltungstrieb) bei Bestimmung des Vergeltungsmaßes ausschlaggebend sein zu lassen, sondern verstehen unter staatlicher Vergeltung die Vereinigung aller Bewertungsfaktoren für eine konkrete schuldhafte Tat, z. B. auch die Gefährlichkeit der Handlungsweise, die Abschreckungsbedürftigkeit der konkreten

---

[1]) Berner, Lehrb. 8; v. Hippel, Strafrechtsreform u. Strafzwecke, Preuß. Jahrb. (1907) 127, 409f. (414).

betätigten Willensrichtung, die Stärke des Anreizes, die wirtschaftlich bedrängte Lage des Täters.[1])

Versteht man dagegen unter dem Vergeltungspostulat die Anwendung aller vernünftigerweise zu ermittelnden Bewertungsfaktoren für ein vergangenes Unrecht, unter den anderen Zwecken dagegen eine darüber hinausreichende Besserung, Abschreckung oder Unschädlichmachung für die Zukunft, so gelangt man zu unlöslichen Widersprüchen. Die für eine Tat verdiente Strafe kann ganz gering sein, während die Besserungsbedürftigkeit sehr hoch ist; z. B. wenn jemand eine tief eingewurzelte Anlage zu Unvorsichtigkeiten besitzt, kann er vielleicht eine unbedeutende Körperverletzung fahrlässig verursacht haben. Die dafür verdiente Strafe beträgt vielleicht höchstens 14 Tage Gefängnis. Um ihn von Grund aus zu bessern, brauchte man vielleicht ein Jahr. Oder: jemand neigt im Jähzorn zu Beleidigungen. Eine konkrete provozierte Beleidigung verdient mit Rücksicht auf den Anlaß vielleicht nur 50 M. Geldstrafe. Um ihn für künftige Fälle abzuschrecken, wären vielleicht 6 Monate Gefängnis nötig. Hier kommt man nicht durch, wenn man nicht entweder dem Vergeltungsmaß-

---

[1]) Bedenklich das Postulat v. Hippels, a. a. O. 417, das Vergeltungsbedürfnis sage, daß die Strafe nicht über ein bestimmtes Maximum hinausgehen, nicht unter einem bestimmten Minimum liegen dürfe. Zwischen beiden Grenzen bleibe aber ein breiter Raum, der durch die relativen Strafzwecke auszufüllen sei. Demgegenüber ist zu bemerken: das persönlich gefühlte konkrete Vergeltungs**bedürfnis** **kann** eine feste Größe sein, z. B. den Tod des Verbrechers, die Wegnahme einer Erbschaft als Strafe fordern. Das Vergeltungsbedürfnis ist auch in den zahlreichen Fällen, wo es nur ein Maximum und ein Minimum bezeichnet, kein limitatives Prinzip, sondern nur **ein** Bewertungsfaktor neben anderen. Die angemessene Strafe kann größer oder auch je nach den Umständen kleiner ausfallen als die innerhalb des Rahmens eines persönlich gefühlten Vergeltungs**bedürfnisses** gelegene Strafe. Die Gefährlichkeit einer Handlung kann deren empfindliche Bestrafung als zweckmäßig erscheinen lassen, obwohl sich die konkrete Entstehung eines Vergeltungsbedürfnisses in der Bevölkerung vielleicht nicht nachweisen läßt. Das Vergeltungsbedürfnis wegen einer anderen Handlung kann sehr stark erwacht sein, die Strafe aber sehr gering ausfallen, weil die Vergeltung (im **objektiven** Sinn) auch darauf Rücksicht zu nehmen hat, daß der Täter im Augenblick der Tat etwa an der Grenze der Unzurechnungsfähigkeit stand.

stab oder dem Maßstab der Erreichung künftiger Zwecke einen Vorrang bei Festsetzung der Strafe einräumt.

3. Die relativen Theorien haben das Postulat gemeinsam, daß die Strafe nicht danach bemessen werden darf, wie groß der Unwert der begangenen schuldhaften Einzeltat ist, sondern danach, wie ein bestimmter künftiger Zweck am besten gefördert werden kann.

Auch hier wäre nur ein Wortstreit gegeben, wenn man von relativem Prinzip aus bei der Erkenntnis ausmünden würde, daß die größte präventive Nützlichkeit der Strafe für die Gesamtheit nur bei einer solchen Übelsauferlegung zu erreichen ist, die sich im Einklang hält mit dem Unwerturteil über die Bedeutung einer konkreten vergangenen Einzeltat. Allein so verstehen die meisten Vertreter der relativen Theorien den Strafzweck nicht: Die künftigen Zwecke sollen auf Kosten des unter 1 bezeichneten Vergeltungsmaßes erstrebt werden. Man unterscheidet Abschreckungstheorien (Vertreter z. B. Filangieri)[1], Besserungstheorien (Vertreter z. B. Röder),[2] Sicherungstheorien (Vertreter z. B. Vargha),[3] je nachdem, ob als vorherrschender Zweck die tunlichste Abschreckung, oder die tunlichste Besserung des Verbrechers, oder die tunlichste Unschädlichmachung (Bevormundung, Verwahrung) des Verbrechers angestrebt wird. Gegen diese Theorien gilt das oben unter II Ausgeführte. Die relativen Theorien lassen sich auch in anderer Weise klassifizieren, nämlich in Spezialpräventionstheorien und in Generalpräventionstheorien. Die ersteren wollen die Strafe ausgestalten nach dem Ziele der möglichsten Abhaltung des einzelnen Verbrechers von der Verbrechenswiederholung, die letzteren nach dem Ziele der möglichsten Abhaltung der Umwelt des Verbrechers (der nicht bestraften Rechtsgenossen) von der Verbrechensbegehung. Allein dagegen gilt, daß die Generalprävention die Spezialprävention als gleichwertigen Faktor für die staatlichen Interessen übersieht und umgekehrt. Es

[1] Filangieri, Scienza della legisl. III 3 c. 27, ferner Feuerbach, Lehrb. 14. Aufl. § 16 (Abschreckung nach Maßgabe des zur Abhaltung vom Verbr. erforderl. psych. Zwangs).

[2] Röder, Verbr. u. Strafe (1867) 97f.

[3] Vargha, Abschaffung der Strafknechtschaft 2 (1897) 494f.

ist ferner entgegenzuhalten, daß die Überschreitung des Vergeltungsmaßes in Verfolgung des einen oder anderen vorangestellten Zweckes eine dem Volksempfinden zuwiderlaufende Bestrafung ohne Verschulden, d. h. eine Bestrafung ohne eine ihr entsprechende Einzeltat enthält. Solche Bestrafung verletzt den Grundsatz, daß Gesinnungen Strafmündiger straflos bleiben sollen. Sie ist geeignet, Verbitterung gegen die Rechtsordnung und ihre Anwender bei der Bevölkerung zu erwecken und hat obendrein nur sehr zweifelhafte nützliche Wirkungen, da man das künftige Verschwinden deliktischer Absichten oder Gesinnungen mit unseren heutigen Hilfsmitteln ungleich schlechter begrenzen und bestimmen kann als den Unwert einer einzelnen schuldhaften Betätigung. Sehr bedenklich ist daher der Vorschlag der Einführung einer unbestimmten Verurteilung, wobei der Richter nur die Mindest- und Höchstgrenze der Freiheitsstrafe zu bestimmen hat, während die Strafvollzugsorgane innerhalb eines weiten Spielraums die Strafzeit je nach den von ihnen vermuteten Wirkungen des Vollzugs im Verlaufe desselben festsetzen.[1])

Abschreckung, Besserung und Sicherung will in bestimmter Weise vereinigen die Spezialpräventionstheorie von Ferri[2]) und v. Liszt (Theorie der Gesinnungsstrafe).[3])

Die unverbesserlichen Verbrecher sind unschädlich zu machen durch möglichst lange Einsperrung (also bei ihnen Sicherung); die angehenden Zustandsverbrecher sind einer Besserungsstrafe oder Erziehung zu unterwerfen (also bei diesen

---

1) Vertreter dieser relativ unbestimmten Strafurteile sind u. a. Freudenthal, VD. A. 3, 245 f. (320); v. Liszt § 15 II. 7; Mayer, Verh. d. 27. Juristent. 1, 189. Dagegen aber m. Recht Schoetensack, Die unbest. Verurteilung (1909); Oetker, Strafe u. Lohn (1907) 17; Begründung z. Vorentw. v. 1909, S. 91. — Vgl. auch v. Lilienthal, Der Streit um die Strafrechtsreform (1912) S. 21. — Für Elmira im Staate New York ist 1877 eine unbest. Verurteilung bei Jugendlichen eingeführt worden; seither in verschiedenen Ländern des anglo-amerikanischen Rechts. Ueber gewonnene Eindrücke vgl. Hintrager, Amerikan. Gefängniswesen (1900) 42 (dagegen), Stammer, Mon. Krim. Psych. 8, 15 (dafür).

2) Ferri, Das Verbr. als soziale Erscheinung. Uebersetzung von Kurella 1896 S. 169, 335.

3) v. Liszt, Aufs. (1905) 2, 57, 383.

Besserung), die sogenannten Gelegenheitsverbrecher (d. h. diejenigen, welche ohne verbrecherischen Hang nur zufällig einem Anreiz zum Verbrechen unterliegen) sind abzuschrecken.[1]) Bei dieser Dreiteilung gesellt sich den übrigen Bedenken noch die Schwierigkeit hinzu, die richtige Diagnose zu treffen, ob ein konkreter Täter der einen oder der anderen Kategorie zugehört. Als Gegenstand der Bestrafung, d. h. als Maßstab, nach welchem die Unschädlichmachung, Besserung oder Abschreckung bemessen werden soll, gibt v. Liszt[2]) die antisoziale Gesinnung des Täters an, andere die mutmaßliche oder die durch die Tat bewiesene Gefährlichkeit des Täters,[3]) wieder andere das sittliche Konterfei, den Charakter,[4]) oder endlich die Rückfallsbekämpfung.[5]) Dagegen tritt die Schwere der schuldhaften Einzeltat hier ganz zurück.

Die Vergeltung im Sinne eines Prinzips für das Maß der Strafe bekämpft v. Liszt. Er erklärt jedoch, jede Strafe sei begrifflich Vergeltung.[6]) Damit wird aber dem Vergeltungsbegriff sein herkömmlicher Inhalt entzogen; er bedeutet dann nicht eine Ausgleichung, sondern nur die Tatsache einer erfolgenden Reaktion ohne Rücksicht auf den Wert der Tat, gegen die reagiert wird.

§ 8.
Systematische Stellung und Hilfswissenschaften des Strafrechts.

I. Das geltende Strafrecht ist **ein Teil des öffentlichen Rechts**, denn es regelt die Rechtsbeziehungen, welche zwischen dem einzelnen und der Staatsgewalt aus bestimmtem Ungehorsam gegen die Vorschriften der Rechtsordnung entstehen.[7])

---

1) v. Liszt, Aufs. 1, 166. — Dogmengeschichtliche Notizen zu dieser Lehre, insbes. über ihren Zusammenhang mit der Lehre Ferris, bei Gretener, Ursprung u. Bedeutung der soziolog. Schule 1911.

2) v. Liszt, Aufs. 2, 383.

3) v. Lilienthal, Grdr. § 35, v. Lilienthal, Der Streit um die Strafrechtsreform (1912) 17.

4) Spira, Die Zuchthausstr. (1905) 24.

5) v. Sichart, Mon. Krim. Psych. 4, 491.

6) Vgl. Aufs. 1, 174, ferner v. Birkmeyer, Strafe u. sich. Maßn. S. 31, N. 33.

7) Vgl. Wachenfeld 8.

Die Lehre von den Strafen hat mehr verwaltungsrechtlichen Charakter, die Lehre vom Verbrechen und seinen Voraussetzungen mehr staatsrechtlichen Charakter. Letztere gibt zugleich die Grenzen der individuellen Befugnisse auf verschiedenen Rechtsgebieten an.

II. Hilfswissenschaften.

Hilfswissenschaften im technischen Sinne sind für das Strafrecht nicht alle Wissenszweige, welche dem Kriminalisten gelegentlich gute Dienste leisten können, z. B. die Kenntnis fremder Sprachen, die Chemie. Hilfswissenschaften im technischen Sinne sind vielmehr diejenigen Wissenschaften, welche den Zweck haben, unsere Kenntnis vom Verbrechen oder der Strafe nach einer anderen Seite als der des geltenden Normen- und Gesetzesbestandes zu fördern.

Dahin gehört:

1. Die Kriminalbiologie, d. h. die Lehre von den anatomischen und physiologischen Wahrnehmungen an den Verbrechern.

C. Lombroso (1835—1909) hat zeitweilig die Behauptung aufgestellt,[1] es gebe eine besondere Verbrecherrasse, einen delinquente nato, der zu verbrecherischem Leben bestimmt sei und sich körperlich von den übrigen Menschen unterscheide. Er führt außerdem eine Reihe von Stigmen an, bzw. referiert sie von anderen, wonach sich solche Menschen von Normalmenschen angeblich unterscheiden. Sie seien bei Verbrechern häufiger zu finden als bei Unbescholtenen, z. B. zurückfliehende Stirn, Henkelohren, quadratische Gesichtsform, größere Affenähnlichkeit der Handflächenfurchen, Dolichocephalie, Linkshändigkeit. Die Richtigkeit der meisten Stigmen ist lebhaft bestritten.[2] Einzelne Stigmen für bestimmte Verbrechen, z. B.

---

1) Vgl. insbes. Lombroso, Der Verbrecher (Homo delinquens), 3 Bde.; Uebersetzung von Fränkel 1890—1896. Lombroso, Neue Verbrecher-Studien, Uebersetzung von Jentsch 1907.

2) Vgl. v. Liszt, ZStW. 9, 462, Hoegel, Einteilung der Verbrecher in Klassen (1908) 121; A. Baer, Der Verbrecher in anthropologischer Beziehung 1893; Finger 29. Vgl. außerdem Frank, Vergeltungsstrafe u. Schutzstr., die Lehre Lombrosos, 2 Vorträge (1908) S. 26f. Kraepelin, ZStW. 5, 669.

eine gewisse Körperkraft für Rohheitsverbrecher, dünne Fingerhaut bei Taschendieben, existieren natürlich, beweisen aber nichts für eine besondere Verbrecherrasse.[1])

Wichtiger sind andere biologische, namentlich physiologische Beobachtungen.

Sie betreffen z. B. den Einfluß des Alkohols, des Morphiums, Kokains, der Vererbung degenerativer Anlagen, der Epilepsie, die Funktionsstörungen der Sexualverbrecher, die klimatischen Einflüsse.[2])

2. Die Kriminalpsychologie, d. h. die Lehre von den seelischen Vorgängen beim Verbrecher und bei den Richtern, Zeugen und Sachverständigen und von ihren Ursachen.[3])

Die Lehre von den psychischen Vorgängen beim Verbrecher, die zum Verbrechen führen, nennt man auch objektive Kriminalpsychologie, die Lehre von den psychisch bedeutsamen Vorgängen bei Richtern und Auskunftspersonen im Prozeß auch subjektive Kriminalpsychologie.[4])

Zur Kriminalpsychologie ist im weiteren Sinne auch die Kriminalpsychopathologie und die Kriminalpsychiatrie zu rechnen.

---

[1]) Vgl. insbes. a. A. Baer a. a. O. 410|11, der nach eingehenden eigenen und fremden Untersuchungen zu dem Schlusse kommt: „Die anthropologischen und somatischen Merkmale bei Verbrechern sind zum allergrößten Teile ganz allein durch die Lebensverhältnisse der Verbrecherklassen bedingt." Der Verbrecher trage allerdings oft die Spuren der Entartung an sich, welche in den niederen Volksklassen, denen er meist entstammt, häufig vorkommen. Diese Spuren kämen, durch die sozialen Lebensbedingungen erworben und vererbt, bei ihm bisweilen in potenzierter Form vor. Vgl. ferner Birnbaum, Die psychopathischen Verbrecher (1914) 360: „Eindeutig und einwandfrei gekennzeichnete Spezialtypen degenerativen Verbrechertums, degenerative Vagabunden, Einbrecher, Sittlichkeitsverbrecher mit bestimmten feststehenden, nur ihnen allein zukommenden Eigenschaften gibt es nicht, ebensowenig wie einen allgemeinen degenerativen Verbrechenstypus."

[2]) Vgl. dazu sehr beachtlich Lombroso, Die Ursachen und Bekämpfung des Verbrechens. Uebersetzung v. Kurella—Jentsch 1902, Aschaffenburg, Das Verbrechen und seine Bekämpfung (2) 1906; Wulffen, Der Sexualverbrecher 1910.

[3]) Zu eng wohl v. Liszt, ZStW. 9, 458: Kriminalpsychologie = Lehre von der geistigen Eigenart des Verbrechers.

[4]) Vgl. Allfeld 31 N. 8.

Üblich ist, die Kriminalpsychologie systematisch als einen Teil der Kriminalbiologie zu behandeln.[1]) Nimmt man beide als koordiniert, so kann man[2]) als gemeinsamen Oberbegriff den Ausdruck Kriminalanthropologie wählen, den auch Wachenfeld 1, Beling, Grdz. 11, Pollitz, Psychologie des Verbrechers, 1908, S. 1, haben, während bei Allfeld und v. Liszt Anthropologie mit Biologie identisch gebraucht wird.[3])

Die Kriminalpsychologie untersucht beim Verbrecher insbesondere den Verlauf seiner Motivation, die Bedeutung des Alters, des Geschlechts, der Rückfälligkeit, des Aberglaubens. Sie untersucht bei ihm, den Richtern und Auskunftspersonen die Fähigkeit und Geneigtheit, empfangene Eindrücke zu bewahren und sachgetreu zu reproduzieren, den Einfluß von Assoziationen auf die Belebung des Gedächtnisses und die Beeinflussung der Aussage. Ein Zweig der Kriminalpsychologie beschäftigt sich auch mit der Beschreibung und Sammlung psychologisch interessanter Fälle.[4])

3. Die Kriminalsoziologie. Sie ist die Lehre von dem Einfluß, den die gesellschaftlichen Verhältnisse auf die Veranlassung und Bekämpfung von Verbrechen haben.

Sie untersucht z. B. die Einflüsse der wirtschaftlichen Lage, des Krieges, der Steuern, der Erziehung, der unehelichen Geburt, polizeilicher Überwachung, ferner das Zusammenleben der Verbrecher, den Alkoholismus, die Prostitution, die Rasse und Religion, die Volkssitten in ihrer Bedeutung für das Verbrechen und seine Bekämpfung. Sie beruht auf Massenbeobachtung.[5])

---

1) Vgl. z. B. Allfeld 31, v. Liszt, Aufsätze 1, 296, Wachenfeld 1. Bei Finger sind Biologie und Psychologie koordiniert. In der Tat erscheint es zweckmäßig, die Lehre von den äußeren und von den psychischen Beobachtungen zu trennen.

2) Mit Finger 4.

3) Lit. über Krim. Psychologie i. w. S.: M. Kauffmann, Die Psychologie des Verbrechens 1912, Birnbaum, Die psychopathischen Verbrecher 1914, Marbe, Grundr. der forens. Psychologie 1913, Wulffen, Die Psychologie des Verbrechers (2) 2 Bde., 1913, Krafft-Ebing, Gerichtl. Psychopathologie (3) 1899, Friedrich, Die Bedeutung der Psychologie f. d. Bekämpfung d. Verbr. 1915, H. Groß, Kriminalpsychologie (2) 1905.

4) Viele ders. bespr. in H. Groß' Arch. für Kriminalanthropologie 1899f., ferner in dem Pitaval der Gegenwart 1904f.

5) Vgl. über Soziologie insbes. Ferri, Das Verbrechen als soziale

Die Wissenschaften unter 1—3 faßt man auch zusammen unter dem Ausdruck Kriminologie oder Kriminalätiologie.[1])

4. Die gerichtliche Medizin. Sie ist die Lehre von den für den Gerichtssaal wichtigen Befunden an Menschen und deren Nutzanwendung.

Sie bespricht u. a. die äußere Gestalt der Hieb-, Stich- und Schußwunden, die Symptome und Spuren der Schwangerschaft, die Anzeichen für die Lebendgeburt eines Kindes, die organischen Veränderungen bei Vergiftungen, Brandwunden, die Symptome gewaltsamer Todesarten, die Symptome der Selbstentleibung.[2])

Einen besonderen Zweig der gerichtlichen Medizin bildet die gerichtliche (forensische) Psychiatrie. Sie beschäftigt sich mit den psychopathischen Grenzzuständen und den Geistes krankheiten, soweit sie für rechtswidrige Handlungen bedeutsam sind, und behandelt hauptsächlich die Diagnose und Anamnese, aber auch die Therapie.[3])

5. Die Kriminalstatistik, d. h. die Lehre von der Häufigkeit der für die Verbrechen, Verbrecher und die Bekämpfungsmittel wichtigen Tatsachen und von der richtigen Methode, um zuverlässige und praktisch brauchbare Angaben darüber zu erlangen.[4])

Erscheinung, Übersetzang von Kurella 1896, v. Liszt, Aufsätze u. Vorträge, 2 Bde., 1905, Aschaffenburg in dem oben angeführten Werke.

[1]) Vgl. v. Liszt § 14 I, Allfeld 31 N. 6, Niceforo-Lindenau, Die Kriminalpolizei 436.

[2]) Lit. über ger. Med.: Gottschalk, Grdr. der gerichtl. Medizin (4) 1912, v. Hoffmann, Gerichtl. Medizin (9) 1909, Casper-Liman, Hdb. der gerichtl. Medizin (9) 1905, F. Straßmann (mit Beiträgen von Hoffmann, Marx, Fraenkel), Medizin und Strafrecht, 1911.

[3]) Vgl. Cramer, Leitfaden der gerichtl. Psychiatrie (4) 1908, Sommer, Krim. Psych. u. gerichtl. Psychopathologie 1904, Pelman, Psychiatrische Grenzzustände 1909, Hoche, Gerichtl. Psychiatrie 1909, Hübner, Lehrb. der forensischen Psychiatrie 1914; über Hypnose vgl. u. a. Forel, ZStW. 9, 131.

[4]) Vgl. insbes. die Statistik des Dtsch. Reiches, in der jährlich ein Band: „Kriminalstatistik" erscheint; dazu zahlreiche Landesstatistiken, auch über Gefängniswesen; insbes. die Statistik der zum Ressort des pr. Min. des Innern gehörigen Strafanstalten u. Gefängnisse (ebenfalls alljährlich erscheinend), v. Mayr, ZStW. 32, 33—64, Hoegel, Kritik u. Reform der Kriminalstatist. Arch. Krim. Anthr. 58, 1 (1914).

6. Die Kriminalpolitik, d. h. die Lehre von den möglichen und von den zweckmäßigen Arten der Bekämpfung strafrechtswidriger (im Sinne von: bei Strafe verbotener) Handlungen durch Strafen und besondere Vorbeugungsmittel.[1])

7. Die Gefängniswissenschaft, d. h. die Lehre von dem Vollzug der Freiheitsentziehungen (insbesondere der Freiheitsstrafen) und von seiner zweckmäßigen Ausgestaltung.[2])

Einen Teil des Stoffs der Gefängniskunde bildet die Darstellung des positiv rechtlichen Inhalts der Freiheitsstrafübel. Insofern ist sie nicht bloße Hilfswissenschaft. Die Gefängniswissenschaft ist ein Zweig der Pönologie, d. h. der Lehre von den Strafen.

8. Die Strafrechtsvergleichung. Vgl. insbesondere die Strafgesetzgebung der Gegenwart. Herausgegeben von der JKV. 1894 f. — Vergleichende Darstellung des deutschen und ausländischen Strafrechts 1905 f. (15 Bde. u. Reg.). — Sammlung außerdeutscher Strafgesetzbücher, herausgegeben von den Redaktionen der ZStW. und JKV.

9. Die Kriminalistik (auch genannt die Lehre von den Realien des Strafrechts), d. h. die Lehre von den Mitteln, welche der Praktiker braucht, um, abgesehen von der Rechtskenntnis, einen Verbrechensfall richtig zu erkennen und zu beurteilen; mit anderen Worten die Lehre von den Hilfsmitteln zur Erforschung der materiellen Wahrheit.

Dazu gehören teilweise die Wissenschaften unter 1—5, erner u. a. die Kenntnis der Photographie, des Fingerabdruckverfahrens und des sonstigen Erkennungsdienstes, der Gauner-

---

[1]) Vgl. über den Begriff der Kriminalpolitik auch Exner, Theorie der Sicherungsmittel 1, 49; Beling, Grdz. 11. Lit.: Mitteilungen der JKV., seit 1889; v. Liszt, Aufsätze u. Vorträge 1905; Thomsen, Verbrechensbekämpfuungsrecht, 1905; Thyrén, Prinzipien einer Strafgesetzreform 1 (1911), dazu v. Birkmeyer, Kritik über die Schrift: Prinzipien einer Strafgesetzreform, o. J.; vgl. ferner v. Birkmeyer, Schuld und Gefährlichkeit 1914, Allfeld, Der Einfluß der Gesinnnng des Verbrechers auf die Bestrafung 1909, Köhler, Der Vergeltungsgedanke und seine prakt. Bedeutung 1909.

[2]) Lit.: Kriegsmann, Einführung in die Gefängniskunde 1912, Pollitz, Strafe u. Verbrechen 1910, v. Guttenberg, Der Strafvollzug in Deutschland 1913, Blätter f. Gefängniskunde (seit 1865). Ältere Werke: v. Holtzendorf-Jagemann 1888, Krohne 1889.

sprache, des Verbrecheraberglaubens (Hinterlassung von Exkrementen, Diebskerze, main de gloire als Schutzmittel gegen Entdeckung deutet auf Berufsverbrecher), der Verbrechenswerkzeuge, der Verbrechensindizien und ihres Beweiswerts, die Lehre von der richtigen Taktik bei der Verfolgung von Verbrechen, die Kunst der Fragestellung, die Lehre von der Kriminalpolizei.[1])

Zur Förderung in der Kriminalistik wird die Errichtung kriminalistischer Institute warm empfohlen. Das erste ist in Graz von H. Groß begründet worden.[2])

§ 9.

Überblick über die Strafrechtsgeschichte.[3])

Der Grad der Wirksamkeit eines konkreten Strafrechts hängt in hohem Maße von seiner zweckmäßigen Ausgestaltung ab. Die Geschichte des Strafrechts ist wie alle Geschichte ein Stück Selbsterkenntnis der Menschheit. Sie lehrt uns häufig erst erkennen, wie die einzelnen geltenden Vorschriften gemeint sind, wie man sie auszulegen hat. Dies tut vornehmlich die Detailgeschichte der einzelnen Materien und Delikte. Auf sie ist hier nicht einzugehen. Die Geschichte des Strafrechts lehrt uns ferner früher betretene Irrwege vermeiden; sie zeigt uns den von manchen Rückfällen unterbrochenen allmählichen Kulturfortschritt der Menschheit an. Sie zeigt uns

---

[1]) Literatur: H. Groß, Handbuch für Untersuchungsrichter (6) 1914; H. Groß, Die Erforschung des Sachverhalts strafbarer Handlungen (3) 1909; Weingart, Kriminaltaktik 1904; Niceforo u. Lindenau, Die Kriminalpolizei und ihre Hilfswissenschaften, o. J.; Zeitschr.: Archiv für Kriminalanthropologie und Kriminalistik, seit 1899, neuerdings (seit 1916) unter dem Titel „Archiv für Kriminologie" fortgesetzt.

[2]) Uebersicht über die Bewegung zur Gründung neuer solcher Institute bei Strafella, Arch. Kriminologie **66**, 313.

[3]) Vgl. v. Bar, Handb. d. Strafr. 1 (1882); Mommsen, Röm. Strafr. 1899; Brunner, Deutsche Rechtsgesch. 1 (2) 1906, 2 (1892), Geib, Lehrb. d. dtsch. Strafr. 1 (1861); R. Schröder, Deutsche Rechtsgesch. (5) 1907; Wilda, Das Strafrecht der Germanen 1 (1842); Kohler, Studien 2—5 (1895f.); Sal. Mayer, Geschichte der Strafrechte (1876). — Glasson, Hist. du Droit et des Institutions de la France, Bd. 3 (1889) 522—587; Pertile, Storia del diritto, Bd. 5 (1875). L. Thót, JKV. 19, 110 (oriental. Völker betr.).

endlich, daß manche Rechtseinrichtungen nur für eine primitivere Wirtschafts- und Verkehrsperiode passen, während andere Bestimmungen nur für eine höhere Entwickelungsstufe geeignet sind.

I. Das Altertum.

1. Das älteste erhaltene Gesetzbuch, das des babylonischen Königs Hammurabi, erlassen ungefähr im Jahre 2250 vor Christo, vereinigt gleich manchen späteren noch Strafrecht und Zivilrecht. Wir konstatieren das gänzliche Fehlen eines allgemeinen Teils, der z. B. die Voraussetzungen der Strafmündigkeit, den Inhalt der einzelnen Strafmittel, die Grenzen der Zurechnungsfähigkeit, die Frage der Strafbarkeit bloß versuchter Handlungen, die Behandlung der Anstifter und Gehilfen zu regeln hätte. Das Verbrechen wird im codex Hammurabi als eine Handlung angesehen, welche nicht nur den zunächst angegriffenen Privaten in seinen Rechten schädigt, sondern auch die öffentliche Gewalt in ihrem Anspruch auf Gehorsam verletzt. Die Strafen sind meist öffentliche Strafen. — Es gibt Todesstrafen verschiedener Art, z. B. Verbrennen, Ertränken, Pfählen. Die Todesstrafe wird bei 34 Delikten angedroht. Außerdem gibt es Verstümmelungsstrafen, Geldstrafen. Das Verschulden des einzelnen wird vielfach nur nach dem äußeren Erfolg, den der Täter verursacht hat, beurteilt. Die Strafe bestimmt sich nicht selten nach dem Talionsgedanken: Auge um Auge.

Als merkwürdig ist hervorzuheben die Einrichtung strafrechtlicher Haftung für fremdes Verschulden. Speziell die Kinder des Täters haben verschiedentlich für dessen Tat zu büßen. So heißt es z. B. in § 210: Wenn jemand eine Freigeborene schlägt, so daß sie ihre Frucht verliert und stirbt, so soll man dafür die Tochter des Täters töten. Ein weiteres Beispiel liefert § 230: Wenn ein Baumeister für jemanden ein Haus baut und es nicht fest ausführt und das Haus, das er gebaut hat, einstürzt, so soll der Sohn jenes Baumeisters getötet werden.[1])

[1]) Vgl. Jeremias, Moses und Hammurabi 1903, S. 23f.; ferner Kohler-Peiser-Ungnad, Hammurabis Gesetz, 5 Bde. (1904—1911) 1, 91 u. 126.

2. Das griechische und römische Recht der geschichtlichen Zeit steht im allgemeinen bereits auf einer höheren Stufe.

Zwar deuten einzelne seiner älteren Bestimmungen noch auf eine archaische Periode, nämlich auf sakrale Rechtsanschauungen hin; z. B. war die älteste Form der Hinrichtung bei den Römern eine priesterliche, nämlich ein Menschenopfer zur Entsühnung der Gemeinde.[1]) Auch die dem älteren griechischen Recht angehörende Pflicht zur Blutrache für einen getöteten Verwandten beruht auf dem religiösen Gedanken, daß dessen Seele vorher keine Ruhe finde.[2]) Aber in der Zeit des klassischen römischen und griechischen Rechts ist der Strafvollzug nicht mehr Kultakt, sondern eine weltlich ausgestaltete Vergeltungsmaßregel.

Eine vorgeschrittene Stufe erreichte das griechische und römische Recht namentlich in der Schuldlehre. Schon frühzeitig wurde die absichtslose Tat (casus) von der schuldhaften geschieden. Die Rechtsfolgen waren andere. Die schuldhafte Tat hinwiederum wurde verschieden behandelt, je nachdem, ob dolus oder culpa vorlag.

Dagegen war das römische Recht noch sehr rückständig in der Ausbildung festumgrenzter Deliktsbegriffe.[3])

In einzelnen Fällen trat von Amts wegen öffentliche Strafe ein, insbesondere bei Staatsverrat (perduellio) und bei argem Mord (parricidium). Daneben kannte das römische Recht in ausgedehntem Maße sogen. Privatdelikte. Das sind Delikte, deren Verfolgung nicht der Obrigkeit obliegt, sondern teils dem einzelnen Verletzten, teils jedem aus dem Volke überlassen war, und deren Strafe in der Form einer Vermögenseinbuße an den siegreichen Kläger zu zahlen war.

Gefängnisstrafen im modernen Sinne des Wortes kannten die Römer noch nicht. Aber sie hatten immerhin Freiheitsstrafen mit Zwangsarbeit. Ursprünglich waren diese nur für die Sklaven bestimmt.[4])

---

[1]) Mommsen, Zum ältesten Strafr. der Kulturvölker; Fragen (1905), S. 6.

[2]) Günther, Wiedervergeltung 1, 81.

[3]) Diese waren vielmehr von einer kautschukartigen Dehnbarkeit.

[4]) Mommsen, Röm. Strafr. 960f.

Eine Entartung bedeutete es, daß nach justianischem Recht andere Straffolgen für honestiores vorgesehen waren wie für humiliores.[1]

3. Das ältere germanische Recht. Es enthält verschiedene Einrichtungen, die von dem gleichzeitigen Rechte der römischen Kaiser bereits überwunden waren.

Das Verbrechen (Missetat, Übeltat) erscheint regelmäßig als ein Bruch des allgemeinen Friedens im Volk. Der Friedensbruch setzte den Täter aus dem Frieden mit dem gesamten Volksstamm. Er wurde friedlos (wargus, Wolf). Niemand durfte ihn beherbergen.[2] Dagegen durfte er von jedermann bußlos getötet worden.[3] Jeder Volksgenosse war also Vollstrecker der Unrechtsfolge. Ursprünglich war dazu ein vorheriges gerichtliches Verfahren nicht notwendig (v. Amira 239). Doch wurde bereits in vorchristlicher Zeit eine förmliche Friedloslegung durch die Gerichtsversammlung notwendig. Auch die Wohnung des Friedlosen wurde vernichtet und nach einigen Rechten war sogar ein Preis auf das Haupt des Friedlosen gesetzt (Island, England).[4]

Bei einzelnen für besonders schwer erachteten Taten, den unehrlichen oder Meintaten (= Neidingswerke) begnügte man sich nicht mit der Friedlosigkeit, sondern verhängte eine auf Betreiben des Gemeinwesens vollzogene Todesstrafe: den Opfertod.[5] Neidingswerke waren insbesondere Mord, Diebstahl, Mordbrand (= heimliche Brandstiftung), Meineid.[6]

Schon frühzeitig sonderten sich von den allgemeinen Friedensbrüchen, z. B. offener Brandstiftung, Notzucht, solche Friedensbrüche ab, welche den Täter nur aus dem Frieden

---

1) Ueber ein Analogon aus dem Mittelalter vgl. Waitz, Deutsche Verf. Geschichte 6, 484, und aus der neuen Zeit H. Seuffert, Strafgesetzgebung der Gegenw. 2, 441.

2) Brunner, DRG. 1, 233.

3) Vgl. Brunner, DRG. 1, 232.

4) Vgl. v. Amira, Grdr. d. germ. R. (3) 1913, 238.

5) Vgl. v. Amira 240; Brunner 1, 246. Über die Todesstrafarten vgl. v. Schwerin, DRG. 127; von der herrschenden Lehre weicht Binding, Die Entstehung der öffentl. Strafe 1909, S. 12, darin ab, daß er diese Tötung des Rechtsbrechers nicht als öffentl. Strafe auffaßt.

6) Vgl. Brunner 1, 212, 2, 681.

mit dem Verletzten und dessen Sippe setzten,[1] z. B. Totschlag, Frauenraub, Ehebruch.[2] In solchem Falle war der Täter ohne vorgängiges Urteil der Fehde und Blutrache der Gegenpartei überliefert.[3] Mit dem Täter wurde auch dessen Sippe in die Fehde hineingezogen, wenn sie ihn nicht ausschloß.[4] Heimsuchung, Brandstiftung und Tötung waren der verletzten Sippe in der Fehde erlaubt.[5] Doch konnte die beleidigte Partei statt des Fehdeganges eine Sühnezahlung verlangen.[6] In späterer Zeit war den Verletzten nur die Sühneforderung gegeben.[7]

Bei allgemeiner Friedlosigkeit konnte der Täter sich durch Leistung des Sühnegeldes wieder in den allgemeinen Frieden einkaufen. Doch galt dies nur für die sühnbaren Taten, die utlegdarmal, nicht für die unsühnbaren Neidungswerke, die ûbôtamal.[8] Die Nichtentrichtung einer geschuldeten Sühne, welche durch Urteil auferlegt war, begründete die allgemeine Friedlosigkeit auch noch in späterer Zeit.[9]

Die Schwere der einzelnen Missetaten und die Höhe der dafür zu zahlenden Sühne hing auch schon in älterer Zeit davon ab, ob die Tat eine absichtliche oder unabsichtliche war, viliaverk bzw. vathaverk (vathi = gefährliches Verhalten). Aber ob das eine oder andere anzunehmen sei, dies wurde damals nur nach dem eingetretenen äußeren Erfolge beurteilt[10].

Generell kann man den Zustand des ältesten germanischen

---

1) Vgl v. Amira 248, Brunner 1, 219, v. Schwerin 127.

2) Brunner 1, 228.

3) Nach F. Beyerle, Sühne, Rache, Preisgabe (1915) 25 f., ist die beschränkte Friedlosigkeit überhaupt nichts anderes als ein Zustand der Fehde des Verletzten und seiner Sippe mit dem Täter und seinem Anhang Vgl. aber auch v. Schwerin, SavZRG., Germ. Abt. 36, 503 bis 526.

4) Vgl. Brunner 1, 223.

5) Brunner 1, 223, v. Schwerin 127.

6) Vgl. Brunner 1, 229.

7) Vgl. Brunner 1, 231, v. Amira 246.

8) Vgl. v. Amira 239, Brunner 1, 239, v. Schwerin 127, Pertile 426.

9) Vgl. Brunner 1, 229.

10) Vgl. Brunner 1, 214, 216. Über die verschiedenen Bestandteile des Sühnegeldes in älterer Zeit vgl. v. Schwerin 128.

Strafrechts dahin bezeichnen, daß es in seinen Hauptteilen, der Fehdeverursachung und Friedloslegung, auf dem Standpunkt der ungemessenen Rache stand. Die Unrechtsfolge war insoweit noch nicht durch eine bestimmte Bewertung der schuldhaften Tat begrenzt.

II. Das deutsche Mittelalter.

1. Zur Zeit der Volksrechte, also in der merowingischen und karolingischen Periode, wurde das den Reflex der Friedlosigkeit bildende sogenannte Fehderecht oder Recht der Blutrache verdrängt (viel später erst bei den Nordgermanen, v. Amira 247). Der Verletzte und seine Sippe wurde auf die Befugnis beschränkt, vom Täter (z. T. auch von seiner Sippe, vgl. auch lex Saxŏnum 2, 6, die noch Fehde und Buße erwähnt) eine Bußzahlung, bei Sühne für einen Menschen das Wergeld oder Bruchteile desselben, zu fordern.[1]

Neben der Buße an den Verletzten war für den Wiedereinkauf in den öffentlichen Frieden ein Friedensgeld (fredus, in späterer Zeit Gewedde genannt) an die öffentliche Gewalt zu entrichten. Das Ganze hieß compositio und bildete die im Gesetz angedrohte Strafe.[2] Bei manchen Delikten gab es überhaupt nur eine Zahlung an die öffentliche Gewalt, die freilich nicht Friedensgeld hieß, nämlich die dem König für Übertretung seines Befehls geschuldete Bannbuße, z. B. bei Entführung einer Frau, bei Entziehung von der Wehrpflicht; es gab hier also kein Wergeld an den Verletzten.[3]

Überwiegend war aber die Strafe noch zugunsten des privaten Verletzten oder seiner Sippe eingerichtet. Wenn mehrere gemeinschaftlich für eine Tat hafteten (etwa der Totschläger unter ihnen war nicht ermittelt worden), so hatten sie insgesamt das Wergeld, doch nur einmal, zu entrichten.[4] Das Strafrecht war insoweit noch Bestandteil der Privatrechtsordnung. Ein Fortschritt gegenüber dem ältesten Recht lag darin, daß die verschiedenen Bußen in ihrer Höhe generell festgelegt und

---

[1]) Vgl. v. Schwerin 128.

[2]) Vgl. Schroeder (5) 83.

[3]) Vgl. Wilda 1, 477.

[4]) Vgl. Brunner 2, 566. Die lex Sal. 43 spricht von einem coniactare = Zusammenschießen.

abgestuft waren, wenn auch allerdings nur nach der verschiedenen Schwere des vom Täter angerichteten Erfolgs. Die Bußen, mit Ausnahme der Bannbußen (diese betrugen 60 Schillinge), waren nämlich in ihrer Höhe abgestuft je nach der Schwere der Verletzung, z. B. je nach der Art und Tiefe der zugefügten Wunden, je nach der Art der gebrauchten Scheltworte.[1]) Für den Fall der dolosen Nichtzahlung, ebenso als Folge dolosen Nichterscheinens des Beklagten vor Gericht,[2]) trat noch die allgemeine Friedlosigkeit ein.[3]) Immer aber war die Strafe fest bestimmt; für richterliches Ermessen gab es keinen Spielraum.

Nach äußerlichen Merkmalen wurde überwiegend noch bestimmt, ob die Handlung als absichtliche Missetat zu gelten habe oder als absichtslose Missetat zu behandeln sei. Letzteren Fall nannte man Ungefährwerk;[4]) z. B. es galt als Ungefährwerk, wenn jemand den Tod eines anderen dadurch verursacht hatte, daß sein Geschoß an einem Stein zurückprallt. Dagegen galt es als absichtliche Missetat, wenn jemand sonstwie durch sein Geschoß einen anderen getroffen hatte, mochte dies auch auf irgend einem Zufall besonderer Art beruhen.[5]) Ein Beispiel aus späterer Zeit im Swsp. c. 183 (Tötung und Sachbeschädigung beim Holzfällen betreffend). Bei absichtsloser Missetat wurde nur eine Buße an den privaten Verletzten oder seine Sippe entrichtet. Die Buße an die öffentliche Gewalt fiel regelmäßig weg.[6])

Erst gegen Ende der fränkischen Periode kam es auf, daß nach dem wirklichen Vorliegen eines bösen Willens im

---

[1]) Beispiele bei Brunner 2, 672.

[2]) Vgl. Pertile 311.

[3]) Sie wurde später zu einer nur provisorischen Acht (forbannitio) abgeschwächt, Brunner 2, 465, Pertile 313.

[4]) Es umfaßte nicht nur Fälle fahrlässiger, sondern auch solche zufälliger Verursachung. Brunner 2, 545.

[5]) Vgl. Brunner DRG. 1, 215. Ueber vereinzelte Ansätze der Volksrechte, auch schon zwischen culpa und casus rechtlich zu unterscheiden vgl. Pasquale del Giudice, Diritto penale germanico (1905) 38 f., Wilda 1, 580.

[6]) Gleichwohl war diese Vergeltung strafrechtlicher Natur, Brunner 2, 547.

Einzelfalle gefragt wurde, das Vorliegen also nicht auf Grund bestimmter äußerer Symptome ohne weiteres für feststehend galt.

Im ganzen genommen charakterisiert sich das Strafrecht der fränkischen Periode nicht mehr als eine ungemessene Rache, sondern als ein Recht auf Entschädigungen, wenngleich in den Volksrechten auch primäre öffentliche Todesstrafen und verstümmelnde Leibesstrafen hier und da vorkommen, namentlich in den romanisch beeinflußten Rechten.[1]

2. Das spätere Mittelalter. Das Friedensgeld und die königlichen Bannbußen wurden der Hebel, durch den das Strafrecht mehr und mehr zu einem Zweig des öffentlichen Rechts wurde.

Die Richter verstanden die lateinisch geschriebenen Volksrechte vielfach nicht mehr und erachteten sich nach dem Zerfall des fränkischen Königtums auch nicht mehr daran gebunden.[2]

Lokal- und Territorialrechte bildeten sich aus und damit entwickelten sich mancherlei Abweichungen gegenüber dem bisherigen Stammesrechte.[3] Die Richter bekamen in vielen Gebieten erhebliche Ermessensfreiheit bei der Anwendung von verschiedenen Strafen und bei der Schließung von Rechtslücken.[4] Das Wergeld kam seit dem 13. Jahrhundert mehr und mehr ab.[5] Dagegen hielten die Richter darauf, daß ihnen eine Buße (die Wedde) gezahlt wurde. Ein Teil der Gesamtgeldstrafe fiel häufig an die Stadt oder den Territorialherrn.[6] Die Reicheren konnten sich durch Geldzahlung in der Regel die Leibes- und Ehrenstrafen abkaufen.[7]

Von der alten Friedlosigkeit entstanden mehr und mehr Abspaltungen in der Form öffentlich vollzogener Todesstrafen.

---

[1]) Vgl. Geib 1, 190.

[2]) Vgl. Geib 1, 196, Siegel, Deutsche RGesch. (5) 43, Brunner Grdz. § 26.

[3]) Vgl. v. Amira Grdr. 42 f.

[4]) Belege bei Geib 1, 197.

[5]) H. O. Lehmann in Birkm. RE. 106 N. 431.

[6]) Ueber die verschiedenen Rechtszustände vgl. Geib 1, 213/14.

[7]) Vgl. v. Bar Hbd. 1, 107 f.

Verschiedentlich wurden verschärfte Todesstrafen (die bisher nur ausnahmsweise vorkamen) bei schweren Delikten eingeführt. Außerdem wuchs die Zahl und das Anwendungsgebiet der verstümmelnden Leibesstrafen (zusammenfassender Ausdruck für alle diese Strafen schon im Mittelalter: Strafen zu Hals und Hand).[1] Neben diese Strafen traten in zahlreicher werdenden Fällen und Arten nichtverstümmelnde Leibesstrafen, meist zugleich beschimpfender Natur, z. B. Prügelstrafen, Brandmarkung, Kahlscheren des Kopfes, Skalpierung[2] (sogen. Strafen zu Haut und Haar).[3]

Reine Ehrenstrafen jener Zeit waren z. B. die Ausstellung am Pranger, das Umhertragen eines Hundes, das Eselreiten.[4]

Die Strafen des deutschen Mittelalters sollten vielfach das Vergehen symbolisch erkennen lassen; sie waren sogenannte spiegelnde Strafen.[5] Dahin gehört z. B. das Abhauen der meineidigen Hand, das Verbrennen des Brandstifters, das Sieden des Münzfälschers.[6] Das Strafrecht war insoweit Talion. Aber es war noch nicht echte Vergeltung dem verschiedenen Werte der schuldhaften Handlung nach.

Unter die Verbrechen wurde der Bruch der verschiedenen Sonderfrieden: des Stadt- oder Landfriedens, des Haus- oder Gartenfriedens, des Kirchenfriedens neu aufgenommen.[7] In einem weiteren Sinne nannte man jedes schwerere Delikt Friedensbruch.[8]

---

[1] Vgl. v. Schwerin DRG. 129, His, Strafr. der Friesen 200/01, Geib 1, 237.

[2] Beisp. bei Osenbrüggen, Strafr. der Langob. 29, Osenbrüggen, Alaman. Strafr. 95.

[3] Vgl. Brunner 2, 603, v. Schwerin 129, H. O. Lehmann in Birkm. Rf. 283, v. Amira 243.

[4] Vgl. v. Bar Hdb. 1, 103 N. 423, Geib 1, 238, Osenbrüggen, Alaman. Strafr. 110, Knapp, Nürnberger Kriminalr. 91.

[5] Vgl. Wilda 1, 510, Brunner DRG. 2, 589.

[6] Vgl. v. Amira 243, Geib 1, 235.

[7] Belege bei Osenbrüggen, Alaman. Strafr. 47 f., 58, v. Bar, Hdb. 90, 94, 99, Walter DRG. 2, 415, Knapp, Ruppr. v. Freising 26.

[8] v. Amira 235, Geib 1, 218. Der Bruch gelobter Frieden bildete einen Erschwerungsgrund, kein selbständiges Delikt, R. Schroeder 781, v. Bar, Hdb. 91.

Durch Stadt- und Landrechte (letztere z. T. Privataufzeichnungen, welche die Autorität von Gesetzen erlangten) wurden im 13. und 14. Jahrhundert die neuen Rechtsideen kodifiziert. Damit wurde dann die richterliche Gewalt, welche seit dem Ende der Karolingerzeit rechtsbildende Kraft entwickelt hatte, wieder eingeschränkt. Unter den Rechtsbüchern ragt auch in bezug auf seinen strafrechtlichen Inhalt hervor der Sachsenspiegel (Ssp.) Eike von Repkows (Eyke von Repigowe), verfaßt ungefähr zwischen 1224 und 1230;[1]) ferner der bereits mit italienischen Rechtsgedanken durchsetzte Schwabenspiegel[2]) (Swsp.), verfaßt zwischen 1260 und 1275. Beide fanden Verbreitung und Geltung weit über die Grenzen ihres Stammes hinaus.

Die bei erheblicheren Delikten regelmäßig jetzt primär angedrohten öffentlichen Leibesstrafen waren im Mittelalter vielfach durch Abfindung mit dem Verletzten (Taidigung) oder durch öffentliche Bußzahlung ablösbar. Im späteren Mittelalter galt dies allerdings nur mit erheblichen Einschränkungen. In der Hauptsache waren da nur ablösbar die Strafen wegen der leichteren Delikte, wegen der sogenannten Frevel. Sie gingen an Haut und Haar oder an die Habe.[3]) Nicht ablösbar waren in der Regel mehr die Strafen für die schwereren Missetaten,[4]) für die sogenannten Ungerichte.[5]) Eine Ausnahme galt, wenn Richter und Ankläger einverstanden waren.[6])

Die Kirche beanspruchte für bestimmmte Delikte: die delicta mere ecclesiastica auch über Laien die Jurisdiktion, doch verhängte und vollzog sie eine verwirkte Todesstrafe oder ver-

---

[1]) v. Amira 61.

[2]) v. Amira 64.

[3]) Ueber die Bestrafung der Frevel mit Geldbußen zu Ausgang des Mittelalters vgl. R. Carlebach, Bad. Rechtsgesch. I (1906) 29 f.; die Jahre 1470—1515 betreffend.

[4]) Vgl. Brunner Grdz. § 42, Geib 1, 214; Ausnahmen bei v. Bar 106.

[5]) Brunner § 42, Schroeder DRG. (5) 777; nach v. Amira 247 sind Frevel nur die Handlungen, welche an die Habe gingen.

[6]) Schroeder DRG. (5) 784.

stümmelnde Leibesfrage nicht selbst.[1]) Sie überantwortete den Schuldigen, der die geistliche Strafe erhielt, dem weltlichen Gericht, damit es die gebührende Todes- oder Leibesstrafe auferlege und vollstrecke.[2])

Für die delicta mixta, z. B. Ehebruch, Zauberei, ließ man die Prävention entscheiden, ob geistliche oder weltliche Gerichte zu urteilen hatten.[3])

Die kirchlichen Strafen[4]) waren teils poenae medicinales (= Zensuren), z. B. die große und die kleine Exkommunikation, teils poenae vindicativae, z. B. Geldstrafen, lebenslänglängliches Gefängnis, körperliche Züchtigung.[5])

Außerdem wurden auch Strafen auferlegt, die der Schuldige selbst zu vollziehen hatte, die poenitentiae (= Bußhandhandlungen), z. B. Fasten, Almosengeben.[6])

Allgemeine, das gesamte Strafrecht betreffende Normen fehlen fast ganz.[7]) Kasuistisch bei den einzelnen Delikten finden sich dagegen mehrere, z. B. eine weitgehende Berücksichtigung des Rechtsirrtums,[8]) Anerkennung der Deliktsfähigkeit von Körperschaften.[9])

In der Ablösbarkeit von peinlichen Strafen lag eine erhebliche Bevorzugung der Reichen. Die Angehörigen der höheren Stände wurden ferner vielfach milder bestraft als die Angehörigen der niederen Klassen. Der Gegensatz zwischen honestiores und humiliores hinsichtlich der Bestrafung hinterließ noch im 18. Jahrhundert Spuren; vgl. ALR. 2, 20 § 689.

Trotz großer Verschiedenheit der angewendeten Strafmittel kam während des deutschen Mittelalters das Gefängnis als Strafart nur vereinzelt vor, so z. B. nach dem Hamburger Stadtrecht von 1270.

---

1) Vgl. c. 5 X 3, 50: Clericis in sacris ordinibus constitutis ex concilio Toletano iudicium sanguinis agitare non licet. Unde prohibemus, ne aut per se truncationes membrorum faciant aut iudicent inferendas.

2) Vgl. v. Bar Hdb. 1, 84 N. 354, Hinschius, Kirchenrecht 5, 80.

3) v. Bar H. 1, 80.

4) Aufzählung bei Hinschius, Kirchenrecht 5, 1 f.

5) v. Bar H. 1, 83.

6) Vgl. Geib 1, 146.

7) Hinschius 5, 964.

8) Hinschius 5, 922 f.

9) Vgl. Hollweck, Die kirchl. Strafges. (1899) 73.

Gegen Ausgang des Mittelalters wurde das deutsche Strafrecht in vielen Orten sehr streng.[1])

Ein Anlaß dafür war das Eindringen des römischen Rechts, wie es von den Italienern (den Postglossatoren) fortgebildet worden war. Diese Rezeption erfolgte indirekt (sogen. theoretische Rezeption), durch Aufnahme romanischer Rechtssätze aus italienischen Quellen in (süd)deutsche Rechtsbücher, schon seit dem 13. Jahrhundert. Sie wurde befördert durch die doctores utriusque juris, welche auf den italienischen Rechtsschulen das corpus iuris und dazu romanisches Recht in sich aufgenommen hatten. Diese doctores waren der Überzeugung, daß sie nur die geschriebenen Rechte des heiligen römischen Rechts deutscher Nation nach Deutschland herüberbrächten.

Das so auf Deutschland übertragene romanische Recht kannte viel mehr todeswürdige Delikte als das ältere deutsche Recht.

Ein weiterer Grund für die zunehmende Strenge des Strafrechts in Deutschland lag in der wachsenden öffentlichen Unsicherheit.

Die eintretende Unklarheit über das anzuwendende Recht beförderte auch wieder das Umsichgreifen von richterlicher Willkür beim Strafen. Todesstrafen werden schon für ganz geringfügige Verfehlungen angedroht, z. B. nach dem Ssp. 2,13 § 1 für Diebstahl von mehr als 3 Schillingen Wertes, sowie für Ehebruch. Nach dem Augsburger Stadtrecht von 1276 wurde demjenigen, welcher eine ehrbare Frau bezüglich ihrer Geschlechtsehre verleumdete, die Zunge ausgeschnitten.[2]) In dem von den Italienern beeinflußten Freiburger Stadtrecht von 1520 stand Todesstrafe bereits auf der Verunreinigung städtischer Brunnen und auf dem tätlichen Sichvergreifen an den städtischen Nachtwächtern.[3])

Unter den Todesstrafen jener Zeit ist zu erwähnen: das Verbrennen, Pfählen, Ertränken, Rädern, Lebendig-Begraben,

---

[1]) Vgl. Geib 1, 250, v. Bar, H. 1, 100.

[2]) Vgl. Caspar, Darst. des Strafr. des Swsp. u. des Augsb. Stadtr. (1892) S. 79.

[3]) v. Bar, H. 1, 98.

Hängen, Enthaupten.[1]) Das Mittelalter war außerdem reich an allerhand Leibesstrafen und beschimpfenden Ehrenstrafen, verhältnismäßig wenig allerdings der Ssp. (Abhauen der Hand und Ausschneiden der Zunge, Ssp. 2,16 § 2, 2,26 § 2); mehr schon die römisch-rechtlich beeinflußten unter den Volksrechten, am meisten aber die Stadtrechte des ausgehenden Mittealters.[2]) Die Leibesstrafen waren nicht mehr hauptsächlich spiegelnde Strafen, z. B. das Abhauen der Hand kam auch bei rückfälligem Bannbruch vor,[3]) das Ausstechen der Augen in einem Falle des Bannbruchs nach Augsburger Stadtrecht.[4])

Der Erfolg der zunehmenden Strenge entsprach nicht den gehegten Erwartungen.[5]) Die öffentliche Unsicherheit wurde größer. Räuberbanden und Banden von Geflüchteten und Gebrandmarkten taten sich zusammen und bedrohten die friedlichen Bürger. Diese ihrerseits waren nicht sicher, wegen irgend einer dem Volksempfinden unbedeutend erscheinenden wirklichen oder nachgesagten Verfehlung je nach des Richters Ermessen die schwersten Strafen zu erleiden. Die Rechtsunklarheit und die Art der Prozeßführung nach Willkür wurden als der schwerste Übelstand empfunden. Oft schon wegen schwachen Verdachts wurde zur Folter geschritten. Unter unklarer Vermengung italienischer und deutscher Rechtsvorschriften kam der Prozeß meist mit einer Verurteilung zum Abschluß. Andererseits konnten oft schwere Verbrecher bei der Nähe der Landesgrenzen und der vielen Asyle sich in Sicherheit bringen.

III. Neuere Zeit.

1. Die Entwickelung des gemeinen Reichsrechts. Mehrfache Landfriedensgesetze der deutschen Könige enthielten nur eine sehr bruchstückweise Regelung des Strafrechts; z. B. die Friedrichs I. von 1158 und 1187, Friedrichs II. von 1235, Maximilians I. von 1495 (ewiger Landfriede). Sie beschränkten

---

[1]) Vgl. die Belege bei Geib, Lehrb. 1, 230 f.

[2]) Belege bei Geib 1, 192 u. 236.

[3]) Harster, Strafr. der Stadt Speyer 76.

[4]) Caspar S. 62.

[5]) Vgl. dazu v. Bar H. 1, 108, Geib 1, 250, Wächter, Beil. zu Vorlesungen 102.

das Fehderecht und hoben es schließlich ganz auf. Außerdem setzten sie für verschiedene Friedensbrüche im engeren und im weiteren Sinne die Strafe fest, in der Regel die Todesstrafe.[1]) Doch vermochten sie nicht die gewünschte Ordnung und öffentliche Sicherheit herzustellen.

Die unerträglich werdende Rechtsunsicherheit auf proessualem und auf materiellem Gebiete veranlaßte die Errichtung eines vom kaiserlichen Hoflager getrennten, selbständigen Reichskammergerichts 1495, das u. a. über Landfriedensbrüche zu urteilen hatte.[2]) Zahlreiche Klagen über Fürsten und Städte und andere Obrigkeiten liefen alsbald bei diesem ein, daß unverschuldet Leute zum Tode veurteilt worden seien. Das Kammergericht fragte beim Reichstag an, wie es mit diesen Beschwerden zu halten sei. Der Reichstag zu Freiburg beschloß daraufhin 1498, es werde not sein, eine gemeine Reformation und Ordnung in dem Reiche vorzunehmen, wie man in criminalibus prozedieren solle.[3])

Erst 1532 kam nach mehreren Entwürfen das gewünschte Reichsgesetz zustande: die peinliche oder Halsgerichtsordnung Karls V., welche auf dem Reichstage zu Regensburg beschlossen wurde. Der Ausdruck peinliche Gerichtsordnung bedeutet das gleiche wie Halsgerichtsordnung, nämlich daß das Gesetzbuch die Straffälle trifft, welche zu Hals und Hand gehen, nicht die Frevel. Das Gesetzbuch ist in deutscher Sprache abgefaßt, wird aber vielfach als Constitutio Criminalis Carolina (= CCC.) oder kurzweg als Carolina bezeichnet. Als hauptsächliche Vorlage diente bei der Abfassung die Bambergische Halsgerichtsordnung (Bambergensis = CCB., sogen. mater Carolinae). Die Bambergische Halsgerichtsordnung und die fast völlig gleichlautende brandenburgische Halsgerichtsordnung von 1516 (Brandenburgica genannt, soror Carolinae, für die Fürstentümer Ansbach und Bayreuth erlassen) sind das Werk des Freiherrn Johann von Schwarzenberg (1463—1528). Er war Hofmeister bei den Bischöfen von Bamberg, später bei den brandenburgischen Markgrafen Casimir und Georg. Schwarzenberg schöpfte aus

[1]) Wächter, Beil. 90, v. Bar H. 90 N. 364; 99.
[2]) Brunner, Grdz. § 67.
[3]) Vgl. Wächter Beil. 104, v. Bar H. 110.

deutschen und mehr noch aus italienischen Quellen, ging aber selbständig bei ihrer Verarbeitung vor.[1])

Die Carolina ist das einzige deutsche Strafgesetzbuch des alten deutschen Reiches geblieben. Die partikularistische Strömung der damaligen Zeit hatte auf dem Regensburger Reichstag sich stark gegen die Aufgabe partikulärer Rechtszustände geltend gemacht. Die Reichsstände setzten durch, daß in den Eingang ein Vorbehalt zugunsten des Territorialrechts, die sogen. salvatorische Klausel, eingefügt wurde. Nach einer Aufforderung, sich an die CCC. zu halten, fährt der Eingang fort: „Doch wollen wir durch diese gnädige Erinnerung Kurfürsten, Fürsten und Ständen an ihren alten wohlhergebrachten rechtmäßigen und billigen Gebräuchen nichts benommen haben.“ Regelmäßig wollen also die Bestimmungen der Carolina nur subsidiär gelten, d. h. unbeschadet älterer abweichender Vorschriften des Landesrechts. Nur in einigen Fällen, z. B. Art. 135 (beim Erbverlust für die Angehörigen von Selbstmördern), Art. 145 (Anfang der Notwehrlage nicht erst nach Empfang eines Schlages), vgl. auch Art. 104, 218, will die CCC. entgegenstehendes Landesrecht brechen. Sie erklärt hier etwas für rechtens „unangesehen, ob es geschriebenen Rechten und Gewohnheit entgegen wäre“.

Die Carolina wurde in den einzelnen deutschen Territorien verschieden behandelt. Teils wurde sie ausdrücklich eingeführt, z. B. in Pommern, Braunschweig. Teils gewann sie stillschweigende Geltung, so z. B. in Hessen, Bamberg, Brandenburg. Teils wurde sie mit Abänderungen des Partikularrechts publiziert, so z. B. in der Kurpfalz, in Hamburg. Teils wurde sie völlig oder fast völlig unberücksichtigt gelassen. Dies letztere geschah nur an wenigen Orten, so in Rottweil, in Frankenhausen.[2])

Formell blieb die Carolina als gemeines Recht Deutschlands in einzelnen Territorien bis zum Inkrafttreten des StGB. von 1870 in Geltung, nämlich in beiden Mecklenburg, in Schaumburg, Bremen und dem früheren Herzogtum Lauenburg.[3]) Abändernde landesrechtliche Vorschriften und Ge-

---

[1]) Vgl. Brunnenmeister, Quellen der Bambergensis (1879) S. 7.
[2]) Geib 1, 277 f., v. Bar H. 128.
[3]) Binding H. 1, 41.

wohnheitsrecht hatten sie freilich auch hier im 19. Jahrhundert sachlich beiseite geschoben.

Angesichts ihrer großen Bedeutung während 2½ Jahrhunderten erscheint eine kurze Übersicht über ihren Inhalt angemessen.

Es gibt zahlreiche Ausgaben; die bekanntesten sind von Zoepfl und von Kohler.[1]) (Auch bei Reclam findet sich die CCC. abgedruckt.)

Ihrer Einleitung nach will sie nur den Richtern und Schöffen anzeigen, was das kaiserliche Recht ist. Tatsächlich ist sie aber nicht eine bloße Rechtsoffenbarung, sondern für Deutschland zum großen Teil Rechtsschöpfung. Sie enthält eine Verbindung italienischer und germanischer Rechtsideen. Germanisch ist z. B. der Diebstahlsbegriff, die Unterscheidung zwischen großem und kleinem Diebstahl, die Behandlung von Fälschung und Betrug. (S. Brunnenmeister 97, 279, 284.) Überwiegend freilich brachte (die Bambergensis und besonders) die Carolina italienische Rechtsgedanken zur Geltung.[2]) Jedoch hat sie eine selbständige Formulierung derselben unternommen und eine vorsichtige Auswahl getroffen. (Vgl. dazu v. Bar H. 124, Güterbock, Entstehungsgesch. der CCC. 268.) Italienische Grundgedanken finden wir z. B. bei der Lehre von der Zurechnungsfähigkeit Art. 179, Fahrlässigkeit Art. 172, vom Versuch Art. 178, und von der Teilnahme Art. 177, bei der Unterscheidung von Mord und Totschlag Art. 137.[3]) Verdienstlich sind zahlreiche Begriffsbestimmungen, welche wir in gleicher Schärfe vorher in Deutschland nirgends finden. Sie sind aus italienischen Elementen selbständig aufgebaut, nicht einfach kopiert (vgl. z. B. Brunnenmeister 173 über die Verwertung der Versuchselemente). Dahin gehören z. B. die Begriffe: Notwehr, Notstand, Versuch, Fahrlässigkeit, Notzucht.

In bezug auf die harte Bestrafung von Verbrechen ist die

---

[1]) Ueber die letztere vgl. einerseits Binding Grdr. 32, anderseits Kohler GA. 50, 59; 51, 152.

[2]) Schroeder, D. Rechtsgesch. (5) 896, nennt sie zugleich „ein Gesetzbuch" und ein „Lehrbuch des italienischen Strafrechts".

[3]) Vgl. Brunnenmeister 290 N. 2, der auch die auf italienische Lehren zurückführenden prozeßrechtlichen Einrichtungen verzeichnet.

Carolina noch ganz ein Kind ihrer Zeit.[1]) Nur vereinzelt begegnen Milderungen gegenüber dem bisherigen in Deutschland geübten Recht, z. B. die Weglassung des Delikts der Ketzerei und der Majestätsbeleidigung in der CCC. (anders noch CCB. Art. 132, 130). Das Verbot, das Erbe des Selbstmörders dessen Angehörigen zu entziehen, Art. 135. Eine Milderung bedeutete ferner die genaue Bezeichnung der Vorbedingungen für die Anwendbarkeit der Folter (der peinlichen Frage), Art. 45 f., wofür wieder italienische Quellen die Grundlage bildeten.

Der Anlage nach ist die Carolina ein Wegweiser für die Richter durch das Gebiet des Strafprozesses. Aus Anlaß der Frage, wie der Richter urteilen soll, wird dann in den Art. 104—180 erörtert, wie man die Missetaten peinlich zu strafen habe. Von den bloßen Freveln will die CCC. also grundsätzlich nicht handeln. Die allgemeinen Lehren finden sich in diesem Teil an verschiedenen Orten versprengt. Die Verbrechensbegriffe der CCC. sind nicht so dehnbar wie in romanischen Rechten. Das richterliche Ermessen wird bei manchen Delikten, so bei Meineid Art. 107, bei Münzfälschungen Art. 111, bei widernatürlicher Unzucht Art. 116, bei Brandstiftung Art. 125, bei einfachen Diebstählen Art. 158 durch Verweisung auf bestimmte Strafen ausgeschlossen. In der Mehrzahl der Fälle gibt die CCC. die Strafe nicht absolut bestimmt selbst an. Teils überläßt sie die Strafe ganz oder teilweise dem richterlichen Ermessen, z. B. Art. 110, 114, 115, 137, häufiger verweist sie auf die Bestimmungen des kaiserlichen Rechts und auf den Rat der Rechtsverständigen, z. B. Art. 112, 117, 118, 120, 122, 123 oder auch auf die örtliche Gewohnheit, z. B. Art. 167, 168. Unter dem kaiserlichen Rechte sind die früheren Landfriedensgesetze und das römische Recht zu verstehen, wie es von den mittelalterlichen Italienern fortgebildet war. Mit dem Hinweis auf den Rat der Rechtsverständigen waren die Oberhöfe, die sonstigen Obrigkeiten und die hohen Schulen bezeichnet, Art. 219.

Für die damalige Periode bedeutete die Carolina einen

---

[1]) Uebersicht über die zahlreichen Arten geschärfter Todesstrafen und der Leibesstrafen bei Wächter, Beilagen 122.

großen Gewinn in bezug auf Rechtseinheit. Aber sie enthielt doch zu viele Lücken, um die ergänzende territoriale Rechtsbildung nachhaltig zu hemmen. Auch verwies sie z. T. direkt auf das territoriale Recht. Die geringe Macht des alten deutschen Kaisertums und das partikularistische Interesse der Einzelstaaten verhinderten, daß die Carolina den später veränderten Zeitbedürfnissen angepaßt wurde. Das Reich brachte es wohl noch zu ein paar Reichspolizeiordnungen, die erste von 1530, reformiert 1548 und 1577. Sie sind zurückzuführen auf Anregungen des Kurfürsten Bertold von Mainz (1484—1504) bei den Reichstagen von 1495, 1498. Das Wort Polizei ist dem Französischen entlehnt und bedeutet die Aufrechterhaltung des Friedens und der guten Ordnung, namentlich in besonderen Lebensverhältnissen. Es wurden u. a. Mißbräuche im Handel, z. B. Warenfälschung, Wucher, Bankbruch, ferner Unzucht, Gotteslästerung, Zigeunerunwesen, Untreue der Vormünder, unbefugtes Waffentragen, gewerberechtliche Übertretungen bedroht.[1]) Im 17. Jahrhundert verstummte die Reichsstrafgesetzgebung völlig.[2])

2. Die Fortbildung des Strafrechts nach der Carolina.

Die fehlende Angabe der Rechtsfolgen vieler Delikte in der Carolina, gelegentlich fehlende Begriffsbestimmungen sowie die Erklärung in Art. 105, daß in unbenannten peinlichen Fällen Richter und Urteiler Rats pflegen sollen, wie den kaiserlichen Rechten und der CCC. am gemäßesten geurteilt werde, war neben dem Partikularismus ein Ansporn, daß sich, durch weitschweifige Kommentare zur Carolina gefördert, manche Neubildung teils gewohnheitsrechtlich, teils auf Grund Landesgesetzes vollzog.

Ein bedeutsameres Landesgesetz waren die kursächsischen Konstitutionen von 1572.[3]) Sie schöpften vielfach aus dem Sachsenspiegel und entschieden eine große Anzahl von Zweifelsfragen der Praktiker. Sie und die kursächsischen Dezisionen von 1661 (beide aber nicht nur Strafrecht betreffend) erlangten

[1]) Vgl. dazu Segall, Geschichte u. Strafr. der RPOO. 1914.

[2]) Wächter, Beilagen 141.

[3]) Sie wurden später z. T. in Baden übernommen, vgl. Carlebach, Bad. RG. 2. 89 f. (das Zeitalter des 30jähr. Krieges betreffend).

tatsächliche Geltung auch außerhalb Kursachsens in niederdeutschen Ländern. Das verbesserte preußische Landrecht von 1721 stützt sich in zahlreichen Punkten auf sie.[1] Letzteres hob das Verbrechen der Zauberei auf und war außerdem charakteristisch durch eine Fülle präventivpolizeilicher Anordnungen. Im 18. Jahrhundert entfernte sich die Praxis nicht selten auch von den Grundgedanken der Carolina und überging häufig die schwereren Todesstrafen. Sie hielt sich mehr an die Kommentare zur CCC. und an die Lehrbücher des gemeinen Rechts. Die Carolina selbst bot infolgedessen allmählich immer weniger festen Halt für die Erkenntnis des lebenden Rechts.

Drei größere deutsche Staaten schlossen mit Erlaß eines eigenen Strafgesetzbuchs die Geltung der Carolina auch formell im 18. Jahrhundert aus.

Dies taten: 1751 Bayern durch den Codex Maximilianeus Bavaricus Criminalis,

1768 Österreich durch die Constitutio Criminalis Theresiana,

1794 Preußen durch das Allgemeine Landrecht für die preußischen Staaten Tl. 2 Titel 20 (= 1577 §§).[2]

Alle drei Gesetzbücher sind in deutscher Sprache abgefaßt. Die beiden ersteren Kodifikationen waren zwar gründliche Umarbeitungen des Rechts der Carolina mit manchen sachlichen Änderungen und Zutaten. Aber sie waren auch noch von fast gleicher Strenge. Das preußische Allgemeine Landrecht (= ALR.) ist von dem neuzeitlichen Geiste einer alles durchdringenden Staatsgewalt erfüllt; es ist milder, weit mehr im einzelnen durchdacht, aber sehr kasuistisch.

Im 17. Jahrhundert entwickelten sich nebeneinander zwei wissenschaftliche Strömungen. Die eine wurde insbesondere vertreten von Prof. Matthias Berlich (Conclusiones Practicabiles 1614) und seinem Schüler Benedikt Carpzov, beide in Leipzig. Carpzov (1595—1666) war Mitglied des Leipziger Schöppenstuhls, zeitweise auch Professor, 20 000 Todesurteile wurden ihm nachgesagt.[3]

[1] Vgl. Hälschner, Geschichte des brandenburgisch-preußischen Strafrechts 121, 153.

[2] Vgl. auch C. Schönith, Das Strafr. des allg. preuß. Landr. v. 1794 (1907).

[3] Vgl. Stintzing-Landsberg, Gesch. der Dtsch. RW. 2, 73.

Sein in vielen Auflagen verbreitetes Hauptwerk ist die Practica Nova Imperialis Saxonica rerum criminalium, 1635.[1]) Diese Richtung verlegte sich auf den praktischen Ausbau und die (manchmal scholastische) Auslegung des positiven gemeinen und partikulären Rechts. Sie konstruierte unter zahlreichen Distinktionen viele Fälle, wo der Richter statt der festgelegten poena ordinaria eine mildere poena extraordinaria verhängen durfte, deren Bestimmung seinem Ermessen anheim gestellt wurde. Die neueren Landesrechte, insbesondere das verbesserte Preußische Landrecht von 1721, gingen dann ausgesprochen von der Tendenz aus, dieses Ermessen einzuschränken.[2])

Die zweite Richtung nahm ihren Ausgangspunkt von verfehlten Axiomen. Sie erklärte, es gebe ein durch positive Satzungen verschleiertes Naturrecht der Menschen. Es bestünden angeborene Menschenrechte oder solche, die durch einen Urvertrag der ersten Menschen zustande gekommen seien. Die Vertreter dieser Richtung (u. a. Grotius, Hobbes, Voltaire,[3]) Pufendorf,[4]) Thomasius, Wolff,[5]) Beccaria) wollten dieses Idealrecht, das Naturrecht, möglichst wiederherstellen. Der Ausgangspunkt dieser Richtung war ein Phantasieprodukt. Aber trotz der irrigen Grundlage schuf die naturrechtliche Lehre eine

---

[1]) An dem Abschreiben der Zitate seines Vorgängers Berlich hat Carpzov keinen Anstoß genommen. Aber deswegen ist die Selbständigkeit Carpzovs bei einer Vergleichung beider Werke doch zweifellos. Berlich behandelt das Strafrecht nur bruchstückweise in seinem überwiegend zivilistischen Werk, das die chursächsischen Konstitutionen erläutert und ergänzt. Carpzov behandelt das ganze Strafrecht, nach selbständiger Methode, mit viel mehr Material und mit selbständiger, von Berlich zum Teil abweichender Entscheidung von Zweifeln. Treffend Hälschner, Gesch. des brandenb. Strafr. 130 f., Stintzing-Landsberg, Gesch. d. Dtsch. RW. 2, 65. Carpzov zitiert allerdings seinen Vorgänger nicht entfernt so häufig, wie es heute bei reichlichen Uebernahmen geschehen müßte. Vgl. auch Wächter, Gem. Recht Deutschlands 1844, S. 105 f.

[2]) Vgl. Hälschner, Geschichte 147.

[3]) Vgl. Hertz, Voltaire u. die französ. Strafrechtspflege im 18. Jahrh. (1887).

[4]) Libri octo de jure naturae et gentium, 1672. Vgl. dazu Stintzing-Landsberg 3, 1, 12.

[5]) Vgl. R. Frank, Die Wolffsche Strafrechtsphilosophie, 1887.

Reihe sehr vernünftiger Postulate, welche zum Teil auch in der Gesetzgebung Eingang fanden.

Es ist eine in der Rechtswissenschaft nicht selten wahrzunehmende Erscheinung, daß ganz vernünftige Postulate aufgestellt werden, während ihre rechtfertigenden Grundlagen höchst anfechtbar sind. Wenden wir uns zu dem, was das Naturrecht Neues gebracht hat.

Die Fälle angedrohter Todesstrafen wurden wesentlich vermindert. Die verschärften Todesstrafen, die Folter und die verstümmelnden Leibesstrafen wurden beseitigt; manche zu scharfe Strafdrohungen wurden gemildert.

Die Prügelstrafe und der Pranger verschwinden allerdings erst im 19. Jahrhundert. Die Folter beseitigte in seinen Ländern dagegen bereits Friedrich der Große.

Die Delikte der Zauberei, Hexerei,[1] Ketzerei, des Abfalls vom christlichen Glauben, des Selbstmordversuchs wurden allmählich abgeschafft. In der Theresiana bestanden sie noch.

Wir sehen also: dem Volksbedürfnis abgelauschte und dem Kulturfortschritt angepaßte Neuerungen werden eingeführt unter der irrigen Einkleidung, daß es sich hier um ewige und unverlierbare Rechte handle, die unabhängig vom Wandel der Zeiten Geltung beanspruchen könnten.

Von neuem Geiste erfüllt, wenngleich mit einzelnen Rückschlägen, war das StGB. Josefs II., die Josefina von 1787. Beseitigt wurde hier die Todesstrafe. An ihrer Statt wurde eine Gefängnisstrafe eingeführt mit Anschmiedung an die Wand auf die Dauer von 30—100 Jahren. An die Stelle der poenae arbitrariae und extraordinariae traten Strafrahmen. Reichliche Verwendung fand auch die Prügelstrafe. Für Gotteslästerung war vorgesehen die Einsperrung im Tollhause.

Die notwendig gewordene Weiterbildung des Rechts der Carolina, wie auch die Anwendung naturrechtlicher Postulate

---

[1]) Die letzte „Hexe", Anna Göldi, wurde in germanischen Landen 1782 als „Vergifterin" in Glarus enthauptet. Vgl. darüber ausführlich: Heer in Jahrb. d. hist. Ver. Glarus (1865) 9—53; kürzer: Osenbrüggen, Studien zur deutschen und schweizer. RG. (1881) 413—433.

führte wiederum zu erheblicher Richterfreiheit in der Rechtsauslegung, die man jedoch bald mit mißgünstigen Augen ansah.

Gegen sie erfolgte, insbesondere im ALR., eine starke Reaktion, die bereits auf Friedrich den Großen zurückführbar ist.

Man gelangte in der Folgezeit zu polizeistaatmäßiger Bevormundung nicht nur des Volkes, sondern auch der Richter, denen alle Bewegungsfreiheit so viel wie möglich durch kasuistische Regeln genommen wurde.

Von Mißtrauen gegen freies richterliches Ermessen ist auch der Code pénal der Franzosen von 1810 erfüllt. Er bildete eine wesentliche Erweiterung und Umarbeitung des Code des délits des peines von 1791. Napoleons I. dämonisches Genie beherrschte die einschlägigen Fragen so, daß er selbst bei den 25 Sitzungen zur Redaktion dieses Gesetzes (1804) maßgebend teilnehmen konnte. Mit vielen Abänderungen ist dieses französische StGB. noch heute in Kraft. Es gewann nachhaltigen Einfluß auf zahlreiche kontinentale Strafgesetzbücher und durch Vermittelung der deutschen Landesstrafgesetzbücher auch auf das deutsche RStGB. Ihm entstammt z. B. die Definition des Versuchs, die Dreiteilung der strafbaren Handlungen, die Stellung unter Polizeiaufsicht, das Einsichtserfordernis.

3. Das 19. Jahrhundert. Mit dem Naturrecht war das Problem neu aufgetaucht, wie die Strafe zu rechtfertigen und nach welchen Prinzipien sie auszugestalten sei. In der Antike hatte sich insbesondere Aristoteles damit befaßt. Das 19. Jahrhundert ist dasjenige, in welchem die meisten und die gegensätzlichsten Theorien über Grund und Zweck der Strafe aufgestellt wurden.

Großen Einfluß auf die Gesetzgebung in Deutschland während der ersten Hälfte des 19. Jahrhunderts hatte die Strafrechtstheorie Anselm Feuerbachs (1775—1833). Das Strafrecht soll danach, da jedes Verbrechen angeblich aus Sinnlichkeit entsteht, nach dem Grundgedanken ausgestaltet werden, daß durch die Strafdrohungen ein sinnlicher Reiz (ein „psychologishher“ Zwang) zur Unterlassung von Verbrechen ausgeübt werde (sogen. psychologische Zwangstheorie).[1] Diese Theorie wurde im

---

[1]) Vgl. Feuerbach, Lehrb. § 10 f.

bayerischen StGB. von 1813 (dessen Redaktor Feuerbach war)[1]) verwirklicht[2]).

Sie führte einerseits zur Betonung manches zweckmäßigen Satzes, z. B. des Satzes, daß tunlichste Gesetzeskenntnis anzustreben sei, daß ferner keine Handlung ohne vorgängige Bekanntmachung eines Strafgesetzes gegen diese Handlung gestraft werden solle. In der Carolina Art. 105 hatte diese Regel noch keine Anerkennung gefunden.

Anderseits ging bei Feuerbach das System auf größtmögliche Ausnützung des Abschreckungsgedankens hinaus. Das Publikum sollte abgeschreckt werden. Diese Überspannung des öffentlichen Strafbedürfnisses wurde der Grund, weshalb das bayerische StGB. bald modifiziert und später durch ein anders angelegtes ersetzt wurde.

Die Gesetzgebung der späteren Dezennien neigte wieder zu größerer Milde. Bedeutende Partikularstrafgesetzbücher der Folgezeit waren:

das preußische StGB. von 1851 (unter Rezeption verschiedener französischer Rechtsgedanken),
das sächsische StGB. von 1855 (revidiert 1868) und
das bayerische StGB. von 1861.

Die Gefängnisstrafe bekam immer mehr eine dominierende Stellung unter den Strafmitteln. Erst in den letzten Dezennien wird sie an Häufigkeit von der Geldstrafe überholt. Ein steigender Zug zur Milde prägt sich darin aus.

Das richterliche Ermessen wurde im 19. Jahrhundert in der Weise anerkannt, daß man dem Richter die Auswahl der Strafe innerhalb einer gesetzlichen Mindest- und Höchstgrenze gestattete, daß man also einen Strafrahmen bildete. Die ersten Ansätze zur Aufstellung richterlicher Strafrahmen enthält die Josefina.

Dem 19. Jahrhundert gehört der dogmatische Ausbau der

---

[1]) Die offiziösen Anmerkungen zu dem Gesetzbuch stammen nicht von Feuerbach, sondern von seinem Gegner Gönner; vgl. Stintzing-Landsberg, Gesch. d. d. RW. 3, 2, 155.

[2]) Das GB. zeichnet sich durch knappe, logisch klare Bestimmungen aus; vgl. z. B. Artt. 261, 262 und daneben ALR. 2, 20 §§ 1271—1289 (beide Wucher betreffend).

allgemeinen strafrechtlichen Lehren an. Einzelne dieser Gebiete, z. B. die Irrtumslehre und die Lehre vom internationalen Strafrecht, waren schon von den mittelalterlichen Italienern mit virtuoser Technik durchforscht worden.

Die Geltung des gemeinen Rechts hatte sich bis zum 1. Januar 1871 in Deutschland in den beiden Mecklenburg, in Schaumburg-Lippe und in Bremen erhalten. Aber die Geltung war in der Hauptsache nur Schein. Man urteilte nach landesrechtlichen Spezialbestimmungen sowie nach Gewohnheitsrecht und griff nur auf einzelne Bestimmungen der CCC., z. B. über untauglichen Versuch, hier und da zurück, die noch nicht veraltet waren. Noch 1835 wurde übrigens die Geltung der Carolina für den Kanton Schwyz gesetzlich bestätigt. Zugleich wurde aber auf die Anwendung des allgemeinen Gerichtsgebrauchs hingewiesen.[1]

[1] Vgl. Meyer v. Knonau, Histor. geogr. statist. Gemälde der Schweiz, 1835, Heft 5 und 13.

Erstes Buch.

Die Strafgesetze und ihr Anwendungsgebiet.

§. 10.

Das Strafgesetz und seine Auslegung.

I. Das Strafgesetz.

Als Gesetze kommen im Sinne des § 2 StGB. nur in Betracht:

1. der unter Mitwirkung der Volksvertretung zustande gekommene Rechtssatz (das formelle Gesetz), ferner

2. die auf eine formellgesetzliche Ermächtigung sich stützende Verwaltungsvorschrift (Verordnung). Vgl. auch Binding H. 1, 205, Frank § 2 I, Wachenfeld 39 N. 2.

Weiter geht der Gesetzesbegriff nach E. BGB. § 2. Danach ist Gesetz im Sinne des bürgerlichen Rechts jede Rechtsnorm, also auch Gewohnheitsrecht.

Als Strafgesetze sind im weiteren Sinne des Wortes alle die Existenz oder den Inhalt eines Strafanspruchs betreffenden Gesetze (im Sinne des § 2 I) zu erachten, z. B. auch die Gesetze über Auslieferung, über Verjährung, über Notwehr, über die Strafarten, über Strafmündigkeit. In diesem Sinne ist das Wort in §§ 3, 4, 10 StGB. zu verstehen.[1]

Im engeren Sinne verstehen wir unter Strafgesetzen nur solche Gesetze, welche Bestrafungsmöglichkeiten eröffnen oder erweitern, oder die Straffolgen gewisser Handlungen bezeichnen. Insbesondere gehören hierher die Tatbestände des Besonderen Teils.

---

[1]) Vgl. auch Binding, Normen 1 (2) 21.

Die regelmäßige Form der Strafgesetze im engeren Sinne besteht darin, daß die Handlung und ihre Straffolge durch formelles Gesetz genau bestimmt ist. Bei geringfügigen Delikten ist nicht selten nur die Straffolge durch formelles Gesetz geregelt, während die nähere Bezeichnung der sie auslösenden Handlung innerhalb bestimmter Grenzen einer Verwaltungsvorschrift vorbehalten ist, sogenannte Blankettstrafgesetze; vgl. z. B. §§ 145, 366 Z. 10 StGB. Vereinzelt darf innerhalb gewisser Grenzen auch die Straffolge durch Verwaltungsvorschrift näher geregelt werden; vgl. z. B. Kons.-Gerichtsbark.-Ges. v. 1900 § 51: Der Konsul ist befugt, für seinen Gerichtsbezirk... polizeiliche Vorschriften zu erlassen und deren Nichtbefolgung mit Haft, Geldstrafe bis zu 1000 M.... zu bedrohen.

Strafgesetze im engeren Sinne können nicht durch Gewohnheitsrecht geschaffen werden (wohl aber die Rechtswidrigkeit eines bestimmten Verhaltens, z. B. einer zweideutigen Äußerung[1]). Dies will § 2 I in der Wendung mit ausdrücken: „Eine Handlung kann nur dann mit einer Strafe belegt werden, wenn diese Strafe gesetzlich bestimmt war, bevor die Handlung begangen wurde.[2]" Dagegen ist der Abschaffung von Strafgesetzen im engeren und weiteren Sinne durch Gewohnheitsrecht im § 2 I nichts in den Weg gelegt, ebensowenig einer ausdrücklichen oder stillschweigenden Verweisung auf Gewohnheitsrecht.[3]

Die Fälle eines derogierenden Gewohnheitsrechts sind im Strafrecht nicht zahlreich.

---

[1]) Gl. M.: Beling, Grdz. 15.

[2]) Gl. M.: Frank § 2 I, Olshausen § 2 N. 4, Wachenfeld 38 N. 1.

[3]) Frank § 2 I 1; Allfeld 81 N. 3; v. Bar, Ges. u. Schuld 1, 13. Gegen die derogierende Macht des Gewohnheitsrechts auf strafrechtlichem Gebiet: M. E. Mayer 25 Nr. 12. Schwartz § 2 N. 3; letzterer beengt durch seine zu strenge Auslegung des Erfordernisses der opinio necessitatis für Gewohnheitsrecht. Vgl. über diesen Begriff: Enneccerus, Bürgerl. R. I § 36 I 4 (11. Aufl. 1, 87), v. Gierke, Holtz-Kohler, RE. (7) 1, 189. Die gemeinrechtliche Lehre, daß ein Gewohnheitsrecht nicht errore introductum sein darf, kann als strafrechtlich rezipiert nicht erachtet werden; ebensowenig das antiquierte Erfordernis einer Rationabilität der Gewohnheit. Es genügt eine nicht nennenswert widersprochene Übung in der Überzeugung, daß das Geübte Recht sei.

Hierher wird man die als allgemeiner Grundsatz vom Reichsgericht[1]) anerkannte Regel rechnen dürfen: Niemand kann rechtlich genötigt werden, eine vom ihm begangene strafbare Handlung anzuzeigen, auch nicht, wenn er sich durch Nichtanzeige in anderer Weise straffällig macht.

Ferner gehört hierher der freilich auch anders gedeutete Fall, daß jemand einen Selbstmordkandidaten wider seinen Willen durch Gewalt an der Ausführung seines Vorhabens hindert.[2]) Tatsächlich wird noch nie jemand verfolgt worden sein, der unter den Augen eines Schutzmannes dem Selbstmörder nachgeeilt ist und ihn zwangsweise von seinem Vorhaben abgehalten hat.

Die tatsächlich bestehende Straflosigkeit eines nicht fahrlässigen Arztes, der einem Unzurechnungsfähigen oder einem Bewußtlosen durch eine Notoperation helfen wollte, aber den angestrebten Nutzen für das Leben oder die Gesundheit des des Kranken nicht erreicht, läßt sich ebenfalls mit Gewohnheitsrecht begründen.

Wenn ein Arzt der Staatsanwaltschaft darüber Mitteilung macht, daß bei ihm der mutmaßliche Mörder sich seine während der Tat erhaltenen Verletzungen habe verbinden lassen, so ist er nach bestrittener Ansicht straflos.[3]) Die Rechtfertigung im Falle bejahter Straflosigkeit wird in einer gewohnheitsrechtlichen Übung zu erblicken sein. Tatsächlich verfährt die Praxis so.

II. Auslegung.[4])

Eine feste Methode der Auslegung ist allein imstande, die allmähliche wissenschaftliche Lösung der ungezählten Zweifelsfragen des Strafrechts herbeizuführen.

---

1) Vgl. GA. **53**, 76, E. **45**, 102.

2) Gl. M. im Ergebnis: Hamm, DJZ. 18, 633. Büdinger, Die Einwilligung (1905) 23, v. Lilienthal, ZStW. **20**, 446, Kahl, Der Arzt im Strafrecht (1908), 16, Kohler, GA. **49**, 6, Graf Dohna, Rechtswidrigkeit 148, Rosenfeld, VD. B. **6**, 415, Zitelmann, Ausschluß der Rechtswidrigkeit, 115, A. M.: Allfeld 440 N. 13, v. Bar, **3**, **36**, Schwartz, § 240, N. 3, v. Liszt, § 100, N. 4, Wachenfeld, 342, Stern, GS. **60**, 458.

3) Gl. M.: Allfeld 465, A. M.: Wachenfeld 490.

4) Vgl. auch Heck, ArchZivPr. (1914) **112**, 1—318.

1. Richterliches Prüfungsrecht in bezug auf die Gültigkeit von Strafgesetzen.

a) Der Richter darf den autoritativen Ausspruch desjenigen, der das Gesetz verfassungsmäßig auszufertigen hat, nicht in Zweifel ziehen, wenn dieser erklärt, daß die Formalien für das ordnungsmäßige Zustandekommen des Gesetzeswillens beobachtet sind.[1])

Ein derartiger Ausspruch liegt in den gesetzlichen Eingangsformeln: Wir verordnen „nach erfolgter Zustimmung des Bundesrats und des Reichstags“, „nach Vernehmung des Staatsrats“.

Zu den erwähnten Formalien sind insbesondere die ordnungsmäßige Abstimmung, die Übereinstimmung des sanktionierten Textes mit dem von der Volksvertretung angenommenen Texte zu zählen.

b. Dagegen hat der Richter zu prüfen, ob der publizierte Rechtssatz in der von dem Ausfertigenden behaupteten Form rechtswirksam ergehen konnte.

Diese Frage wird wichtig u. a. für Landesgesetze, Landesverordnungen, Verordnungen des Bundesrats und des Reichskanzlers. Der Richter hat z. B. zu prüfen, ob in der betreffenden Rechtsfrage Landesrecht überhaupt noch zulässig ist, ob der Regierungspräsident sich bei dem von ihm erlassenen Verbot auf eine gesetzliche Ermächtigung stützen kann.

Das Landesrecht kann dieses richterliche Prüfungsrecht nur ausschließen in bezug auf Verwaltungsvorschriften, die dem Landesrecht vorbehalten sind, aber nur dann gültig erlassen wurden, wenn der Erlassende vom Landesrecht dazu ermächtigt war. Nur für das Landesrecht hat daher noch Gültigkeit Art. 106 der preußischen VU.: „Die Prüfung der Rechtsgültigkeit gehörig verkündeter königlicher Verordnungen steht nicht den Behörden, sondern nur den Kammern zu.“ Der preußische Richter kann also nur prüfen, ob eine erlassene königliche Verordnung nicht in Widerspruch mit zwingendem Reichsrecht steht; er darf aber nicht prüfen, ob

---

[1]) Vgl. E. in GA. 55, 325.

für die Verordnung des Königs eine etwa erforderliche landesgesetzliche Ermächtigung vorlag.[1])

2. Redaktionsversehen, d. h. Irrtümer bei der Beschlußfassung über den Wortlaut oder die Tragweite des Gesetzestextes können nur durch neue Beschlußfassung der gesetzgebenden Faktoren aus dem Gesetz beseitigt werden. Zu solchen Irrtümern gehören nicht nur die im BGB. § 119 bezeichneten. Bis zu einer neuen Beschlußfassung der gesetzgebenden Faktoren darf der Richter die philologische Auslegungsmethode nur nach Maßgabe des verkündeten Wortlauts anwenden, ohne daß er abweichende Willensmeinungen der gesetzgebenden Faktoren bei der Entstehungsgeschichte berücksichtigen könnte.

Aber wenn weitere Auslegungsmethoden ihm ein anderes Auslegungsergebnis aufnötigen, z. B. die rationelle und logische Auslegung, so braucht er sich ihnen nicht wegen der abweichenden grammatikalischen Bedeutung des Ausdrucks zu verschließen.

Daher darf z. B. in §§ 316 II, 318 II das „und" so ausgelegt werden, als ob es hieße „oder".

Druckfehler, d. h. Irrtümer bei der Veröffentlichung des ausgefertigten Gesetzes, können von demjenigen widerrufen werden, welchem die Veröffentlichung des Gesetzes zustand.

Sobald der Richter sie festgestellt hat (etwa aus dem Vergleich des ausgefertigten Textes mit dem gedruckten) oder sobald sie offiziell von dem Veranlasser des Druckes bekanntgegeben sind, darf der Richter den Text so lesen, wie er beschlossen worden war. Einer neuen Beschlußfassung der gesetzgebenden Faktoren bedarf es nicht. Andere Auslegungsmethoden sind dem Richter schon vor erlangter Gewißheit über den Druckfehler nicht verwehrt.[2]) Z. B. eine Stelle, deren Fehlerhaftigkeit ohne weiteres auf Grund der Logik und der ratio legis zu erkennen ist, darf auch ohne offizielle Berichtigung und ohne Vorliegen des vom Ausfertigenden unterschriebenen Originals entsprechend der zweifellosen ratio

---

[1]) Gl. M.: Laband, Staatsrecht (5) 2, 122/23.

[2]) Vgl. auch Binding, H. 1, 463, v. Bar, Ges. u. Sch. 1, 20.

ausgelegt werden. — Liegt ein Fehler darin, daß der vom Parlament angenommene Entwurf mit der ausgefertigten Originalurkunde nicht übereinstimmt, so hat der Ausfertigende die Veröffentlichung des seinerzeit angenommenen Textes zu veranlassen. Bevor sie erfolgt ist, steht der Wortlaut so fest, wie er veröffentlicht wurde, kann aber wiederum durch andere Auslegungsmittel seiner Bedeutung entkleidbar sein.

3. Auslegungsmittel bilden die grammatikalische, logische, rationelle und historische Methode der Auslegung.

Erstere sucht den Wortsinn nach dem Sprachgebrauch[1]) und nach dem Satzgefüge zu ermitteln.[2]) (Bei dem Sinne eines Satzes arbeitet sie mit den Regeln der Syntax.)

Die logische Methode schöpft aus dem Verhältnis der Stelle zu anderen Stellen des gleichen oder eines anderen Gesetzes Schlußfolgerungen für die konkrete Bedeutung des Auslegungsobjekts.

Z. B. man argumentiert: die zulässigen Versuchsstrafen sind in §§ 44 und 45 bezeichnet; da im übrigen der Satz nulla poena sine lege poenali gilt, § 2, ist die Unanwendbarkeit anderer Unrechtsfolgen bei Versuch anzunehmen.[3]) Oder man schließt: Die Wendung „wer gewissen (Verwaltungs-) Vorschriften zuwiderhandelt", umfaßt im StGB. auch das fahrlässige Zuwiderhandeln. Im Zweifel wird das gleiche auch von § 4 des Sklavenraubsgesetzes gelten, wo die Wendung ebenfalls vorkommt.

Zur logischen Methode wird man auch die Schlußziehung aus der systematischen Stellung eines Satzes zu rechnen haben; z. B. die Abtreibung, § 218, steht im Abschnitt 16 „Verbrechen und Vergehen wider das Leben". Daher ist wohl nur die

---

[1]) Vgl. A. Merkel, REnc. § 352.

[2]) Die Gelehrtensprache kommt für einen Ausdruck meist erst dann in Betracht, wenn für einen Sprachgebrauch sich kein Anhaltspunkt ergibt. Doch kann jedes beliebige Auslegungsmittel gelegentlich ergeben, daß ein Ausdruck als wissenschaftlicher, d. h. als Ausdruck der Gelehrtensprache zu verstehen ist; z. B. „leichte Körperverletzungen" ist in § 233 als Juristenausdruck auszulegen, arg: § 232 I.

[3]) Vgl. Olshausen § 45, N. 1.

gegen das Leben gerichtete Abtreibung bedroht, nicht die bloß zur Erzielung einer lebenden Frühgeburt vorgenommene.

Die rationelle Methode will aus der Vernünftigkeit oder Unvernünftigkeit des Ergebnisses auf den Rechtswillen schließen; z. B. Wucher ist eine zum Schutze der wirtschaftlich Schwachen gegen Ausbeutung aufgestellte strafbare Handlung. Daß das Gesetz denjenigen wegen Teilnahme am Wucher strafen wollte, der den Wucherer aufsucht und um ein wucherliches Darlehen bittet, widerspräche der ratio legis, wäre sogar sehr unvernünftig. Anstiftung zum Wucher ist mithin dann straflos, wenn sie vom Bewucherten ausgeht.[1])

Die historische Methode will aus der Entwickelungsgeschichte eines Begriffes oder eines Satzes den ihm unterzulegenden Sinn erschließen; z. B. der § 259 StGB. war im 1. Entwurf des StGB. nicht enthalten. Die Wendung „Wer Sachen, von denen er weiß oder den Umständen nach annehmen muß, daß sie . . . . erlangt sind“ enthielt einzig der Bremische Entwurf von 1868. Der Kommission von sieben Praktikern, welche den norddeutschen Entwurf durchberiet, gehörte der Verfasser des Bremischen Entwurfs, Dr. Donandt, an. Es ist daher wahrscheinlich, daß der Sinn, den die Worte „den Umständen nach annehmen müssen“ im Bremischen Entwurf hatten (Bezeichnung einer Fahrlässigkeit), auch der Sinn war, den die Kommission bei Aufnahme der Worte zum Ausdruck bringen wollte.

Oder: Der grobe Unfug § 360 Z. 11 war in der preußischen Gesetzgebung als Übertretung in Beziehung auf die Sicherheit des Staats und der öffentlichen Ordnung aufgefaßt worden. Das Delikt ist aus dem preußischen Recht herübergenommen worden und wird daher fortdauernd in gleichem Sinn als eine Handlung gegen das Publikum aufzufassen sein, so daß eine nur gegen eine Einzelperson gerichtete Ungehörigkeit diesen Unfugsbegriff nicht erfüllt.[2])

Bestritten ist innerhalb des Gebiets der geschichtlichen Auslegung speziell der Wert der Motive und der Parlamentsverhandlungen. Bierling[3]) nimmt an: soweit sich wahr-

---

[1]) Vgl. Frank § 302a V.

[2]) Vgl. Zimmerle, Ger. S. 57, 468/69.

[3]) Jur. Prinzipienlehre 4, 280.

scheinlich machen läßt, daß die verfassungsmäßig beteiligten Einzelsubjekte und Majoritäten übereinstimmend mit den zum Gesetz erhobenen Worten einen bestimmten Sinn oder Zweck verbunden haben, so weit ist auch das Einverständnis über den Gesetzesinhalt der Auslegung zugrunde zu legen. Mit Recht bestreitet dagegen Binding, H. 1, 471 die primär maßgebliche Wirkung von solcher vermuteter Übereinstimmung. Andrerseits geht es zu weit, den Motiven und sonstigen Materialien jeden Wert abzusprechen. Wo die übrigen Methoden versagen oder zu verschiedener Deutung führen, kann die Entstehungsgeschichte die Deutung bestimmen.[1] Aber im Widerstreit mit einem anderen Auslegungsmittel steht die Auslegung aus der Entstehungsgeschichte des Gesetzes nach, da sie ja nur auf der Präsumtion beruht, alle (auch die stillschweigend mitwirkenden) gesetzgebenden Faktoren hätten mit einander übereingestimmt. Wo z. B. der Wortlaut klar ist, kommt eine abweichende Ansicht der Motive nicht in Betracht.[2]

Beispiel: Die Motive zum Diebstahlsparagraphen (§ 242) erklären, die vom Gesetz verlangte Absicht der rechtswidrigen Zueignung drücke die Absicht aus, sich die fremde Sache ohne Entgeld zuzueignen. Darnach wäre der Raritätensammler, der eine seltene Briefmarke stiehlt, aber den vollen Katalogpreis am Tatort zurückläßt, kein Dieb. Das Gesetz deutet diese Auslegung nicht an. Sie ist als im Widerspruch mit anderen Auslegungsmitteln stehend abzulehnen.[3]

Im übrigen sind die Ergebnisse der einzelnen Auslegungsmethoden gegen einander abzuwägen, wobei der Grad von Sicherheit des Ergebnisses einer Methode mit ins Gewicht fällt. Ferner wird da, wo etwa zwei Methoden zum gleichen Ergebnis führen, während eine dritte Methode ein anderes Ergebnis mit sich bringt, die Mehrheit entscheiden.

---

1) Zu weitgehend aber Enneccerus, Lehrb. d. Bürgerl. R. (1913) 1 § 49, maßgebend sei der Sinn, den der Gesetzgeber mit seinen Worten verband, vorausgesetzt, daß er in den Worten auch einen, wenngleich unvollkommenen Ausdruck gefunden habe. Danach stünden die Motive unter den Auslegungsmitteln obenan.

2) Gl. M.: Wachenfeld 44.

3) Ein weiteres Beispiel in E. 34, 295 (97).

Die getroffene Gruppierung der Auslegungsmethoden entspricht im wesentlichen der Auffassung von Hellwig[1], während Savigny[2] die rationelle Auslegungsmethode nicht verwertete, dafür aber die logische Auslegungsmethode in zwei Arten spaltete. Er unterschied ein grammatikalisches, logisches, historisches und systematisches Element der Auslegung.

4. Auslegungsregeln:

a) Gewohnheitsrechtlich gilt der Satz: in dubio in mitius (= pro reo).[3]

b) Der Sinn des Gesetzes darf nicht aus dem Willen des Gesetzgebers (einer meist nicht einheitlichen Person) festgestellt werden, sondern nur aus dem durch die Vereinigung der Auslegungsmethoden zu ermittelnden Willen des Gesetzes.[4]

c) Das Gesetz ist auszulegen aus dem möglichen Inhalt der gesetzlichen Begriffe zur Zeit seines Erlasses.[5] Dagegen kommt es nicht an auf den zur Zeit des Erlasses bereits erkannten Inhalt des Begriffs.

Z. B. wenn sich nachweisen läßt, daß das Wort entwenden 1870 nach fester Terminologie der Partikulargesetzbücher nur für kleine Diebstähle, also für Wegnahme, nicht für Behalten gebraucht wurde, während der spätere Sprachgebrauch des Volkes auch das Behalten zum Wegnehmen rechnete, so darf eine Bestimmung über Entwenden nicht auch auf das Behalten ausgedehnt werden.

Anders, wenn der schon früher mögliche Inhalt eines Begriffs später tatsächlich in diesen hineingelangt ist; z. B. fallen unter den Begriff „der Schriften oder Abbildungen“ in § 41 auch Phonogramme und Rollenfilms, obwohl sie 1871 unbekannt waren.[6] — Ebenso steht es mit der Sacheigenschaft der elektrischen Kraft,[7] mit der Zugehörigkeit der durch den Fernsprecher

---

[1] Syst. des Zivilprozeßr. 1, 11.

[2] Syst. des röm. R. (1840) 1, 213 f.

[3] Vgl. Schütze § 17 N. 6, Merkel, HH. 2, 73, v. Bar, Ges. u. Sch. 1, 17.

[4] Gl. M.: Finger, Öst. Strafr. (2) 1, 256, Binding H. 1, 456. A. M.: Bierling, Jur. Prinzipienl. 4, 258.

[5] Gl. M.: Stooß Lehrb. (2) 67.

[6] Gl. M.: Frank § 42 II 1.

[7] Gl. M.: Wachenfeld 369. A. M.: Frank § 242 I.

vermittelten Depesche zu den einer Telegraphenanstalt anvertrauten Depeschen, § 355.[1]) Infolge reichsgerichtlicher engerer Auslegung wurden authentische Interpretationen im Sinne der ersteren Ansicht notwendig (Beispiel: § 355 II).

5. Das Ergebnis der Auslegung.

Es kann sein:

a) Eine Erweiterung oder Verengerung im Vergleich zur normalen grammatikalischen Bedeutung eines Ausdrucks (extensive, bzw. restriktive Interpretation).

Z. B. das Wort Verwandter in § 173 wird auch auf außereheliche Erzeuger ausgedehnt, das Wort Täter in § 46 auch auf Teilnehmer.

Der Begriff Einzelhaft (§ 22) wird nur bei einer Absonderung anerkannt, die dazu bestimmt ist, den Sträfling von jedweden anderen Gefangenen zu trennen (also nicht, wenn Gefangene gleichen Geschlechts nicht anwesend sind und deshalb Trennung erfolgt); unter unzüchtigen Handlungen (§ 183) werden nur geschlechtlich unzüchtige verstanden.

Die Interpretation vermag sich immer noch an einen aus dem Wortlaut oder Satzbau möglicherweise herauszulesenden Sinn zu halten. Dadurch unterscheidet sie sich von der Analogie.[2])

b) Die Analogie, d. h. die Auffindung eines Rechtssatzes, welchen der Text des Gesetzes für den vorliegenden Fall überhaupt nicht enthält, der sich aber entweder aus gleichgelagerten Bestimmungen oder aus der Tendenz des ganzen Gesetzes ergibt. Man unterscheidet danach Gesetzesanalogie[3]) und Rechtsanalogie.[4])

---

[1]) Gl. M.: Kohler L. 19, Binding L. 2, 49, öst. Kassationsh. Nr. 3314, Olshausen § 355 N. 2. A. M.: Frank § 355 IV, E. 42, 412.

[2]) Gl. M.: v. Bar, Ges. u. Sch. 1, 15.

[3]) Analog, d. h. gleichartig gelagerte Fälle, rechtfertigen aber noch nicht ohne weiteres die Annahme, daß das Gesetz im Einzelfall die Gesetzesanalogie als Ergebnis der Auslegung wollte. Dies ist nur der Fall, wenn nicht durch die übrigen Auslegungsmethoden außer der rationellen ein abweichendes Resultat sich ergibt. Gesetzesanalogie setzt außer der Gleichlagerung der Fälle voraus, daß kein Grund ersichtlich ist, der einer Annahme gewollter gleicher Regelung im Gesetz entgegensteht.

[4]) Vgl. auch Binding H. 1, 214, Finger 1, 182, Wachenfeld 44.

Gesetzesanalogie liegt z. B. vor, wenn man den § 247 III, der auf Diebstahl und Unterschlagung sich bezieht, vollinhaltlich auf den Betrug (§ 263) überträgt, für den er nicht ausdrücklich gegeben ist.[1]) Ebenso, wenn man auch für Angehörige wilder Völkerstämme oder für Personen, die ohne Berührung mit der Außenwelt aufgewachsen sind, das Einsichtserfordernis des § 58 aufstellt, obwohl es für diesen Fall nicht gegeben ist.[2])

Gleiche Lagerung des Falles reicht zur Anwendung der Analogie nicht immer aus. Sie begründet nur ein bestimmtes Auslegungsergebnis nach der ratio legis. Die anscheinend erschöpfende Aufzählung der die Zurechnungsfähigkeit beeinflussenden Gründe im StGB. §§ 51, 55 f. bildet einen der logischen Auslegung angehörigen Gegengrund gegen die Zulässigkeit der Annahme gewollter Analogie. Ob man aus anderem Grunde (Schuldmangel) eine Straflosigkeit dieser Wilden rechtfertigen kann, ist eine bei der Lehre von der Zurechnungsfähigkeit zu prüfende Frage.

Ein weiteres Beispiel für Gesetzesanalogie bildet die Verjährbarkeit der Strafe des Verweises. Sie ist aus der Tatsache ableitbar, daß alle anderen Hauptstrafen, auch die schwersten unter ihnen, der Verjährung unterliegen. Es ist kein anderer Grund wahrscheinlich, als daß man die ausdrückliche Erwähnung (absichtlich oder) unabsichtlich übersehen hat.

Rechtsanalogie ist z. B. gegeben, wenn aus der ratio legis eine Ausnahme von der strafbaren Anschuldigung zugunsten der Selbstbeschuldigung gemacht wird, obwohl das Gesetz nichts davon sagt; oder wenn aus der ratio legis verschiedene Notstandsfälle des ungeschriebenen Rechts abgeleitet werden.[3])

Vom Gewohnheitsrecht unterscheidet sich die Analogie dadurch, daß sie eine Rechtsüberzeugung im Volke von der

---

[1]) Gl. M.: Frank § 263 IX.

[2]) Dies tun manche, z. B. Frank § 58 II. Die Zulässigkeit der Analogie in diesem Fall ist zweifelhaft; gegen ihre Anwendung wohl mit Recht v. Bar 2, 103, anscheinend auch Wachenfeld 139.

[3]) Vgl. über Rechtsanalogie insbes. Binding H. 1, 217.

Richtigkeit der Regel nicht verlangt. Verlangt man zum Gewohnheitsrecht außer der Rechtsüberzeugung auch noch tatsächliche Übung des Satzes, so bildet auch dies ein Unterscheidungsmerkmal von der Analogie.

Durch StGB. § 2 I wird zwar nicht die extensive Interpretation, wohl aber eine zur Auffindung oder Erweiterung von Verbrechen oder Strafdrohungen führende Analogie als unzulässig erklärt. Denn bei Analogie haben wir keine gesetzlich, d. h. in der lex scripta auffindbare Handlung, welche mit einer daselbst bezeichneten Strafe bedroht wäre.[1]

Ein Beispiel zur Grenzlegung: Zu den Sachen im Sinne der Diebstahlsobjekte gehören auch flüssige und gasförmige Körper. Die Streitfrage, ob außerdem elektrisches Fluidum als Sache anzusehen sei, wurde leider reichgerichtlich verneint[2] und war jedenfalls ungeklärt. Für die Vorstellung des Laienpublikums handelt es sich um Gleichartiges, ob man Leuchtgas oder elektrische „Arbeit“ entzieht.[3] Aber potentielle Energien, z. B. die Kraft eines Mühlwerks, eines Stausees, künstlicher Lichtstrahlen, können gleich Wärmemengen zwar abgefangen und verwertet werden; sie sind jedoch auch nach gemeiner Anschauung nicht als Sachen ansehbar, da ihnen ein isolierbares Substrat (bei der Elektrizität z. B. auf der Leydener Flasche oder in Gestalt eines Kugelblitzes) fehlt. Analogie kann empfundene Lücken hier nicht schließen.

III. Adresse der Strafgesetze.

Die Strafgesetze enthalten keine ausdrückliche Angabe, an wen sie sich wenden. Anders zum Teil ältere Gesetze, z. B. ALR. Einl. § 13; Eingang zur Josefina; Eingang zur CCC. Aus dem Sinn der heutigen Strafgesetze ergibt sich, daß sie sich in erster Linie an die Untertanen wenden wollen, die aus ihnen auf die Normen aufmerksam gemacht werden sollen. Die Strafgesetze sind nicht etwa in erster Linie Befehle für

---

[1]) Beispiele von Gesetzeslücken, die nicht durch Analogie zu schließen sind, bei Binding Abh. 1, 37 N. 9, und bei Binding L. 1, 21.

[2]) E. 32, 165—191.

[3]) Treffend Kohlrausch, ZStW. 20, 481.

die Richter, deren Kenntnis nur für den Untertanen ebenfalls interessant ist.[1])

Gründe: Die Strafgesetze im weiteren Sinne enthalten zunächst auch eine Anzahl von Bestimmungen, welche dem Untertanen Befugnisse gewähren, ihm Schutz verleihen, z. B. über Notwehr, Notstand, Verjährung; wer den Antrag für materiellrechtlich erklärt, wird ihn auch hierher zählen.

Die Bestimmung gegen die rückwirkende Kraft neuer gesetzlicher Bestrafungsmöglichkeiten ist nur damit zu rechtfertigen, daß häufig erst aus den Strafgesetzen die Normen des Verhaltens zu entnehmen sind. Mit Recht geht allerdings der Gesetzgeber nicht so weit, die Gesetzeskenntnis positiv zur Bestrafung zu verlangen.

Die Richtung gegen die Untertanen wird bei Strafgesetzen im engeren Sinne besonders deutlich, wenn deren erster Teil nur Verweisungen auf andere Paragraphen gibt und diese aus Verboten bestehen. Damit richtet sich dann nicht nur das Verbot, sondern auch die angeknüpfte Verwarnung an die Untertanen. Beispiel: §§ 18, 19 des Preßgesetzes.

Das Verbot ist ein Kern, der im Strafgesetz mit enthalten ist und darum richtet sich das Strafgesetz als Ganzes an diejenigen, welche als erste unter seiner Geltung und unter dem damit etwa in bezug genommenen Verbote stehen.

Zahlreiche gewerbepolizeiliche, steuer- und zollstrafrechtliche Gesetze sind gar nicht in erster Linie darauf berechnet, daß die Richter sich mit ihnen vertraut machen, sondern sie sind für diejenigen da, die sich danach richten sollen, erst alsdann für diejenigen, welche die Einhaltung überwachen müssen, und zuletzt für diejenigen, welchen dann der konkrete Tatbestand einer Übertretung zur Aburteilung vorgelegt wird. Der Satz „iura novit curia" bedeutet nicht, daß der Richter alle speziell technischen, ferner alle lokalen und partikularen Strafgesetze schon vor dem Eintritt eines Übertretungsfalles zu kennen

---

[1]) Gl. M.: Binding Normen 1 (2) 14, 20; Gerland KrVJSchr. (1904) 432 (3. Folge Bd. 10); Hold v. Ferneck 1, 361. A. M.: M. E. Mayer 34.

verpflichtet ist. Das wäre totes Kopfwissen, das er zum großen Teil nie praktisch verwerten könnte.

Solche Strafgesetze mit technischen (z. B. innungsrechtlichen, seuchenpolizeilichen) Tatbeständen sind aber ebensogut Strafgesetze wie die vielen anderen, die der Richter wissen muß. Der Adressat für alle ist der gleiche: jeder, der nach seinen Verhältnissen in die Lage kommt, auf sie achten zu müssen.

§ 11.

Bestandteile und Inhalt der Strafgesetze.

I. Der Tatbestand.[1])

Jedes Strafgesetz im engeren Sinne zerfällt in zwei Teile: den Tatbestand und die Strafbestimmung. Ersterer hieß früher auch evidentia facti, corpus delicti, und hatte eine prozessuale Bedeutung für die Beweisbarkeit.[2])

Tatbestand bedeutet gegenwärtig im technischen Sinne (vgl. § 59 StGB., § 266 SPO.) die Gesamtheit der Merkmale, welche zu einem verpönten Verhalten gehören. Anders ausgedrückt: die Bezeichnung der normwidrigen Handlung, die bestraft werden soll.[3])

Man unterscheidet:

1. Den allgemeinen (= gemeinsamen) und den besonderen Tatbestand. Mit ersterem bezeichnet man die Merkmale jedes Verbrechens oder einer erheblichen Anzahl von Verbrechen. Zum allgemeinen Teil gehören insbesondere die Zurechnungsfähigkeit, Vorsatz, Fahrlässigkeit, Handlung, Verursachung des verbotenen Erfolgs, Rechtswidrigkeit.)[4])

---

[1]) Vgl. Marezoll, Kriminalr. 1841, S. 46.

[2]) Vgl. Binding H. 1, 179.

[3]) Binding H. 1, 179, Frank III vor § 1.

[4]) Gegen die Annahme eines allgemeinen Tatbestandes Beling, L. v. Verbr. (1906) S. 2; M. E. Mayer 8. Allein auch die für alle oder für eine größere Anzahl von Delikten gemeinsamen Bedingungen bedürfen eines zusammenfassenden Ausdrucks. Gl. M.: Allfeld 113, Finger 1, 125, Merkel-Liepmann 43. Zum allgemeinen Tatbestand gehören auch, was in der Definition meist nicht berücksichtigt wird, Merkmale, die, wie z. B. Vorsatz, nicht allen Delikten gemeinsam sind.

Mit letzterem bezeichnet man die unterscheidenden Merkmale eines bestimmten einzelnen Verbrechens. Zum besonderen Tatbestande gehört z. B. beim Diebstahl die Wegnahme einer fremden beweglichen Sache in rechtswidriger Zueignungsabsicht.

2. Den gesetzlichen und konkreten Tatbestand.[1]) Unter ersterem versteht man die verschiedenen rechtlichen Merkmale, welche zu einem bestimmten Verbrechen gehören. Z. B. zählt dazu bei der Körperverletzung das Merkmal des Vorsatzes, der körperlichen Mißhandlung oder Gesundheitsbeschädigung, sowie der Eintritt dieses Erfolges bei einem anderen. Unter dem konkreten (oder faktischen) Tatbestand versteht man die verschiedenen Tatsachen oder historischen Vorgänge, welche zum Vorliegen eines wirklichen Verbrechensfalles gehören, d. h. unter die rechtlichen Merkmale subsumiert werden sollen. Z. B. zählen dazu bei einer Körperverletzung die Tatsachen, daß der A den B aufs Korn genommen und ihm dann mit der Faust einen kräftigen Stoß versetzt hat.

3. Den objektiven und den subjektiven Tatbestand. Ersterer bedeutet die äußeren Tatmerkmale des Verbrechens, die sogenannte Tatseite.[2]) Z. B. bei der Sachbeschädigung (§ 303) muß der Täter Ursache der Beschädigung einer fremden Sache sein. Auch das Einwerfen der Fensterscheibe bei einem Konkurrenten fällt unter diese Merkmale. Der subjektive Tatbestand bedeutet die im Innern (= in der Psyche) des Handelnden liegenden Merkmale des Verbrechens, die sogen. Schuldseite. Z. B. bei der Sachbeschädigung muß der Täter nicht nur zurechnungsfähig gewesen sein, sondern auch vorsätzlich gehandelt haben. Er hat etwa kalten Blutes beschlossen, durch das Einwerfen seine dem Nachbarn feindliche Gesinnung zu betätigen.

Nach der Terminologie von Beling[3]) ist Tatbestand nur der Inbegriff der objektiven besonderen Merkmale eines Verbrechens (also der objektive besondere Tatbestand). Ein allgemeiner oder ein subjektiver Tatbestand scheidet damit aus dem Tatbestandsbegriff aus. Beling nimmt an, dieser weitere

---

1) Vgl. Wachenfeld 79.

2) Vgl. Binding H. 1, 503.

2) Beling, Lehre vom Verbr. (1906) S. 3, 178.

Begriff sei nur eine überflüssige Umschreibung für das Verbrechen als Ganzes. Allein seine feststellungsbedürftigen einzelnen Bestandteile entbehren dann eines handlichen Oberbegriffs, der die verschiedenen Merkmale als zu einer Einheit gehörig bezeichnet und ihr Verhältnis zueinander klar hervorhebt.[1])

II. Die Norm und ihre Bedeutung gegenüber dem Tatbestand.

1. In jedem strafgesetzlichen besonderen Tatbestand steckt zugleich eine Norm, d. h. ein Verbot oder Gebot der Rechtsordnung, ein praeceptum legis.

Daß die Fassung: wer das und dies tut, wird ... gestraft, nicht etwa nach Art eines Tauschangebotes (z. B. Ohrfeige gegen Strafe) oder nach Art einer Auslobung aufzufassen ist, sondern eine Norm als vorhanden ausweisen soll, läßt sich auf verschiedene Art nachweisen.

a) In manchen Strafgesetzen ist als Tatbestand nur eine Zuwiderhandlung gegen bestimmte Vorschriften oder Paragraphen genannt, z. B. im Preßgesetz § 18, 19, im literarischen Urhebergesetz § 44, im § 10 Nr. 3 des Gesetzes gegen den unlauteren Wettbewerb, im § 145 StGB. Die in Bezug genommenen Bestimmungen enthalten aber Normen. Dies wird besonders deutlich in den Fällen, in welchen das Gesetz eine Strafe für Handlungen vorsieht, die von Polizeiorganen verboten werden.[2]) Es ist anzunehmen, daß ebenso auch da, wo man den Tatbestand gleich bei der Strafsanktion vereinigt findet, durch ihn eine Norm als bestehend anerkannt werden soll.

---

[1]) Gl. M.: Frank III vor § 1.

[2]) A. M.: Kelsen, Hauptprobleme der Staatsrechtslehre (1911) 288, der für Blankettstrafgesetze annimmt, wenn das Gesetz jeden mit Strafe bedrohe, der einem Befehl des Polizeiorganes nicht gehorcht, so sei es das Gesetz, das die Gehorsamspflicht statuiert. Der Befehl des Polizeiorgans schaffe dann keine Rechtspflicht, sondern sei lediglich Geltendmachung der bereits gesetzlich statuierten Rechtspflicht. Allein die Pflicht zum Gehorsam gegen das Polizeiorgan kann schon vor dem Strafgesetz bestanden haben und durch Zwangsbefugnisse der Polizei verstärkt gewesen sein. Dann hat sie die Strafsanktion nicht erst geschaffen. Die näher präzisierte Pflicht zu einem bestimmten Verhalten dagegen kann nicht eher vorhanden sein, als dieses Verhalten selbst von dem zum Befehl Berechtigten bezeichnet ist. Daher erscheint die Konstruktion von Kelsen nicht als die natürliche Auffassung des Sachverlaufs.

b) Das BGB. § 823f erwähnt verschiedene Handlungen, z. B. solche gegen die Freiheit, gegen die Gesundheit, als unerlaubt, obwohl nirgends ausdrücklich die Verletzung dieser Schutzobjekte verboten ist. Nur das StGB. kündigt für ihre Verletzung eine Strafe an. Daraus ist zu schließen, daß mit der Aufstellung eines strafgesetzlichen Tatbestandes auch ein Verbot näher bezeichnet werden sollte; denn sonst wäre es manchmal unklar, woher die Unerlaubtheit mancher Handlungen zu entnehmen ist, die in §§ 823f. BGB. zum Teil bereits vorausgesetzt wird.

c) Die Notwehr ist nur erlaubt gegenüber rechtswidrigen Angriffen (StGB. § 53, BGB. § 227), setzt aber ein Verschulden des Angreifers nach herrschender Lehre nicht voraus. Wenn ein Unzurechnungsfähiger angreift, so ist er nicht strafbar. Ob er aber trotzdem rechtswidrig angreift, hängt davon ab, ob der strafgesetzliche Tatbestand zugleich ein Verbot oder Gebot enthält, dem der Angreifer zuwiderhandelt, ob er also etwas Unerlaubtes tut. Dies ist von jeher bejaht worden. Daraus folgt, daß im Tatbestand zugleich eine Norm steckt, die selbtändige praktische Bedeutung hat.

2. Manchmal ist der Tatbestand des Strafgesetzes unmittelbar die Rechtsquelle für den Inhalt und Umfang der Norm; z. B. was als rechtswidrige Klassenverhetzung, Gotteslästerung, Kuppelei, Beleidigung, Sachhehlerei, Tierquälerei zu erachten ist (§§ 130, 166, 180, 185, 259, 360 Z. 13), bestimmt das Strafrecht durch Fassung seiner Tatbestände. Freilich wird hierdurch zunächst nur der besondere Tatbestand der Norm festgelegt, vorbehaltlich der aus dem Allgemeinen Teil des Strafrechts zu entnehmenden Ausnahmsfälle, in denen die Handlung gerechtfertigt erscheint, z. B. wegen Notwehr, § 53 StGB., wegen Notstands, § 52, 54 StGB. Auch sind nicht alle Rechtfertigungsgründe[1]) geschriebenen Rechts (z. B. nicht der Notstand bei

[1]) Inwieweit Landesgesetze und Landesverordnungen Rechtfertigungsgründe schaffen können, z. B. durch Zulassung von Bettelorden, bestimmt sich nach § 2 EG., also nach der Tendenz des einzelnen reichsrechtlichen Verbots, das bald die bisher zugelassenen Tatbestandsverwirklichungen stillschweigend vorbehält, bald sie mit verbieten will. Zu weitgehend in der Annahme exklusiven Reichsrechts R. Fuchs, Mon. Krim. Psych. 10. 529.

Pflichtenkollision); nicht alle geschriebenen sind im StGB. geregelt (z. B. nicht der obrigkeitliche Befehl). Also nicht lückenlos, aber weitaus in der Hauptsache[1]) sind bei den Tatbeständen der bezeichneten Art die Grenzen der Rechtswidrigkeit aus dem Strafrecht zu entnehmen.[2]) Mit diesem Vorbehalt kann man dem Strafgesetz und überhaupt dem Strafrecht bei vielen Delikten primäre Natur zusprechen. Das schließt nicht aus, daß man die aus den Tatbeständen zu erschließenden Normen dem öffentlichen Recht zuweist und ihnen selbständige Bedeutung zuweist.[3]) Die Tatbestände bleiben ihre Wurzel und Erkenntnisquelle. Mit der Schaffung des Tatbestandes wird vielfach erst die Norm geschaffen, welche dann in ihrer Wirkung (z. B. Notwehr und Entschädigungspflicht auslösend) sich nicht auf die mögliche Erzeugung von Strafansprüchen beschränkt.

3. In vielen Fällen, die meist, aber nicht immer (vgl. z. B. § 331) durch Einfügung des Wortes „unbefugt“, „widerrechtlich“, „rechtswidrig“ in den besonderen Tatbestand angedeutet werden, will der strafgesetzliche Tatbestand nur Anwendung finden, wenn eine aus anderen Rechtsquellen näher zu

---

[1]) Daß bei solchen Deliktstatbeständen schon durch obrigkeitliche Konzession eine Ausnahme von der Rechtswidrigkeit geschaffen würde, ist nicht anzunehmen. Nur Gesetze und gleichwertige Normen sind dazu imstande. A. M.: Mayer 298 bezüglich der Konzession eines Bordellbetriebes. Eine getrennte Frage ist, ob in der Konzessionierung ein wirkliches Vorschubleisten oder eine Tätigkeit zur Verminderung von Gefahren zu erblicken ist, und ob der Vorsatz der konzessionierenden Behörde auf Vorschubleistung gerichtet ist. Vgl. dazu: Das dtsche. StGB. und die polizeilich konzessionierten Bordelle; Aktenstücke 1877 (enthaltend u. a. 16 Fakultätsgutachten).

[2]) Vgl. auch Beling L. v. Verbr. S. 163, 166. Kitzinger, Verhinderung strafbarer Handlungen 29.

[3]) So insbesondere Binding, Normen 1 (2) 45, 89, 93, 97, 255. Er hat den Nachweis erbracht, daß diese Normen zum großen Teil nicht dem geschriebenen, sondern dem ungesetzten Rechte angehören, Normen 1 (2) 36, 153 f. Er zeigt nach, daß die Normen nur mit bestimmten Ausnahmen gelten wollen, 127, und sucht die einzelnen Normen von einander zu trennen, 188 f. Demgegenüber ist die Behauptung Mayers 177 f. gänzlich ungerechtfertigt: Die Normen über Rechtswidrigkeit schafften sich nur mit gefälschten Papieren Eingang in das Reich des Rechts, Bindings Theorie sei eine Verdeckung, keine Entdeckung.

umgrenzende Norm verletzt wurde; vgl. z. B. §§ 168, 300; 123, 240; 303, 346 StGB., auch andere gleichbedeutende Wendungen kommen vor, vgl. z. B. §§ 292, 341. In einzelnen Fällen, z. B. §§ 145, 366 Z. 10, 367 Z. 16 wird völlig auf die einem anderen Rechtsgebiet (z. B. dem Polizeirecht) zugehörige Normenquelle verwiesen.

Hierher gehören auch die Blankettstrafgesetze, neuerdings auch Blankostrafgesetze genannt, z. B. §§ 145, 327, 366 Z. 10,[1]) welche nur einen Umriß als Tatbestand bezeichnen, innerhalb dessen andere Organe eine Norm eingefügt haben oder einfügen dürfen, für welche die Strafsatzung reichsgesetzlich festgelegt sein soll.[2])

Blankettstrafgesetze kommen außerdem in der Form vor, daß ein anderes Organ nicht nur den Tatbestand, sondern auch den Strafrahmen innerhalb eines ihm bezeichneten Umrisses bestimmen darf, z. B. darf nach § 51 des Kons.-Ger.-Ges. von 1900 der Konsul polizeiliche Verordnungen in seinem Bezirk erlassen und ihre Übertretung mit Haft, Geldstrafe bis zu 1000 Mark und Einziehung einzelner Gegenstände bedrohen. Weitere Fälle: Schutzgebietsges. § 6 Z. 1, § 15. — Reichsrechtliche Tatbestandsblankette zur Ausfüllung für das Landesrecht sind nur in selteneren Fällen ein Bedürfnis, als sie tatsächlich im Übertretungsabschnitt vorkommen. Man könnte dem Landesrecht unbedenklich auch Abstufungen des Strafrahmens, je nach Art des Verbots übertragen.

Änderungen der das Blankett ausfüllenden Normen sind Änderungen der Strafgesetze in gleichem Maße wie Änderungen des gesetzlichen Tatbestandes selbst. —

In den Fällen der Nr. 3 hat das Strafgesetz und das Strafrecht teilweise oder sogar vollständig eine nur sekundäre (oder sanktionäre) Natur.

Will man die Selbständigkeit der Normen stark unterstreichen, ohne Rücksicht darauf, inwieweit ihr Inhalt und Umfang erst durch Strafgesetze begründet wird, so kann man dem Strafrecht überhaupt sekundäre Bedeutung beilegen.

---

[1]) Vgl. Oetker, GS. 64, 155.

[2]) Vgl. Beling, Lehre vom Verbrechen 160, Binding, Normen 1, 161, Frank I vor § 1, O. Neumann, Das Blankostrafgesetz (1908) 20, Thomsen 41.

Mit der Wendung: wer „unbefugt“ etwas tut, wird ausgedrückt, daß die Handlung, vorbehaltlich des Vorliegens besonderer Rechtfertigungsgründe, regelmäßig verboten ist.[1]) Von der Wendung: wer „rechtswidrig“, „widerrechtlich“ etwas tut, gilt regelmäßig das gleiche. Vgl. z. B. §§ 239, 240, 303, 317, 355. Ausnahme §§ 339, 353a; hier bedarf es wohl der ausdrücklichen Feststellung, daß ein besonderes Verbot der Handlung bestand. In den übrigen Fällen dieser Wendungen genügt die Konstatierung, daß eine Befugnis zu der betreffenden Handlung nicht gegeben war.

Adressat der aus strafrechtlichen Vorschriften zu entnehmenden Normen ist der einzelne Rechtsunterworfene, nicht etwa die Behörde, z. B. das Gericht.[2])

4. Binding, der zuerst die Norm aus dem Tatbestand klar herausgehoben hat, macht darauf aufmerksam, daß der erste Teil der Strafgesetze (man nennt auch diesen ganzen ersten Teil gelegentlich in einem weiteren Sinne Tatbestand)[3]) außer den Verbrechensmerkmalen (= Tatbestand in engerem Sinne) vielfach noch weitere Bestandteile aufweist. Man nennt sie im Gegensatz zu den Tatbestandsmerkmalen in engerem Sinne (= Deliktsmerkmalen, Normwidrigkeitsmerkmalen, Verbrechensmerkmalen) gewöhnlich Strafbarkeitsmerkmale (= Voraussetzungen, sei es der Strafbarkeit überhaupt, sei es erhöhter Strafbarkeit).[4])

Dahin gehört beim Raufhandelsdelikt, daß jemand durch die Schlägerei oder den Angriff schwer verletzt wurde, § 227; bei der Nichtanzeige eines Verbrechensplans, daß das nicht angezeigte Verbrechen mindestens versucht wurde, § 139; bei Vernichtung der Handelsbücher, daß Zahlungseinstellung oder Konkurs erfolgt ist, KO. § 239 (vgl. dazu jetzt auch E. 45, 88); beim Verwandtendiebstahl, daß der Bestohlene nicht der Deszendent des Diebes ist, § 247 II; bei der Strafschärfung wegen Rückfallsdiebstahls, daß der Dieb wegen eines gleichartigen Delikts wiederholt vorbestraft ist, § 244; beim schweren Fall der landes-

---

[1]) Frank IV vor § 1.

[2]) A. M.: Binder, Rechtsbegr. u. Rechtsidee (1915) 188.

[3]) Vgl. Wachenfeld 79 N. 1.

[4]) Vgl. Binding, Normen 1 (2) 194 f.

landesverräterischen Konspiration, daß der Krieg ausgebrochen ist, § 87; bei allen Delikten, daß sie nicht verjährt sind (§ 67), daß sie in das räumliche und zeitliche Anwendungsgebiet des deutschen Gesetzes fallen.

Da die Strafbarkeitsmerkmale nicht den Bestand des Verbotes betreffen, braucht sich auf ihr Vorliegen die Schuld des Täters nicht zu erstrecken.[1]) Der Täter wird daher z. B. auch gestraft, wenn er bei einem Diebstahl geglaubt hat, die weggenommene Sache stehe in Besitz und Eigentum seines Sohnes. Ferner bleibt die Handlung regelmäßig rechtswidrig, auch wenn ein Strafbarkeitsmerkmal fehlt (wichtig für Notwehr- und Notstandsbefugnisse). Ausnahme bei fehlender zeitlicher und zum Teil auch bei fehlender räumlicher Anwendbarkeit des Strafgesetzes.[2])

III. Der Aufbau der strafbaren Handlung aus den Tatbestandsmerkmalen.

Man kann logisch davon ausgehen,[3]) daß zunächst eine Handlung gegeben sein muß, die einem bestimmten objektiven, gesetzlichen Tatbestand entspricht (sie muß unter einen Tatbestandstypus des besonderen Teils fallen) und außerdem rechtswidrig sein muß. Die Handlung muß ferner schuldhaft sein, darf also insbesondere nicht von einem Unzurechnungsfähigen oder in unvermeidbarem Irrtum Befindlichen ausgehen. Es müssen die etwa vorgesehenen weiteren Bedingungen für Bestrafungsmöglichkeit gegeben sein, z. B. Ausführung des nicht angezeigten Verbrechens; Zahlungseinstellung bzw. Konkurseröffnung bei Bankerott; Anwendbarkeit des in Betracht gezogenen Strafgesetzes auf den vorliegenden Fall (z. B. weil die Handlung in Deutschland begangen wurde).[4]) Nach diesen

---

1) Gl. M.: Frank § 59 III.

2) Nicht einziehungsfähig (§ 42) sind z. B. Werkzeuge (etwa Rollenfilms), die der Täter zur ausländischen Begehung einer in Deutschland verbotenen, im Ausland unverbotenen Darstellung benützt hat. Dagegen sind Einbruchswerkzeuge des Ausländers, die er im Auslande benützte, einziehbar.

3) So Beling, Grdz. § 13.

4) Ueber diese „Strafdrohungsbedingungen" und die dabei möglichen Unterscheidungen in absolute und relative, positive und negative vgl. Beling, Lehre vom Verbr. 51 f.

Merkmalen kann man dann die Frage prüfen, ob der rechtswidrige objektive Tatbestand und die Schuld vereinigt einem speziellen Verbrechensbegriff entsprechen, ob der Täter nicht etwa persönlich straffrei ist, ob die Strafbarkeit nicht wegen Wegfalls des Strafgesetzes oder wegen Vorliegens eines Strafaufhebungsgrundes beseitigt ist.

Systematisch geboten ist diese Reihenfolge jedoch nicht. Man kann z. B. auch den objektiven sowie den subjektiven Tatbestand zuerst prüfen und dann die Rechtswidrigkeit feststellen, weil nicht selten erst die begleitende Absicht (z. B. bei einer zweideutigen Äußerung, bei einer äußerlich als Eingriff in die Körperintegrität sich darstellenden Handlung) aufweist, ob überhaupt rechtswidriges Geschehen vorliegt. — Auch läßt sich die Lehre vom Anwendungsgebiet der Strafgesetze mit v. Liszt[1]) der Lehre von den Verbrechensmerkmalen voranstellen, da man das Wissen um den Bestand und den generellen Umfang der Anwendbarkeit von Gesetzen bei Erörterung ihrer Anwendbarkeit im Einzelfall voraussetzen darf. Endlich kann man sich die Tatsache zunutze machen, daß regelmäßig die Rechtswidrigkeit der einen objektiven Tatbestand erfüllenden Handlung zu bejahen ist, ebenso die Zurechnungsfähigkeit eines mit bestimmter Willensrichtung Handelnden. Daraus ergibt sich, daß man die ausnahmsweise Rechtmäßigkeit, die ausnahmsweise Schuldlosigkeit der Handlung nach Klarstellung des logischen Prioritätsverhältnisses der Schuldfähigkeit gegenüber der Schuld auch praktisch als Ausnahmen, nämlich als Rechtfertigungs- bzw. Schuldausschließungsgründe behandeln kann.[2]) Die Gefahr, daß jemand eine Schuld konstruieren würde, ohne die Zurechnungsfähigkeit als gegeben anzusehen, ist gering. Daß man dann bereits in der Einleitung der Schuldlehre erwähnen muß, Schuld setze Zurechnungsfähigkeit voraus, ist unschädliche Vorwegnahme. Andrerseits gewinnt man die Möglichkeit, sämtliche Schuldausschließungsgründe zusammenzuschließen, die in Bezug auf Rechtsirrtum, Möglichkeit einer mittelbaren Täterschaft, Vorhandensein der Rechtswidrigkeit das gleiche Schicksal teilen.

---

[1]) v. Liszt § 19 I.
[2]) Vgl. auch Frank I vor § 51.

IV. Tatbestandsmäßigkeit und Rechtswidrigkeit.

Die Subsumierbarkeit eines Vorfalls unter einen objektiven[1]) und subjektiven Tatbestand beweist noch nicht die Rechtswidrigkeit der Handlung, d. h. den Umstand, daß ein Verhalten des Handelnden den Vorschriften für die rechtlich organisierte Gemeinschaft nicht entsprach.[2]) Dagegen kann man als gewöhnlich zutreffend die Annahme vertreten, daß die in ihrer Rechtmäßigkeit von irgend jemandem bezweifelte Handlung auch rechtswidrig war, sofern sie einen strafgesetzlichen besonderen Tatbestand erfüllt.[3]) Aber weder ist die Rechtswidrigkeit der Handlung deswegen ohne weiteres zu vermuten, noch das Gegenteil bis zum Beweis, daß keiner der denkbaren Rechtfertigungsgründe vorliegt. Die Rechtswidrigkeit im Sinne des Gesetzes ist möglich auch beim Fehlen jeglicher Schuld.[4]) Sie wird im Gesetz ausdrücklich erwähnt, wo dieses Zweifel darüber ausschließen zu müssen glaubt, daß keiner der bisher bestehenden Rechtfertigungsgründe des Handelns berührt werden soll (z. B. § 299). In anderen Fällen hält das Gesetz den Hinweis für überflüssig (z. B. § 223). In wieder anderen will es die Handlung vorbehaltlich der allgemeinen Rechtfertigungsgründe (z. B. Notwehr, Notstandsrecht nach § 228 BGB.), für die es eines besonderen Hinweises nicht bedarf, für verboten erklären (z. B. § 360 Z. 13). Aber ohne Rechtswidrigkeit ist die Tatbestandserfüllung nie eine strafbare Handlung.

Dabei genügt zur Rechtswidrigkeit der formell zu konstatierende Widerspruch zwischen der Handlung und dem gesetzten oder ungesetzten Recht. Es ist nicht noch außerdem zu verlangen die Konstatierung materiell unrichtigen Handelns.

---

[1]) = Tatbestandsmäßigkeit oder Typizität im Sinne der Terminologie v. Beling, Grdz. S. 25, Lehre v. Verbr. 24.

[2]) A. M.: Binding Normen 2 (2) 231, der objektive Deliktstatbestand enthalte stets das Merkmal der Rechtswidrigkeit. Die Abweichung hängt damit zusammen, daß Bindings Terminologie den objektiven Tatbestand weiter faßt.

[3]) Vgl. Mayer 10 N. 21, Frank III vor § 1.

[4]) Gl. M.: Die herrschende Lehre z. B. Allfeld 176, Binding Abh. 1, 140, Kelsen, Hauptprobleme 340, Mayer 11 N. 24. Nagler 61. A. M.: Hold v. Ferneck, Rechtswidrigkeit 1, 276, Kohlrausch, ZStW. 23, 598.

Angeblich fehlt dieses, wenn die Handlung rechtes Mittel zum rechten Zweck ist. So insbesondere Graf Dohna.[1]) Eingeschränkter v. Liszt,[2]) der zur materiellen Rechtswidrigkeit ein gesellschaftswidriges Verhalten verlangt, aber bei einem Widerspruch zwischen dem Gesetz und den Anschauungen über materielle Rechtswidrigkeit den Richter an das Gesetz bindet. Richtig dagegen u. a. Allfeld,[3]) der überhaupt die materielle Rechtswidrigkeit als eine neben der formellen selbständige Eigenschaft der Handlung verwirft.

Endlich ist es nicht haltbar, die Rechtswidrigkeit, soweit sie nicht ausdrücklich festgelegt ist, aus Kulturnormen erschließen zu wollen.[4]) Mayer nimmt an, Kultur sei ein in der Vervollkommnung begriffener Zustand (39). Die Kultur bedeute Pflege eines gemeinsamen Zustandes (41). Die Kultur fordere; verbietend und gebietend trete sie an den einzelnen heran (44). Die Kulturnorm sei das Material, aus dem der Gesetzgeber die Rechtsnorm mache (49). Die Abgrenzung des rechtmäßigen vom rechtswidrigen Verhalten vollziehe sich in der Gesetzgebung durch Anerkennung von Kulturnormen (51), die ihren Ausdruck finde in gesetzlichen Tatbeständen. Die Rechtsnormen seien präzisierte Kulturnormen (50). Die daneben bestehenden Normen des Verwaltungsstrafrechts seien kulturell indifferent, könnten aber durch Rezeption seitens einer Nation Kulturnormen werden (55); dem den Verwaltungsinteressen des Staates widersprechenden Verhalten fehle die Beziehung zu einer präexistierenden Kulturnorm; es sei Unrecht nur kraft Gesetzes (56). Welche Rechtsnormenkenntnis der Täter gehabt habe, sei unwesentlich, wesentlich sei sein Verhältnis zum vorjuristischen Normenkomplex (236).

Diese Konstruktion ist weder zur Aufdeckung dessen, was rechtswidrig ist, noch zur Erkenntnis dessen, was zu echtem

---

[1]) Vgl. Graf Dohna, Die Rechtswidrigkeit S. 36, 51. Richtig: Heimberger, VD. A. 4, 4, Mayer 180.

[2]) Vgl. v. Liszt § 32 I.

[3]) Vgl. Allfeld 177.

[4]) A. M.: Mayer 37. Eingehend gegen die Theorie der Kulturnormen Kelsen, Hauptprobleme der Staatsrechtslehre (1911) 370, der das Bestehen einheitlicher Kulturnormen überhaupt ablehnt.

Vorsatz gehört, ein Bedürfnis; sie ist aber vor allem nicht haltbar. Kultur ist Verfeinerung des Geistes und der Lebensgewohnheiten; sie ist bald ein Zustand, bald ein Prozeß. Daß sie immer in der Vervollkommnung begriffen sei, wäre beweisbedürftig. Wir kennen Zeiten und Völker mit stagnierender und sinkender Kultur. Eine bestimmte Kultur wird insbesondere erzeugt durch religiöse Triebe und Vorstellungen, ferner durch günstigere wirtschaftliche Lebensbedingungen, in welche Menschen und Menschengruppen gelangen. Sie erzeugen auch die bestehenden Normen, d. h. die Regeln, die als Richtschnur des äußeren oder inneren Verhaltens innerhalb eines bestimmten Kreises von Menschen anerkannt werden oder sich Berücksichtigung erzwingen. Als solche Normen können nach altbekannter Lehre gelten die Normen des Familienoberhaupts, der Religion, der rechtlichen Gemeinschaft, der Ethik, der Sitte.[1] Daß daneben noch die Kultur als selbständige Normenquelle anerkannt wäre, ist nicht erhärtet. Man reicht mit den anderen Normen vollkommen aus. Was Mayer als Kulturnormen unseres Erachtens nicht glücklich bezeichnet, ist im wesentlichen die Sitte und dasjenige Recht, das nicht in Satzungen ausdrücklich niedergelegt ist (das ungesetzte Recht). Die Sitte und häufiger das Recht kann gelegentlich einem bestimmten Kulturzustande nicht angemessen sein (z. B. sogen. schlechte Sitte, erstarrtes Recht). Wollte man also die Kultur als koordinierten Normengeber anerkennen, so wäre doch der Satz zu beanstanden, daß die Abgrenzung des rechtmäßigen und rechtswidrigen Verhaltens sich durch Anerkennung von Kulturnormen vollziehe. In Wahrheit vollzieht sich die Abgrenzung zum Teil dadurch, daß das Recht ausdrücklich oder stillschweigend die Sitte walten läßt (z. B. bei Abgrenzung des groben Unfugs, der Beleidigung), zum Teil dadurch, daß es ohne Heranziehung der Sitte (der Kultur) Befehle erlassen hat, für deren Tragweite lediglich der aus weiterem gesetzten Recht oder aus den Motiven zu schöpfende Wille des Gesetzgebers bestimmend ist. Z. B. Verordnungen einer diktatorischen Gewalt, eines Militärbefehls-

---

[1] Vgl. z. B. Gareis RE. (3) 21 f., 32. Bierling, Jur. Prinzipienlehre 1, 54.

habers, eines absoluten Herrschers setzen gelegentlich Recht, dessen Grenzen in Ermangelung eines stützenden Volksbewußtseins durch die mutmaßlichen gesetzgeberischen Motive zu ermitteln sind. Entsteht durch solche Regeln Recht (man denke z. B. an die Schaffung neuen Zivilprozeßrechts oder Strafrechts durch eine diktatorische Gewalt), so ist es Selbsttäuschung, wenn man bei Zuwiderhandlung gegen solche Normen die Rechtswidrigkeit des Zuwiderhandelns leugnet. Man kann auch nicht etwa zu dem Ergebnis gelangen, es liege nur etwa Verwaltungswidrigkeit vor, ganz abgesehen davon, daß sie, wie Mayer 54 richtig zugibt, selbst eine Art echter Rechtswidrigkeit darstellt. Solche Zuwiderhandlungen gegen Recht, das nicht in der Sitte (Kultur) verankert ist, sind auch nicht etwa bloß Zuwiderhandlungen gegen Verwaltungsinteressen des Staates. Massenweise finden sich Rechtssätze, von denen berufene Personen ziemlich übereinstimmend annehmen, sie entsprächen nicht dem Stande der heutigen Kultur. Daraus ergibt sich: das Recht ist sehr häufig nicht aus der Kultur abzugrenzen, sondern aus den sonstigen Erkenntnisquellen, die das Recht als der souveräne Faktor anerkannt wissen will. Das Recht kann auch auf die bestehende Sitte als Erkenntnisquelle seiner Grenzen verweisen und tut es nicht selten (z. B. „gröbliche Verletzung" in § 184a, „angemessene Arbeit" in § 361 Z. 7). Damit ist aber der Kultur nur eine vom Rechtswillen abhängige Funktion bei der Rechtschöpfung und nicht einmal eine allgemein gültige Funktion eingeräumt; daß sie ohne Rezeption seitens des Rechts irgend etwas gebiete und verbiete, was nicht etwa als Norm der Sitte zu gelten hat, ist nicht bezeugt. Der neue Name Kulturnormen hat kein selbständiges Substrat. — Auch zur Förderung unserer Erkenntnis vom notwendigen Inhalt der Schuld leistet er nichts. Die Gebote des Rechts, der Ethik, der Sitte sind den angeblichen Geboten der Kultur gegenüber entschieden von stärkerem Gewicht. Man kann es jemandem nicht ebenso zum Vorwurf machen, wenn er sich um eine bestehende Kultur, um Kulturanschauungen (sogen. Kulturnormen) nicht bekümmert hat, wie wenn er sich um Gebote des Rechts oder der Moral nicht bekümmert hat. Mit einer Vernachlässigung solcher „Normen" wird sich daher das Recht zum Aufbau seiner

Schuldurteile nicht begnügen. — Ist die Konstruktion von Kulturgeboten und Kulturverboten weder für die Erkenntnis der objektiven, noch für die Erkenntnis der subjektiven Rechtswidrigkeit wesentlich, so darf man doch nicht deswegen alle Zusammenhänge von Strafrecht und Kultur verneinen. Normalerweise wird die Vorstellung dessen, was rechtlich verboten ist, auch im Volke verbreitet sein. Daß dies nicht immer der Fall, kann als alte Wahrheit angesehen werden. Volksvorstellungen kann man je nach ihrem Inhalt als Bestandteil eines vagen Kulturbegriffes ansehen. Ist eine bestimmte rechtswidrige Handlung in den herrschenden Volksvorstellungen nicht als Unrecht bekannt, so wird das Recht in der Regel gut tun, diese Handlung nur dann als schuldhaft anzusehen, wenn sie in dem Bewußtsein der Rechtswidrigkeit oder in fahrlässiger Rechtsunkenntnis begangen wurde. Solche Volksvorstellungen oder Kulturanschauungen über Unrecht sind aber noch nicht etwa selbst Normen; sie sind vielmehr, genau betrachtet, die **Wirkung** des Bestehens von Rechtsnormen oder von Normen der Moral und des Herkommens.

V. **Die Strafsatzung** (= sanctio poenalis).

1. Fast völlige Einstimmigkeit besteht darüber, daß nach geltendem Recht die Anwendbarkeit einer Strafdrohung nicht davon abhängt, ob sich der Vorsatz oder die Fahrlässigkeit des Täters auch auf die Art und Höhe der Strafsatzung erstreckt hat.[1]

Wenn z. B. der Täter geglaubt hat, sein Diebstahl gegen die Eltern sei straflos, oder wenn er irrig annahm, der Diebstahl einer Kamelie fürs Knopfloch aus dem Wintergarten eines anderen sei nur eine Übertretung, so ist dieser Irrtum über Unrechtsfolgen unwesentlich.

2. Die Strafsatzung kann sein:

a) **absolut bestimmt.** Der Richter hat hier keine Wahl bei der Strafanwendung. Im geltenden Recht ist dies nur ausnahmsweise der Fall, z. B. nach dem Vereinszollgesetz § 135 und nach Steuergesetzen, wenn die Strafe in einem Vielfachen

---

[1]) Vgl. Kohlrausch, Irrtum 1, 182, Finger 1, 244.

des entzogenen Betrages besteht (Absolut betimmt waren auch die Strafen der Volksrechte und der mittelalterlichen Stadt- und Landrechte). Eine absolute Hauptstrafe ist ferner die Todesstrafe in §§ 80, 211. (Wahlweise steht daneben allerdings die Nebenstrafe des Ehrverlustes zur Verfügung).[1] Vgl. außerdem einen Fall absoluter Strafe in der Kais. VO. für Südwestafrika vom 15. Februar 1909.

b. relativ bestimmt. Dem Richter ist hier ein Spielraum belassen; er hat die Strafe innerhalb des ausgesetzten Strafrahmens zu bemessen. Dies ist der Fall bei den meisten modernen Strafdrohungen, vgl. z. B. § 205 (3 Monate bis 5 Jahre Festungshaft), § 242 (Gefängnis von 1 Tag bis 5 Jahren).

c) absolut unbestimmt. So tatsächlich nach der Carolina in verschiedenen Fällen, z. B. Art. 134, 164, 165. Die hier zugleich vorkommende Verweisung auf den Rat der Rechtsverständigen bedeutete allerdings einen Hinweis auf das romanische Recht der Postglossatoren und auf das in den älteren Kaisergesetzen enthaltene Recht. Dieses durch den Hinweis bezeichnete Recht wollte die Carolina angewandt wissen. Den spät-mittelalterlichen Italienern (den Postglossatoren), auf welche Bezug genommen war, ist aber eine nach dem arbitrium iudicis bemessene Strafe ein geläufiger Fall.

VI. Gesetzgebungsfragen.

Das Problem, ob und inwieweit die richterliche Ermessensfreiheit beim Urteilen einer Eingrenzung zu unterwerfen ist, taucht ebensowohl bei der Feststellung der Tatbestandsmerkmale wie bei der Aufstellung der Strafdrohung auf.

Bei der Formulierung des Tatbestandes ist die Aufnahme eines nicht näher bestimmbaren Merkmals, das der Richter nur nach den wechselnden Tagesanschauungen oder Zeitströmungen beurteilen kann[2], zwar kaum ganz zu vermeiden (z. B. das Merkmal „auffälliges Mißverhältnis" in § 302a; das Merkmal „unsittliche Zwecke" in § 235; das Merkmal „aus Not" in § 248a). Wo dagegen Begriffe mit konstanten oder

---

[1]) Vgl. Binding, Grdr. § 18, Thomsen 167.

[2]) Zum Beispiel in Kriegszeiten ist manches Unfug, was in Friedenszeiten harmlos erscheint.

konstanteren Grenzen auffindbar sind und das Strafbedürfnis ausreichend berücksichtigen, werden sie vorzuziehen sein. Häufig sind die zu verwendenden Begriffe zwar im wesentlichen konstant, meist auch formal scharf bestimmbar, aber ihre Grenzen sind nicht in der lex scripta, sondern in den Verkehrsanschauungen verankert, die sich noch nicht in jeder Beziehung abgeklärt haben (Beispiel: die Verursachung (§ 222), die Beleidigung (§ 185), die unzüchtige Handlung (§ 174), die Urkunde (§ 217), die Lotterie (§ 286). In diesen letzteren Fällen ist in Wirklichkeit keine richterliche Ermessensfreiheit gegeben; es besteht keine Rechtsunsicherheit, sondern nur eine Rechtsungewißheit; d. h. es ist vorläufig im Augenblick des Gesetzerlasses noch nicht juristisches Gemeingut, wie weit der betreffende Begriff reicht; erst die Wissenschaft und Rechtsprechung hat dies zu ermitteln. In den erstgenannten Fällen kann der Richter genötigt sein, selbst erstmalig die Grenzen abzustecken.

Bei Aufstellung der Strafrahmen ist heutzutage die Belassung einer richterlichen Ermessensfreiheit eine ganz gesunde Regelerscheinung, da man die Schuldintensität (wie auch die Erfolgsschwere) nicht für alle Fälle im voraus berechnen und rechtlich festlegen kann. Daraus folgt aber nicht das Postulat der Abschaffung aller erhöhten Strafminima.[1])

Der deutsche Vorentwurf will das richterliche Ermessen, namentlich auf dem Gebiete der Strafzumessung gewaltig ausdehnen. Es genügt ihm nicht das System mildernder Umstände, die bei vielen Delikten vorgesehen sind. Er will außerdem bei zahlreichen Delikten einen außerordentlichen Strafrahmen für besonders schwere Fälle zur Verfügung stellen (VE. § 84), ferner bei allen Delikten für besonders leichte Fälle dem Richter ein außerordentliches Strafmilderungsrecht geben, wonach alle erhöhten Strafminima beseitigt sind (vgl. § 83 I: In besonders leichten Fällen darf das Gericht die Strafe nach freiem Ermessen mildern). — Für diese Neuerung spricht der Wunsch des Richters, möglichst allen Fällen gerecht werden zu

---

[1]) A. M.: Kraepelin, Die Abschaffung des Strafmaßes 1880; dagegen mit Recht Rosenfeld, VD. A. 3, 108.

können. Es sind aber fast bei jedem Tatbestand Fälle konstruierbar, wo der ordentliche Strafrahmen (die poena ordinaria) zu hoch oder zu niedrig erscheint.

Gegen die geplante außerordentliche Erweiterung des richterlichen Ermessens spricht insbesondere zweierlei: a) Wie bereits A. Merkel[1]) bemerkt, ist der Streit um das richtige Prinzip bei Ausmessung der Strafe keineswegs in einer Weise ausgetragen, daß der Gesetzgeber die gleiche Anschauungsweise bei allen Richtern voraussetzen könnte. Der eine Richter beurteilt die Handlung nach Maßgabe der in die Tat umgesetzten schuldhaften Willensrichtung und ihrer Wirkung, der andere Richter beurteilt sie nach dem Übelsgehalt, der notwendig ist, um mit Aussicht auf Erfolg den Täter von neuerlicher Begehung gleicher oder gleichartiger oder irgendwelcher Delikte abzuhalten. b) Das zweite Hauptbedenken ist die gesteigerte Ungewißheit über den Ausfall des Richterspruchs. Der Staatsanwalt, der Verteidiger, der Angeklagte werden durch die geplante Neuerung in weit höherem Maße allen möglichen Enttäuschungen und Überraschungen ausgesetzt und von den höchstpersönlichen Gefühlen des Richters auch dann abhängig, wenn jeder Richter die gleiche Strafrechtstheorie vertritt. Es ist aber fast unerträglich, jedenfalls ungesund, wenn der Angeklagte angesichts einer schuldhaften Tat noch weit weniger als bisher voraussehen kann, welches Schicksal seiner harrt. Es ist für jedes Staatswesen schädlich, wenn eine Überzeugung von Willkür in der Rechtspflege bei der Bevölkerung eintritt. Mag auch subjektive Willkürlichkeit fernbleiben, objektive Willkür ist gar nicht fernzuhalten, wenn der Eintritt des außerordentlichen Strafrahmens von einem Bündel unsicherer und inkonstanter Merkmale abhängt. Das außerordentliche Milderungsrecht z. B. soll nach VE. § 83 eintreten, wenn die rechtswidrigen Folgen der Tat unbedeutend sind und der verbrecherische Wille des Täters nur gering und nach den Umständen entschuldbar erscheint, so daß die Anwendung der ordentlichen Strafe des Gesetzes eine unbillige Härte enthalten würde. Wie leicht kann der eine Richter eine unbillige Härte verneinen; der andere sie

---

[1]) Allg. Dtsch. Strafrechtsztg. (1865) 5, 146.

bejahen, der eine den verbrecherischen Willen für nicht gering, der andere ihn auf Grund seiner psychiatrischen Schulung für gering halten! Es ist geradezu unmöglich, daß bezüglich dieser Imponderabilien alle Richter die gleichen Anschauungen hegen: Ungleichheit in der Rechtspflege muß dann eintreten. — Nüchterne Abwägung führt zu folgendem Ergebnis: Die Lichtseite einer Neueinführung allgemeiner unbestimmter Strafmilderungs- und Strafschärfungsgründe wird durch deren Schattenseiten überwogen. Richterliches Ermessen bei der Strafzumessung ist notwendig. Im StGB. ist hier und da das Strafminimum zu hoch (z. B. §§ 153, 218, 253), seltener das Strafmaximum zu niedrig (z. B. §§ 329 I, 367 Z. 10); im Prinzip ist das Richtige getroffen. Für ausgefallene Vorkommnisse, die trotz sorgfältig gewählter Tatbestandsmerkmale eines Grunddelikts und seiner Unterarten sich ereignen können, braucht man nicht jeden beliebigen Richter mit der sehr zweischneidigen Vollmacht eines außerordentlichen Strafschärfungsrechts oder eines unbestimmten Strafmilderungsrechts auszurüsten. Für solche bei guter Tatbestandsprägung seltene Fälle sind vielmehr Zentralinstanzen das richtige. Scheut man sich, die Begnadigungsinstanz als ein ausreichendes Ventil zur Verhütung von unbilligen Härten anzuerkennen (Verfasser teilt das Bedenken nicht), so wäre die Ausübung einer außerordentlichen Strafrahmensmilderung dem Oberlandesgerichte zu übertragen, dem das untere Gericht (nur von Amts wegen) die Akten behufs neuer causae cognitio und eventueller Milderung des Urteilsspruchs auf Grund eines außerordentlichen Strafrahmens vorlegen könnte. Ein außerordentliches Strafschärfungsrecht ist bei einigermaßen überlegten Tatbeständen und Strafrahmen überhaupt nicht als dringendes Bedürfnis anzuerkennen.[1])

---

[1]) Hält man die auch vom Komm. Entw. projektierte sehr vielseitige Erweiterung des richterlichen Ermessens nicht für einen Gewinn, so braucht man deshalb nicht mit Kahl, Strafr.-Z. 3, 284, zu dem Satze zu gelangen: „Der deutsche Entwurf steht und fällt mit der Freiheit des richterlichen Ermessens.“ Daß relative Strafrahmen nötig sind, verkennt niemand. Es handelt sich aber um die Maßfrage. Durch Streichung der geplanten Erweiterungen würde der Entw. nicht verlieren, sondern gewinnen. Für österreichische Verhältnisse erklärt Graf Gleispach,

§ 12.

Das zeitliche Anwendungsgebiet der Strafgesetze.

I. Die Regel.

1. Ein neues Strafgesetz findet nur auf diejenigen Handlungen Anwendung, welche nach seinem Geltungsbeginn begangen wurden, § 2 I. Es gilt mit anderen Worten die Regel: Nulla poena sine praevia lege poenali.

Im justinianischen Recht hatte sich nach vorherigem Schwankem der Grundsatz der Nichtrückwirkung neuer Strafgesetze durchgesetzt. Von dem Standpunkt, daß die Sünde erklärter Ungehorsam gegen die Gebote Gottes ist, erklärte Can. 3, causa 32, qu. 4: Poena criminis ex tempore legis est, quae crimen inhibuit. Nec ante legem ulla rei damnatio est, sed ex lege. Der rückwirkenden Kraft milderer Strafgesetze geschah erst bei den mittelalterlichen Italienern Erwähnung. Die Frage wurde verschieden beantwortet. In Deutschland wurde im 17. und 18. Jahrhundert allmählich die Ansicht überwiegend, daß ein neues Strafgesetz, wenn es milder sei, rückwirkende Kraft haben solle, dagegen nicht, wenn es strenger sei.

Die französischen droits de l'homme von 1791 Art. 8 erklärten: Nul ne peut être puni qu'en vertu d'une loi établie et promulquée autérieurement. So der Sache nach auch der Code pénal Art. 4 und das Publikationsdekret dazu Art. 6 sowie schon

---

Straf.-Z. 3, 113, die Weite der Grenzen des richterlichen Ermessens, wie sie der deutsche VE. vorsieht, einfach als unannehmbar. Auf strafrechtlichem Gebiete dürfte das Wort A. Merkels, Allg. Dtsch. Strafr.-Ztg., 4, 357, noch heute zutreffen, daß der Gesetzgeber den Richter nur da ohne sicheren Maßstab lassen und auf sein Ermessen verweisen soll, wo ihm die Natur der Verhältnisse es unmöglich oder bedenklich erscheinen lassen, einen solchen Maßstab zu geben. Besonders bedenklich für das allgemeine Vertrauen in die Richtigkeit der Richtersprüche erscheint die Erweiterung des Ermessens dann, wenn mit Rücksicht auf den Staatshaushalt das Einzelrichtertum vermehrt werden muß und auch die Besetzung der unteren Kollegialgerichte in Strafsachen eine Verminderung zu erfahren hat. Vgl. über das richterliche Ermessen auch L. Seuffert, Das richterliche Ermessen 1880, v. Birkmeyer, GS. 77, 353, Rosenfeld, VD. A. 3, 145; ferner unten § 12 I 1.

vorher das preußische ALR. von 1794, Einleitung § 14. Feuerbach prägte dann die Regel, daß nullum crimen nullave poena sine praevia lege poenali eintreten dürfe.[1])

Ausblick. Die Rechtfertigung dieser Nichtrückwirkung ist leicht, wenn man Gesetzeskenntnis oder mögliche Gesetzeskenntnis zur Bestrafung verlangt. Wenn man dies wohl mit Recht nicht tut, so kann man sich immerhin auf die Erwägung berufen, neue Rechtsgedanken über eine zu sanktionierende oder zu erhöhende Strafbarkeit eines bestimmten Verhaltens dürften mit Rücksicht auf die erziehliche Bedeutung des geschriebenen Rechts, das vielfach das Verhalten und auch die sittlichen Anschauungen des Publikums wandelt, billigerweise nicht generell voraussetzen, daß sie schon vor ihrem Erlaß allgemein durchgesickert waren. Nur in Fällen, wo der Gesetzgeber dies annehmen kann, wird er ausnahmsweise ohne Rücksicht auf vorherige Durchdringung seines Normeninhalts Strafen vorsehen, die die sofort in Kraft tretenden Normen mit einem sofort hinzutretenden Strafschutz umgeben; z. B. im Sprengstoffgesetz § 14. Ferner: nur wenn die Norm unzweifelhaft als ungeschriebenes Recht schon vor ihrer autoritativen Fixierung galt, wird er eine Strafsatzung auf etwaige schon vor deren Inkrafttreten begangene Handlungen gerechterweise für anwendbar erklären können.

Die Rückwirkung milderer neuer Strafgesetze läßt sich damit begründen, daß neue Rechtsgedanken an sich die Tendenz haben, möglichst bald durchzudringen. Auch wenn der Täter schuldhaft in höherem Maße sich bereits verfehlt hat, steht der Durchführung dieser Tendenz nichts entscheidend im Wege, da die Nichtberücksichtigung seiner etwa höheren Schuld höchstens den staatlichen Interessen Eintrag tun könnte, der Täter aber keinen Anspruch auf höhere Strafe hat. Eine Abwägung des staatlichen Interesses an alsbaldiger Durchführung der Idee geringerer Strafbedürftigkeit eines bestimmten Verhaltens mit dem Interesse, die für einen Ungehorsam angedrohte Strafe zur Stärkung der staatlichen Autorität auch wirklich herbeizuführen, wird dem ersteren Interesse in den meisten Fällen das Über-

---

[1]) Vgl. Binding H. 1, 17 N. 3.

gewicht verleihen. Denn eine Strafmilderung beruht in der Gegenwart meist nicht auf bloßer Mitleidigkeit, sondern auf Erwägungen entsprechend der Regel: Allzuscharf macht schartig.[1]) Der Satz: nulla poena sine lege könnte aber künftig dahin verengert werden, daß auch das ungeschriebene Recht als lex gelten soll. Vgl. insbesondere Binding H. 1, 21. Der § 2 StGB. ist allerdings nicht so zu verstehen. — Von dem Gedanken, daß der Richter ohne objektives Recht gefühlsmäßig über Strafwürdigkeit beschließen soll, muß sich das Strafrecht dagegen freihalten. Gefühlsjurisprudenz ist für ein gesundes Strafrecht ebenso gefährlich, wie Begriffsjurisprudenz. Während die Voraussetzung der Existenz eines Strafgesetzes i. w. S. ein Bedürfnis des modernen Verfassungsstaates für jede Kriminalstrafe bildet, entsteht durch Aufstellung von unfruchtbarer Kasuistik Begriffsjurisprudenz. Aber wenn bestimmte Begehungsarten in subjektiver oder objektiver Richtung typisch von dem Grunddelikt (z. B. dem Diebstahl, Betrug) abweichen, hat bereits der Gesetzgeber die Aufgabe, dem Richter hierfür einen Sonderstrafrahmen zuzuweisen und dadurch zu verhindern, daß das dem Gesetzgeber beachtliche Sondermerkmal übersehen wird. Ein Angriff gegen die Schaffung von Sondertatbeständen greift fehl, wenn er darauf gegründet wird, daß in einem Einzelfall die Grenzen zwischen dem einfachen und dem ausgezeichneten Tatbestand den Charakter einer zufälligen unbedeutenden Nebenerscheinung an sich tragen können.[2]) Das ist für alle Begriffsgrenzen des Rechts unvermeidlich. Begriffe müssen möglichst scharf sein. Dagegen ist Kasuistik vorhanden, wenn von mehreren gleichwertigen Sonderfällen der Gesetzgeber nur einzelne herausgriff und einen sie richtig zusammenfassenden Oberbegriff nicht zu finden verstand oder nicht alle Fälle aufzählte, die eine berechtigte Rolle spielen. Ganz unvermeidlich ist weder gelegentliche Mitverwertung von bloß gefühlsmäßig verankerten Merkmalen (z. B. auffälliges

[1]) Für Rückwirkung des neuen Gesetzes, gleichviel ob es schärfer oder milder ist, Traeger, VD. A. 6, 373, außer wenn es die Strafbarkeit erst begründet (385). Gegen Rückwirkung eines neuen schwereren Strafgesetzes v. Liszt (17) § 19 N. 2, v. Bar 1, 72. Vgl. über die Streitfr. auch Finger 1, 138.

[2]) Bedenklich gelegentlich Wach VD. A. 6, 38.

Mißverhältnis in § 302a), noch die Aufstellung von Sondertatbeständen trotz der Möglichkeit, daß sich später zeigt, daß nicht alle gleichwertigen Fälle lückenlos in ihm enthalten sind (Beispiel § 247 I). Aber bekannt werdende Unbestimmtheiten sind, sobald sie durch gefestigteres Rechtsbewußtsein aufgeklärt werden können, zu beheben (Beispiel § 360, Z. 11); erkannte Lücken sind auszufüllen (Beispiel: Eltern in § 174, Z. 1).

2. Erläuterung zu § 2. a) Die Geltung eines Reichsgesetzes beginnt mit dem 14. Tage nach seiner Veröffentlichung im Reichsgesetzblatt zu Berlin. RV. Art. 2. Ebenso verhält es sich mit den strafrechtlichen Verordnungen des Kaisers oder des Bundesrats. Soll die Geltung eines Gesetzes abweichend von dieser Regel beginnen, so muß dies im Gesetz bestimmt sein. Bei Verordnungen genügt die Bestimmung durch die Verordnung. Eine solche Abweichung besteht für das Inkrafttreten von Reichsgesetzen in den Konsulargerichtsbezirken und den Schutzgebieten. Hier gilt die Regel: Die Geltung beginnt mit dem Ablauf von 4 Monaten nach Veröffentlichung des Gesetzes im Reichsgesetzblatt. Sie beginnt bereits mit dem Ablauf von 2 Monaten, wenn es sich um gewisse Konsulargerichtsbezirke des Mittelmeerbeckens handelt. Näheres Konsulargerichtsbarkeitsgesetz von 1900 § 30, Schutzgebietsgesetz § 3.

Anhang: Der Geltungsbeginn von Landesgesetzen bestimmt sich nach Landesrecht. Soweit dieses nichts bestimmt, fällt das Inkrafttreten mit der Veröffentlichung zusammen. Preußen hat die gleiche Regelung wie das Reich, Bayern bestimmt den Geltungsbeginn von Fall zu Fall.

Die Geltungsdauer endigt durch jedes spätere Gesetz, soweit dieses über die gleichen Rechtsfragen bestimmen will. Gleichgültig ist dabei, ob das spätere Gesetz die früheren Bestimmungen außer Kraft setzt, oder sie ausdrücklich ersetzt oder nur sachlich abweichende Bestimmungen trifft.

Auch gegenüber dem von zuständiger Seite ordnungsmäßig erlassenen Rechtssatz kann noch das Problem auftauchen, ob er gilt oder etwa durch Gewohnheitsrecht beseitigt ist. Das Gelten eines Rechtssatzes bedeutet, daß er von der Gemeinschaft des Volkes, in dem er gelten will, oder doch von deren maßgebenden Gliedern als verbindlich anerkannt wird.[1])

b) Nach dem Geltungsbeginn ist eine strafbare Handlung bereits dann begangen, wenn das zu ihrem Tatbestande erforderliche persönliche Verhalten des Täters wenigstens in seinem letzten Teile noch die Zeit der Geltung des neuen Gesetzes erreicht. Es genügt dagegen nicht, wenn bloß die verletzenden Wirkungen (= der Erfolg) in den Geltungsbereich desselben fallen.

Wenn z. B. eine staatliche Telephonistin eine mündliche Mitteilung, wodurch sie unbefugterweise den Inhalt eines dienstlich vernommenen telephonischen Gesprächs ausplauderte, über den 4. Juli 1912 fortsetzte, so machte sie sich nach § 355 II straffällig, der mit dem 5. Juli in Kraft trat. Ebenso steht es mit der Strafbarkeit dessen, der am Abend des 4. Juli 1912 in einen Eisenbahnwagen eingestiegen ist, um dort unbefugt zu nächtigen, und in dem Wagen bis zum 5. Juli verblieb. Denn mit dem 5. Juli wurden die abgeschlossenen Räume welche zum öffentlichen Verkehr bestimmt sind, taugliche Orte, eines Hausfriedensbruchs. Dagegen genügt es nicht, wenn eine rechtswidrige Mitteilung über telephonische Gespräche beim Adressaten erst am 5. Juli 1912 einlief, sofern die Telephonistin sie schon am 4. Juli abgesandt hatte. Denn in diesem Falle fiel das körperliche Verhalten des Täters (Absenden des Briefes) gänzlich vor das Inkrafttreten des neuen Gesetzes. Nur der Verletzungserfolg trat hier erst später ein.

Wird eine fortgesetzte Handlung, die schon vorher bedroht war, unter der Herrschaft eines neuen schärferen Gesetzes weitergeführt, so wird sie vollständig nach dem neuen Rechte beurteilt.[2]) Beispiel: Eine Kinder-

---

[1]) Vgl. zu der Frage auch Bierling, Jur. Prinzipienlehre 1, 41—47, Radbruch 163. — Stark abweichend M. E. Mayer 58, die Geltung eines Rechtssatzes bedeute, daß er den Staat und seine Organe binde. Wohl sind die Regierung und die anderen Staatsorgane an die geltenden Rechtssätze gebunden; eine Bindung des Staates selbst an seine eigenen Gesetze besteht nicht. Die Betonung einer Bindung der Staatsorgane hängt zusammen mit Mayers Annahme, daß die Strafrechtssätze Befehle an die Staatsorgane, nicht an die Untertanen seien.

[2]) Gl. M.: E. in GA. 48, 120; E. 43, 355.

mißhandlung wird in der dem § 223a II entsprechenden Weise über den 4. Juli 1912 hinaus fortgesetzt; oder: eine Kuppelei wird über die Zeit hinaus fortgesetzt, wo eine Strafschärfung im Gesetz eintritt.[1])

War eine fortgesetzte Handlung vorher nicht bedroht, so werden nur diejenigen Teile des Verhaltens gewürdigt, welche unter das neue Gesetz fallen.[2])

Gleiches gilt auch für die Würdigung fortdauernder Delikte sowie gewerbs- (bzw. geschäfts-)mäßiger Handlungen, die unter der Herrschaft teils des neuen, teils des älteren Gesetzes begangen wurden.[3]) Dagegen bei zusammengesetzten Delikten (z. B. Raub, Urkundenfälschung, räuberischer Erpressung) genügt es, daß der Täter den komplementären letzten Akt unter der Herrschaft des neuen Gesetzes vornahm, um das ganze Delikt straffällig zu machen. Dies ist auch dann anzunehmen, wenn das betr. Verhalten vorher noch nicht bedroht war.[4]) Wie bei zusammengesetzten Delikten, verhält es sich bei gewohnheitsmäßigen Delikten, z. B. bei § 320d. Nur sind die früheren Teilhandlungen weil straflos als Strafzumessungsgrund nicht verwertbar. Aber die Gewohnheit liegt hier ausnahmsweise bei dem ersten Akte, der unter das neue Gesetz fällt, bereits fertig vor.[5])

II. Die Ausnahme.

Ein späteres Gesetz, welches ein bestehendes Strafgesetz abändert, findet auch auf die unter einem früheren Rechtszustande begangenen Handlungen Anwendung, sofern sie noch nicht endgültig abgeurteilt sind und das spätere Gesetz für den Täter am günstigsten ist. StGB. § 2 II drückt das mit der Wendung aus: Bei Verschiedenheit der Gesetze von der Zeit der begangenen Handlung bis zu deren Aburteilung ist das mildeste Gesetz anzuwenden. (Daß ein etwa schärferes Straf-

---

[1]) Ebenso ist der Fall zu beurteilen, daß jemand ein Verbrechen über die Vollendung des 18. Lebensjahres hinaus fortsetzt. E. in GA. 56, 74.

[2]) Gl. M.: Olshausen § 2 N 8 c.

[3]) A. M. anscheinend Olshausen § 2 N. 8b.

[4]) Gl. M.: E. 44, 273 (79).

[5]) Gl. M.: Höpfner 2, 241, Olshausen § 2 N. 8b; A. M.: v. Bar 1, 83, E. 5, 369.

gesetz nach geltendem Recht keine rückwirkende Kraft hat, folgt bereits aus dem unter I Bemerkten.)

Motiv ist: Neue Rechtsgedanken über die vorhandene Strafwürdigkeit oder Strafbedürftigkeit eines bestimmten Verhaltens will das Gesetz möglichst bald zur Anwendung gelangen lassen, sofern der Täter dadurch nicht benachteiligt wird und der Prozeß deswegen nicht neu aufgenommen zu werden braucht.

1. Bei der Vergleichung mehrerer sich ablösender Gesetze kommt grundsätzlich jedes Gesetz in Betracht, das zwischen dem ersten Akte der strafbaren Handlung und dem Augenblicke zeitweilig in Geltung war, wo die erste Instanz oder die Berufungsinstanz über die Tat urteilt.

Hierbei ist jedoch zu beachten, daß bei Neueinführung der Strafbarkeit einer fortgesetzten Handlung deren Wiederholung den Tatbestand selbständig erfüllt. Dann ist dieser ganz auch unter der Herrschaft des neuen Delikts verwirklicht. Die frühere straflose Verwirklichung zählt aber nicht mit; z. B. jemand hält den Besitz einer Sache über die Zeit hinaus aufrecht, wo der Fortbesitz verboten ist. Er ist strafbar. Ferner ist wegen der Zusammengehörigkeit des vom Gesetz zur Einheit gebildeten zusammengesetzten Delikts derjenige seiner Begehung schuldig, der auch nur den komplementären Akt nach Eintritt der Strafbarkeit des Deliktes vornimmt (z. B. die Benutzung nachgeschobener Waren in einem Ausverkauf), die schon vor der Pönalisierung dieses Verhaltens bestellt worden waren. Endlich ist bei Einführung einer bloßen Strafschärfung der Täter eines fortgesetzten Delikts wegen dessen rechtlicher Einheit nicht der selbständigen Verübung desselben in der geschärften Form und außerdem der Verübung in der milderen Form, sondern nur der Begehung in der geschärften Form schuldig.[1]) Vgl. oben I 2b.

Zu gleichen Ergebnissen bezüglich dieser Fälle gelangen auch Olshausen § 2 N. 12, E. **43**, 355, **44**, 273 (78), indem sie von vornherein die Verschiedenheit der Gesetze erst vom letzten Tatakt an berücksichtigen. Allein damit schießen sie über das Ziel hinaus. Denn bei solcher Annahme würde es

[1]) E. **43**, 355 mit anderer Begründung.

unzulässig sein, eine Verschiedenheit der Gesetze anzunehmen, wenn während der vielleicht mehraktigen Tätigkeit eine Strafmilderung eintritt; auf solche Fälle ist jedoch § 2 II unzweifelhaft auch zu beziehen. Die Worte „von der Zeit der begangenen Handlung" können aber unmöglich bald bedeuten: vom Beginn der strafbaren Handlung, bald: von dem letzten Akte derselben an; möglich ist nur eine von beiden Bedeutungen. Richtig Allfeld 175.

Ein Gesetz, das nach der Begehung der Tat in Kraft trat, bei ihrer Aburteilung aber bereits wieder außer Kraft gesetzt war, heißt Zwischengesetz; z. B. bei mehrfachem Wechsel gewerbepolizeilicher oder zollrechtlicher Bestimmungen kann es gut vorkommen, daß vorübergehend ein bestimmtes Verhalten milder gestraft oder straflos gelassen wurde. Die Berücksichtigung auch eines Zwischengesetzes will dem Umstande Rechnung tragen, daß der Täter nicht dadurch zu Schaden kommen soll, wenn man ihn nicht bereits früher, als das Zwischengesetz galt, zur Aburteilung brachte, oder wenn eine vorübergehend aufgehoben gewesene Strafbarkeit, die auch seine Straffälligkeit getilgt hatte, einer anderen Gesetzgebung Platz machte.[1])

Nicht in Betracht kommen Gesetze, die (nach der Tat) erst in einem Zeitpunkt in Kraft traten, wo das Verfahren bereits in der Revisionsinstanz schwebt. Anders, wenn die Revision zu neuer Feststellung der Tat in der unteren Instanz führt.[2]) Der Grund liegt darin, daß die Revisionsinstanz nicht über die Begehung der Handlung zu entscheiden, d. h. sie abzuurteilen, sondern nur das Gegebensein von Rechtsverletzungen durch den Richter nachzuprüfen hat. Die im Gesetze aufgestellte Grenze bis zu der Aburteilung der Handlung (§ 2 II) ist also in der Revisionsinstanz bereits überschritten.

Tritt nach Aburteilung der Handlung eine Gesetzesänderung ein, so kann sie regelmäßig nicht mehr berücksichtigt werden. Der Gesetzgeber zog vor, daß die Prozesse einmal zur end-

---

[1]) Gl. M.: Wachenfeld 57 N. 3. Vgl. über andere z. T. bedenkliche Begründungsversuche v. Bar 1, 74, Traeger VD. A. 6, 377.

[2]) Wachenfeld 58 N. 2.

gültigen Ruhe kommen müssen. Eine nachträgliche Berücksichtigung würde aber voraussetzen, daß der Prozeß nochmals neu begonnen werde.[1])

Ändern sich nach der Aburteilung zugunsten des Verurteilten die Bestimmungen über die Verjährung erkannter Strafen, und ist die Strafe an ihm noch nicht vollstreckt, so ist die günstigere neue Vorschrift nach der ratio des § 2 II auf ihn anzuwenden. Beispiel: Bei Einführung des StGB. gab es noch keine Verjährung erkannter Strafen. Eine im Jahre 1870 ausgesprochene Gefängnisstrafe an einer Person, die sich ihrem Antritt durch Flucht ins Ausland entzogen hat, ist nicht etwa bis an deren Lebensende unverjährbar.[2]) Eine Verschiedenheit der Gesetze liegt vor, eine verschiedene Auffassung über fortbestehende Strafbedürftigkeit ebenfalls; die Frist „bis zur Aburteilung“ aber konnte überhaupt nicht gewahrt werden, weil die Verjährung erkannter Strafen überhaupt erst nachher anhebt. Man darf daher in einem so gelagerten Falle annehmen: Cessante ratione legis (bis zur Aburteilung) cessat lex ipsa.

Der Verjährungslauf beginnt bei Abkürzung (und bei Neueinführung) der Vollstreckungsverjährung mit der Urteilsrechtskraft.

2. Als günstigstes Gesetz gilt dasjenige, nach welchem der Täter im Einzelfall am besten wegkommt.

Dazu gehört vor allem ein Gesetz, welches die Strafbarkeit aufhebt. Das abändernde Gesetz braucht also kein Strafgesetz im engeren Sinne zu sein. Hat das spätere Gesetz die Verfolgungsverjährung abgekürzt oder sonst erleichtert, oder die Verfolgbarkeit an Bedingungen geknüpft, die nicht eingetreten sind, so ist es das mildere Gesetz, wenn darnach der Täter nicht zu Strafe gebracht werden kann, mag auch gleichzeitig durch ein neues Strafgesetz im engeren Sinne die Tat einer strengeren Strafdrohung unterworfen werden.[3]) Wird

---

[1]) Daß dieser Gedanke de lege ferenda reformbedürftig ist, weist Traeger GS. 77, 138 f. nach.

[2]) Gl. M.: Frank § 2 VI, Traeger VD. A. 6, 389 N. 1. A. M.: Olshausen § 2 N. 13; Schwartz § 2 N. 12.

[3]) Gl. M.: Olshausen § 2 N. 20, E. 32, 247.

die Anrechnung der Untersuchungshaft gesetzlich erleichtert, so ist diese Erleichterung ein milderes Strafgesetz.

Bestimmungen rein prozessualer Natur kommen bei der Vergleichung nicht in Betracht, da § 2 nur vom materiellen Strafrecht handelt. Dies gilt z. B. von neuen Bestimmungen einer StPO. über die Unzulässigkeit von Versäumnisurteilen gegen den Berufungsführer in der Berufungsinstanz. Wenn man im geltenden Recht die Konsequenzen aus der angeblichen prozessualen Natur des Antragsrechtes in sonstigen Beziehungen zieht, muß man es auch in vorliegendem Falle tun; so richtig Finger 143. Dagegen geht es nicht an, den Antrag nur für § 2 wie ein materielles Gesetz zu behandeln.[1] Ist der Antrag, wie hier angenommen wurde, eine dem materiellen Recht angehörige Bedingung der Möglichkeit eines Strafeintritts, so ergibt sich für die zahlreichen Fälle der Neueinführung eines Antragserfordernisses (z. B. in §§ 248a, 264a durch die Novelle von 1912), daß nicht gestraft werden darf, wenn der zur Zeit der Aburteilung erforderliche Antrag fehlt.[2]

3. Enthält ein neues Gesetz teils mildere, teils schärfere Bestimmungen, so ist es als das schärfere beiseite zu lassen, wenn der Richter die Strafe möglichst hoch greifen will. Im entgegengesetzten Falle kommt das neue Gesetz zur Anwendung; Beispiel: das ältere Gesetz droht Gefängnis von 1 Monat bis zu 1 Jahr, das neuere Gesetz Gefängnis von 1 Tag bis zu 3 Jahren. Bei der Frage, welches von mehreren Gesetzen die höchste bzw. die mildeste Strafe vorsieht, kommen zuerst (nur) die Hauptstrafen, und zwar diese unter Berücksichtigung ihres Wertverhältnisses nach § 21 in Betracht. Geldstrafe ist positivrechtlich milder als Freiheitsstrafe (arg. § 73 und die Abstufungen in §§ 12—27).[3] Erst wenn die Hauptstrafen gleich sind, werden die etwaigen Nebenstrafen berücksichtigt. Gl. M.: E. **46**, 268. Beispiel: Das ältere Gesetz droht an Gefängnis bis zu 2 Jahren und Aberkennung der bürgerlichen

---

[1]) So jedoch Frank § 2 IV 2, E, **46**, 269.

[2]) Gl. M.: Olshausen § 2 N. 20, v. Bar **1**, 84 N. 60.

[3]) Gl. M.: Rüdorff-St. § 2 N. 7, Schwartz § 2 N. 15. A. M.: Binding H. **1**, 264, sowie Olshausen § 2 N. 23, der den § 1 für maßgebend hält.

Ehrenrechte auf 5 Jahre, das zweite Gesetz droht an Gefängnis bis zu 3 Jahren. Das zweite Gesetz ist das schwerere.[1])

Ist jedes der Gesetze gleich mild oder streng, so ist das neuere als anwendbar zu erachten.[2])

4. Eine Veränderung der Strafgesetze bis zur Aburteilung liegt regelmäßig nicht vor, wenn das bisherige Gesetz schon von vornherein seine Geltung auf einen bestimmten Zeitraum beschränkte.[3]) Dahin gehören z. B. Vieheinfuhrverbote, Polizeivorschriften für eine bestimmte Gelegenheit, etwa für einen Jahrmarkt, Bundesratsverordnungen während der Kriegszeit,[4]) wohl auch das seinerzeit auf Zeit erlassene Sozialistengesetz vom 28. Oktober 1878, das mit dem 30. September 1890 außer Kraft trat. In allen diesen Fällen ist nach der Tendenz der betreffenden Gesetzgebung zu entscheiden, ob sie die vorgesehene Strafsanktion für alle unter ihrer Herrschaft begangenen Fälle angewendet wissen will, oder ob sie nur für die unter ihrer Herrschaft abgeurteilten Fälle Geltung beansprucht. Ein Beispiel für letzteren Willen bietet die erhöhte Strafsanktion des EG. z. StGB. § 4 für die Dauer des Kriegs- oder Belagerungszustandes. In der Regel dagegen entspricht es der ratio legis mehr, wenn man annimmt: Bei den in einem strafgesetzlichen Tatbestand enthaltenen Verboten vorübergehender Natur will das Gesetz ihre Befolgung für die ganze Zeit ihrer Geltung gesichert wissen, also auch für die letzten Tage der Geltung. Dies ist aber nur möglich, wenn der Strafschutz gegen die Übertretung des noch geltenden Verbots weiter besteht, auch nachdem das Verbot selbst gegenstandslos geworden ist. Kurzfristige Strafgesetze wären sonst nahezu wirkungslos. Eine Veränderung der Rechtsauffassung über die Strafbedürftigkeit (und ihren Grad) liegt bei Erlassung von Normen auf Zeit nicht vor, wenn der Wille dahin geht, daß die Normen selbst eine bestimmte Zeit hindurch beobachtet werden sollen. Anders

---

[1]) Gl. M.: Frank § 2 IV 3.

[2]) v. Bar 1, 96, Olshausen § 2 N. 11. A. M.: Wachenfeld 58 N. 1, Finger 141.

[3]) A. M.: v. Bar 1, 76.

[4]) Gl. M.: Alsberg, Kriegswucherstrafrecht 110.

in dem seltenen Falle, wo nur das Strafbedürfnis bei Ungehorsam für eine bestimmte Zeit bejaht oder gesteigert sein soll.[1])

Auch wenn ein Strafgesetz im weiteren Sinne nicht von vornherein auf Zeit erlassen ist, kann man nicht in allen Fällen bei Aufhebung seiner in anderen Rechtsgebieten gegebenen Prämissen eine Verschiedenheit der Gesetze (im Sinne einer Verschiedenheit der Strafgesetze) annehmen. Soundso viele wirtschaftliche, finanzielle und verkehrspolizeiliche Gesetze enthalten feste Strafsanktionen, aber variable Tatbestände (seien sie ein Blankett zur Ausfüllung für Verwaltungsorgane oder seien sie wie Börsen- und Münzbestimmungen, Steuerbestimmungen in Gestalt von formellen Gesetzen erlassen). Andernfalles würde § 2.II eine ganz unverdiente Privilegierung derer enthalten, die sich gegen Normen verfehlen, deren Umfang gelegentlich variiert, obwohl der Tatbestandskern derselbe bleibt. Z. B. jemand fälscht ein 50-Pfennig-Stück oder Freimarken. Nachdem er sie abgesetzt hat, aber vor seiner Bestrafung, werden diese Gegenstände außer Kurs gesetzt, während die Tatbestände der §§ 146, 275 nach wie vor bei Bestand bleiben. Oder: eine bestimmte Klasse von Urkunden wird für nicht mehr stempelpflichtig erklärt, während die Hinterziehung des Stempels von stempelpflichtigen Urkunden gleich strafbar bleibt. Oder: ein für bestimmte Stadtviertel bestehendes Verbot der Bauordnung wird übertreten, hernach aber für die betreffende Straße aufgehoben; die Verletzung von Bauvorschriften bleibt bedroht. Oder: ein dauerndes (oder vorübergehendes) Höchstpreisgesetz wird übertreten. Vor der Aburteilung wird der Höchstpreis erhöht, so daß die früher verbotene Preisforderung jetzt zulässig wäre.[2])

Entsprechend der Grundtendenz des § 2 II wird hier eine Verschiedenheit der Gesetze zu verneinen sein, wenn das neue Gesetz im weiteren Sinne erkennbarerweise nicht die Strafwürdigkeit der Handlungsweise anders beurteilt wissen will, sondern nur die Gelegenheiten vermindert, sich nach dem unverändert bestehenden Strafgesetz straffällig

---

[1]) Gl. M.: im Ergebnis Allfeld 89, Olshausen § 2 N. 16, E. 21, 294; 32, 110; mit Ausnahme des Sozialistengesetzes auch Frank § 2 V 2.

[2]) Weitere Beispiele bei v. Bar 1, 80 N. 55.

zu machen. Als Gesetze im Sinne des § 2 II kommen mit anderen Worten nur solche Bestimmungen in Betracht, welche auf einer veränderten Anschauung über die Strafwürdigkeit einer bestimmten Handlungsweise (ganz oder teilweise) beruhen.[1] Frank § 2 IV 1 unterscheidet danach, ob das geänderte Gesetz Bestandteil des Strafgesetzes ist oder nicht. Dafür fehlt es an maßgebenden Kriterien. Kohlrausch[2] nimmt an, eine Verschiedenheit der Gesetze liege nicht vor, wenn infolge einer Rechtsänderung ein Objekt die Eigenschaften verliere, derentwegen es strafrechtlich geschützt wird, anders, wenn ihm der Strafschutz entzogen werde, obwohl es diese Eigenschaften behalten habe. Danach würde eine Milderung auch dann nicht vorliegen, wenn das Leseholz im Staatswalde freigegeben würde, um einer Kohlennot zu steuern, wenn die Jagd auf Vögel oder auf Kleinwild freigegeben würde, um eine Hungersnot zu lindern. Die Objekte verlieren ja die Eigenschaft als Gegenstand beschränkter Okkupationsrechte, um derentwillen sie geschützt werden, und doch würden wegen der veränderten Anschauung über die Strafwürdigkeit die Gerichte hier kaum mit Kohlrausch den § 2 II außer Anwendung lassen.[3] Nach M. E. Mayer 30 soll die Änderung eines Merkmals der abstrakten Strafbestimmung relevante Änderung sein, dagegen nicht die Wandelung relevanter Eigenschaften des konkreten Vorgangs; dies ist nicht das Kriterium: Erweiterungen der Notstandsbestimmungen oder sonstiger Rechtfertigungsgründe fallen zweiffellos unter § 2 II.

---

[1] Gl. M. wohl Binding H. 1, 258 N. 4, Olshausen § 2 N. 14, E. 13, 249. A. M.: E. 20, 407.

[2] Vgl. Kohlrausch, ZStW. 23, 56.

[3] Gegen Kohlrausch auch Allfeld 90 N. 8, Finger 1, 145 N. 168. Wieder anders Käckell, Die Bedeutung des Strafgesetzbegriffs (1915) 227, der von der Anwendung des § 2 II solche Gesetzesänderungen ausschließt, die lediglich den Umfang eines in einem Strafgesetz gebrauchten Begriffs regeln. Wenn z. B. vom Bettel irgend eine bestimmte Art der Almosenbitte ausgenommen würde, wären die bisherigen Übertreter nach Käckell noch zu strafen; wenn dagegen eine der Kriegsstrafverordnungen aufgehoben wird wegen Friedensschlusses, fiele die Strafbarkeit der bisherigen Übertreter fort; das widerspräche rationeller Auslegung.

Dagegen wird man eine veränderte Rechtsanschauung über die Strafbedürftigkeit des Falles annehmen müssen, wenn die Zahl der unpfändbaren Objekte vermehrt oder das Vermieterpfandrecht auf die pfändbaren Sachen beschränkt wird und der Mieter wegen vorheriger Entziehung von Sachen aus dem Bereich des Vermieters beschuldigt ist (§ 289 StGB.).[1] Ebenso steht es, wenn das HGB. gewisse Kaufleute von der Verpflichtung befreit, Handelsbücher zu führen, mit vorheriger Unterlassung der Buchführung durch den Gemeinschuldner;[2] wenn der Kreis der Disziplinarmittel für den Lehrer erweitert wird, mit vorheriger Überschreitung des (jetzt erlaubten) Züchtigungsrechts; mit der Erweiterung der Notrechte, wenn jemand vorher ein jetzt erlaubtes Eindringen in fremden Besitz vornahm.

5. Wenn sich während der deliktischen Tätigkeit Strafgesetze ablösen, so findet § 2 II nur Anwendung, falls das mildere Gesetz das spätere ist; z. B. eine Mutter setzt die grausame Behandlung ihres Kindes über die Zeit hinaus fort, wo der § 223a II in Kraft trat. Ihr ganzes Verhalten wird dadurch nicht in zwei selbständige (§ 74) Delikte der Körperverletzung gespalten, sondern unterfällt nun vollständig dem § 223a II. Anders, wenn jemand einen bewaffneten Hausfriedensbruch (bis 4. Juli 1912 Offizialdelikt) über den 4. Juli hinaus fortdauern ließ.[3]

§ 13.

Das räumliche Anwendungsgebiet der Strafgesetze.

I. Rückblick.[4]

Die Strafgesetze der Römer waren zunächst nur für Volksgenossen bestimmt und erstreckten sich erst in späterer Zeit auch auf die Fremden, welche ursprünglich als überhaupt recht-

[1]) Gl. M.: Allfeld 90 N. 24. A. M.: E. 27, 98; 34, 157, Frank § 2 V. 1, Olshausen § 2 N. 15.

[2]) Gl. M.: E. 33, 184, Frank § 2 V 1a, Allfeld 89.

[3]) Vgl. Traeger, VD. A. 6, 418.

[4]) Vgl. Meili, Die hauptsächl. Entwicklungsperioden der Int. Strafr. seit der mittelalterl. ital. Doktrin, 1908; Meili, Lehrb. d. intern. Strafr. u. Strafpr., 1910, S. 27.

los galten.[1]) Dagegen ahndeten die Römer schon bald nach eigenen Bestimmungen die Handlungen, welche römische Rechtsgüter verletzten. Andererseits straften sie den Ausländer wegen einer römische Interessen nicht berührenden Handlung nicht.[2]) In den deutschen Volksrechten galt der Grundsatz, daß der Täter regelmäßig nach seinem Stammesrecht abzuurteilen sei; das Recht des Verletzten entschied aber über die Höhe der Buße.[3]) Das mittelalterliche italienische Recht, das beim Schweigen der Carolina auch die deutsche gemeinrechtliche Jurisprudenz bis ins 18. Jahrhundert beherrschte, bestrafte gemeinrechtliche Delikte, gleichviel wo sie der Inländer beging; bei partikularen Delikten galt diese Regel nur, wenn es ausdrücklich gesagt war, und das inländische Recht wurde meist angewendet, wenn es milder war. Der Richter hatte Strafgewalt auch über Fremde.[4]) ALR. 2, 20 § 12f strafte die im eigenen Lande begangenen Handlungen schlechthin; außerdem die im Ausland verübten Handlungen der Inländer; die der Fremden im Ausland wurden nach dem Rechte des Tatorts bestraft. Bayern 1813 straft den Inländer, auch wenn er im Auslande gegen die inländischen Gesetze sich verging.

Die spätere Partikulargesetzgebung strafte den Inländer überwiegend nur dann, wenn er zugleich nach dem Rechte des Tatorts straffällig war.[5])

II. Begriff und Prinzipien.

1. Das räumliche Anwendungsgebiet der Strafgesetze betrifft den Einfluß ausländischer Beziehungen einer strafbaren Handlung auf deren Strafbarkeit. Mit anderen Worten: es begrenzt die Anwendbarkeit der Strafgesetze in bezug auf den verschiedenen Begehungsort der Delikte. Der dafür oft gebrauchte Ausdruck „internationales" (Straf)-Recht ist in fremden Sprachen für völkerrechtliche Rege-

---

[1]) v. Bar 1, 101.
[2]) Mommsen, Röm. Strafr. 106, Meili 28, v. Bar 1, 104.
[3]) v. Bar 1, 108 N. 14.
[4]) v. Bar 1, 111, Meili 38.
[5]) v. Bar 1. 111.

lungen gebraucht, nach deutschem Sprachgebrauch ist eine Irreführung kaum zu befürchten.[1])

Es handelt sich nicht um eine mehreren Nationen gemeinsame Rechtsquelle, auch nicht um die Geltung des Reichsrechts außerhalb des Deutschen Reichs, sondern um ein nationales Recht über die Strafbarkeit von Delikten mit internationalen Beziehungen.

2. Die in Betracht kommenden Prinzipien im allgemeinen.

Ihre Anwendbarkeit ist verschieden groß, je nach den Prinzipien, welche man bei der Abgrenzung des Herrschaftsbereichs zugrunde legt, sowie je nach dem Einfluß, den man dabei der Frage einräumt, ob die Handlung nach dem Rechte des ausländischen Begehungsortes auch strafbar gewesen sein muß.

a) Nach dem Territorialprinzip finden die einheimischen Strafgesetze Anwendung auf alle im Inlande begangenen Handlungen ohne Rücksicht auf die Nationalität des Täters und die Zugehörigkeit des angegriffenen Rechtsguts. Gilt das Territorialprinzip auch nach seiner negativen, d. h. andere Prinzipien ausschließenden Seite, so finden die einheimischen Strafgesetze keine Anwendung auf auswärts begangene Handlungen.

b) Nach dem Personalprinzip (= aktives Nationalitätsprinzip, Meili Intern. Strafr. 2) finden sie Anwendung auf alle von Inländern begangene Handlungen.[2])

c) Nach dem Schutz- oder Realprinzip (= Prinzip der beteiligten Rechtsordnung; passives Nationalitätsprinzip nach Meili 2, Lammasch (4) 21) finden sie Anwendung auf alle Handlungen gegen Rechtsgüter des Inlands.[3]) Das Schutzprinzip bedarf schärferer Umgrenzung der Rechtsgüter, welche als inländische zu erachten sind. Es gilt dies namentlich, wenn ein Delikt in erster Linie ein ausländisches, sekundär auch ein

---

[1]) Vgl. dazu Allfeld 91 N. 3, v. Bar 1, 99 N. 2, Wachenfeld 59 N. 2.

[2]) Finger 1, 162, spricht von einem Prinzip der aktiven Personalität, wenn die Rechtsgüter fremder Nationen dabei mitgeschützt werden; von einem Prinzip der passiven Personalität, wenn dabei nur die einheimischen Rechtsgüter geschützt werden.

[3]) Nach Binding H. 1, 391 heißt das Schutzprinzip dann passives Nationalitätsprinzip, wenn der Schutz sich nicht nur auf die im Inland befindlichen Rechtsgüter, sondern auch auf die dem Inländer im Auslande gehörigen Güter erstreckt.

inländisches Gut verletzt. Bei vielen Delikten würde ferner durch Bestrafung von Ausländern, die im Auslande eine dem Inlande mißfallende Handlung begehen, leicht eine internationale Reibung geschaffen, namentlich wenn die Bestrafung ohne Rücksicht auf die Strafbarkeit am Tatort erfolgt.[1]) Jedenfalls ist es nicht ratsam, das Prinzip in seiner abstrakten Fassung (Verletzung inländischer Interessen) aufzustellen. Vielmehr bedarf es genauer Aufzählung der einzelnen Rechtsverletzungen, die man als Verletzungen inländischer Rechtsgüter ansehen will.

d) Nach dem Universal- oder Weltrechtsprinzip finden sie Anwendung auf alle irgendwo begangenen Handlungen, auch wenn der Täter Ausländer ist. Für die Gegenwart läge in seiner grundsätzlichen Anerkennung eine starke Überschätzung des Strafbedürfnisses und ein Eingriff in die Herrschaftsrechte des ausländischen Staates, dem es nicht gleichgültig sein kann, wenn seine Angehörigen wegen allerlei Handlungen bestraft werden können, deren Verbotensein sie bei ihrem Aufenthalt in der Heimat gar nicht zu kennen brauchten.[2])

Keines der vorgenannten Prinzipien ist geeignet, auch in negativer, d. h. das Danebengelten anderer Prinzipien ausschließender Form verwirklicht zu werden. Dagegen ist das eine oder andere als Grundlage in seiner positiven Form denkbar. Es bedarf dann aber der Ergänzung durch Anerkennung nderer Prinzipien für bestimmte Fälle.

III. Die Geltung des Territorialprinzips.

Das Territorialprinzip wird vom StGB. als Regel in seiner positiven (affirmativen) und in seiner negativen Seite proklamiert. §§ 3, 4I, 6. Die Strafgesetze des Deutschen Reiches finden danach Anwendung auf alle im Gebiete desselben, aber nicht auf die im Auslande begangenen Handlungen.

Die positive Seite gilt nahezu ausnahmslos (vgl. jedoch § 296a, ferner das nur die Führer ausländischer Schiffe bedrohende Gesetz vom 22. Mai 1881 § 3, betr. die Küstenfrachtfahrt); die negative Seite der Regel wird durch zahlreiche Aus-

---

[1]) Vgl. v. Bar 1, 103 f., 118 f.

[2]) Vgl. v. Bar 1, 127.

nahmen durchbrochen, bei denen die positive Seite anderer Prinzipien verwirklicht ist.

Einzelheiten der Regel.

1. Ausland im Sinne des Strafgesetzes ist jedes nicht zum Deutschen Reiche gehörige Gebiet. § 8. Der Gegensatz dazu ergibt dann den Begriff Inland. Als zum Deutschen Reich gehörig wird gerechnet das deutsche Territorium nebst seinem völkerrechtlichen Zubehör. Zubehör sind: die Luftsäule, soweit sie der dauernden Herrschaft von unten aus zugänglich ist;[1]) das Küstenmeer auf die Entfernung von 6 Seemeilen, gerechnet vom niedrigsten Stande der tiefsten Ebbe (früher wurden drei Seemeilen, noch früher Kanonenschußweite angenommen)[2]), deutsche Schiffe außer in fremden Häfen[3]), Kriegsschiffe auch hier. Ein Kondominat über einen Landstrich, See oder Fluß ist strafrechtlich kein Inland.[4])

Die deutschen Zollämter in nachbarlichen Gebieten sind auf Grund von Staatsverträgen vielfach ebenfalls Inland für Zolldelikte.[5]) Auch der Einzelstaat kann durch Staatsvertrag sein Gebiet in dieser lokalen Beziehung ausdehnen (Gewohnheitsrecht). In den Konsulargerichtsbezirken und den Schutzgebieten gelten für die Deutschen und die Schutzgenossen die Reichsgesetze. Damit ist eine Konstatierung, daß die Handlung auch am Tatorte bedroht war (§ 4 Z. 3), bei diesen Personen überflüssig. Jene Gebiete gehören in verschiedenem Umfang zur Macht- und Herrschaftssphäre des Reichs. Dagegen sind sie weder staatsrechtlich noch strafrechtlich für Inland erklärt. Bis zum Erlaß einer durch Kons.-Ger.-Ges. vom 7. April 1900 § 26 vorbehaltenen Kais. VO. über den Umfang der Inlandseigenschaft ist positiv und negativ bezüglich dieser Eigenschaft der allgemeine, aus der Tendenz der einzelnen Gesetze zu entnehmende Rechtszustand aufrecht erhalten. Im völkerrechtlichen Verkehr haben die Schutzgebiete

---

1) Allfeld 94/95.

2) Vgl. v. Ullmann, Völkerr. (2) 293.

3) Auch beim Passieren fremder Gewässer; bestr.; vgl. Meili 333.

4) Gl. M.: E. 38, 289. A. M.: Olshausen § 8 N. 2, Allfeld 95 N. 24.

5) Gl. M.: Olshausen § 3 N. 14a, E. 48, 26.

eine Sonderexistenz; Staatsverträge mit dem Deutschen Reich, z. B. über Auslieferung, erstrecken sich nicht ohne weiteres auf sie. Staatsrechtlich ist das Eingeborenenstrafrecht für sie besonders geregelt; auch Prügelstrafe ist noch möglich. Die Weißen unterstehen mehrfach besonderen Normen, z. B. betr. Eheschließung mit Farbigen. Es erscheint daher richtiger, diese Gebiete nicht als Inland anzusehen. Mit anderen Worten: Die engere Auffassung der Worte: „zum Reiche gehöriges" Gebiet entspricht der ratio legis mehr. Wenn daher ein Farbiger nach Deutschland kommt, so muß er nicht wegen der in den Kolonien verübten Übertretung oder der sonstigen Handlung bestraft werden; ebensowenig ein Deutscher, der aus einem Konsulargerichtsbezirk oder aus einem Schutzgebiet zurückkehrt. Beide Gebiete gelten als ein Ausland, in dem deutsches Reichsrecht allerdings teilweise in Geltung ist.[1]) Die Wohnräume der exterritorialen Personen in Deutschland gelten für das Strafrecht, aber nicht für das Prozeßrecht als Inland. Z. B. der Deutsche, der im Gesandtschaftshotel angestellt ist, hat etwaige strafbare Handlungen dortselbst im Inland begangen, kann aber nur mit Zustimmung des Gesandten verhaftet werden.[2])

2. In staatenlosem Gebiete begangene Handlungen sind nicht im Inland begangen und daher vorbehaltlich der Ausnahmen des § 4 Z. 1, 2 straflos. Diese Regel ergibt der Wortlaut der §§ 3 und 4 Z. 3; sie wird auch durch die Motive zur Novelle v. 1876 bestätigt. Diesen Auslegungsmitteln gegenüber hat die frühere preußische Praxis und die sehr zweifelhafte ratio legis keine Kraft; strafbegründende Analogie ist unstatthaft.[3])

[1]) Gl. M. im Ergebnis Frank § 8 I., Gerland VD. B. 1, 221, M. E. Mayer 85, Olshausen § 4 N. 20, Wachenfeld 61 N. 4. A. M.: Allfeld 95 N. 26, v. Bar 1, 185, v. Liszt § 22, E. 44, 408 (passim, Auswanderung im Sinne des § 140 Z. 2 verneinend). Hegler 144 unterscheidet zwischen Schutzgebieten und Konsulargerichtsbezirken. Erstere gelten nach ihm für bestimmte Personenkreise als Inland.

[2]) Vgl. Frank § 8 II, v. Liszt, Völkerr. (9) § 14 VI 3, Löwe-Rosenberg SPO. (14) zu GVG. § 18 N. 8.

[3]) Gl. M.: Hegler, Prinz. d. int. Strafr. (1906) 129 N. 2, Finger 1, 170, Mayer 75, Schwartz § 4 N. 7. A. M.: Frank § 5 III 3 a. E., Allfeld 97 N. 40, Wachenfeld 64 N. 1, Olshausen § 4 N. 16 (seit der 9. Aufl.), v. Bar 1. 168. Vgl. auch Schwarze HH. 4, 69.

Dagegen können in den Konsulargerichtsbezirken und in den Schutzgebieten die bezeichneten Handlungen gestraft werden; Kons.-Ger.-Ges. § 77.

3. Die Regeln in § 3 f. des StGB. beziehen sich ihrem Wortlaute nach nur auf das Verhältnis der Reichsgesetze zu dem Ort der Tat und der Nationalität des Täters, nicht auf das Verhältnis der Landesgesetze zu den außer Landes begangenen Delikten. Das Landesrecht kann für seine Strafgesetze Sondervorschriften treffen, z. B. die Strafbarkeit der auswärts von Landesangehörigen begangenen Delikte anordnen. Es sind hier dem Landrecht für seinen Allgemeinen Teil keine Schranken gesetzt. Es kann daher auch für Handlungen im Reichsausland derartige Bestimmungen treffen. Es besteht keine Gefahr, daß das Landesrecht von der Freiheit Mißbrauch treiben werde. Ebensowenig hat ja das Landesrecht sonst Mißbrauch mit seinen Sonderbestimmungen auf dem Gebiete des Allgemeinen Teils getrieben. Die niedere Straffälligkeit böte dazu auch wenig Anlaß. Nötigenfalls könnte Reichsrecht bedenklichen Bestimmungen alsbald den Boden entziehen. Es ist aber de lege lata keine Beschränkung aufzufinden, wonach Landesrecht nur innerhalb der Grenzen der §§ 3 f. Handlungen außerhalb seines Gebietes mit Strafe bedrohen kann.[1])

In Ermangelung von besonderen Vorschriften, die meistens fehlen, gilt das Territorialprinzip, soweit die einzelnen Landesgesetze nicht erkennbar ihre Untertanen auch außerhalb der Landesgrenzen zu einem bestimmten Verhalten verpflichten wollen, z. B. hinsichtlich der Annahme fremder Orden ohne Erlaubnis des Heimatsstaates. Innerhalb dieses Rahmens wird man beim Schweigen des Landesrechts den einschränkenden Bestimmungen der §§ 4 II Z. 3 und 5 analoge Bedeutung beizumessen haben.[2])

Die Bestrafung von Landesfremden wegen der von ihnen außerhalb des Landes begangenen Handlungen bedarf stets aus-

---

[1]) So jedoch v. Bar 1, 53 und für den Fall, daß Handlungen im Reichsausland in Frage stehen, auch Frank § 5 V. Richtig: Olshausen § 4 N. 3.

[2]) Gl. M. im wesentlichen Frank § 5 V Abs. 2.

drücklicher Bestimmung. Ist eine Handlung nach dem Rechte des Tatortes ein landesrechtlich bedrohtes Delikt (z. B. Felddiebstahl), nach dem Rechte des verfolgenden Staates dagegen ein reichsrechtliches Vergehen (z. B. gemeiner Diebstahl), so ist das Recht des Begehungsortes maßgebend, sofern das Landesrecht des verfolgenden Staates überhaupt Bestrafung wegen der auswärts begangenen Tat will. Wenn das Reich erklärt, daß das Landesrecht einen solchen Fall milder bestrafen dürfe, ist aus der Handlung, die gegen das Landesrecht verstieß, auch nur jener mildere Strafanspruch erwachsen, der sich nicht dadurch verändert, daß in einem anderen Teile des Reiches über ihn abgeurteilt wird.[1])

Hat sich der Täter dagegen am Ort der Tat nach Reichsrecht verfehlt, so ist strafprozessual bei Bestehen eines Gerichtsstandes auch der Richter eines Landes, wo die Handlung etwa nur als Forstfrevel begangen wurde, verpflichtet, den nach Reichsrecht erwachsenen Strafanspruch zum Ausspruch zu bringen.[2])

IV. Erweiterung der Strafbarkeit durch ausnahmsweise Berücksichtigung anderer Prinzipien.

1. Allgemeines. a) Die meisten Erweiterungen enthalten gleichzeitig eine Einschränkung der sonst generell bestehenden staatlichen Strafverfolgungspflicht (Legalitätsprinzip) zugunsten des freien Ermessens der Verfolgungsbehörden, ob sie Verfolgung für angezeigt erachten (Opportunitätsprinzip).

b) In keinem Falle darf ein Deutscher einer ausländischen Regierung zur Verfolgung oder Bestrafung überliefert (= ausgeliefert) werden, § 9.

§ 9 bindet auch Landesrecht, betrifft aber nicht die Ablieferung eines Deutschen an einen anderen Bundesstaat, die sich nach GVG. und SPO. richtet. Der Grundsatz der Nichtauslieferung von Deutschen ist als Regel in der Gegenwart nötig. Ob aber nicht für Berufsverbrecher die Auslieferung

---

[1]) A. M.: Frank § 5 V.

[2]) A. M.: Neumeyer, Zeitschr. f. Völkerr. 9, 321, der hier nach Analogie des Int. Priv.-R. das Recht des urt. Gerichts entscheiden läßt. Allein infolge der Vereinheitlichung des Prozeßrechts durchkreuzen hier Rechtshilfegesichtspunkte jene internationalrechtliche Erwägung.

an bestimmte Nachbarstaaten im Interesse der besseren Bekämpfung gewisser Delikte zugelassen werden könnte, ist zu bezweifeln.[1]) Ausländer dürfen ausgeliefert werden, auch wenn eine Auslieferungspflicht auf Grund eines Auslieferungsvertrages nicht besteht. Sie dürfen auch an einen anderen als den Heimatsstaat ausgeliefert werden. Auslieferung ist aber während eines bei deutschen Gerichten anhängigen Verfahrens unzulässig. Besteht keine Verfolgungspflicht gegen den Ausländer im Inland, so ist die Auslieferung trotzdem unzulässig, wenn ein Auslieferungsvertrag die Auslieferung wegen bestimmter Delikte verbietet. Aber der Täter kann als lästiger Ausländer in allen Fällen ausgewiesen werden. Eine Zwangsroute nach der Grenze des Auslieferung begehrenden Staates erscheint jedoch dann als eine unzulässige Umgehung des Gesetzes, wenn nach dem Gesetz gewordenen Auslieferungsvertrag wegen des konkreten Deliktes Auslieferung nicht stattfindet.

c) Eine im Auslande vollzogene Strafe ist bei neuer Verurteilung im Inlande auf die zu erkennende Strafe anzurechnen, scil. soweit dies tatsächlich ausführbar ist, § 7. Unausführbar ist die Anrechnung auf eine im Inlande ausgesprochene Todesstrafe oder lebenslängliche Freiheitsstrafe. Dagegen hindert die mangelnde Gleichartigkeit sonstiger inländischer Strafen mit vollzogenen ausländischen, z. B. einer in England vollzogenen Prügelstrafe, die Anrechnung nach billigem Ermessen nicht. Auf Grund der Anrechnung kann auch eine Zuchthausstrafe von weniger als einem Jahre übrigbleiben.[2])

2. Erweiterungen zugunsten des Personalprinzips.

a) Die umfassendste Erweiterung ist die fakultative Verfolgbarkeit eines Deutschen wegen der von ihm im Auslande begangenen Verbrechen und Vergehen (im Sinne des Reichsrechts), wenn sie auch am Tatorte strafbare Handlungen sind, § 4 II Z. 3 StGB.

Gleichgültig ist, welcher Deliktskategorie das ausländische Recht die Handlung einreiht. Es genügt z. B., wenn es eine

---

[1]) Näheres bei v. Bar 1, 182.

[2]) Gl. M.: Olshausen § 7 N. 6.

bestimmte Erpressung im Sinne der deutschen Praxis unter einem anderen rechtlichen Gesichtspunkt, etwa als Übertretung der unerlaubten Selbsthilfe bedroht, oder ein Sittlichkeitsdelikt des deutschen Rechts als Beleidigung. — Weitere Bedingung der Strafbarkeit ist gemäß § 5 Z. 1, 2, daß der gleichzeitige Strafanspruch des Auslands nicht erloschen sein darf durch rechtskräftige Freisprechung[1]) oder vollständige Vollziehung der Strafe im Auslande, auch nicht durch Begnadigung oder durch Verjährung (der Strafe oder ihrer Betreibung). Der Eintritt dieser Ereignisse bemißt sich nach ausländischem Recht. Handlungen inländischer Richter unterbrechen die Verjährung nicht. Tritt der Erlöschungsgrund während der inländischen Verfolgung ein, so bleibt die weitere inländische Verfolgung ausgeschlossen; z. B. der deutsche Richter erläßt einen Haftbefehl, vor seiner Vollstreckung wird der im Ausland weilende Täter begnadigt.[2]) Daß diese Regelung in einzelnen Fällen störend wirken kann, ist einzuräumen. Nur solange das Ausland den Täter in der Gewalt hat, ist sie auch die einzig rationelle Lösung. Das Gesetz unterscheidet aber danach nicht. — Eine nach Rechtskraft des Urteils im Auslande eintretende Verjährung, Verbüßung oder Begnadigung bewirkt dagegen weder den Wegfall (absolute Nichtigkeit) noch die Unvollziehbarkeit des Urteils. Eine Wiederaufnahme des Verfahrens, § 399 Z. 5, wäre zwar denkbar, denn das Bekanntwerden des Non bis in idem ist Wiederaufnahmegrund. Allein für Deutschland kommt nurmehr das letzte Urteil als noch der Erledigung (durch Verbüßung, Verjährung, Erlaß) bedürftig in Betracht. Das ausländische ältere Urteil kann nach Erlaß des jüngeren deutschen für uns auch durch Vollstreckung nicht mehr konsumatorische Wirkung erhalten. Das neue Urteil hat durch seine Rechtskraft das alte vom Platze verdrängt, ist aber nicht ebenfalls verdrängbar.

Ist die Tat nach dem Rechte des Tatorts nur auf Antrag des Verletzten verfolgbar, so muß der Antrag bei der zu-

---

[1]) Einstellung durch ausländische Gerichte steht nicht gleich. E. in: Das Recht 19 Nr. 966.

[2]) G. M.: Neumeyer, ZStW. 23, 456, Hegler 86. A. M.: Olshausen § 5 N. 1, E. 22, 341.

ständigen Behörde des Inlands oder Auslands wirksam gestellt sein, § 5, Z. 3. Antragsberechtigung, Antragsfrist und Zurücknahmebefugnis richten sich nach ausländischem Recht. Dagegen genügt ein formgerechter Antrag bei den deutschen Behörden.[1])

Andere ausländische Bedingungen der Strafbarkeit (z. B. nicht erfolgte Verzeihung als Voraussetzung einer Strafbarkeit wegen Ehebruchs) werden dem Antrag gleichzustellen sein.[2])

In den Fällen des § 4 II, Z. 3 hängt die Strafbarkeit davon ab, ob der Täter bereits im Augenblick seiner Ausführungstätigkeit Deutscher war. Bei Beginn der Verfolgung braucht er dies nicht mehr zu sein. Die deutschen Strafgesetze sind alsdann auf ihn anwendbar, auch wenn sie härter sind als die ausländischen.

Ausnahmsweise genügt es zur inländischen Verfolgung, daß der Täter nach seiner Handlung Deutscher geworden ist (daß er „Neubürger" ist).[3]) Motiv dafür ist: Wenn der Deutsche nicht ausgeliefert werden darf für die von ihm als früherem Ausländer im Auslande begangenen Handlungen, aber nicht gestraft werden darf, so kann seine Straffreiheit im Inland geradezu ein Hohn auf die Justiz werden. Daher soll sic niemand durch einen Wechsel der Staatsangehörigkeit, der vor Entdeckung seines Verbrechens oder Vergehens erwirkt ist, unbedingte Straflosigkeit sichern können.

Zur Verfolgung des Neubürgers ist erforderlich ein Antrag der zuständigen ausländischen Behörde des Tatortes, und das ausländische Strafgesetz ist anzuwenden, wenn es milder[4]) ist als das deutsche. Als ausländische Behörde ist sowohl zuständig die Regierung des ausländischen Staats als auch dessen diplomatische Vertretung sowie die örtlich zuständige Strafverfolgungsbehörde. Es muß nicht notwendig die im internationalen Verkehr den Staat vertretende Behörde sein;[5]) denn es ist nicht Bedingung, daß

---

[1]) E. 44, 433 läßt letzteres offen. Richtig Olshausen § 5 N. 7a, Frank § 5 III 3 b β.

[2]) Vgl. Neumeyer, ZStW. 23, 455.

[3]) Frank § 5 III 3b.

[4]) De lege ferenda hiergegen Mendelssohn, Strafr. Z. 1, 94. Schwierigkeiten der Durchführung bestehen in der Tat; aber die Billigkeit des Grundsatzes dürfte ausschlaggebend sein.

[5]) A. M.: Mayer 76, E. 16, 216.

eine solche Vertretung beim Deutschen Reiche überhaupt existiert. v. Bar 1, 176 liest den § 4, Z. 3 Abs. II, wie wenn es nicht hieße: auf Antrag der zuständigen Behörde, sondern: auf Antrag der zuständigen Regierung; allein diese engere Fassung ist mit gutem Grund nur bei politischen Delikten (§ 102f.) gewählt; in manchen bundesstaatlichen Republiken hat die Regierung gar keine Zuständigkeit, den Kanton bzw. Einzelstaat in bezug auf Strafanträge irgendwie zu vertreten, sie könnte höchstens den Verkehr vermitteln. Das ist aber offenbar in § 4, Z. 3 II, nicht verlangt.

Sind die Strafarten des milderen ausländischen Rechts dem deutschen Recht nicht kongruent, so ist eine möglichst ähnliche deutsche Strafart zu nehmen; fehlt es gänzlich an Kommensurabilität (Prügelstrafe), so zessiert die Anwendung des ausländischen Rechts zugunsten des deutschen Rechts.

Auf den Fall, daß infolge von Gebietsabtretung ein Ausländer Deutscher wird, bezieht sich die ganze Ziffer 3 nicht. Der Neubürger wird nach den örtlichen Gesetzen ohne Rücksicht auf Ziffer 3 gestraft.[1])

Strafbar ist unter den Voraussetzungen des § 4 Z. 3 auch ein Deutscher, der bloß Teilnehmer an der von einem Ausländer im Ausland begangenen Handlung war. Der Teilnehmer kann in diesem Falle gestraft werden, obwohl er zu einer Tat mitwirkte, aus der kein Strafanspruch gegen den Täter nach deutschem Recht erwächst. Umgekehrt werden ausländische Teilnehmer an einer nach § 4 Ziffer 3 strafbaren Handlung die im Ausland begangen wurde, nicht strafbar.[2]

Eine Ausnahme von § 4 Z. 3 wird behauptet für Fälle, in welchen der Tatbestand irgendwie auf deutsche Rechtseinrichtungen (z. B. deutsche Beamte) Bezug nimmt. Allein bei näherem Zusehen kann man weder aus § 4 Z. 1 noch aus §§ 102, 359 einen zwingenden Schluß auf § 4 Z. 3 ableiten. Daher ist z. B. strafbar, wer im Ausland einem ausländischen

---

1) A. M.: Binding H. 1, 439 N. 6, wenn die örtlichen Gesetze aufgehoben sind. Alsdann ist aber nach § 2 II zu verfahren.

2) Vgl. aber für Neubürger Olshausen § 4 N. 12 II.

Gerichtsvollzieher Widerstand leistet[1]), oder eine Rechtsbeugung begeht oder sich als Beamter eines ausländischen Staates bestechen läßt, sofern nur sämtliche Voraussetzungen des § 4 Z. 3 zutreffen.

Anders steht es nach der ratio legis mit Landesverrat und den Delikten nach §§ 105—109, 353a, die als politische Delikte nur dann für strafwürdig erachtet sind, wenn sie sich gegen den Bestand des deutschen Staates nach außen, bzw. gegen die Staatsverfassungen in Deutschland richten; anders auch mit Verfehlungen gegen deutsche Zoll- und Steuergesetze, bei denen ebenfalls stillschweigend zu ergänzen ist, daß die Handlung sich gegen inländische Rechtsgüter richten muß. Für sonstige Delikte ist dagegen aus § 4 Z. 3 Straflosigkeit nicht abzuleiten. „Nach den Gesetzen des Deutschen Reiches" (§ 4 Z. 3) muß die Handlung als ein Verbrechen oder Vergehen anzusehen sein; das bedeutet nur: sie muß als Verbrechen oder Vergehen anzusehen sein, wenn man sich deutsche Rechtsherrschaft am Tatort hinzudenkt. Es bedeutet nicht: sie muß so anzusehen sein, weil deutsche Rechtsherrschaft dort wirklich aufgerichtet ist. Denn deutsche Normen herrschen in fremden Staaten überhaupt nicht (Konsulargerichtsbarkeit vielleicht ausgenommen).[2]) Die tatbestandliche Gleichartigkeit des Deliktes genügt also, wenn nicht ersichtlich nur bei Verletzung deutscher Rechtsgüter die Handlung für uns als deliktisch anzusehen ist.

b) Im Ausland begangene Übertretungen sind nur dann zu strafen, wenn dies durch Gesetze oder Staatsverträge angeordnet worden ist. § 6. (Die Staatsverträge bedürfen für diesen Fall der Gesetzesform nicht.) Nur bei landesrechtlich bedrohten Delikten kann die Anordnung durch Landesrecht erfolgen.

---

[1]) Das Gesetz will es sicher auch nicht erlauben, daß man von Deutschland aus sich bei ausländischen Beamtendelikten als Anstifter oder Gehilfe beteiligt. Wenn im Auslande der Täter strafbar ist, so soll der Deutsche nicht etwa deshalb bedingungslos straflos sein, weil er sich im Inlande befindet.

[2]) Vgl. zu der Streitfrage: Olshausen N. 1 vor § 110 u. § 4 N. 14, Allfeld 622 N. 4, v. Bar 1, 218 f. De lege fer. sehr erwägenswerte Gegenargumente gegen die lex lata bei Binding L. 2, 373.

In Ermangelung abweichender Vorschriften sind auf solche Übertretungen die Bestimmungen des § 5 analog anzuwenden.

c) Inländer können unabhängig von den Voraussetzungen der §§ 4 II Z. 3; 5 bestraft werden wegen eines im Auslande begangenen Landesverrats gegen das Reich oder einen Bundesstaat, ferner wegen Beleidigung, begangen gegen einen Bundesfürsten, § 4 II Z. 2. Unter Beleidigung ist jede Tätlichkeit mit inbegriffen. Beweis: die Überschriften zu Abschn. 2 und 3 des Bes. Teils, die unter dem Namen „Beleidigung des Landesherrn" usw. auch die Tätlichkeiten einschließen.

d) Inländer sind zu strafen wegen einer im Auslande (oder Inlande) begangenen hochverräterischen Handlung gegen eine ausländische Staatsgewalt. Bedingung ist Verbürgung der Gegenseitigkeit im Augenblick der letzten Urteilsfällung sowie Strafantrag der ausländischen Regierung, § 102.[1]) Die Gegenseitigkeit braucht nicht schon im Augenblick der Handlung verbürgt zu sein.[2]) Verbürgung setzt voraus einen wirksamen Rechtszustand der Gegenseitigkeit, der auf Gesetz oder Gewohnheitsrecht beruhen kann. Übung der Praxis reicht nicht aus; vereinzelte mutmaßliche Fehlsprüche der Praxis beseitigen den Begriff der verbürgten Gegenseitigkeit nicht. Denn sonst wäre § 102 in seiner Bedeutung mehr eingeschränkt, als er nach seiner Tendenz es sein sollte. Verbürgung bedeutet auch nicht, daß für alle Zukunft die Gegenseitigkeit unwandelbar erscheinen muß; Gesetze können schnell aufgehoben werden. Verbürgung ist eine bestehende, auf einen wirksamen Rechtszustand gegründete Erwartung, daß dem Rechtszustand entsprechend geurteilt werde.[3])

Dagegen verlangt Verbürgung nicht, daß bereits eine Praxis der Gegenseitigkeit bestehe,[4]) denn sonst würde, wenn zwei

---

1) Auch Strafbarkeit nach ausländischem Recht ist stillschweigend vorausgesetzt; Hegler, Prinzipien des intern. Strafr. 92.

2) Gl. M.: Beling, L. v. Verbr. 69. A. M.: Die herrsch. Lehre, z. B. E. 38, 75 (77), Olshausen § 102 N. 3.

3) Vgl. zu der Frage Olshausen § 102 N. 4 b, Frank § 102 I.

4) Gl. M.: Olshausen § 102 N. 4 b. A. M.: Frank § 102 I.

Staaten vereinbarungsgemäß die Gegenseitigkeit festsetzen, jeder von ihnen erst ein Urteil der Gerichte des anderen Staates abwarten müssen, ehe er die Verbürgung als gegeben annehmen kann. Da aber keiner ohne einen Präzedenzfall der Gegenseitigkeit dies tun könnte, wären beide Gesetze unerfüllbar.

Gegenseitigkeit setzt weder eine schärfere, noch eine gleiche Strafdrohung wie nach heimischem Rechte voraus, sondern nur eine solche, die ernstlichen Bestrafungswillen verrät. Nach Frank[1]) ist eine höhere Strafdrohung als nach gemeinem Rechte erforderlich. Allein wenn das Deutsche Reich die feindlichen Handlungen gegen befreundete Staaten milder bedroht als die feindlichen Handlungen gegen das Reich und die deutschen Gliedstaaten, so kann es auch vom Ausland nicht verlangen, daß es ein qualifiziertes Delikt schaffe.

e) Inländer können gestraft werden wegen eines im Auslande begangenen Verrats deutscher militärischer Geheimnisse, wegen Spionage, wegen Verabredung solcher Handlungen, wegen unerlaubter Beziehungen zu ausländischen Agenten, wegen fahrlässigen Verschwiegenheitsbruches; Gesetz vom 3. Juni 1914 § 16.

f) Inländer sind zu strafen wegen der von ihnen im Auslande verübten Wehrpflichtsverletzungen nach § 140.[2])

3. Erweiterungen zugunsten des Schutzprinzips.[3]) Ohne Rücksicht auf den Begehungsort und die Nationalität des Täters (oder Teilnehmers) können u. a. gestraft werden:

---

[1]) Vgl. Frank § 102 I; zutreffend Gerland, VD. B. 1, 224.

[2]) Einige weitere Fälle bei Allfeld 96, Wachenfeld 65, Binding G. 84.

[3]) De lege ferenda für erweiterte Berücksichtigung: Hegler 163 f., 204. A. M.: v. Bar 1, 123, Mayer 79. Die Schutzbedürftigkeit des Inländers gegenüber ausländischen Angriffen auf sein Leben, seine Freiheit und in bestimmten Fällen auch auf sein Vermögen ist nach den Erfahrungen des Weltkrieges für unsere Zeit wohl zu bejahen. Die Unparteilichkeit des Rechtsschutzes gegenüber Ausländern ist nicht überall genügend gewährleistet. Beschränkt man sich auf Handlungen, die nach allgemeiner Völkermoral als Delikt gelten, behält man das Opportunitätsprinzip bei und umgrenzt man die in Betracht kommenden Delikte scharf, so dürfte den nicht zu leugnenden Bedenken gegen die Erweiterung kein ausschlaggebendes Gewicht beizumessen sein.

a) hochverräterische Handlungen gegen das Reich oder einen Bundesstaat, § 4 II Z. 1.

b) Amtsverbrechen und Amtsvergehen seitens der Beamten des Reichs oder eines Bundesstaates (also auch wenn der deutsche Beamte Ausländer ist), § 4 II Z. 1. Amtsdelikte sind im Sinne dieser Vorschrift nur die in §§ 331—357 bezeichneten sowie die mit dem Charakter von Amtsdelikten versehenen strafbaren Handlungen späterer Reichsgesetze, z. B. Personenstandsgesetz § 69.[1])

c) Delikte gegen das Urheberrecht von deutschen Urhebern oder von Inlandsverlegern; Urhebergesetz vom 19. Juni 1909 §§ 54, 55.[2])

d) Die auf deutschen Schiffen begangenen Delikte der Seemannsordnung vom 2. Juni 1902 §§ 93—119; vgl. § 121 daselbst (hier Legalitätsprinzip).[3])

e) Unbefugtes Führen der Reichsflagge oder Unterlassene Mitführung der Schiffszertifikate, Unterlassenes Zeigen der Flagge; Ges. betr. Flaggenrecht der Kauffahrteischiffe vom 22. Juni 1899 (hier Legalitätsprinzip).

f) Die Zuwiderhandlungen der Schiffsführer gegen bestimmte Vorschriften des Auswanderungsgesetzes vom 9. Juni 1897.[4])

4. Erweiterungen der Strafbarkeit zugunsten des Prinzips der Weltrechtspflege.

Ohne Rücksicht auf den Begehungsort, die Nationalität des Täters und die Zugehörigkeit des Angriffsobjekts können insbesondere gestraft werden:[5])

a) Die Geldverbrechen, § 4, II 1 (nicht Geldvergehen).

De lege fer. ist für Geldverbrechen die Anwendung des Universalprinzips bestritten. Dagegen: v. Bar 1, 125, neuerdings auch M.E. Mayer 78. Dafür aber: GE. § 4 Ziffer 1.

---

[1]) Gl. M.: Frank § 5 III 2b, Wachenfeld 62 N. 2. Nicht hierher gehören z. B. die Delikte der §§ 128 II, 174 Z. 2, 3. A. M.: Olshausen § 4 N. 10.

[2]) Vgl. Binding G. 83. A. M. u. a.: Hegler, Prinzipien des Int. Strafr. (1906) 55/56 u. 143.

[3]) Vgl. Hegler S. 54.

[4]) Weitere Beispiele bei Hegler S. 60.

[5]) Weitere Fälle bei v. Liszt § 22 V 1, vgl. auch Binding G. 82, Finger 1, 171, Meili 85.

Wenn ein Schweizer in Zürich Schweizer Noten druckt, so können sie hernach ins Inland verschleppt werden. Zuzugeben ist nur, daß nicht immer ein Strafbedürfnis besteht. Hiergegen schützt aber das Opportunitätsprinzip.

b) Die Sprengstoffverbrechen (nicht Vergehen) des Sprengstoffges. vom 9. März 1884; ebenda § 12.

c) Die Verbrechen und Vergehen des Sklavenraubsgesetzes vom 28. Juni 1895; ebenda § 4.

d) Das Vergehen nach § 298 (Entziehung aus übernommenem Schiffsdienst). Es betrifft nicht nur deutsche Schiffe.[1]

Gegen die verschiedenen Fälle des Universalprinzips im geltenden Recht äußert v. Bar[2] Bedenken, während er andrerseits die Seeräuberei als einschlägiges Delikt anerkannt zu sehen wünscht. Das internationale Verbrechertum legt es indessen umgekehrt nahe, die Zahl der Weltrechtsverbrechen etwas zu vermehren. Die von v. Bar ausgesprochene Befürchtung diplomatischer Reklamationen dürfte kaum reale Gestalt annehmen, sofern man das etwa mildere Gesetz des Tatorts berücksichtigt und nur bestimmte, die Gesellschaft schwer schädigende Berufsverbrecher, z. B. internationale Einbrecher, Fälscher, Hochstapler, ohne Rücksicht auf Tatort und Nationalität nach dem Opportunitätsprinzip für strafbar erklärt.

§ 14.
Das persönliche Anwendungsgebiet der Strafgesetze.

Innerhalb des räumlichen Geltungsbereichs der Strafgesetze bestehen Ausnahmen von ihrer Anwendbarkeit für bestimmte Personen.

Meist sind es persönliche Strafausschließungsgründe, welche die Teilnehmer in ihrer Strafbarkeit unberührt lassen.

Bei Militärpersonen bedeutet die Nichtanwendung bestimmter Vorschriften, z. B. der §§ 56, 57 des StGB., das Unterworfen-

---

[1]) Gl. M.: Geyer **2**, 64, v. Liszt 465/66, Olshausen § 298 N. 4. A. M.: Binding L. **1**, 416, Frank § 298 III, Hälschner **1**, 174, Hegler 142 N. 2, Nagler, VD. B. **6**, 467.

[2]) Vgl. v. Bar **1**, 184 f.

sein unter ein in vielen Stücken strengeres Sonderstrafgssetz. Vgl. MStGB. § 50.

In den meisten Fällen bedeutet die Exemtion von den Strafgesetzen nur die Nichtanwendung der Strafe, nicht eine Abweichung von der Pflicht des Eximierten, die dem Strafgesetz zugrunde liegende Norm zu beobachten. Für die Abgeordnetenimmunität scheint der Art. 30 RV. und StGB. § 11 zugleich eine Erweiterung in der Zulässigkeit der Wahrnehmung fremder Interessen anerkennen zu wollen. Vgl. unten II.

Im folgenden scheiden diejenigen persönlichen Strafausschließungsgründe aus, welche im Bes. Teil des StGB. nur für einzelne bestimmte Delikte vorgesehen sind (z. B. die Elterneigenschaft und die Ehegatteneigenschaft bei Diebstahl, Unterschlagung, Betrug).

Die Absprengung des persönlichen Anwendungsgebietes von den verschiedenen Anwendungsgebieten ist logisch nicht veranlaßt, systematisch nicht zweckmäßig. A. M.: Mayer[1]) im Zusammenhang mit seiner nicht überzeugenden Lehre, daß die Strafgesetze nur für die Staatsorgane (hauptsächlich für die Richter) als Entscheidungsnormen bindende Befehle enthielten. Gesetzt, diese Lehre wäre richtig, so wären eben die Richter verpflichtet, die Gesetze unter bestimmten Voraussetzungen gegen bestimmte Personen nicht anzuwenden. Bedenklich auch die Begründung Mayers, wenn z. B. gegen eine exterritoriale Person ein Verfahren in Deutschland nicht eingeleitet werde, so sei das ein prozessuales Privileg (scil. keine persönliche Exemtion von der Geltung des deutschen materiellen Rechts). Dies ist abzulehnen. Wenn der Exterritoriale wegen des in Deutschland begangenen Delikts (z. B. einer Körperverletzung) hernach von den Gerichten seines ausländischen Heimatstaates verfolgt wird, so beurteilen diese seine Tat nicht unter Anwendung der deutschen materiellen Rechtssätze über Verbrechen, sondern unter Anwendung ihres eigenen Rechts. Lediglich dieses bindet sie und den Exterritorialen, selbst wenn durch das ausländische Recht die Berücksichtigung des deutschen Rechts, soweit es milder ist, vorgeschrieben sein sollte.

---

[1]) Vgl. Mayer 59.

I. Unanwendbarkeit jeder Strafe.

Unter diese Gruppe fallen:

1. Die deutschen Souveräne und Regenten. Die Straffreiheit beruht (gewohnheitsrechtlich) auf der staatsrechtlichen Doktrin, daß der Herrscher die oberste Gewalt verkörpere, die der Richter nicht beherrschen könne; daß ferner die Kontinuität der Herrschaft nicht durch eine Straffälligkeit beeinträchtigt werden dürfe. Die Möglichkeit einer anderweiten Regelung ist nicht zu bestreiten, wohl aber die Zweckmäßigkeit.[1])

Nicht eximiert sind die Mitglieder landesherrlicher Häuser. Die Regenten sind zwar dem Träger der Krone bei Übernahme der Regierung verantwortlich in gewissem Sinn, aber eine strafrechtliche Verantwortlichkeit ist auch nach Beendigung der Regentschaft für die Zeit der Regentschaft zu verneinen.[2])

2. Ausländische Staatsoberhäupter kraft völkerrechtlichen Grundsatzes. Hierher werden gewohnheitsrechtlich auch abgetretene oder entthronte Monarchen gerechnet, soweit ihre persönlichen Souveränitätsrechte anerkannt bleiben.[3]) Auch dem Papste stehen die persönlichen Souveränitätsrechte zu[4]), desgleichen den Präsidenten ausländischer Republiken.[5]) Dies folgt aus der internationalen Rücksicht auf den Fortbestand der ausländischen obersten Staatsgewalt, deren Unterbrechung zugleich eine Mißachtung der Regierung eines koordinierten Staates darstellen würde. Den Bürgermeistern der freien Hansestädte wird eine Exemtion nicht zugebilligt. Sie sind ebensowenig souverän wie z. B. der Präsident des schweizerischen Bundesrats. Aber völkerrechtliche Grundsätze drängen bei ihnen nicht zur Einräumung einer den Souveränen gleichgeachteten Stellung.

Die Familie der Genannten (Exterritorialen) ist nicht gleich-

---

1) Vgl. Finger 1, 428, Wachenfeld 53.

2) Gl. M.: Allfeld 102 N. 4, Kleinfeller, VD. A. 1, 327 (hier weitere Literatur).

3) Gl. M.: Olshausen § 3 N. 21. A. M.: Allfeld 103.

4) v. Bar 1, 236 N. 2.

5) v. Liszt § 24 II 1.

gestellt. Den ausländischen Prinzen als solchen ist nichts gewährt, was den inländischen Prinzen versagt wird.[1])

3. Die Begleitung der unter Ziffer 2 bezeichneten Personen. Olshausen[2]) macht zu obigen Ziffern 2, 3 die Vorbehalte: soweit ihnen der Eintritt nicht untersagt ist, beide Staaten auch im Frieden miteinander leben und sie nicht in deutsche Dienste getreten sind. Die beiden ersten Voraussetzungen sind selbstverständlich, die letztere trifft nicht zu. Wenn ein ausländischer Fürst (z. B. der Fürst zu Liechtenstein) irgend ein oberstes Kronamt (nicht notwendig Hofamt) übernimmt, begibt er sich damit noch nicht der Souveränitätsrechte (so wenigstens die österreichische Praxis).

4. Die Vorstände und Mitglieder der beim Deutschen Reiche beglaubigten außerdeutschen diplomatischen Vertretungen, ihre bei ihnen wohnende Familie und ihr Personal. Näheres in GVG. §§ 18, 19. Diese Exemtion bedeutet nicht zugleich eine Exemtion von den Strafgesetzen des Auslands. Besteht eine Beglaubigung nur für eine einzelstaatliche Regierung, so besteht zwar nur eine Unverfolgbarkeit in dem Zulassungsstaate. Allein durch Zulassung solcher Vertretungen hat das Reich dem ausländischen Staate gegenüber völkerrechtlich die Pflicht übernommen, die bezeichneten Personen auch auf der Reise von und zu ihrem Heimatsstaate unbehelligt zu lassen. Andernfalls wäre ihre Exemtion bei allen Bundesstaaten, die nicht Grenzstaaten sind, praktisch zu umgehen.

Die Exemtion ist trotz ihrer prozessualen Einkleidung auch materiell rechtlicher Natur (m. a. W. sie gehört dem materiellen Rechte an, beeinflußt aber auch den Prozeß).[3]) Das zeigt sich u. a. darin, daß der eximierte Diplomat nicht nur ausschließlich dem ausländischen Verfolgungsrecht, sondern auch ausschließlieh dem ausländischen Strafrecht unterliegt. Dem Inlande ist gar kein Strafanspruch erwachsen, den das Inland etwa bloß nicht betreiben dürfte. Da es sich nicht um bloße

---

[1]) A. M.: v. Liszt § 24 II 1.
[2]) Vgl. Olshausen § 3 N. 21.
[3]) Gl. M.: Wachenfeld 55.

Übertragung der Zuständigkeit handelt, kann der Absendestaat einen Militärattaché überhaupt nicht strafen, wenn er etwa außerhalb (oder innerhalb) des Gesandschaftshotels gegen das Reich spioniert hat.

Die weitere praktische Konsequenz, die auch völkerrechtlicher Gewohnheit entspricht, ist, daß in Ermangelung eines entstandenen Strafanspruchs die Verfolgung auch nicht nach Beendigung der exterritorialen Stellung aufgenommen werden darf. Man kann den Täter dann ausweisen wie jeden Ausländer, aber nicht bestrafen.[1]) Kraft völkerrechtlicher Gewohnheit erstreckt sich die Dauer der Exemtion auch auf die Rückreise der abberufenen Diplomaten vom Empfangsstaat. Der Absendestaat ist aber für ihn völkerrechtlich verantwortlich.

5. Fremde Truppen, soweit ihnen der Durchzug (Aufenthalt) auf deutschem Gebiete gestattet ist (z. B. fremde Marinesoldaten an Land).[2])

6. Ausländische Staatskommissare, die amtlich von einer inländischen Regierung zugelassen sind.[3]) Gilt nur für die Beamten mit höheren Diensten, z. B. für die amtlichen Teilnehmer einer Fahrplankonferenz, dagegen z. B. nicht für Zollwächter, wenn sie in Uniform die Grenze überschreiten durften, aber dann im Wirtshaus an einem Raufhandel teilnahmen.

7. Ausländische im Inlande beschäftigte (d. h. mit dem Exequatur versehene) Konsuln, sofern ihnen auf Grund Staatsvertrags die Befreiung zugestanden ist; GVG. § 21.

II. Beschränkte Exemtionen.

1. Die Mitglieder des Reichstags sowie der einzelstaatlichen gesetzgebenden Versammlungen sind außerhalb der Versammlung von jeder Verantwortlichkeit für die in Ausübung ihres Berufes getanen Äußerungen frei. RV. Art. 30, StGB. § 11.

---

[1]) Gl. M.: Allfeld 104 N. 16, v. Bar 1, 236, Birkmeyer RE. (2) § 25, v. Liszt § 24 N. 4, Wachenfeld 55. A. M.: Binding H. 1, 686, Finger 1, 442, Olshausen § 3 N. 21, Beling, Die strafr. Bedeutung der Exterritorialität (1896) 172.

[2]) Birkmeyer a. a. O. § 25, v. Liszt § 24 II c.

[3]) Allfeld 104.

a) Diese Ausnahmen bedeuten in der Hauptsache nur persönliche Strafausschließungsgründe. Teilnehmer bleiben also strafbar. In einem vorläufig nicht scharf abgegrenzten Maße erweitern sie aber für die Abgeordneten auch die Rechtfertigungsgründe des § 193. Beim Abgeordneten, der in seinem Beruf als Volksvertreter auch Mißstände zur Sprache zu bringen hat, ist es unvermeidlich, daß er auf Grund seiner Informationen gelegentlich Tatsachen behauptet, die unerweislich sind. Soweit er ohne Fahrlässigkeit spricht, handelt er nicht einmal rechtswidrig. (Praktisch z. B. für Notwehr und Retorsion.)[1] Zu weitgehend v. Bar[2]), der in § 11 schlechthin einen Rechtfertigungsgrund, zu eng Olshausen[3]), der stets nur einen bloßen Strafausschließungsgrund annimmt.[4])

b) Das Gesetz befreit außer den Reichstagsmitgliedern die Mitglieder eines Landtags oder der Kammer eines zum Reiche gehörigen Staates. Damit sind auch befreit die nicht gewählten Mitglieder erster Kammern. Befreit sind ferner die Bürgerschaften der freien Städte, nicht die Senate.[5]) Dagegen zählen nicht hierher die Bundesratsmitglieder, die Mitglieder von Provinziallandtagen. Die Regierungsvertreter, welche etwa zugleich Mitglieder eines Parlaments sind, genießen die Immunität, auch wenn sie als Regierungsvertreter sprechen; denn die Immunität ergreift ihre ganze Stellung (z. B. auch hinsichtlich der Verhaftungsmöglichkeit).[6])

c) Die Befreiung betrifft jede Verantwortung. Darunter ist nicht nur die strafrechtliche, sondern auch die disziplinäre verstanden. Das StGB. greift mithin in das Verwaltungsrecht ein. Dagegen bleibt eine zivilrechtliche Entschädigungspflicht für schuldhafte Schadensver-

---

[1]) Gl. M.: wohl Finger 1, 434; Kleinfeller, VD. A. 1, 329.

[2]) Vgl. v. Bar 1, 245.

[3]) Vgl. Olshausen § 11 N. 6.

[4]) Vgl. auch Frank § 11 V, der nur innerhalb der Grenzen des § 193 einen Rechtfertigungsgrund anerkennt. — Soweit ein Rechtfertigungsgrund vorliegt, gilt er auch für gutgläubige Teilnehmer.

[5]) Gl. M.: Finger 1, 433, Wachenfeld 54 N. 2. A. M.: Binding H. 1, 674.

[6]) Gl. M. im Ergebnis: Binding H. 1, 674, Kleinfeller, VD. A. 1, 332. A. M.: v. Bar 1, 258.

ursachung bestehen; dadurch wird der Abgeordnete, der etwa über ein Erwerbsgeschäft Verleumdungen ausgestreut hat, noch nicht „zur Verantwortung gezogen".[1] Die eigene Disziplin der Versammlung über ihre Mitglieder ist vorbehalten. Dazu gehört gewohnheitsrechtlich auch die Ausschließung von einer Einzelsitzung, wenn sie nicht gesetzlich ausgeschlossen ist.[2]

d) Die Befreiung erstreckt sich auf Abstimmungen und Äußerungen.

Es ist gleich, ob das Delikt sich erst außerhalb des Parlaments vollendet (z. B. bei Erpressung). Die Befreiung umfaßt inhaltlich auch Zwischenrufe. Sie sind oft, aber nicht immer, ungehörige Äußerungen, aber immerhin in Ausübung des Berufs getan.[3] Die Äußerung braucht nicht durch gesprochene Worte zu erfolgen, sie kann auch durch Gebärden und durch Sitzenbleiben bei einem ausgebrachten Hoch verübt werden.[4] Auch schriftliche (gedruckte) Referate, Anträge bei der parlamentarischen Tätigkeit sind Äußerungen.[5] Bestritten ist, ob solche Äußerungen auszunehmen sind, die eine deliktische Tätigkeit anderer befördern wollen, z. B. strafbare Aufforderungen, Raterteilung oder Anstiftung zu irgend welchen Delikten. Die Frage ist zu bejahen, da das Gesetz nicht unterscheidet und man auch nicht sagen kann, solche Handlungen erfolgten nicht in Ausübung des Berufes. Denn in diesem engeren Sinne könnte man ebenso jede Beleidigung und Bedrohung als nicht zum Beruf gehörig ausnehmen und § 11 wäre dann fast inhaltlos. Daher ist „in Ausübung" des Berufs gleichbedeutend mit während der Ausübung des Berufs zu verstehen.[6] Geschieht eine Meinungskundgebung aber nicht durch

[1]) Gl. M.: Finger 1, 433 N. 571, Finger. Öst. Strafr. 1, 671, Frank § 11 IV, wohl auch v. Liszt § 24 N. 2. A. M.: Binding H. 1, 676 zu N. 13, Kleinfeller, VD. A. 1, 332, Olshausen § 11 N. 4, Schwartz § 11 N. 4.

[2]) Vgl. RGE. 47, 270.

[3]) Gl. M.: v. Bar 1, 253, Finger 1, 434, Frank § 11 III.

[4]) Gl. M.: Olshausen § 11 N. 3a.

[5]) Gl. M.: v. Bar 1, 253.

[6]) Gl. M.: Allfeld 102 N. 7, v. Bar 1, 250, Kleinfeller, VD. A. 1, 331, Schwartz § 11 N. 5. A. M.: Binding H. 1, 675, Finger 1, 437.

Äußerungen, sondern z. B. durch Schüsse, durch Zerbrechen von Pultdeckeln, so besteht hierfür kein Privileg.[1])

Örtlich und zeitlich beschränkt sich das Privileg nicht auf Äußerungen während der Plenarsitzungen im Sitzungssaal. Es sind vielmehr mitgedeckt u. a. die Äußerungen in Kommissionssitzungen (oder bei auswärts legitim tätigen Kommissionen), in den Wandelgängen und den Fraktionssitzungen des Abgeordnetenhauses, an beiden letzteren Orten aber nur, wenn sie unmittelbar sich auf das Verhalten in der Sitzung beziehen.[2])

Dagegen sind Wahlreden oder Agitationsreden außerhalb des Hauses an das Publikum, Äußerungen innerhalb des Hauses gegen Besucher nicht geschützt, da sie nicht mehr eine Berufsausübung selbst darstellen.[3])

2. In tatbestandlicher Verwandtschaft mit der persönlichen Exemtion der Abgeordneten steht ein Rechtfertigungsgrund, der nicht nur bestimmten Personen zur Seite tritt (also keine bloß persönliche Exemtion bedeutet).

Alle diejenigen, welche wahrheitsgetreue Berichte über Verhandlungen deutscher gesetzgebender Versammlungen geben oder dazu mitwirken, bleiben von jeder Verantwortlichkeit frei. Reichsverf. Art. 22, StGB. § 12.

a) Daraus, daß ein Rechtfertigungsgrund vorliegt, folgt, daß

---

[1]) Hubrich, Die parlamentar. Redefreiheit (1899) 360.

[2]) Gl. M.: v. Bar 1, 254. A. M.: Frank § 11 III, Kleinfeller, VD. A. 1, 330, Olshausen § 11 N. 3a. Letzterer rechnet aber Gespräche zwischen Abgeordneten im Sitzungssaale „unter Umständen" als unter die Immunität gehörend. Allein der nähere Ort im Hause, wo das Gespräch geführt wird, ist hier nicht entscheidend, sondern der Inhalt. Denn die berufliche Tätigkeit im Abgeordnetenhause erstreckt sich auch nach den Geschäftsordnungen auf die Teilnahme an Fraktions-Beratungen und -Abstimmungen im Hause. Auch Verhandlungen unter den Mitgliedern und Parteien im Abgeordnetenhause während der Tagung gehören zu den notwendigen beruflichen Tätigkeiten.

[3]) Gl. M.: Frank § 11 III, Olshausen § 11 N. 3a.

keine Bestrafung von Teilnehmern und keine Notwehr möglich ist.[1])

b) Ein Bericht bedeutet die gekürzte oder ungekürzte Wiedergabe eines Erlebnisses. Er liegt nicht mehr vor, wenn das Ereignis schon weit zurückliegt und daher nicht mehr zu den bekanntzumachenden Zeitereignissen zu zählen ist. Die Mitteilung nach einem Vierteljahr ist kein Bericht, sondern nur eine geschichtliche Erzählung.[2])

c) Der Bericht muß Verhandlungen einer der unter Ziff. 1 bezeichneten Körperschaften betreffen. Über eine Verhandlung wird aber nicht berichtet, wenn nur die Reden eines oder einzelner Abgeordneter mitgeteilt werden; anders jedoch dann, wenn eine Rede die ganze Sitzung ausgefüllt hat.[3]) Der Bericht ist auch dann befreit, wenn er einen selbständigen Teil der Tagesordnung bringt, z. B. die Ausübung der Jagd, und die späteren Materien wegläßt.[4]) Der Bericht betrifft die Verhandlung, auch wenn er anderes als die gehaltenen Reden, z. B. Zwischenrufe, Vorfälle während der Sitzung, bekanntgibt. Beigefügte oder eingestreute eigene Bemerkungen des Berichterstatters sind nicht befreit.[5]) Aber durch eingestreute Bemerkungen hört ein Bericht im übrigen noch nicht auf, ein solcher zu sein, wenn die äußere Trennung deutlich erkennbar bleibt.[6])

Unter Verhandlungen des Reichstags sind nur Plenarverhandlungen zu verstehen, nicht auch Verhandlungen in Kommissionssitzungen. Sie sind ja auch meist geheim, das

---

[1]) A. M.: Bezüglich der Notwehr Olshausen § 12 N. 2. Allein das Gesetz will, daß ein solcher Bericht auch von dem dadurch Benachteiligten geduldet werde. Es nimmt hier also eine besondere Interessenwägung vor.

[2]) Gl. M.: v. Bar 1, 264.

[3]) Gl. M.: v. Bar 1, 261.

[4]) Gl. M.: Olshausen § 12 N. 6, Finger 1, 440.

[5]) Gl. M.: Kleinfeller, V.D. A. 1, 335, E. 18, 207 (10).

[6]) Gl. M.: v. Bar 1, 261. A. M.: Schwartz § 12 N. 5. Bedenklich auch E. 15, 32, das jedoch zugibt, daß nicht in jedem Falle durch Beifügung eines Eingangs und einer Schlußbemerkung der Bericht aufhöre, ein solcher zu sein.

Bedürfnis nach Mitteilungen besteht nicht; das Privileg ist daher auf sie wohl nicht gemünzt.[1])

Eine andere Frage ist, ob die Plenarverhandlungen öffentlich gewesen sein müssen. RV. Art. 22 ergibt Bejahung; geheime Reichstagssitzungen sind in der RV. nicht vorgesehen. Für die Landtagsversammlungen, die je nach der Verfassung auch in geheimer Sitzung stattfinden können, stellt § 12 ein gleiches Erfordernis nicht auf. Es wird daher hier zu verneinen sein.[2])

d) Die Form der Veröffentlichung des Berichts ist gleichgültig. Er kann auch schriftlich oder mündlich erstattet werden.[3])

e) Die besondere Bedingung, daß der Bericht wahrheitsgetreu sein muß, bedeutet nicht, daß er wortgetreu sein müsse. Dies Merkmal wäre in den seltensten Fällen zu erreichen.[4]) Die Wahrheitstreue bemißt sich nach objektiven Merkmalen: es darf kein verzerrtes Bild des Sachverhalts entworfen worden sein. Der gute Glaube richtiger Wiedergabe rechtfertigt bei tatsächlicher Entstellung nicht. Andrerseits reicht nicht jede Abweichung von dem Sachverhalt aus, um das Privileg zu beseitigen.[5])

f) Erwägenswert wäre ein gleiches Privileg für Gerichtssaalberichte. Es erscheint als ein Ausfluß des Gedankens der Öffentlichkeit. Die Öffentlichkeit des Gerichtssaals ist weniger wichtig, aber auch weniger gefährlich als die Öffentlichkeit der Parlamente. Hält man an der ersteren mit gutem Grunde prinzipiell fest, so ist die Mitteilung an das nicht anwesende Publikum meist viel unbedenklicher als die Mitteilung, welche die Zuhörer unmittelbar erfahren. Erweitert man die Befugnis des Gerichts, Mitteilungen über Zivil- und Strafprozesse in der Presse zu untersagen, auf Fälle, wo dadurch einem Beteiligten ein unbilliger Schaden erwächst oder wo die Gefahr

---

1) Gl. M.: Frank § 12 I, Olshausen § 12 N. 4, Binding H. 1, 681. A. M.: Allfeld 103, Wachenfeld 54.

2) Gl. M.: Allfeld 103, Frank § 12 I, Olshausen § 12 N. 5, Wachenfeld 54. A. M.: Finger 1, 438, Binding H. 1, 681.

3) v. Bar 1, 260, Olshausen § 12 N. 3.

4) Binding H. 1, 683, Olshausen § 12 N. 6 III.

5) Vgl. v. Bar 1, 261, 264.

der Nachahmung in hohem Maße entsteht, so wäre im übrigen die Privilegierung von Gerichtssaalberichten empfehlenswert. v. Bar[1]) läßt sie schon für das geltende Recht unbeschränkt zu, soweit kein Beleidigungsvorsatz mit der Wiederholung einer Äußerung im Berichte verbunden wird.[2]) Das englische Recht hat die Gerichtssaalberichte generell gegen Strafverfolgung privilegiert, während eine ausdrückliche gesetzliche Privilegierung der Parlamentsberichte in England nicht besteht.

3. Nach Auslieferungsverträgen ist es vielfach unzulässig, Ausgelieferte oder solche Zeugen, welche freiwillig auf Ladung hin ins Inland kommen, wegen beliebiger früherer Handlungen zu verfolgen; vgl. z. B. Deutsch-niederländ. Vertr. vom 31. Dezember 1896 Artt. 6, 13.

Meist wird hierin nur eine Exemtion von der Verfolgung erblickt, da bei freiwillig fortgesetztem Verbleib im Inland die Verfolgung zulässig wird.[3]) Allein es kommt den vertragschließenden Staaten nicht nur darauf an, daß die betreffenden Personen nicht verfolgt werden, sondern weitergehend darauf, daß sie keine Strafe erleiden. Es heißt z. B. im niederländischen Vertrag bezüglich der Ausgelieferten, sie dürften nicht „zur Untersuchung gezogen oder bestraft werden". Im schweizerischen Auslieferungsvertrag vom 24. Januar 1874 wird in Art. 13 bezüglich des Zeugen gesagt, er dürfe wegen früherer Handlungen oder Verurteilungen nicht „zur Untersuchung gezogen oder in Haft genommen, oder für zivilrechtliche Ansprüche irgendwie belästigt werden". Also auch derjenige, der schon vor dem Eintritt ins Inland rechtskräftig verurteilt war, bezüglich dessen die Gerichtstätigkeit abgeschlossen ist, darf nicht bestraft werden. Exemtion von Strafe ist aber mehr als bloße Exemtion von der Gerichtsbarkeit, zumal da nicht alle Strafübel eines Vollzugs bedürfen; z. B. Titel und Ehrenzeichen können als Strafe entzogen werden. Der vom Ausland hereinkommende Zeuge unterliegt dieser Strafe nicht. Er darf seine Titel weiterführen. — Die Exemtion ist aber zeitlich beschränkt. Nach manchen Ver-

---

[1]) Vgl. v. Bar 1, 266 f.

[2]) Dagegen aber mit Recht E. 19, 238.

[3]) Vgl. z. B. v. Kries, Strafprozeßr. 88; wohl auch Binding H. 1, 686. Richtig v. Liszt § 24 II 6, Thomsen 57.

trägen kann z. B. der Ausgelieferte, der sich bei uns freiwillig einen Monat lang nach Erledigung des Auslieferungsstraffalls aufhält, in Untersuchung gezogen bzw. zur Strafe gebracht werden. Es handelt sich demnach um eine zeitweilige Befreiung von der Gerichtsbarkeit und von der Anwendbarkeit eines Strafleidens.

§ 15.

Sachliches[1] Anwendungsgebiet der Strafgesetze.

Es ist im EG. geregelt. Der Kommissionsentwurf eines neuen EG. wurde im Herbste 1914 fertiggestellt.

I. Der Grundsatz.

Die Bestimmungen des Bundes- und Reichsstrafrechts und des Landesstrafrechts sind durch das RStG. und die späteren Reichsgesetze außer Kraft getreten, soweit sie Materien betreffen, die Gegenstand reichsrechtlicher Regelung geworden sind. EG. § 2 I.

II. Auslegung.

1. Neues Landesrecht ist bei den reichsrechtlich geregelten Materien ausgeschlossen (Neues Reichsrecht natürlich nicht).

2. „Rechtsmaterien"[2] sind Stoffe, welche Anlaß zur Regelung zusammengehöriger Rechtseinrichtungen geben; m. a. W. sie sind Probleme, welche eine Gruppe von sachlich zusammenhängenden Unterfragen bilden.

---

[1]) Der Ausdruck, der in der Hauptsache das reichsrechtliche und das landesrechtliche Gesetzgebungsgebiet umgrenzen will, ist nicht sehr bezeichnend. Gl. M.: Mayer 59. Er ist aber schwer durch einen besseren zu ersetzen.

[2]) Vgl. Code pénal Art. 484: Dans toutes les matières qui n'ont pas été réglées par le présent Code et qui sont régies par des lois .... particuliers, les cours et les tribunaux continueront de les observer. Wie so oft, hat die Herübernahme eines Schlagwortes aus dem C. p. nicht die erhoffte Klarheit der Regelung erbracht. Über die spätere Entwickelungsgeschichte vgl. Schwartz, EG. § 2 N. 5, Binding H. 1, 292, Liepmann, ZStW. 32, 592 f.

Das StGB. versteht unter Materien solche Rechtsstoffe, welche einer Mehrheit gedachter Strafbestimmungen als gemeinsames Schutz- oder Bekämpfungsziel zugrunde liegen;[1]) z. B. die Ausübung staatsbürgerlicher Rechte (5. Abschn.), den Personenstand (12. Abschn.), den Diebstahl (§ 242 f.), den Wucher (§ 302a f.).

Bedenklich die Auffassung, daß Materien nur die einzelnen Delikte seien[2]). Dann wäre Landesrecht frei, wenn es beliebige Einzeldelikte zu den im StGB. aufgestellten hinzugesellen wollte, z. B. wenn es die fahrlässige Sachbeschädigung bedrohen wollte, die das Gesetz straflos gelassen wissen will. Bedenklich auch die Ansicht, welche alle durch innere Verwandtschaft zusammengehörigen Aufgaben der Strafgesetzgebung dazu rechnet.[3]) Dann wären aber die Stoffe des Allgemeinen Teils im StGB. ebenfalls Materien, während das Gesetz diese Stoffe im § 3 EG. als Rechtsvorschriften bezeichnet und im EG. § 5 den Begriff der Materie auf die Stoffe des bes. Teils beschränkt. Eine weitere Konsequenz wäre, daß das Landesrecht Versuch, Teilnahme und Konkurrenz ebensowenig für das Landesstrafrecht wie für das Reichsrecht abweichend oder ergänzend regeln dürfte.[4])

3. Die zusammengehörigen Gruppen der Vorschriften des Allgemeinen Teils stellen keine eigenen Materien dar, sondern bilden nur die notwendige Ergänzung der einzelnen dem Bes.

---

[1]) Wenn eine Strafbestimmung zwar unter ein bestimmtes Schutz- oder Bekämpfungsziel gebracht werden kann, aber ersichtlich in der Hauptsache einem anderen Schutz- oder Bekämpfungsziele dient, so liegt sie außerhalb der ersteren Materie. Das Verbot des Spielens in auswärtigen Lotterien ist z. B. nicht unter dem Gesichtspunkte des gewerbsmäßigen Glücksspiels, sondern unter dem Gesichtspunkte des Schutzes der einheimischen Steuerkraft bedroht; vgl. E. 33, 124 (26).

[2]) A. M.: v. Liszt (20) 103.

[3]) So jedoch Frank (14) 710.

[4]) Liepmann, ZStW. 32, 617, versteht unter einer Materie ein bestimmtes rechtlich geschütztes Interesse oder Rechtsgut. Damit dürfte der gleiche Gedanke ausgedrückt sein wie oben im Text. Auch Wachenfelds Auffassung, S. 47 (Lebenserscheinungen, für welche Strafrechtsregeln aufgestellt hat), ist wohl so zu verstehen.

Teil angehörigen Materien, soweit dieser keine Abweichung vom Allgem. Teil verfügt.[1]) Solche Abweichungen enthalten z. B. die §§ 80, 143 II, 152, 173 IV, 276 I StGB.

Das Landesrecht kann die Bestimmungen des Allgem. Teils[2]) für seine Strafgesetze selbständig regeln, soweit die Bestimmungen des StGB. §§ 1—79 nicht die offensichtliche Tendenz aufweisen, allgemeingültige Grenzen für die Zulässigkeit strafrechtlicher Maßnahmen aufzustellen.[3])

Solche auch das Landesrecht bindende Vorschriften absoluter Natur sind hauptsächlich in §§ 2, 9, 11, 12, 51, 55, 56 zu erblicken.[4]) Dagegen kann z. B. die Strafbarkeit des Versuchs, der Teilnahme,[5]) der Konkurrenz, der Fahrlässigkeit, die Person der Antragsberechtigten, die Antragsfrist, die Verjährungsfrist abweichend[6]) geregelt, auch von dem Nachweis einer Verschuldung abgesehen werden.

Die regelmäßige Zulässigkeit der Abweichung des Landesrechts von Bestimmungen des Allgem. Teils bei seinen landesrechtlichen Delikten ergibt sich auch aus EG. §§ 5, 6, 7, welche für die Höhe bzw. den Inhalt der landesrechtlichen Strafübel, endlich für die Verjährung einzelner Delikte[7]) dem Landesrecht gewisse Grenzen setzten. — Bezüglich der Notwehr kann das

---

[1]) Gl. M.: Allfeld 77. A. M.: Olshausen EG. § 2 N. 4a, Wachenfeld 47.

[2]) E. StGB. § 8 erklärt, es sei dem Landesrecht vorbehalten, solche Bestimmungen in Uebereinstimmung mit dem Reichsrecht zu bringen. Das sollte besagen: Das Reichsrecht hebt sie nicht von selbst auf. Diesen Sinn hat Frank, EG. § 8 I, für den bezeichneten Paragraphen wieder ausgemittelt. Vgl. auch Frank EG. § 6, Bemerkungen, zweiter Absatz.

[3]) Gl. M.: Olshausen, EG. § 2 N. 13.

[4]) Gl. M.: Frank (14) 713.

[5]) Leider nicht der Begünstigung.

[6]) Wachenfeld 50 und Frank (14) 713 wollen bei der Verjährung dem Landesrecht nur eine Abkürzung verstatten.

[7]) § 7 ist allerdings mit dem 1. Januar 1872 für das Landesrecht praktisch ziemlich bedeutungslos geworden, weil da das Reichspostgesetz vom 28. Oktober 1871 in Kraft getreten war. Für die bayerische Biersteuerung ist er noch beachtlich.

Landesrecht nicht erklären, daß eine nach bürgerlichem Recht positiv erlaubte Handlung verboten sei. Aber es kann bestimmen, daß bestimmte Angriffe nicht abgewehrt werden dürfen (also die Notwehrbefugnisse insoweit einschränken)[1] und umgekehrt in landesrechtlichen Materien eine Überschreitung der Notwehr, z. B. bei Abwehr der einem Beamten (z. B. einem Krankenwärter, einem staatlichen Erzieher) etwa drohenden Angriffe, für bestimmte Fälle verneinen.[2]

Die Praxis erachtet das Landesrecht auf seinem Gebiete für überhaupt nicht gebunden durch die Vorschriften des Allgem. Teils. Vgl. z. B. E. **2**, 33; **30**, 31. Gl. M. v. Liszt 103. Neuerdings jedoch läßt E. **45**, 54 die Möglichkeit einer Bindung des Landesrechts an einzelne Bestimmungen des Allgem. Teils dahingestellt. Bedenklich ist, daß gelegentlich sogar die Herabsetzung der Strafmündigkeitsgrenze von der Praxis zugelassen wurde.[3] Zweifelhaft ist auch, ob die Strafarten ihrer Dauer nach verändert werden dürfen, wie dies z. B. im bayrischen AG. z. SPO. Art. 5 für die Haftstrafe bestimmt wurde (Dauer bis zu 3 Monaten).[4]

3. Eine Materie ist Gegenstand des Reichsstrafrechts, wenn sich erkennen läßt, daß es erschöpfenden Aufschluß über den Umfang des der Materie zu verleihenden Strafschutzes geben will (nicht wollte).[5]

Man spricht hier von einem konkludenten Schweigen seiner Bestimmungen, so Thomsen 47, v. Liszt § 20 I.

Es liegt m. a. W. vor, wenn das Reichsrecht nicht nur einzelne springende Punkte innerhalb der Materie regeln wollte.[6] Letzterenfalls sind nur Bestimmungen contra legem, nicht solche praeter legem ausgeschlossen.

---

[1]) A. M.: Frank 713.

[2]) Gl. M.: Frank 713.

[3]) Nachweise bei Olshausen (10) EG. § 2 N. 13a.

[4]) Dagegen mit Recht Binding H. **1**, 301 N. 12, Olshausen § 18 N. 2.

[5]) Insoweit ist Liepmann ZStW. **32**, 615 zuzustimmen, der aber jede aus dem Gesetz selbst, d. h. aus der Art und Weise der Behandlung einer Materie zu ermittelnde Tendenz als Kriterium ablehnt. Dagegen aber E. **10**, 221 (22); Allfeld 76.

[6]) Frank 711.

Mayer[1]) will unterscheiden, je nachdem, ob die stofflichen Verschiedenheiten oder Ähnlichkeiten eines Gesetzes mit einem anderen überwiegen (?). Allein der Stoff ohne Zuhilfenahme des gesetzgeberischen Grundgedankens ergibt noch weniger sichere Anhaltspunkte. Zudem führt eine rein äußerliche Vergleichung zu einem Rückschritt der Auslegungsmethode.

Denkbar ist auch ein Ausschluß des Landesrechts durch Aufhebung von Reichsrecht, z. B. von Teilen des § 153 der Gew.-O., sofern der Aufhebung die ersichtliche Tendenz zugrunde liegt, erschöpfend über die Strafbarkeit des betreffenden Verhaltens zu entscheiden.

4. Nach herrschender Lehre und Rechtsprechung gelten als erschöpfend vom Reichsrecht geregelt insbesondere:

Der Zweikampf (Folge: Unzulässigkeit landesrechtlicher Bedrohung des studentischen Schlägerduells).[2])

Die unwahre Aussage vor Gericht (Folge: das nicht unter Eid stehende Belügen des Richters kann nicht vom Landesrecht bedroht werden).[3])

Die Strafbarkeit der Selbsthilfe (also keine Ergänzung zur Nötigung, zum Hausfriedensbruch, keine Erweiterung der allgemeinen Notwehr).[4])

Die Sachbeschädigung (keine Bedrohung fahrlässiger Sachbeschädigung).

Die Tötung (keine Bedrohung der Anstiftung zum Selbstmord oder des Selbstmordversuchs).[5])

Das gewerbsmäßige Glücksspiel (keine Bedrohung des gewerbsmäßigen Kartenspiels), jedoch mit einem Vorbehalt für Landesgesetze, welche nur das Abwandern von Spielgeldern außer Landes verhüten wollen.[6])

Das Recht zur Ausübung der Heilkunde (Kurpfuscherei-

---

1) Vgl. Mayer **63**.

2) Gl. M.: E. 8, 87 (91).

3) Gl. M.: v. Bar **1**, 40; Frank EG. § 2 III 2. E. **42**, 100.

4) Gl. M.: v. Liszt § 20 I, v. Bar **1**, 41. A. M.: Allfeld 77 N. 6.

5) Gl. M.: Binding H. 1, 312, auch wohl Olshausen N. 2 vor § 211.

6) Vgl. dazu Frank 711f.; v. Liszt § 20 I, mit weiteren Beispielen; Wachenfeld 47f.; Allfeld 76f.

verbote unzulässig, außer soweit es sich um die niedere Heilkunde (z. B. durch Bader) handelt; vgl. E. 6, 260|62).

5. Erschöpfende Regelung durch das Reich wird dagegen von der Praxis überwiegend verneint:

Für die Übertretungen und ihre Gruppen (Ergänzung der bestehenden ist also zulässig), für den strafbaren Eigennutz als Ganzes (anders für einzelne Untergruppen, z. B. den Wucher), für den außerehelichen Geschlechtsverkehr in polizeilicher Beziehung, für Amtsvergehen, für gemeingefährliche Vergehen, für Absperrungsversuche gegen Seuchen, für das Spielen in auswärtigen Lotterien, für bergrechtliche und wasserrechtliche Vergehen.

6. In E. StGB. § 2 II werden außerdem als besondere Vorschriften eine Anzahl von Bestimmungen des Landesrechts aufrechterhalten. Davon sind die Strafbestimmungen der Preßpolizeigesetze, Postgesetze, Reichssteuergesetze, Zollgesetze gegenwärtig durch Bundes- oder Reichsstrafrecht geregelt. Dem Landesrecht sind hierbei nur unbedeutende Bestimmungen des Preßpolizeirechts und die Landessteuergesetze übriggeblieben.

Die im EG. § 2 II ferner vorbehaltenen Bestimmungen über Fischerei- und Jagdpolizei, über Forst- und Feldpolizei (auch Garten- und Anlagenfrevel[2]) umfassend) und über Holz- und Forstdiebstahl könnten ohne die ausdrückliche Erwähnung zu Materien gezählt werden, die das Reichsrecht erschöpfend geregelt hat. Man unterscheidet aber auf Grund der Terminologie des § 2 II jetzt zwischen Jagd- und Fischereidelikten, die dem Landesrecht entzogen sind, und den Jagd- und Fischerei-Polizeidelikten, die ihm überlassen sind.

III. Beschränkungen des Landesstrafrechts bei den ihm überlassenen Materien.

1. Verweist es stillschweigend oder ausdrücklich auf Bestimmungen des strafrechtlichen Allgemeinen Teils, ohne selb-

---

[1]) Gl. M.: E. 33, 273. Sehr bestritten. — Auch das Zusammenschlafen von Eltern mit größeren Kindern könnte das Landesrecht verbieten.

[2]) Gl. M.: RGR. 6, 497.

ständige Regelung der im Einzelfall einschlägigen Fragen, so ist damit auf den Allgemeinen Teil des Reichsstrafrechts Bezug genommen. Gleiches gilt von den selteneren Verweisungen auf den Bes. Teil. EG. § 3.

2. Wo es Strafen festsetzt, hat es folgende Grenzen einzuhalten:

a) Regel: Seit dem Inkrafttreten des StGB. darf nur erkannt werden auf Strafarten, die auch im Reichsrecht vorgesehen sind, E. StGB. § 6 I.

Bloße Verschiedenheit des Namens ist jedoch belanglos, z. B. wenn es statt Geldstrafe heißt: Geldbuße; statt Haft: Polizeigefängnis.[1]

Ausnahme: Forst- und Gemeindearbeit darf die Landesgesetzgebung an Stelle von anderen Hauptstrafen nach wie vor primär androhen oder als Ersatzstrafe zulassen, EG. § 6 II., und zwar auch an Stelle von Haftstrafe, obwohl dies nicht ausdrücklich gesagt ist.[2]

Dies gilt für alle Landesgesetze, nicht nur für die bereits bestehenden.

Das Gesetz sagt „androhen“ oder „nachlassen“. Dies wird wohl nicht dahin umzudeuten sein: „androhen“ sei primär androhen, „nachlassen“ sei „wahlweise androhen“. Vielmehr umfaßt bereits der erste Ausdruck beides. Nachlassen ist ein Ersatz für eine andere primäre Strafe, z. B. für eine uneinbringliche Geldstrafe.[3]

b) Die Landesgesetzgebung darf in dem nach dem Inkrafttreten des StGB. erlassenen Landesrecht nur bestimmte Strafarten verwenden, nämlich:

Gefängnis, und zwar nur bis zu 2 Jahren, Haft bis zu 6 Wochen, Einziehung einzelner Sachen, Entziehung öffentlicher Ämter. EG. § 5. (Außerdem Forst- und Gemeindearbeit.)

Festungshaft darf nicht angedroht werden. Ungültig daher die wahlweise Androhung von Festungshaft in Artikel 6 des Bayr. AG. z. SPO. vom 18. August 1879.

---

1) Oppenhoff EG. § 6 N. 5.

2) Gl. M.: Binding H. 1, 304 N. 24. A. M.: Olshausen § 6 N. 7.

3) Gl. M.: Binding H. 1, 304. A. M.: Schwartz § 6 N. 6.

α) Die Einschränkung des § 5 bezieht sich nicht auf das ältere Landesstrafrecht.[1]) Ältere Gesetze, die höhere Strafen androhten, aufzuheben, wäre 1871 sehr unzweckmäßig gewesen.

β) Die Einschränkung bezieht sich überhaupt nur auf echte Strafen.[2])

γ) Sie bezieht sich endlich nicht auf die reichsrechtlichen Mindestmaße.[3])

c) Die Beschränkungen des Landesrechts in bezug auf Arten, Inhalt und Höhe der Strafen wollen nicht nur für Kriminalverbrechen gelten.

Es wäre dem Beamtendisziplinarrecht zweifellos z. B. verwehrt, Prügelstrafe oder Zuchthaus vorzusehen, oder eine inhaltlich gleiche Strafe anzudrohen, oder Gefängnis von mehr als 2 Jahren festzusetzen.

Gewohnheitsrecht hat allerdings den Fortbestand der körperlichen Züchtigung gegen männliche Zuchthausgefangene bisher trotzdem ermöglicht; vgl. auch Bundesratsbeschluß vom 28. Oktober 1897 § 34. Der Fortbestand ist eine Singularität, jedenfalls ist daraus eine weitergehende Zuständigkeit des Landesrechts nicht zu folgern.[4])

Die ratio legis schließt aber Landesrecht in noch weiterem Umfange aus. Dadurch, daß das StGB. den Inhalt von bestimmten Freiheitsstrafübeln näher (wenn auch sehr lückenhaft) bezeichnet, z. B. von Zuchthaus, Gefängnis, Festungshaft, geschärfter Haft, korrektioneller Nachhaft, erklärt es sie für Kriminalstrafen. Ein inhaltlich verwandtes Strafübel darf auch in einem anderen Verfahren nicht verhängt werden (ebenso nicht Zuchthausübel im Betrage von Tagen). Dies gilt ohne Rücksicht darauf, ob der Name der gleiche oder ein anderer ist,

---

[1]) Gl. M.: Frank § 6 N.; Olshausen § 5 N. 2; Allfeld § 13 N. 12. A. M.: Finger 1, 159.

[2]) Oppenhoff EG. § 5 N. 9.

[3]) Gl. M.: Olshausen § 27 N. 5b; Finger 1, 477. A. M.: Binding H. 1, 301.

[4]) Vgl. auch Freudenthal, Die staatsrechtl. Stellung des Gefangenen, 1910.

ohne Rücksicht ferner darauf, ob zur Umgehung die Vollzugsbestimmungen Zwittergattungen gegenüber den reichsrechtlich vertypten Freiheitsstrafen festsetzen wollten, ohne Rücksicht darauf endlich, ob das nichtkriminelle Verfahren gegen das Publikum oder gegen Jugendliche als Ordnungsstrafverfahren organisiert wird oder gegen Eisenbahnangestellte als Disziplinarverfahren. Nur Schularrest mit und ohne Schularbeiten ist auch als Strafe gegen Jugendliche, nicht nur als Erziehungsmaßregel gegen sie zulässig, weil Schulstrafen rechtlich nur als Erziehungsmittel aufgefaßt werden. Daher auch hier körperliche Züchtigung.

Zweifel können entstehen über die Zulässigkeit der Haft außerhalb des Kriminalstrafverfahrens. Unberührt ist jedenfalls die landesrechtliche Schutzhaft; sie ist nicht Strafe.[1]) Zulässig ist die Haft ferner als Ordnungsstrafe für Prozeßrecht (z. B. auch gegen Zeugen im Verwaltungsstreitverfahren). Das Reichsrecht verwendet sie ja auch als Bestandteil des Prozeßrechts und überläßt bestimmte Prozeßarten dem Landesrecht. Darüber hinaus aber hat das Reichsrecht die Haft als Kriminalstrafe erklärt, ihr auch einen gewissen Inhalt gegeben. Damit erscheint es unverträglich, wenn auf dem Umwege eines nichtkriminellen Verfahrens, ohne die Garantien des materiellen und formellen Kriminalstrafrechts, das gleiche Übel zwangsweise auferlegt werden könnte. Haftstrafe ist daher als Disziplinarstrafe oder als Ordnungsstrafe unzulässig, als Ordnungsstrafe nur dann nicht, wenn sie bloß zur Aufrechterhaltung des Prozeßrechts dient. — Geldstrafe hat das Reichsrecht nicht in ähnlicher Weise in Beschlag belegt. Es verwendet sie selbst in seinem Disziplinarrecht und im Ordnungstrafrecht der RVO. Das Landesrecht kann sie auch außerhalb des Kriminalstrafrechts verwerten.

---

[1]) Vgl. Kitzinger, Verhinderung strafbarer Handlungen (1913) 210.

Zweites Buch.

Das Verbrechen und die Voraussetzungen seiner Strafbarkeit.

Erstes Kapitel.

Einleitung.

§ 16.

Begriff und Arten der Verbrechen.

I. Begriff.

Verbrechen i. w. S. ist formell die vom Staate mit Kriminalstrafe bedrohte Handlung.

Inhaltlich gehört zum Verbrechen i. w. S. die rechtswidrige schuldhafte[1]) Willensbetätigung eines Menschen, die vom Gesetz als strafwürdig erklärt ist und beim Vorliegen aller Strafbarkeitsmerkmale auch gestraft werden kann.

Strafbarkeitsmerkmal ist z. B. die räumliche und persönliche Anwendbarkeit der Strafgesetze; bei einzelnen Delikten ferner die Gegenseitigkeit, der Ausbruch eines Krieges, die Gewohnheitsmäßigkeit.

Verbrechen i. e. S. ist die schwerer als mit fünfjähriger Freiheitsstrafe bedrohte Handlung.

II. Arten der Verbrechen i. w. S.

Man unterscheidet insbesondere:

1. Offizial- und Antragsverbrechen; vgl. dazu § 61 StGB.

---

[1]) Vom Erfordernis einer Schuld macht das positive Recht für vereinzelte Fälle noch Ausnahmen.

2. Gemeine und Sonderverbrechen[1]) (delicta communia und delicta propria). Die letzteren zerfallen in eigentliche (= echte) und uneigentliche (= unechte).

Eigentliche Sonderverbrechen[2]) sind solche Verbrechen, bei denen nur Angehörige eines näher umgrenzten Pflichtenkreises taugliche Täter sein können;

z. B. der Beamte bei der Bestechlichkeit des § 332, bei der Urteilsbeugung; der Telegraphenbeamte (aber nicht jeder beliebige Dritte) beim Telegraphengeheimnisverrat; der Vormund bei der Untreue, der Schöffe oder Geschworene bei der lügnerischen Entschuldigung, der Vollkaufmann bei der falschen Buchführung.

Uneigentliche Sonderverbrechen sind solche Verbrechen, bei denen der Angehörige eines bestimmten Pflichtenkreises nur einem besonderen Strafrahmen unterliegt, während auch beliebige andere Personen taugliche Täter der verbotenen Handlung sind; vgl. z. B. §§ 222 II, 230 II, 340, 350.

Nicht bei allen gesetzlichen Tatbeständen wird es erkennbar, daß nicht jedermann öffentlichrechtlich bei Strafe verpflichtet ist, die gegebene Vorschrift zu beobachten, wenn er in die Lage kommt, ihr zuwiderzuhandeln, sondern nur Personen mit bestimmten Eigenschaften.[3]) Wenn es z. B. in einer Polizeiverordnung dem Hausherrn zur Pflicht gemacht ist, die Treppe zu beleuchten, so kann die Meinung des Blankettgesetzes: „wer die gebotene Treppenbeleuchtung unterläßt“, dahin gehen, daß nur der Hausherr strafbar sein soll, nicht der Dienstbote oder der Mieter, dem jener die Beleuchtung übertrug. Nicht schon der zivilrechtlich wirksame Vertrag, sondern erst das Fehlen jeder culpa in custodiendo und eligendo entlastet dann den Hausherrn. Erst die selbständige privative Verpflichtungsübernahme, soweit sie nach der ratio legis zulässig ist, macht

---

[1]) Früher auch Standesverbrechen genannt; vgl. Birkmeyer RE. (2) 1110.

[2]) Vgl. Binding, Grdr. 77, L. 2, 402; Nagler, Teiln. am Sonderverbrechen (1903) 18f.

[3]) Beling, L. v. Verbr. 241, der hierauf aufmerksam macht, nennt die Verbrechen dieser Art Sondernormverbrechen im Gegensatz zu den tatbestandlichen Sonderverbrechen.

letzteren als Täter verantwortlich. Ebenso kann es sich verhalten mit der Unterlassung des gebotenen Raupens, der gebotenen Ausbesserung eines Hauses, der verbotenen Überschreitung eines Höchstpreises durch den Angestellten eines Geschäftsinhabers.[1])

Ob diese Auslegung vorzunehmen ist, hängt von der Tendenz des einzelnen Tatbestandes ab, nach welchem der Angehörige eines bestimmten Pflichtenkreises vielleicht allein als besonders sachkundig oder als persönlich interessiert erscheint.

3. Kriminal- und Polizeidelikte.

Polizeidelikte sind Handlungen von geringerer Schwere, welche die öffentliche Ruhe, Sicherheit oder Ordnung oder die gute Sitte verletzen oder wegen einer generell möglichen Gefährdung wichtigerer Rechtsgüter mit Strafe bedroht sind[2]); z. B. grober Unfug § 360 Z. 11; überschnelles Fahren in Ortschaften § 366 Z. 1; Bannbruch § 361 Z. 2; Müßiggang § 361 Z. 5; Zuwiderhandlung gegen Vorschriften zur Verhütung vorzeitiger Beerdigungen § 367 Z. 2.

Geschichtlich bedeutsam ist die Auffassung von Grolman, Kriminalrechtsverbrechen 4. Aufl. (1825) § 27: Polizeiverbrechen haben ihren Gegenstand in Rechten, welche erst im Staate durch seine polizeilichen Anstalten wirklich werden (Gegensatz: Rechte, die unmittelbar als Rechte des Menschen und des Staates erscheinen); vgl. ferner die Definition in Art. 2 III des bayer. StGB. von 1813.

Neuere Erklärungen für Polizeidelikte: Delikte, deren Norm die allgemeine, im Verkehr erforderliche Sorgfalt spezialisiert;[3])

Delikte, die der Staat wegen ihres Widerspruchs mit der guten Ordnung des Gemeinwesens verbietet;[4])

Delikte, zu deren Tatbestand weder die Verletzung noch die Gefährdung eines Rechtsgutes notwendig gehört, die aber

---

[1]) Vgl. Alsberg, Kriegswucherstrafr. (1916) 53.

[2]) Vgl. v. Bar H. 1, 347f.; auch Rotering, ZStW. 26, 777. Über die Aufgaben der Polizei zur Abwehr von Störungen s. Anschütz, Die Polizei (1910) 121.

[3]) Frank 651.

[4]) Frank 650.

wegen der möglicherweise in ihnen liegenden Gefährdung eines Rechtsgutes mit Strafe bedroht sind;[1])

Delikte, die weder Verletzungs- noch Gefährdungstypus aufweisen;[1a])

Delikte, bei welchen die Verletzung oder Gefährdung eines Rechtsgutes hinter der formellen Bedeutung des Unrechts zurücktritt.[2])

Delikte, deren Aufstellung oder Aburteilung den Polizeibehörden wegen ihres Zusammenhangs mit der öffentlichen Sicherheit oder Sittlichkeit zugehört;[3])

Generelle Gefährdungsdelikte.[4])

Wachenfeld[5]) hält jede begriffliche Unterscheidung zwischen Polizeiverbrechen und Rechtsverbrechen (= Kriminalverbrechen) für verfehlt.

Kah[6]) identifiziert sie S. 1 stillschweigend mit den Übertretungen des StGB.

Die praktische Bedeutung der Unterscheidung liegt gegenwärtig in der Hauptsache[7]) in der von vielen[8]) geforderten, aber auch lebhaft widersprochenen Lostrennung des Polizeiunrechts vom Kriminalunrecht. Gemäßigt Frank[9]), der mit Recht für die Übertretungen, welche im allgemeinen keine unmoralische Gesinnung verraten, eine gesonderte Behandlung wünscht.[10]) Ansätze dazu enthält bereits das geltende Recht. Traeger[11]) wünscht mit Recht auch einen gesonderten all-

---

1) Finger 1, 108. 1a) Beling, Lehre vom Verbrechen 217.

2) Allfeld 115. Vgl. außerdem Wächter, Vorles. 120|21.

3) Köstlin, Neue Rev. 241; v. Holtzendorff in seinem Hdb. 1, 5; Hälschner, Preuß. Strafr 2, 7.

4) Merkel, L. 46; Traeger, GerS. 77, 84; Geyer 1, 87. Vgl. dagegen Goldschmidt, GA. 49, 79, der auf § 368 Nr. 6, 7 hinweist, die konkr. Gefahr verlangen; ferner Rosenberg, ZStW. 24, 8.

5) Vgl. Wachenfeld 5.

6) Vgl. Kah, Die Polizeivergehen 1879, S. 2.

7) Vgl. aber auch EG. § 2 II, GewO. § 151.

8) Z. B. von v. Liszt § 26 N. 6; Hatsche, VGA. 57, 120.

9) Vgl. Frank, JKV. XII 201f.

10) Im gleichen Sinne Kahl, Festschr. für v. Martitz (1909) 202, der nach Inhalt und System eine Abtrennung der Übertretungen von den übrigen strafbaren Handlungen befürwortet.

11) Vgl. Traeger, GS. 77, 99.

gemeinen Teil. Gegen die völlige Abtrennung der Übertretungstatbestände die Begründung z. VE. S. 3, wohl mit Recht. Zu weitgehend Goldschmidt[1]), der die Abtrennung der Polizeiübertretungen, der Postdelikte und der Finanzdelikte (insbesondere der Steuerdelikte) aus dem Strafrecht, ihre Aburteilung durch Verwaltungsbehörden und bedenkliche Abweichungen vom Verschuldungsprinzip wünscht (Haftung für fremdes Verschulden, Deliktsfähigkeit von Verbandspersonen). Den Gegensatz zu diesem Verwaltungsstrafrecht soll das Justizstrafrecht bilden.[2]) Es ist daran festzuhalten, daß auch die mit öffentlichen Unrechtsfolgen bedrohte Verwaltungswidrigkeit Rechtswidrigkeit des Verhaltens voraussetzt. Gemeinsamkeit des Prinzips persönlicher Verschuldung und tunliche Wahrung gleichartiger Rechtsgarantien ist festzuhalten. Auch in der Verwaltung ist es ein Fortschritt, wenn zwischen den ein Verschulden nicht erfordernden Einschränkungen der Privatrechtssphäre und schuldhaften Unrechtsfolgen eine klare Trennung bestehen bleibt. — Die Unterscheidung Goldschmidts[3]), die Normen des Justizstrafrechts richteten sich an die Individualpersönlichkeit, die des Verwaltungsstrafrechts an die Gliedpersönlichkeit, stimmt nicht durchweg. Ebensowenig läßt sich seiner Gegenüberstellung völlig beipflichten, die Normen des Justizstrafrechts seien reine Rechtssätze (vgl. z. B. § 116), die des Verwaltungsstrafrechts (also die durch Polizeiübertretung verletzten) seien halb Rechtssatz, halb Verwaltungsbefehl (vgl. z. B. § 366 Z. 7).

Die Unterscheidung zwischen Kriminal- und Polizeidelikten darf nach geltendem Recht auch nicht etwa dahin verstanden werden, daß die Polizeidelikte grundsätzlich nur Fahrlässigkeit voraussetzen würden.[4]) E. 48, 324 prüft mit Recht auch bei Polizeidelikten nach der Natur der einzelnen Übertretungen, inwieweit die einzelnen Tatbestandsmerkmale vorsätzlich erfüllt sein müssen. E. **49**, 116 (19) nimmt an, aus der präventivpolizeilichen Tendenz eines besonders einzuschärfenden wichtigen

---

1) Vgl. Goldschmidt JKV. XII 217.

2) Gegen Goldschmidt Beling, L. v. Verbr. 131.

3) Vgl. Goldschmidt, Festgabe für R. Koch (1903) 423, 429.

4) Gl. M.: Binding G. 124, M. E. Mayer 256. A. M.: Frank II vor § 360.

Verbotes könne geschlossen werden, daß fahrlässige Übertretung genüge. Es ist zuzugeben, daß in Fällen, wo ein zu verhütender Erfolg leicht auf Fahrlässigkeit beruht, die präventivpolizeiliche Tendenz des Gesetzes bei Erfolgsdelikten auch dahin gerichtet ist, das Publikum zur Wachsamkeit anzuregen. Aber diese Tendenz ist nicht bei allen Polizeidelikten zu konstatieren, die zum Teil (ausgesprochen oder erkennbar) nur einen bösen Willen zu bestimmtem Ordnung oder Sitte störenden Tun oder Lassen bedrohen wollen.[1]

Erwägenswert wäre vielleicht die Frage, ob man bei festgestellter bloßer Fahrlässigkeit der Verübung von Übertretungen sich nicht damit begnügen sollte, einen Verweis zu erteilen und erst für den Wiederholungsfall andere Strafen vorzusehen. Gedacht ist dabei an einen Verweis als verwarnendes Mißbilligungsurteil (ohne Notwendigkeit einer weiteren Vollstreckung durch tadelnde Vorhalte, außer etwa bei Jugendlichen). Aufhebung des Legalitätsprinzips wäre schädlich.

4. Politische und nichtpolitische Verbrechen.

Politische Verbrechen sind diejenigen, welche sich richten gegen das Staatsoberhaupt, gegen den Bestand und die Sicherheit des Staates oder gegen die Teilnahme der Staatsangehörigen an den staatsbürgerlichen Rechten.[2]

Abweichende Definition: Politische Verbrechen sind diejenigen, welche aus einem politischen Motiv (Feindschaft gegen ein bestehendes Regierungssystem) begangen werden.[3]

Praktische Bedeutung: Nach den meisten Auslieferungsverträgen ist die Auslieferung wegen politischer Delikte ausgeschlossen; z. B. nach dem deutsch-italienischen Vertrag vom 31. Oktober 1871 Ziff. 4, dem deutsch-spanischen Auslieferungsvertrag vom 2. Mai 1878 Ziff. 6.

---

[1]) Vgl. z. B. §§ 365, 366 Z. 3; 368 Z. 11 und die Zitate in E. 48, 321 (24).

[2]) Gl. M.: Birkmeyer, Rechtsenz. § 16; Finger 1, 129. So auch der Sinn im Reichstagswahlges. v. 1869 § 3.

[3]) Laband 1 § 34. Dagegen v. Liszt, Völkerrecht (9) 248.

Um Streitfragen über die Natur eines Delikts als eines politischen zu entgehen, werden außerdem in neueren Staatsverträgen die einen Auslieferungsanspruch begründenden Delikte aufgezählt, z. B. im deutsch-niederländischen Vertrag von 1896 Ziff. 1, im deutsch-griechischen Auslieferungsvertrag von 1907 Art. 2 (hier zugleich Beschränkung der Zulässigkeit auf die aufgezählten Delikte).

Ein Vorbehalt wird jedoch häufig zugunsten der Auslieferung gemacht für politische Attentate (zuerst in Belgien 1856, sogen. Attentatsklausel); neuerdings außerdem für gewisse schwerste Verbrechen, welche sich als solche vom Standpunkt der Moral und des allgemeinen Rechts darstellen.[1]

Von der Auslieferung werden anderseits neuerdings vielfach auch ausgenommen (z. B. im deutsch-griechischen Vertrag) sogen. relativ-politische Delikte, d. h. solche, welche im Zusammenhang mit einem politischen Delikte stehen.[2]

5. Einfache und ausgezeichnete Delikte. Unter letzteren faßt man die Unterarten eines allgemeineren Delikts (des sogen. Grunddelikts, z. B. des Diebstahls) zusammen. Je nachdem sie mit schärferer oder milderer Strafe bedroht sind als das Grunddelikt, heißen sie qualifizierte oder privilegierte Delikte. Z. B. enthält § 264 ein qualifiziertes, § 264a ein privilegiertes Betrugsdelikt. Jedoch werden manche Qualifizierungsgründe und Privilegierungsgründe nicht zu einem selbständigen Delikt verwertet. Z. B. teilen die privilegierten Totschlagsfälle des § 213 die Verbrechensnatur des § 212; die öffentliche üble Nachrede § 186 und die öffentliche Verleumdung teilen in bezug auf den Tatbestand die Schicksale des einfachen Falls, z. B. hinsichtlich der §§ 190, 193, 199 StGB., ohne ein anderes Delikt darzustellen als der einfache Fall; sie sind nur schwerer bedroht.

---

1) Vgl. v. Ullmann, Völkerrecht (2) 398.

2) Über den dabei bestehenden Unterschied zwischen délits connexes und délits complexes s. v. Ullmann S. 398: Erstere betreffen die Delikte, welche als Mittel zu einem politischen Delikte angewendet zu werden pflegen (z. B. Diebstahl von Geheimakten), letztere diejenigen, welche durch die Unternehmung eines politischen Delikts veranlaßt worden sind (z. B. Aufruhr).

§ 17.

Die Dreiteilung der Delikte insbesondere (sogen. Trichotomie des Strafrechts).

I. Die unterscheidenden Merkmale.

Die Einteilung der Delikte in Verbrechen, Vergehen und Übertretungen (§ 1) läßt maßgebend sein die Schwere der höchsten im Gesetz angedrohten Strafe. Sie entstammt dem französischen Code des délits et des peines von 1795, der crimes, délits, contraventions unterschied, und wurde u. a. vom Code pénal von 1810 Art. 1, vom bayrischen StGB. von 1813 und vom preußischen StGB. von 1851 übernommen.

Eine im Höchstmaß mit dem Tode, mit Zuchthaus oder mit Festungshaft von mehr als 5 Jahren bedrohte Handlung ist ein Verbrechen i. e. S. Eine im Höchstmaß mit Festungshaft bis zu 5 Jahren, mit Gefängnis (scil. bis zu 5 Jahren) oder mit Geldstrafe von mehr als 150 M. bedrohte Handlung ist ein Vergehen. Eine im Höchstmaß mit Haft oder mit Geldstrafe bis zu 150 M. bedrohte Handlung ist eine Übertretung. StGB. § 1.

Besteht eine Strafe in dem Vielfachen eines entzogenen Betrags, so entscheidet das abstrakte Höchstmaß.[1]) Nach abweichender Lehre entscheidet die Höchststrafe des konkreten Falles. Allein daß § 1 StGB. mit seiner Einteilung nicht die einzelnen konkreten Handlungen, sondern die Handlungen ihrer Art, d. h. ihrem Tatbestande nach, bezeichnet hat, geht deutlich erkennbar aus den unbestimmten Fassungen hervor. Eine mit Festungshaft bis zu . . . bedrohte, mit Geldstrafe von mehr als . . . bedrohte Handlung ist ein Vergehen. Nur von einer Handlung, die generell gemeint ist,

---

[1]) Gl. M.: Beling, VD. B. 7, 58 N. 1; Binding, Gr. 257, L. 2, 647 N. 2; Finger 1, 126; Frank § 1 I 3; Mayer 18. A. M.: Allfeld 117; v. Liszt § 27 III; Olshausen § 1 N. 10; Schwartz § 1 N. 2d; Wachenfeld 77. E. 5, 23; 42, 397. R. 10, 710.

nicht von einer konkreten Einzelhandlung kann man sagen, daß sie mit vielen Strafen bedroht sei.[1])

Ist nicht die im Einzelfall mögliche Höchststrafe entscheidend, sondern die generelle Handlung, m. a. W. das Vorliegen der gesetzlichen Tatbestandsmerkmale und ihr Strafrahmen, so wird die Zugehörigkeit einer Handlung zu einer der Kategorien auch nicht dadurch geändert, daß der Täter wegen Versuchs, Teilnahme, jugendlichen Alters oder mildernder Umstände (vgl. z. B. § 213) nur eine Strafe bekommen darf, die einer leichteren Kategorie zugehört.[2])

Ist Haft und wahlweise Geldstrafe bis über 150 M. angedroht, so gehört die Handlung zu den Vergehen.[3])

II. Die praktische Bedeutung der Einteilung nach geltendem Recht.

Die Trichotomie wird im Allgem. Teile und im Besonderen Teile des StGB. sowie in der SPO. vielfach dazu benützt, die Voraussetzungen der Bestrafung einer Handlung und die zulässigen

---

[1]) Um die Wirkungen der Vergehensnatur für die Praxis zu sichern, ordnen neuere Steuergesetze, z. B. das Zuckersteuergesetz v. 27. Mai 1896 § 47 V, das Branntweinsteuergesetz v. 15. Juli 1909 § 119 an, wenn die mit einem bestimmten Vielfachen des hinterzogenen Betrages bedrohte Handlung Übertretung sei, so solle doch Beihilfe und Begünstigung gestraft werden. Jacobi, ZStW. 22, 167 schließt aus dem § 47 des Zuckersteuergesetzes indessen, daß damit eine generelle authentische Interpretation des § 1 StGB. geschaffen werden wollte. Das ist eine Umkehrung der Sachlage. Man wollte den unzweckmäßigen Konsequenzen der bedenklichen Rechtsprechung die Spitze abbrechen, ohne eine Strafgesetznovelle aus diesem Anlaß schaffen zu müssen.

[2]) Gl. M.: Die herrsch. Lehre z. B. Allfeld 117; Finger 127; v. Liszt § 27 N. 4; Schwartz § 1 N. 1. A. M.: Frank § 1 I 4; Olshausen § 1 N. 8 für Versuch und Beihilfe.

[3]) Das Landesrecht kann vorschreiben, daß landesrechtliche Delikte, welche mit höherer als bloßer Übertretungsstrafe bedroht sind, in bezug auf Bestimmungen des Allgem. Teils wie reine Übertretungen behandelt werden sollen. Denn diese Fragen kann das Landesrecht bei landesgesetzlichen Delikten abweichend regeln. Es kann also z. B. die Verjährung abweichend bestimmen vom reichsrechtlichen Vergehen. Vgl. z. B. bayr. AG. z. StPO. Art. 5. Umgekehrt kann das Landesrecht für seine Übertretungen die reichsrechtlichen Bestimmungen über Vergehen vorschreiben.

prozessualen Maßregeln verschieden zu bestimmen je nach der Zugehörigkeit des Delikts zu einer der drei Kategorien.

Vgl. z. B. §§ 4 II Z. 3, 43, 49, 57 Z. 4, 67; 49a, 126, 241, 257 StGB.; §§ 112, 211, 244 II StPO.[1])

III. Bedenken gegen die Dreiteilung in ihrer gegenwärtigen Gestalt.[2])

1. Die besonderen rechtlichen Wirkungen der Zugehörigkeit einer Handlung zu einer schwereren Kategorie bleiben erhalten, auch wenn im Einzelfall die Schuld und die Strafe weit geringer sind, als bei vielen Deliktsfällen, die einer leichteren Kategorie zugehören und daher jene rechtlichen Wirkungen nicht aufweisen.

Z. B. Bloß weil die Deliktsart auch in viel schlimmeren Begehungsformen auftreten könnte, als sie tatsächlich aufgetreten ist, wird der Gehilfe eines Diebstahls stets gestraft, auch wenn seine Beihilfe nur einen ganz untergeordneten Fall betraf. Die Beihilfe zu einer Übertretung wird dagegen stets straflos gelassen, auch wenn sie einen sehr bedenklichen Mundraubsfall mittels Einbruchs betraf.

Oder: Die Einziehung der Deliktswerkzeuge ist bei Vergehen generell zugelassen, auch wenn das Werkzeug noch so kostbar, das Vergehen noch so unbedeutend war; dagegen ist die Einziehung bei den meisten Übertretungen generell ausgeschlossen, mag das gezückte Messer (bei einer Schlägerei nach § 367 Z. 10) auch eine recht gefährliche Waffe gewesen sein.

Oder: Wenn jemand seiner Ehefrau androht, er werde sie 8 Tage in Wohnungsarrest halten, ist er schon wegen dieser Drohung als Täter einer Bedrohung mit einem Verbrechen strafbar (§ 241); wenn er seiner Ehefrau dagegen grobe Mißhandlungen androht, so ist das nur eine strafrechtliche Androhung von Vergehen.

---

1) Weitere Beispiele bei Binding G. 90.

2) Gegen die Dreiteilung insbes. Binding H. 1, 511; Binding GS. 77, 10; Schütze 84 N. 8; Traeger, GerS. 77, 81; Vollert, Thür. Bl. 17, 74; Wach, VD. A. 6, 4. Vgl. aber auch Finger, Öst. Strafr. (3) 1, 184.

2. Die Einreihung der Delikte in die verschiedenen Kategorien entspricht geläuterten Anschauungen über die Bedeutung der Unrechtsarten vielfach nicht. Z. B. daß auch die nicht konkret gefährliche Brandstiftung an eigenen Brandstiftungsobjekten stets Verbrechen sein soll, leuchtet nicht ein. Daß die Beschädigung eigener Sachen im Falle des § 304 immer ein Vergehen bedeutet, erscheint zu hart. Daß die Begünstigung qualifizierten Bettels nicht bedroht ist, befriedigt ebensowenig, wie die Unterstellung einer nicht eigennützigen und auch nicht hinterlistigen Zulassung des Geschlechtsverkehrs der Tochter seitens der Eltern unter das Verbrechen der Kuppelei.

Diese bedenklichen Seiten ließen sich dadurch wesentlich mildern, daß man einen Teil der Unrechtsfolgen von der verwirkten, einen anderen von der zu erwartenden Strafe abhängig machte. Z. B. könnte man die Zulässigkeit der Einziehung von einer bestimmten Höhe der erkannten Strafe abhängig machen, die Zulässigkeit eines Haftbefehls ohne nähere Begründung des Fluchtverdachts von der in Aussicht stehenden Strafe.[1]) Daneben bleiben aber Fälle übrig, wo eine vorherige Schätzung der mutmaßlich verdienten Strafe als Voraussetzung irgend einer anderen Verfolgungshandlung kaum befriedigend durchführbar ist. Hier wird die generell angedrohte Höchststrafe für den Eintritt der Verfolgung maßgebend bleiben müssen. Z. B. für die Verfolgbarkeit eines Versuchs, für die Strafbarkeit erfolgloser Aufforderungen zu strafbaren Handlungen. Für solche Fälle dient es zur Kürzung, wenn die betreffenden Höchstgrenzen nicht durch jedesmalige Aufführung der einzelnen Strafmaße, sondern durch die Begriffe Verbrechen, Vergehen, Übertretungen oder ähnliche Ausdrücke bezeichnet werden.

---

[1]) Vgl. Hoegel, Ger. S. 84, 63.

Zweites Kapitel.

Die Tatseite des Verbrechens.

§ 18.

Die Handlung.

I. Begriff.

1. Die zur Verwirklichung jedes Delikts erforderliche Handlung (im Sinne der §§ 1 f. StGB.) liegt vor, wenn menschliches Wollen für rechtserhebliche Tatsachen mitwirksam geworden ist.[1] Die rechtserheblichen Tatsachen brauchen nicht in Außenweltsveränderungen zu bestehen, z. B. die Handlung des Hausfriedensbruchs besteht, wenn er durch Unterlassung begangen wird, darin, daß jemand, der in einem Raume unbefugt verweilt, auf die Aufforderung eines Berechtigten sich nicht entfernt.[2]

Zu den Grundvoraussetzungen eines Verbrechens gehört, daß etwas geschieht, was das Recht nicht will und mit Strafe bedroht. Das rechtlich mißbilligte Geschehen (d. h. die begonnene Verwirklichung eines Verbrechenstatbestandes) muß zurückführbar sein auf einen die Normübertretung schuldhaft veranlassenden Willen. Liegt eine solche Zurückführbarkeit vor, so ist eine strafbare Handlung im Sinne des StGB. ge-

---

1) Über dogmengeschichtliche Wandelungen des Handlungsbegriffs s. Radbruch, Handlungsbegr. (1903) 87 f.

2) Vgl. Liepmann, Einleitung in das Strafr. 79; Die Definition von M. Kauffmann, Das Verschuldungsprinzip (1912) 20: Handlung = Bewegung, die vorher Inhalt des Bewußtseins war, kann nur für positive Handlungen in Frage kommen.

geben. Diese strafbaren Handlungen (= Verbrechen i. w. S.) liegen so oftmals vor, wie das Recht die einzelnen Tatbestandsverwirklichungen als etwas Selbständiges behandelt. Die Verwirklichung verschiedener Tatbestände ist immer die Verwirklichung mehrerer strafbarer Handlungen. Denn jede dieser Handlungen stellt die Verwirklichung eines eigenen Verbrechenstatbestandes dar. Vom Standpunkt einer Rechtsordnung, die die Verwirklichung eines jeden ihrer Verbrechenstatbestände als je ein Verbrechen ansieht, bleibt also die Mehrheit der Verbrechen (= strafbare Handlungen) bestehen, auch wenn sie durch eine und die nämliche Ausführungstätigkeit bewirkt wurde; z. B. ein Schuß zerstört eine Sache und verletzt zugleich einen Menschen. Kurz: Wenn mehrere Tatbestände durch die nämliche Ausführungstätigkeit verwirklicht wurden, hören diese Tatbestandsverwirklichungen deswegen nicht auf, mehrere strafbare Handlungen darzustellen.

Für rein naturwissenschaftliche Sprechweise kann nur eine positive Mitwirksamkeit bei einer Tatbestandsverwirklichung als verursachend für Tatsachen erachtet werden; also nur aktives Tun kann als Handlung angesehen werden. Z. B. jemand tötet einen anderen durch einen Steinwurf. Der Handlungsbegriff des Strafrechts umfaßt auch andere Erscheinungen: Zur Handlung gehören auch Fälle des Nichttuns. Unter den Begriff der Handlung im Sinne des StGB. fällt es z. B., wenn jemand eine ihm gebotene Anzeige innerhalb einer bestimmten Frist schuldhaft nicht erstattet, vgl. z. B. StGB. § 139, Personenstandsgesetz vom 6. Februar 1875 § 17, 68. Ebenso liegt eine (strafbare) Handlung vor, wenn ein Hauseigentümer die notwendig gewordene Dachreparatur nicht vornimmt und dieser Zustand zur Beschädigung von Menschen oder Sachen durch herabfallende Ziegel führt (§§ 230, 303 StGB.). Wo durch Nichttun eine strafbare Handlung begangen wird, nennt man dieses Nichttun eine Unterlassung.[1])

---

[1]) Radbruch, Handlungsbegriff (1903) 136 f., nimmt an, dem Begriffe der Unterlassung sei eine seelische Beziehung des Unterlassenden nicht wesentlich; zur Unterlassung gehöre auch weder ein körperliches Verhalten noch ein Erfolg. Sie könne daher einem Handlungsbegriff

Daß es dem StGB. durchaus entspricht, wenn auch in einem Nichttun eine Handlung zu erblicken ist, geht daraus hervor, daß ein solches Nichttun mehrfach als Delikt, z. B. in §§ 139, 347, 357, 360 Ziff. 10, bedroht, und damit die Anwendbarkeit der §§ 1 f. über die Rechtswirkungen der strafbaren Handlungen begründet ist.

Unterlassungen können den Handlungsbegriff nicht nur bei Gebotsnormen, sondern auch bei Verbotsnormen verwirklichen. Bei Verletzung von Gebotsnormen durch Unterlassung spricht man von echten Unterlassungsdelikten (= reinen Omissivdelikten), bei Verletzung von Verbotsnormen durch Unterlassung spricht man von unechten Unterlassungsdelikten (= Kommissivdelikten durch Unterlassung).

Die Fälle, in welchen durch Nichttun eine Verbotsnorm verletzt wird, sind bei der Lehre vom Kausalzusammenhang näher abzugrenzen. Sicher ist jedenfalls, daß es solche Fälle gibt. Denn der Gesetzgeber behandelt verschiedentlich selbst ein Nichttun als Ursache für einen zu verhütenden Erfolg; er läßt also durch eine Unterlassung die strafbare Handlung zustande kommen.[1]) Z. B. wird in § 361 Z. 10 derjenige bedroht, welcher sich seiner Unterhaltspflicht derart (d. h. mit der Wirkung) entzieht, daß die Behörden eingreifen müssen. In § 322 I wird das Nichtaufstellen von Feuerzeichen bedroht; diese „Handlung" wird dann in § 322 II als mögliche Ursache einer Strandung von Schiffen dargestellt. Aus § 329 II geht hervor, daß die Nichterfüllung eines Lieferungsvertrags „Ursache" eines zu verhütenden Schadens sein kann; vgl. auch die §§ 326, 330, 347 II, 361 Z. 5 StGB.; Seem.-O. § 112 II, bei welchen ebenfalls Unterlassungen als Ursachen eines Schadens oder einer anderen rechtlich erheblichen Folge eingeschlossen sind, deren Verursachung das Gesetz nicht will.

---

nicht unterstellt werden (138). Vgl. dagegen Beling, Lehre vom Verbrechen 15. Von einem Unterlassen sprechen wir nicht, ohne eines psychischen Vorgangs in dem Untätigen zu gedenken. Erfolg ist ferner auch die vom Rechte nicht gewollte Tatsache, daß irgend ein Deliktstatbestand erfüllt ist; er fehlt bei der Unterlassung nicht.

[1]) Treffend schon E. Landsberg, Kommissivdelikte (1890) 184 f.

Die Begehung von Kommissivdelikten durch Unterlassung ist je nach der Fassung des Verbotstatbestandes bald leicht möglich, bald sehr selten. Ganz unmöglich ist sie fast nie, wenn man bedenkt, daß durch Nichtabhaltung eines Gewaltunterworfenen mittelbare Täterschaft möglich ist, durch Verschweigen von Tatsachen nach geleistetem Voreid ein Meineid zustande kommen kann, durch ein Sich-hineinstoßen-lassen in ein Gebäude ein Hausfriedensbruch. Bedenklich Mayer 134, Münzfälschung, ohne daß man einen Finger rühre, sei undenkbar. Übertrieben weitgehend war aber gerade in der Bestrafung der Münzfälschung wegen Nichthinderns das römische Recht. Vgl. L. 9 § 1 D. 48, 10. — Wenn allerdings ein Verbot nur ein bestimmtes körperliches Tun von dem Verbotsadressaten nicht will, kann nichts anderes die Erwartung des Verbietenden durchkreuzen als die Vornahme der verbotenen Körperbewegung. Es kommt also, wie v. Zahn GS. **69**, 24 bemerkt, darauf an, ob ein Zeitwert des gesetzlichen Tatbestandes das Unterlassen nicht schlechthin ausschließt, bzw. ob die Ausführungsbestimmungen zu einem Verbot wenigstens tatsächlich die Möglichkeit, durch Unterlassung Täter zu werden, völlig verschließen; z. B. die heutige Eheschließung setzt persönliche Erklärung beider Ehegatten voraus; Doppelehe bloß durch Unterlassung kommt also nicht zustande. Gegen den militärischen Befehl, sich nicht zu rühren, kann man durch Unterlassung sich kaum verfehlen (außer im Falle einer actio libera: man hat unterlassen, den zu schweren Tornister zu entlasten und bricht während der Dauer des befohlenen Stillstehens zusammen). Die Leistung eines assertorischen Meineides ist gegenwärtig durch bloßes Nichttun nicht möglich. Die Fälle solcher Unmöglichkeit der Übertretung von Verbotsnormen durch bloßes Nichttun sind sehr selten. Der § 174 gehört nicht zu ihnen; vgl. RGR. **6**, 112.

Weder zu den Unterlassungen noch zu den positiven Handlungen zählen aber solche Vorgänge, die sich lediglich in der Psyche des Menschen zutragen: cogitationis poenam nemo patitur (= L. 18 D. 48, 19). Der Entschluß zu einem Delikt ist dementsprechend nicht bedroht, auch soweit er z. B. aus Notizen einwandfrei feststellbar ist. Das Recht hat sich sogar grundsätzlich dessen enthalten, die Bezeugungen der Freude über ein Delikt zu bedrohen; der gehegte Wunsch nach irgend einem Delikt ist nur in dem seltenen Falle strafbar, wo er die Mißachtung einer Privatperson ausdrücken will und der Außenwelt mitgeteilt wird. Er ist dann Beleidigung. Als einen rein inneren Vorgang behandelt das Gesetz in der Regel auch die willkürliche (d. h. auf einem Willensakt beruhende) Zulassung eines vom Rechte nicht gewollten Ereignisses, das der Zulassende verhindern könnte. Nur ausnahmsweise, d. h. unter besonderen Voraussetzungen, wird hier ein eigenes Delikt begründet (§§ 139, 357, 360 Z. 10, 361 Z. 9 StGB.). Die Zulassung ist also nach dem Willen des Gesetzes noch nicht ohne weiteres gleichbedeutend mit Verursachung des Schadens, den der Zulassende verhindern konnte. Dazu wird vielmehr die Verletzung einer außerhalb des Strafrechts begründeten Rechtspflicht, den Schaden zu verhindern, gefordert. Diese Abgrenzung von Zulassung eines Delikts und unterlassener Verhinderung desselben ist aber keine innerlich notwendige, sondern nur eine positiv-rechtliche Trennung in bezug auf die rechtlichen Unrechtsfolgen.

Die Straffreiheit der Vorstellungen findet ihr Ende, wenn sie die Ursache von positiven Handlungen sind. Durch den begleitenden Willen wird eine rechtswidrige Sachbeschädigung eine vorsätzliche und strafbare. In manchen Fällen wird sogar erst durch den begleitenden Willen die positive Handlung rechtswidrig. Z. B. ein ausgesprochenes zweideutiges Wort kann je nach der Absicht des Sprechers bald ein rechtlich erlaubtes Urteil, bald eine Beleidigung sein; ebenso kann der Kuß bald eine Liebkosung, bald eine Tätlichkeit darstellen; die Striche oder Zeichen auf einer Urkunde können bald eine Verbesserung, in die der Eigentümer gerne einwilligen wird, bald eine böswillige Sachbeschädigung bedeuten. Entsprechend steht es, wenn der Jagdgast für den Jagdpächter, bzw. für sich einen Hasen okkupiert.

Bei bloßem Nichttun dagegen kann der Willensvorgang eine „strafbare Handlung“ nur dann begründen, wenn die Rechtswidrigkeit des Verhaltens schon ohnedies gegeben war.

Z. B. wenn jemand bei dem ausgebrachten Hoch auf irgend einen Dritten sitzen bleibt und dies in der Absicht der Mißachtungskundgebung tut, so liegt darin nur dann eine Beleidigung, wenn er rechtlich verpflichtet war, mitzutun. Dies ist etwa der Fall, wenn er sich zu dem Feste hatte einladen lassen, dagegen nicht, wenn er zufällig in dem Gasthaus speist, während unerwartet eine Ehrung für einen Dritten erfolgt, der er sich nicht anschließen will. Der Grund liegt darin, daß die Vorstellungen an sich, d. h. ohne begleitende Handlungen nicht strafbar sind und ein Nichttun nur bei bestehender Rechtspflicht zum Tun als Handeln gilt.

2. Die Handlung im Sinne des StGB. bedeutet bald nur das körperliche Verhalten (= Handlung i. e. S.), das zur Erfüllung eines Deliktstatbestandes mitgewirkt haben muß, z. B. in § 51, bald außerdem die zur Erfüllung des Tatbestandes erforderlichen Wirkungen, z. B. in § 1, oder doch einige von ihnen, z. B. in § 3. Näheres über die verschiedene äußere Ausdehnung des Handlungsbegriffs unten in § 22.

II. Das Subjekt der Handlung.

1. Die Rechtsnormen wenden sich nur an diejenigen, welche als Träger von Rechten und Pflichten (von der Rechtsordnung) anerkannt sind. Sie können daher nur von Menschen übertreten werden. Beseitigt ist demnach die mittelalterliche Vorstellung, daß Tiere kriminell strafbar werden können.[1]

Die deutschen Strafgesetze sprechen das taugliche Handlungssubjekt nicht direkt aus. Es heißt in der Regel nur: Wer das und das tut, wird . . . bestraft. Allein das Recht ist Gemeinschaftsordnung nur für Menschen.

2. Die Normen des Rechts wollen auf Willensbetätigungen einwirken. Wo diese fehlen, liegt reiner Naturkausalismus, aber keine Handlung vor.

Das Strafrecht speziell will durch seine Drohungen bestimmte Willensbetätigungen bekämpfen. Den Kampf gegen sonstige Schädlichkeiten, die von Mensch und Tier ausgehen

---

[1]) Vgl. über sie v. Amira, Grdr. des german. R. [3] 232; v. Amira, Tierstrafen und Tierprozesse (1891); Geib 2, 191; d'Addosio, Bestie delinquenti, Neapel 1892.

können, überträgt es der Polizei und der Wohlfahrtspflege, sowie der Irrenpflege. Von den Handlungen scheiden daher die Fälle aus, in denen jemand unter einem unwiderstehlichen äußeren Zwange tätig wurde (Zwangshandlungen sind also keine Handlungen im technischen Sinne, ebenso die Reflexbewegung). Vgl. StGB. § 52 I erste Alternative.

Bestritten ist, ob man bei dem gewollten Tun von Unvernünftigen (also von Geisteskranken, Unmündigen, wenn sie einen Willen haben) von einem Handeln reden darf.[1]

Ist eine Handlung auch bei Geisteskranken, bzw. bei Kindern vorhanden, so ist auch eine Beihilfe denkbar, die nicht mittelbare Täterschaft wird.[2]

3. Die Strafbestimmungen des geltenden Rechts wollen die Unrechtsfolgen als persönlich wirksame Übel nur bei Personen eintreten lassen, die zurechnungsfähig gehandelt haben könnnen; arg. § 51 StGB.

Der Begriff der Zurechnungsfähigkeit paßt aber nur für physische Personen. Taugliches Handlungssubjekt können daher (wie auch aus dem Grunde sub 1 und 2) juristische Personen und sonstige Personenverbände nicht sein.[3]

Die Erklärung von nichtphysischen Personen zu tauglichen Tätern der strafbaren Handlungen ist denkbar, aber nicht zu empfehlen.[4] Ein Vorteil, der nicht auf dem Wege der privatrechtlichen oder verwaltungsrechtlichen Haftbarmachung zu erreichen wäre, würde nicht erzielt. Der Begriff der Strafe als

---

[1]) Bejahend: Olshausen (10) § 51 N. 12, Frank § 51 III, wohl mit Recht. Die herrschende Lehre verneint; z. B. Binding N. 2 (2) 91, E. 11, 56.

[2]) Vgl. Höpfner, ZStW. 26, 606. A. M.: Tosetti, GS. 79, 85.

[3]) Gl. M.: Allfeld 121, Finger 1, 206, v. Liszt § 28 I, Mayer 96, Wachenfeld 134, E. in GA. 58, 445. A. M.: Merkel-Liepmann 65, ferner E. 26, 300, für den Fall, daß das Landesrecht auf seinem Gebiete abweichend bestimmt; ferner Kohler, L. 164, wenn das Reichs- oder Landesrecht für Polizeidelikte abweichende Bestimmungen trifft.

[4]) Gl. M.: Beling, L. v. V. 8 N. 2. A. M.: v. Liszt § 28 I, Mayer 96. Vgl. auch Schuler, ZStW. 37, 127.

eines persönlichen Leidens müßte fallen. Der Strafprozeß müßte für ein Verfahren zurechtgeschnitten werden, das wesentlich andere Züge tragen muß. Die Voraussetzung persönlicher Schuld wäre bei solcher Bestrafung zu streichen oder zu fingieren; besondere Rechtsnachteile wären für die Delikte als Strafen aufzustellen, die bei menschlichen Tätern nur Freiheits- oder Ehrenstrafen nach sich ziehen. In unnötigem Umfang wäre dann trotz des neuen Namens Strafe nur eine zivilrechtliche und verwaltungsrechtliche Haftung für kriminelles Verschulden anderer eingeführt, während durch Bestrafung dieser in der großen Mehrzahl der Fälle dem Abschreckungs- und Sicherungsbedürfnis der Gesamtheit Genüge geschieht, in den Ausnahmefällen aber Verwaltungsmaßnahmen und zivile Haftung ganz ausreichende Dienste leisten.

§ 19.

Der Erfolg.

I. Mögliche Gegensätze.

1. Ein sogen. schlichtes Tätigkeitsdelikt[1]) ist gegeben, wenn ein Verbrechen bereits mit der Einnahme des zu seinem Tatbestand gehörigen körperlichen Verhaltens vollendet vorliegt.

Gleichbedeutend der Ausdruck: „Formaldelikt“. „Nichterfolgsdelikt“. Beispiel: StGB. § 361 Z. 2, 3; 368 Z. 9; 113.[2])

Eigentümlich ist diesen Delikten, daß sie nicht in der Form der Mitverursachung durch mehrere verübt werden können, daß ferner eine strafbare Beihilfe nach der Ausführung bei ihnen unmöglich ist. Ihre Merkmale — [man kann sie auch Tatbestandserfolg nennen — erschöpfen sich in der Vornahme der körperlichen Tätigkeit, bzw. in der Unterlassung.[3]) Dahin gehört etwa § 365 I, aber nicht etwa begrifflich jedes Unterlassunsdelikt, z. B. nicht § 361 Z. 10.

---

[1]) Ausdruck v. Loening, Grdr. (85) S. 12.

[2]) Vgl. dazu Frank § 1 II 2, aber auch Wachenfeld 73 (Gegner der Unterscheidung).

[3]) Beispiele für Unterlassungen ohne äußeren Erfolg bei Mayer 133.

Geschichtlich verstand man unter Formaldelikten etwas anderes, nämlich solche, die schon durch die äußere Form eines Delikts begründet werden, also ohne Hinzutritt einer Schuld; sie sind generell auch im Steuerstrafrecht fortgefallen, sofern das Gegenteil nicht ausdrücklich gesagt wird.[1])

2. Ein Erfolgsdelikt (= Materialdelikt) liegt vor, wenn zur Vollendung eines Verbrechens außer dem körperlichen Verhalten noch der Eintritt bestimmter hierdurch verursachter Wirkungen erforderlich ist.

Beisp.: § 306 (die Brandstiftung) verlangt eine Tätigkeit sowie zur Vollendung den Eintritt eines Brandes; vgl. außerdem §§ 211, 223, 303.

Der Erfolg, soweit er das Strafrecht interessiert (= Erfolg im Rechtssinn[2])), umfaßt nicht alle Wirkungen der Tätigkeit, sondern nur diejenigen, welche Merkmale des Verbrechens, seiner Strafbarkeit oder seiner erhöhten Strafbarkeit verwirklichen.

Z. B.: Erfolg im Rechtssinn ist bei der Anstiftung (§ 48) nicht nur die Überredung des Angestifteten, sondern auch die Ausführungshandlung des Angestifteten.

Erfolg im Rechtssinn ist bei fahrlässiger Brunnenvergiftung (§ 326) auch der herbeigeführte Schaden.

Erfolg der schweren Körperverletzung (§ 224) ist u. a. auch der Verlust eines wichtigen Körpergliedes.

Zum Erfolg im Rechtssinn gehören dagegen nicht die Zwischenwirkungen nach der Tätigkeit bis zum Eintritt der rechtlich wesentlichen Merkmale, also u. a. nicht die Beförderung des verschlossenen beleidigenden Briefes zum Adressaten. Ferner nicht die Nachwirkungen der straf-

---

1) Gl. M.: Harburger Annalen d. dtsch. R. (1911) S. 473; Allfeld 138 N. 22; OstLG. **11**, 23.

2) Erfolg im Rechtssinn, d. h. die Tatsache, daß ein strafgesetzlicher Tatbestand durch menschliches Verhalten erfüllt wurde, ist jedem Delikte wesentlich. Gl. M.: Mayer 117; ferner v. Liszt 28 II 1, der jedoch daraus mit Unrecht schließt, es gäbe keine bloßen Tätigkeitsdelikte im Gegensatz zu Erfolgsdelikten. Bei diesem Gegensatz wird nur der Erfolgsbegriff auf die sinnfälligen Wirkungen der Naturkausalität beschränkt.

rechtlichen Merkmale, z. B. der Eintritt von Ärger oder Schmerzen als weitere Wirkung von Beleidigungen und Körperverletzungen.

Innerhalb des Erfolges im Rechtssinn bilden einen näheren oder engeren Erfolg diejenigen rechtlichen Merkmale, auf welche sich die Schuld des Täters beziehen muß.

Z. B. bei der schweren Körperverletzung (§ 224) gehört dazu nur der Eintritt einer Körperbeschädigung, nicht der Eintritt des strafschärfenden Verlustes eines wichtigen Gliedes.

Nur dieser Erfolg im engeren Sinne wird von manchen noch zur Handlung i. w. S. selbst mit gerechnet im Falle des § 3 und des § 67 IV. Die späteren, ebenfalls rechtlich relevanten Wirkungen, z. B. der Verlust des wichtigen Gliedes, bilden dann den entfernteren Erfolg. Delikte, deren Tatbestand einen solchen von der Schuld nicht notwendig umspannten entfernteren Erfolg vorsieht, heißen durch den Erfolg qualifizierte Delikte oder kürzer Erfolgshaftungsdelikte.[1])

II. Inhalt des Erfolgs
(im Sinne der Tatbestandsverwirklichung).

Der Erfolg kann für ein bestimmtes Rechtsgut (z. B. Menschenleben, Unversehrtheit des menschlichen Körpers oder einer Sache) sein:

1. Eine Verletzung.
2. Eine konkrete Gefährdung.

Eine Gefahr ist bewirkt, wenn die Daseinsgewißheit eines Gutes erschüttert ist.[2])

Anders ausgedrückt: Gefahr liegt vor, wenn wegen einer nahen, nicht mehr verkehrsmäßigen Möglichkeit der Schädigung eines Gutes die Besorgnis seiner Verletzung begründet ist. Es genügt, daß diese Besorgnis in irgend einem Zeitpunkt des Kausalverlaufs der

---

[1]) Vgl. z. B. §§ 178, 226, 326 und dazu Allfeld 137, v. Liszt § 36 III 3, Wachenfeld 144.

[2]) So Binding, G. 114, Normen 1 (2) 372.

Ausführungshandlung (i. w. S.) vorhanden war, um einen Gefährdungserfolg als entstanden anzusehen, z. B. ein Postzug ist in Gefahr gebracht (§ 315), wenn auch nur vorübergehend seine Entgleisung als naheliegend zu bezeichnen war; ein dauernder Zustand braucht nicht geschaffen zu sein.

Die früher streitige Frage, ob es berechtigt ist, von einer objektiven Gefahr zu sprechen, ist zu bejahen.[1]) Die Gefahr ist eine reale Tatsache als Bewußtseinsinhalt, sei es des einzelnen, sei es des Publikums, sei es Sachverständiger, denen bestimmte Bedingungen zur Bestimmung ihrer mutmaßlichen Wirkungen bekanntgegeben sind. Nur das ist richtig, daß im objektiven Kausalismus die weiteren Wirkungen von Bedingungen schon im voraus festgelegt sind.[2]) Subjektiv ist die Gefahr zu nennen, wenn sie nur in einzelnen Köpfen angenommen wird, aber nicht Anspruch darauf erheben kann, als genereller Bewußtseinsinhalt der zur Beurteilung des Falles Berufenen anerkannt zu werden.

a) Ob die Besorgnis der Verletzung in dem bezeichneten Umfang (nahe, nicht mehr verkehrsübliche Möglichkeit) begründet ist, bestimmt sich nach dem Maßstab derer, die die zur Würdigung des konkreten äußeren Vorfalls generell erforderliche Sachkenntnis besitzen. Es kann also nicht der Maßstab generell angelegt werden, ob das Publikum oder ein beliebiger Unerfahrener bei einer Handlung wie der vorgefallenen zu dem Ergebnis kommt, es bestehe die Besorgnis einer Verletzung im Sinne einer nahen, nicht mehr verkehrsüblichen Möglichkeit. Dagegen kann es sein, daß der konkrete Täter eine über das bisherige allgemeine sachverständige Urteil hinausgehende (richtige) Kenntnis von der Verletzungsmöglichkeit hat. Dann kommt es auf die Beurteilung der Sachlage unter Zugrundelegung dieses weitergehenden Wissens an.[3]) Dabei ist gleichgültig, ob das weitergehende Wissen dahin ging: eine Besorgnisse erregende Verletzungsmöglichkeit ist gegeben, oder dahin: sie fehlt.

---

[1]) Vgl. Ed. v. Liszt, Arch. KrimAnthr. **51**, 340. Weitere Literatur bei Finger, Öst. Strafr. **1**, 168.

[2]) Treffend schon v. Bar H. **1**, 338.

[3]) Gl. M.: v. Liszt § 28 II 3, wohl auch Merkel-Liepmann 55.

b) Ein nur verkehrsmäßiges Risiko des Schadenseintritts kann nicht als Gefahr im Sinne des Strafrechts angesehen werden, auch wenn es einen hohen Wahrscheinlichskeitsgrad der Verletzung abgibt. Daher bedarf die nahe Möglichkeit noch einer Ergänzung dahin, daß eine Besorgnis der Verletzung begründet gewesen sein muß.

Beispiel: Die Konzessionierung eines Omnibusbetriebs in einer verkehrsreichen Stadt, in der die Trambahnen durch enge Straßen fahren, kann die Möglichkeit sehr nahe legen, daß nicht selten Zusammenstöße erfolgen. Aber der Regierungspräsident, der die Konzession erteilt, bewirkt keine Gefährdung des Transports, wenn er etwas einführt, was auch in anderen Städten unter ähnlichen Verhältnissen besteht oder doch durch die Bedürfnisse des Verkehrs unter den besonderen Verhältnissen seiner Stadt gefordert wird.

c) In der neueren Literatur wird der Gefahrbegriff verschieden bestimmt.

Im Grundgedanken übereinstimmend Frank § 1 II, Rotering ZStW. **23**, 358|59, die einen abnormen Zustand verlangen; Frank mit dem richtigen Zusatz, daß einem mit den Verhältnissen vertrauten Urteil die Verletzung des Objekts nahe möglich erscheint.

Das Merkmal der Besorgniserregung wird betont von Olshausen § 52 N. 7 (hier auch die naheliegende Möglichkeit), Stooß, Österr. Strafr. (2) 112. So bemerkt Stooß, Gefahr sei eine Gestaltung von Umständen, die besorgen läßt, daß ein Übel daraus entsteht. Auch Bindings Erschütterung der Daseinsgewißheit berücksichtigt diesen Gesichtspunkt (vgl. ferner Binding Normen **1**, 387). Er bedarf aber vielleicht der Erweiterung durch nähere Angabe, was vorhanden sein muß, damit man eine Besorgnis anzunehmen hat, und nach wessen Maßstab das Besorgnisurteil zu fällen ist. — Wie Olshausen: OLG. Rostock, Meckl. Z. **30**, 106.

Den Stärkegrad der Möglichkeit heben diejenigen hervor, welche in der Hauptsache nur eine nahe Möglichkeit verlangen, so Allfeld 114, Busch, Gefahr (1897) 22, Beling Grdz. 78, v. Liszt § 28 II 3. Hierher gehört auch v. Rohland, Gefahr (1886) 1, der eine gesteigerte Möglichkeit fordert, ferner

Wachenfeld 72, der von einem Zustande spricht, aus dem erfahrungsgemäß leicht eine Verletzung hervorgeht.

Dieser Gedanke entspricht auch der reichsgerichtlichen Rechtsprechung, welche Wahrscheinlichkeit und nahe Möglichkeit des Verletzungserfolges als Merkmale des Gefahrbegriffs aufstellt. So E. **29**, 246; **30**, 178, ferner bei Warneyer 8, 78 (E. vom 2. Januar 1913 und vom 18. Juni 1913). E. **10**, 173 (76) und R. **10**, 594 erwähnen außerdem noch begründete Besorgnis eines Schadens, ein Merkmal, das nicht überflüssig erscheint, da es zur näheren Begrenzung der nahen Möglichkeit nach oben und nach unten dienlich erscheint. Eine begründete Besorgnis wird auch eine Möglichkeit als nah gegeben erscheinen lassen und umgekehrt. Anders ausgedrückt: isoliert betrachtet, erscheint bald das eine, bald das andere Merkmal je nach den Umständen unsicher. Dann kann das jeweils zweifelhafte aus dem anderen heraus gestützt werden.

Ziemlich weitgehend Finger, Öst. Strafr. **1** (3), 169, Gefahr sei ein Zustand, aus dem sich die Verletzung mit einer gewissen (nicht näher bestimmbaren) Wahrscheinlichkeit entwickeln kann. So im wesentlichen auch Schwartz N. 1 vor § 306.

Noch weiter dehnt den Gefahrbegriff Mayer 128 aus, Gefahr sei Verletzungsmöglichkeit, die normale Gefahr sei nur nicht widerrechtlich.

Allein wenn Gefahr schon mit der Verletzungsmöglichkeit gegeben wäre, so wären die Fälle, wo das Gesetz nur Entstehung der Möglichkeit einer Gefahr verlangt (§§ 322, 367 Z. 6 und 12), von den Fällen, wo es eine wirkliche Gefahr voraussetzt, nicht zu trennen. Denn die Gefahr der Gefahr bedeutet auch bereits eine Verletzungsmöglichkeit. Außerdem widerspricht es dem gemeinen Sprachgebrauch, bei einer Verletzungsmöglichkeit ohne weiteres schon von einer Gefahr der Verletzung zu sprechen. Hiergegen auch R. **10**, 594.

Auch abgesehen hiervon ist die Verwendung der Abnormität bloß zur Feststellung der Widerrechtlichkeit einer herbeigeführten Gefahr bedenklich.

Wo das Gesetz eine Gefährdung verlangt, genügt ihm die Herbeiführung einer Gefahr ohne weiteres. Die Tatbestandsmäßigkeit begründet hier die Vermutung der Rechtswidrigkeit, soweit keine Ausnahmerechtssätze bestehen. Anders ausgedrückt: Gegen die Verwendung des Merkmals eines abnormen Zustandes bloß zur Frage der Widerrechtlichkeit spricht das Bedenken, daß das Gesetz zwar verschiedentlich Gefahr, aber nicht noch eigens widerrechtliche Gefahr verlangt. Die Herbeiführung einer Gefahr erscheint dem Gesetz als widerrechtlich, sofern keiner der allgemeinen Rechtfertigungsgründe (z. B. Notstand) vorliegt. Hält man den abnormen Zustand für etwas Verwertbares, so erscheint es daher richtiger, daß man ihn als ein Merkmal der Gefahr aufnimmt, statt daß man neben der Gefährdung noch ein weiteres Merkmal hinzuverlangt, das sie erst rechtswidrig machen soll. Es würde doch z. B. sicherlich als unrichtig empfunden, wollte man bei der Sachbeschädigung sagen, sie sei Veränderung einer Sache. Widerrechtlich sei die Sachbeschädigung nur, wenn sie eine Brauchbarkeit der Sache vermindere. Vielmehr gehört letzteres Merkmal bereits zum Begriff der Sachbeschädigung.

3. Eine abstrakte Gefährdung (generelle Gefährdung). Sie bedeutet einen Zustand, der nach der Erfahrung mit gleichartigen Fällen mindestens zeitweilig die begründete Besorgnis erweckt, daß ein Schutzobjekt verletzt wird, wenn es sich etwa in dem Wirkungsbereich der Handlung (bzw. der den Zustand verursachenden Kräfte) befindet.[1]

Beispiele einer abstrakten Gefahr bieten: die Aufstellung von Sachen in verkehrswidriger Weise, so daß dadurch jemand gefährdet werden kann, § 366 Z. 8, ferner §§ 322, 367 Z. 6, 12, aber auch §§ 186, 187 StGB.

Häufig wird die abstrakte Gefahr gar kein tatbestandsmäßiger Erfolg, sondern bildet nur ein Motiv für das gesetzgeberische Verbot und für die Aufstellung eines

---

[1]) Vgl. dazu Frank 11, Finger 1, 105, Merkel-Liepmann 57. Binding, Normen 1 (2) 384, deutet die einschlägigen Fälle als versuchte echte Gefährdungen, falls eine Gefahr nicht entstand, und lehnt den Begriff der abstrakten Gefahr ab. Allein es gibt auch fahrlässige abstrakte Gefährdungen.

Strafgesetzes. In diesen Fällen braucht der Richter bezüglich der Gefahr gar keine Feststellung zu treffen.

So ist z. B. die Brandstiftung auch dann verboten, wenn im Einzelfall der Täter sein eigenes Wohnhaus in Brand setzt, das weitab von anderen tauglichen Brandstiftungsobjekten gelegen ist. In diesem Falle ist das Gesetz mit seiner Bedrohung der Fälle zu weit gegangen.

Andere Beispiele: Das gewerbsmäßige Glücksspiel § 284; die Übertretungen nach § 368 Z. 4, 5, 8.

Zu 2 und 3: *Die Gefahr kann sein eine besondere und eine Gemeingefahr. Eine Gemeingefahr* liegt vor:

a) *wenn sich die Gefahr auf eine jedenfalls nicht kleine, im weiteren Umfang nicht genau feststellbare Zahl von Schutzobjekten erstreckt*, z. B. bei Überschwemmung eines Flachlandes durch einen Dammbruch, § 312.

b) *Wenn sich die Gefahr auf eine große, aber feststellbare Menge von Schutzobjekten erstreckt*, z. B. bei Gefährdung eines biwakierenden Regiments durch Überschwemmung.[1]

Manche Delikte des 27. Abschnitts verlangen nur *abstrakte* Gemeingefahr.

Eine besondere Bedeutung hat die Gemeingefahr in den §§ 126, 139: Sie bezeichnet hier die sämtlichen Delikte des 27. Abschnitts (§§ 306—330), aber auch *nur* diese.

Also z. B. nicht den Fall des anderwärts bedrohten Bankrotts, obwohl derselbe ebenfalls gemeingefährlich ist, ebensowenig den § 366 Z. 2, ebensowenig die sehr gemeingefährlichen Delikte des § 10f. des Nahrungsmittelgesetzes, was *Goehrs* ZStW. **19**, 491, mit Recht de lege fer. beanstandet. Ist das Gesetz in § 126 aber formalistisch in der Forderung eines gemeingefährlichen Verbrechens, so ist aus der Überschrift des Sprengstoff-

[1]) Nur das erstere Merkmal betont v. *Liszt* § 148 III, *Wachenfeld* 512 R. **5**, 557; auch das letztere: *Binding* L. **2**, 5, Normen **1** (2) 395, *Kitzinger*, VD. B. **9**, 7, *Olshausen* § 312 N. 4.

gesetzes „gegen den gemeingefährlichen Gebrauch von Spreng stoffen“ die Einbeziehung seiner Verbrechen nicht zu entnehmen.[1]) Denn die Überschrift eines Gesetzes ist zwar offizielle Erklärung, hier und da auch unzuverlässiger Wegweiser, aber Gesetzesbestandteil ist sie nicht. Sie steht vor dem Eingang, der ausdrücklich als Gesetz erklärt: „was folgt“. Anders die Kapitelüberschriften innerhalb eines Gesetzes.

III. Anhang: Mischtatbestände.

Ein strafgesetzlicher Tatbestand zählt oft mehrere Willensbetätigungen und Erfolge wahlweise auf, die alle für die gleiche Strafdrohung in Betracht kommen, sogen. Mischgesetze.[2]) Nicht in allen dieser Fälle ist es zur Verurteilung notwendig, zu wissen, welche dieser Handlungen oder Erfolge vorliegen. Nicht in allen Fällen liegt ferner bei kumuliertem Vorliegen mehrerer Alternativen eine Mehrheit von Delikten vor. Z. B. es kann im Falle des § 133 offen bleiben, ob der Täter die durch seine Handlung verschwundene Urkunde vernichtet (z. B. verbrannt) oder beiseite geschafft (z. B. in ein Versteck gebracht) hat, oder ob er vielleicht beides getan hat (z. B. sie erst fortgeschafft und dann vernichtet hat). Es kann im Falle des § 308 zweifelhaft bleiben, ob das vom Täter angezündete Holz Bau- oder Brennmaterial oder beides war. In anderen Fällen ist das Vorliegen der einen oder anderen Alternative im Prozeß genauer Feststellung bedürftig und die Deliktseinheit wird durch das Vorliegen mehrerer Alternativen aufgehoben. Z. B. genügt es nicht, wenn im Falle des § 166 festgestellt wird, der Täter habe entweder Gott gelästert oder eine Religionsgesellschaft beschimpft; es liegen zwei Vergehen der widernatürlichen Unzucht vor, wenn der Täter Päderastie und Bestialität getrieben hat.

Zur Unterscheidung kann man hier von unselbständigen und von selbständigen Mischtatbeständen sprechen (wobei dann weiter zwischen den bloß prozeßrechtlich selbständigen, z. B. § 223a, und den auch materiellrechtlich selbständigen

---

[1]) A. M.: Binding, L. 2, 884; Goehrs, ZStW. 19, 490; v. Hippel, VD. B. 2, 31; Thomsen 241.

[2]) Der Ausdruck stammt von Binding, Normen 1 (1) 109, und Handb. 1, 360.

Tatbeständen, z. B. § 168, zu trennen ist). Andere ziehen die Terminologie: alternative und kumulative Mischgesetze,[1] oder alternative oder kasuistische Mischtatbestände vor.[2] Recht kasuistisch können aber auch die erstgenannten, d. h. die unselbständigen Mischgesetze sein, vgl. z. B. § 301.

Die Selbständigkeit von Mischtatbeständen in materieller Beziehung fehlt, wenn das eine Strafgesetz einen den verschiedenen Alternativen gemeinsamen objektiven rechtswidrigen Bestandteil aufweist und auch die Schuld bei beiden Alternativen gemeinsame Bestandteile aufweist (z. B. Wegnahme einer fremden beweglichen Sache, § 243, Vornahme unzüchtiger Handlungen, § 174, Nötigung eines Beamten nach § 113).[3] Auch der gemeinsame deliktische Name (z. B. als Untreue im Falle des § 266) kann auf einen solchen Willen des Gesetzes hindeuten, sofern die Begehungsarten des Delikts nicht so völlig verschiedenartige Handlungen i. w. S. voraussetzen (Beispiel § 81), daß der Deliktsbegriff nur als Sammelname übrig bleibt.[4]

Prozessuale Unselbständigkeit alternativer Merkmale des nämlichen Strafgesetzes, die zu alternativer Feststellung ermächtigt, setzt außerdem voraus, daß der eine Begriff mit dem anderen ein gemeinsames Gebiet hat oder im Einzelfall lückenlos an ihn angrenzt; z. B.: nicht oder nicht ausschließlich gehören, § 274 Z. 1, beschädigen oder zerstören, § 303, einen Irrtum erregen oder unterhalten, § 263. Anders: mittels Erbrechens oder unter Anwendung falscher Schlüssel, § 243, Anfertigen oder Einführen falscher Münzen, § 146. Tatfrage ist dies bei: angreifen oder Widerstand leisten.[5]

Weder bei unselbständigen, noch bei selbständigen Mischtatbeständen muß gleichzeitig ein gesetzestechnischer Fehler vorliegen. A. M.: Wertheimer 5f. Eine andere Frage ist, ob nicht der Gesetzgeber besser täte, manche Kasuistik zu vereinfachen; gänzlich auf Exemplifikation zu verzichten, vermag

[1] So R. Th. Wertheimer, Die Mischgesetze (1903) 3.

[2] So Mayer 123.

[3] A. M.: Mayer 124. — Prozessuale Selbständigkeit kommt vor.

[4] Vgl. dazu auch Beling, Lehre vom Verbrechen 271, Köhler, KrVJSchr. (1906) 227.

[5] Vgl. über die neuere Kasuistik Rosenfeld, Strafprozeßr. (5) 136, der seinerseits darauf abstellt, ob die verschiedenen Alternativen rechtlich genau die gleiche Bedeutung haben.

er nicht, ohne undeutlich zu werden.[1]) Auch mit dem Problem, ob der Gesetzgeber nicht statt der Aufstellung selbständiger Mischtatbestände in einem Strafgesetze besser gelegentlich noch weiter trennte und mehrere Paragraphen mit gleichen (oder auch verschiedenen) Strafdrohungen aufstellte, hat die Lehre von der Unterscheidung der Mischtatbestände nichts zu tun. Es kann sich z. B. empfehlen, mehrere selbständige Handlungen unter einem gemeinsamen Namen, z. B. Hochverrat, Landesverrat, zu belassen und umgekehrt aus den Tatbeständen des § 168 zwei selbständige Delikte zu bilden.

§ 20.

Der Kausalzusammenhang.

Jedes Erfolgsdelikt verlangt zu seinem Vorliegen, daß eine Person Ursache des objektiven Deliktstatbestandes geworden sei.

Es drückt diese Voraussetzung teils aus durch die Wendung: Wer dies oder das verursacht, z. B. §§ 118, 222, 230, teils durch die Wendung: Wer dies oder das bewirkt, herbeiführt, z. B. §§ 271, 312, 347, teils endlich durch Zeitwörter, welche den Erfolg einschließen, z. B. wer verführt, § 182, wer tötet, § 211, wer beschädigt, § 303.

In der Mehrzahl der Fälle entsteht über die Frage, ob der Handelnde wirklich Ursache des Erfolges gewesen sei, kein Zweifel. Aber davon gibt es manche Ausnahmen. Alsdann gelangt die Frage des Kausalzusammenhangs zu praktischer Bedeutung.

I. Begriff des Kausalzusammenhangs.

Kausalzusammenhang ist das Verhältnis mehrerer Ereignisse zu einander, wonach das frühere Ereignis die Ursache des späteren geworden ist. Für die Rechtswissenschaft als eine bewertende Urteile insbesondere über menschliches Verhalten fällende Wissenschaft, ist ein Werturteil: Dies Ereignis verdankt einem anderen Ereignis seine Entstehung (= es ist durch das andere Ereignis verursacht worden), bereits möglich, wenn das eine oder andere Ereignis

---

[1]) Vgl. Wach, VD. A. 6, 42.

nicht in sinnfälligen Veränderungen der Außenwelt besteht, z. B. Verschweigung einer Tatsache, Unterdrückung des Personenstandes, Verbleiben in einem fremden Grundstück. Bewertende Analysen eines Sachverhalts sind ferner nicht gleich naturwissenschaftlichen Analysen veranlaßt, den Nichteintritt eines erwarteten Umstandes als einen der Bewertung nicht unterwerfbaren Faktor zu übergehen.

Kausalzusammenhang ist erforderlich für das Verhältnis der Tätigkeit[1]) zum näheren Erfolg eines Deliktstatbestandes; außerdem für das Verhältnis des näheren zum entfernteren Erfolg, soweit ein solcher im Tatbestande vorgesehen ist; vgl. z. B. §§ 224, 226.

Zweifel über Kausalzusammenhang treten insbesondere auf:

1. Wenn irgend eine Handlung i. e. S. nur einen besonders geringfügigen Betrag zum Deliktserfolg darstellt.

Z. B. A erteilt dem waghalsigen B den Rat, eine Gebirgsreise zu unternehmen, und erwartet, der B werde sich dort irgendwo den Hals brechen. Die Erwartung trifft ein. Ist der Ratgeber Ursache des Todes, nicht nur der Wagehals selbst, so kann er wegen Mordes des Todes schuldig sein; andernfalls ist er freizusprechen. Es steht also nicht wenig auf dem Spiel.[2])

2. Wenn aus dem näheren Erfolg der Handlung nur unter Mitwirkung ganz ungewöhnlicher weiterer Ereignisse ein entfernterer rechtlicher Erfolg entsteht. Z. B. der bei einer Schlägerei leicht Verwundete fährt zum Arzt. Infolge eines Eisenbahnunglücks stirbt er auf der Fahrt. War hier die vorherige Verletzung noch die Ursache des Todes? Je nachdem ist § 226 anwendbar oder nur § 223a.

3. Wenn es sich um eine objektive Unterscheidung von Täterschaft und Beihilfe handelt.

II. Die wichtigsten Kausaltheorien.

1. Unanwendbar für die strafrechtliche Terminologie ist der sogen. philosophische Ursachenbegriff. Der Philosoph kann sich von seinem universellen Standpunkte aus

[1]) Genauer: des körperlichen Verhaltens.

[2]) Vgl. auch Binding N. 2 (2) 475, N. 4.

für alle Vorbedingungen eines Ereignisses in gleichem Maße interessieren. Danach ist Ursache nur die Vereinigung aller Vorbedingungen eines Ereignisses.[1])

Die Anwendung dieser Lehre auf Menschen als angebliche Ursache eines Delikts würde regelmäßig dazu führen, sie freizusprechen. Denn außer dem Menschen mußten fast immer noch andere Bedingungen mitwirken, damit er den Erfolg vollbringen konnte; z. B. der Bandit, der einen anderen erschossen hat, könnte sich darauf berufen, außer ihm sei auch der Büchsenmacher und der Pulverfabrikant Bedingung. Denn ohne Gewehr und Geschoß sei die Tat nicht zustande gekommen. Vgl. gegen die Theorie auch E. 27, 80.

2. Nach v. Buri[2]), dem sich u. a. v. Liszt § 29 II, Beling Grdz. 30, Frank § 1 III (dieser jedoch nicht für die Verursachung des schwereren Erfolgs bei den Erfolgshaftungsdelikten) und das Reichsgericht (StrS.) angeschlossen haben (vgl. E. **5**, 29 (31); **9**, 148 (50); **15**, 151 (53); **19**, 141; R. **3**, 641) ist Ursache jede Vorbedingung eines Erfolges (= jede conditio sine qua non). Tritt zur Verursachung eine Verschuldung des Erfolges hinzu, so haftet der Verursacher als Täter. Im Ergebnis, daß jede Bedingung strafrechtlich relevanten Kausalzusammenhang begründe, ebenso Mayer 139 f.

Nur dann ist eine Vorbedingung des Erfolges (z. B. die Handlung eines Ersttäters) nicht zur Ursache des Erfolges geworden, wenn dieser nur zustande kam unter Vermittelung der freien, vorsätzlichen Tat eines nachträglich mitwirkenden Dritten. Der gebräuchlich Ausdruck „Unterbrechung des Kausalzusammenhangs" ist nicht genau. Denn in Wahrheit ist hier der Kausalzusammenhang gar nicht zustande gekommen. In diesem Sinne sagt bereits Löffler, Schuldformen (1895) 2, als erster: „Eine zerrissene Kette ist keine Kette." Aber der Ausdruck ist nicht mißverständlich, wenn man ihn als Breviloquenz für „Unterbrechung der Entwickelung zum Kausalzusammenhang"

---

[1]) Hauptvertreter: J. St. Mill, Syst. d. ded. u. indukt. Logik (Schiel) 1 (4) 408. Vgl. darüber und über Mills Vorläufer Traeger, Der Kausalbegriff (1904) 17, Bierling, Jur. Prinzipienlehre **3**, **43**.

[2]) Vgl. v. Buri, GerS. **29**, 269; ZStW. **1**, 400.

versteht. Was vorhanden ist, kann in seinem Zusammenhang unterbrochen werden. Auch das Gesetz gestattet sich solche Kürzen, wenn es von einer Unterbrechung der Verjährung statt von einer Unterbrechung der zur Verjährung führenden Zeitentwicklung spricht. Daher gebraucht auch Löffler trotz seiner treffenden Bemerkung die Wendung Unterbrechung des Kausalzusammenhangs mit Recht weiter. — Aufgekommen ist der Ausdruck erst in der 2. Hälfte des 19. Jahrhunderts.[1])

Die Ausnahme wird daraus erschlossen, daß bei Anstiftung das Gesetz diesen nicht als intellektuellen Urheber, sondern nur als Teilnehmer strafe, also seine verursachende Eigenschaft verneine.

Danach wäre nicht Täter einer Tötung, wer einen anderen in ein Lokal zu gehen bestimmt, wo ein Dritter eine Bombe wirft, wie der Bestimmende voraus weiß. —

Brauchbar ist an dieser Theorie die Trennung von Verursachung und Verschuldung. Die Schuldfrage bezüglich eines Erfolges entfällt, wenn der Täter nicht einmal Ursache war. Schuld kann man haben in bezug auf einen gedachten Erfolg, obwohl man ihn nicht erzielt hat (Versuch). In der Regel führt auch die Lehre von der Unterbrechung des Kausalzusammenhangs zu befriedigenden Beispielen; z. B. wenn A den B mit Tötungsvorsatz nur leicht verwundet hat, ist er vollendeter Tötung nicht schuldig, falls ein durch A nicht beeinflußter Dritter, der C, den B hernach ersticht und dies nur zu Wege bringt, weil B. durch die leichte Verwundung an wirksamer Verteidigung behindert war.

Dagegen führt die Theorie v. Buris auch verschiedentlich zu bedenklichen und kaum in der ratio des StGB. gelegenen Ergebnissen. Wenn ein Büchsenmacher einen Revolver verkauft in dem Bewußtsein, daß der Revolver in absehbarer Zeit zur Tötung eines Menschen benutzt werde, so ist er durch das Ausderhandgeben des Revolvers (etwa an einen Waffenhändler) Ursache dieses später eintretenden Erfolges geworden. Da er

---

[1]) Vgl. Pomp, Die sogen. Unterbrechung des Kausalzus. (1911) 17, und über den Ausdruck außerdem v. Liszt § 29 IV, Beling 31, Frank § 1 III 2a, Mayer 154, E. 19, 141 (45).

auch dolo eventuali handelte, den weiteren Verlauf der Kausalität aber ebensowenig genau kennen muß, wie jemand, der eine Grube gräbt, damit andere gelegentlich hineinfallen, so ist er dann wegen doloser Tötung zu strafen. Versuche, hier eine Einschränkung des Kausalzusammenhangs dadurch zu erzielen, daß man erklärt, der Büchsenmacher habe keinen dolus eventualis, sondern bloß den Wunsch gehabt, daß ein anderer mit der Waffe getötet werde, sind mit dem üblichen Begriff des Wollens bei unmittelbarer Täterschaft oder Beihilfe nicht vereinbar.[1])

Bedenklich erscheint auch die Annahme, daß nur eine conditio sine qua non als verursachend in Betracht komme; z. B. ohne von einander zu wissen, sägen A und B sukzessive eine Holzbrücke an. Falls schon die Handlung des A genügt hat, um den Zusammenbruch der Brücke beim nächsten Betreten zu bewirken, so ist der B freizusprechen, wenn der C beim Betreten der Brücke ins Wasser stürzt und sich verletzt, auch wenn die Handlung des B die Tragkraft der Brücke weiter vermindert hat. Ebenso müßte Mittäterschaft bei Freiheitsberaubung verneint werden, wenn A und B gemeinsam eine Tür zuhalten und schon der Druck des A allein ausreichte, um den C am Verlassen des Raumes zu verhindern.[2]) Richtiger erscheint es demgegenüber, nicht darauf abzustellen, ob eine Ausführungshandlung eine conditio sine qua non wurde, sondern darauf,

---

[1]) A. M. wohl Frank § 59 IX 2.

[2]) E. in ZRpfl. **12**, 92 bemerkt in einem Falle, wo der Angeklagte verbotwidrig Menschen in ein Fördergestell hatte einsteigen lassen und dann die todbringende Fahrt geleitet hatte: „Selbst die Gewißheit, daß die folgenschwere Fahrt nicht unterblieben, sondern statt von dem Angeklagten von einem anderen durchgeführt worden wäre, hätte den Angeklagten in keiner Weise von der strafrechtlichen Verantwortlichkeit für seine Tat entlastet.“ Doch folgt hieraus nur, daß eine Bedingung nicht in dem Sinn cond. sine qua non gewesen sein muß, daß ohne sie der konkrete rechtlich relevante Erfolg ausgeblieben wäre. Dagegen beweist das Beispiel noch nicht, daß man auch solche mitwirkende Bedingungen i. w. S. noch als Ursachen betrachten darf, bei deren Wegfall auch ohne Neueingliederung eines sicheren Ersatzes der rechtlich relevante Erfolg ebenso gewiß eingetreten wäre.

ob sie tatsächlich sich in den konkreten Verlauf eingegliedert, d. h. einen Beitrag dazu geliefert hat.[1])

Besonders unbefriedigend wird aber die Theorie, wenn aus ganz unbedeutenden Beiträgen bei Erfolgshaftsdelikten eine Verursachung entstehen soll. Z. B. wenn A den B vorsätzlich leicht verletzt hat, dieser aber auf dem Wege zum Arzt vom Blitz erschlagen wird, so läge danach das Verbrechen der Körperverletzung mit Todesfolge (§ 226) vor. D. h. der A wäre zugleich als Ursache des Todes anzusehen.

Gegen die Auffassung, daß jeder Beitrag zu einem Ereignisse als dessen Ursache gelten soll, so daß bei den Zeitworten des Verursachens, z. B. töten (§ 212) = den Tod verursachen (§ 222),[2]) auch derjenige die Handlung beginge, der den schwächsten oder entferntesten Beitrag lieferte, sprechen zunächst Andeutungen in der gesetzlichen Terminologie.

In § 227 II wird von Handlungen gesprochen, die nur durch ihr Zusammenwirken einen Erfolg verursacht haben. — In § 347 wird neben dem Bewirken (= verursachen) das Befördern eines Erfolges genannt, beides also nicht als identisch behandelt. Ferner ist zu beachten:

Nur bei einigen Delikten wird für den Fall eines verursachten schweren Erfolges, insbes. des Todes, der Strafrahmen erhöht, z. B. §§ 226, 178, 220 II. Aber auch bei zahlreichen anderen Delikten kann aus der Handlung ein schwererer Erfolg hervorgehen. Z. B. infolge Diebstahls einer notwendigen Sache wird der Bestohlene genötigt, sich eine neue zu kaufen. Unterwegs wird er von einem Ziegelstein tödlich getroffen. Verursachung des Todes durch Diebstahl, Betrug, Untreue, Kuppelei usw. ist aber nicht mit erhöhter Strafe bedroht. Dies wäre eine offensichtliche, nicht zu verstehende Ungleichheit, wenn das Gesetz auch solche Verkettungen als Ursache ansehen würde. Denn z. B. bei vorsätzlichen Körperverletzungen wäre ihr Eintritt mit erhöhter Strafe bedroht, bei anderen Delikten nicht. Da ist es weit naheliegender, anzunehmen, daß auch bei

---

[1]) Vgl. auch Traeger, Der Kausalbegriff 41 f.

[2]) Vgl. über die Terminologie des Gesetzes Binding, Normen 2 (2) 499.

Körperverletzungen, Abtreibungen u. dergl. solche entfernte Verkettungen nicht als Verursachung des schwereren Erfolgs anzusehen sind, die ebenso auch bei anderen Delikten eintreten können, wo keine Erfolgsschärfung vorgesehen ist. Nur solche Erfolge hat vielmehr das Gesetz anscheinend berücksichtigt, deren Entwickelung aus einem früheren Ereignis nicht außerhalb des Bereichs vernünftiger Erwartung liegt.[1] — Außerdem spricht für die Annahme, daß das Gesetz zwischen Verursachen und Mithelfen unterscheidet, bei allen, die zwischen Tätern und Gehilfen nicht rein subjektiv unterscheiden wollen, der Umstand, daß das Gesetz neben der Täterschaft eine bloße Beihilfe zum Erfolg vorsieht.[2]

Gegen die Gleichstellung aller Bedingungen ist auch die Sprache des Lebens anzuführen, die im Zweifel die des Gesetzes ist. Der Ursachenbegriff ist nicht nur eine Vorstellung des naturwissenschaftlichen Denkens, sondern auch eine solche der bewertenden Verknüpfung von Ereignissen miteinander. Der nur rein physische Verknüpfungen Beobachtende streift jede geistig bewertende Verknüpfung bei seinem Urteil ab. Der politische Historiker dagegen, der die erheblicheren Zusammenhänge der Ereignisse sucht, nennt nur die geistigen Kräfte einer Neugestaltung Ursache. Der Volkswirtschaftler wiederum wird eine Reihe von wirtschaftlichen Faktoren als Ursachen einer Veränderung anerkennen. Der Chemiker, der Arzt, der Staatsanwalt, sie werden bei einem Todesfall ganz verschiedenes als Todesursache bezeichnen, der eine das Opium, der zweite die Lähmung des Herzmuskels, der dritte die Tätigkeit des A als Giftmischers. Jeder bezeichnet nur die für seine Beobachtungen interessierenden Bedingungen als Ursache. Würde ein Reisender auf seine Frage nach der Ursache einer konkreten Zugverspätung die Antwort bekommen, Ursache sei die Erfindung der Eisenbahnen, so würde er die Antwort als unrichtig empfinden. Von seinem Standpunkte können nur andersartige (nähere) Bedingungen als Ursachen in Betracht kommen. Auch die Beurteiler der täg-

---

1) Gl. M.: Allfeld 164/65.

2) Gl. M.: Binding N. 2 (2) 503.

lichen Vorgänge bezeichnen nicht alle Vorbedingungen eines Ereignisses als Ursache. Denken wir uns einen Landwirt, der in der Stadt flüssiges Rattengift gekauft hat und auf dem Heimweg am Waldesrand einschläft. Ein Handwerksbursche sieht bei ihm die Flasche, hält den Inhalt für Schnaps, trinkt ihn und stirbt. Der Bauer hat, wenn auch ohne Verschulden, eine Bedingung zu diesem Ereignis gesetzt. Aber deswegen wird doch niemand sagen, er sei Täter einer Tötung, er habe den Tod verursacht (= getötet).

Sind demnach nicht alle beliebigen Bedingungen eines Ereignisses geeignet, als Ursachen desselben für jeden Beurteilerstandpunkt zu gelten, so wird man nach weiteren Merkmalen zu suchen haben, welche den Standpunkt des Gesetzes für Zweifelsfälle klarlegen.[1])

3. Eine Theorie von Ortmann nimmt an, die letzte Bedingung eines Zurechnungsfähigen für ein Ereignis sei Ursache, außerdem seien kraft Fiktion gleichzustellen frühere Handlungen Dritter, soweit sie die spätere Handlung durch Zwang oder Irrtums-Erregung oder -Förderung veranlaßt haben.[2]) Die Theorie gibt keine Erklärung, wann ein Ereignis, das nicht mehr Handlung selbst ist, Ursache eines späteren ist, z. B. wann die eingetretene Körperverletzung als eine Ursache des späteren Todes anzusehen ist. Außerdem läßt sie die entferntesten menschlichen Handlungen eines schuldlosen Menschen, wenn er zurechnungsfähig war, Ursachen sein. Der Dachdecker ist Ursache des Todes durch den herabfallenden Ziegelstein, den der Sturm losgerissen hat. Umgekehrt ist der fahrlässige Arzt nicht Todesursache für den Kranken, wenn eine hinzutretende neue Fahrlässigkeit des Krankenpflegers bei Befolgung der Anordnung zu dem Erfolg mitwirkte.[3])

---

[1]) Die Theorie, daß jede Bedingung als Ursache anzusehen sei, wird auch im Ausland vertreten, z. B. von Stooß, ÖstStrafr. (2) 108. Dagegen aber z. B. Lammasch, Grdr. d. öst. Strafr. (4) 35, und weitaus überwiegend die romanische Literatur, vgl. dazu G. Kück, Die Lehre vom Kausalzus. im ausländ. Strafr. (1911).

[2]) Vgl. Ortmann, GerS. **26**, 439 f., GA. **23**, 277.

[3]) Dagegen auch Traeger 85.

4. Eine Theorie von Kohler[1]) und Wachenfeld[2]) nimmt an, Ursache sei die die Qualität des Werdenden bestimmende Bedingung, die die Veränderung bestimmende Kraft, das für die Art und Existenz des Erfolgs wesentlich bestimmende Element, die die Kausalkette auf den Erfolg hinlenkende Kraft.

Diese Ansicht schränkt den Ursachenbegriff wohl zu sehr ein; sie läßt Mitursachen nicht zu, welche etwa sich den auf den Erfolg hinwirkenden Kräften anschlossen, ohne ihn in seiner Qualität zu bestimmen; z. B. das vorsätzliche Nichthindern oder Fördern des von anderen Kräften fahrlässig angebahnten Erfolges wäre nicht Ursache. Außerdem entbehrt sie eines für die Auffassung des Lebens leicht faßlichen Kriteriums dafür, was denn als die lenkende Kraft zu gelten hat, wenn eine Auswahl von beachtlichen Mitwirksamkeiten vorliegt.[3])

5. Eine Theorie von Birkmeyer[4]) und Binding[5]) nimmt an, Ursache sei nur eine quantitativ besonders starke Bedingung.

Nach Birkmeyer ist Ursache diejenige Bedingung, welche mehr als die übrigen zum Erfolg beigetragen hat, welche m. a. W. die wirksamste war (= Übergewichtstheorie).

Nach Binding ist der Wille regelmäßig Ursache, wenn er eine wirkende Kraft (= Energie) in der Richtung des Erfolges angestoßen hat. Je nachdem, ob die von ihm angestoßene Energie kräftig genug war, ohne weitere Ursachen die ihrer Vollwirksamkeit entgegentretenden Hindernisse zu überwinden oder nicht, ist der Wille Vollursache oder Teilursache. Nur dann ist der Wille, der zum Erfolg beigetragen hat, nicht Ursache, wenn der Beitrag zur Verwirklichung des Erfolgs weder bestimmt noch geeignet war.

---

[1]) Vgl. u. a. Kohler L. 31, GA. 51, 337, Studien 1, 86 f.

[2]) Wachenfeld 89/90.

[3]) Vgl. dagegen auch v. Bar 2, 172; Kollmann, Die Bedeutung der metaphys. Kausaltheorie (1908) 45.

[4]) Birkmeyer, Über Ursachenbegriff und Kausalzusammenhang (1885) 17, 63.

[5]) Binding, Normen 2 (2) 492 f. (insbes. 495).

Gegen Birkmeyer spricht, daß die Eigenschaft eines Beitrags, mehr als andere Beiträge zum Erfolg beizutragen, dem einzelnen Beitrag nicht inhärent ist. Wenn z. B. zwölf Kräfteeinheiten zu einem Erfolge nötig sind, so hat A, der fünf Kräfteeinheiten aufgewendet hat, die Ursache gesetzt, wenn die sieben anderen Kräfteeinheiten je von einer weiteren Person beigefügt wurden; er hat dagegen nicht verursacht, wenn die sieben Einheiten von einem einzigen beigefügt wurden. Denn dann hat dieser mehr beigetragen als der A. Dazu kommt, daß bei Mittäterschaft (§ 47) das Gesetz nicht andeutet, es sei ein annähernd gleichgroßer Beitrag erforderlich, um jedem als Mitursacher verantwortlich zu machen.

Gegen Binding spricht, daß die Fähigkeit eines Beitrags, Hindernisse zu überwinden, die dem Erfolge widerstreben (sei es mit oder ohne Beiträge anderer Handelnder) in keiner Weise näher bezeichnet ist. Ob man dem einzelnen Beitrag zu einem Erfolg diese Fähigkeit zusprechen will oder nicht, ist ganz unbesimmt. Man könnte allen Willensakten, die eine conditio sine qua non geliefert haben, jene Fähigkeit zusprechen, ohne irgend welche Einschränkung bei Binding dafür zu erkennen. In Wirklichkeit hat ein Beitrag als solcher keine ihm beiwohnende Fähigkeit, den Erfolg herbeizuführen, sondern aus seiner Vergleichung mit vorhandenen anderen fördernden und hemmenden Kräften ergibt sich, ob nach den konkreten Umständen der Erfolg von ihm erwartet werden konnte. Dann macht aber nicht die inhärente Eigenschaft eines Beitrags diesen zur Ursache, sondern die Erfahrung des Lebens über die Prognose eines Zusammenwirkens des Beitrags mit anderen bekannten Kräften.[1])

6) Eine in verschiedener Fassung auftretende Theorie beruht auf dem Grundgedanken, daß derjenige Beitrag zu einem Erfolg als Ursache bezeichnet werden dürfe, der nach praktischer Erfahrung einen beachtlichen Grad von Wahrscheinlichkeit des Erfolges (= eine beachtliche Chance des

[1]) Über gelegentliche Verlegenheiten, nach welchem Maßstab man die tätigste Bedingung bestimmen soll, vgl. auch Liepmann-Merkel 127.

Erfolges) eröffnet hatte.[1]) Man kann diese Theorien als adäquate Kausaltheorien bezeichnen.

Zur Rechtfertigung kann man davon ausgehen, die Rechtsordnung wolle mit ihren Verboten, zu töten, zu verletzen, einen Brand zu stiften, zu überschwemmen, zu beschädigen, ein Verkehrshindernis zu bereiten, eine Freiheitsberaubung, eine Gefangenenbefreiung zu bewirken, nicht die Handlungsfreiheit der Menschen soweit beschränken, daß alles das nicht geschehen darf, was denkbarerweise einmal bei abnormer Verkettung der Umstände den Erfolg herbeiführen kann. Man kann fast von keiner Tätigkeit alle kausalen Zwischenglieder lückenlos voraussehen. Dies setzt daher auch die Zurechnungslehre nicht voraus. Man kann umgekehrt fast nie voraussagen, daß irgend eine Handlung begrifflich nie ein bestimmtes Ereignis auslösen könne. Man kann deshalb vom einzelnen nicht verlangen, daß er bei seinem Verhalten alles vermeide, was denkbarerweise den Erfolg befördert. Bei Hinzutritt von dolus oder culpa wäre er ja dann schuldhafte Ursache, d. h. Täter. In den Verboten liegt daher nur der Befehl, kein Verhalten einzuschlagen, das eine nach Auffassung des Verkehrs beachtliche Chance des Erfolges mit sich bringt.

Das Recht erwartet nur, daß man keine Handlung vornehme, aus der nach Einsicht Verständiger eine generelle Gefahr des rechtswidrigen Erfolges entsteht. Eine weitergehende Erwartung der Berücksichtigung abnormer Verkettung der Ereignisse hegt es nicht. Daher ist dann auch das, was der Rechtserwartung entspricht oder widerspricht, eine das Recht interessierende Bedingung, d. h. eine Ursache. Der Gesichtspunkt, ob das Recht ein anderes Verhalten erwartet, also objektiv verlangt hatte, erweist sich auch für die Feststellung der Kausalität eines Nichttuns fruchtbar.

Sind Ursachen nur solche Handlungen, die vom Rechts-

---

[1]) M. a. W.: wenn der Eintritt des Erfolges etwas der konkreten Beitragsleistung Ebenmäßiges (= Adäquates) war, sieht man den Beitrag bereits als eine Ursache des Erfolges an. Anders, wenn die Förderung des Erfolges durch den Beitrag auch vom Standpunkte Verkehrstüchtiger nicht voraussehbar war.

standpunkte aus den Erfolg erwarten ließen, so kann man noch verschiedener Meinung darüber sein, die Nichtvornahme welcher Handlungen das Recht erwartet hat, d. h. billigerweise erwarten wollte.

a) Nach v. Bar[1]) ist eine Handlung nur dann Ursache des Erfolges geworden, wenn der Täter diesen erstrebt hat oder der Erfolg als leicht möglich vorauszusehen war.

Alsdann läge in den Normen des Rechts nur das Verbot, ein Verhalten einzuschlagen, wenn man mit ihm den verbotenen Erfolg erstrebt oder dieser als leicht möglich vorauszusehen ist. Damit wären aber die Schutzobjekte des Rechts nur wenig geschützt. Das Verursachungsverbot wird im täglichen Leben strenger aufgefaßt.

b) Nach Allfeld 164, Kriegsmann GerS. **68**, 134, v. Rohland, Prakt. Kausallehre 46, 52, Traeger, Der Kausalbegriff 159[2]) ist Ursache jede Bedingung, bei deren Einfügung ein hinzugedachtes Urteil verkehrstüchtiger Menschen (an Stelle des Täters oder mit dem Wissen des Täters) den Eintritt eines Erfolges (von der rechtlichen Natur des tatsächlich bewirkten) als nicht erfahrungswidrig voraussehen durfte. Vgl. auch E. **1**, 373 (75). Die Formulierung ist nicht überall identisch. Auch bestehen in Einzelfragen noch Zweifel. Begründer der Theorie ist J. v. Kries.[3]) Er beurteilte die ursächliche Eigenschaft von Bedingungen hauptsächlich nach dem Wissen des Täters von den zur Verfügung stehenden weiteren Bedingungen. Konnte bei solchem Wissen der Erfolg vorausgesehen werden, so ist des Täters Bedingung Ursache.[4])

Rümelin, ArchZivPraxis **90**, 171, hat die Theorie weiter gebildet. Er beurteilt die Ursacheneigenschaft einer Bedingung

---

1) Vgl. v. Bar **2**, 199, 201.

2) Anklänge an diesen Gedanken auch bei Binding, Normen **2** (2) 474, ferner bei Liepmann, Einleitung 72/73, der einen menschlicher Berechnung zugänglichen Zusammenhang fordert (vgl. aber auch Liepmann, GA. **52**, 326).

3) Vgl. J. v. Kries, Prinzipien der Wahrscheinlichkeitsrechnung 1886, ferner v. Kries, Über den Begriff der objektiven Möglichkeit, VJSchr. f. wissensch. Philos. Bd. 12 (1888), 181 f., 287 f., 393 f.

4) Verwandt damit Bierling, Jur. Prinzipienlehre **3**, 64.

danach, ob zur Zeit ihrer Einfügung der erfahrenste Mensch oder der Täter den Erfolg bereits voraussehen konnte, a. a. O. S. 254. Auch die nachträglich bekanntgewordenen damaligen Bedingungen des Einzelfalles werden teilweise mit herangezogen. Auch ohne letztere ergibt sich aber, wie v. Bar 2, 184 bemerkt, eine Ausdehnung der Ursacheneigenschaft bei Bedingungen, die sich von der Theorie v. Buris praktisch nicht in erheblichem Umfange unterscheidet. Einzelne Einschränkungen ohne zwingende Begründung macht Rümelin allerdings a. a. O. 300f.

Traeger 159 berücksichtigt die Bedingungen, welche dem einsichtigsten Menschen zur Zeit der Handlung bekannt waren, und außerdem noch die dem Täter tatsächlich bekannten. Wenn sie zugrunde gelegt werden und danach die objektive Möglichkeit des Erfolgs in nicht unerheblicher Weise erhöht wurde, so sei jene Bedingungssetzung Ursache (sogen. generell begünstigender Umstand) gewesen. — Auch nach dieser Fassung wäre es in weitestem Umfange verboten, Bedingungen zu setzen, sofern sie nach dem Urteil des Einsichtigsten eine Erfolgsgefahr begründen. Bedenken äußert auch v. Bar 2, 210, Allfeld 166 N. 23.

Statt des Maßstabes, der in dem Wissen des einsichtigsten Menschen von einem mutmaßlichen Kausalverlauf besteht, hat Allfeld (S. 166) den Maßstab der Erfahrung des Lebens gesetzt. In der Tat sind nur solche Handlungen als mögliche Ursachen verboten, die nach dem Urteil verkehrstüchtiger Menschen den Erfolg als eine beachtliche Chance erscheinen lassen, wenn jene Verkehrstüchtigen die dem Täter bekannten und von ihm benutzten Kräfte auf ihre mutmaßliche Wirksamkeit abschätzen. Ihne stehen Handlungen gleich, die nach der etwa besseren Einsicht des Täters eine solche Chance eröffneten. Der Beurteiler hat demnach zu prüfen, ob von einem dieser beiden Standpunkte der verkehrstüchtige Dritte eine beach liche Wahrscheinlichkeit für den Eintritt eines Erfolges von der Art des wirklich geschehenen als gegeben anzusehen hatte.

Z. B. wenn eine Frau eine Flasche Salzsäure im Kinderzimmer hinstellt, so ist nach dem allgemeinen Urteil bereits jetzt voraussehbar, daß ihre kleinen Kinder im Laufe der Zeit den Inhalt der Flasche versuchen werden, sofern die Frau nicht besondere Vorsichtsmaßregeln getroffen hat.

Wenn eine Frau eine Flasche Salzsäure im Küchenschrank verschließt, so ist dagegen nach dem Urteil des praktischen Lebens nicht vorauszusehen gewesen, daß der Schrank erbrochen und das Gift getrunken wird. Sie ist dann nicht Ursache der entstehenden Körperverletzung.

Anders, wenn sie etwa aus ihrer Erfahrung weiß, daß ihr trunksüchtiger Mann mit einem Nachschlüssel schon hier und da nach Branntwein in dem Schranke gesucht hat. Findet und trinkt dieser das Gift, so ist sie Ursache der Giftwirkung.

Die Schwierigkeit einer Kodifizierung der Grundzüge, nach welchen die herrschende Verkehrsauffassung eine beachtliche Chance für die Bewirkung eines Erfolges beurteilt, ist zuzugeben.[1] Dadurch wird aber die Richtigkeit des Grundgedankens, nach dem die Ursacheneigenschaft von Beiträgen zu einem Erfolg zu prüfen ist, nicht berührt. Möglich ist natürlich nicht nur eine Verbesserung der allgemeinen Erkenntnis von der Bedenklichkeit gewisser Handlungen für die Sicherheit von Rechtsgütern, sondern auch ein Wandel der Ansichten über den Grad von Wahrscheinlichkeit eines Erfolges, den man bei seinem Handeln vermeiden muß. Damit verändert sich dann auch der Umfang, in welchem gewissen Bedingungen nach der Sprache des Verkehrs ursächliche Eigenschaft beizumessen ist. Für die Gegenwart ist im Anschluß an Allfeld und Traeger eine Anschauung des Verkehrs in folgenden Fällen als ziemlich weitverbreitet anzusehen.

1. Die Verkettung einer Bedingung mit einem Erfolge wird nach Ansicht des Reichsgerichts wie auch der meisten Vertreter der Literatur noch nicht dadurch zu einer abnormen, daß sie bewirkt wird unter Vermittelung eines schuldlos oder fahrlässig handelnden Dritten.[2]

---

[1]) Vgl. auch Allfeld S. 166 N. 23.

[2]) Vgl. E. 4, 255 (61), der mittelbare Täter sei kausal, E. 1, 373, Verursachung durch einen Fahrlässigen sei möglich. Gl. M.: auch Allfeld 242 N. 26, Frank § 1 III 2 (S. 13/14), Merkel 140; Binding,

Diese Regel findet z. B. in folgenden Fällen Anwendung: Der Arzt A verschreibt fahrlässig Gift statt einer Arznei. Dem Krankenpfleger B fällt dies auf. Aus Fahrlässigkeit macht er den A aber nicht darauf aufmerksam und gibt das Gift dem Kranken C. Dieser stirbt an dem Gift. Hier ist nicht nur der B, sondern auch der A Ursache für den Tod des C geworden. Denn mit dem Hinzutreten fremder Fahrlässigkeit war immerhin als einer praktischen Möglichkeit zu rechnen.[1])

Ferner: Der A verwundet den B mit bloßem Körperverletzungsvorsatz. Der B ist leichtsinnig und schont sich nicht. Nur infolge des Hinzutretens dieses Umstandes wird die Wunde tödlich. Dadurch wird das Verbrechen der Körperverletzung mit Todesfolge (= Körperverletzung mit „nachgefolgtem" Tode; so Mayer 120) begründet, da die Körperverletzung Mitursache war.[2])

Ebenso: Der A redet dem harmlosen Sonntagsjäger B ein, hinter einem bestimmten Gebüsch rege sich ein Rehbock, A weiß indessen, daß dort sein Todfeind, der Treiber C, steht. B schießt auf den Busch, der C sinkt tot nieder. A ist hier ebenfalls Ursache. Ein verwandtes Beispiel bei Finger **1**, 283.

2. Eine Bedingung wird gewöhnlich auch dann als Ursache angesehen, wenn sie ihre Wirkungen nur äußern konnte vermöge besonderer physischer oder psychischer Eigenschaften des Verletzten.[3]) A. M.: v. Bar.[4]) Ihm ist zuzugeben, daß man auf den Einzelfall sehen muß und es Körperverletzungen gibt, bei denen die weitere Folge des Todes nicht als eine nach Auffassung Verkehrstüchtiger

---

G. 157. Bedenklich v. Bar **2**, 223, der aber dabei die Verursachung nicht scharf von der Verschuldung trennt. Denkbar sind allerdings Ausnahmefälle, wo die Verkettung einer fahrlässigen Handlung mit der Fahrlässigkeit einer zweiten Person außerhalb des Bereiches aller Voraussehbarkeit lag. Dann fehlt es bereits an der ursächlichen Bedeutung der vom Ersttäter gesetzten Bedingung.

[1]) Einen anderen ähnlichen Fall enthält E. **1**, 373.

[2]) Gl. M.: Allfeld 166 N. 21; E. **6**, 249, betreffend einen Fall, wo schon der Ersttäter bereits fahrlässig handelte.

[3]) So Allfeld 166 N. 20; Wachenfeld 91, Berner 509, Frank § 1 III 2b, E. **5**, 29 (32).

[4]) Vgl. v. Bar **2**, 215/16.

voraussehbare Möglichkeit erscheint. Regelmäßig sind aber die Menschen so verschieden in ihrer Körperbeschaffenheit, daß bei erheblicheren Verwundungen der Tod als eine Möglichkeit nicht generell von der Hand zu weisen ist.

Z. B.: A gibt dem B mit Körperverletzungsvorsatz einen Faustschlag auf den Kopf. B hat eine sehr dünne Hirnschale und stirbt an der Schädelverletzung. Die Möglichkeit schlimmen Ausgangs eines Schlages je nach der Person des Getroffenen liegt nicht ohne weiteres außerhalb vernünftiger Erfahrung.

Ferner: A steckt ein Wohnhaus in Brand. Eine herzleidende Bewohnerin bekommt infolge des Brandes einen Schlaganfall und stirbt. A ist Täter einer Brandstiftung, bei welcher durch den Brand der Tod eines Menschen verursacht wurde.[1]) Daß sich jemand bei einem ihn betreffenden Brandunglück sehr aufregt und dabei Schaden nimmt, gilt heutzutage nicht als außerhalb vernünftiger Erfahrung gelegen.

3. Eine Bedingung wird nicht Ursache, wenn sie den Erfolg nur herbeiführt mittels solcher Zwischenwirkungen, deren Hinzutritt außerhalb des Bereichs vernünftiger Erfahrung liegt, oder mittels solcher Zwischenwirkungen, die der Verkehr unter den konkreten Umständen nicht als Gefährdungen ansieht.[2])

Z. B.: A rät einem Bekannten, eine Stellung in den Tropen anzunehmen, obwohl er an dessen Tropentauglichkeit zweifelt und annimmt, er werde bald von einem tödlichen Tropenfieber befallen sein. Die Auffassung des Verkehrs läßt solche Gefährdungen zu, indem sie darin jeden als für sich selbst verantwortlich behandelt.

---

[1]) Gl. M.: Olshausen § 307 N. 4, Rüdorff-Stenglein § 307 2, Schwartz § 307 N. 2. A. M.: Frank 307 I 1.

[2]) Die Zivilsenate des Reichsgerichts stehen auf dem Boden der gleichen Grundanschauungen wie der Text, haben sich also der v. Burischen Kausaltheorie nicht angeschlossen. Vgl. aus neuerer Zeit (1912) E. (ZivS.) 78, 270 (272), welches für einen rechtlich beachtlichen Zusammenhang der Ereignisse fordert, „daß die nur mittelbar eingetretene Folge nicht in einem so entfernten Zusammenhang mit dem als Ursache in Anspruch genommenen Ereignisse stehen darf, daß er nach Auffassung des Lebens vernünftigerweise nicht mehr in Betracht gezogen werden kann“.

Oder: Der Direktor einer großen Omnibusgesellschaft läßt täglich seine Wagen ausfahren, obwohl er die Statistik kennt, wonach jede Woche ein paar Verletzungen durch Unfälle vorkommen. Es liegt nahe, den Direktor als Täter zu behandeln, der jedoch durch die staatliche Konzession gerechtfertigt wird. Allein nach der Auffassung des Verkehrs ist nicht zu sagen: der Direktor gehört zu denen, die erlaubterweise töten dürfen, sondern seine Handlung wird überhaupt nicht als Gefährdungshandlung i. w. S. angesehen; sie gilt für die Auffassung Verkehrstüchtiger gar nicht als Verursachung.

Oder: Der A bringt dem B mit Tötungs- oder Körperverletzungsvorsatz eine Wunde bei. B wird auf dem Wege zum Arzt vom Blitz erschlagen oder durch ein Eisenbahnunglück getötet. A hat zwar eine Bedingung zum Erfolg gesetzt; verursacht hat er ihn nicht.[1]

Im Ergebnis, daß hier nicht gestraft werden kann, ist die Theorie, soweit sie solche Fälle behandelt, ziemlich einig.[2] Nach der v. Burischen Theorie müßte bei vorliegendem Vorsatz gestraft werden.[3] Frank glaubt allerdings, daß im ersten Beispiel gar kein Wollen, sondern nur ein Hoffen, Wünschen vorliege. Dies wäre richtig, wenn der Täter auf den Eintritt des Erfolges nicht durch seinen Beitrag hinwirken könnte. Er kann noch mehr: er kann oft an der Hand von Statistiken die Wahrscheinlichkeit des Enderfolges annähernd vorausberechnen. Die Wahrscheinlichkeit braucht dabei durchaus keine minimale zu sein. Z. B. in manchen Gegenden erliegt ein erheblicher Prozentsatz der Europäer dem Tropenfieber. Für den Begriff des Wollens ist es ferner durchaus nicht notwendig, daß man die sämtlichen Zwischenglieder des Erfolges genau kennt. Wo z. B. der zum Tropendienst Überredete von dem infizierenden Insekt ereilt wird, ist unwesentlich. Man kann daher auch nicht mit Binding einwerfen, daß es ein Widerspruch in sich selbst sei, unberechenbare oder unvorhergesehene

---

[1]) Gl. M.: Traeger 76, 170; Kohler L. 31. Ein anderes Beispiel bei Wachenfeld 87. Beispiele auch bei Bierling 3, 65.

[2]) Vgl. Bierling, Jurist. Prinzipienlehre 3, 66, Binding, Normen 2 (2), 475 N. 4, Frank § 59 IX 2.

[3]) So richtig Bierling 3, 66.

Faktoren in seinen Dienst stellen zu wollen. Maßgebend ist vielmehr, ob die Auffassung des Verkehrs solche Gefährdungen verbietet. Soweit sie sie nicht verbietet, sondern zuläßt, behandelt sie den Setzer solcher Bedingungen eben nicht als Täter in bezug auf den Erfolg.

Das Urteil des Verkehrs ist aber geneigt, in vielen Fällen, wo der Veranlasser kraft seines persönlichen Wissens oder seiner persönlichen Stellung weitergehende Pflichten hat, ihn auch als Täter zu behandeln. Ihm ist die Gefährdung verboten, die anderen unverwehrt ist. Wenn sich jemand bei einem tropenkundigen Arzt untersuchen läßt, der ihm die Annahme der Stelle in den Tropen anrät, in der Hoffnung, ihn zu beerben, so ist bei gleicher Unwahrscheinlichkeit des Erfolges wie im vorigen Beispiel der Arzt Ursache des dann wirklich eintretenden Erfolges. Wenn der Vater seinen 18jährigen Sohn zu einer Kletterpartie in die Alpen schickt, obwohl er dessen alpine Unkenntnis und Leichtsinn kennt, so ist er anders zu beurteilen als der Bekannte, der dies tut, mögen beide auch Tötungsvorsatz und Kenntnis von den Eigenschaften des Überredeten haben. Ursache wird man bei nicht verkehrswidriger Gefährdung nur, soweit man rechtlich verpflichtet war, anders zu handeln, vorausgesetzt, daß man eine Bedingung des Erfolges gesetzt hat.

Handelt der Täter pflichtwidrig, so wird nach Auffassung des Verkehrs ihm auch eine solche Bedingungssetzung als Verursachung angerechnet, deren generelle Tauglichkeit zur Erfolgsherbeiführung nur ihm kraft besonderer Umstände bekannt war.

Z. B.: Bei manchen Berggipfeln schlägt an einzelnen Stellen der Blitz besonders gern ein, weil das Gestein erzhaltig ist. Wenn jemand während eines Gewitters einen anderen an solchen Stellen Schutz suchen läßt, die dem Ratgeber wegen Eisenhaltigkeit des Gesteins als besonders blitzgefährlich bekannt sind, so wird er als Ursache des Todes angesehen, wenn die Gefahr Wirklichkeit wird, mag auch für andere Ratgeber das gleiche Urteil nicht eintreten, weil diese Eigenschaft der gefährlichen Stelle im Verkehr nicht bekannt ist. Ebenso stünde es, wenn jemand eine nur ihm bekannte Typhushaltigkeit bestimmter Quellen benützt und einem anderen rät, von der Quelle zu trinken.[1]) Das besondere Wissen schafft hier, da es sich nicht um verkehrsmäßige Gefährdungen handelt, eine Rechtspflicht zur Enthaltung von solchen Bedingungssetzungen. Deshalb hat der Ratgeber eine nach dem Urteil des Verkehrs für ihn verbotene Bedingung gesetzt, also den Erfolg verursacht, sofern der Empfänger des Rates nicht bewußt und zurechnungsfähig die Gefahr in Kauf nahm.

4. Wenn eine Bedingung den Erfolg nur durch die hinzutretende Mitwirkung eines dolosen Dritten herbeiführte, der eine weitere positive, den Erfolg auslösende Bedingung hinzufügte, so ist der Dritte regelmäßig die alleinige Ursache des Vollendungserfolgs.

Z. B.: Der Wilderer A verwundet den Förster C tödlich. Der Wilderer B findet den C noch lebend und schießt ihn vollends tot.[2])

Der A verschreibt fahrlässig Gift statt Arznei. Der Krankenpfleger merkt das Versehen, gibt aber das Gift dem Kranken gleichwohl. Dieser stirbt.[3])

Mit dem Hinzutreten eines neuen dolos auf den vorbereiteten Erfolg hinwirkenden Dritten rechnet die Erfahrung des Lebens eben nicht.[4])

Förderung des Erfolgs durch den Zweittäter, der pflichtwidrig die Hilfe unterläßt oder andere abhält, zu retten, beseitigt die kausale Bedeutung der vom Ersttäter gesetzten Bedingung nicht.

5. Der Ersthandelnde wird jedoch zur Ursache des eingetretenen Erfolgs:

a) wenn er den Dritten psychisch verleitet hat. (Er ist hier Anstifter.) Indem das positive Recht den Anstifter

---

[1]) Gl. M.: Traeger 161. Mehr in der Form als in der Sache abweichend Allfeld 165 N. 16.

[2]) Gl. M.: Wachenfeld 199, Merkel 141; Allfeld 167 N. 25, v. Liszt § 29 IV.

[3]) Gl. M.: Mayer 154 (mit beachtlicher Begründung). A. M.: Hoegel, ZStW. 37, 835.

[4]) Gl. M.: E. 19, 141 (145) mit der Begründung, der wirklich eingetretene Tod habe dann seine Ursache in der Handlung des zweiten Täters, wenn durch dessen Handlung der Tod des Verwundeten beschleunigt wurde.

nicht etwa wie einen Täter, dem der Versuch nicht glückte, d. h. nach den Regeln über Versuch, strafbar erklärt, sondern gleich einem Täter straft, hat es die Möglichkeit offen gelassen, in der Anstiftung eine Ursache des Erfolges zu erblicken; darauf deutet auch § 111 I hin. Andrerseits nennt das Gesetz diese Art der Verursachung nicht Täterschaft und läßt ihr in anderen Stücken, insbesondere im Falle des Mißlingens der Anstiftung, eine von der Täterschaft abweichende Behandlung zuteil werden.[1]

b) Wenn er einen älteren Vorsatz des Dritten benützt hat. Z. B.: A schickt den B in ein Lokal, wo, wie A weiß, C eine todbringende Bombe werfen wird. (Der Ersthandelnde ist hier mittelbarer Täter.)[2]

c) Wenn jeder von beiden elne generell taugliche Bedingung setzte, aber keiner von der Mitwirkung der Bedingungen des anderen Teils wußte. (Beide sind hier Nebentäter = Mehrtäter.)

Z. B.: Der A und der B bieten, ohne von einander zu wissen, dem C je 500 Mark für die Tötung des X, durch die Summe von 1000 Mark wird C bestimmt. Oder: A und B geben, ohne von einander zu wissen, dem C Gift. Erst infolge der Summe beider Gifte kommt C um.[3]

Rechtfertigung: Mittels welcher Zwischenglieder eine generell taugliche Bedingung den Erfolg herbeiführte, das braucht man, um Urheber zu werden, nicht vorausgesehen zu haben. Nur daß ein unbekannter Dritter vorsätzlich die Bedingung benutzen würde, ist eine mit der Willensselbständigkeit Dritter zusammenhängende, vom Rechtsstandpunkte aus nicht zu erwartende Förderung des Erfolges.[4]

---

1) Vgl. auch Traeger 182.

2) Vgl. Traeger 186.

3) Vgl. v. Liszt § 29 IV, § 50 IV, Wachenfeld 199, die jedoch keine scharfe Abgrenzung der Nebentäterschaft von dem Falle einer Unterbrechung des Kausalzusammenhanges geben. Nach Allfeld 168 liegt beim Ersthandelnden regelmäßig nur Versuch vor. Frank § 47 VII nimmt auch im Falle 4 Mehrtäterschaft an.

4) Gl. M.: In diesem Punkt Zeiler, Z. 27, 503/04, wenn der Zweittäter von der Tat des Ersttäters Kenntnis habe und dann den Erfolg vorsätzlich herbeiführe, sei der Ersttäter nicht Ursache geworden.

Hat der Ersttäter keine generell taugliche Bedingung gesetzt, so wird er durch das Hinzutreten eines Dritten, der, ohne von ihm zu wissen, mittels einer zweiten Handlung den Erfolg herbeiführte, nicht Urheber des Erfolges. Z. B.: Der A hat den B leicht verletzt, C, der davon nichts weiß, überfällt den B in Tötungsabsicht. B ist infolge der Verwundung in der Verteidigung etwas ungeschickt und erliegt daher den Streichen des C. — Anders läge es bei einer tödlichen Verwundung durch C. Wenn man annimmt, es sei für die Verursachung gleichgültig, ob die Verwundung den Tod nur infolge einer vorhandenen schlechten Leibesbeschaffenheit des Verletzten herbeiführt, wird man bei tödlicher Verwundung auch keinen Unterschied zu machen haben, in welcher Form dann weitere Bedingungen den Tod herbeiführten, sofern es sich nicht um vorsätzliche Eingliederung eines Dritten in einen entdeckten Kausalverlauf handelt, mit der das Recht allerdings nicht rechnet.[1])

Reiche Auswahl von Beispielen bei Zeiler.[2]) Doch kommt Zeiler[3]) zu einer bedenklichen Lösung, indem er die Verursachung durch den Ersttäter auch dann bejaht, wenn dessen Tat beim Erfolg noch mitwirksam war, z. B. durch das Zusammentreffen der beiden Verwundungen stirbt der Verletzte. Richtiger erscheint es demgegenüber, nicht weiter zu unterscheiden, sobald der Zweittäter vorsätzlich ohne Anstiftung eine ihm gebotene Bedingung zur Erfolgsverwirklichung benutzt. Der Ersttäter ist dann nicht mehr Ursache.

III. Vermuteter Kausalzusammenhang.[4])

In einigen Fällen verlangt das Gesetz zum Eintritt der Bestrafung oder eines geschärften Strafrahmens das Hinzukommen eines vom Vorsatz des Täters nicht notwendig um-

---

[1]) A. M.: v. Bar 2, 708, der z. B. nur Tötungsversuch annimmt, wenn A und B ohne Einverständnis auf den Förster X gleichzeitig schießen und dieser an dem Zusammentreffen der beiden Wunden stirbt. Es dürfte hier richtiger sein, zu unterscheiden, ob jede der Verwundungen bereits derartig war, daß mit einem tödlichen Ausgang gerechnet werden konnte oder nicht.

[2]) Vgl. Zeiler, ZStW. 27, 509.

[3]) Vgl. Zeiler a. a. O. S. 504.

[4]) Vgl. Binding, H. 1, 590 N. 7, Binding, Strafr. Abh. 1, 102, Blume, Tatbestandskomplemente (1906) 40, Frank § 87 I.

schlossenen Ereignisses, das sehr häufig die Folge der Handlung ist. Die Ursächlichkeit der Handlung läßt sich aber oft schwer nachweisen. Andrerseits hat die Aufstellung einer solchen Bedingung der Strafe keinen Sinn, wenn das spätere Ereignis nachweislich gar nicht durch die Handlung bedingt wurde.[1]) Hauptfälle:

1. Die in §§ 239, 240 KO. genannten Bankrotthandlungen einer Person, die noch nicht fallit ist, werden nach den angeführten Paragraphen erst strafbar, wenn die Zahlungseinstellung oder Konkurseröffnung eingetreten ist.

2. Die Nichtanzeige bestimmter Verbrechen wird erst dann strafbar, wenn das Verbrechen, das durch Anzeige verhütet werden konnte, mindestens versucht wurde, StGB. § 139. In dem analogen Fall des Sprengstoffgesetzes § 13 fehlt diese Bedingung.

3. Die absichtliche Anreizung zum Zweikampf ist ein selbständiges Vergehen, das strafbar wird, auch wenn der Täter die seinerzeitige Ausführung noch vereiteln zu können glaubte, sofern nur der Zweikampf stattgefunden hat, § 210.

4. Ist nach landesverräterischer Einlassung mit einer ausländischen Regierung der Krieg mit Deutschland ausgebrochen, so tritt Strafschärfung ein, § 87 I, II.

5. Hat ein Zeuge oder Sachverständiger zum Nachteil des Beschuldigten einen Meineid geleistet und ist dieser zu bestimmter schwerer Strafe verurteilt worden, so ist der Strafrahmen erhöht, § 154 II.

In solchen Fällen den Nachweis des Kausalzusammenhangs mit der Täterhandlung de lege lata zu verlangen, geht zu weit;[2]) dazu gibt das Gesetz keinen Anhalt. Andrerseits erscheint es unvernünftig, den an die Bedingung geknüpften Straffall anzunehmen, wenn die Handlung nachweislich keinen Einfluß hatte. Das Gesetz sagt nicht, wenn ein Zweikampf stattgefunden hat, wenn Krieg ausgebrochen ist, wenn ein Verbrechen der genannten Art begangen wurde, sondern sagt: der Zweikampf,

---

[1]) Finger 1, 117, spricht hier von symptomatischen Tatbestandsmerkmalen. Es handelt sich aber um Strafbarkeitsmerkmale.

[2]) A. M.: van Calker, VD. B. 1, 56, John, HH. 3, 50; für § 87 auch Schwartz § 87 N. 3.

der Krieg, das Verbrechen. Es erscheint daher unrichtig, den Fall auch dann anzunehmen, wenn zwar zeitlich nach der Handlung z. B. der damals Angereizte wirklich ein Duell mit dem Gegner gehabt hat, aber festgestelltermaßen aus anderem Anlaß und nachdem er die Anreizung längst vergessen hatte.[1]) Gleiches gilt von der Ansicht, daß eine unwiderlegliche Präsumtion des Kausalzusammenhangs aufgestellt sei.[2]) Daher wird anzunehmen sein, daß eine widerlegliche Präsumtion des Kausalzusammenhangs hiermit aufgestellt ist.[3]) Zweifelhaft kann man sein bezüglich des § 154 II StGB. und der §§ 239, 240 KO. Die Fälle liegen aber denen der §§ 87, 139, 210 analog. — Laut Goltd. Mat. **2**, 244 hat man die Fassung des § 154 II gewählt, um zu erklären, daß es mit Rücksicht auf die Schwierigkeit des Nachweises auf den Beweis der Wirkung eines falschen Zeugnisses gar nicht ankomme. In früheren Entwürfen war der positive Kausalzusammenhang verlangt. Zwingende Schlüsse, daß man auch bei nachgewiesenem Fehlen eines Zusammenhangs die Strafschärfung wollte, sind daraus nicht zu ziehen. Man wollte nur den positiven Nachweis der Wirksamkeit beseitigen. Die Analogie aus den anderen Stellen und die rationelle Auslegung legen das oben vertretene Auslegungsergebnis nahe. — Bezüglich des Bankrotts, der der Bankrotthandlung nachfolgt, hat das Reichsgericht sachlich den Standpunkt sehr bestimmt vertreten, daß frühere Handlungen, die keinen Einfluß mehr auf den Konkurs oder die Zahlungseinstellung haben können, nicht als Bankrottdelikte zu strafen sind. Zunächst erklärt E. **9**, 134, das Gesetz fordere keinen Kausalzusammenhang, dagegen einen tatsächlichen Zusammenhang, der in bestimmten Fällen fehle; in E. **45**, 88 (91) wird der geforderte Zusammenhang ein zeitlicher genannt. Wichtiger als diese nicht unbedenkliche Terminologie sind sachliche

---

[1]) A. M.: v. Liszt § 166 N. 4, Allfeld 629 N. 4, Thomsen 263 N. 1, Wachenfeld 533 N. 2, Schwartz (im Falle des § 210) § 210 N. 2.

[2]) So Binding, L. **2**, 467, Schütze 312 N. 17.

[3]) Gl. M.: Blume S. 40 (der jedoch mit Unrecht auch den § 227 hierher zählt), Frank § 87 I, Hälschner **2**, 756 (zu § 87), Köhler, GA. **51**, 286.

Entscheidungen. So führt E. **5**, 415 (16) zu KO. § 240 Z. 3 aus, es genüge nicht, wenn in irgend einem der Zahlungseinstellung vorhergehenden Zeitpunkt die Übersicht über den Vermögenszustand gefehlt hat. Übereinstimmend erklärt E. **29**, 222 (25), § 240 Z. 3 KO. greife nur Platz, wenn durch die unordentliche Buchführung die Übersicht über den Vermögensstand zur Zeit der Zahlungseinstellung ausgeschlossen ist. In GA. **53**, 177 wird erklärt, Heranziehung früherer Fehler sei dann nicht zu beanstanden, wenn sie noch fortwirkten. E. **26**, 385 (87) erklärt, es sei zur Verurteilung aus § 240 Z. 3, 4 KO. nicht genügend, daß der Täter einige Jahre vorher Vollkaufmann war und hierbei die gebotene Buchführung und Bilanzziehung unterlassen habe. Das RG. geht nur darin zu weit, daß es einen positiven Zusammenhang verlangt.

§ 21.

Die Kausalität der Unterlassung.

Je nach der Antwort auf die Frage, ob und wann ein Nichttun den Tatbestand des Handelns erfüllt und damit einen strafrechtlich relevanten Erfolg herbeiführen kann, verändert sich in praktisch sehr erheblichem Maße der Umfang der Bestrafungsmöglichkeiten.

Je nach dem Merkmal, welchem die Eigenschaft beigelegt wird, einem bestimmten Nichttun Kausalität für ein späteres Ereignis zu verleihen, ändert sich möglicherweise auch Ort und Zeit der durch Unterlassung begangenen Handlung.

I. Das kausale Element bei Unterlassungen.

Ein Zustand oder eine Veränderung von rechtlicher Bedeutung (rechtlicher Erfolg) kann nicht nur bei echten Unterlassungsdelikten auf einer Unterlassung, auf einem Nichttun beruhen; bei diesen ist diese Erscheinung ja begrifflich notwendig, z. B. wenn es heißt: wer . . . sich nicht entfernt, wird wegen Auflaufs, wegen Hausfriedensbruchs bestraft, §§ 116, 123, wer eine strafbare Handlung seiner . . . . dienstlich Untergebenen wissentlich geschehen läßt, hat die auf diese Handlung angedrohte Strafe verwirkt (§ 357).

Dieses Nichttun entgegen der Norm erfüllt den Tatbestand einer strafbaren Handlung im Sinne der §§ 1, 3, 43, 48 f.

Der rechtswidrige Erfolg kann nach dem Gesetz auch bei Verbotsnormen auf einem Nichttun beruhen, z. B. wird im § 322 das Nichtaufstellen eines Feuerzeichens als eine Handlung bezeichnet, welche den Tod eines Menschen verursachen kann, wird im § 324 das Verschweigen der Eigenschaft einer Sache als einer vergifteten zu den möglichen Ursachen eines Menschentodes gerechnet; im § 263 wird das Unterdrücken von Tatsachen als mögliche Ursache einer Irrtumserregung anerkannt, ebenso im § 316 II Pflichtenvernachlässigung als mögliche Ursache einer Transportgefährdung; im § 361 Z. 5 wird der Müßiggang als mögliche Ursache eines notwendig werdenden Eingreifens fremder Hilfe behandelt; nach § 329 II kann die Nichterfüllung eines Lieferungsvertrags einen Schaden verursachen.

Damit ist jeder Zweifel verscheucht, ob wirklich dem Gesetze die Vorstellung zugrunde liegt (die schon auf Grund des von jeher herrschenden Sprachgebrauchs bei der Auslegung der Gesetze anzuwenden wäre), daß ein nicht gewollter Erfolg durch ein vorausgegangenes Nichttun verursacht werden kann.[1]) Es fragt sich also nur noch, wann man eine Ursache im Sinne des Gesetzes, also eine Handlung, und zwar eine strafbare Handlung, bei einem Nichttun anzunehmen hat. Dies hängt von der Beantwortung der Frage ab, was wohl als kausales Element bei einem Nichttun in Betracht zu kommen hat. Manche der hierüber aufgestellten Theorien sind als nicht verwendbar im Laufe der Zeit erkannt worden, behalten aber Erkenntniswert. Im folgenden eine Auswahl:

1. Irrig ist es, die Kausalität eines Nichttuns in der Vornahme eines psychischen Aktes zu erblicken.[2]) Damit würde der Kreis der Unterlassungen im Rechtssinn zu weit gezogen. Jeder, der einen Erfolg verhindern kann und innerlich das Verhindern nicht vorzunehmen beschließt, hätte die Verhinderung des

---

[1]) Vgl. auch Binding, Normen (2) 2, 114.

[2]) Sogen. Interferenztheorie; vertreten von v. Buri, ZStW. 1, 400, ferner von Mayer 108, der jedoch S. 109 Nr. 21 bei fahrlässigen Delikten die Unterlassung und damit auch die Handlung (im Rechtssinn?) verneint.

Erfolges unterlassen und wäre auch ohne besonders geschaffene Pflicht zum Handeln Ursache des nicht verhinderten Erfolgs.[1])

Gegen die Interferenztheorie spricht aber ferner, daß das Gesetz nicht einmal da, wo es eine Verhinderungshandlung befiehlt, den Täter wegen des nicht verhinderten Erfolges selbst verantwortlich macht, vgl. §§ 139, 360 Z. 20; eine positivrechtliche Ausnahme im § 357 ist durch bestimmte besondere Voraussetzungen begrenzt.

2. Unzutreffend ist die Ansicht, die während des Nichttuns vorgenommene anderweite Tätigkeit sei kausal für den verbotenen Erfolg.[2]) Wenn jemand ein gewerbsmäßiges Glücksspiel treibt, anstatt seinen Nachtwächterpflichten zu genügen, wäre der durch unterlassene Bewachung sich entwickelnde Brand durch Kartenspiel verursacht. Diese Ansicht schiebt unnötig die Folge eines Motivs (Spiellust) als Ursache ein. In Wahrheit war nur jenes Motiv eine Bedingung des Brandes. Da aber nicht jede psychische Vorbedingung eines Ereignisses als Ursache gilt (vgl. oben unter 1), ist die Frage der Kausalität bei der Unterlassung damit nur verschoben, aber der Lösung nicht näher gebracht.[3])

---

[1]) Vgl. v. Bar 2, 251, v. Liszt S. 140, Traeger, Das Problem der Unterlassungsdelikte (1913) 18. Beachtlich auch der Einwand Kollmanns, Die Stellung des Handlungsbegriffs (1908) 115, daß der Unterlassende vielleicht pflichtwidrig gar keinen Trieb zu handeln gespürt und daher auch keinen unterdrückt hat. Dies kann bei rechtswidrigen, aber schuldlosen Unterlassungen vorkommen. Zu weitgehend aber Lacmann, GA. 56, 266, der auch zu vorsätzlichem Unterlassen kein Wollen für notwendig erachtet. Auch wenn der Täter nur mit dolus eventualis unterließ, hat sich zur Vorstellung des Erfolges ein positiver psychischer Akt hinzugesellt: nämlich das In-Kaufnehmen des Erfolges.

[2]) Vertreter: Luden, Abhandlungen 2, 227/28. Vgl. S. 227: Die Verletzung des objektiven Rechtes kann, wo nicht von einem eigentlichen Unterlassungsverbrechen die Rede ist, nur darin liegen, daß in der Nichterfüllung des Vertrages die Richtung auf die Begehung eines anderen Verbrechens enthalten ist. Vgl. ferner S. 228: Von einer bestimmten Unterlassung, welche nicht schon an und für sich strafbar ist (gemeint ist damit das unechte Unterlassungsdelikt), kann nur insofern die Rede sein, als ein anderes Verbrechen durch dieselbe begangen wird.

[3]) Vgl. auch v. Bar 2, 249; Kollmann, Stellung des Handlungsbegriffs S. 100, 166.

3. Nicht voll befriedigend ist auch die Meinung, daß bei den unechten Unterlassungsdelikten das kausale Element in einem vorangegangenen Tun zu erblicken sei, welches den Erfolg beeinflussende Bedingungen geschaffen habe.[1] Diese Theorie paßt häufig, aber nicht immer. Das unfreiwillig geschwängerte Mädchen, welches die Abortivhandlungen eines sie überredenden Dritten in beredtem Schweigen geschehen läßt oder welches ihr neugeborenes Kind verhungern läßt, hätte damit nichts Strafbares begangen. Der Pflichtsoldat, der durch eine unterlassene Meldung den Brand eines Hauses hervorruft, hätte ihn nach dieser Theorie nicht verursacht; denn es ist kein vorangegangenes Tun hier zu konstatieren, welches dem Nichttun Kausalität verleihen könnte. Auch entstünde eine Zwiespältigkeit des Wesens der Unterlassung, je nachdem es sich um echte oder unechte Unterlassungsdelikte handelt.

(Im Gegensatz zu Merkel ist bei Binding die vorausgegangene Handlung nur Vorbedingung für die Kausalität des nachherigen Nichttuns, indem sie eine den schädlichen Erfolg abhaltende Bedingung beseitigt, nach Merkel verursacht die vorangegangene Handlung unmittelbar.)

4. Zu weitgehend sind die Theorien, welche annehmen, eine Kausalität liege im Sinne des Gesetzes, das die Herbeiführung eines Erfolgs verbietet, auch in dessen Nichthinderung, wenn gehindert werden konnte.[2] Verantwortlichkeit des Unterlassenden trete allerdings erst ein, wenn er einer Rechtspflicht damit schuldhaft zuwidergehandelt hat. Allein wenn jemand sich in einen Streit nicht einmischen mag, obwohl er dadurch vielleicht Beleidigungen oder Körperverletzungen verhindern kann, sagen wir von ihm nicht (auch das Recht tut es nicht), er habe beleidigt bzw. mißhandelt. Wenn jemand einen Meineid verhindern

---

1) Vertreter: Binding, Normen (2) 2, 559, Merkel-Liepmann 134. Vgl. dagegen u. a. v. Bar 2, 252, Wachenfeld 94, Traeger 37, 44.

2) So z. B. Beling, Lehre vom Verbrechen 224; Landsberg 104; v. Liszt § 30; in gewissem Umfang auch Luden, Abh. 2, 251. Vgl. dagegen v. Bar 2, 255, Binding N. 2 (2) 543, Kitzinger 140 f., Traeger 16/17.

könnte, es aber nicht tut, sagen wir nicht, er habe falsch geschworen. Wenn jemand seinen Nachbar, einen geschickten Arzt, überredet, mit ihm eine Reise zu machen, und dabei weiß, daß in der Zwischenzeit mancher Kranke Schmerzen leidet, weil er den berühmten Arzt nicht nehmen kann, so hat jener deswegen auch objektiv noch keine Körperverletzung veranlaßt, selbst wenn ihm das Nichttun des Überredeten wie eigenes Verhalten anzurechnen ist. Sogar in den Fällen unterlassener Pflichterfüllung, wenn sie zu einem schwereren Erfolg im Einzelfall beigetragen hat, bezeichnet das Gesetz den Täter der Pflichtverletzung noch nicht ohne weiteres als Urheber des Erfolges. Z. B. wer einen Mord dolos nicht rechtzeitig vorher anzeigt, ist deswegen noch nicht Mörder, § 139; vgl. auch § 360 Z. 10, der bei Unterlassung der gebotenen Hilfeleistung den Unterlassenden auch nicht als Urheber des schwereren Erfolges behandelt, obwohl hier Rechtswidrigkeit und möglicherweise auch dolus in bezug auf den Erfolg gegeben ist.

In früheren Jahrhunderten allerdings wurde das Retten und Erfolgshindern gelegentlich als allgemeine Pflicht betrachtet, aber es wurden doch nur lückenhaft die Konsequenzen gezogen.[1])

Zu beachten ist, daß ferner § 53 die Nothilfe nur als eine besondere Befugnis aufstellt, aber nicht etwa den eine Nothilfe Unterlassenden als Urheber des nicht gehinderten Erfolges behandelt.

Darin stimmen die Vertreter der besprochenen Theorie überein, daß das Nichthindern keine Naturkausalität darstellt, die überhaupt in einem bloßen Nichttun nicht liegt.[2])

Eine äußere Naturkausalität liegt auch in den Fällen nicht vor, wo das Recht eine Handlung in der Form einer vorsätzlichen oder fahrlässigen Unterlassung als gegeben ansieht.

---

[1]) Beispiele, wo jemand wegen Verursachung eines Erfolges gestraft wurde, bloß weil er ihn abwenden konnte, bei Geib 2, 191. Darin liegt eine Überspannung des ethischen Gebotes der Nächstenliebe.

[2]) Treffend bemerkt Kelsen, Hauptprobleme der Staatsrechtslehre 118: „Es hieße den Begriff der Ursache ins Ungeheuere erweitern, wollte man den Nichteintritt möglicher Verhinderungen zur Ursache rechnen. In der Welt des vom Kausalgesetz beherrschten wirklichen Geschehens gibt es aber keine Möglichkeiten, sondern nur Wirklichkeiten."

Trotzdem liegt manchem nachherigen Nichttum ein psychischer Akt zugrunde. Hierin ist ein richtiger Kern der Interferenztheorie zu erblicken, die aber darin zu weit gegangen ist, einerseits den psychischen Akt zu jeder Unterlassung zu verlangen,[1] anderseits aus dem Vorliegen eines inneren Aktes schon das Vorhandensein einer Unterlassung im Sinne des rechtlichen Sprachgebrauchs zu folgern, so daß logisch beim Hinzutritt von dolus oder culpa bezüglich des durch „Unterlassung" herbeigeführten Tatbestandes das Delikt gegeben wäre. Inwiefern ist aber ein psychischer Akt denkbarerweise kausal? Von rein mechanischem Standpunkte aus ist in den Fällen, wo nach unserem Urteil einem Menschen die Verhinderung eines Erfolges möglich war und der Mensch, der bisher etwa zur Verhinderung geneigt war, aber dann die Nichthinderung beschlossen hat, dieser Gehirnvorgang eine notwendige Bedingung gewesen, damit der Erfolg zustande kam. Ebenso wie andere abhaltende Bedingungen eine Änderung ihrer Verhältnisse erfahren mußten, um den Erfolg zu ermöglichen, mußte hier eine abhaltende Bedingung in der Psyche des Menschen weggeschafft sein, um die Bahn für den Erfolg freizumachen. Der psychische Zustand vor dem Entschluß war ebenso ein Hemmnis für den Erfolg wie andere Hemmnisse. Die bewegenden Kräfte mußten im einen wie im anderen Falle das Hemmnis beseitigen. Gehirnvorgänge sind etwas Reales, auch wenn sie nicht außerhalb des Menschen in die Erscheinung treten. Auch bei ungewollter Nichthinderung eines Erfolges kann ein Gehirnvorgang kausal geworden sein. Dies ist der Fall, wenn jemand den Erfolg hindern konnte und ursprünglich auch hindern wollte, aber dann warnende Motive in den Wind geschlagen hat, die ihm die Vorstellung nahelegten, er müsse jetzt die Hinderung vornehmen, widrigenfalls es zu spät sei.

Für die Frage, wann eine unter den strafrechtlichen Handlungsbegriff zu subsumierende Unterlassung vorliegt, kommt es indessen nicht darauf an, inwieweit naturwissenschaftlich hinter einem äußerlichen Nichttun doch eine positive Kausalität zu

---

[1] Er fehlt insbesondere bei der schuldlosen Unterlassung, die z. B. einem sich Irrenden begegnen kann.

entdecken ist, sondern darauf, wann das Recht, entsprechend dem von ihm angenommenen Sprachgebrauch, ein Nichttun unter seinem Handlungsbegriff subsumiert, d. h. annimmt, daß dieses Nichttun als die Ursache eines bestimmten Erfolges anzusehen ist. Hat man diese Merkmale herausgefunden, so sind sie Merkmale für den Rechtsbegriff der Unterlassung. Wir haben dann nicht bloß eine Gleichstellung des Nichttuns mit der (positiven) Kausalität vorgenommen, sondern einen von dem naturwissenschaftlichen Sprachgebrauch selbständigen Begriff inhaltlich näher bezeichnet. Von einer bloßen Gleichstellung kann um so weniger die Rede sein, da ja das Recht (richtiger Ansicht nach) auch bei positivem äußeren Tun nicht jede Bedingungssetzung als kausal anerkennt. Man kommt daher nicht weiter, wenn man erklärt, die Unterlassung enthalte überhaupt keine Kausalität (scil. in mechanischem Sinn), sie sei der Handlung bloß gleichwertig,[1] bzw. sie sei dem Handeln gleichzustellen.[2]

5. Auf richtigem Wege dürften die Theorien sein, welche nur eine Gruppe der Fälle des Nichttuns, in denen ein Erfolg hätte verhindert werden können, als kausal für den dadurch bedingten Erfolg erklären. Dagegen dürfte es bedenklich sein, die kausale Eigenschaft als etwas der von dem Täter gesetzten Bedingung selbst nach der konkreten Sachlage Anhaftendes anzusehen. Diese Auffassung liegt jedoch zugrunde, falls man die überwiegende Bedingung sucht und die Unterlassung dann für eine solche erklärt, wenn das Nichttun die Verletzung einer Rechtspflicht darstelle, den Erfolg zu hindern.[3] Dies ist nicht zuzugeben. Wenn jemand einen geplanten Mord mit Überlegung nicht anzeigt und nach der Sachlage der Mord durch rechtzeitige Anzeige verhindert worden wäre, so ist der Nichtanzeigende doch nicht Mörder, obwohl er eine Rechtspflicht verletzte; er ist nur Täter einer Nichtanzeige.

---

[1]) So v. Liszt § 30 II 1, Stooß, Öst. Strafr. (2) 111.

[2]) Treffend v. Hippel, ZStW. 36, 510, der bemerkt, das sei bloße Terminologie. — Darüber, daß die Unterlassung mit der positiven Tätigkeit dem Oberbegriff Handlung in jeder Beziehung unterfällt, richtig auch Kollmann, Festg. für v. Liszt (1911) 131.

[3]) So Birkmeyer, RE. (2) 1113.

Ein ähnlicher Gedankengang begegnet bei Kohler.[1])

Durch die menschliche Gesellschaft könnten Kräfte erregt werden, für deren Wahrung, Behütung und Linderung oder Lenkung ein einzelner bestimmt sei. Der einzelne sei ein Faktor in der Kette einer durch die menschliche Gesellschaft geschaffenen Organisation, und wenn er in dieser Lage die hemmende, leitende, lindernde Tätigkeit unterlasse, dann sei er so zu behandeln, wie wenn er die Kraft selbst weitergetrieben hätte, so daß sie verderblich wurde. Diese Stellung könne dem einzelnen zugewiesen werden u. a. durch seinen Beruf, durch Vertrag, durch Übernahme einer momentanen Pflichtstellung. Erachtet man jeden zur Erfüllung einer gesellschaftlichen Aufgabe von der Gesellschaft Bestimmten als kausal für die Entstehung eines rechtlichen Erfolges, wenn er entgegen einer gesellschaftlichen Bestimmung nicht handelt, so wird der Kreis der kausalen Unterlassungen zu weit gezogen; die §§ 139, 360 Z. 10, 361 Z. 9 sprechen dagegen; auch ist das Kriterium, ob jemand einen Faktor in einer von der Gesellschaft geschaffenen Organisation bildet, außerordentlich vag. Wenn jemand durch Nichtzahlung seiner Schuld einem anderen die Mittel zur ordentlichen Ernährung seiner Familie entzieht und diese dadurch krank wird, ist der Säumige deswegen noch nicht Täter einer Körperverletzung.[2])

Auch die Fassung Wachenfelds[3]) befriedigt nicht völlig, wonach das kausale Element der Unterlassung in der Übernahme der Herrschaft über eine bereits angeregte Kausalkette liege.[4]) Abgesehen von der Unbestimmtheit des Begriffs der Herrschaftsübernahme ist u. a. einzuwenden, daß die Herrschaftsübernahme, z. B. das Tätigwerden zur Abhaltung des Erfolges, noch nicht kausal ist, wenn die Tätigkeit nicht fortgesetzt wird. Ferner nehmen wir wohl ohne Bedenken an, daß eine Mutter, die fahrlässig dem kranken Kinde die Arznei

---

[1]) Vgl. Kohler L. 29.

[2]) Vgl. auch Traeger 6.

[3]) Vgl. Wachenfeld 95.

[4]) Vgl. gegen die damit verwandte Theorie von Aldosser, Inwiefern können durch Unterlassungen strafbare Handlungen begangen werden (1882), Traeger 39.

nicht rechtzeitig reicht, Ursache seines etwa dadurch bewirkten Todes ist, ebenso aber auch der Vater, der dolos die Mutter nicht rechtzeitig an ihre Pflicht erinnert. Trotzdem können wir hier zwar vom Vater, aber nicht von der Mutter sagen, sie sei es gewesen, welche die Herrschaft über die Kausalkette übernommen habe.[1])

6. Am besten dürfte man mit der Erklärung durchkommen: Das Vorliegen einer Unterlassung ist vom Standpunkte eines Interessenten zu beurteilen, der ein bestimmtes Verhalten erwartete. Das, was den erwarteten Gang der Ereignisse durchkreuzt, kann vom Standpunkte des Erwartenden als eine Ursache für den Nichteintritt eines erwarteten Erfolges angesehen werden. Je nachdem der Erwartende den Standpunkt eines Naturforschers, Mediziners, eines ethischen, religiösen, gesellschaftlichen Normgebers vertritt, wird er etwas anderes als Ursache behandeln. Vom Standpunkte des Rechtswillens ist ein Nichttun nich bloß Bedingung, sondern Ursache eines Erfolges, wenn das Recht ein den Erfolg verhinderndes Tun erwartet hatte.[2]) Wenn das Recht ein Tun erwartet, so bedeutet dies, daß das Tun Rechtspflicht gewesen war. Damit ist jedoch nicht gesagt, daß das Vorhandensein einer Rechtspflicht zum Tun, auch wenn ihre Verletzung nur minimal zu dem Erfolg beitrug, allemal schon das Nichttun zur Ursache des Erfolges stempeln soll. Das Recht kann insbesondere zu erkennen geben, daß es nicht schon bei jeder mitwirkenden Rechtspflichtwidrigkeit das Nichttun als Ursache eines entfernteren Erfolges ansehen will; z. B. § 139 deutet an, daß der einen Mordplan nicht Anzeigende nicht als Täter des Mordes, sondern nur als Täter eines Vergehens der Nichtanzeige gelten soll.

Das, was dem erwarteten Gang der Ereignisse entspricht, kann ebenfalls vom Standpunkte des Erwartenden aus Ursache sein, und zwar diesmal für den gewünschten Erfolg. Die praktische Bedeutung dieser Ursachen für das Strafrecht ist jedoch nicht erheblich. Darin, daß jemand ein Verbot nicht übertritt, z. B

---

[1]) Eine andere Theorie Wachenfelds 94 unterliegt diesem Bedenken nicht.

[2]) Vgl. Allfeld 172, Merkel-Liepmann 135, Traeger 8, 27.

einen Verbrecher nicht begünstigt, nicht unterstützt, kann er die Abfassung des Täters, das Ausbleiben des rechtswidrigen Erfolges allerdings fördern. Aber die Rechtsordnung knüpft an die Unterlassung von strafbaren Handlungen, d. h. an rechtgemäßes Verhalten nur selten besondere Vorteile. Immerhin kommen solche Prämien für bestimmtes Nichttun vor, z. B. die Gewährung einer Rehabilitation, einer vorläufigen Entlassung, einer Rückfallsverjährung.[1])

Abgesehen von den rechtlich besonders hervorgehobenen Fällen nennen wir diejenigen, welche einen rechtmäßigen Erfolg hindern konnten, ihn aber nicht gehindert haben, nicht Ursachen des rechtmäßigen Erfolges.

II. Einzelfälle der kausalen Unterlassung.[2])

1. Wo das Recht durch Formulierung eines strafgesetzlichen Tatbestandes die Herbeiführung eines bestimmten Erfolges bei Strafe gebietet, ist derjenige, welcher das Gebot verletzt, ohne weiteres Ursache dieser Nichtherbeiführung,[3]) d. h. Täter des betr. Tatbestandes, aber nicht ohne weiteres auch Ursache entfernterer, durch sein Nichttun beförderter Erfolge (auch zivilrechtlich nicht), denn das Recht hat mit der Formulierung des Tatbestandes selbst den Erfolg bestimmt und umgrenzt, der von ihm erwartet wird. Nur soweit die Erwartung des Rechts durchkreuzt wird, kann von einer Unterlassung mit rechtlicher Bedeutung gesprochen werden. Beispiele: §§ 139; 360 Z. 10; 361 Z. 9; Strandungsordnung vom 17. Mai 1874 § 43 (unterlassene Anzeige von der Seenot eines Schiffes). Über die Kausalität der echten Unterlassung vgl. Binding N. 2 (2) 104 f.

Im Falle des § 13 des Sprengstoffgesetzes besteht eine Anzeigepflicht auch bezüglich bestimmter vollendeter, aber nicht beendigter Verbrechen.

2) Wo das Gesetz die Herbeiführung eines Erfolges bei Strafe verbietet (d. h. bei den unechten Unterlassungs-

---

[1]) Für positives rechtsgemäßes Verhalten kommt eine Prämie vor nach Strandungsordnung von 1874 § 4, während die Unterlassung der gebotenen Handlung (Anzeige bestehender Seenot) mit Strafe bedroht ist.

[2]) Vgl. auch E. 39, 397.

[3]) Vgl. KrVJSchr. (NF.) 12, 528.

delikten, den Kommissivdelikten durch Unterlassung) wird ein Nichttun nur unter bestimmten Voraussetzungen kausal für den rechtswidrigen Erfolg:

a) Das Nichttun wird regelmäßig Ursache, wenn für den Täter eine unmittelbare Rechtspflicht zur Abhaltung des rechtswidrigen Erfolges bestand.[1]

Beispiele: Der Soldat auf Posten ist verpflichtet, das unbefugte Betreten eines Zeughauses zu verhindern. Er kann durch nicht gehörige Bewachung zum Täter einer Branderregung im Zeughaus werden. — Die durch eine Notzuchtshandlung geschwängerte Mutter ist verpflichtet, ihr neugeborenes Kind zu ernähren. Denn ihr obliegt die Sorge für die Person des Kindes. Sie kann es durch Nichternährung töten. — Der zur Angabe der Wahrheit verpflichtete Zeuge bringt durch wissentliches Verschweigen einer wichtigen Tatsache bei seiner Aussage einen anderen absichtlich ins Gefängnis und wird dadurch einer Freiheitsberaubung schuldig.

Ausnahme:

Der Täter wird nicht zur Ursache, wenn der Erfolg bisher durch andere Verpflichtete abgehalten wurde und diese irgendwie verpflichtet waren, die Abhaltung bis zur Ablösung durch andere fortzusetzen.

Beispiel: Der bisherige Kostgeber eines kleinen Kindes läßt wegen Nichtentrichtung des Unterhaltsbeitrags die Mutter durch die Armenpflege auffordern, ihr Kind zurückzunehmen. Diese kommt zu dem bestimmten Termine nicht. Der Kostgeber kümmert sich nicht mehr um das Kind. Dieses verhungert. Nicht die Mutter ist Täterin einer Tötung, und zwar auch dann nicht, wenn sie ein solches Verhalten des Kostgebers voraussehen konnte.[2] Ihr Beitrag ist zu unbedeutend.

Oder: Der auf den Posten geschickte Soldat (Bahnwärter) kommt zu spät. Der bisherige Wachtposten (Bahnwärter) hat die Pflicht, auf seiner Stelle bis zur Ablösung auszuharren.

---

[1] Anders, wenn nach dem Rechtswillen die Pflicht sich darauf beschränkt hatte, nur einen bestimmten anderen Erfolg, z. B. den des § 139, zu verhüten, der den weiter in Frage stehenden verbotenen Erfolg dann beförderte.

[2] Vgl. E. 17, 260.

Er geht aber nach Ablauf seiner Wachezeit fort. Dann ist er Ursache des durch sein verfrühtes Weggehen ermöglichten Delikts, nicht der zu spät Kommende. Letzterer ist nur wegen Ausbleibens verantwortlich, soweit dieses ein selbständiges Delikt (z. B. unerlaubte Entfernung) darstellt.

b) Das Nichttun wird kausal, wenn es folgt auf ein vorangegangenes Verhalten der gleichen Person, durch welches fremde, ihrem Verfügungsrecht nicht unterliegende Kräfte ausgeschaltet wurden, die den Erfolg möglicherweise verhütet hätten. Denn man darf es als durchweg geltende Regel ansehen, daß mit jedem Verbot nicht nur die direkte Herbeiführung eines bestimmten Erfolges, sondern auch die Vornahme von Handlungen untersagt ist, die den Erfolg befördern können, sofern nicht weitere Handlungen hinzugefügt werden, welche die bedingte Rechtswidrigkeit der ersten Handlung beseitigen.

Anders ausgedrückt lautet die Norm: Man darf keine Bedingungen, auf die es möglicherweise zur Verhütung eines konkreten Verletzungserfolges ankommt, ihrer bisherigen Wirksamkeit entkleiden, ohne deren abhaltende Funktion zu übernehmen.[1])

Z. B.: Man darf nicht eine Operation in Angriff nehmen, wenn man nicht gewillt oder nicht befähigt ist, die geöffneten Arterien hernach zu unterbinden. Man darf ein Amt als Wächter nicht annehmen, wenn man nicht gewillt oder nicht befähigt ist, es hernach wirklich anzutreten. Denn durch die Annahme verhindert man die vergebende Stelle, eine andere Person mit dem Amte zu betrauen.

α. Die vorläufig für einen bestimmten verbotenen Erfolg noch nicht notwendig bedrohliche Handlung muß immerhin bereits Bedingungen beseitigt haben, die zu seiner Abhaltung geeignet waren. Z. B. jemand findet einen schwer Verwundeten hilflos auf einer häufig betretenen Straße. Er nimmt ihn in sein Haus, läßt ihn aber dort unversorgt liegen, bis der Verwundete stirbt. Er hat damit die bisherigen Bedingungen für die Lebenserhaltung des Verwundeten

---

1) Vgl. KVJSchr. (NF.) 12, 533.

beseitigt. Ebenso steht es, wenn er den Verwundeten morgens in sein Haus aufnahm, ihn aber erst spät abends an die Fundstelle zurückbringt. Denn er hat damit die vorher bestehende Möglichkeit ausgeschaltet, daß in der Zwischenzeit passierende Personen sich des Verwundeten annehmen konnten.

Auf vorangegangenem Tun beruht auch die kausale Bedeutung späteren Nichttuns für einen Schwimmkundigen, der einem Nichtschwimmer verspricht, er werde ihm nötigenfalls helfen, falls dieser sich in das tiefere Wasser wage. Im Vertrauen hierauf geht der Nichtschwimmer tiefer ins Wasser. Der Schwimmer hat ihn damit vom festen Boden weggelockt. Er hat ihm somit Bedingungen entzogen, die bisher für sein Leben wirksam waren. Er wird daher durch Nichttun Ursache des Todes für den Nichtschwimmer, wenn er auf Grund nachträglichen Vorsatzes sein Versprechen, diesen im Bedarfsfalle zu retten, nicht hält, obwohl er etwa retten könnte.

Eine Beseitigung von Bedingungen, die den schädlichen Erfolg abhalten können, fehlt, wenn jemand einen Hilflosen auf der Straße findet, ihn auf seinen Wagen lädt, bald nachher aber mit der Sache nichts mehr zu tun haben will, deshalb den Hilflosen wieder an die frühere Stelle zurückbringt, sofern sich feststellen läßt, daß in der Zwischenzeit keine hilfsbereite Person die Straße passierte. Der scheinbare Samariter hat dann in keiner Weise die Lage des Hilflosen verschlimmert.

Die vorausgegangene Beseitigung von Bedingungen kann völlig schuldlos sein. Mit Recht bemerkt aber in dieser Hinsicht Traeger:[1] „Hat jemand durch schuldlose Handlung einen gefahrdrohenden Zustand herbeigeführt, so ist er verpflichtet, die notwendigen Vorkehrungen zur Abwehr schädlicher Folgen zu treffen.“ Z. B.: Ein Bettler, der abgewiesen worden ist, fällt auf der Treppe und bleibt im Treppenhause liegen. Wenn sich der Hausinhaber jetzt nicht um ihn kümmert und der Bettler infolgedessen umkommt, so hat dies der Hausinhaber verursacht. Denn durch Übernahme des Hauses hat er eine Bedingung geschaffen, daß andere in dem offenen oder geöffneten Hause nach ihm fragen und

---

[1] Vgl. Traeger 104.

dadurch zeitweise den Zusammenhang mit der Straße und ihrem Publikum aufgeben.[1])

β. Nicht für alle Fälle zutreffend ist es, bei vorangegangenem Tun die Kausalität von einer damit tatsächlich übernommmenen Pflicht, den Erfolg zu verhindern, abhängig zu machen.

Diese Formel paßt allerdings für den erwähnten Fall des falschen Samariters, für den Fall des eine Operation übernehmenden Arztes, für den Fall der Übernahme einer verantwortungsvollen Stelle, etwa als Feuerwächter, welche die Übertragung der Funktionen auf den Übernehmer zur Folge hat. Die Nichtbewachung der Gebäude, welche den Ausbruch eines Brandes ermöglicht, ist dann dem Übernehmer zur Last zu legen.

Die Übernahme der Verhinderung, sei sie tatsächlich oder vertraglich, ist aber in anderen Fällen ungeeignet, die Kausalität des Nichttuns zu begründen.

Z. B.: Ein Knecht ernährt heimlich eine Zeitlang den eingesperrten Sohn eines Bauern, den dieser verhungern lassen will, läßt aber später davon ab. Er hat den Tod des Bauernsohnes nicht verursacht, weil er keine den Erfolg abhaltende Bedingung beseitigte.

Ebensowenig liegt eine Verursachung durch Nichttun vor, wenn ein dem Ertrinken naher Mann, dessen Stützpunkt der Strom wegzureißen droht, einem am Ufer stehenden Schwimmer Geld anbietet, damit dieser ihn rette und der Schwimmer auf das Angebot eingeht. Denken wir uns den Vertrag zustande gekommen, der Schwimmer springt auch zur Rettung des anderen ins Wasser, besinnt sich aber anders und kehrt dann vorzeitig wieder um. Er hat eine zivilrechtliche Pflicht übernommen, hat mit seiner Umkehr rechtswidrig gehandelt, aber er hat, vorausgesetzt, daß er durch seine Umkehr keinen anderen abhielt, rettend einzugreifen und auch die angetroffene Ertrinkungsgefahr nicht verursacht hatte, den Tod des anderen

---

[1]) Vgl. auch Binding, Normen 2 (2) 602 f.

nicht verursacht, wenn dieser ertrinkt, denn er hat keine den Erfolg abhaltenden Bedingungen beseitigt.[1])

γ. Die eine Rechtspflicht zur Verhinderung des Erfolges begründenden Vorhandlungen können ihrerseits bereits rechtswidrig sein. Z. B.: A schlägt den B ohne Tötungsvorsatz nieder. B ist leicht am Bein verletzt, kann aber nicht weitergehen. Wenn A den B jetzt vorsätzlich in der Winterkälte liegen läßt und dieser erfriert, so ist A Ursache des Todes von B. Denn er hat die den Tod abhaltende Bedingung der Fortbewegungsfähigkeit bei B beseitigt. Dagegen besteht keine allgemeine Rettungspflicht gegenüber den auf der Straße betroffenen Hilflosen.

Oder: A sperrt unvorsätzlich den B ein. Hernach bemerkt er sein Versehen, läßt aber den B nicht heraus. Derselbe bleibt infolgedessen mehrere Stunden eingesperrt. A hatte hier die Möglichkeit für B beseitigt, eine Ortsveränderung vorzunehmen, hernach aber nichts getan, um den weiteren Erfolg einer Freiheitsberaubung zu verhüten. Er hat deren Fortdauer verursacht. Ist der Eingesperrte selbst schuld, so bleibt aber dem Einsperrenden eine angemessene Frist zur Befreiung offen. GA. **62**, 348.

Oder: A verursacht unvorsätzlich durch seine Zigarre einen Teppichbrand in fremdem Haus. Er geht dann in dem Bewußtsein möglichen Übergreifens des Brandes auf das Haus fort, ohne sich um die Veranlassung der Löschung zu kümmern; er hat, wenn er sich schuldhaft so verhält, durch dieses Nichttun vorsätzlich oder fahrlässig den Brand verursacht.

δ) Die Beseitigung von Kräften, die den Erfolg abhalten können, ist beim Fehlen selbständiger Pflichten zur Abhaltung des Erfolgs dann strafrechtlich nicht als Unterlassung anzusehen, wenn die beseitigten Kräfte in keiner Weise auf fremde zur Abhaltung des Erfolges dienliche Kräfte eingewirkt haben, genauer: wenn sie rechtlich vollständig zur freien Verfügung des Handelnden stehen.

Z. B.: Jemand hat von seinem Boote ein Rettungsseil ins Wasser gehängt. Ein Ertrinkender wird mutmaßlich bald danach greifen. Der Bootseigentümer zieht aber noch vorher das Seil

---

[1]) Gl. M.: Binding N. **2**, 572. A. M.: wohl Traeger 86.

zurück, weil er in dem Ertrinkenden seinen Todfeind erkannt hat. Wenn er nun ruhig zusieht, wie dieser stirbt, so hat er weder durch die positive Handlung noch durch die nachfolgende Unterlassung rechtlich den Tod verursacht, mag auch sein Verhalten äußerst verwerflich sein. Anders natürlich, wenn das Auswerfen des Seiles andere möglicherweise veranlaßt hat, ihrerseits von Rettungsmaßnahmen abzusehen. Anders auch (wegen § 904 BGB.), wenn der Ertrinkende das Seil bereits ergriffen hatte oder ergreifen wollte und dieses dann etwa gekappt wurde.[1])

Verursachung liegt auch nicht vor, wenn jemand die ihm gehörigen und zu seiner Verfügung stehenden Werkzeuge zurückhält oder abhält, zur Rettung zu dienen. Z. B.: A läßt seinen Hund, der zur Rettung eines Kindes ins Wasser springen will, nicht von der Kette, oder verbietet seinem minderjährigen Sohn, Rettungshandlungen vorzunehmen.

III. Gesetzgebungsfrage.

Die ausdrückliche Hervorhebung im Gesetz, daß unter dem Handeln auch das Unterlassen inbegriffen sei, erscheint kaum als ein Bedürfnis.

In beachtlicher Weise macht aber Höpfner[2]) darauf aufmerksam, daß die Unterlassung häufig eine minder bedeutsame Rechtspflicht verletze als das positive Zuwiderhandeln. Die grundsätzliche Gleichstellung rechtswidriger Nichthinderung des Erfolgs mit seiner rechtswidrigen Herbeiführung sei innerlich ungerechtfertigt;[3]) z. B. das bloße Dulden fremder Unzucht ist der positiven Förderung nicht gleichwertig; das Nichtabhalten vom Bettel ist nicht gleichwertig dem Bettel und der Anstiftung hierzu.[4])

Bei den echten Unterlassungsdelikten hat sich der Gesetzgeber dadurch geholfen, daß er die Nichtbefolgung seines Ge-

---

[1]) Vgl. Binding N. 2 (2) 568, Kohler, Studien 1, 65; aber auch v. Bar, GesuSch. 3, 246 N. 415.

[2]) Vgl. Höpfner, ZStW. 36, 110.

[3]) A. a. O. 112.

[4]) Andere Beispiele bei Höpfner, a. a. O. 108 f., der richtig bemerkt, daß in manchen Fällen die Unterlassung vollkommen gleichwertig mit der positiven Herbeiführung sei. Darin dürfte etwas Richtiges liegen.

bots nur für den Nichteintritt des von ihm verlangten Erfolgs als kausal behandelt. Der ein Verbrechen nach § 139 nicht Anzeigende ist daher nicht Gehilfe des nicht angezeigten Verbrechens, sondern nur Täter der Nichtanzeige. Für Kommissivdelikte würde dem Grundgedanken vielleicht vorläufig (d. h. bis zu völliger Abklärung des Fälle) genügend Rechnung getragen, wenn man bei denjenigen Delikten, wo sich der Unterschied als merklich herausstellt (nicht Tötungen), bestimmte, daß die Bewirkung des Erfolgs durch pflichtwidrige Nichthinderung seines Eintritts einem milderen Strafrahmen unterstehe. Dieser würde etwa dem der Beihilfe zu entsprechen haben.[1])

§ 22.

Ort und Zeit der strafbaren Handlung.

Praktische Bedeutung der räumlichen und zeitlichen Verhältnisse des Handelns.

Die Frage, wo und wann eine Handlung begangen ist[2]), wird wichtig für viele Tatbestände, welche einen bestimmten Ort oder eine bestimmte Zeit einer Handlung für das Erfülltsein ihrer Merkmale verlangen; z. B. eine von einem Ausländer begangene Handlung wird nach der Regel des § 4 I nicht gestraft, wenn sie nur im Auslande begangen ist. Wo ist die Beleidigung aber begangen, wenn der beleidigende Brief vom Ausländer in Prag aufgegeben und in München vom Adressaten gelesen wurde? Wo ist ein Mord begangen worden, wenn ein Deutscher diesseits der Grenze von einem Schusse getroffen wurde, den ein

---

[1]) Weitergehend Höpfner a. a. O. 131, der generell für einen milderen Strafrahmen bei Bewirkung durch Unterlassung eintritt, vorbehaltlich der Fälle, wo die Nichthinderung der positiven Herbeiführung des Erfolges gleichwertig erscheint. Allein es dürfte sich hauptsächlich um Fälle handeln, wo die Verursachung durch Unterlassung leicht auf bloßer Scheu vor Unbequemlichkeiten oder auf allgemeiner Unlust (Trägheit) beruht. Dieses Motiv der rechtswidrigen Unterlassung kann als mildernd nur bei weniger wichtigen Rechtsgütern anerkannt werden. Aber es gibt dem Gesetzgeber doch den Fingerzeig, mit dem Aufstellen von Rechtspflichten zur Erfolgverhinderung sparsam zu sein.

[2]) Bei örtlicher Verschiedenheit von Handlung und Erfolg spricht man von Distanzdelikten.

Ausländer jenseits derselben auf ihn abgab? Ist ferner ein beschimpfender Unfug in einer Kirche (§ 166) verübt worden, wenn der Täter außerhalb steht, aber mittels Blendspiegels den Geistlichen durch das Fenster auf der Kanzel bespiegelt? Ist eine Beleidigung von Beamten während ihrer Berufsausübung begangen (§ 196), wenn der Briefschreiber die Beleidigung vor der Amtshandlung zu Papier gebracht hat, aber sie dem Beleidigten während seiner Amtstätigkeit durch ein schuldloses Werkzeug des Täters zu Gesicht gebracht wird?

I. Die hauptsächlichen Ansichten.

1. In der Doktrin überwiegt die Aufenthaltstheorie, d. h. die Meinung, daß eine Handlung ausschließlich am Orte und zur Zeit des kausalen körperlichen Verhaltens des Handelnden verübt sei.[1]

Für Unterlassungen ergibt sich daraus, daß sie begangen sind nur an dem Orte und zu der Zeit, wo der Täter zur Erfüllung seiner Rechtspflicht hätte spätestens handeln müssen.[2] Da diese Konsequenz äußerst unpraktisch werden kann, weil man diese Feststellung oft gar nicht mit Sicherheit treffen kann, da ferner der Ausländer sich dann seinen Pflichten leicht entziehen kann, indem er vor dem spätesten Zeitpunkte der Pflichterfüllung sich ins Ausland begibt, wird das Prinzip von einigen hier durchlöchert und auch Ort und Zeit, wo die Verpflichtung fällig ist, bei Unterlassungen als Handlungsort anerkannt.[3]

Andere helfen sich damit, daß sie hier ausschließlich den Ort und die Zeit der gebotenen Erfüllung, also den Erfolgsort, maßgebend sein lassen.[4]

Eine Ausnahme von der Aufenthaltstheorie macht v. Liszt[5] speziell für die Fälle, daß sich der Täter eines menschlichen

---

[1]) Über eine Untergruppe, die nur den letzten Tätigkeitsakt maßgebend sein läßt, siehe Kitzinger, Ort und Zeit S. 38. Vgl. ferner z. B. Beling, Grdz. [4] 103, v. Liszt [20] 142, Allfeld (7) 173 (anders jedoch für Unterlassungen 175 N. 13), Frank § 3 IV, Reichardt L. 55.

[2]) So Kitzinger, Ort und Zeit 123, Finger 1, 330.

[3]) Vgl. Frank § 3 IV, v. Bar 1, 154 f.

[4]) So v. Liszt 142.

[5]) Vgl. v. Liszt § 31 IV 3.

Werkzeugs zur Ausführung bedient. Die Handlung sei am Ort und zur Zeit der Tätigkeit des Werkzeugs begangen.[1])

2. Vereinzelt wird vertreten die Erfolgstheorie; danach ist für Zeit und Ort der Handlung der nähere Verbrechenserfolg maßgebend.[2])

3. Die Praxis und eine Minderheit in der Theorie läßt Tätigkeit und näheren Erfolg zur Handlung im zeitlichen und räumlichen Sinne gehören.[3]) Sogen. Einheitstheorie.

In bezug auf den Umfang der Beiziehung des Erfolges bestehen zum Teil Meinungsverschiedenheiten.

Einzelne[4]) rechnen zur Handlung die Zwischenwirkungen zwischen der Tätigkeit und dem tatbestandsmäßigen Erfolge mit.[5])

Allein die Absendung eines beleidigenden Briefes, der von Amsterdam nach Prag über Deutschland wandert, bedeutet

---

1) Dagegen aber: Allfeld 174 N. 7.

2) So v. Liszt bis zur 10. Auflage § 31 I, Neumeyer, Histor. u. dogm. Darstellung des Bankrotts (1891) S. 157, Häberlin, GA. 25, 432, Glaser, Strafprozeßrecht 2, 184/85 (für die Distanzverbrechen); Birkmeyer, Teilnahme 175, mit der Beschränkung auf Teilnahmehandlungen; sie seien am Ort der Haupttat begangen. (Vgl. dagegen E. 11, 20 (23), welches die Teilnahme auch am Orte der Tätigkeit begangen sein läßt.)

3) So Binding N. 2 [2] 115, Mayer 92 (jedoch nicht für das zeitliche Geltungsgebiet 94), Wachenfeld 100, Uflacker, Ort der Handlung (1910) S. 48, v. Lilienthal, Ort der begangenen Handlung (1890) S. 27, Graf zu Dohna, Strafverfahren (für das materielle Strafrecht) S. 27, Thomsen, Lehrbuch 87/88. Für den räumlichen Umfang der Handlung ebenso: RGE. 1, 274 (76); 3, 316 (18); 11, 20 (22); 13, 337 (39); 19, 147; 20, 146 (48); 39, 257 (63); 42, 430 (33). RMG. 16, 66 (letzteres bezüglich des Ortes der Unterlassung). Daß das RG. immer streng in dem gleichen Sinn seine Entscheidungen begründet hätte, läßt sich jedoch nicht behaupten; vgl. Kitzinger, VD. A. 1, 149.

4) Z. B. Olshausen § 2 N. 1, § 3 N. 5, in der Hauptsache auch Stenglein StPO. [3] § 7 N. 3.

5) Ebenso RGE. 10, 420 (22). Nach Olshausen, a. a. O., gehören außer der Tätigkeit überhaupt nur die Zwischenwirkungen zum Erfolg. Gegen die Einbeziehung der Zwischenwirkungen zur Handlung mit Recht Wachenfeld 99, v. Bar 1, 140, Binding H. 1, 423, v. Lilienthal 17.

nicht, daß die Beleidigung außer in Amsterdam auch überall auf dem Reiseweg des Briefes nach Prag begangen sei.[1])

Davon verschieden ist die Ansicht, wonach die Handlung nicht nur am Tätigkeits- und Erfolgsorte, sondern auch da begangen sei, wo ein rechtswidriger Angriff im Sinne der Notwehr vorliegt.[2]) Danach ist ein Landesverrat nicht nur an dem Aufenthaltsorte des Täters und am Empfangsorte des Briefes begangen, sondern auch da, wo seine Mittelspersonen die Briefe aufgegeben haben.

Nur ein Vergreifen im Ausdruck scheint vorzuliegen, wenn vereinzelt gesagt wurde, die Handlung erstrecke sich so weit, als ihre Wirksamkeit dauere.[3])

Ziemlich vereinzelt ist ferner die Ansicht, daß eine Handlung auch da begangen sei, wo eine besondere von der Schuld nicht umspannte Vorbedingung der Bestrafung hinzutritt.[4]) Es kommt doch nur darauf an, wo sich der Tatbestand der einzelnen Bankerotthandlung erfüllte.

II. Die Lösung.

1. Im Sinne der §§ 2, 55, 67 IV, 73 umfaßt die Handlung nur das körperliche Verhalten.[5])

2. Im Sinne der §§ 46 Z. 2, 51, 59 umfaßt sie das körperliche Verhalten mit Einschluß von Zwischenwirkungen.

Folgerung: Wer in schuldlosem Zustande die Ursache für einen Erfolg setzt, hernach aber noch vor dem Erfolgsein-

---

1) Gl. M.: Binding H. 1, 423, der für diese Delikte, bei denen weder die Handlung noch der rechtlich relevante Erfolg ins Inland fällt, den Ausdruck Transitverbrechen aufbrachte, v. Lilienthal, Ort der begangenen Handlung 28, Mayer 92 N. 7.

2) So anscheinend E. 13, 339.

3) So E. 3, 316 (18). Danach wäre auch der entferntere Erfolg Handlungsbestandteil. Dagegen rechnen E. 1, 274 (76), 11, 20 (21) nur den vom Willen des Täters umspannten, also den näheren, Erfolg zur Handlung.

4) Nach E. 16, 188, 43, 84 ist der Bankerott auch da begangen, wo der Konkurs über das Vermögen des Täters ausbrach. Ebenso v. Bar 1, 156. Dagegen aber Olshausen § 3 N. 7, Binding L. 1, 428, Schwartz, KO. § 239 N. 13, Wachenfeld 431.

5) Zu § 73 vgl. auch Höpfner, Einheit und Mehrh. der Verbr. 1, 120.

tritt zurechnungsfähig wird und es bewußt unterläßt, den Erfolg zu verhindern, hat den Erfolg vorsätzlich herbeigeführt.

Die Handlung ist entdeckt (§ 46 Z. 2), wenn man auch nur ihre Wirkung, z. B. das gefälschte Objekt, die glimmende Lunte, entdeckt hat.

3. Im Sinne der §§ 182, 184 Z. 2, 184a, 196, 307 Z. 1, ferner der §§ 110, 166, 292, 366 Z. 3, 9 ist der Erfolg maßgebend für Zeit bzw. Ort der Handlung.

Z. B.: Wer außerhalb einer Versammlung befindlich einen Rollenfilm dirigiert, der dem Versammlungspublikum einen Ungehorsam gegen Gesetze anrät, hat vor dem Publikum diese Aufforderung ergehen lassen; dagegen nicht derjenige, welcher in Gegenwart des Publikums einen im Saale befindlichen Fernsprecher benützt, mittels dessen er zwar vor Augen des Publikums, aber ohne daß dieses die Worte versteht, einen Dritten zum Ungehorsam gegen Gesetze auffordert. M. a. W. für die Frage, ob öffentlich vor einer Menschenmenge gehandelt wurde, ist nicht entscheidend der Standort des Täters, sondern der Wirkungskreis seiner Tätigkeit.

Ebenso hat aus einem zum Gottesdienst bestimmten Gebäude gestohlen, wer nicht selbst eintrat, sondern durch ein Werkzeug stehlen ließ.

4. Im Sinne der §§ 3 f., 48, 49, 250 Z. 3, 293, 296, 306 Z. 3, 367 Z. 8 und 15 besteht die Handlung aus der körperlichen Tätigkeit sowie aus ihren deliktischen Wirkungen mit Einschluß des näheren Erfolgs. Also überall da, wo ein gegenwärtiger rechtswidriger Angriff zu verspüren war, ist die Handlung begangen. Wenn der ausländische Täter vom Auslande aus ein inländisches Werkzeug, das vielleicht gutgläubig war, benutzte, um im Inlande von einer falschen Urkunde Gebrauch zu machen, so hat er im Inland die Urkundenfälschung verübt. Bei Transitverbrechen ist dagegen nicht jeder Ort, den der Brief mit rechtswidrigem Inhalt passierte, als Deliktsort anzusehen. Denn nicht überall auf dem Wege ist ein gegenwärtiger Angriff zu verspüren gewesen.[1])

---

[1]) So treffend v. Hippel, ZStW. 37, 15 f.

Einzelnes:

a) Die Teilnahmehandlung ist da begangen, wo der Teilnehmer tätig wurde, aber auch da, wo die Teilnahmehandlung auf die Täterhandlung wirkte, wo sie also als eine rechtswidrige Eingliederung in die Kausalität des Täters mitwirkte. Sie ist daher auch begangen an dem Ort, wo der nähere Erfolg der Haupttat sich vollendete.[1]

Dagegen hat der Teilnehmer nicht überall da gehandelt, wo der Haupttäter tätig wurde. Denn es kann sein, daß der Täter das ihm vom Gehilfen gegebene Mittel erst im späteren Verlaufe der Ausführung benützt.

Die Beihilfe kann bei Erfolgsdelikten der Ausführung auch nachfolgen.[2]

Teilnahme, die im Inland zu einer im Auslande begangenen Haupttat geleistet wurde, ist straffällig, wenn die Haupttat bei uns ohne Rücksicht auf den Tatort gestraft werden kann (z. B. § 4 Z. 1) oder am Tatorte ebenfalls bedroht ist (§ 4 Z. 3), oder wenn die Teilnahmehandlung bei uns auch als selbständiger Tatbestand bedroht ist (z. B. §§ 180, 360 Z. 4, 5).

Dagegen ist straflos z. B., wer einem Ausländer zu einer bestimmten Reklame in dessen Heimatsstaate rät, die dort erlaubt, aber bei uns unlauterer Wettbewerb ist.[3]

b) Bei Unterlassungen ist im Sinne des § 3 Handlungsort der Aufenthaltsort des Täters im Augenblick, wo er spätestens handeln mußte, aber auch der Ort, wo das Angriffsobjekt verletzt (bzw. bei Gefährdungsdelikten gefährdet) wurde.[4]

c) bei Delikten, welche sich an verschiedenen Orten verwirklichen, genügt es im Sinne des § 3, daß ein Teil ins Inland fällt, um die ganze Tat im Inland aburteilen zu können.

Z. B.: Jemand hält einen anderen 5 Tage im Ausland und anschließend 5 Tage im Inland gefangen. Strafe aus § 239 III.

Jemand bindet einen andern jenseits der Grenze und

---

1) Gl. M.: v. Hippel, ZStW. 37, 16.

2) Gl. M.: wohl Wachenfeld 101.

3) Generell für Strafbarkeit inländischer Teilnahme zu einer im Ausland straflosen Tat v. Hippel, ZStW. 37, 22.

4) Hier abweichend v. Hippel Z. 37, 19 (nur der letztere Ort).

nimmt dann dessen diesseits liegende Waren weg. Strafe aus § 249.

Jemand wuchert gewohnheitsmäßig, nur der letzte Akt fällt ins Inland. Strafe aus § 302 d.[1])

Von Bar will die Einheit bei Kollektivdelikten dann trennen, wenn erst die repetierende Tätigkeit die Strafbarkeit begründet. Dazu besteht kein genügender Anlaß. Der Gedanke der nulla poena sine praevia lege ist auf das räumliche Anwendungsgebiet, das mit der Schuld des Täters nichts zu tun hat, nicht zu übertragen.[2])

III. Räumliche und zeitliche Bedeutung anderer Tatbestandsmerkmale als des Handelns.

Über die Frage, in welchem räumlichen Sinn Tatbestandsmerkmale, wie Beamter (§ 113), Behörde (§ 164), im Staate bestehende Religionsgesellschaft (§ 167), bei Auslandstaten zu verstehen sind, vgl. oben § 13 IV 2a.

In zeitlicher Hinsicht müssen rechtliche Tatbestandsmerkmale, die bei der Handlung bereits vorausgesetzt sind, erfüllt sein im Augenblick der Handlung. Es kommt nicht darauf an, ob das rechtliche Tatbestandsmerkmal auf den konkreten Tatbestand auch im Augenblick der Aburteilung zutrifft. Ein Mann, der sich die preußische Staatsangehörigkeit oder eine staatliche Anstellung erschlichen hat, ist daher bis zu der rechtskräftigen Nichtigkeitserklärung des Staatsaktes Preuße, bzw. Beamter und den besonderen Pflichten eines solchen unterworfen. Aus dem gleichen Grunde kann ein Ehegatte, der in vernichtbarer Ehe lebt, vor rechtskräftiger Nichtigkeitserklärung der Ehe trotz § 1343 BGB. keines strafbaren Diebstahls gegen den andern sich schuldig machen. Der in vernichtbarer Ehe lebende Gatte ist auch Angehöriger im Sinne des StGB. § 52 II und demgemäß für Nothilfe bei strafrechtlichem Notstand (§§ 52, 54) nicht strafbar. — Die zivilrechtliche Rückwirkung

---

[1]) Vgl. Olshausen § 3 N. 4; a. M.: Kitzinger, VD. A. 1, 213; v. Bar 1, 153.

[2]) v. Hippel Z. 37, 18 trennt beim fortgesetzten Delikt die Auslandshandlungen ab. Das läßt sich gut vertreten, entspricht aber doch nicht der Tendenz einmaliger Bestrafung im geltenden Recht.

des rechtskräftigen Nichtigkeitsurteils wirkt nicht strafrechtlich. Daher ist die Strafbarkeit der bezeichneten Handlungen auch nicht etwa bloß suspensiv bedingt bis zur Nichtigkeitserklärung.[1] Umgekehrt wird eine Frau, die in vernichtbarer Ehe lebt und sich gegenüber dem zuständigen Polizeibeamten ihres Mädchennamens bedient, nicht dadurch straflos (§ 360 Z. 8), daß noch vor ihrer Aburteilung die Ehe rechtskräftig für nichtig erklärt wird.[2]

Die Regel geht demnach zugleich dahin, das das formelle Bestehen eines mit einem Vernichtungsgrunde behafteten Tatbestandmerkmals genügt, um strafrechtlich sein Gegebensein annehmen zu können. Aus dem Wesen der Doppelehe dürfte jedoch ein Ausnahmefall sich ergeben: Wenn der binubus mit seiner ersten Frau geschlechtlich verkehrt, begeht er keinen Ehebruch. Insoweit wirkt also die Ehe nicht einmal formell bis zur Nichtigkeitserklärung.[3] Man wird einen Schritt weitergehen und annehmen dürfen, daß auch der geschlechtliche Verkehr mit der zweiten Frau nur eine straflose Nachhandlung der verbotenen Eheschließung, also keine neue strafbare Handlung bedeutet. Dagegen kann nicht zugegeben werden, daß eine materiell nichtige Ehe unter keinen Umständen eine Pflicht begründe, einstweilen den Geschlechtsverkehr mit dritten Personen bis zur Nichtigkeitserklärung zu unterlassen. Bestrafung eines vorherigen Ehebruchs nach Scheidung einer latent nichtigen Ehe erscheint daher möglich; z. B. der Ehegatte kannte das nahe Verwandtschaftsverhältnis zu seiner Gattin nicht, trieb aber außerdem wiederholt Ehebruch.[4]

---

[1] Gl. M.: Müller, BlfRA. **71**, 547, Riezler. Iher. Jahrb. **66**, 475, 485.

[2] Beispiel von Riezler a. a. O. 476.

[3] Gl. M.: Riezler a. a. O. 489.

[4] Vgl. über diese Streitfrage Frank § 172, I, Riezler a. a. O. 488, die abweichend entscheiden.

Drittes Kapitel.

Die Schuldseite des Verbrechens.

§ 23.

Das Erfordernis einer Schuld.[1]

I. Begriff.

Schuld im Sinne des materiellen Strafrechts ist die betätigte und wegen ihrer Richtung gegen bestimmte Schutzobjekte vorwerfbare Willensbestimmung eines zurechnungsfähigen Menschen.

In diesem Sinne spricht das Gesetz in §§ 227 I, 213, 94 von Verschulden, Schuld, sich schuldig machen.

Schuld im Sinne der dogmatischen Lehre[2]) (d. h. als Oberbegriff der Schuldarten) ist die Willensbestimmung eines Menschen, welche ihn in vorwerfbarer Weise zu einer mißbilligten (meist rechtlich verbotenen; vgl. jedoch §§ 213, 227 I, 367 Z. 10) Handlung treibt.

Nicht zum Schuldbegriff gehört die Abwesenheit abnormer Umstände, z. B. von Notwehr und Notstand.[3]) Allerdings handelt der Notwehr Übende nicht schuldhaft; aber die Schuld fehlt nicht, weil hier ein psychisches Merkmal wegfiele, sondern

---

1) Über die Geschichte vgl. A. Löffler, Schuldformen des Strafrecht 1, 13—262 (1895).

2) Mit Unrecht hält aber Lacmann GA. 56, 262, den von der Handlung absehenden Schuldbegriff für den einzig zulässigen. Richtig: v. Liszt § 36 I, Mayer, ZStW. 32, 494 N. 2.

3) A. M.: Frank, Aufbau des Schuldbegr. (1907) 12 f.

weil es an einem objektiven Substrate (der rechtswidrigen Handlung) gebricht, an der sich die Psyche in vorwerfbarer Weise betätigen könnte.

Man kann bei der Schuld ein normatives, ein psychologisches und ein ethisches Element unterscheiden:

Das normative Element liegt in der Verwerfung der Handlung durch das Recht, die Religion, die Verkehrssitte usw.;

das psychologische Element in einem Willensvorgang;

das ethische Element in einem Widerspruch zwischen der nach der Rechtsordnung zu hegenden Erwartung und dem tatsächlichen Verhalten des Menschen bei seiner Willensbildung.

1. Kern des Schuldurteils. Die Vorwerfbarkeit beruht nach indeterministischer Ansicht[1]) darauf, daß der Täter bei einer konkreten Willensbestimmung in der Lage ist, sich pflichtgemäß (d. h. entsprechend dem Willen der Rechtsordnung) zu bestimmen.

Auf diesem Standpunkt einer Willensfreiheit steht auch der Gesetzgeber von 1871 in § 51. Doch ist seine Meinung nicht die, daß derjenige zu einem Schuldurteil nicht gelangen darf, welcher etwa das Zustandekommen der schuldhaften Willensbestimmung deterministisch erklärt. „Freie Willensbestimmung" bedeutet in § 51 nur die gemeinverständliche Zusammenfassung der äußeren Symptome bestehender Zurechnungsfähigkeit.

Für deterministische Auffassung[2]) beruht die

---

[1]) Vertreten u. a. von v. Bar 2, 12, Baumgarten, Aufbau der Verbrechenslehre (1913) 112, Beling, Grdr. 43, Binding N. 2 (2), 16, Birkmeyer RE. (2) 1122, KrVJSchr. 31, 549, Kohler, Moderne Rechtsprobleme (07) 26 f., v. Rohland, Die Willensfreiheit und ihre Gegner (1905) 49 f, Kitz, Volksüberzeugung, Willensfreiheit (1914) 34, Köhler, Reformfr. (1903) 14.

[2]) Vertreten u. a. von Hold v. Ferneck, Rechtswidrigkeit (1903) 1, 54, v. Liszt, Aufsätze (1905) 2, 38; Liepmann, Einleitung (1900) 93, Merkel, Vergeltungsidee (1892) 57; Petersen, Willensfreiheit, Moral und Strafrecht (1905) 151; Traeger, Wille, Determinismus und Strafr. (1895) 135 f.; M. E. Mayer, Schuldhafte Handlung 92 f.; v. Hippel, Willensfreiheit (1903) 17 f.; Graf Dohna, MonKrimPsych. 3, 524.

Vorwerfbarkeit auf der Beobachtung, daß der Täter ein von erheblicheren pathologischen Störungen freies, vernünftiges Verhalten an den Tag legte, das zu anderen Erwartungen berechtigte.

Im einen Fall wird die Person in ihrem innersten Wesen für verantwortlich erklärt. Im anderen Fall wird das Mißverhältnis zwischen erwartetem und eingetretenem Verhalten zu einem Unwerturteil verdichtet.

In beiden Fällen aber wird man anerkennen, daß zum Schuldurteil ein Zusammenwirken von Vorstellungen und daran geknüpften Strebungen gehört. Aber die Vorstellungen waren nur die Grundlage für ein bestimmtes Wollen; daher ist die Schuld am besten durch ein Wollen zu charakterisieren; sie ist nicht Verstandesschuld, sondern Willensschuld.

Anhang: Schuld und Willensfreiheit.

Ebenso wie die stofflichen Unterlagen der Schuld kann man auch den Begriff der Zurechnungsfähigkeit ohne Benötigung der Willensfreiheit durch Aufzählung der Merkmale ersetzen, aus denen der Indeterminist auf Willensfreiheit im Einzelfalle schließt. Es muß z. B. eine Fähigkeit zu richtigen Wahrnehmungen vorhanden sein (also die Fähigkeit, richtig zu empfinden, die Fähigkeit zu assoziieren, eine größere Anzahl von reproduzierbaren Erinnerungseindrücken). Der Täter muß ferner eine Fähigkeit zur Entwicklung gewisser elementarer Gefühle, z. B. Schmerzgefühl, Hungergefühl, Kraftgefühl, und eine Fähigkeit zu nichtpathologischer Verbindungsweise der psychischen Gebilde besitzen, alles gemessen an einem Mindestmaße des Verkehrsbedürfnisses, welches erfüllt sein muß, damit man dem einzelnen eine gewisse Bewegungsfreiheit einräumen kann.

Ebenso ist die Annahme der Willensfreiheit nicht unumgänglich, um zu den praktischen Postulaten des Vergeltungsgedankens zu gelangen. Man kann von der generellen motivierenden Kraft teils schon der Strafdrohungen, teils des Strafvollzugs auf den zurechnungsfähigen Täter oder auf das Publikum im allgemeinen ausgehen; das Bedürfnis nach einer Abhaltung ist durch die benötigte Ordnung des gesellschaftlichen Zusammenlebens zu rechtfertigen. Die mannigfach für das Staatsleben nachteiligen Wirkungen unnötig strenger Strafen, die Anerkennung einer Gedankenfreiheit im konstitutionellen Staat und die Rücksichtnahme auf die Pflege humanitärer Gesinnung sowie auf soziale Nützlichkeiten auch zahlreicher Verbrechenstäter sprechen dafür, daß der Staat die Strafen nach gewissen Unwerturteilen der einsichtigen Kreise über die Bedeutung bestimmten mißbilligten Verhaltens bemißt.

Endlich ist inhaltlich auch das aufrecht zu erhalten, was man als Strafe bezeichnet. Insbesondere ist aus Gesichtspunkten der Anerkennung einer Gedankenfreiheit und aus der Trüglichkeit der durchschnittlichen Erkenntnis von bloßen Gesinnungs-Besserungen und -Verschlechterungen heraus das Postulat zu begründen, daß die zur Motivierung geplanten Maßnahmen der Übelsauferlegung sich auf eine Bewertung der vergangenen Tat beschränken.

Ergibt sich damit, daß der Determinismus nicht notwendig zu einer Veränderung der praktischen Einrichtungen im Rechte führen muß, daß sich ferner auch unser Denken danach korrigieren und danach praktisch einrichten kann, so ist die Behauptung zum mindesten für die Praxis unnötig, daß wir zum Indeterminismus determiniert seien.[1]) Ebensowenig, wie wir etwa zu dem Glauben determiniert sind, daß die Sonne sich um die Erde drehe, ist es für uns unmöglich, unser ganzes Rechtssystem deterministisch zu begründen. Die Schwierigkeiten der Aufklärung (insbesondere über die mangelnde praktische Bedeutung der Willensfreiheit) wären nicht größer, als sie für zahlreiche andere Naturvorgänge bestehen. Im Rechtsverkehr braucht sich deshalb überhaupt nichts zu ändern. Demgemäß ist für das Strafrecht (anders für verschiedene Religionen und für die Ethik) die Willensfreiheit zur Aufrechterhaltung nicht wesentlich.[2]) Dagegen ist das Problem auch für das Strafrecht erkenntnistheoretisch von Wichtigkeit. Die letzte Verankerung einer Zahl von Grund-

---

1) Gl. M.: Liepmann, ZStW. 22, 95. A. M.: Mayer, Strafr. 451, Mayer, Schuldhafte Handlung 100.

2) Gl. M.: Allfeld 17, 18, Bierling 3, 253, Finger 1, 235, v. Liszt § 16 III, Wachenfeld 81. A. M.: Birkmeyer, Schuld und Gefährlichkeit (1914) 33/34 und schon früher (s. die dortigen Angaben); Beling, Grdz. 43, Kitz, Volksüberzeugung 12, v. Liszt, Aufs. u. Vortr. 2, 48, Merkel-Liepmann 99 f.

begriffen ist eine verschiedene je nach Ausfall der Entscheidung. Die Annahme, daß der einzelne keine Wahlfreiheit hat, sondern daß seine Handlungen sich aus einem Parallelogramm der beiden Kräfte Charakter und gelegentliche Reize vollkommen erklären, nötigt zu einer Umwertung hergebrachter Begriffe, die aus anderen Elementen zusammenzusetzen sind, mögen sie dann auch die gleiche Verwertbarkeit behalten.

Bewiesen ist zurzeit weder die Willensfreiheit, noch die Unmöglichkeit ihres Bestehens.[1] Dem Verfasser erscheint die Annahme einer Wahlfreiheit als Grundlage der Schuld mehr Wahrscheinlichkeit für sich zu haben. Nicht als ob dem Charakter und den gelegentlichen Antrieben keine wesentliche Bedeutung für die Entschlußrichtung[2] zukäme. Aber sie vermögen den Vorgang der Willensbildung nicht restlos befriedigend aufzuklären. Das den meisten Menschen innewohnende Freiheitsbewußtsein,[3] gelegentlich verbunden mit Reuegefühlen,[4] deutet auf die Existenz einer dritten farblosen Potenz hin, die Oberhand gegenüber bewußt gewordenen Antrieben zu behalten und dem einen oder anderen Antrieb ohne Rücksicht auf die Stärke seines Drängens den Zugang zu den motorischen Nerven zu verlegen. Nicht als ob ferner etwa diese Potenz kausallos entstanden wäre. Sie ist mit dem Heranwachsen des geistig gesunden Menschen physisch entwickelt worden. Nur daß sie nichts anderes wäre als der Reflex der gesamten Charaktereigenschaften des Menschen ist zu bestreiten. Das Freiheitsbewußtsein geht dahin, ungebunden zu sein. Wer sich gut kennt, kann etwa einen Hang in sich spüren, eine bestimmte Beleidigung zu erwidern,

---

[1]) Gl. M.: v. Bar 2, 5 u. 12, Löffler, Schuldformen 3.

[2]) Sagt man statt „gelegentlicher" Antrieb etwa „Motiv", so gewinnt man kein koordiniertes Seitenstück zum Charakter. Denn aus dem Charakter entwickeln sich ebenfalls Motive. Gl. M.: Binding N. 2, 30. Anders die Terminologie v. Mayer 104. — Wir gebrauchen hier Motiv als den ausschlaggebenden (letzten) Beweggrund, der in den Blickpunkt des Bewußtsein getreten war (= reales Motiv im Sinne von Thomsen 66).

[3]) Gewöhnlich Freiheitsgefühl genannt, entspringend aus dem Ichgefühl. Ueber die Bedeutung beider vgl. K. Joël, Der freie Wille (1908) 242 f. — Ueber Willensvermögen beachtlich v. Bar 2, 274 N. 1.

[4]) Vgl. darüber auch Gerland, Das Gewissen (1905), S. 7/8, der sie aber deterministisch deutet.

er kann außerdem noch von einem anderen in gleicher Richtung beraten sein, aber trotzdem einer Regung nachgeben, welche ihm sonst ziemlich fremd ist. So sagt wenigstens das Freiheitsbewußtsein.

Man wende nicht ein, das Freiheitsbewußtsein sei ein Schein, denn es komme gelegentlich auch bei Geisteskranken vor.[1]) Mit dem gleichen Recht könnte man sagen, das Bewußtsein der körperlichen Gesundheit sei ein Schein, denn es komme auch bei Kranken vor; also gebe es in Wahrheit keine Gesundheit. Es fragt sich vielmehr, ob zu vermuten ist, daß ein den Menschen eingepflanzter Bewußtseinsinhalt ausnahmslos eine Täuschung ist. Dies ist wenig wahrscheinlich. Nimmt man die Freiheit des Willens an, so wird deswegen der Ausfall der Entscheidung durchaus nicht etwa rein zufällig. Je stärker der aus dem Charakter oder aus einem nur gelegentlichen Antrieb entnommene Reiz ist, je schwächer die assoziativ auftretenden oder von außen herkommenden Gegentriebe sind, desto größer ist die Wahrscheinlichkeit, daß die im Menschen entwickelte bewußte Kraft zum Widerstand diesen Kampf nicht aufnehmen wird. Es gehört eine gewisse Anstrengung dazu, stark andrängenden Motiven gegenüber ein Überlegungsstadium einzuschalten oder Gegentriebe aufzusuchen, d. h. ihre Reproduktion zu veranlassen. Wenn der Mensch schließlich mehr oder wenig schnell den einen oder anderen Antrieb zum herrschenden Motiv werden läßt, so hat er sich entschlossen. Nicht den Antrieb, der objektiv für ihn der vorteilhafteste war, hat er notwendig gewählt, sondern er hat diesen oder jenen Antrieb als für ihn vorteilhaftestes Motiv erklärt, auch wenn er sich keine Rechenschaft geben kann, warum er dies sein soll. Er kann die Lustbetonung von Antrieben vielleicht nicht schaffen, aber verstärken oder vermindern. Die Annahme, daß hier immer unbewußte Verstärkungen eintreten und nur scheinbar das die Entschlüsse beherrschende Ichbewußtsein entscheide, ist denkbar, aber nicht naheliegend.

Die Hypothese, daß die Bekämpfung stark drängender Antriebe eine Anstrengung fordert, liefert auch einen Schlüssel

---

[1]) A. M.: Petersen, Willensfreiheit (1905) 138.

zur Erklärung der Schuldbewertung. Wenn der Motiv gewordene Antrieb ohne bewußtes Zutun des Täters sehr stark war, d. h. die Gegentriebe von vornherein stark überwog, so ist die Schuld kleiner, als wenn die Anstrengung, um ihn erfolgreich zu bekämpfen, nur schwach war. War der Antrieb zur Tat so mächtig, daß die Rechtsordnung dem Täter nicht zumuten will, ihn durch Gegentriebe zu überwinden, so liegt rechtlich entschuldigender Notstand vor. Traf der Antrieb erhebliche pathologische Störungen an, welche nach Ansicht des Rechts ebenfalls die Zumutung aufheben, hier erfolgreich anzukämpfen, so liegt rechtliche Unzurechnungsfähigkeit vor. Wo objektiv die Grenze liegt, jenseits welcher der Mensch nicht erfolgreich Widerstand leisten kann, läßt sich nur aus massenhaften Einzelbeobachtungen über den Verlauf gleichartiger Fälle und nur annähernd bestimmen. Das Recht und insbesondere die neuere psychiatrische Praxis lassen richtig die Zurechenbarkeit nicht schon mit Erreichung dieser Grenze beginnen, sondern ziehen der Zurechenbarkeit engere Grenzen.

2. Abweichende Definitionen der Schuld.

a) Binding[1]) definiert: Schuld i. e. S. ist das Willensverhalten, kürzer der Wille eines Handlungsfähigen als Ursache einer Rechtswidrigkeit. Diese Begriffsbestimmung drückt m. E. nicht unverkennbar Bindings Grundgedanken aus, daß Schuld nur der auf eine Widerrechtlichkeit gerichtete Wille eines Handlungsfähigen sei.[2])

Dieser Auffassung kann nur folgen, wer bei der Fahrlässigkeit ebenfalls einen Willen der Widerrechtlickeit voraussetzt und überhaupt eine Schuld begrifflich ablehnt, wenn der Täter eine konkrete Norm nicht gekannt hat, aber mit Bewußtsein den von ihr nicht gewollten Tatbestand verwirklicht.

b) v. Liszt[3]) definiert die Schuld ihrem materiellen Inhalte nach als die aus der begangenen Tat (dem antisozialen Verhalten) erkennbare asoziale Gesinnung

---

1) Vgl. Binding N. 2 (2), 293.

2) Vgl. Binding, Normen 2 (2), 294. Vgl. auch M. Kauffmann, Das Verschuldungsprinzip (1912) 69: Die strafrechtliche Schuld ist das Wissen um die Verantwortlichkeit eines Verhaltens.

3) Vgl. v. Liszt § 36 I 1 (S. 163).

des Täters. Dem steht entgegen, daß die asoziale Gesinnung an und für sich innerhalb bestimmter Grenzen erlaubt ist, daß umgekehrt eine soziale Gesinnung zu schuldhaften Taten (kommunistische Attentate) führen kann, daß endlich der Schuldbegriff immer nur eine Einzeltat betrifft, nicht einen davon unabhängigen und daher auch nicht verbotenen inneren Zustand.

c) Hold v. Ferneck[1]) nimmt an, Schuld sei eine regelmäßig gegebene subjektive Beziehung des Täters zur Tat. Allein ohne eine auch im Einzelfall konstatierbare subjektive Beziehung vorwerfbarer Art des Täters zur Tat ist Schuld im Sinne des Gesetzes wie des Sprachgebrauchs nicht gegeben. Generelle Voraussehbarkeit, die nicht ebenso auch beim konkreten Täter vorlag, genügt zur Fahrlässigkeit nicht.[2]) Die Gegenauffassung hängt damit zusammen, daß tatsächlich die Fahrlässigkeit unleugbar als Schuldart gilt, während behauptet wird, ein persönlich vorwerfbares Verhalten lasse sich mindestens bei der unbewußten Fahrlässigkeit nicht finden[3]).

d) Wachenfeld[4]) erklärt sie als das von einem Schuldfähigen ausgehende geistige Verhalten des Täters zur Zeit der Tat. Allein damit ist das Verhalten in keiner Weise von dem schuldlosen Verhalten zur Zeit der Tat abgegrenzt. Wir hätten danach auch bei reiner Erfolgshaftung eine Schuld zu konstatieren.[5]) Das Verhalten muß eine bestimmte Ursache oder einen bestimmten Inhalt haben, damit es sich als Schuld qualifiziert.

3. Arten der Schuld. Ein durchgreifender Unterschied der Schuld liegt darin, daß der Handelnde entweder im Bewußtsein des herbeizuführenden rechtswidrigen Erfolgs die Willensbetätigung vorgenommen hat oder ohne dieses Bewußtsein gehandelt hat. Daraus ergeben sich als Schuldarten Vorsatz und Fahrlässigkeit. Auf dem Standpunkt dieser auch die Gesetz-

---

[1]) Vgl. Hold von Ferneck, Die Idee der Schuld (1911) 57.

[2]) A. M.: Hold von Ferneck a. a. O. 23, 53.

[3]) Vgl. a. a. O. S. 28 und dagegen unten § 26 die Erörterung der Merkmale fahrlässigen Verhaltens.

[4]) Vgl. Wachenfeld 146.

[5]) Vgl. gegen diese Begriffsbestimmung auch Binding N. 2 (2) 278.

gebung beherrschenden Zweiteilung steht die herrschende Lehre.[1]) Im Gegensatz dazu unterscheidet Löffler[2]) drei Schuldarten: Absicht, Wissentlichkeit und Fahrlässigkeit. Hierin liegen aber richtiger Schuldstufen, wobei die Grenzen der mittleren verschieden bestimmt werden können, z. B. unter Zusammenlegung von dolus eventualis und sonstigem Gefährdungsvorsatz oder unter Zusammenlegung von dolus eventualis und bewußter Fahrlässigkeit. Man ist hierbei auch nicht genötigt, nur drei Schuldstufen zu unterscheiden, obwohl allerdings Absichtlichkeit, Handeln mit bloßem dolus eventualis und Fahrlässigkeit drei Hauptstufen bilden. — Hold v. Ferneck[3]) stellt die Dreiteilung auf: Absicht, Fahrlässigkeit, Willkür; letztere sei anzunehmen, wenn jemand (scil. wissentlich) einen Tatbestand (z. B. eine Majestätsbeleidigung) setzt, in dem auf den verpönten Erfolg nicht Bezug genommen ist. Allein hier liegt Vorsatz vor, der auch auf einen außerhalb der Willensbetätigung gelegenen Erfolg (Kenntnisnahme eines Dritten) gerichtet ist. Nicht einmal eine besondere Schuldstufe erscheint damit als abgegrenzt.

II. Zeitpunkt der Schuld im dogmatischen Sinne.

1. Regelmäßig begleitet die Schuld (im dogmatischen Sinne) das äußere deliktische Verhalten (der Tatbestandsverwirklichung), beginnt aber schon vorher.

2. Ausnahmsweise hört die Schuld im dogmatischen Sinne schon vor Beginn der Verwirklichung des äußeren Tatbestandes, den sie hervorruft, auf. Man spricht hier von actiones liberae in causa, oder von actiones in libertatem relatae und meint damit Tätigkeiten, die zur Zeit ihrer Verursachung von einem willensfrei (hier = schuldhaft) Handelnden ausgingen.[4])

Z. B. eine Mutter tötet ihr kleines Kind im Schlaf, indem sie es erdrückt. Sie hat schuldhaft gehandelt, wenn

---

[1]) Z. B. Allfeld 134, v. Bar 2, 460, Binding, Normen 2 (2), 337, 451, Kohler, L. 53, Mayer 243 N. 34.

[2]) Schuldformen (1895) 5; ebenso im wesentlichen Miřička, Formen der Strafschuld (1903) 221.

[3]) Die Idee der Schuld (1911) 76, 86.

[4]) Vgl. Frank § 51 IV, Mayer 215, Wachenfeld 142.

sie vor dem Einschlafen, also noch in zurechenbarem Zustande, sich gesagt hat oder sagen mußte, daß sie im Schlafe sich herumwälzen und wahrscheinlich ihr Kind erdrücken werde, es aber gleichwohl zu sich legte. — Die Erscheinung, daß das vorwerfbare psychische Verhalten schon vor Beginn der rechtswidrigen Angriffshandlungen aufgehört hat, ist ebensogut auch bei fahrlässigen Delikten möglich. — Die Zurechnung der Tat zur Schuld ist ohne weiteres zu bejahen, wenn man den Begriff der Ausführungshandlung nicht zu sehr einschränkt.

3. Ausnahmsweise hat die Schuld und die äußere Handlung aufgehört, bevor sie einer bestehenden Rechtsnorm zuwiderlief oder doch bevor sie strafbar wurde; sogen. bedingtes Verbrechen.[1] Ist das Hinzutreten der Rechtswidrigkeit oder des Strafbarkeit auslösenden Ereignisses vorausgesehen worden oder vorauszusehen gewesen, so ist schuldhaft gehandelt worden. Denn die Handlung dauert zeitlich hier fort, solange der Erfolg verhindert werden konnte.

Beispiel: Jemand gibt seinem Pferd vergiftetes Futter unten in den Futtertrog und verkauft es dann. Der Vergiftungs- (= Sachbeschädigungs)erfolg tritt erst nach dem Eigentumsübergang ein.

Oder: Der Begünstiger trifft die Anstalten, die dem Täter die Flucht ermöglichen sollten, vor Beginn der Haupttat. Oder: Abtreibungsmittel werden gegen Entgelt einer Frau vor Beginn ihrer Schwangerschaft verschafft. (Beispiele Bindings.)

4. Die Schuld kann endlich der Verursachung einer auf den Erfolg hinstrebenden Bedingung nachfolgen, wenn sie wenigstens zu einer Zeit einsetzt, wo die Erfolgsverhütung dem Täter noch möglich war. Dann entsteht ein Unterlassungsdelikt.

III. Schuld als Voraussetzung der Strafbarkeit.

1. Regel. Auch wo der Tatbestand nichts über die Schuld erwähnt, ist nur schuldhaftes Handeln bedroht (Beispiele: §§ 123, 128, 132, 185), d. h. der Richter muß von dem Vorliegen der Schuld positiv überzeugt sein.

---

[1]) Vgl. dazu Binding, GerS. 68, 1 f., Abhandl. 1, 112, 115, v. Bar 3, 21, Frank [14] 112, v. Liszt [20] 196 N. 3.

Dies war früher für die Polizeidelikte bestritten.[1]) Allein Strafe ohne Verschulden widerspräche ganz der Tendenz des StGB., insbesondere in den §§ 2, 51, 59. Die Abweichung von der Regel bedarf ausdrücklicher Erwähnung.

2. Ausnahmen.

a. In einzelnen Fällen bestehen unwiderlegliche Schuldvermutungen (praesumtiones iuris et de jure). Die äußere Tatbestandsverwirklichung wird danach auch für solche Fälle als strafbare Handlung angesehen, in welchen tatsächlich jegliche Schuld fehlte, so z. B. im StGB. § 190 (der Beweis der üblen Nachrede wird hier durch vorgängige Freisprechung des Beleidigten von der ihm nachgesagten strafbaren Handlung unwiderleglich erbracht), im Vereinszollgesetz § 137 (das Dasein der Konterbande und der Zolldefraudation wird lediglich durch die Verwirklichung des objektiven Tatbestandes erbracht; auch bei Erbringung des Nachweises, daß ein solches Delikt nicht gewollt war, tritt immer noch eine Strafe, nämlich eine kriminelle Ordnungsstrafe, ein), im Wechselstempelsteuergesetz vom 14. März 1909 § 19, in den Fällen einer Strafschärfung bei Verursachung eines entfernteren Erfolges, z. B. §§ 178, 220, 224, 226, 251 (sog. Erfolghaftungsdelikte), im Falle des StGB. § 186 (v. Bar 2, 476). — Eine Abweichung von reiner Schuldhaftung besteht auch da, wo das Recht außer dem schuldhaften Verhalten noch eine für den Täter zufällige Zwischenursache des rechtswidrigen Erfolges zur Bestrafung verlangt, z. B. in §§ 139, 210, 48.

b) In einigen Fällen sind widerlegliche Schuldvermutungen aufgestellt, z. B. im StGB. § 361 Z. 8, im Sprengstoffgesetz vom 9. Juni 1884 § 8, im Spielkartenstempelgesetz vom 3. Juli 1878 § 10 II (Wirte, in deren Lokalen mit ungestempelten Karten gespielt wird, haben für jedes Spiel Karten eine Strafe von 30 ℳ verwirkt, wenn nicht nachgewiesen wird, daß das Spielen ohne ihr Wissen geschehen sei), im Vereinszollgesetz § 153 für die subsidiär bei Geldstrafen als haftbar Erklärten (z. B. Eltern und Ehegatten; weisen dieselben nach, daß das Delikt ohne ihr Wissen verübt wurde, so fällt die Strafe weg[2]), im HGB. § 315 III, im Gesetz

[1]) Vgl. v. Holtzendorff, H H. 1, 6 und dazu v. Bar 2, 477.

[2]) Vgl. auch Hälschner 2, 1008.

über die privaten Versicherungsunternehmungen vom 12. Mai 1901 § 109 III, im Süßstoffgesetz vom 7. Juli 1902 § 8 („sofern sie nicht den Nachweis erbringen, daß sie den Süßstoff nach Inkrafttreten dieses Gesetzes von einer zur Abgabe befugten Person bezogen haben"), nach bestrittener Ansicht auch im StGB. § 259.

3. Ist im Gesetz die Schuldart nicht bezeichnet, so ist im Zweifel vorsätzliches Verschulden erforderlich.[1])

Beisp.: §§ 123, 168, 182, 241, 268, 331.

Grund: Bei ausdrücklicher Erwähnung der Fahrlässigkeit bildet dieselbe stets ein geringer bedrohtes Vergehen. Die ausdrückliche Hervorhebung der culpa neben dem Vorsatz in bestimmten Fällen deutet darauf hin, daß die culpa sonst straflos sein soll. — Die Nichthervorhebung des Vorsatzes ist vielfach damit zu erklären, daß das Vorsatzerfordernis als selbstverständlich angesehen wurde oder aus dem Zusammenhang zu erkennen ist, z. B. § 147 in Verbindung mit § 146; § 268 in Verbindung mit § 267, § 331 in Verbindung mit § 332 f.

4. Bei den Übertretungen dagegen ist im Zweifel fahrlässige Begehung mit bedroht, wenn die ratio, der Wortlaut oder die geschichtliche Auslegung nicht erkennbar Vorsatz verlangt.[2])

Grund: Eine besondere Strafdrohung für Fahrlässigkeit begegnet hier nirgends; die Schlußfolgerung, daß infolgedessen culpa

---

[1]) Gl. M.: Allfeld 159, v. Liszt § 42 N. 8, Wachenfeld 146. Zu weitgehend M. E. Mayer 256, der bei Vergehen des StGB. keine Ausnahme gelten läßt. Siehe dagegen unten bei der Lehre von der Fahrlässigkeit.

[2]) Gl. M. die herrschende Lehre Allfeld 159 N. 24, Birkmeyer § 17, Berner (18) 129, GA. 48, 301, Schütze 538 N. 10; a. M.: Binding, G. (8) 124, Beispiel: § 366, Z. 1, 4; Beispiel für die Ausnahme § 366 Z. 3. Nach Frank [14] 651 genügt Fahrlässigkeit bei allen Polizeiübertretungen. Ebenso v. Liszt [20] 189 N. 5, Olshausen (10) N. 2 vor § 360, anscheinend auch E. 38, 104, allerdings unter Vermengung des Polizeistrafrechts mit dem Uebertretungsabschnitt. Gegen diese Grenzbestimmung spricht, daß das Gesetz keinen bestimmten unter den vielen Begriffen der Polizeidelikte zur Grundlage genommen hat. Richtig E. 49, 116 (19). Vgl. auch oben § 16. — Einzelne Delikte verbinden zwei Schuldformen, z. B. § 366 Z. 3, 5, 6.

überhaupt nicht bedroht sei, wäre unrichtig. Die Entstehung des Abschnitts 29 aus dem polizeilichen Unrecht, bei dem früher nicht einmal culpa verlangt war, spricht ebenfalls für die herrschende Lehre.[1])

Fahrlässigkeit genügt nach überwiegender Lehre auch bei § 330, ferner bei § 139 (hier wohl nicht mit Recht); nach sehr bestrittener Auffassung auch bei § 259, endlich bei § 145 u. 145a.

Für die stillschweigende Mitbedrohung der Fahrlässigkeit bei vereinzelten Vergehen, z. B. gegen Bestimmungen der Höchstpreisverordnungen, spricht, daß diese ihrer Fassung nach gleichartig formuliert sind wie die Übertretungen, die aus dem früheren Polizeiunrecht hervorgingen; so z. B. wenn es heißt: wer den oder jenen . . . Vorschriften „zuwiderhandelt", wird so und so gestraft.

IV. Schuld im Verhältnis zur Tat.

Nach geltendem Recht ist der psychische Zustand eines Täters grundsätzlich nur insoweit Gegenstand des im Straferkenntnis zum Ausdruck gelangenden Unwerturteils, als er auf die Herbeiführung bestimmter im Tatbestande bezeichneter Erfolge gerichtet war. Objekt der Bestrafung ist z. B. bei der Bestrafung wegen einer Beleidigung nur Quantität und Qualität der einzelnen Willenskundgebung, die einen bestimmten Beleidigungserfolg herbeigeführt hat, nicht die außerhalb dieses Vorfalls zu konstatierende, d. h. die nicht deliktisch gewordene, feindselige Gesinnung gegen den Beleidigten. Dagegen beschränkt sich der mit der Strafe ausgedrückte Vorwurf nicht immer auf den Willen zur Herbeiführung einer konkreten Deliktsvollendung.[2]) Bei den Absichtsdelikten, z. B. §§ 253, 263, 267, wird auch die vielleicht nicht erreichte Absicht mit zum Gegenstande der Abgeltung gemacht. Bei

---

[1]) Mit Geyer 1, 110, Wachenfeld 166 N. 2 ist aber für Übertretungen anzuerkennen, daß die Frage der Schuldart bei jeder Uebertretung nach ihrer Tendenz zu prüfen ist. Es handelt sich also nur um eine Auslegungsregel für Zweifelsfälle.

[2]) Anders ausgedrückt: Der Schuldbegriff ist für das Strafrecht objektivistisch (für den Rahmen der schuldhaften Tat), nicht subjektivistisch (nach dem Unwerte der ganzen Täterpersönlichkeit) zu bestimmen. Vgl. Hurwicz, ZStW. 33, 821.

den Strafschärfungen wegen Rückfalls und wegen Gewerbs- oder Gewohnheitsmäßigkeit wird die größere Hartnäckigkeit (Intensität) des Willens, die bei der abzuurteilenden Tat vorlag, als schuldmehrend berücksichtigt. Die hier vorliegende größere Willensintensität ist genereller Berücksichtigung bei Verbrechen, Vergehen und vielen Uebertretungen bedürftig. Die Vorschläge zu einer solchen im VE. § 87—89 haben allerdings nicht in jeder Richtung befriedigt; Verbesserungen sind im Komm.Entw. [1]) und im Gegenentwurf § 95—98 vorgesehen. In diesen Vorschlägen wird aber die Beschränkung der Strafe auf die Einzeltat z. T. verlassen und damit das Strafbedürfnis überschätzt. — Eine scheinbare Ausnahme von der Regel des geltenden Rechts, daß nur der in der Einzeltat entäußerte (verkörperte) Wille gestraft werden soll, zugunsten der Gesinnungsstrafe enthält § 20: Ein mit Zuchthaus oder Festungshaft bedrohtes Verbrechen darf mit Zuchthaus nur bestraft werden, wenn die Tat aus ehrloser Gesinnung hervorging. Allein ehrloser Wille ist nur ein qualitativ besonders verwerflicher Wille, Gesinnung bedeutet einen Hang, der den betätigten Willen als quantitativ intensiver erscheinen läßt. Da nur der zur Zeit der Tat vorhandene Hang zu ehrlosem Verhalten, nicht etwa der gegenwärtige oder für die Zukunft drohende Hang hier mit Zuchthaus bedroht ist, erscheint auch hier nur ein qualitativ verwerflicher und (ähnlich wie bei Rückfälligkeit) eingewurzelter Wille als Gegenstand der Bestrafung, nicht die abgesehen von dem Vorfall vorliegende Gesinnung. Doch ist die Gegenansicht, soweit sie sich auf die vor der Tat liegende Gesinnung bezieht, aus dem positiven Rechte heraus kaum widerlegbar. An der Grundsätzlichkeit des positiven Rechts wäre damit nichts geändert.

Weiter geht de lege ferenda die insbesondere von Tesař [2]) vertretene Ansicht, daß das Verbrechen nur Schulderkenntnismittel sei und demnach bloß symptomatische Bedeutung habe. Damit verflüchtigt sich der Schuldbegriff, der die Bewertung der psychischen Beziehungen des Täters zur Einzeltat betrifft, zum Begriff einer antisozialen Gesinnung. Die

---

1) Ebermayer, Der Komm.-Entw. (1914) 25.

2) Tesař, Die symptomatische Bedeutung des verbrecherischen Verhaltens (1907) 3 f., Kollmann, ZStW. 28, 406 (beide in der Begründung von einander abweichend; vgl. Tesař, ZStW. 29, 82).

Schuld wird zum psychischen Defekt.[1] Abgesehen davon, daß der Fortbestand und die Stärke einer solchen Gesinnung außerhalb der Tat sehr unsicher ist, führt er zur beabsichtigten Übelsauferlegung wegen an sich unverbotener Gesinnung. Wenn danach die Schuld gestraft werden soll im Sinne eines psychischen Defekts, einer antisozialen Gesinnung, so ist eine Tatbestandsverwirklichung nicht das einzige zuverlässige Symptom. Tagebücher, geführte Gespräche, Vorbereitungshandlungen können eine Gesinnung oft besser enthüllen, als eine Einzeltat. Weshalb dann mit der Strafe trotzdem bis zur Begehung eines Verbrechens zugewartet werden soll, vermag diese Lehre nicht zu erklären.[2] Gegen diese symptomatische Verbrechenstheorie die herrschende Lehre.[3]

§ 24.
Die Schuldvermutungen bei Preßdelikten insbesondere.

I. Bedürfnis nach Sonderbestimmungen.

Die Presse kann vermöge ihrer Verbreitung und der Anonymität ihrer Artikel ein gefährliches Mittel zur Deliktsbegehung und zur Teilnahme hieran werden. Die Herstellung der Druckerzeugnisse, bei welcher mehrere Personen beteiligt sind, erschwert die Feststellung, wer den Inhalt des Preßerzeugnisses gekannt und wer denselben verfaßt hat. Gerade derjenige, welcher die Druckschrift zur Ausgabe bringt, ist meist schuldloser unmittelbarer Täter. Derjenige, welcher die deliktische Gedankenäußerung veranlaßt hat, kann leicht außer Reichweite sein, ja bei der Anonymität zahlreicher Artikel oft nicht einmal ermittelt werden, wenn die der Mitschuld Verdächtigen seinen Namen nicht verraten. In Ermangelung eines verantwortlichen Redakteurs ist es dann schwer, eine Person kriminell haftbar zu machen.

Anderseits ist die Existenz einer Presse, welche Nachrichten über alle Wissensgebiete bringt, Anregungen und Urteile geben

---

1) Tesař 237.

2) Auch nicht Tesař 266f.

3) Z. B. Mittermaier, Krit. Beitr. zur Strafrechtsschuld (1908) 38, Rosenfeld, ZStW. 32, 469, Mayer 230, Hegler, ZStW. 36, 184, und die Vertreter des Vergeltungsgedankens.

muß, ein Lebenbedürfnis des modernen Verkehrs. Zur Zeit des Polizeistaats ängstlich überwacht und gemaßregelt, hat sie erst seit 1848 größere Freiheiten auf dem Kontinent erlangt; vgl. z. B. Grundrechte des deutschen Volkes Art. 4. Die Forderung, daß alle Menschen ihre geistige Nahrung nur nach dem jeweiligen Geschmack der Verwaltungsbehörden genießen sollen, ließ sich nicht aufrechterhalten. Das Preßgesetz vom 7. Mai 1874 hat in §§ 1, 4 die Präventivzensur und die Möglichkeit der Konzessionsentziehung für Friedenszeiten beseitigt.[1]) In dem gesunden Streben, dafür zu sorgen, daß der Weg durch die Presse nicht zu einer Freistatt für sonst strafbare Handlungen führe, hat es eine Verantwortlichkeit bestimmter Personen für den Inhalt der unter ihrer Beteiligung entstehenden Druckschrift festgesetzt. Es hat freilich (in § 21) den Kreis der verantwortlichen Personen durch Schuldvermutungen so weit gezogen, daß die nachfolgende Praxis doch Bedenken trug, sie alle ernsthaft zur Verantwortung mit heranzuziehen. Auch für den verantwortlichen Redakteur hat es eine Schuldvermutung geschaffen, die durch ein Sonderdelikt mit variablem Strafrahmen für alle die Fälle wohl ersetzbar wäre, wo diesem eine Teilnahmehandlung nach den Grundsätzen freier Beweiswürdigung nicht zur Last fällt. Mit den Schuldvermutungen stehen eine Anzahl von preßpolizeilichen Vorschriften in Zusammenhang, die zur Erhöhung der Sicherheit vor Mißbräuchen dienen sollen.

II. Preßpolizeiliche Vorschriften.

1. Die Herausgabe einer Druckschrift verpflichtet deren Herausgeber zur Angabe des Druckers (= Druckereiinhabers) und, wenn sie zur Verbreitung bestimmt ist, auch zur Angabe des

---

[1]) Die Filmzensur ist keine Preßzensur. Gl. M.: A. Hellwig, ZStW. 35, 473. A. M.: Elster, ZStW. 36, 598. Allerdings ist der Film eine Abbildung. Aber das vergrößerte Spiegelbild der Abbildung ist keine Verbreitung von Druckschriften im Sinne des Preßgesetzes, wozu außer der körperlichen Weitergabe nach § 3 nur Fälle dargebotener körperlicher Besichtigung gezählt werden (Anschlagen, Aufstellen, Auslegen), nicht Weitererzählen, nicht sonstige Verwendung. Über die landesrechtlichen Grundlagen der Filmzensur vgl. Fleiner, Inst. d. dtsch. Verw.-R. 3. Aufl. (1913), 379.

Verlegers (oder Selbstherausgebers), § 6 des Preßgesetzes. Die Herausgabe einer periodischen, d. h. im Durchschnitt mindestens einmal monatlich erscheinenden, Druckschrift verpflichtet den Herausgeber außerdem zur vorherigen Aufstellung eines verantwortlichen Redakteurs und zur Veranlassung seiner Benennung auf jeder erscheinenden Nummer, § 7 I. Verletzung dieser Vorschriften zieht echte Strafen preßpolizeilicher Natur nach sich: § 18 Z. 2 u. II; § 19 Z. 1. Für periodische Druuckschriften gilt folgendes:

2. Gänzlich ohne Rücksicht auf Verschulden bezüglich eines (nicht notwendig kriminellen) Artikels trifft den verantwortlichen Redakteur eine Pflicht zur Aufnahme einer Berichtigung der in der Druckschrift mitgeteilten Tatsachen auf Verlangen einer beteiligten öffentlichen Behörde oder Privatperson. Auch wenn er nach wie vor von der Richtigkeit des Artikels überzeugt ist, muß er der abweichenden Darstellung Raum gewähren (nähere Voraussetzungen in § 11). Bösgläubige Verweigerung ist Antragsübertretung, § 19 Z. 3 u. Abs. II. Es dürfte sich hier um eine im Interesse der aufzuklärenden Oeffentlichkeit auferlegte Pflicht, also auch um öffentlichrechtliche Befugnisse handeln.[1]) Von dem hier vertretenen Standpunkt aus entsteht durch Pflichtverweigerung ebensowenig ein Schadensersatzanspruch, wie durch Verweigerung der Zeugnispflicht seitens eines unmittelbar geladenen Zeugen dem Privatkläger oder Angeklagten ein solcher Anspruch entsteht. Das Strafgericht hat bei unberechtigter Verweigerung der Berichtigung deren Aufnahme anzuordnen. Unterlassen dieser Pflichterfüllung ist aber nicht mit Strafe bedroht. Die Lücke ist auch nicht durch (verbotene) Analogie ergänzbar.[2]) Dagegen ist Zwangsvollstreckung nach § 888 ZPO. zur Erzwingung zulässig.[3]) Die zivilprozessuale Zwangsvollstreckung ist ja nicht begrifflich auf die Vollstreckung von Zivilansprüchen beschränkt.

---

[1]) Gl. M.: Oetker, GS. 68, 321. A. M.: Kitzinger, ZStW. 27, 884, der ein immaterielles Persönlichkeitsrecht annimmt.

[2]) A. M.: Oetker, GS. 68, 331 f.

[3]) Gl. M.: Kitzinger, ZStW. 27, 907.

3. Verantwortlicher Redakteur ist nach herrschender Praxis, wer vom Geschäftsinhaber des Zeitungsunternehmens als Redakteur angestellt ist und kraft dieser Anstellung mit der wirklichen Leitung der Redaktionsgeschäfte, d. h. der maßgebenden Entscheidung über die Aufnahme von Artikeln, betraut wurde.[1])

Nach Schwarze-Appelius, Preßges. § 7 N., ist verantwortlicher Redakteur, wer tatsächlich die Redaktionsgeschäfte geführt hat, mag er auch vom Geschäftsherrn selbst dazu nicht bestellt sein.[2]) Allein dann wäre jemand nicht mehr verantw. Redakteur, wenn ohne sein Wissen ein anderer seine Stellung in einem Einzelfall usurpiert hätte. — Sofern allerdings der Redakteur sich, wenn auch eigenmächtig, einen Ersatzmann bestellt hat, und dieser tatsächlich selbständig die Redaktionsgeschäfte geleitet hat, erscheint letzterer nicht mehr als Usurpator, und der ratio legis entspricht es dann mehr, ihn als verantwortlichen Redakteur gelten zu lassen.

Nach R. Loening[3]) ist verantwortlicher Redakteur der mit seinem Wissen und Willen als solcher auf der einzelnen Nummer Benannte. Hiergegen spricht der Wortlaut des § 18 II sowie das der gesetzlichen Tendenz widersprechende Ergebnis, daß der wirkliche Redakteur sich durch einen Strohmann vor der Vermutung des § 20 II schützen könnte.[4]) Nach v. Liszt § 43 II ist verantwortlicher Redakteur, wer auf der Nummer der Zeitschrift benannt ist und wer außerdem dazu bestellt ist, den Inhalt des Blattes verantwortlich zu prüfen sowie gegebenenfalls die Veröffentlichung zu verhindern.[5]) Danach wäre der tatsächliche Redakteur nicht verantwortlich, wenn er nicht bestellt ist, aber auch

---

[1]) Gl. M.: Galli, Preßges. § 7 N. 4, Miřička, GA. **57**, 308, E. **36**, 215, **27**, 246 (51), OstLG. München **13**, 299.

[2]) Ebenso Ebner, Preßrecht (1909) S. 26, Gaze, Strafrechtliche Haftung für Preßdelikte (1906) 96, E. in GA. **50**, 395.

[3]) Die strafrechtliche Haftung des verantwortlichen Redakteurs (1889) 16.

[4]) Dagegen auch E. 27, 246 (49).

[5]) Vgl. auch Oetker, Haftung des verantwortlichen Redakteur (1893) 10 f.

derjenige nicht, der bestellt, aber nicht benannt ist, endlich derjenige nicht, der nur benannt ist. Damit wird eine unnatürlich große Lücke für die vom Gesetz gewollte Haftung geschaffen.[1])

Als verantwortlicher Redakteur darf nur eine Person bestellt werden, die im Deutschen Reiche wohnt oder sich gewöhnlich aufhält, im Besitz der bürgerlichen Ehrenrechte sich befindet und geschäftsfähig ist. § 8. Zuwiderhandlung verhindert nicht das Vorhandensein eines verantwortlichen Redakteurs, begründet aber für den schuldhaften Besteller die preßpolizeilichen Delikte nach § 18 Z. 2, § 19 Z. 1.

Der Unternehmer (Verleger) kann sich auch selbst gleichzeitig zum verantwortlichen Redakteur bestellen.[2])

III. Die „Täter"vermutung.

Wird durch den Inhalt einer periodischen Druckschrift eine strafbare Handlung begangen, so gilt der verantwortliche Redakteur als bewußter Veranlasser der Veröffentlichung des beanstandeten Artikels (= Täter) sowie als Kenner seines Sinnes (E. **22**, 65). Wenn im Einzelfall Umstände nachgewiesen sind, welche diese bewußte Veranlassung als unmöglich dartun, wird die Vermutung hinfällig, § 20 II.

Einzelheiten.

1. Durch den Inhalt einer Druckschrift ist eine strafbare Handlung nur dann begangen, wenn die darin niedergelegte Gedankenäußerung bei folgender Kenntnisnahme eines Dritten den objektiven Tatbestand einer strafbaren Handlung begründet, d. h. den Grundstein der Ausführungshandlung gelegt hat.[3])

Dagegen wird (zu § 22 des Preßgesetzes) von E. **33**, 230 ver-

---

1) Hiergegen auch E. **27**, 246 (49).

2) Gl. M. wohl E. **32**, 220.

3) Gl. M. wohl Galli, Vorbem. vor § 20, die Druckschrift müsse solche Tatbestandsmerkmale enthalten, daß in ihrer Kundgebung die Begehungshandlung bestehe; Ebner, Preßrecht 85; E. **32**, 69 (70), die Strafbarkeit des durch Verbreitung der Druckschrift begangenen Delikts müsse in dem Inhalt der Druckschrift ihren Grund haben.

langt, daß der Tatbestand schon mit der Verbreitung gegeben sei (gemeint ist: vollendet sei); es genüge nicht, daß er erst eingeleitet sei. Noch schärfer drückt dies E. **36**, 270 (71) dahin aus, mit der Kundgebung nach außen müßten sich sämtliche Begriffsmerkmale eines gesetzlichen Tatbestandes erfüllen. (Im Ergebnis war richtig entschieden.) Allein das Gesetz verlangt nicht, daß der Tatbestand völlig durch den Inhalt (bzw. die zur Kenntnisnahme führende Vorbereitung) erfüllt werde. Es wird nur verlangt, daß er durch den Inhalt begründet werde.

Nach der bekämpften Ansicht würde in einer dem Zweck des Gesetzes widerstreitenden Weise die Vermutung des Gesetzes nicht Platz greifen, wenn die Erfüllung des Tatbestandes noch einen weiteren Erfolg erfordert, so z. B. bei Gotteslästerung eine Ärgerniserregung, bei Erpressung und Nötigung einen Nötigungserfolg, bei Betrug einen Beschädigungserfolg.[1])

Unter die Fälle des § 20 II gehören mit Recht auch nach der bekämpften Lehre z. B. die §§ 130, 166, 184, 185 f. StGB. (so ausdrücklich E. **32**, 69 (71),[2]) ferner StGB. §§ 49a, 112, 126, 201, 241, 286, Preßgesetz § 16, § 17 (a. M. bezüglich des § 17: Galli § 19 N. 7, richtig E. **36**, 191), § 28 (a. M.: Galli § 28 N. 5), § 10 des Ges. vom 3. Juni 1914 (den § 15 des Preßgesetzes aufhebend).

Dagegen gehören auch nach unserer Ansicht nicht hierher Fälle, bei denen nicht die Gedankenäußerung in der Presse als solche, sondern die Herstellung der Druckschrift durch den konkreten Täter verboten ist; z. B. bei Nachdruck ist nicht der Inhalt des Artikels, sondern seine Herstellung durch den Täter ohne Erlaubnis des Urhebers verboten, E. **20**, 430 (33); **48**, 330 (34). Gleiches gilt für Urkundenfälschungen, die mittels der Presse begangen werden, für Geldfälschungen und dergleichen; ferner scheiden aus Ordnungswidrigkeiten bei Gelegenheit der Veröffentlichung, z. B. die in §§ 6 bis 11 bezeichneten Delikte.[3])

2. Die Täterschaft des verantwortlichen Redakteurs wird nach der Praxis auch dann vermutet, wenn der Zeitungsunternehmer

---

[1]) Gl. M.: Schwarze-Appelius N. 24 vor § 24.

[2]) Bezüglich des § 166 ist dies eine Inkonsequenz gegenüber dem sonst vom RG. proklamierten Grundsatz. — Wie mit § 166, verhält es sich auch mit § 183.

[3]) So auch bezüglich des § 6 E. **27**, 246 (56).

ohne Verhinderung des nicht etwa von ihm suspendierten verantwortlichen Redakteurs im Einzelfall eine andere Person mit Redaktionsgeschäften betraut oder wenn der verantwortliche Redakteur sich selbst, ohne Vertretungsvollmacht des Unternehmers, einen Vertreter bestellt hatte, oder wenn jemand sich Redaktionsgeschäfte anmaßte. [1]) Für den Fall, daß der verantwortliche Redakteur selbst sich eigenmächtig einen Vertreter während seiner Abwesenheit bestellt hatte, der vom Personal auch als solcher anerkannt wurde, dürfte es richtiger sein, diesen Vertreter als Redakteur anzusehen.

3. Wenn der Redakteur in einem Einzelfall oder auch für längere Zeit weggeht oder verhindert ist, so trifft die Vermutung nicht ihn, sondern den vom Unternehmer bestellten Vertreter. Der Vertreter braucht nicht ein dauernd angestellter Redakteur zu sein. [2])

4. Fehlt ein ordnungsmäßig bestellter Redakteur im Einzelfalle, so trifft die Vermutung niemanden, aber der Unternehmer haftet wegen wissentlich falscher Angabe aus § 18 II, bei wissentlicher Unterlassung und bei fahrlässiger Unterlassung aus § 19 Z. 1. Außerdem haftet er bei vorsätzlicher Mitwirkung zu dem durch den Inhalt der Druckschrift begangenen Delikt als Täter bzw. als Teilnehmer. Gleiche Verantwortung trifft den tatsächlichen Redakteur sowie den vom Unternehmer vielleicht verschiedenen Drucker. (Nur ist für die inhaltlich gleiche Strafe wegen wissentlich falscher Angabe der § 18 Z. 2 anzuwenden.)

5. Sind mehrere als verantwortliche Redakteure bestellt, so ist ihre Bestellung nur erlaubt, wenn deutlich erkennbar ist, für welchen Teil der Druckschrift jeder allein haftet. Gemeinsame Haftung ist nicht zugelassen, § 7 II. Wird der Inhalt der Druckschrift durch die Zuteilung nicht erschöpfend aufgeteilt, so ist wegen des fehlenden Teils die Strafvorschrift des § 19 Z. 1 anwendbar. Noch weitergehend nimmt E. **23**, 9 (15) an, es hafte in solchem Falle auch für die aufgeteilten Bestandteile der

---

1) So E. **36**, 215 (17).

2) Mißverständlich E. **36**, 215 (17).

Druckschrift niemand als verantwortlicher Redakteur. Die Entscheidung beruht übrigens auch in anderer Beziehung auf einer älteren Auffassung, indem sie die Bestellung als verantwortlicher Redakteur nicht zur Haftung genügen läßt, wenn der Bestellte nicht benannt sei (S. 16).

6. Der Inhalt der Vermutung geht nicht dahin, daß der verantwortliche Redakteur bei ihrem Zutreffen unbedingt als Täter i. e. S. des Delikts behandelt werden müsse. „Täter" ist vielmehr im weiteren Sinne zu verstehen.[1] Kommt also nach der Art des Delikts, z. B. Ausspielung, § 286, der veröffentlichende Redakteur nicht als Täter i. e. S. in Betracht, etwa weil er die Ausspielung nach dem Inhalt des Inserats nicht selbst veranstaltet, so kann er doch als Gehilfe auf Grund der Vermutung seiner dolosen Veranlassung der Veröffentlichung in Anspruch genommen werden.[2] Er kann auch Mittäter sein.[3] Er kann ferner besonderer Schuldausschließungsgründe teilhaftig sein, die dem Einsender nicht zugute kommen, z. B. nach § 193.

7. Die Vermutung wird noch nicht entkräftet, wenn der Täter behauptet, den Artikel nicht gelesen zu haben und bei Gericht Zweifel darüber bestehen, ebensowenig durch den Nachweis, daß er nicht der Verfasser ist. Dagegen wird sie hinfällig, wenn das Gericht die Überzeugung gewonnen hat, er habe den Artikel nicht gekannt oder den Sinn seines Inhalts nicht verstanden. Hat der Redakteur den Artikel nicht gelesen, aber vorher gewußt oder doch als möglich vorausgesehen, daß ein Artikel beleidigenden Inhalts infolge seiner Untätigkeit durchkomme, so war er dolos und haftet je nachdem als Täter oder Gehilfe. Wenn andrerseits feststeht, daß der Täter den Artikel nicht gekannt hat, so kommt es für den Ausschluß dieser Vermutung nicht darauf an, ob die Gründe der Nicht-

---

[1] E. 22, 65 (80).

[2] Gl. M.: Galli, Preßgesetz § 20 N. 5. Bedenklich, wenigstens der Fassung nach, E. 26, 225, das Galli für seine Ansicht mit zitiert. A. M.: Binding, Strafr. Abhandl. 1, 191. Allein wenn z. B. ein durchgeschlüpftes Inserat etwa eine unbefugte Amtsanmaßung des X enthält, so hat sich doch der Redakteur Y deswegen kein Amt angemaßt, sondern nur dazu verholfen.

[3] Ebner S. 92. A. M.: Binding, Abh. 1, 243.

kenntnis entschuldbar waren oder unentschuldbar;[1]) z. B. einerseits Arbeitsüberhäufung, andrerseits Vergnügungssucht und Gleichgültigkeit gegen Berufspflichten. Es gibt dabei auch keinen dolus indeterminatus oder generellen Eventualdolus.[2]) Dagegen kommt bei widerlegter Vermutung der Täterschaft noch die Fahrlässigkeitsvermutung des § 21 in Frage.

8) Ist das Delikt Antragsdelikt, so kann auch der Redakteur nur auf Antrag verfolgt werden.[3]) Der § 20 II schafft nicht wie § 21 ein eigenartiges Delikt, sondern nur eine Vermutung doloser Mitwirkung zur Herstellung des objektiven Tatbestands, die als Deliktsbegehung angesehen werden soll, also auch die Strafbarkeitsvoraussetzungen desselben teilt. — Die Selbständigkeit der Preßdelikte wird nicht durch die zufällige Eigenschaft berührt, daß für alle der nämliche Redakteur haftet.

Er haftet nur als Garant des nicht haftbaren Täters. Dies der zutreffende Sinn der Garantenhaftung, welche Oetker S. 22 f. für den Redakteur annimmt. Ein fortgesetztes Verbrechen kommt demnach nicht dadurch zustande, daß der Redakteur von verschiedenen Verfassern Schmähartikel gegen die nämliche Person aufgenommen hat, ohne daß in einem Falle die Vermutung wegfiele.

IV. Die Fahrlässigkeitsvermutung.

Bei allen Druckschriften, nicht nur den periodischen, besteht ferner die Vermutung, daß der verantwortliche Redakteur, der Verleger, der Druckereiinhaber, der öffentliche Verbreiter die erforderliche Sorgfalt außer acht gelassen haben, um das Zustandekommen des objektiven Tatbestands[4]) einer strafbaren Handlung durch den Inhalt einer Druckschrift zu verhüten.

1. Sie werden deshalb wegen Fahrlässigkeit (d. h. wegen fahrlässiger Veranlassung eines verbotenen Preßerzeug-

---

1) A. M.: Oetker 26, erst durch erwiesenen Ausschluß der Schuld werde die Vermutung des § 20 II entkräftet.

2) Richtig E. 31, 211 (18.).

3) A. M.: Binding, Strafr. Abh. 1, 195.

4) R. 3, 826 (28).

nisses oder seiner Verbreitung) mit Geldstrafe bis 1000 ℳ oder mit Haft oder mit Festungshaft oder Gefängnis bis zu einem Jahre bestraft, § 21 I.

Die Handlung ist völlig als selbständiges Delikt aufgebaut. Sie ist eine fahrlässige Zulassung, daß irgendwie normwidrige Aeußerungen veröffentlicht werden. Der Strafrahmen ist ganz selbständig. Eine Abhängigkeit von der Bestrafungsmöglichkeit des zugelassenen Delikts ist nicht aufgestellt. Eine generelle Pönalisierung fahrlässiger Begehung von Delikten, die sonst nur vorsätzlich begehbar sind, tritt nirgends zutage. Der dem § 21 unterfallende Redakteur ist also nicht eines fahrlässigen Hochverrats, fahrlässigen Geheimnisverrats usw., sondern eines gewerbepolizeilichen Fahrlässigkeitsdelikts schuldig.[1]) Die Folge ist, daß kein Antragserfordernis für den § 21 besteht, mag es auch für das fahrlässig zugelassene Delikt aufgestellt sein, E. **29**, 143, ebenso keine Veröffentlichungsbefugnis, keine Buße.

Besteht also keine Deliktsidentität mit bloßer Schuldverschiedenheit, so folgt doch daraus nicht, daß es sich um völlig verschiedene äußere Tatvorgänge handle. Die rechtskräftige Verurteilung aus § 21 hindert eine spätere neue Verfolgung wegen Begehung des durch das Gewerbedelikt indirekt beförderten Delikts.[2]) — Wenn der Verleger, Druckereiinhaber, Verbreiter die Leitung einem Vertreter überlassen hat, so haftet der letztere,[3]) es müßte denn culpa in eligendo gegeben sein; vgl. GewO. § 151.

2. Die Vermutung des § 21 bedeutet k e i n e E r w e i t e r u n g d e s U m f a n g s d e r a l l g e m e i n e n S o r g f a l t s p f l i c h t. Der Redakteur ist also z. B. nicht wegen § 21 verpflichtet, auch den Setzer noch zu kontrollieren, wenn ein Korrektor da ist.[4]) Der § 21 begründet nur die widerlegbare Annahme, daß der Täter die nach seiner Berufstätigkeit billigerweise zu

---

[1]) Gl. M.: E b n e r 95, G a l l i § 21 N. 8, G a z e 66, E. **13**, 319, **32**, 220 (22), B i n d i n g, Abh. **1**, 240. A. M.: A l l f e l d 139 N. 30, v. L i s z t § 43 N. 6.

[2]) Gl. M.: G a z e 75, G a l l i § 21 N. 10. A. M.: K a y s e r, HH. **4**, 599.

[3]) R. **3**, 826 (30).

[4]) E. **26**, 45/47.

fordernde Aufmerksamkeit [1]) zur Fernhaltung von Preßdelikten verabsäumt habe.

3. Die Strafe des § 21 fällt weg:

a) wenn eine der genannten Personen zugleich als Täter oder Teilnehmer des durch den Inhalt der Druckschrift vermittelten Delikts anzusehen ist (sei es wegen der Vermutung des § 20 II, sei es wegen nachgewiesener strafbarer Mitschuld an dem begangenen Delikt).

Z. B. wenn der Redakteur den Artikel mit voller Kenntnis seines Strafbarkeit begründenden Inhalts aufgenommen hat, so ist er Täter oder Teilnehmer des dadurch begangenen Delikts, aber nicht außerdem aus § 21 strafbar. [2])

Ebenso entfällt die Möglichkeit, die anderen bei dem Preßerzeugnis oder seiner Verbreitung Beteiligten aus § 21 zu strafen, sofern der Redakteur auf Grund des § 20 zur Verantwortung zu ziehen ist. [3])

b) wenn nachgewiesen ist, entweder daß die zur Verantwortung gezogene Person pflichtmäßige Sorgfalt angewendet hat, oder daß Umstände vorlagen, welche diese Anwendung unmöglich machten.

Z. B. der Druckereiinhaber kann vielleicht nachweisen, daß er seine Angestellten angemessen überwacht habe; der Redakteur vermag vielleicht darzutun, daß der beanstandete Satz auf einem Druckfehler beruht, der erst nach ordnungsmäßiger Durchsicht des Artikels zustande kam.

c) wenn eine der genannten Personen einen Vormann in der obigen gesetzlichen Reihenfolge oder den Verfasser oder den in die Veröffentlichung einwilligenden Einsender des Artikels oder bei periodischen Druckschriften den Herausgeber in glaubhafter Weise namhaft macht, § 21 II.

Statt einer Namhaftmachung genügt auch anderweitige behördliche Kenntniserlangung. [4])

---

[1]) Wozu auch die Obsorge gehört, daß die Korrekturbogen von einer gewissenhaften Person gelesen werden, GA. **62**, 325.
[2]) Gl. M.: E. **41**, 49 (53).
[3]) Vgl. R. **3**, 826 (32).
[4]) Gl. M.: R. **3**, 826 (31).

Die Namhaftmachung muß vor Verkündung des ersten Urteils erfolgen. Der namhaft Gemachte muß sich im Bereich deutscher Gerichtsgewalt befinden oder, wenn er gestorben ist, muß er im Augenblick der Veröffentlichung in deutscher Gerichtsgewalt gewesen sein (sogen. belgisches System der stufenweisen Haftung oder responsabilité par cascades).[1])

d) Speziell bei dem Verbreiter von Druckschriften fällt die Anwendbarkeit des § 21 auch dann weg, wenn das Preßerzeugnis ein ausländisches ist und ihm auf dem Wege des Buchhandels zugegangen war, § 21 II. Vgl. auch Galli, Preßgesetz § 21 N. 14.

Motiv: Der Sortimentsbuchhändler soll nicht die Pflicht haben, alle fremdländischen Ansichtssendungen zu lesen, bevor er sie dem Publikum vorlegt.

Anhang: Erwähnenswerte Vorschläge de lege fer. im Schweiz. Strafges.-B.; Protokolle der 2. Expertenkommission (1914) **3**, 32; verbessert in den Verhandlungen darüber a. a. O. **3**, 91 f.: Die strafrechtliche Haftung des Druckers und Verbreiters entfällt; grundsätzliche Autorhaftung; subsidiär Redakteurhaftung; der Redakteur haftet alsdann als Täter der strafbaren Handlung. Kein weiteres Fahrlässigkeitsdelikt.

§ 25.

Der Vorsatz.

I. Begriff.

Verschiedene Formulierungen sind möglich, je nachdem man den Schwerpunkt des Vorsatzes oder Sichvorsetzens in das Wissen oder in das Wollen verlegt. In den Schlußergebnissen leiten die Anhänger der Willenstheorie und der Vorstellungstheorie heutzutage aus ihrer Grundauffassung die gleichen praktischen Folgerungen ab. Nur die Richtigkeit der Prämissen für diese Folgerungen sind noch beiderseits stark angezweifelt. Der Streit ist demnach nur mehr von erkenntnistheoretischer Bedeutung.

---

[1]) Vgl. Binding, Strafr. Abh. **1**, 196.

1. Nach der Willenstheorie ist Vorsatz (= dolus scil. malus, böser Vorsatz) das Wollen des konkreten Erfolges trotz Kenntnis der objektiven Merkmale (= der Tatmerkmale), durch welche der Erfolg im Rechtssinn sich verwirklichen kann. Anders ausgedrückt: er ist das Wollen eines Erfolges trotz der Vorstellung von der kausalen Bedeutung des eigenen Verhaltens für die Erfüllung der rechtlichen Erfolgsmerkmale. [1])

2. Nach der Vorstellungstheorie ist Vorsatz die die Willensbetätigung begleitende Vor- im Rechtssinn sich verwirklichen kann. Anders ausgedrückt: er ist das Wollen eines Erfolges trotz der Vorstellung von der kausalen Bedeutung des eigenen Verhaltens für die Erfüllung der rechtlichen Erfolgsmerkmale. [1])

Psychologisch richtiger ist die Meinung der ersten Theorie. Das Bewußtsein macht den Vorsatz noch nicht aus, sondern bedeutet nur den Vorstellungsinhalt. Aus der Vorstellung des Erfolges wird ein Vorsatz erst dadurch, daß der Wille sich entschlossen hat, diese Vorstellung durch eigene Kraft zu verwirklichen, daß m. a. W. der Wille sie sich einverleibt hat.

Eine Mittelmeinung stellt unter dem Namen Motivtheorie Mayer 240 f. auf. Zum direkten Vorsatz gehört danach vorstellen und wollen; zur unbewußten Fahrlässigkeit subjektiv keine psychische Beziehung auf den Erfolg, zum eventuellen Vorsatz mindestens Gleichgültigkeit gegen die Erfolgsvorstellung, zur unbewußten Fahrlässigkeit ein Vorstellen und eine Hoffnung (des Nichteintritts). — In Wirklichkeit ist eine Fahrlässigkeit ohne subjektive psychische Beziehung auf den Erfolg ein Wider-

---

1) Vertreter der Willenstheorie sind u. a.: Allfeld 145 N. 19, Beling, Grdz. 51, Berolzheimer, Rechtsphil. 5, 68, v. Birkmeyer, REenz. (2) 1125, Coenders, Strafr. Grundbegr. 90, Hegler, ZStW. 36, 199 f., v. Hippel, Grenze v. Vorsatz und Fahrlässigkeit (1903) 74, Köhler, Bayr. Z. 3, 265, v. Rohland, Willenstheorie und Vorstellungstheorie (1904) 16.

2) Vertreter der Vorstellungstheorie sind u. a. E. J. Bekker, Theorie des Strafr. (1859) 253, Frank, ZStW. 10, 217, Köhler, Studien 1, 68 f., v. Liszt § 39 N. 2, Liepmann, Einleitung 141 (mit Vorbehalt, s. S. 139), Lucas, Subjekt. Verschuld. (1883) 8 f., Wachenfeld 148, Thomsen 122. Vgl. aber auch schon Hälschner 1, 192.

spruch in sich. Denn auch der Vorwurf fahrlässigen Nichtwissens ist ein das psychische Verhalten betreffender Vorwurf, der sich nicht auf ein objektives Können und Sollen (a. a. O. 256) der Psyche beschränkt.

Bei näherem Zusehen läßt sich ferner entdecken, daß jene Gleichgültigkeit sogar eine bestimmte Stellungnahme des Willens zum Erfolge für den Fall seines Eintritts voraussetzt. — Das bloße Hoffen des Nichteintritts setzt eine Stellungnahme ebenfalls voraus, doch kann sie bald ein Nichtwollen sein, bald ein Einwilligen. — Das Ergebnis ist, daß die Motiventheorie nur bezüglich der unbewußten Fahrlässigkeit nicht von der Schuld als einer Willensschuld ausgeht. —

Außerhalb des Strafrechts gibt es einen sogen. rein psychologischen Vorsatzbegriff, der ethisch farblos ist und nur die Stellungnahme des Willens zu einem gedachten Erfolg bezeichnet. Im Sinne des StGB. setzt Vorsatz immer das Vorhandensein der Rechtswidrigkeit und der Zurechenbarkeit des gedachten Erfolges zum Vorwurf voraus. Der Wahnsinnige handelt nicht vorsätzlich im Sinne des StGB., aber er kann wissen und wollen. Bei dem Parallelbegriff der Fahrlässigkeit stellt schon die allgemeine Bedeutung es außer Zweifel, daß hiermit zugleich ein Vorwurf bezeichnet werden soll.[1])

II. Verschiedenartige Intensität des Vorsatzes (Zusätze zum Vorsatz).

1. **Die Absicht.** Ihr Vorliegen bedeutet in der Regel das direkte Hinstreben auf einen Erfolg.

a) Die Absicht eines Täters geht oft auf entferntere Ziele als auf die Verwirklichung der zur Vollendung des Delikts erforderlichen Handlung. Beispiele: §§ 133 II, 140 Z. 1,[2]) 242, 243 Z. 7, 265, 313 II.

Zum Wesen der Absicht (im Sinne des mit Absicht Handelns) gehört dies jedoch nicht; vgl. §§ 48 I, 210.

---

[1]) Gl. M.: Binding, Normen 2 (2) 334, Finger 1, 261, Mittermaier, Krit. Beiträge 34. Für den rein psychologischen Vorsatzbegriff: Radbruch, ZStW. 24, 343, Merkel-Liepmann 104, Hoegel, ZStW. 37, 656, Wachenfeld 150.

[2]) Vgl. dazu E. 33, 400.

Der beabsichtigte Erfolg bildet ferner häufig bereits den wirklichen Beweggrund des Handelns. Begrifflich notwendig ist dies jedoch ebenfalls nicht.[1])

Z. B. jemand fertigt Münzen an, um sich in dieser Kunst vor einem Freunde zu bewähren. Während des Anfertigens kommt ihm die Lust, die Münzen in Verkehr zu bringen und er beschließt dies. Er hat von da ab auch in der Absicht die Fälschung begangen, die Münzen in Verkehr zu bringen. Er würde jetzt, auch wenn der tatsächliche Beweggrund nicht bestanden hätte, vielleicht trotzdem die Fälschung begehen; doch ist auch dies nicht wesentlich.

Notwendig ist des weiteren nicht, daß jeder Beweggrund Absicht ist. Z. B. manche Beweggründe, wie Not, Angst, Reue, Haß, sind oft erst Entstehungsgründe für die mit der beschlossenen oder zu beschließenden Handlung zu verbindende Absicht.[2]) Z. B. als Beweggrund eines Diebstahls kann sowohl das Hungergefühl wie die sich anschließende Vorstellung des Besitzes einer bestimmten gefüllten Banknotentasche angesehen werden. Erst der zweite (nähere) Beweggrund des Wegnehmens ist gleichbedeutend mit der Absicht rechtswidriger Zueignung geworden. Das Hungergefühl als solches ist Erzeuger von Absichten, aber noch nicht Absicht. Oder: Der Geschäftsneid ist vielleicht Beweggrund (causa movens) für irgend eine zu begehende Urkundenfälschung, aber er ist noch nicht die rechtswidrige Absicht, welche § 267 verlangt. Diese wird vielleicht erst durch die sich anschließende Vorstellung, den Konkurrenten gesellschaftlich unmöglich zu machen, begründet, welche als zweiter (näherer) Beweggrund erscheint. Diejenigen Beweggründe, welche in der Vorstellung eines psychischen oder äußeren Erfolges bestehen, sind zugleich Absichten.[3]) Statt von einer Absicht, spricht das Gesetz gleichbedeutend vielfach von einem Handeln, um etwas zu erreichen, vgl. z. B. §§ 253, 307 Z. 1, 363.

---

[1]) A. M.: Mayer 113, Wachenfeld 156.

[2]) Vgl. dazu Thomsen L. 65 f. und dessen Untersuchungen über den Begriff des Verbrechensmotivs (1902).

[3]) Richtig Mayer 113.

b) Bei manchen Delikten genügt zum Vorliegen einer Absicht, oder des Wortes „absichtlich", daß der gewollte Erfolg vom Täter als unvermeidlich vorausgesehen war. Vgl. z. B. StGB. §§ 48, 225, 263, 266, 268, 301, 346, KO. § 239.[1])

Ein bloßes Fürmöglichhalten ist aber zum Gegenstand der Absicht nicht ausreichend. Es muß entweder ein Erstreben des Erfolges oder die Überzeugung vorliegen, daß mit einem erstrebten Erfolg notwendig auch ein anderer eintreten werde. Auch der letztere ist dann mit Absicht herbeigeführt. Wenn es z. B. bei einem Betrug dem Täter bloß darauf ankam, den Getäuschten zu schädigen, er aber dies nur erreichen konnte durch gleichzeitige Bereicherung eines Dritten, so kann er sich nicht damit entschuldigen, er habe nicht die Absicht gehabt, dem Dritten einen rechtswidrigen Vorteil zu verschaffen. Er hat dies nicht primär beabsichtigt, aber mit beabsichtigt. Wenn der ungetreue Vormund in dem Streben handelt, durch irgend eine Verfügung über Mündelgeld sich einen Vermögensvorteil zu verschaffen, aber genau weiß, daß er dies nicht ohne Schädigung des Mündels zuwege bringt, so hat er immerhin absichtlich" den Mündel geschädigt.

c) In einzelnen Fällen wird Absicht gleichbedeutend mit Vorsatz gebraucht, vgl. z. B. §§ 43, 46. In zu weitgehendem Umfang anerkannt bei Hälschner 1, 279 (vgl. aber auch 1, 280 N. 1) und von Binding Grdr. 126.

2. Zweck ist regelmäßig gleichbedeutend mit Absicht im Sinne von 1a. Er bedeutet also das direkte Hinstreben auf einen Erfolg.

Beispiele: §§ 72 I, 151, 177 I, 184 Z. 1, 363 I StGB.

Ein angestrebter Erfolg ist auch dann ein Zweck im Sinne

---

[1]) Gl. M.: Löffler, Schuldformen 6, Olshausen § 263 N. 9, Oppenhoff § 263 N. 10, Schwartz § 263 N. 8d, E. 27, 217, 27, 241, (vgl. auch E. in GA. 59, 445), im wesentlichen neuerdings auch Frank § 59 VI. A. M.: Binding, Normen (1) 2, 598, v. Liszt § 39 N. 3, Miřička 109, Wachenfeld 156. Vgl. auch v. Bar 2, 311. — Besonders bestritten ist die Frage für § 242; vgl. E. in GA. 54, 420 (wohl mit Recht dafür; dagegen aber Frank § 242 VII 2c). Hinsichtlich der Rechtswidrigkeit der beabsichtigten Zueignung läßt E. 49, 140 (43) dolus ev. genügen.

des Rechts, wenn er weder das alleinige Ziel des Handelnden war, noch dessen letztes vorgestelltes Ziel (= Endzweck).

In §§ 235, 267 umfaßt der Begriff Zweck auch den Fall, daß der Erfolg als unvermeidlich vorauszusehen war.

3. Der Ausdruck „wissentlich" „wissend" im StGB. ist in der Regel eine pars pro toto des Vorsatzes, d. h. gleichbedeutend mit vorsätzlich, vgl. §§ 144, 153, 154, 156, 159, 171, 327, 328.[1])

In einzelnen Fällen ist das „Wissen" im Gegensatz zum Fürmöglichhalten gebraucht und liegt nur vor bei der Überzeugung des Täters von dem Vorliegen bestimmter Tatsachen; so z. B. in §§ 131, 257 I, 302 III, 352, ferner überall da, wo gesprochen wird von einem Handeln wider besseres Wissen (§§ 164, 187, 189, 278 StGB.). Das Merkmal „wissentlich" ist im Sinne des Strafrechts nur in dem Falle gegeben, wo der Täter an das Objekt seines Wissens denkt. Ein Wissen im Sinne von eingeprägten Erinnerungen, die jeweils nicht in dem Vorstellungskreise weilen, kann nur Fahrlässigkeit begründen.[2])

4. Böswillig (vorkommend z. B. §§ 95, 135) bedeutet das Handeln aus feindseliger Stimmung heraus.[3])

5. Mutwilig heißt: aus dem Motiv, einen Streich zu spielen, vgl. § 366 Z. 3. Ähnlich Binding G. 127: aus überquellendem Tatendrang.

6. Boshaft (vgl. §§ 223a II, 360 Z. 13) bedeutet das Handeln auf Grund einer überlegten Absicht, mit dem Angriffsobjekt einen besonderen Spott zu treiben.

III. Verschiedenartige Beziehungen des Vorsatzes auf den Erfolg.

Man unterscheidet: 1. Verletzungsvorsatz und Gefährdungsvorsatz. Gefährdungsvorsatz in bezug auf ein Schutzobjekt ist gegeben, sobald der Täter eine Handlung vorhat, trotz der Vorstellung, daß durch die Handlung die Daseinsgewißheit jenes geschützten Rechtsgutes erschüttert werde.

---

[1]) Gl. M.: Wachenfeld 155/156, Binding G. 126.

[2]) Vgl. M. Kauffmann, Das Verschuldungsprinzip (1912) 40.

[3]) Gl. M. wohl E. in StrafrZ. 2, 359, Frank § 95 II. A. M.: Binding G. 127: Freude über die Tat; v. Liszt: Die Freude des Behagens am Erfolg. Für österr. R. vgl. Finger JKV. 21, 336.

Beispiele: §§ 130, 312, 313, 315, 317 StGB.

Der Gefährdungsvorsatz wird regelmäßig[1]) nicht dadurch ausgeschlossen, daß der Täter die Verletzung des geschützten Gutes ebenfalls für möglich hält und sie mit in Kauf nimmt; vgl. z. B. §§ 205, 315, 321, 367 Z. 8.[2])

Ist die vorsätzliche Gefährdung eines Gutes nur zu dem Zwecke bedroht, um dem gegen vorsätzliche Verletzung durch höhere Strafdrohung geschützten Gute erweiterten Schutz zu verleihen, so liegt aber das Gefährdungsdelikt insoweit nicht vor, als der schärfere Strafrahmen des Verletzungsdelikts auf den konkreten Fall anwendbar erscheint.

Beispiele: Aussetzung (§ 221) und Vergiftung (§ 229) im Verhältnis zur vorsätzlichen Tötung.[3]) Der Verletzungsvorsatz schließt den Gefährdungsvorsatz in sich. Wenn jemand einen Erfolg nur für den Fall will, daß er ihm gelingt, so ist es Selbsttäuschung, falls er sich einredet, er wolle die Gefährdung nicht mit. Denn jedes Wollen bedeutet nur, daß man einen Versuch zur Erreichung des Erfolges wage.[4])

2. Überlegter und nicht überlegter Vorsatz (dolus praemeditatus und repentinus).

Überlegung ist derjenige Seelenzustand, bei welchem der Täter seinen Entchluß ohne solche Affekte faßt oder ausführt, welche den Gegenmotiven die Gelegenheit benehmen, gefühlsbetont in den Vorstellungskreis zu treten. M. a. W.: Überlegung liegt vor, wenn Gegenmotive sich geltend machen konnten.[5]) Ein tatsächliches Abwägen, ein Motivenkampf ist zum Überlegungsbegriff des positiven Rechts nicht zu verlangen.[6]) Ein kalten Blutes sofort auf

---

[1]) Ausnahme in § 223a für die Körperverletzung mittels einer das Leben gefährdenden Handlung.

[2]) Gl. M.: Allfeld 153 N. 59, v. Hippel, VD. A. 3, 531, Thomsen 125, E. 43, 383 (85).

[3]) Gl. M.: v. Liszt § 39 II a. E. A. M.: v. Hippel, VD. A. 3, 531, der hier Idealkonkurrenz annimmt.

[4]) A. M.: wohl Frank § 59 III 1.

[5]) Gl. M.: v. Liszt § 83 I 1. RMG. 17, 129; E. 42, 260 (62); wohl auch Kauffmann, Verschuldungsprinzip 57.

[6]) A. M.: anscheinend Allfeld 378. — Enger der Überlegungsbegriff des Sprachgebrauchs.

das Geldangebot für einen Mord eingehender Bandit wäre sonst nicht Mörder, wenn Gegenmotive nicht in seinem Bewußtsein sich geltend gemacht haben. — Überlegung wird zur Ausführung verlangt bei Mord (§§ 211, 80) und bei Majestätsbeleidigung.

3. Bei einer Mehrheit vorgestellter Erfolge ist Vorsatz in bezug auf den eingetretenen Erfolg anzunehmen:

a) Wenn der Täter zwar nur einen Erfolg unter mehreren wollte, aber es ihm gleichgültig war, welcher von ihnen eintreten würde, sogen. dolus alternativus; z. B. jemand läßt in einer Versammlung eine gereizte Biene los, um die Verwirrung über den Stich zu einem anderen Delikt zu benützen; oder jemand erschleicht sich den Zutritt zu einem Greifsack, aus dem er nur eine Sache greifen kann.[1]

Nach Wachenfeld[2] bedeutet dolus alternativus das Nebeneinanderwollen mehrerer Erfolge.

Die praktische Bedeutung des Unterschiedes vom dolus eventualis liegt darin, daß bei bloßem Versuch nur ein Delikt (und zwar das etwa schwerere) als versucht anzunehmen ist und bei Vollendung nicht noch das alternativ gewollte andere Delikt einen ideal konkurrierenden Versuch begründet. Denn gewollt war hier im Gegensatz zum dolus eventualis immer nur der Eintritt eines Erfolges mit Ausschluß eines weiteren.

b) Wenn der Täter sich mehrere Erfolge als konkret mögliche Wirkung seines Verhaltens vorgestellt hatte und es ihm gleichgültig blieb, wie viele derselben eintreten würden: dolus indeterminatus i. e. S. Beispiel: Jemand beleidigt durch eine Kollektivbezeichnung die Mitglieder eines Gerichts oder eines Vereins, ohne die Personen und ihre Zahl näher zu kennen.[3] Jedes Mitglied ist dann beleidigt.

c) Wenn der Täter von mehreren als möglich vorgestellten Erfolgen seines Verhaltens nur den einen anstrebte, diesen aber auch für den Fall angestrebt hat, daß er (statt dessen oder gleichzeitig) den an-

---

1) Vgl. Geyer 1, 112, Schütze 119, Allfeld 150 N. 45, Birkmeyer, RE. § 16 S. 1127.

2) Vgl. Wachenfeld 154.

3) Schütze 119, Wächter Vorl. 159.

deren nicht angestrebten Erfolg herbeiführen werde. E. 9, 417; 39, 6. Der nicht angestrebte Erfolg ist dann wenigstens eventuell gewollt; sogen. dolus eventualis i. techn. S., dolus indeterminatus i. w. S.[1])

Auf dem gleichen Gedanken beruhen folgende andere Formeln für dolus eventualis: Wenn der Täter neben dem direkt gewollten Erfolg in den Eintritt eines anderen Erfolges seines Tuns eingewilligt hatte; mit ihm einverstanden war[2]) (bedenklicher: den Erfolg gebilligt hatte; so E. 33, 4), wenn der Täter neben dem direkt gewollten Erfolg den Eintritt eines anderen Erfolges bewußt riskierte,[3]) wenn dem Täter der Eintritt des nicht angestrebten Erfolges immer noch lieber war als der Verzicht auf den angestrebten Erfolg;[4]) wenn jemand gezweifelt, aber trotzdem bewußt auf die Gefahr hin gehandelt hat.[5]) Weniger gut der Ausdruck: Zu vermeiden hoffen.

Gleichgültig ist für den dolus, ob der direkt gewollte Erfolg ein rechtmäßiger oder auch seinerseits bereits ein verbotener war

Will man den dolus eventualis auch zeitlich näher analysieren, so kann man sagen:

Mit Vorsatz in bezug auf einen Erfolg[6]) handelt, wer sich die Möglichkeit bejaht, daß ein bestimmtes, von seinem Willen abhängiges Verhalten die Ursache des vorgestellten Erfolges sein werde und von dieser Bejahung bis zu dem Augenblick nicht abweicht, wo er seine Herrschaft über den Erfolgseintritt infolge des von seinem Willen verursachten Verhaltens verloren zu haben glaubt oder verloren hat.

Die Bejahung der Möglichkeit eines Erfolges bei gleichzeitiger gewollter Einnahme des ihn ermöglichenden Ver-

---

[1]) Vgl. Schaper, HH. 2, 187, v. Bar 2, 282, Berner 127. Nach Wachenfeld 154 sind dol. ev. und dol. altern. zu einem gemeinsamen Oberbegriff des dol. indeterm. zusammenzufassen.

[2]) So Olshausen § 59 N. 6, E. 21, 420, 31, 211.

[3]) So Bierling, Jur. Prinzipienl. 3, 122, Thomsen 123, E. 12, 297 (98), 28, 190; dagegen allerdings E. 33, 4.

[4]) So v. Hippel, Die Grenze von Vorsatz und Fahrlässigkeit 140.

[5]) E. 49, 140 (43).

[6]) Gemeint ist der Erfolg im Rechtssinn, d. h. der Erfolg, daß eine bestimmte Tatbestandsverwirklichung vorliegt.

haltens bedeutet, daß der Wille, wenn auch nicht immer das Begehren, zu diesem Erfolg bejahende Stellung genommen hat. Es wird daher vom dolus eventualis auch gesprochen als von einem „mit in den Willen aufnehmen".[1]) Wenn jemand dagegen z. B. seinen Spreuhaufen angezündet hat unter innerlicher Bejahung der Möglichkeit, daß auch das Getreidefeld des Nachbarn vom Feuer ergriffen werde, hernach aber annimmt, dieser Erfolg werde nicht eintreten, hat er keine vorsätzliche Brandstiftung begangen, wenn er im Zeitpunkte seiner neuen Annahme noch die Herrschaft über das Feuer besaß und dies wußte.

Das Gegenstück zum dolus eventualis bildet der Fall, daß der Täter den nicht erstrebten, aber mit vorgestellten Erfolg innerlich abgelehnt hatte[1a]).

Weder gleichbedeutend noch haltbar ist dagegen die manchmal[2]) als gleichbedeutend angesehene sogen. Franksche Formel: Dolus eventualis, d. h. Vorsatz in bezug auf einen vorgestellten Nebenerfolg, liegt danach vor, wenn der Täter auch dann gehandelt haben würde, falls er den Eintritt dieses Nebenerfolges als sicher vorausgesehen hätte.[3])

Die Verschiedenheit der Ergebnisse ist unverkennbar. Beispiel: Ein Arzt behält einen Rock, den er bei dem ansteckenden Kranken A anhatte, beim Besuch eines anderen Kranken B an und sagt sich: Ich werde den Kranken B nicht damit anstecken. Ich würde den Rock aber auch anbehalten, wenn ich das Gegenteil annehmen müßte. Nach der ersten Theorie, der Kürze halber Einwilligungstheorie zu nennen, hat der Arzt nicht vorsätzlich gehandelt, wenn er den B ansteckt. Nach der Frankschen Formel (Theorie der irrealen Bedingungen) ist er vorsätzlicher Körperverletzung schuldig. — Gegenstück: Der Arzt behält den Rock, den er beim ansteckenden Kranken A anhatte, bei dem Besuch des Kranken B an; er sagt sich dabei: es ist 50—60 Prozent Wahrscheinlichkeit, daß ich den

---

[1]) So Allfeld 149, E. **6**, 22. [1a]) Schwartz § 59 N. 8.

[2]) Vgl. z. B. RMG. **17**, 267 (68), RGE. **22**, 65; **33**, 4, v. Liszt § 39 N. 5, Finger 259.

[3]) Die Franksche Formel wird vertreten u. a. von Frank, ZStW. **10**, 217, wohl auch Komm. § **59** V, v. Liszt § 39 N. 5, Wachenfeld 149, E. **46**, 227.

Kranken B dadurch mit anstecke. Soviel Wahrscheinlichkeit riskiere ich. Würde ich allerdings die Ansteckung als sicher voraussehen, dann würde ich den Rock vorher noch wechseln. Nach der Frankschen Formel ist der Arzt hier, falls Ansteckung erfolgt, keiner vorsätzlichen Körperverletzung schuldig, nach der Einwilligungstheorie hat er sie begangen. Ähnliche Beispiele bilden: der Schütze, der auf eine Katze anlegt und einen bestimmten Grad von Wahrscheinlichkeit bewußt riskiert, einen Menschen dabei zu treffen; ferner der Hauseigentümer, der, um Licht zu sparen, die Treppenbeleuchtung unterläßt und eine beschränkte Wahrscheinlichkeit des Herunterfallens anderer noch mit in Kauf nehmen will.

Sobald man erkannt hat, daß die Franksche Formel sich inhaltlich mit den anderen nicht deckt, wird man auch ihre Haltbarkeit nicht mehr behaupten können. Sie beurteilt jemanden nicht nach seinem wirklich vorhanden gewesenen Willensinhalt, sondern nach dem mutmaßlichen Willensinhalt, der bei ihm entstanden wäre, wenn er bestimmte andere Vorstellungen gehabt hätte.

Neben den unter 1—3 aufgezählten Formen des Vorstellungs- und Willensinhalts, in denen Fälle echten Vorsatzes vorliegen,[1] nahm man bis in die neuere Zeit einen dolus auch in folgenden Fällen an, die man gegenwärtig fast allgemein als ein nicht vorsätzliches Verursachen des Erfolges ansieht.[2]

4. Dolus indeterminatus im weitesten Sinn. Man versteht darunter ein Handeln unbekümmert darum, welche Verbrechen aus diesem Handeln entspringen können (vgl. Goltd. Mat. 1, 235), z. B. jemand fährt mit seinem Wagen in rasender Eile dahin, unbekümmert darum, d. h. ohne bestimmte Vorstellungen davon, was etwa passieren kann.[3] Soweit die

---

[1]) Daß in den Fällen des dol. ev. noch echter Vorsatz vorliegt, wird nicht anerkannt von v. Bar, GesuSch. 2, 322, Kohler L. 55, Kohlrausch in Aschrott—v. Liszt, Die Reform des StGB. 202, wohl auch von Hoegel, ZStW. 37, 828.

[2]) Vgl. Wachenfeld 153 f.

[3]) Nach v. Wächter V. 159 N. 8, Geib, Lehrb. 2, 256, ist die dann eintretende Schädigung von Menschen oder Sachen vorsätzlich verursacht. Dagegen mit Recht die herrschende Lehre, z. B. Hälschner 1, 304, Temme, Lehrb. (1853) 249, Osenbrüggen, Abhandlungen 190.

Folgen nicht vorgestellt waren, können sie auch nicht als gewollt gelten.

5. Dolus generalis.[1]) Er soll vorliegen, wenn der Täter einen bestimmten Erfolg gewollt und herbeizuführen versucht hatte, aber hierfür nur durch eine Handlung kausal wird, durch welche er die Kausalität gar nicht in Lauf setzen wollte. M. a. W.: Was der Täter dolo speziali versucht hat, wird ihm, wenn er es durch eine weitere dolose Verursachungshandlung erreicht, vermöge der Aufstellung eines dolus generalis als dolose vollendete Handlung angerechnet.

Z. B.: Der A schlägt den B mit Tötungsvorsatz nieder; in dem Glauben, der B sei bereits tot, wirft A den B in den Fluß. Der B war aber noch nicht tot, sondern wird erst durch die letztere Handlung getötet, indem er ertrinkt. Als vorsätzlich wird hier auch die zweite Handlung von einigen Schriftstellern angesehen.[2]) Es liege kausale Äquivalenz vor. Richtig dagegen Allfeld 152, Beling Grdz. 53, Frank § 59 IX a. E., Geib 2, 268|69, Mayer 330. — Die ältere Literatur[3]) verstand unter dolus generalis ein Handeln ohne Klarheit über die weiteren atsächlichen Folgen (= dolus indirectus) oder über die rechtliche Bedeutung der Tat. Z. B. jemand nimmt eine fremde Sache an sich ohne Klarheit darüber, ob sie noch besessen oder verloren ist. Allein wenn hier das Bewußtsein des fremden Gewahrsams fehlte, liegt nie mehr als Unterschlagung vor, war dagegen jenes Bewußtsein vorhanden, so ist die Tat je nach der objektiven Sachlage Diebstahl oder Unterschlagung, da nach beiden Richtungen dolus eventualis gegeben war.

6. Dolus indirectus. Er soll vorliegen, wenn der Täter außer einem allein vorgestellten und gewollten Erfolg noch einen schwereren Erfolg bewirkt, den er sich nicht mit vorgestellt hat. Die Theorie des 18. Jahrhunderts nahm ihn vor-

---

[1]) Vgl. dazu Thomsen 124, Wachenfeld 154 N. 2. Wachenfeld 154 Nr. 3 gebraucht den Ausdruck außerdem auch für den Fall des dol. indeterminatus im engeren Sinn (vgl. oben S. 263).

[2]) So von v. Liszt § 40 N. 6 und Kohler L. 65.

[3]) Vgl. darüber Schütze 124 N. 1, Hälschner 1, 305 N. 1, Löffler, Schuldformen 231.

nehmlich an für die Folgen der Tat, welche dem regelmäßigen typischen Verlaufe derselben entsprechen (dolus indirectus im objektiven Sinn. In diesem Sinn wird er verstanden von Carpzov Pract. 1 qu. 1 n. 31). Die spätere Theorie nahm ihn an für die fahrlässig verschuldeten Folgen der gewollten Handlung (dolus indirectus im subjektiven Sinn). In diesem Sinn z. B. sächsisches StGB. von 1838 Art. 31. Feuerbach (Bibl. f. peinl. RW. 2, 1, 193) nahm 1798 in letzteren Fällen zwar eine Konkurrenz von dolus und culpa an, ließ aber die Strafe der vorsätzlichen Verschuldung hierfür zu. Darin liegt die Ungerechtigkeit dieser sogen. culpa dolo determinata. Dagegen hat Feuerbach richtig erkannt, daß der dolus indirectus in bezug auf den eingetretenen Erfolg nie dolus ist.[1]) Der Begriff wird noch im österreichischen StGB. verwertet. Bestritten ist, ob er hier objektiv oder subjektiv gedeutet werden soll. — Dolus indirectus wird endlich noch in Nebenbedeutungen gebraucht, z. B. zur Bezeichnung des dolus eventualis,[2]) zur Bezeichnung einer angeblichen Zwischenstufe zwischen dolus und culpa,[3]) zur Bezeichnung eines Gefährdungsdolus.[4])

7. Dolus subsequens ist die nach unvorsätzlicher und unwiderruflich gewordener Verursachungshandlung hinzutretende Billigung des Erfolges seitens des Täters; z. B. durch Ruhmung (oder Verherrlichung) des Erfolges, durch die Erklärung, man hätte ebenso gehandelt, wenn man den unvorhergesehenen Erfolg als möglich oder sicher vorausgesehen hätte. Dies ist kein Vorsatz mehr.[5]) Dagegen ist das dem positiven Tun etwa nachfolgende Bewußtsein der noch abwendbaren Folgen geeignet, eine strafbare Unterlassung zu begründen, sofern bereits die vorausgehende Ursachsetzung bei Strafe

---

1) Vgl. zum Begriff des dol. indirectus u. a. Lammasch, Grdr. d. österr. Strafr. 31, v. Bar 2, 278, Hälschner, Syst. d. preuß. Strafr. 1, 132.

2) So bei Klein, Peinl. R. (1799) § 123.

3) So bei Köstlin, Neue Rev. 1845 S. 293/94.

4) So bei K. Klee, Der dol. indirectus (1906) 34.

5) Vgl. v. Bar 2, 352, Hälschner 1, 239, Allfeld 150 N. 44, Wachenfeld 154.

verboten war. Will man auch hier von dolus subsequens sprechen,[1]) so ist dieser Fall allerdings noch echter Vorsatz.

8. Dolus ex re ist keine besondere Art des dolus, sondern bedeutet eine gelegentliche Beweisbarkeit des dolus aus einem vorliegenden objektiven Tatbestand. Z. B. jemand belegt einen Fremden, der ihm nichts getan hat, mit einem Schimpfwort unter dem Zusatz: ohne Sie damit beleidigen zu wollen. Aus dem objektiven Tatbestand wird man hier auf das Vorliegen des erforderlichen dolus schließen dürfen, sofern Schuldausschließungsgründe nicht erkennbar werden.[2]) — Von einigen wird der dolus ex re als eine Doluspräsumtion beim Vorliegen bestimmter Tatsachen aufgefaßt und diese mit Recht bekämpft.[3])

IV. Beziehung des Vorsatzes auf einzelne Merkmale des Tatbestandes i. w. S.

1. Das Wissenselement des Vorsatzes muß sich nicht nur erstrecken auf die künftig herbeizuführenden Erfolgsmerkmale (z. B. die Beschädigung einer bestimmten Sache), sondern auch auf die bereits vorliegenden Tatbestandsmerkmale (z. B. auf die Eigenschaft der Sache als einer fremden). Das Willenselement bezieht sich dagegen nur auf die künftige Herstellung eines Erfolges, der jene Merkmale zu einer Tatbestantsverwirklichung verwertet.[4])

2. Der Vorsatz braucht sich nicht auf die psychische Seite des Tatbestandes, also nicht auf sich selbst und ebensowenig auf die nach dem Gesetz die Schuld etwa beeinflussenden psychischen Zustände (z. B. Gewohnheitsmäßigkeit, ehrlose Gesinnung) zu erstrecken.[5])

---

[1]) So wohl Frank 17.

[2]) Vgl. über den dol. ex re Köstlin, Syst. 208, Osenbrüggen, Abhandlungen 207.

[3]) So Kleinschrod, Peinl. Recht 1, 61, Abegg, Strafrechtsw. 141; Birkmeyer, RE. § 16 a. E., der in ihm eine prozessuale Anweisung für den Beweis des Dolus erblickt und auf § 259 StGB. als Beispiel hinweist.

[4]) Vgl. v. Hippel, VD. A. 3, 521 N. 1.

[5]) Gl. M.: Birkmeyer, RE. § 18, Allfeld 141. Mißverständlich Finger 246/47, indem er die subjektiven Tatbestandsmerkmale zu den Tatumständen des gesetzlichen Tatbestandes rechnet.

Ein Zurechnungsfähiger ist z. B. strafbar, auch wenn er sich für geisteskrank hielt, eine Überlegung liegt auch vor, wenn der Überlegende schließlich glaubt, er habe sich eigentlich nichts überlegt.

3. Der Vorsatz braucht ferner nicht zu umfassen: die Strafbarkeitsbedingungen (z. B. das Bestehen eines Antragserfordernisses, die Entstehung eines Schadens durch Nichterfüllung eines Armeelieferungsvertrages, § 329 II., die Unerweislichkeit einer Behauptung, § 186 StGB., die Tatsache der Konkurseröffnung, § 239f. KO.), die Bedingungen erhöhter Strafbarkeit (z. B. Rückfall; Ausbruch eines Krieges, § 87; Erklärung des Kriegszustandes, EG. § 4).

Ebenso ist für den Vorsatz gleichgültig die Annahme des Schuldners über seine Unterstellung unter ein bestimmtes Strafgesetz (z. B. in räumlicher Beziehung glaubt der Täter, im Auslande zu handeln, oder er hält ein bestimmtes Landesgesetz für ungültig, er hält sich für exterritorial), über das Vorliegen von Schuld- und Strafausschließungsgründen (z. B. irrige Annahme strafunmündigen Alters, irrige Annahme, die entwendete Sache gehöre einem Deszendenten), über die Prozeßvoraussetzungen (z. B. Annahme, es fehle die Zuständigkeit des Richters am Wohnort des Täters).[1])

4. Eine Tat ist auf Vorsatz zurückzuführen, auch wenn der Täter nicht sämtliche kausal gewordenen Glieder der Kausalkette vorausgesehen hat.[3])

Jedoch bestehen immerhin folgende Erfordernisse:

a) Der Täter muß durch die Vorbedingung, durch die er die Ursache zum Erfolg geben wollte, den Erfolg auch wirklich verursacht (d. h. ins Rollen gebracht) haben.[3])

Z. B.: Vorsätzliche Verursachung liegt nicht vor, wenn der A den X durch einen Flintenschuß töten will, der X aber dadurch getötet wird, daß er angesichts des angelegten

[1]) Vgl. Allfeld 141, Wachenfeld 150.

[2]) v. Liszt 181/82, Allfeld 7 140 N. 4.

[3]) Gl. M.: E. **44**, 137, v. Bar **2**, 358, Binding N. **2** (2) 514.

Gewehrs einen Seitensprung macht und dabei in den Abgrund stürzt.[1]) Die Handlung ist aber Tötungsversuch.

Ebenso steht es, wenn ein Bandit sein Opfer erschießen will, dieses aber beim Ringen mit ihm den Hahn der Pistole selbst berührt und hierdurch getötet wird.[2])

b) Der Täter muß bei abnormem Kausalverlauf so viel Anhaltspunkte für denselben richtig vorausgesehen haben, daß der Erfolg auf Grund dieser Anhaltspunkte im Bereich vernünftiger Erfahrung liegt (= er muß so viel vom Kausalverlauf gewußt haben, daß danach der Kausalverlauf als ein adäquater erscheint).

Z. B.: Wer einem anderen eine Tasse starken Kaffees reicht und sich dazu von der unklaren Hoffnung bestimmen läßt, daß dies des anderen Tod sein möge, hat den anderen nicht vorsätzlich getötet, wenn dieser davon einen unerwarteten Herzschlag bekommt und stirbt. Das ist kein Wollen, sondern ein Wünschen.[3]) Anders, wenn der Täter Arzt und sich bewußt ist, daß der andere den Kaffee wegen eines schweren Herzleidens nicht trinken darf.

Vorsatz fehlt aus gleichem Grunde auch, wenn jemand durch ein metaphysisches Mittel Ursache des Erfolges werden möchte. Er kann daher dann auch wegen versuchten Delikts nicht gestraft werden.

c) Der Täter muß den gewollten Erfolg sich in solchen Umrissen vorgestellt haben, daß der eingetretene (entweder damit übereinstimmt oder) einen Unterfall davon bildet.

Z. B.: Vorsätzliche Verursachung liegt nicht vor, wenn A dem B nur ein kaltes Bad bereiten will und ihm nur zu diesem Zweck am Ufer einen Stoß versetzt, der Körperverletzungserfolg aber in ganz anderer Gestalt eintritt, etwa dadurch, daß B am Ufer selbst hinstürzt und sich verletzt.

---

1) Gl. M.: Frank § 59 IX (= S. 148) mit der etwas zu allgemeinen Begründung, der tatsächliche Verlauf sei in wesentlicher Beziehung von der Vorstellung abgewichen.

2) A. M.: v. Liszt 182.

3) Gl. M.: Frank 148.

Dagegen ist vorsätzliche Körperverletzung gegeben, wenn A den B überhaupt körperlich mißhandeln will und die Mißhandlung an einer anderen Stelle eintritt als zunächst erwartet war. A hat z. B. auf das rechte Bein gezielt, trifft aber das linke.

5. Der Vorsatz muß nicht nur den sinnlich wahrnehmbaren Erfolg, soweit er rechtlich relevant ist, umfaßt haben, sondern auch die Subsumierbarkeit des Erfolges unter ein Rechtsverhältnis, wenn das Gesetz diesem Rechtsverhältnis seinen besonderen Schutz zugedacht hat.

Dagegen braucht der Vorsatz nicht die Subsumierbarkeit des vorgestellten Erfolgs unter ein bestimmtes Strafgesetz zu umfassen.

Z. B.: Der Täter begeht keine Fürstenbeleidigung, wenn er bloß tatsächlich die Person des Beleidigten kennt, aber nicht weiß, daß derselbe zu den Mitgliedern eines regierenden Hauses zu rechnen ist. Dagegen ist bei solcher Kenntnis nicht noch weiter erforderlich, daß er von einer besonderen Fürstenbeleidigung weiß, unter die seine Tat zu subsumieren ist.

Eine Unterschlagung begeht nicht, wer seine Sache verkauft hat, aber sie dann in dem irrigen Glauben verbraucht, sie sei noch sein Eigentum, weil der Erwerber sie in seiner Verwahrung zurückließ. Denn als Täter einer Unterschlagung gilt nur, wer sich mit Bewußtsein an dem Eigentum eines andern vergreift. Kenntnis der tatsächlichen Vorgänge ohne Kenntnis der Rechtsvorgänge genügt hier also nicht. Dagegen ist zur Unterschlagung nicht das weitere Wissen des Täters erforderlich, daß jede Sache im Eigentum eines anderen unter den Begriff der „fremden“ Sache im Sinne des § 246 StGB. fällt, und zwar auch dann, wenn sie vom Täter selbst fabriziert worden war.

Es liegt keine vorsätzliche Blutschande vor, wenn der Täter die Eigenschaft seiner Genossin als seiner früheren Stiefmutter gekannt hat, aber geglaubt hat, er dürfe mit ihr geschlechtlich verkehren, weil er sie geheiratet habe (Irrtum über die bestehende Nichtigkeit der Ehe) § 173. Dagegen ist es unwesentlich, ob er den gesetzlichen Begriff der Schwägerschaft richtig auf seinen Fall angewandt hat oder ob er vielleicht annahm, der Begriff der Verschwägerten sei wie im BGB. §§ 1589 II, 1590 I auf außereheliche Schwägerschaft nicbt anzuwenden.

Gl. M.: E. 12, 275. A. M.: Frank § 173 II.

§ 26.

Die Fahrlässigkeit.

Vgl. Exner, Das Wesen der Fahrlässigkeit 1910; Mannheim, Der Maßstab der Fahrlässigkeit 1912; Kohler, GA. 62, 241 f.; Kohlrausch in Aschrott—v. Liszt, Die Reform des RStGB. (1910) 208; Köhler, Probleme der Fahrlässigkeit 1912; F. Leonhard, Fahrlässigkeit und Unfähigkeit 1913.

I. Begriff.

1. Nach der Willenstheorie ist Fahrlässigkeit (culpa) die ungewollte Tatbestandsverwirklichung, wenn sie zurückzuführen ist auf pflichtwidrige Beiseitesetzung einer dem Täter nahegelegten Erwägung der konkreten Möglichkeit, daß er den objektiven Tatbestand des Deliktes verwirklichen werde.

In irgend einem Vorstadium der verursachenden Ausführungshandlung muß dem Täter ein warnender Anlaß gegeben gewesen sein, die Erfolgsmöglichkeit zu bedenken; er hat die Warnung aber ohne rechtfertigende Gründe in den Wind geschlagen (z. B. sie sich nicht gehörig gemerkt), ohne zu einer wirklichen Bejahung der Erfolgsmöglichkeit gelangt zu sein.

Vgl. Goldschmidt: Der Notstand ein Schuldproblem (1913), 26: der Täter muß zur richtigen Selbstmotivierung besonders verpflichtet und vermöge einer Vorstellung der begleitenden Umstände auch imstande gewesen sein.

Vgl. auch Allfeld 154: F. = dasjenige Verhältnis einer Person zu einem Geschehen, wonach dieses von ihr zwar nicht gewollt ist, wohl aber hätte vermieden werden können und sollen; Olshausen (10) § 59 N. 17: F. = ein eine pflichtwidrige Unvorsichtigkeit in sich schließender Willensakt.

2. Nach der Vorstellungstheorie ist sie die Nicht-

voraussicht des voraussehbaren Erfolgs bei Vornahme der Willensbetätigung.[1])

Vgl. auch Wachenfeld 161: Fahrlässigkeit = die pflichtwidrige Unterlassung einer den eingetretenen Tatsachen entsprechenden Vorstellung des Erfolges. Hier, sowie bei Frank,[2]) der die Fahrlässigkeit als Vernachlässigung gebotener Vorsicht usw. definiert, kommt der Vorstellungsmangel als eigentliches Kennzeichen weniger zum Ausdruck.[3])

3. Psychische Grundlagen. Die Fahrlässigkeit kann nicht mit einem bloßen Vorstellungsmangel als Schuld gerechtfertigt werden.[4]) Gelingt es nicht, eine vorwerfbare Handlung zu konstatieren, die unserem emotionalen psychischen Verhalten angehört, so muß man zum mindesten die unbewußte Fahrlässigkeit als eine neben dem Vorsatz bestehende Schuldart aufgeben.[5]) Gewollt ist bei der Fahrlässigkeit der Erfolg allerdings nie. Anderseits bleibt keinerlei Vorwurf, wie man ihn bei der Fahrlässigkeit erhebt, übrig, wenn für den Täter kein nachweislicher Anlaß bestand, zu bedenken, daß er durch sein geplantes Verhalten Ursache des ihm vorgeworfenen rechtswidrigen Erfolges werden könne. Ein solcher Anlaß bestünde, wenn es eine allgemeine Diligenzpflicht gäbe, d. h. eine Pflicht, in jedem Augenblicke des Bewußtseins aus eigenem Antrieb sich auf alles das zu besinnen, was zur Verhütung einer Schadenverursachung durch den Aufmerksamen getan werden kann. Allein eine solche fortwährende und selbständige Aufmerksamkeitspflicht existiert nicht.[6]) Dagegen wird ein Vor-

---

[1]) v. Liszt 187 (= § 42 II).

[2]) Vgl. Frank § 59 VIII (S. 145).

[3]) Nach Mayer 132 ist die unbewußte fahrlässige Unterlassung psychologisch betrachtet ein reines Nichts.

[4]) Gl. M.: Goldschmidt, Der Notstand ein Schuldproblem (1913) 27.

[5]) So Radbruch, VD. A. 2, 227, Kohlrausch in Aschrott—v. Liszt, Reform d. RStGB. (1910) 194. Der Sache nach auch Kelsen, Hauptprobleme der Staatsrechtslehre (1911), 135 f., der erklärt, es gebe bei der Fahrlässigkeit keinen Akt der Innerlichkeit des Menschen.

[6]) Gegen ihre Annahme (durch Feuerbach, Bibl. f. peinl. Rechtsw. 2, 1, S. 108) vgl. Hälschner 1, 315, Köhler, Probleme der Fahrlässigkeit 52; R. 1, 89. Auch eine besondere Sorgfaltspflicht, die Goldschmidt 29 aus den Normen des Familienrechts, des

wurf zu erheben sein, wenn der Täter warnende Vorstellungen in den Wind schlug, d. h. nicht weiter verfolgte, welche ihn drängen wollten, die Gefahren eines bestimmten Verhaltens sich klar zu machen. Der Täter hat dann einen Ablehnungsakt gegenüber solchen Anreizen vorgenommen. Ebenso wie Vorsätze oft nur in einem Halbbewußtsein gefaßt werden, ist auch ein solcher Ablehnungsakt häufig die Folge einer Wollung, die nicht im Zentralpunkte des Bewußtseins sich vollzieht. Aber ohne die Annahme, daß der Täter aus irgend einem Anlaß heraus einen Anstoß erhalten hatte, auf seine Gefährdung des verletzten Rechtsguts aufmerksam zu werden, läßt sich ein Vorwurf der Fahrlässigkeit nicht aufrechterhalten.[1])

Der Vorwurf geht jedoch nicht notwendig dahin, daß der Täter gerade in dem Augenblick, als er die rechtswidrige Angriffshandlung vornahm, einen Anlaß hatte, auf den Erfolg aufmerksam zu werden. Es beruht auf Mißverständnis, wenn Kriegsmann ZStW. **33**, 739 f. vorliegender Theorie unterstellt, sie verlange, daß im kritischen Augenblick eine Anregung, Gefahren zu bedenken, dem Täter gekommen sein müsse, und dann erklärt, in unendlich vielen Fällen der Fahrlässigkeit komme es zu keiner Anregung. Letztere Behauptung vertritt

Beamtenrechts ableitet, geht noch zu weit. Es kann jemandem nicht als Vorwurf angerechnet werden, wenn er nicht in jedem Augenblick, wo er wach ist, alle die besonderen Pflichten seiner familienrechtlichen, berufsrechtlichen, schuldrechtlichen Beziehungen überdenkt. Das Recht erwartet von ihm nur, daß er bei Empfang warnender Motive für ihre Berücksichtigung durch Nachdenken, Merken, im Auge behalten die Sorgfalt anwende, die ein geschäftstüchtiger, ordnungsliebender Mann in Verfolgung solcher Warnungen anwendet.

[1]) Richtig verlangt daher z. B. E. in JW. **44**, 1203, zur Annahme der Fahrlässigkeit des Verkäufers einer mindergewichtigen Semmel, daß er Veranlassung gehabt habe, die ihm vom Bäcker gelieferten Semmeln sorgfältig zu kontrollieren; denn es sei nicht festgestellt, daß dieser auch sonst je Semmeln von zu geringem Gewicht geliefert habe. Treffend bemerkt ferner OstLG. in StrafrZ. **3**, 343, es bestehe keine allgemeine Erkundigungspflicht. Aber wenn dem Angeklagten (scil. erhebliche) Zweifel an der Zulässigkeit seiner Handlung aufgetaucht waren, hätte er sie nicht schon mit der Vorstellung beschwichtigen dürfen, daß ihm die Handlung von seinem Dienstherrn aufgetragen war. Treffend auch GA. **44**, 398, **46**, 137.

auch Mayer 245. Die Anregung wird bloß oft übersehen. Wenn z. B. ein wenig ausgebildeter Arbeiter sich in einer elektrisahen Zentrale anstellen läßt und dann durch falsche Hebelstellung den Tod eines Menschen unvorsätzlich verursacht, kann ihm vielleicht nicht gesagt werden: Du hättest wissen müssen, daß dieser Hebel jetzt nicht gerührt werden darf; aber es ist ihm vielleicht der Vorwurf nicht zu ersparen: Du hättest dir die richtige Bedienung der Maschinen einprägen sollen, als dir die Instruktion zum Studium übergeben war. Wenn er darauf erwidern kann: Ich habe mir Mühe gegeben, aber ich habe die Ausdrücke nicht verstanden, so mag vielleicht noch weiter zurückzugehen und der Vorwurf dahin zu richten sein: Du hättest als ungenügend ausgebildeter Arbeiter bei Annahme oder Übernahme der Stelle bedenken sollen, daß die Stelle deine Fähigkeiten übersteigt. So viel von elektrischen Werken wußtest du, daß du Anlaß hattest, auf mögliche Gefahren für andere bei Annahme der Stelle aufmerksam zu werden.[1])

Es gibt aber Fälle, in denen zwar ein Anlaß gegeben war, eine Gefährdung zu bedenken, aber der Täter aus besonderen Gründen nicht pflichtwidrig handelte, als er dies unterließ, etwa wegen eines Notstandes oder wegen körperlicher oder geistiger Unfähigkeit. Der Fahrlässigkeitsvorwurf ist also des näheren dahin zu analysieren, daß der Täter dem durch eine auftauchende Gefahrvorstellung ausgelösten Spannungsgefühl, auf eine Schädigungsmöglichkeit für ein Rechtsgut als nähere oder spätere Folge eines bestimmten Verhaltens aufmerksam zu werden, aus unentschuldbaren Gründen keine Folge gegeben habe.[2])

II. Umfang der Strafbarkeit.

Die Römer unterschieden zwar vom Vorsatz die Fahrlässigkeit (culpa) und belegten sie in einigen Fällen mit Privatstrafen, in der Kaiserzeit auch mit öffentlicher Strafe, aber sie hatten keine scharfen Merkmale zur Abgrenzung der beiden Begriffe gegen einander.[3]) Gelegentlich faßten sie unter casus die Fahrlässigkeit und den Zufall zusammen.

---

1) Vgl. Köhler, Probleme S. 89, 92.

2) Vgl. Köhler, Probleme S. 215.

3) Vgl. Mommsen, Röm. Strafr. 89 N. 5.

Auch die Germanen kannten die Fahrlässigkeit als eigene Schuldform und bestraften die Schadenszufügung (vathaverk) mit Auferlegung einer Buße an den Verletzten. Das Friedensgeld an die öffentliche Gewalt fiel weg. Aber das Vorliegen von Fahrlässigkeit wurde ebenso wie das Gegebensein von Vorsatz (vili, wille, vâre) nach äußeren Merkmalen bejaht oder verneint, z. B. nach Umständen der Tat oder nachherigem Verhalten des Täters.[1] Peinliche Strafen gab es für fahrlässige Handlungen noch im Ssp. nicht.[2] Die mittelalterlichen Italiener bedrohten generell die nämlichen Handlungen bei fahrlässiger Begehung mit Strafe, welche auch bei vorsätzlicher Begehung bedroht waren.[3] Die Carolina blieb dagegen bei der deutschrechtlichen Auffassung, die fahrlässige Begehung nur bei einzelnen Delikten zu strafen (Aufzählung bei Binding Grdr. [8]122). Die spätere Gesetzgebung folgte bis in das 18. Jahrhundert überwiegend dem italienischen Standpunkt.

Das heutige Recht straft die fahrlässige Erfolgsherbeiführung nur in einigen Fällen; es benutzt sie fast nie zur Begründung oder Schärfung von Verbrechen i. e. S. (Ausnahme in § 5 III des Sprengstoffgesetzes sowie in StGB. §§ 260, 261; diese letzteren Fälle sehr betritten). Es verlangt ferner bei den Vergehen regelmäßig ausdrückliche Hervorhebung der fahrlässigen Begehbarkeit. Ausnahmen hiervon werden meist für §§ 139, 145,[4] 145a, 330[5] angenommen, bei ersterem Paragraphen wohl mit Unrecht. Ob § 259 auch auf fahrlässige Begehung anwendbar wird, ist bestritten, aber wohl mit Unrecht.[6]

Bei den Übertretungen ist die fahrlässige Begehbarkeit auf Grund der ratio des einzelnen Tatbestandes zu prüfen und im Zweifel zu bejahen.

---

1) Vgl. v. Amira, Grdr. des german. Rechts ([3]) 231.

2) Vgl. v. Schwerin, D. RG. 129.

3) Einzelne Ausnahmen bei v. Bar 2, 438.

4) E. 45, 394, aber mit der bedenklichen Begründung, es bestehe keine generelle Regel, daß im Zweifel nur Vorsatz bedroht sei. Richtig Frank § 59 X, Olshausen N. 4 vor § 51.

5) E. 29, 71 (73).

6) Vgl. Köhler, Probleme der Fahrlässigkeit 198 N. 1.

Das geltende Recht verlangt endlich (mit Recht) zur Bestrafung der Fahrlässigkeit in den meisten Fällen den Eintritt eines Schadenserfolgs.

Ausnahmen z. B. in §§ 366 Z. 2, 367 Z. 6., 368 Z. 5—8, 369 Z. 3.

III. Die einzelnen Merkmale.

1. Fahrlässigkeit kann sein eine unbewußte (d. h. negligentia) oder eine bewußte (d. h. luxuria oder Frevelhaftigkeit).

Negligentia liegt vor: a) wenn der Fahrlässige die tatsächlichen (relevanten) Folgen seines Verhaltens, soweit es Deliktsmerkmale verwirklicht, überhaupt nicht voraussah; b) wenn er begriffliche Merkmale des verwirklichten Tatbestandes nicht wahrnahm, deren Erkenntnis das vorsätzliche Delikt voraussetzt.

Beispiele:

Zu a): Der A schießt auf eine Scheibe an der Wand und bedenkt fahrlässig nicht, daß die Wand durchschlagen und ein dahinter befindlicher Mensch getroffen werden kann.

Zu b): A zündet einen von ihm gekauften Holzstoß an, der isoliert steht, und geht von der irrigen (fahrlässig begründeten) Meinung aus, durch den Kauf bereits Eigentum erworben zu haben.

Oder: Der Gefangenaufseher weiß, daß er in einer bestimmten Zelle den X gefangen hält. Er übersieht fahrlässig, daß der Befehl, ihn zu entlassen, auf heute, nicht auf morgen lautet. (= Voraussicht der Fortsetzung des Einsperrens, Nichterkenntnis des die Rechtswidrigkeit begründenden Merkmals, daß der Entlassungsbefehl auf heute lautet.)

Oder: Die NN. glaubt, daß der Akt vor dem Pfarrer in der Kirche die eigentliche Eheschließung sei; sie verschweigt ein gesetzliches Ehehindernis und geht mit ihrem Bräutigam aufs Standesamt, um dort die für unverbindlich gehaltene Erklärung über angeblich künftige Eheschließung abzugeben.

Luxuria liegt vor, wenn bei dem Fahrlässigen die Vorsatz begründende Vorstellung von den deliktischen Merkmalen seines konkreten Verhaltens aufgetaucht war, er sie aber als unrichtig verworfen hatte[1]), ehe er die Erfolgsherbeiführung aus der Hand gab.[2])

Beispiel: Der Jäger zielt auf einen braunen, sich bewegenden Fleck. Vorübergehend kommt ihm der Gedanke, es könne ein Mensch sein. Ohne genügende Nachprüfung verwirft er diese Vorstellung als unrichtig und drückt ab. Das Getroffene ist kein Reh, sondern ein Mensch.

Die bewußte Fahrlässigkeit ist nur dann ein schwererer Schuldgrad im Vergleich zur unbewußten, wenn nach der Sachlage die Verwerfung der aufgetauchten Vorstellung eine stärkere Pflichtwidrigkeit darstellt als die Außerachtlassung der auf den Deliktserfolg hinweisenden Umstände eines unbewußt Fahrlässigen.[3])

Beispiel: Ein Chauffeur gibt gar nicht acht auf einen Menschen, der eben die Straße kreuzt, weil er mit seinem Nachbar plaudert. Ein anderer Chauffeur gibt zwar acht, berechnet aber die Zeit falsch, bis zu welcher der Mensch spätestens aus dem Wege gegangen ist.

Ceteris paribus ist hier der unbewußt Fahrlässige mehr strafwürdig. Man kann auch nicht generell sagen, ceteris paribus sei die unbewußte Fahrlässigkeit milder zu beurteilen. Denn die Ungleichheit beruht nicht nur darauf, daß die konkrete Erfolgsvorstellung bloß im einen Falle aufgetaucht war, sondern auch darauf, daß ihr gegenüber immer andere oder weitere Erwägungen psychisch eingetreten sein müssen, damit die Annahme trotzdem entstand, der Erfolg werde doch nicht eintreten. Man muß also immer vergleichen, in welchem Mißverhältnis die Verwerfungsgründe des einen und des anderen Falles zur pflichtmäßigen Sorgfalt stehen.

2. Grade der Fahrlässigkeit.

Die gemeinrechtliche Unterscheidung von culpa lata, culpa levis und culpa levissima ist dem StGB.

---

[1]) Weniger gut: zu vermeiden hoffen. A. M.: v. Hippel MonKrimPsych. 10, 85.

[2]) Gefährdungsvorsatz braucht nicht vorzuliegen. Gl. M.: Mannheim 35.

[3]) Richtig Hälschner 1, 316, Wachenfeld 164 N. 3. A. M.: Beling, Unschuld, Schuld usw. S. 58, Goldschmidt 32.

fremd. Es genügt nach ihm, wenn überhaupt Fahrlässigkeit vorliegt. Nur in einem, überdies sehr bestrittenen Ausnahmsfall ist wohl culpa lata verlangt; nämlich im StGB. § 259 beim „Wissen oder den Umständen nach annehmen müssen".

Grund für die regelmäßige Nichtunterscheidung von Fahrlässigkeitsgraden: Feste Begriffsgrenzen lassen sich zu schwer für die Praxis greifbar aufstellen.

Verschieden von den Graden der Fahrlässigkeit ist eine im StGB. §§ 222 II, 230 II vorgesehene Strafschärfung, wenn bestimmte besondere Pflichten bei dem fahrlässigen Verhalten außer acht gelassen wurden. Auch hier genügt aber bereits eine konstatierbare ganz leichte Fahrlässigkeit, um diese nur nach oben erhöhten Strafrahmen zur Anwendung zu bringen.[1])

3. Voraussetzungen für pflichtwidrige Beiseitesetzung der Aufmerksamkeit:

a) Es muß außer acht gelassen sein entweder die allgemein nach den Verkehrsanschauungen erforderliche Sorgfalt oder die bei den etwaigen besonderen Kenntnissen des Täters (nach sachverständigem Urteil) zu verlangende Sorgfalt.

Objektiver Maßstab für die Pflichtwidrigkeit.

Z. B.: Jedermann handelt pflichtwidrig (rechtswidrig), wenn er in verkehrswidrig schnellem Trab um eine Straßenbiegung fährt. — Ein Bergführer speziell handelt pflichtwidrig, wenn er seinen Touristen an einer im allgemeinen für ungefährlich geltenden Stelle vorbeiführt, obwohl er nach seinen besonderen Erfahrungen ihre Steinfallgefährlichkeit zu der kritischen Zeit erkennen mußte. Von ihm verlangt der Verkehr mehr. — Ein Arzt handelt rechtswidrig, wenn er seine etwaigen außergewöhnlichen Kenntnisse bei Bekämpfung einer Krankheit nicht anwendet.

Dagegen handelt der Direktor einer Tunnelbohrungsgesellschaft der pflichtmäßigen und verkehrsüblichen Sorgfalt nicht zuwider, wenn er die Aussprengung eines Tunnels durchführt,

---

1) A. M.: Mayer 257, der hierin Grade der Fahrlässigkeit erblickt; richtig Allfeld 158.

obwohl er sich sagen muß (oder sich sagt), daß diese Arbeit stets lebensgefährlich ist. Denn es handelt sich um eine nach den Verkehrsanschauungen zulässige Gefährdung, wenn die dafür üblichen Vorsichtsmaßregeln dabei befolgt sind.

Wenn ein Arzt fast gleichzeitig Dutzende von Verwundeten operieren muß, kann von ihm nicht die gleiche subtile Gründlichkeit verlangt werden wie von einem Operateur in stilleren Zeiten.

b) Die persönlichen Kenntnisse des Täters, auch soweit sie unterdurchschnittlich waren, müssen ihn zur Einhaltung der konkreten im Verkehr erforderlichen Sorgfalt befähigt haben. Auch muß seine augenblickliche Gemütsverfassung ihn zur Beobachtung der objektiv von ihm zu fordernden Sorgfalt instand gesetzt haben.

Subjektiver[1]) (individueller) Maßstab für die Pflichtwidrigkeit.

Z. B.: Die Strafbarkeit des Täters fällt auch bei bestehender objektiver Verkehrswidrigkeit seines Handelns fort, wenn er von ungewöhnlicher Unerfahrenheit in bezug auf die Erfolgsmöglichkeit war. Dies ist der Fall, wenn ein gänzlich unerfahrener Arbeiter eine Kesselexplosion infolge Nichtbeachtung der objektiv gebotenen Sorgfalt verursacht, aber weder die ihm noch völlig neuen Verhaltungsmaßregeln sämtlich schnell zu beherrschen vermochte, noch die Gefährlichkeit der Übernahme eines Maschinistenamtes erkennen mußte. Möglicherweise verursachte hier aber derjenige den Schaden fahrlässig, der jenen Arbeiter angestellt hat.

---

[1]) Für diesen Ausdruck auch Allfeld 156, v. Liszt § 42 II; gegen ihn Mayer 256, der diese Wendung für verkehrtes Gerede erklärt. Subjektiv sei nur das Können als Gegenstand der Beurteilung, objektiv das Sollen. Das ist ein Mißverständnis. Subjektiv bedeutet hier nichts anderes, als daß nicht nur objektiv die im Verkehr erforderliche Sorgfalt bei dem rechtswidrigen Ereignis verletzt sein muß, sondern daß auch der Sorgfalt, die bei der psychischen Verfassung des Tätersubjekts erwartet werden durfte, zuwidergehandelt wurde. Subjektiv bedeutet also nicht die Beurteilung nach dem eigenen Maße des Täters. Subjektiv ist einfach das, das was in bezug auf die Täterpsyche zu konstatieren ist.

Ebenso fällt die Strafbarkeit fort, wenn der Täter in einer unverschuldeten starken Erregung oder Erschöpfung den Erfolg verursacht hat. Daher ist der Arzt auf dem Schlachtfelde nicht in gleichem Umfang für notorisch schlechtes Verbinden verantwortlich wie der Arzt im gesicherten Krankenhaus. Ebenso ist ein übermüdeter Lokomotivführer, der versehentlich nicht rechtzeitig abgelöst wurde, für etwaige Unterlassung der objektiv gebotenen Vorsicht nicht (oder je nach dem Grade der Ermattung weniger) strafbar, wenn er den Transport auf einer Eisenbahn gefährdet (§ 316 StGB.).

4. Beziehbarkeit der Fahrlässigkeit auf den verursachten Erfolg.

Wer fahrlässig eine Verhaltungsmaßregel übertritt, hat den dadurch weiter verursachten Schadenserfolg nur dann ebenfalls fahrlässig herbeigeführt, wenn er sich auch diese Erfolgsmöglichkeit vorstellen mußte.[1]

Ein Fußtritt auf der Trambahn kann auf grober Fahrlässigkeit beruhen. Aber der Täter konnte vielleicht nicht voraussehen, daß der Getroffene ein Fußgeschwür habe, das sich infolgedessen infizieren und den Tod herbeiführen werde. — Jemand kann fahrlässig seinen Regenschirm quer unter dem Arm tragen. Aber es war nach Lage des Falls (nach der Art des Tragens) vielleicht nicht zugleich der besonders unglückliche Erfolg vorauszusehen, daß ein Dritter in den Stock so hineinrennen werde, daß er dadurch den Tod finde. — Ein Apotheker, der eine Vorschrift bei der Abgabe von Arzneien nicht befolgt, braucht nicht gleich der fahrlässigen Tötung schuldig zu sein, wenn er etwa einem an der Medizin gestorbenen Bekannten auf dessen Wort vertraut hat, er habe nur das Rezept verlegt und bitte daher um Erneuerung der Medizin. — Ein Fleischer, der fahrlässig die Gesundheitsschädlichkeit eines Nahrungsmittels nicht erkennt und es feilhält, ist strafbar nach § 14 I des Nahrungsmittelgesetzes vom 14. Mai 1879, wegen fahrlässiger Tötung aber nur dann, wenn er auch wissen mußte, daß der Genuß des Nahrungs-

[1]) Gl. M.: E. **28**, 272, Kohler L. 58.

mittels den Tod eines Menschen zur Folge haben könne, E. **6**, 41 (45). Vgl. auch E. **3**, 208: Wer fahrlässig eine polizeiliche Vorschrift, betreffend die Verkleidung einer Transmission nicht befolgt, ist wegen des aus dieser Unterlassung hervorgegangenen Menschentodes nur dann zu strafen, wenn er auch diese Folge seiner Unterlassung als möglich voraussehen mußte.

5. Fahrlässigkeit setzt ein Wissenmüssen um alle Einzelglieder des konkreten Kausalverlaufs nicht voraus. Es genügt, wenn der Täter den rechtlich relevanten Erfolg als konkrete Wirkung seines Verhaltens in solcher Allgemeinheit voraussehen mußte, daß der eingetretene Erfolg einen Unterfall davon bildet.[1])

Z. B.: Wer als Dachdecker wissen muß, daß er durch das schlechte Befestigen von Ziegeln Menschen töten kann, vermag sich nicht darauf zu berufen, daß er nicht voraussehen konnte, ob der Ziegel gerade am 1. Dezember herunterfällt und ob er den altersschwachen X treffen wird, der gerade eine besonders dünne Hirnschale hat.

---

[1]) Gl. M.: E. **6**, 146; **28**, 272 (75); **35**, 131; Allfeld [7] 157 N. 15.

Viertes Kapitel.

Schuldausschließungsgründe im weiteren Sinne.

§ 27.

Terminologische und dogmatische Bedeutung.

Die Verwertung des Ausdrucks „Schuldausschließungsgründe" geschieht nicht immer gleichförmig. Auch über die Unterschiede von anderen eine Bestrafung von vornherein hindernden Umständen besteht keine volle Einigkeit.

I. Schuldausschließungsgründe im weiteren Sinne.

Darunter versteht man alle Gründe, welche ein Verschulden überhaupt oder doch bei vorsätzlichen Delikten einen Vorsatz nicht aufkommen lassen.[1])

Sie zerfallen in 1. Rechtfertigungsgründe (Unrechtausschließungsgründe, negative Tatbestandsmerkmale).[2])

Über die Korrektheit des Ausdrucks „Negative Tatbestandsmerkmale" besteht Meinungsverschiedenheit.[3])

---

[1]) So z. B. Berner (18) 95, Olshausen (10) N. 9 u. 11 vor § 51, Reichardt 137. Vgl. auch v. Liszt (20) 122, 196. (Notwendig ist dieser Oberbegriff kaum.)

[2]) Vgl. dazu: Allfeld 179, Beling, Grdz. 39, Berner 94, Mayer 270, Frank III vor § 51, Merkel-Liepmann 106.

[3]) Gegen ihn u. a. v. Bar 2, 418; Kohlrausch, Irrtum und Schuldbegriff 61 f. Für ihn u. a.: Baumgarten, Aufbau der Verbrechenslehre 87, Frank, Aufbau des Schuldbegriffs 15 f. Mit den letzteren darf man den Ausdruck als einen bezeichnenden Hinweis auf das Verhältnis von Regel und Ausnahme annehmen. Dagegen ist es allerdings nicht zutreffend, die Rechtswidrigkeit als solche für ein selbständiges negatives Tatbestandsmerkmal zu erachten. Darin ist Kohlrausch 67 beizupflichten.

Die Rechtfertigungsgründe schließen die Rechtswidrigkeit eines Verhaltens aus, das den objektiven Tatbestand eines Strafgesetzes verwirklicht. Beispiel: Notwehr, Notrecht, unter Umständen Einwilligung.

2. Schuldausschließungsgründe im engeren (technischen) Sinn.[1] Das sind solche, welche das nach dem gesetzlichen Tatbestande erforderliche Verschulden des Handelnden, aber nicht zugleich die Rechtswidrigkeit der Handlung beseitigen. Beispiel: Irrtum, Strafunmündigkeit, Unzurechnungsfähigkeit.

Eine besondere Gruppe kann man Entschuldigungsgründe nennen.[2] Wir verstehen darunter Gründe, welche die Handlung für den Handelnden erlaubt (unverboten) erscheinen lassen, während sie dem Verletzten das Recht zur Gegenwehr offen lassen. Für den Verletzten bleibt der Angriff ein rechtswidriger insofern, als er ihn sich nicht gefallen zu lassen braucht. Hierher gehören je nach der positivrechtlichen Regelung Notstandsfälle, rechtswidriger Befehl, soweit ihm der Untergebene Gehorsam schuldet. Ihrer rechtlichen Behandlung nach sind sie den Rechtfertigungsgründen näher verwandt als den Schuldausschließungsgründen im engeren Sinne. —

Fehlt dem Täter einer rechtswidrigen Handlung die Schuld, so ist die Handlung ihm nicht zurechenbar. Die Unzurechnungsfähigkeit ist gleich dem Irrtum nur einer der Fälle fehlender Zurechenbarkeit.[3] Bisweilen wird auch der Mangel der Zurechenbarkeit in Gegensatz zur Zurechnungsfähigkeit gesetzt, um zu bezeichnen, daß jemand nicht chronisch geisteskrank war und nur im Einzelfall nicht im Besitze seiner Geisteskräfte gehandelt hat.[4]

---

[1]) Vgl. dazu Beling, Grdz. 17, 56, Birkmeyer, RE. (2) 1129, Finger 1, 118, Reichardt 137.

[2]) Vgl. dazu Mayer 301, Frank II vor § 51. Abweichend die Terminologie von Goldschmidt, Der Notstand im Schutzproblem (1913) S. 33, der den Begriff Entschuldigungsgründe gleichbedeutend mit „Schuldausschließungsgründe" gebraucht.

[3]) Vgl. z. B. Wächter, Sächs.-Thür. Strafr. 325, Finger 1, 234, Schütze 90, Hälschner 1, 204, Mayer 278. Gegen die Unterscheidung Binding, Normen 2 (2), 88.

[4]) Geyer 1, 101, Liepmann, Einleitung (1900) 105.

Ein praktisches Bedürfnis zu dieser letzteren Gegenüberstellung besteht für die Anwendung des Strafrechts kaum.

II. Strafausschließungsgründe
(= negative Strafdrohungsbedingungen; persönliche Strafausschließungsgründe).[1]

Es sind Umstände, welche trotz vorhandener Rechtswidrigkeit und Schuld eine Bestrafungsmöglichkeit des Täters von vornherein beseitigen.

Beispiel: Die Ehegatteneigenschaft beim Diebstahl § 247, die Monarcheneigenschaft, die Notwehrüberschreitung aus Bestürzung § 53 III. Manche, z. B. Beling, Wachenfeld, rechnen als positive oder sachliche Ausschließungsgründe auch die Bedingungen der Strafbarkeit hierher, z. B. das Stattfinden des Zweikampfs § 210, die Konkurseröffnung KO. § 239. Von ihnen gilt aber jedenfalls nicht, was im folgenden als Unterscheidungsmerkmal von Schuldausschließungsgründen hervorgehoben wird.

In einem weiteren, nicht technischen Sinne spricht das StGB. in der Überschrift vor § 51 von Strafausschließungsgründen. Damit faßt es alle die Gründe zusammen, z. B. Notwehr, Verjährung, aus denen möglicherweise eine Bestrafung unterbleiben muß, sogar solche, aus denen nachträglich eine bereits eingetretene Straffälligkeit wieder wegfällt.

III. Die praktische Bedeutung der Unterscheidung von Rechtsfertigungsgründen, Schuldausschließungsgründen i. e. S. und Strafausschließungsgründen.[2]

1. Steht dem Handelnden ein Rechtfertigungsgrund zur Seite, so sind auch seine Teilnehmer i. t. S. von strafrechtlicher Haftung frei. Hält man den Nötigungsnotstand StGB. § 52 für einen Unrechtausschließungsgrund, so sind zwar ebenfalls die Teilnehmer im t. S. zu einer Mitwirkung befugt. Aber der die strafbare Handlung durch jene Nötigung Veranlassende kann strafbarer mittelbarer Täter des veranlaßten Delikts sein.

---

[1]) Vgl. dazu Allfeld 282, Beling, Grdz. 17, 58, Frank IV vor § 51, v. Liszt § 44 II, Wachenfeld 276.

[2]) Vgl. dazu auch Frank VIII vor § 51, Finger 1, 363 N. 473; Goldschmidt S. 37.

Steht dem Handelnden nur ein Schuldausschließungsgrund zur Seite, so haften diejenigen Genossen, welche darum wußten, als mittelbare Täter. Bei Gehilfen besteht diese Haftung allerdings nicht, soweit man bei objektiv ganz unerheblicher Beitragsleistung die Täterschaft verneint. Solche Mitwirkende bleiben dann unter allen Umständen Gehilfen und sind sogar straflos, wenn man Beihilfe bei schuldloser Haupthandlung für schlechthin unmöglich erklärt.

Steht dem Handelnden noch weniger, nämlich ein Strafausschließungsgrund zur Seite, so behalten alle Teilnehmer ihre Eigenschaft. Z. B. der Anstifter des Ehegatten, der seine Ehefrau bestiehlt, wird als Anstifter, nicht als mittelbarer Täter gestraft.

2. Irrige Annahme der Tatumstände für das Vorliegen eines Rechtfertigungsgrundes schließt den Vorsatz des in diesem Irrtum Handelnden aus. Beispiel: Putativnotwehr, Putativnotstand.

Irrige Annahme eines Schuld- oder Strafausschließungsgrundes ist dagegen für die Strafbarkeit ohne Belang.

Deliktsverübung unter irriger Nichtannahme eines tatsächlich bestehenden Rechtsfertigungsgrundes ist im Zweifel nicht strafbar.[1]) Es gibt aber auch Rechtfertigungsgründe, welche nur gelten wollen, wenn sie in der Psyche des Täters erkannt sind (s. unten Nr. 6); so die Notwehrlage, bei manchen Delikten auch das Vorliegen einer Einwilligung des Verletzten. — Irrige Annahme bloßer Schuld- oder Strafausschließungsmerkmale hebt ausnahmslos nach positivem Recht die Straflosigkeit nicht auf. Z. B. ein Geisteskranker hält sich für gesund. Oder: der Vater weiß nicht, daß der von ihm Bestohlene sein Sohn ist.

3. Gegenüber dem Angriff eines rechtmäßig Verletzenden besteht keine Notwehrbefugnis.

Gegenüber dem Angriff eines bloß schuldlos oder gar bloß straflos Handelnden ist sie erlaubt.

Die sogen. Entschuldigungsgründe teilen in den Fällen 1

---

[1]) A. M. diejenigen, welche nach ihrer subjektiven Versuchsauffassung hier eine rechtswidrige Ausführungsbehandlung bejahen. Vgl. z. B. Goldschmidt 42.

und 2 die Eigenschaft der Rechtfertigungsgründe, in den Fällen 3 die Eigenschaft der Schuldausschließungsgründe.

4. Die absichtliche bloße Verschweigung eines Strafausschließungsgrundes im technischen Sinne bei einer sonst wahren Anzeige vermag eine falsche Anschuldigung nicht zustande zu bringen. Z. B.: C erzählt, daß A bei dem B eingebrochen ist, fügt aber nicht bei, daß B der Sohn des A ist.[1]) Die Gegenmeinung wäre richtig, wenn die Strafdrohung des § 164 ausschließlich bestimmt wäre zur Verhütung einer Irreleitung der Kriminal- und Disziplinarstrafjustiz. Das ist nicht der Fall. Z. B. ist falsche Selbstanzeige nicht bedroht. § 164 will zugleich den Bezichtigten in seinem Rufe schützen (arg. § 165).

5. Persönliche Straflosigkeit des Vortäters wegen einer Handlung schließt die Strafbarkeit dessen nicht aus, der seines Vorteils wegen die Sache vom Vortäter an sich bringt, die dieser durch jene Handlung erlangt hatte.[2])

6. Rechtfertigungsgründe treten zum Teil dem einen gesetzlichen Tatbestand Verwirklichenden nur dann zur Seite, wenn er von den Tatumständen ihres Vorliegens weiß. Anders Schuldausschließungsgründe und Strafausschließungsgründe.

Wer z. B. aus einem Zimmer hinausstürmt und dabei fahrlässig einen Menschen zu Fall bringt, ist fahrlässiger Körperverletzung schuldig, auch wenn zufällig unmittelbar darauf die Decke des verlassenen Zimmers einstürzt, er also im Notstand so hätte handeln dürfen, falls ihm die Gefahr bekannt gewesen wäre.

Wer durch Steinwurf einen Jungen verletzt, der eben im Begriff war, einen Apfel zu stehlen, ist der Körperverletzung schuldig, auch wenn er nach der Sachlage so hätte handeln dürfen, wenn er gewußt hätte, daß der wegzunehmende Apfel dem Jungen gar nicht gehört. In Wahrheit hat er nicht „verteidigt". Nur in diesem Falle ist aber nach § 53 die Rechtswidrigkeit ausgeschlossen. Wie manchmal erst der begleitende

---

[1]) A. M.: E. 23, 371, aber nur passim, a. M. ferner die herrschende Lehre, z. B. Olshausen § 164 N. 9. Richtig PreußOT. (Oppenhoff 14, 728).

[2]) Richtig Allfeld 564 N. 9 und die herrschende Lehre.

dolus entscheidet, ob eine Handlung rechtswidrig ist, so schließt hier erst der Vorsatz, sich zu verteidigen (Selbsthilfe zu üben, einen rechtfertigenden Befehl zu vollziehen usw.) die Rechtswidrigkeit aus. Von der Einwilligung gilt die Regel nicht ausnahmslos.

Zu unterscheiden von diesem Falle ist, daß jemand die ihn berechtigende Lage kennt, auch wissentlich von seinem Rechte Gebrauch macht, aber aus Motiven, die ihm kein Recht verleihen würden. Z. B. wer einen diebischen Jungen in Kenntnis von dessen Unternehmen und unter Einhaltung der Notwehrgrenzen nur um deswillen körperlich verletzt, weil er sich dadurch an dessen Vater für irgend etwas rächen will, handelt trotzdem in echter Notwehr bzw. Nothilfe. Es genügt dazu einfacher Wille, das Recht auszuüben, keine darauf zielende Absicht.[1]

In einem vorgekommenen Falle war es dem Eigentümer lediglich darauf angekommen, den von ihm in der Dunkelheit nicht erkannten Heudieb durch eine zugefügte Verwundung so zu kennzeichnen, daß dessen Ermittelung leicht sei. Nur unter der vom Reichsgericht[2] festgestellten Voraussetzung, daß der Täter durch die Verwundung den Angriff nicht zugleich abwehren wollte, lag hier Notwehr nicht vor.

1. Schuldausschließungsgründe i. e. S.

§ 28.

Der Irrtum.

Im systematischen Aufbau des Strafrechts bildet der Irrtum eigentlich nur die Kehrseite des Vorsatzes sowie einen Bestandteil der Fahrlässigkeit und könnte daher bereits dort vollständig behandelt werden. Allein die Zusammenfassung der gemeinsamen Umstände für den Irrtum bei den zwei Schuldarten führt zu einer Abtrennung des Irrtums von der Behandlung des dolus und der culpa. Auch haben sich typische Irrtumsfälle herausgebildet, die eine gemeinsame Behandlung zweckmäßig erscheinen lassen. Sie treten plastischer hervor, wenn sie nicht

---

1) Vgl. auch E. in GA. 45, 272. Mißverständlich RMG. 9, 278.

2) Strafr. Z. 3, 250.

nur als Anhängsel einiger Stellen der positiven Schuldlehre angeführt werden. In Übereinstimmung mit dem geltenden Recht (§ 59) ist daher die Betrachtung des Mangels an Schuld, welcher ja nicht den Normalfall bei Vornahme rechtswidriger Handlungen bildet, unter den Schuldausschließungsgründen zulässig.

I. Das Wesen des Irrtums.

Irrtum (error) bedeutet im strengen Sinne nur die positiv falsche Vorstellung über Dinge oder Ereignisse. Für das Strafrecht steht das Nichtwissen von positiv verlangten Tatbestandsmerkmalen (die ignorantia) dem Irrtum gleich.

Irrtum (und Unwissenheit) liegt noch nicht vor bei bloß unsicherem Wissen von Tatbestandsmerkmalen, d. h. bei bloßem Fürmöglichhalten.

Der Irrtum (bzw. die Unwissenheit) schließt den Vorsatz (bzw. die Fahrlässigkeit) nur dann aus, d. h. er ist nur dann wesentlich, wenn er sich auf Tatumstände des gesetzlichen Tatbestandes (d. h. auf die konkreten objektiven Deliktsmerkmale) bezieht, mögen sie die Strafbarkeit begründen oder erhöhen; StGB. § 59 I.

Unwesentlich, d. h. irrelevant, ist daher ein Irrtum über etwaige Begleitumstände oder sonstige Wirkungen der Tat, welche zum gesetzlichen Tatbestande, d. i. zum Deliktsbegriffe, nicht gehören.

Der Vorsatz eines Täters wird also z. B. nicht dadurch ausgeschlossen, daß dieser glaubhaft versichern kann, er habe gedacht, derjenige, den er verprügelt habe, sei der nämliche Mann gewesen, welcher ihn kürzlich nachts herausgeschellt habe. Denn für den Begriff der vorsätzlichen Körperverletzung ist es unwesentlich, ob der Verletzte diese oder jene Vergangenheit hat. Das sind vielmehr unwesentliche Begleitumstände der Tat.

Ist auch fahrlässige Verübung bedroht, so tritt volle Straflosigkeit bei wesentlichem Irrtum nur ein, wenn dieser nicht auf Fahrlässigkeit beruht; StGB. § 59, II.

Betraf der wesentliche Irrtum einen Strafschärfungsgrund

(z. B. der Täter hat zwar erkannt, daß er stehle, aber nicht, daß es sich um Gegenstände handelt, die dem Gottesdienste gewidmet sind), so ist dieser Tatumstand dem Täter nicht anzurechnen.

II. „Tatumstände des gesetzlichen Tatbestandes."

1. Umfang des gesetzlichen Tatbestandes im Sinne des § 59. Vom gesetzlichen Tatbestande kommen für den Vorsatz ausschließenden Irrtum in Betracht:

die objektiven Merkmale des speziellen Delikts (z. B. der Täter hat die Eigenschaft des körperlich Verletzten als eines lebenden Menschen nicht erkannt, er glaubte in der Dunkelheit auf etwas Lebloses zu treten; oder: der Täter glaubte irrig, aller Barmittel entblößt zu sein und hielt sich daher für in Not befindlich;[1]) anders, wenn er seine Barmittel und sonstigen Hilfsquellen richtig erkannt, aber seine Lage fälschlich als eine Notlage beurteilt (qualifiziert) hat;

ferner die objektiven Merkmale des allgemeinen Tatbestands (z. B. gehört dazu die Eigenschaft eines Verhaltens als wirksam zur Herbeiführung eines Erfolges);

endlich das Fehlen von Umständen, welche die Rechtswidrigkeit beseitigen, d. h. von Unrechtausschließungsgründen = Rechtfertigungsgründen (z. B. gehört dazu das Nichtvorliegen der tatsächlichen Voraussetzungen einer Notwehrlage).

Das Nichtkennen des Fehlens von rechtfertigenden Umständen ist nur dann gegeben, wenn der Täter positiv glaubte, die tatsächlichen Voraussetzungen eines Unrechtausschließungsgrundes lägen vor (z. B. wenn er tatsächlich wähnte, angegriffen zu sein). Daß hier ein positiver Irrtum vorliegen muß, um Vorsatz auszuschließen, kommt davon her, daß zwei Negativen sich aufheben. Z. B.: Nichtvorliegen von Notwehr ist allgemeines Tatbestandsmerkmal aller Delikte, also auch der Körperverletzung. Nichtkennen eines Tatbestandsmerkmals kann vorsatzausschließender Irrtum sein. Nichtkennen des Nichtvorliegens von Notwehr ist aber nichts anderes als positiver Glaube von Notwehr. Solange der Täter das Fehlen einer Notwehr-

---

[1]) Vgl. E. in GA. 62, 324

lage für möglich hält, können wir nicht sagen, er habe dieses Fehlen nicht gekannt. Er handelte also noch vorsätzlich.

2. Als Tatumstände, die zum gesetzlichen Tatbestande gehören, kommen in Betracht:[1])

a) Die Tatsachen der Erscheinungswelt, welche die begrifflichen Merkmale des Tatbestandes verwirklichen.[2]) Z. B. jemand sieht infolge Farbenblindheit ein rotes Signal für ein schwarzes an; jemand glaubt den Schrei eines Wildes vernommen zu haben, während der Laut menschlicher Stimmen in Wahrheit zu vernehmen war. Man kann den Fall auch bezeichnen als Irrtum bei der sinnlichen Wahrnehmung. Daß jeder Irrtum, der bereits beim äußeren Wahrnehmungsvorgang einsetzt, hernach auch zu entsprechender unrichtiger Subsumtion führt (z. B. auf Grund falscher Lichtempfindungen gelangt der Täter zu einer Subsumtion unter den Farbenbegriff rot), ändert nichts an der Eigenschaft dieses Irrtums als eines Tatirrtums. Z. B. ein Apothekerlehrling entnimmt eine kleine Nagelprobe eines Teiges. Er empfindet einen süßen Geschmack und hält daher den Teig für Zuckerteig, den er einer Arznei beisetzen soll. In Wahrheit ist der Teig nicht süß; es war also nicht der für seine Arbeit bestimmte Zuckerteig. Auf solcher Unterscheidung des Irrtums, der in der äußeren sinnlichen Wahrnehmung beruht, von dem Irrtum, der erst bei der Subsumtion des richtig Wahrgenommenen unter einen Rechtsbegriff einsetzt, beruhen die gemeinrechtlichen Ausdrücke error facti und error iuris. Es ist sehr wahrscheinlich, daß man bei Hervorhebung des Irrtums über die „Tat"umstände diesen Gegensatz bezeichnen wollte.[3])

Der begriffliche Unterschied von tatsächlichem und rechtlichem Irrtum begegnet auch anderwärts im Gesetz zur Zeit

---

[1]) Durch die Wahl des Ausdrucks Tatumstände wird außerdem das eigentlich Selbstverständliche außer Zweifel gestellt, daß für Schuldumstände des gesetzlichen Tatbestandes ein Nichtkennen des Täters einflußlos ist.

[2]) Gl. M.: Frank § 59 II.

[3]) Vgl. Olshausen § 59 N. 1, 30; und zu § 44 des preuß.StGB., von dem man sachlich nach den Motiven zu § 59 des StGB. f. d. Nordd. Bd. nicht abweichen wollte: Goltd. Mat. 1, 379; endlich Köhler, Strafbark. b. Rechtsirrtum 63 f. A. M.: Binding, G. 107.

der Erlassung des StGB., vgl. Urhebergesetz vom 11. Juni 1870, § 18. Wahrscheinlich war man sich nicht völlig klar, daß viele Irrtümer, die man zunächst als Irrtümer beim Wahrnehmen von Tatsachen bezeichnen möchte, bereits Irrtümer bei der Beurteilung von Tatsachen sind. Z. B. ein Jäger sieht im Walde einen sich bewegenden braunen Fleck. Er hält das Objekt für ein jagdbares Tier; es ist aber ein Mensch. Hier kann der Jäger unrichtig gesehen haben; der Fleck war für andere gar nicht als braun anzusehen. Er kann aber auch richtig gesehen haben, so wie andere von seinem Platze aus auch gesehen hätten. Es hat dann der Irrtum erst bei der Subsumtion unter den Begriff Mensch im Sinne des Sprachgebrauchs eingesetzt. Soweit das Recht solche Begriffe mit gleichem Inhalt verwendet, ist hier der Irrtum bereits ein Irrtum über Rechtsbegriffe.

An den Gegenausführungen von Binding[1]) gegen die Unterscheidung von Tat- und Subsumtionsirrtum ist demnach nur anzuerkennen, daß auch der Irrtum, der schon bei Wahrnehmung einsetzt, auch den Irrtum über die Zuwiderhandlung gegen die Norm, der zuwidergehandelt wurde, zur Folge hat. Aber eine andere Frage ist, ob das Gesetz nicht je nach dem Umstande unterscheiden wollte, wo der Irrtum eingesetzt hat. Dies läßt sich bei dem Ausdruck „Tatumstände" als wahrscheinlich annehmen, namentlich wenn man ihn geschichtlich zurückverfolgt. — Trotzdem dieser Gedanke auch dem Gesetze zu unterstellen ist, würde man zu unannehmbaren Ergebnissen gelangen, wollte man als Irrtum über Tatumstände nur den Irrtum gelten lassen, der bereits bei der Wahrnehmung von Tatsachen der Erscheinungswelt eingesetzt und zu dem Ergebnis geführt hat, die konkrete Handlung sei erlaubt. Unnatürlich wäre aber auch die Beschränkung des Begriffs „Irrtum über Tatumstände" auf Fälle, wo der Irrtum spätestens eingesetzt hat bei der Subsumtion einer tatsächlichen Wahrnehmung unter die geläufigen Begriffe, die im täglichen Leben für derartige Erscheinungen angewandt werden. Auch mancher Irrtum über die rechtliche Bedeutung von Vorgängen muß hierher gerechnet werden. Wer z. B. irrig glaubt, als Vermächtnis-

[1]) Vgl. Binding, GS. 81, 25 f., 33.

nehmer ohne weiteres Eigentümer der ihm vermachten Sache geworden zu sein und sie sich wegnimmt, hätte sonst gestohlen. — Wer glaubt, als außerehelicher Vater der namengebende Verwandte eines Neugeborenen zu sein und ihn auf seinen Familiennamen ins Standesregister eintragen läßt, hätte vorsätzlich den Personenstand des Kindes verändert.

Infolgedessen wird allgemein angenommen, daß auch ein Irrtum, der erst bei der Subsumtion von Wahrnehmungen unter Rechtsbegriffe oder Rechtssätze einsetzt, wenigstens teilweise mit unter den Begriff des Irrtums über Tatumstände fällt.[1] Nur über die Abgrenzung solcher Irrtumsfälle von den Fällen eines unbeachtlichen Irrtums bestehen Meinungsverschiedenheiten. Man wird sagen können, daß zu den Tatumständen auch gehört:

b. die begriffliche Bedeutung der wahrgenommenen Tatsachen, soweit ohne die richtige Erkenntnis eines zum Tatbestande gehörigen Begriffs der Täter gar keine subjektiv feindliche Handlung gegen das Schutzobjekt vornimmt, welches durch eine bestimmte Strafdrohung vor schuldhaften Angriffen bewahrt werden soll.

Die Erkenntnis von Rechtsbegriffen ist demnach als Tatumstand im Sinne des Gesetzes nur in den Fällen anzusehen, in denen ohne diese Erkenntnis das Rechtsgut subjektiv vom Täter gar nicht angegriffen wäre, dessen Mißachtung der Gesetzgeber durch ein bestimmtes Strafgesetz ahnden will.[2]

Z. B. eine vorsätzliche Patentverletzung setzt voraus, daß der Täter richtig auch die Eigenschaft des von ihm gewerblich hergestellten Gegenstandes als eines durch ein fremdes Patent geschützten erkannt hat. — Eine vorsätzliche Monarchen-

---

1) Vgl. z. B. Frank § 59 II, Wachenfeld 159, E. 4, 233 (35); 10, 234 (36), 42, 142; 46, 31.

2) Ähnlich Frank § 59 II, Wachenfeld 159. Nähere Kriterien hierfür bei Köhler, Rechtsirrtum 33 f., der bei den einzelnen Delikten und Deliktsgruppen die vom Gesetzgeber vorausgesetzte Schuld aus deren Tendenz und Natur zu bestimmen unternimmt. Diesem Grundgedanken zustimmend auch Alsberg, Kriegswucherstrafrecht (1916) 87. Anklänge an diese Theorie vereinzelt auch bei Baumgarten, Aufbau der Verbrechenslehre (1913) 178.

beleidigung setzt voraus, daß der Täter die rechtliche Eigenschaft des Beleidigten als Monarchen richtig erkannt hat; vgl. ferner §§ 327, 328. — Die vorsätzliche Körperverletzung im Amte setzt negativ voraus, daß der Beamte nicht etwa geglaubt hat, er handle bei Ausübung eines Züchtigungsrechts in amtlicher Eigenschaft. Denn anderen Falles will er nicht den Amtspflichten zuwiderhandeln, deren Schutz gegen eine bestimmte vorsätzliche Verletzung u. a. durch § 340 bezweckt ist.

Sind aber auch die Rechtsbegriffe eines Tatbestandes richtig erfaßt, so fragt es sich weiter, ob ein erst jetzt einsetzender Irrtum über das Verbotensein der Tatbestandsverwirklichung noch ein Irrtum über Tatumstände ist.

Ohne völlige Verflüchtigung des Merkmals Tatumstände läßt sich dies kaum generell behaupten. Vielmehr gehört das Verbotensein als solches dann nicht zu den Tatumständen, wenn schon ohne seine Erkenntnis der Täter einen Willensinhalt aufweist, der dem Gesetzgeber als gegen die Unversehrtheit des von ihm speziell geschützten Angriffsobjektes gerichtet erscheint. Dabei ist es gleichgültig, ob sich der Täter ein besonderes Recht zur Verletzung völlig eingebildet hat oder ein unter anderen Voraussetzungen bestehendes Recht zur Verletzung sich zugeschrieben hat, oder ob der Täter sich gar keine Gedanken über die Stellung der Rechtsordnung zu seinem Verhalten gemacht hat. Das Verbotensein ist m. a. W. in der Regel kein selbständiges Begriffsmerkmal eines Delikts neben den einzelnen gesetzlichen Merkmalen eines Deliktsbegriffs mit seinem allgemeinen und besonderen Tatbestande.

Z. B. wenn ein Prinzipal sich einbildet, er habe ein Züchtigungsrecht gegen seinen Handlungsgehilfen, so ist sein Wille gegen die körperliche Unversehrtheit eines anderen gerichtet, die der § 223 schützen will. — Wenn der Dieb glaubt, er dürfe eine fremde Sache wegnehmen, sofern er nur deren vollen Wert hinterlege, so war er gegen das fremde Eigentum in einer Weise feindlich gesinnt, die § 242 mit Strafe bedrohen will. — Wenn jemand glaubt, eine Sache, die ihm früher einmal gehört habe, sei für ihn keine fremde mehr, ist er ebenso zu beurteilen. — Wenn jemand Blutschande treibt, ohne sich Vorstellungen darüber zu machen, ob dieser Tatbestand in

Deutschland ein Delikt ist, so hat er einen der geschlechtlichen Enthaltsamkeit unter bestimmten nahen Angehörigen entgegengesetzten Willen.

In einigen wenigen Fällen verlangen Delikte allerdings zu ihrem subjektiven Tatbestande auch ein Kennen des Verbots als solchen; vgl. z. B. §§ 327, 328, 336, 345, 346; Bankdepotgesetz vom 5. Juli 1896 § 10; Spionagegesetz vom 3. Juni 1914 § 10; BRVO. vom 30. September 1914, betr. Zahlungsverbot gegen England (E. in Leipzig Z. **10**, 1107). Hier ist ohne diese Erkenntnis der Täter gar nicht feindselig gegen das Schutzobjekt des Gesetzes gestimmt. Es handelt sich hier um typische Ungehorsamsdelikte, während das Bewußtsein des Ungehorsams nicht generell als begriffswesentlich für strafbedürftiges wissentliches Verhalten erscheint.[1])

Hierzu werden auch die Zuwiderhandlungen gegen das Höchstpreisgesetz vom 4. August 1914 (und seine späteren Bundesratsnovellen), ferner gegen die BRV. gegen übermäßige Preissteigerung vom 23. Juli 1915 (ebenfalls mit Novellen), gegen die BRVO., betreffend Angabe von Gegenständen, Beschlagnahme von solchen, zu rechnen sein. Ohne Kenntnis ihrer Verbote und Gebote ist der Täter dem öffentlichen Wohle nicht feindlich gestimmt. Wer nicht weiß, daß ein Höchstpreis für eine Ware festgesetzt ist, daß er sie nicht beliebig verbrauchen darf usw., will dem Interesse, das obrigkeitlich zu einem Staatsinteresse erklärt worden ist, während es bisher dem Gebiete der den einzelnen zur Wahrung überlassenen Individualinteressen zugehörte, nicht zuwiderhandeln. Er hat auch keine ausreichende Vorstellung von Schäden, die durch die Masse gleichartiger egoistischer Handlungen der Gesamtheit erwachsen, da er sich auf einem bisher privatrechtlicher Verfügungsfreiheit zustehendem Gebiete bewegt.[2])

Da aber die meisten dieser Zuwiderhandlungen auch bei-

[1]) Auch bezüglich des „wissentlichen" Zuwiderhandelns gegen ein Zahlungsverbot hat übrigens die reichsgerichtliche Rechtsprechung gelegentlich geschwankt; vgl. Conrad, StrafrZ. 3, 310.

[2]) Ueber die Rechtsprechung des RGer., das auch hier zwischen außerstrafrechtlichen und strafrechtlichen Irrtümern zu unterscheiden unternimmt, vgl. Alsberg, Kriegswucherstrafrecht 79 f.

fahrlässiger Verübung mit gleicher Strafe bedroht sind, so ist trotz bestehender Rechtsunkenntnis Strafe verwirkt, wenn dem Täter durch eine den örtlichen und seinen persönlichen Verhältnissen angemessene Form der Veröffentlichung nahegelegt war, sich über die im Publikum (insbesondere durch Zeitungen) bekannt gewordene Tatsache näher zu informieren, daß zahlreiche derartige Vorschriften bestehen.[1]) Von einem Landmann und einfachen Bürger kann man in diesen Punkten nicht so viel verlangen, wie von einem Großindustriellen oder Rechtsanwalt.[2]) Die Tatsache der Veröffentlichung im Reichsgesetzblatt allein begründet noch keine fahrlässige Unkenntnis der ersteren Personen, wohl aber der letzteren.[3])

Diese Zuwiderhandlungen sind vornehmlich solche gegen das wirtschaftliche Wohl der Gesamtheit, zum Teil unlauterer Eigennutz. Nur teilweise sind sie bloßes Polizeiunrecht, nur zum Teil haben sie die Bedeutung, bloß in der Gegnerschaft gegen die gute Organisation der Verwaltung sich zu erschöpfen. —

Zu den Tatumständen gehört endlich nicht die Strafbarkeit oder der Strafrahmen eines bestimmten Delikts. Hierüber ist man ziemlich einig.[4]) Wer etwa glaubt, eine bestimmte Art von Selbsthilfe sei zwar verboten, aber nicht strafbar, bleibt deswegen doch vorsätzlicher Täter der von ihm zur Selbsthilfe vorgenommenen Sachbeschädigung.

Es gibt übrigens auch „Tat"umstände, welche sich bloß auf strafändernde Merkmale beziehen. Z. B. der Täter glaubt, das Verlangen des X, von ihm getötet zu werden, beruhe auf dessen wirklichem und gefestigtem Wunsche, während es nur Scherz war oder einer sofort verlassenen Laune entsprang. Dies ist Irrtum über Tatumstände (er setzt bereits bei der Wahrnehmung ein), § 216. Oder: Eine Ehefrau glaubt,

---

[1]) Bei vorhandener Kenntnis von einem Verbot, kann dolus ev. oder auch Fahrlässigkeit bezüglich der richtigen Auslegung vorliegen, wenn etwa der Täter im Zweifel war, ob er die Vorschrift richtig verstanden habe.

[2]) Vgl. auch E. in ZRpfl. 12, 13.

[3]) Gl. M.: E. in „Das Recht" 20, 454.

[4]) Vgl. z. B. Kohlrausch, Irrtum 23, Binding. Grdr. 109, E. 48, 401 (04). A. M.: Temme, Gem. d. Strafr. (1876) 84.

ihr neugeborenes Kind sei schon um deswillen unehelich im Sinne des Rechts, weil sie während der Empfängniszeit auch mit einem Dritten verkehrt habe, und tötet das Kind gleich nach der Geburt; § 217. Oder: Ein Kurpfuscher glaubt an die Einwilligung und das Vorwissen der Schwangeren bei einer Abtreibung; § 218. Oder: Der Totschläger erkennt nicht, daß er seinen Vater als Gegner vor sich hat; § 212. Oder: Der Täter glaubt an eine ihm zugefügte schwere Beleidigung, die gar nicht vorfiel, und tötet im Zorne den angeblichen Beleidiger, § 213 erste Alternative. — Lediglich belanglose Rechtsauslegung würde dagegen z. B. vorliegen, wenn eine Kindesmörderin geglaubt hat, ihr komme das Merkmal des § 217 noch zugute, auch wenn im Augenblick der Tat das Kind bereits 14 Tage alt ist. Sie irrt sich hier nicht über das Alter des Kindes, sondern der Irrtum setzt erst ein bei der Auslegung eines Rechtssatzes.[1])

Dies Problem wird im Schrifttum gewöhnlich erst bei den einzelnen Delikten berührt, dann aber der Irrtum im Ergebnis meist ebenso beurteilt wie hier.[2])

3. Die Ansicht des Reichsgerichts über wesentlichen Irrtum insbesondere.

Das RG. rechnet zu den Tatumständen:

a) Die Tatsachen der Erscheinungswelt; vgl. z. B. E. **3**, 300 (303); **7**, 63 (65); **10**, 224 (36).

b) Diejenigen Rechtsbegriffe, welche nicht dem Strafrecht angehören. Es drückt dies auch dahin aus: Irrtum über außerstrafrechtliche (insbesondere zivilrechtliche) Rechtssätze schließt den Vorsatz aus; vgl, z. B. E. **4**, 233; **23**, 374; **36**, 158 (60); **45**, 381; **46**, 25 (31).[3])

---

[1]) Gl. M.: Allfeld 141 N. 5. A. M.: v. Liszt § 39 N. 10.

[2]) Vgl. z. B. Allfeld 383, Wachenfeld 309, Frank § 216 IV, 217 V, 220 I, Schwartz § 218 N. 6, § 220 N. 3. E. **16**, 184 zu § 219 passim. A. M.: Binding, L. **1**, 40 für § 220 (gl. M. dagegen L. **1**, 35 für § 216).

[3]) Für diese Gruppierung der Irrtumsfälle auch Wachenfeld 152 N. 1, Schwartz § 59 N. 7c; dagegen aber die herrschende Theorie; vgl. z. B. Allfeld 142 N. 11, Frank § 59 II, Finger **1**, 239, v. Hippel, VD. B. **5**, 555, v. Liszt § 40 N. 2, v. Hentig 115, Köhler, Strafbarkeit bei Rechtsirrtum 28 f.

Mit dieser Trennung des Irrtums je nach dem Sitz der Rechtssätze kommt man zwar theoretisch zu einer Gruppierung, aber nicht im positiven Recht, da bei vielen Rechtsbegriffen ein fester Sitz derselben fehlt, z. B. bei den Begriffen Notwehr, Notstand, Beamter, Selbsthilfe. Gesetzt, sie wäre für das geltende Recht völlig durchführbar, so wäre noch zu beanstanden, daß im geltenden Rechte nirgends diese Abgrenzung als gewünscht angedeutet wird. Dazu kommt, daß in einzelnen Fällen unzweifelhaft ein Irrtum über Strafrechtssätze als beachtlicher Irrtum über Tatumstände anzusehen ist, und umgekehrt ein Irrtum über Zivilrechtssätze als unbeachtlicher Irrtum über das Gesetz. Z. B.: Wenn der Richter einen strafrechtlichen Tatbestand irrig für anwendbar erklärt und demgemäß verurteilt, so irrt er über ein Strafgesetz und ist doch keiner vorsätzlichen Rechtsbeugung schuldig; wenn jemand glaubt, als Vermieter sei er zu gewaltsamer Erlangung des Besitzes der Mietsache befugt, so irrt er über seine zivilrechtliche Befugnis und wird doch auch nach dem RG. wegen vorsätzlichen Hausfriedensbruches bestraft, sofern er sich dabei nicht über Umfang und Tragweite einer bestimmten zivilrechtlichen Befugnis irrte. — Viele der ergangenen Entscheidungen lassen sich im Ergebnis rechtfertigen, nur ist die Begründung mit einem außerstrafrechtlichen bzw. strafrechtlichen Irrtum willkürlich.

Richtig wird z. B. von E. 22, 141 angenommen, daß die irrige Annahme, der Beleidigte sei nicht Mitglied einer bestimmten landesherrlichen Familie, auch wenn sie in rechtlichen Erwägungen wurzelt, die Vorsätzlichkeit der Beleidigung eines Mitgliedes landesherrlicher Häuser aufhebe. Sicher läßt sich hier behaupten, der Irrtum sei staatsrechtlicher Natur gewesen. Allein es läßt sich ebenso behaupten, der Irrtum sei auf Grund der Auslegung des Ausdrucks landesherrliches Haus im StGB. § 97 zustande gekommen. Die zitierteE ntscheidung wenigstens beruht wesentlich auf der Untersuchung, welche Tragweite das Wort landesherrlich nach § 97 hat, wenn die Hausverfassung engere und weitere Zugehörigkeit unterscheidet. Das RG. behandelt also selbst den Begriff für das Strafrecht als einen besonderen, nämlich strafrechtlichen.

Ferner: Die irrige Annahme eines nicht bestehenden

Züchtigungsrechts seitens eines Nichtbeamten wird mit Recht für unerheblich erachtet von E. **33**, 32. Aber charakteristisch ist, daß für die vom RG. bejahte Frage, ob es sich um einen Irrtum über die Existenz und Bedeutung des Strafgesetzes handelt, ausschließlich das örtliche bürgerliche Recht geprüft wird. Ebenso wird in E. **41**, 98 ein Irrtum über die rechtlichen Grenzen eines Züchtigungsrechts als ein unbeachtlicher Irrtum über das Strafgesetz erklärt, dabei aber die Grenze des Züchtigungsrechts nach BGB. § 1666, der auf das Sittengesetz verweise, bestimmt. Vgl. auch RMGE. **2**, 212. Irrige Annahme über die Stärke der Wirkungen einer Züchtigung wird mit Recht als Irrtum über Tatumstände behandelt von E. in GA. **61**, 122.

Zu den Kriegsstrafverordnungen des Bundesrats und der kommandierenden Generale nimmt das RG. die Stellung ein, daß es sagt, nur die in den Verordnungen unmittelbar enthaltenen Tatbestände seien strafgesetzlicher Natur; der Irrtum hierüber also strafrechtlicher Natur. Dagegen die Ausfüllung der in den Verordnungen etwa enthaltenen Blankette, z. B. die Festsetzung des Höchstpreises, die Aufstellung von Verboten zu deren Erlaß die Verordnung ermächtigte, sei außerstrafrechtlicher Natur, der Irrtum hierüber also ein Irrtum über Tatumstände. Vgl. RG. in JW. **44**, 1445 und JW. **44**, 1446, in ZRpfl. 12, 47; in LeipzZ. **9**, 823; **9**, 1447; **10**, 598. Danach käme man zu dem eigentümlichen Ergebnis, daß das auf dem Blankett beruhende Verbot im Sinne des § 59 außerstrafrechtlicher Natur ist, während seine Aufhebung im Sinne des § 2 II je nach Umständen die eines Strafgesetzes sein kann.

Bei Beamten hat das RG. angenommen, die irrige Annahme eines Züchtigungsrechts auf Grund falsch aufgefaßter Verwaltungsvorschriften sei außerstrafrechtlicher Natur, E. **33**, 71. So sehr man die Beachtlichkeit eines solchen Irrtums zugeben kann, so wenig versteht man, weshalb nur bei Beamten die Vorschriften, welche die Rechtswidrigkeit einer Körperverletzung begrenzen, außerstrafrechtlich sein sollen.

Ebenso hat E. **42**, 142 den Irrtum des Lehrers über den Kreis der seinem Züchtigungsrecht unterworfenen Personen für wesentlich erklärt mit der Begründung, es handle sich um einen Irrtum über die Bedeutung von Verwaltungseinrichtungen. Im

Gegensatz dazu hat E. **43**, 277 (80) die irrige Annahme eines Oberlehrers, ihm stehe gegen Sekundaner ein Züchtigungsrecht zu, für einen Strafrechtsirrtum erklärt, nachdem es die einschlägigen Verwaltungsvorschriften geprüft und auf Grund derselben zu dem Ergebnis gelangt war, ein Züchtigungsrecht bestehe nicht. Diese Entscheidung dürfte fehlgehen.[1]) Das RG. wäre wohl auf dem richtigen Entscheidungswege geblieben, wenn es geprüft hätte, ob der Täter jeweils einen Angriffsvorsatz hatte auf das durch die Strafdrohung besonders geschützte Rechtsgut. Dies ist bei Amtsmißbräuchen zu verneinen, solange der Täter glaubt, innerhalb seiner Amtsbefugnisse zu handeln.

c) Die Rechtswidrigkeit dann, wenn das Wort „rechtswidrig", „widerrechtlich" oder ein gleichbedeutender Ausdruck im besonderen Tatbestand vorkommt; z. B. in §§ 239, 303; dagegen nicht in §§ 223, 241.[2])

Zunächst erscheint die Aufstellung dieser Kategorie relevanten Irrtums ziemlich überflüssig, da das RG. sie bisher fast ausschließlich in Fällen vertreten hat, wo der Irrtum des Täters zugleich ein außerstrafrechtlicher war.[3])

Sodann spricht gegen diese Ausscheidung die willkürliche Weglassung des Wortes rechtswidrig bei einigen Delikten, z. B. Beleidigung, Körperverletzung, Wegbeschädigung (§ 321), bei welchen besondere Befugnisse die Rechtswidrigkeit ebenso leicht beseitigen wie bei Hausfriedensbruch, Freiheitsberaubung, Sachbeschädigung, wo das Merkmal erwähnt ist. Dazu kommt, daß die Hervorhebung des Merkmals bei einigen Delikten sich zwangloser durch andere Gedanken des Gesetzgebers erklären läßt. Dieser gedachte bei einigen Delikten dem Zweifel von vornherein zu begegnen, daß er die Rechtswidrigkeit des Tuns

---

[1]) Mit Recht bemerkt Frank § 59 II und II 1 vor § 223, daß diese beiden letzteren Entscheidungen nicht mit einander übereinstimmen.

[2]) Vgl. E. **12**, 194; **19**, 87 (89); **20**, 393 (94); **37**, 139 (42); **49**, 140 (43) Gl. M.: insbesondere v. Liszt § 41 III. Gegen diese Ansicht dagegen die herrschende Theorie, u. a. Allfeld 179, Binding G. 125, v. Hippel, VD. A. **3**, 556, Kohlrausch, Irrtum 73, v. Olshausen § 59 N. 30, Köhler, Strafbarkeit bei Rechtsirrtum 9, teilweise auch Frank § 59 III a. E.

[3]) Nachweise darüber bei Kohlrausch, Irrtum 77 f.

für solche dem buchstäblichen Tatbestand unterfallende Handlungen begründen wolle, für die bisher Ausnahmebefugnisse bestanden. Für einige andere Delikte wollte der Gesetzgeber in der Tat eine Rechtswidrigkeit generell begründen, auch wenn bisher die Handlung etwa erlaubt war, z. B. für Kuppelei, Tierquälerei, Päderastie. (Die eigenen Unrechtausschließungsgründe des StGB. sollten bestehen bleiben.) Gerade dieser Gegensatz von Fällen, wo die Norm aus dem StGB. zu entnehmen ist, und Fällen, wo sie das nicht ist, rechtfertigte es, für einige damals aufgetauchte Zweifelsfälle ausdrücklich zu erklären, daß jedenfalls die Begrenzung des Normenumfangs hier nicht vom Strafgesetz selbst angegeben werden wollte.

Mit Entschiedenheit erklärt sich das Reichsgericht aber dagegen, daß das Bewußtsein der Rechtswidrigkeit generell ein „Tatumstand" des gesetzlichen Tatbestandes sei, vgl. E. **20**, 180, **37**, 139 (42), **40**, 321; **41**, 331; **48**, 128 (31); E. in GA. **59**, 326. Auch bei den Delikten, welche das Merkmal der Rechtswidrigkeit hervorheben, werden Irrtumsfälle für unbeachtlich erklärt, wenn es sich dabei nur um irrige Auslegung der strafgesetzlichen Begriffe handelt; vgl. E. **20**, 393 (95); **25**, 150 (52); **19**, 209 (11); **32**, 414; GA. **52**, 242. Gerade damit wird aber das Bedürfnis nach einer solchen Kategorie, wie sie hier sub c) referiert ist, sehr abgeschwächt. Es bleiben für sie nur Fälle übrig, in denen vom Täter eine nicht näher an eine bestimmte Rechtsmaterie angelehnte Befugnis angenommen wurde. Ob gerade für solche Fälle das RG. an dieser Kategorie festhält, ist einstweilen abzuwarten.

4. Die Theorie v. Liszts:[1])

a) Der Täter muß die Merkmale des konkreten Tatbestandes richtig unter die Begriffsmerkmale des einzelnen Strafgesetzes subsumiert haben. Anderenfalls ist Vorsatz nicht vorhanden. Das bedeutet: bei irriger Nichtsumtion des konkreten Tatbestandes unter das Gesetz liegt wesentlicher Irrtum vor.

b) Das Bewußtsein der Rechtswidrigkeit braucht der Täter jedoch nicht besessen zu haben. Ausnahme: die Fälle,

---

[1]) Vgl. v. Liszt § 39 III 2, § 40, § 41 I 2.

in denen der besondere Tatbestand das Merkmal „rechtswidrig“ enthält.

Diese Auffassung ist nicht haltbar. Auf der einen Seite genügt hier zum Vorsatz nicht einmal die richtige Erfassung der verwirklichten Begriffe im landläufigen Sinne, sofern nicht der Täter die Worte des Gesetzes ebenfalls auf seine Handlung passend erachtet. Gesetzeskenntnis wäre also zur Bestrafung vorsätzlichen Handelns durch § 59 verlangt. Auf der anderen Seite wäre es stets gleichgültig, wenn der Täter optima mente gehandelt hat, weil er an eine Befugnis zu seinem Tun glaubte, z. B. als Beamter zu einer bestimmten Amtshandlung berechtigt zu sein wähnte. Nach der dargestellten Theorie würde im Falle des § 183 beim Täter die Voraussetzung gefordert werden müssen, daß seine unzüchtige Handlung auch unter den Unzuchtsbegriff des § 183 fällt. Dagegen, daß es überhaupt verboten ist, öffentlich unzüchtige Handlungen vorzunehmen, brauchte der Täter nicht gewußt zu haben. Zu diesen Grenzen des Vorsatzes fügt v. Liszt noch eine weitere:[1])

c) Wesentlicher (d. h. unter § 59 fallender) Irrtum setze außerdem voraus, daß der Täter bei richtiger Erkenntnis der vorliegenden Umstände die Tat nicht begangen hätte. M. a. W.: Wesentlich sei der Irrtum, „wenn den Täter die Voraussicht des tatsächlichen Verlaufes von der Begehung der Tat abgehalten haben würde“.

Allein das ist nirgends im Gesetz als Grenze des Irrtums anerkannt. Dazu kommt, daß sich oft bei bestem Willen vom Täter selbst und von anderen nicht angeben läßt, wie seine Motivation bei anderer Erkenntnis der Sachlage verlaufen wäre.[2])

5. Die Theorie von Binding.[3])

Zum Irrtum im Sinne des § 59 gehört auch der Irrtum

---

1) Vgl. gegen v. Liszt auch v. Hippel, VD. A. 3, 561 f., Allfeld 143.

2) Gegen v. Liszt u. a. Wachenfeld 160 N. 1.

3) Vgl. Binding N. 2 (1), 408. Gr. 110. Mit Binding übereinstimmend: Allfeld 141, Beling, Grdz. 48, Unschuld, Schuld und Schuldstufen (1910) 22, Finger 1, 246, im wesentlichen auch v. Olshausen § 39 N. 30, Baumgarten, Aufbau der Verbrechenslehre 179.

über die Rechtswidrigkeit. M. a. W.: Das Verbotensein der Handlung ist ein „Tatumstand"; aller relevante Irrtum ist Irrtum über die richtige Subsumtion eines konkreten Tuns unter die bestehende Norm.

Bezog sich der Irrtum dagegen bloß auf einen Strafausschließungsgrund, so ist der Irrtum unwesentlich. Denn das Strafgesetz braucht der Täter nicht gekannt zu haben.[1])

Diese Theorie entspricht dem geläuterten Schuldbegriff eines vorläufig nicht zu erwartenden Idealstaates mit außerordentlicher Verbreitung der Rechtskenntnisse, mit unbedeutender Zahl von Rechtsbrechern und mit einer Vorherrschaft der Rechtsnormen über andere Normen bei der Motivierung der Menschen, wie wir sie nicht haben. Trotzdem ist ihr Grundgedanke bei verschiedenen Delikten, insbesondere Amtsdelikten, Polizeidelikten, z. T. sogar Vermögensdelikten, auch in unserem Staatswesen, wo viele übertretene Rechtsnormen einer erhebichen Anzahl von Übertretern aus entschuldbaren Gründen nicht bekannt sind, voll berechtigt. Vgl. unten unter IV.

Ihre generelle Anwendung auf das geltende Recht entspricht jedoch nicht der geschichtlichen Bedeutung des Wortes „Tatumstände".[2]) Gegen die Theorie spricht auch, daß es bei allgemeiner Gültigkeit des Satzes, daß zum Vorsatz das Bewußtsein der Rechtswidrigkeit gehöre, nicht verständlich erscheint, wenn für einzelne Delikte dies Erfordernis im StGB. noch eigens aufgestellt ist (vgl. §§ 345, 346, 327, 328), für die meisten dagegen nicht. Endlich spricht gegen die Theorie, daß schon zur Zeit seines Erlasses der Gedanke durchaus nicht allgemein war, ohne Bewußtsein der Rechtswidrigkeit sei vorsätzliche Schuld unmöglich.[3]) Freilich hat man zwischen der Unbeachtlichkeit der Gesetzesunkenntnis und der Unbeachtlichkeit der Unkenntnis des Verbotenseins nicht scharf unterschieden.[4])

In der Tat kann man die rechtliche Mißbilligung psychischen Verhaltens als eines vorsätzlichen auch anknüpfen an andere

---

[1]) Vgl. Binding, Normen 2 (1) 475, Gr. 106, Allfeld 145 N. 14, Beling 49, Baumgarten, Aufbau 177.

[2]) Vgl. Köhler, Strafbarkeit bei Rechtsirrtum 65 f.

[3]) Vgl. z. B. Schütze 128 f.

[4]) Vgl. Köhler 66, 94 f.

Bewußtseinsinhalte als an das Bewußtsein des Verbotenseins. Man kann m. a. W. jemandem einen strafwürdigen Vorsatz zur Last legen, auch wenn sich dieser Vorsatz nicht auf eine Verbotswidrigkeit erstreckte. Es genügt dazu möglicherweise, wenn der Täter handelte, obwohl er gewisse Schadenswirkungen seiner Handlung voraussah; z. B. wenn jemand den ertappten Ehebrecher tötet oder die eigene Frau dazu, so kann er sich vielleicht darauf berufen wollen, daß er nichts von einem Verbot gewußt habe; in seiner Heimat sei die Handlung erlaubt (vgl. z. B. Art. 10 Nr. 11 des chilen. StGB.). Aber man kann ihm sagen, er habe immerhin gewußt, daß er fremdes Menschenblut vergieße, also schweren Schaden stifte. Analog verhält es sich, wenn jemand unlauteren Wettbewerb bedenklichster Art treibt, aber sich über ein bestehendes Verbot nie Vorstellungen gemacht hat, oder sich darauf beruft, an seinem bisherigen Wohnorte sei dies erlaubt. Er habe sich daher auch in Deutschland für befugt erachtet. Auch bei manchen Fleischesdelikten, z. B. Verführung, Entführung, Kuppelei, Zuhälterei, kann das Bewußtsein des Verbotenseins fehlen und trotzdem das Verwerfliche der Willensrichtung eine strafrechtliche Reaktion der Rechtsordnung als angemessen erscheinen lassen. Die Schuld besteht dann allerdings nicht in einem vorsätzlichen Ungehorsam, aber sie liegt immerhin in einer gemißbilligten Willensrichtung. Mißbilligt wird sie, weil die Voraussicht der tatsächlichen für andere schädlichen Wirkungen der Tat den Täter auch ohne ausdrückliche Verbote hätte abhaltend motivieren sollen, während er sich dadurch in Wahrheit nicht abhalten ließ.

Näheres unten unter IV.

6. Die Frage nach der Bedeutung des Rechtsirrtums hat noch andere Antworten gefunden. Nach Kohler L. 56 gehört zum Vorsatz das Bewußtsein der Kulturwidrigkeit des eingeschlagenen Verhaltens, nach Merkel L. 66|67 die Fähigkeit zur Erkenntnis der Pflichtwidrigkeit, nach M. E. Mayer, Die schuldhafte Handlung und ihre Arten (1901) 114, das Bewußtsein der ethischen Pflichtwidrigkeit, nach Hälschner 1, 251 N. 1, das Bewußtsein der sittlichen Pflichtwidrigkeit. Nach Rümelin, Verschulden in Straf- und Zivilrecht (1901) 26, ist nötig ein Wissen-

müssen des Täters, daß er gegen positives oder gegen richtiges Recht verstoße. Der Vorsatz enthält danach zugleich ein Fahrlässigkeitselement. — Der Mangel einer der genannten Willensbeschaffenheiten schließt nach jenen Autoren den Vorsatz aus.

III. Einzelfälle des Irrtums.

1. Error in obiecto (sive in persona). Er liegt vor, wenn ein gewollter Erfolg an einem Objekte eintrat, das im konkreten Vorstellungsbilde des Täters sich wirklich befunden hat, während zugleich das betroffene Objekt bestimmte Eigenschaften nicht aufweist, die der Täter an ihm erwartet hatte. Bedeuten diese nicht vorliegenden Eigenschaften zugleich das Gegebensein eines veränderten rechtlichen Tatbestandes, so ist der Irrtum wesentlich, d. h. als Irrtum über Tatumstände anzusehen. Betreffen die nicht vorliegenden Eigenschaften, deren Zutreffen erwartet war, keine Merkmale des rechtlichen Tatbestandes, so ist der Irrtum unwesentlich. Anders ausgedrückt: Der Irrtum betrifft nicht Tatumstände des gesetzlichen Tatbestandes, wenn die Merkmale, worin Vorstellung und Wirklichkeit übereinstimmten, den gleichen Deliktstatbestand übrig lassen.

Beispiel: a) Der Geschäftsmann Rosahl stiftete den Arbeiter Rose an, er solle den Händler Schliebe töten. Rose lauert dem Schliebe auf, hält den in der Dunkelheit daherkommenden Gymnasiasten Harnisch für die Gestalt des Schliebe und erschießt den Harnisch, GA. 8, 156 f. (Irrtum hier belanglos.)

b) Der Vater gibt in der Dunkelheit einem fremden Jungen eine Ohrfeige, den er mit seinem eigenen verwechselt, der eine Zurechtweisung verdient hat. (Irrtum hier wesentllich, da der Täter zugleich Eigenschaften des Objekts sich vorgestellt hat, die die rechtliche Natur der Handlung bei ihrem Vorliegen verändern würden, nämlich die Eigenschaft des Getroffenen als minderjährigen Sohnes.)

c) A wird telephonisch falsch verbunden und ruft einige beleidigende Ausdrücke in den Fernsprecher. War die Äußerung gegenüber demjenigen, den er ansprechen wollte, berechtigt (§ 193), so ist der Irrtum wesentlich; war sie es auch dem gewollten Adressaten gegenüber nicht, so ist er belanglos.[1])

2. Aberratio ictus (sive impetus).

Der Fall liegt vor, wenn das Vorstellungsbild des Täters denjenigen konkreten Erfolg überhaupt nicht umfaßte, der den objektiven gesetzlichen Tatbestand verwirklicht hat, aber einen anderen konkreten Erfolg betraf, der die gleichen gesetzlichen Merkmale erfüllt hätte.

Beispiel: Der A will den B töten und zielt auf ihn. Ohne Vorwissen des A trifft die Kugel einen unvermutet in die Schußlinie getretenen Dritten, den C. Die herrschende Lehre erblickt hierin nur Tötungsversuch an B und daneben außerdem, je nachdem, ob die Tötung des C fahrlässig oder schudlos nicht vorausgesehen war, eine fahrlässige Tötung des C oder kein weiteres Delikt.[2])

Die entgegengesetzte Ansicht, welche vollendete vorsätzliche Tötung bejaht, stützt sich auf die Gleichwertigkeit des ins Auge gefaßten und getroffenen Objekts, sogen. Äquivalenztheorie. Allein zum Vorsatz gehört zwar nicht die Vorstellung der Zwischenglieder zwischen Handlung und Erfolg, aber die Vorstellung der konkreten Tatumstände, also die Vorstellung des in concreto eingetretenen Erfolgs. Dazu kommt, daß die Ergebnisse der Äquivalenztheorie nichts weniger als einleuchtend sind. Wenn der Täter an dem Menschen vorbeischießt, den er treffen wollte, und unvermutet irgend eine fremde Sache trifft,

---

[1]) Gl. M. bei error in obiecto z. B. Frank § 59 II 2c, v. Hippel, VD. B. 3, 543, v. Olshausen § 59 N. 26, E. 18, 337. Nur scheinbar abweichend Hälschner 1, 267, Allfeld 151, Wachenfeld 160, welche den error in objecto stets für unwesentlich erklären, aber dabei den Begriff dieses Irrtums auf den Fall beschränken, daß ein der Art nach und rechtlich gleichstehender Gegenstand getroffen wurde. — A. M. v. Liszt § 40 III, der danach entscheidet, ob der Täter bei richtiger Erkenntnis der Sachlage ebenso gehandelt hätte (ebenso bei aberratio).

[2]) Gl. M.: Allfeld 152 N. 50, v. Bar 2, 371, Hälschner 1, 270, v. Hippel, VD. B. 3, 544, v. Lilienthal 31, v. Olshausen § 59 N. 27, Schwartz § 59 N. 14b, Wachenfeld 161, E. 2, 335, 3, 384. A. M.: Coenders, Strafr. Grundbegr. 120, Finger 1, 254, Frank § 59 III 2c, Beling, Grdz. 50, Kohler L. 64, Mayer 331.

so wird ihm das nicht zum Vorsatz zugerechnet. Will es aber der Zufall, daß in der Schußlinie nicht eine Sache, sondern ein Mensch steht, dessen sich der Täter ebenfalls nicht versah, so wird aus gleich unvorausgesehenem Erfolg ein neues Delikt, nämlich eine vorsätzliche Tötung. Wird der zufällig Getroffene aber nicht getötet, sondern nur körperlich verletzt, so ist dieses Treffen wiederum ein strafloses Nichts. Wollte der Täter ausschließlich den X körperlich verletzen, trifft er aber unvermutet den Z tödlich, so wird die Äquivalenztheorie vor eine neue willkürliche Entscheidung gestellt.

3. Das Wahnverbrechen (Putativdelikt).

Es liegt vor, wenn der Handelnde irrig die Existenz einer sein Verhalten verbietenden Norm annimmt. Dazu gehört auch der Fall, daß jemand eine bestehende Norm irrig so auslegt, als ob sie sein Handeln verböte. Durch solchen Irrtum kann die fehlende Rechtswidrigkeit nicht geschaffen werden.[1]) Z. B. jemand hält irrig den Selbstmord bei uns für strafbar und versucht ihn. Ebenso ist die irrige Annahme eines Strafschärfungsgrundes zu beurteilen; z. B. jemand glaubt, einen Einbruchsdiebstahl zu verüben, wenn er einen Schrank erbricht, um für seinen Hunger Eßwaren zu stehlen.

Vgl. auch E. 47, 151; Jemand erschleicht durch falsche Angaben eine Droschkenkonzession und schädigt damit andere konzessionierte Droschkenbetriebe. Er glaubt irrig, daß der Polizeipräsident damit eine Vermögensdisposition zum Nachteil der letzteren vornehme; kein Betrugsversuch.

Etwas ganz anderes ist der Rechtswahn. Darunter versteht man den in früheren Gesetzen, z. B. bayr. StGB. (1861) Art. 70, aber auch im MStGB. von 1872 § 48 ausdrücklich als belanglos erklärten Glauben des Täters, daß sein Verhalten nach seinem Gewissen oder den Vorschriften seiner Religion erlaubt oder geboten sei. Die Belanglosigkeit solches Glaubens ist selbstverständlich.[2])

---

[1]) Gl. M.: die herrschende Lehre; vg. Allfeld 21, v. Bar 2, 425.

[2]) Vgl. Hälschner 1, 260 N. 1, Wächter, Vorl. 169. Bei v. Liszt § 41 N. 3, Wachenfeld 158 wird der Fall Verbrecherwahn genannt.

4. Mangel am Tatbestande (Wahn der Ausführung).

Unter diesem nicht besonders bezeichnenden Ausdruck versteht man neuerdings den Fall, in welchem der Handelnde irrig wähnt, eine objektive Angriffshandlung auf ein geschütztes Gut vorzunehmen, während in Wirklichkeit die als Angriff gedachte Handlung eine objektiv nicht rechtswidrige bleibt.[1])

Nach der Terminologie Belings 85 umfaßt der Mangel am Tatbestand alle Fälle des Versuchs mit. Früher rechnete man die Fälle des Mangels am Tatbestand vielfach, aber nicht durchweg zum Wahnverbrechen.[2]) Wenn man sich klar bleibt, daß die irrige Annahme eines Angriffstatsbestandes das eine mal auf einem Irrtum über Tatumstände beruht, das andere mal auf einem Irrtum über Strafgesetze, so ist gegen einen gemeinschaftlichen Oberbegriff nichts einzuwenden, zumal da beide Fälle richtiger Ansicht nach zur Straflosigkeit führen.[3]) Beispiel: Jemand nimmt seinen eigenen Überzieher weg, den er im Halbdunkel für einen fremden hält und stehlen wollte. Objektiv ist nichts Rechtswidriges eingetreten. Nur eine böse Absicht bei erlaubtem (oder gebotenem) Tun liegt vor.

IV. Der Rechtsirrtum de lege ferenda.

Wurzelt jeder Vorwurf, den man gegen eine Person billigerweise erheben kann, in einem Ungehorsam gegen Normen, dann ist es nur folgerichtig, zur Schuld für das Rechtsleben einen vorsätzlichen oder fahrlässigen Ungehorsam gegen dessen Normen zu verlangen. Bei fehlendem Bewußtsein der Rechtswidrigkeit, d. h. des Widerspruchs einer Handlung mit den Rechtsnormen, muß dann die Zurechnung einer Handlung zu vorsätzlichem Verschulden entfallen.[4])

---

[1]) Vgl. Frank § 43 I, III, Graf Dohna, Der Mangel am Tatbestand (1910) 49, Allfeld 215 N. 22.

[2]) So z. B. Schaper, HH. 2, 121, Berner 92, Finger 1, 441. Anders bereits Wächter Vorl. 129.

[3]) Für letztere die bisher genannten, während das RG., z. B. in E. 39, 427 (33); 42, 92, strafbaren Versuch annimmt. Näheres in der Versuchslehre.

[4]) Diese sicherlich sehr beachtliche Ansicht wird insbesondere von Allfeld, Die Bedeutung des Rechtsirrtums (1904), von Binding, Normen 2 (2) 286 f, und von Beling, Unrecht, Schuld und Schuldstufen 40 f.

Allein, wenn man mit einer ausnahmslos innerhalb dieser Schranke aufgebauten Bestrafungsmöglichkeit auskommen will, überschätzt man den tatsächlichen Einfluß der Rechtsnormen bei dem Zustandekommen von Entschlüssen zu rechtswidrigem Verhalten. Andrerseits dürfte man damit das Gebiet dessen, was als böser Wille angesehen werden kann, zu eng begrenzen.

In der Volksschule werden Rechtsvorschriften als solche nur in sehr bescheidenem Umfange gelehrt. Eine Unzahl von Normen treten den Kindern nur als Normen der Religion, der Sittlichkeit, des Anstandes entgegen. Auch im späteren Leben lernt der Laie in der Hauptsache als Rechtsnormen nur einzelne Bruchstücke über die Regeln hinaus kennen, die er für seinen engeren Beruf zu beobachten hat. Selbst der gebildete Laie befindet sich oft in beachtlicher Unwissenheit darüber, wie weit er mit Nachreden, mit tadelnden Urteilen gehen darf, an welche Grenze Notwehr-, Notstands- und insbesondere Selbsthilfebefugnisse geknüpft sind, unter welchen Voraussetzungen er verpflichtet ist, ein Betreten seiner Wohnung und andere Einwirkungen auf seine Sachen zu dulden (BGB. § 228, 904). Damit ist es verträglich, daß er gelegentlich mit vollem Bewußtsein den Schaden übersieht, den er anrichtet. Der jugendliche Bursche, der beleidigt ist und es seiner Ehre schuldig zu sein glaubt, den Gegner niederzustechen, hat nicht immer die Rechtskenntnis, daß er jetzt seine Reaktionsbefugnis überschreite, und in den Fällen, wo er sie hat, wird er deswegen im Augenblick der Tat sich dieser Kenntnis durchaus nicht immer bewußt sein. Aber ein Bewußtsein des Schadens, den er anrichtet, geht ihm seltener ab. Es wird ihm der Vorwurf zu machen sein, daß er sich durch diese Vorstellung nicht abhalten ließ. Ebenso werden zahlreiche Sittlichkeitsverbrecher ohne Bewußtsein der verschiedenen Altersgrenzen handeln, die das Recht für den

---

(1910), sehr eindrucksvoll vertreten. Auch der Verfasser war ihr de lege fer. in Strafbarkeit bei Rechtsirrtum (1904) 109 beigetreten, vermag aber daran nicht festzuhalten. Dagegen hält er das gelegentlich geäußerte Bedenken gegen die Normentheorie, daß dann der Täter sich zu leicht auf fehlendes Bewußtsein der Rechtswidrigkeit mit Erfolg hinausreden könne (vgl. Heinemann, ZStW. 13, 409) nach wie vor für nicht stichhaltig.

strafrechtlichen Schutz der weiblichen Jugend in §§ 176 Z. 3, 182 aufgestellt hat. Das Wissen darum, daß sie ein Mädchen verführen und dadurch schädigen, wird solchen Tätern viel seltener fehlen.

Man kann generell weiter ausholen und sagen: die Rechtsordnung zieht auf dem Gebiete der Staatsverbrechen (z. B. sich Einlassen mit einer auswärtigen Regierung, Teilnahme an einer Froschverbindung, Aufreizungen der Bevölkerung), der Roheitsverbrechen, der Freiheitsverbrechen und der Sittlichkeitsverbrechen, z. T. auch der Vermögensverbrechen (§ 301 und Gelegenheitswucher) den kürzeren, wenn sie generell nur demjenigen die Verantwortung für vorsätzliche Herbeiführung eines Deliktstatbestandes auferlegt, dessen Handlung zugleich einen bewußten Ungehorsam gegen den gekannten Rechtswillen darstellt. Man kann von einem Zurechnungsfähigen, der ja keine Prüfung über Rechtskenntnisse zu bestehen braucht, in zahlreichen Fällen verlangen, daß bereits die Vorstellung von einem herbeizuführenden Taterfolg mit seiner erkannten Gefährdung oder Verletzung fremder Güter ihn hätte stutzig machen, ihn hätte von seiner Tat abhalten sollen. Nicht die oktroyierte Norm allein hat für die Menschen motivierende Kraft (und soll sie haben), sondern auch die Vorstellung von Übelszufügungen. Die Normen treten beim Handelnden im Augenblick des Handelns zu häufig gar nicht über die Bewußtseinsschwelle.

Aber es gibt auch Deliktstatbestände, die nur bei bewußtem oder fahrlässigem Ungehorsam (gegen Rechtsnormen oder Normen der Religion, der Ethik oder der Sitte) einen Vorwurf rechtfertigen. Z. B. §§ 136, 291, 292, 327, 345, 346. Hier wird eine Gleichberechtigung der letzteren Normen mit den Rechtsnormen nicht anzuerkennen sein, weil das Recht in der Regel überhaupt keine Rechtspflicht auferlegt, solche Normen zu beobachten, wenn sie nicht zugleich Rechtsnormen sind. (Ausnahme z. B. in § 360 Z. 11; 302a, vielleicht auch in § 253 bei Annahme einer Moraltheorie.)

Bei manchen Delikten wird in merklichem Grade der Vorwurf, der dem Täter schon wegen der Voraussicht des Schadenserfolgs seiner Tat für andere gemacht werden kann, erhöht, wenn auch noch das Bewußtsein der Rechtswidrigkeit vorhanden war, das ihn hätte abhalten sollen, z. B. bei den Sittlichkeitsdelikten nach §§ 175, 173, 180; weniger bei Affektverbrechen, z. B. der Tötung des ertappten Ehebrechers.

Aus diesen Gedanken heraus wäre etwa folgende Regelung des Rechtsirrtums zu empfehlen:

1. Kannte der Täter die für fremde Interessen nachteiligen Wirkungen seines Verhaltens, die zum Tatbestande eines Strafgesetzes gehören und trifft ihn deshalb ein Vorwurf, weil er sich dadurch von der Tat nicht abhalten ließ, so wird sein Vorsatz durch den Mangel des Bewußtseins der Rechtswidrigkeit nicht ausgeschlossen.

2. Ist die in solchem Falle betätigte Willensbestimmung milder zu beurteilen als eine bewußte Verletzung der Rechtsvorschrift, so ist Todesstrafe und lebenslängliche Strafe ausgeschlossen. An die Stelle der übrigen ordentlichen Strafen treten (hier nicht näher auszuführende) mildere Strafen.

3. Beruht der Mangel des Bewußtseins der Rechtswidrigkeit auf Nichterkenntnis von Vorschriften oder von Begriffen des gesetzlichen Tatbestandes, ohne deren Verständnis der Wille eines Täters nicht gegen die durch die Strafdrohung geschützten Interessen gerichtet ist, so liegt Vorsatz nicht vor.

§ 29.

Unzurechnungsfähigkeit.

I. Geschichtlicher Überblick.

Vgl. u. a. v. Lilienthal VD. A. 5, 7—15, Hälschner, Syst. 1, 105.

Im geschichtlichen römischen Recht wurde der Geisteskranke nicht gestraft. Dagegen wurde vorgesehen: Ut in carcere contineatur, bzw. ut custodiendus sit, l. 13, 14 D. 1, 18. Wenn die Handlung jedoch intervallis quibusdam sensu saniore begangen wurde, galt der Täter für voll zurechnungsfähig. Auch das kanonische Recht erklärt den furiosus als unzurechnungsfähig, c. un. Clem. V, 4.

Im germanischen Recht galt der Geisteskranke nicht schlechthin für straffrei. Manche Rechte, z. B. das friesische, sprechen sich überhaupt nicht darüber aus.

Nach nordischen Rechten wurde z. T. aus dem Vermögen des Rasenden die volle Buße bezahlt, z. T. nur die Ungefährbuße;[1] z. T. hatte der Vormund aus eigenem Vermögen zu zahlen.[2] Im Ssp. III 3 wird erklärt: „Uber rechten tôren und sinnelosen Man en sal man ouch nicht richten; swenne sie aber schaden, ir vormunde sal ez gelden". Dies wird von Friese, Strafr. d. Ssp. 48 N. 10, dahin ausgelegt, daß der Vormund aus dem Vermögen des Mündels zahlen soll; ebenso von John, Das Strafr. in Norddeutschl. (1858) 107. Allein dies stimmt weder mit Richtsteig Ldr. c. 43 § 6, noch mit dem älteren Rechte. Im Swsp. Art. 257 (Laßberg) wird die Bestimmung des Ssp. wiederholt; hier spricht die Auslegung mehr für die beim Ssp. abzulehnende Ansicht. Nach langobardischem Recht war für den Tollen und Besessenen kein Wergeld zu zahlen.[3] Die Carolina spricht in Art. 150, 179 von Leuten, die ihre Sinne nicht haben und verweist auf den Rat der Rechtsverständigen. Eingehend über die Frage handelt Farinacius qu. 94. Er erstreckt die Straflosigkeit, die für den furiosus gilt, auch auf den freneticus, insanus, demens, mente captus.

Weit vorgeschritten im Vergleich zur Gesetzgebung und Literatur ihrer Zeit war die Theresiana, welche in Art. 11, freilich ziemlich wortreich, nicht nur typische Geisteskrankheiten als Gründe der Unzurechnungsfähigkeit anerkennt, sondern auch zahlreiche pathologische Zustände je nach ihrem Grade als strafmildernd oder strafbefreiend einführt, die noch in der Gegenwart als Grenzgebiete zweifelhaft erscheinen, z. B. Mondsüchtigkeit, Altersgebrechlichkeit, Affekte, Willensschlaffheit. Sie geht sogar so weit, große Dummheit und Einfalt dahin zu rechnen.

ALR. 2, 20 § 16 bestimmte: Wer frei zu handeln unvermögend ist, bei dem findet kein Verbrechen, also auch keine

---

[1]) Vgl. v. Schwerin 125.

[2]) Vgl. Wilda 644.

[3]) Osenbrüggen, Strafr. der Langobarden 70.

Strafe statt. § 17 fügte jedoch hinzu, Schwachsinnige könnten gezüchtigt werden. Code pénal Art. 64 spricht nur von einem état de démence, ohne ihn näher zu umschreiben. Die französische Literatur legt die démence im weitesten Sinne aus (vgl. v. Lilienthal VD. A. 5, 42).

Das bayrische StGB. Art. 120 und die von ihm beeinflußten StGBücher betonten einseitig die Störungen der Verstandesseite. Straflos sollten sein alle Personen, welche den Gebrauch ihres Verstandes durch Melancholie oder andere schwere Gemütskrankheit völlig verloren haben. Daneben war erwähnt u. a. Blödsinn, Altersschwäche und in Art. 121 unüberwindliche schuldlose Unwissenheit, ferner Verwirrung der Sinne. Auch Sachsen (1855) Art. 87 sprach von einer solchen Krankheit, welche den Vernunftgebrauch gänzlich aufhebt.

Preußen (1851) § 40 erwähnt nur Wahnsinn oder Blödsinn. Bayern (1861) Art. 67 führt neben verschiedenen Geisteskrankheiten noch als Kriterium auf, daß durch diese Störungen die Selbstbestimmungsfähigkeit oder die Urteilskraft gänzlich gemangelt hat und unterscheidet davon in Art. 68 die Fälle, bei denen diese Fähigkeiten in erheblichem Grade gemindert waren. Hier trat nur eine näher bestimmte Strafmilderung ein. Bayern ist also als Vorläufer der modernen Forderung nach Einführung einer Zwischenstufe zwischen voller und geminderter Schuldfähigkeit zu erachten.

II. Die Fassung des StGB.

Sie beruht auf einer Reihe von Gutachten sächsischer und preußischer Medizinalkollegien, über deren Ergebnisse die Motive zu § 51 berichten.

Während man über die die Zurechnungsfähigkeit ausschließenden Fälle in Juristenkreisen ziemlich gleich urteilt, ist man doch überwiegend der Ansicht, daß die Formulierung des StGB. die unterscheidenden Merkmale nicht besonders klar bezeichnet.[1])

---

[1]) Vgl. über die verschiedenen Versuche insbesondere Gretener, Die Zurechnungsfähigkeit als Gesetzgebungsfrage 1897 und (als Erwiderungsschrift) 1899, derselbe, Die Zurechnungsfähigkeit im Vorentwurf 1910.

1. Zahlreiche Versuche, den Begriff schärfer zu formulieren, sind zu verzeichnen.

Allfeld 125 bezeichnet als zurechnungsfähig denjenigen, dessen Fähigkeit, die tatsächliche, sittliche und rechtliche Bedeutung der eigenen Handlung zu erkennen und dieser Einsicht entsprechend sich nach Maßgabe seines Charakters durch Vorstellungen bestimmen zu lassen, nicht durch den Mangel geistiger Entwicklung, durch vorübergehende Bewußtseinsstörung oder durch krankhafte Störung der Geistestätigkeit ausgeschlossen ist.

Es erscheint indessen fraglich, ob man eine dreifache Richtung (tatsächlich, sittlich und rechtlich) der Erkenntnisfähigkeit annehmen muß, um einen Ungebildeten, der fast nie so abstrakt denkt, für zurechnungsfähig erklären zu können. Im übrigen hebt diese Definition sorgsam die Abwesenheit von bestimmten Störungen hervor. Allein ebenso wie die Schönheit, die Tugend, die körperliche Gesundheit zugleich etwas Positives bezeichnen, ist auch bei der Zurechnungsfähigkeit nach positiven Kennzeichen zu suchen.[1])

Beling Grdz. [4] 44 nennt Zurechnungsfähigkeit diejenige seelische Verfassung, in der die Widerstandskraft als Kraft, dem Rechte gehorsam zu sein, vorhanden ist.

Die Gehorsamsfähigkeit ist zwar regelmäßige Folgeerscheinung der Zurechnungsfähigkeit (vorausgesetzt, daß der Mensch willensfrei ist), aber nicht die Zurechnungsfähigkeit selbst. Dem Deterministen ist durch jedes Verbrechen der Beweis fehlender Gehorsamsfähigkeit für den Augenblick der Tat erbracht. Auch der Indeterminist ist davon überzeugt, daß die wenigsten Menschen ohne rechtliche Schuld und Fehle bleiben. Die Unfähigkeit, alle Gebote zu halten, tritt für ihn jedenfalls dann ein, wenn gar zu viel Normen die Bewegungsmöglichkeit einschnüren. Ist dies richtig, so bedarf es aber erst einer näheren Bestimmung, wie die Kraft zum Gehorsam gegen das Recht beschaffen sein muß, welche als Kriterium für die Praxis verwertet werden soll.

---

[1]) Das Unbefriedigende bloßer Negativfeststellung, wenn jemand nicht zurechnungsfähig ist, empfindet auch v. Bar 2, 32, der allerdings für das Gesetz eine Negativfeststellung als ausreichend erklärt.

Binding Normen 2 (2) 170 bezeichnet die Zurechnungsfähigkeit als das Vermögen, die eigene Tat im Verhältnis zur Norm zu erkennen und im Einklang mit ihr zu erhalten.

Auch hierin liegt mehr ein beachtliches Urteil über die Wirkungen der Zurechnungsfähigkeit als die für den Gerichtssaal wichtige Bezeichnung des Zustandes selbst.

Frank § 51 I spricht von normaler Bestimmbarkeit durch Motive; sie sei u. a. ausgeschlossen, wenn es der Persönlichkeit an der Fähigkeit fehle, ihr Verhalten nach sozialethischen Vorstellungen einzurichten. Danach wäre der Berufsverbrecher, der asozial veranlagte Anarchist nicht zurechnungsfähig. Anders nur dann, wenn man jene Fähigkeit im Sinne der Willensfreiheit versteht; eine solche Fähigkeit kann man auch dem moralisch Tiefstehendsten noch zusprechen. Alsdann würde aber besser die Zurechnungsfähigkeit als willensfreier Zustand bezeichnet. Hiergegen wäre wiederum geltend zu machen, daß Willensfreiheit mehr eine Folgerung aus Erscheinungen ist als eine Bezeichnung der Erscheinungen selbst.

v. Lilienthal VD. A. 5, 21, v. Liszt § 37 u. a. erklären die Zurechnungsfähigkeit als normale Determinierbarkeit.

Dieser Ausdruck ist nicht geeignet.

Es ist unrichtig, die Bestimmbarkeit zum Angelpunkt der Zurechnungsfähigkeit zu machen. Schwer zu Bestimmende, Starrköpfige, Unbelehrbare, Charakterstarke sind dann das typische Beispiel der Unzurechnungsfähigkeit. Die besonders leicht Bestimmbaren, die Leichtgläubigen, Willensschwachen wären das Muster der Zurechnungsfähigen. — Doch kann man die Definition auch dahin verstehen, daß letztere als Übernormale ebenfalls unzurechnungsfähig sind. Dann bleiben nur diejenigen übrig, welche in bezug auf Bestimmbarkeit gerade in der Mittellinie sich halten. Auf dieser Mittellinie befinden sich, vorausgesetzt, daß man sie überhaupt näher anzugeben vermag, nur sehr wenige. — Will man aber auch mehr oder weniger erhebliche Abweichungen von der normalen Bestimmbarkeit genügen lassen (vgl. v. Liszt Aufs. 2, 44), so verliert man den festen Boden; wo die Grenze der Normalität dann liegt, läßt sich danach nur willkürlich bestimmen. Jedenfalls führt die verfehlte Definition zu dem von v. Liszt selbst anerkannten

Schluß, daß die sogen. unverbesserlichen Verbrecher unzurechnungsfähig sind. — Außerdem ist das ganze Kriterium einseitig. Die Bestimmbarkeit kann normal, das Auffassungsvermögen höchst mangelhaft oder fehlerhaft sein. — Endlich hat man bisher nicht so sehr auf die normale Bestimmbarkeit in der Praxis Gewicht gelegt als vielmehr auf das Vorhandensein eines gewissen Minimums von geistigen Fähigkeiten. Gar viele schwachbegabte Menschen, viele Leidenschaftliche sind weit entfernt davon, den Normaltypus darzustellen, aber sie haben ein Mindestmaß von Fähigkeiten erreicht, das man zur Bestrafung genügen läßt, z. B. der Angetrunkene befindet sich nicht in einem Normalzustande, ohne deswegen schon unzurechnungsfähig zu sein. Besser ist schon eine Definition, welche Determinierbarkeit auf normalem Wege verlangt oder Bestimmbarkeit durch normale Motivation.[1])

Mayer 206 führt aus: „Was ich nicht beurteilen kann, darf ich nicht verurteilen. Daher ist Beurteilbarkeit der Grund und die Grenze der Zurechnungsfähigkeit." Z. B. sei bei Geisteskranken die Differenz zwischen den Assoziationen, die sich im Delinquenten vollzogen haben, zu groß, als daß ein Urteil (scil. gegen den Delinquenten) gefällt werden könnte. Vgl. a. a. O. 215: „Nicht mehr normal sind die Vorgänge, die du in deiner Seele nicht mehr vollziehen und darum nicht beurteilen kannst. So ungerecht willst du nicht sein, die nicht beurteilbare Tat zu verurteilen."

Richtig ist, daß die Zurechnungsfähigkeit in concreto je nach dem Stande unserer Erkenntnis von den Ursachen der Motivation verschieden beurteilt wird. Nicht richtig ist, daß zur richterlichen Beurteilung auch Nachempfindenkönnen (Mitdurchlebenkönnen) nötig ist. Wer die Unfähigkeit rein verstandesmäßiger Aufnahme und Beurteilung von Vorgängen bei fehlendem Miterlebenkönnen behauptet, überschätzt eine bei der Strafzumessung manchmal recht nützliche Fähigkeit. Um aber einen konkreten Wucher, einen Nachdruck, eine Gotteslästerung

[1]) So Friedrich, Die Bedeutung der Psychologie (1915) 137. Richtig ist auch der Satz, der absolut Unbestimmbare sei unzurechnungsfähig. Nur gewinnt man dadurch keine brauchbare positive Definition.

richtig beurteilen zu können, sind andere Faktoren wichtiger als das Nachempfindenkönnen verwerflicher Motive. Unrichtig ist auch die Vorstellung, daß das Miterlebenkönnen gleichbedeutend mit Bejahung der Zurechnungsfähigkeit sei. Denn die „Beurteilbarkeit" ist zweifellos von dem Grade psychologischer Erkenntnis des Urteilers abhängig. Sie wird u. a. auch durch dessen psychiatrische Belehrung und Erfahrung gesteigert. Demnach gelangte man zu der Konsequenz: Je weiter wir in der Erkenntnis und im Miterleben kommen, um so weniger Menschen dürfen wir für unzurechnungsfähig erklären. Ein Richter, der eine heilbare Geisteskrankheit (z. B. Fieber, Rausch) durchgemacht hat und sich an ihren Verlauf gut erinnert, dürfte die Zurechnungsfähigkeit seltener verneinen als ein Richter, der stets Abstinent gewesen ist und nie einen schweren Fieberunfall durchgemacht hat.

Richtiger sind andere Erläuterungen der Zurechnungsfähigkeit bei v. Liszt § 37, die in Wahrheit nicht als gleichbedeutend mit der oben S. 316 besprochenen Formel gelten können: Fähigkeit zu sozialem Verhalten, d. h. zu einer Zwecksetzung, die den Erfordernissen des staatlichen Zusammenlebens entspricht. Bedenklich bleibt hieran, daß damit der Kreis der Zurechnungsfähigen zu weit gezogen ist; es gibt zahllose Geisteskranke, die ganz harmlos sind und sich auskömmlich ihr Brot verdienen können. Unklar ist, ob der sogen. Unverbesserliche noch unter die Zurechnungsfähigen in diesem Sinne fällt. Wenn nicht, so liegt darin ein weiteres Bedenken.

v. Liszt sagt a. a. O. außerdem, Zurechnungsfähigkeit setze voraus, daß die Verknüpfung der Vorstellungen normal und mit normaler Geschwindigkeit erfolgt, daß auch die Gefühlsbetonung der Vorstellungen dem Durchschnittsmaß entspricht. Würde statt des Durchschnittsmaßes ein näher angedeutetes Mindestmaß verlangt, so wäre diese Definition nicht zu beanstanden.

Weiterhin wird a. a. O. gesagt, zurechnungsfähig sei jeder geistig reife und geistig gesunde Mensch bei ungetrübtem Bewußtsein. In dieser Umschreibung ist nichts bedenkliches enthalten. Nur gibt sie gar keine für die Praxis greifbaren Grenzbestimmungen.

Schwartz § 51 N. 1 beschreibt die Zurechnungsfähigkeit als vorhanden, wenn der Täter sowohl die Beschaffenheit und

Folgen seiner Handlung zu erkennen als auch sich für die Begehung und Nichtbegehung der Tat aus Gründen zu entscheiden vermag. Es ist zu bezweifeln, ob diese Definition scharf genug ist. Abgesehen hiervon finden wir bei Geisteskranken ebenfalls eine Entscheidung nach Gründen; nur beruhen die Gründe hier oft auf krankhafter Zwecksetzung.

Wachenfeld 136 spricht von einer Fähigkeit, unerlaubte Handlungen zu denken und zu wollen. Diese Fassung geht entschieden zu weit.[1]) Allein Wachenfeld legt in der weiteren Erläuterung soviel in diese Merkmale hinein, daß daraus eine brauchbare Definition zu bilden ist. Er verlangt u. a. die Fähigkeit zu richtiger Einsicht in den natürlichen Verlauf der Handlung, Fähigkeit zur Erkenntnis der Rechtspflichtwidrigkeit des Tuns, Fähigkeit des freien Entschlusses zu Körperbewegungen (d. h. Abwesenheit von Zwangsvorstellungen).

Eine verdienstliche Analyse der erforderlichen Merkmale findet sich insbesondere bei v. Lilienthal VD. A. 5, 22f. Er verlangt, daß richtige Wahrnehmungen gemacht und daß sie richtig gedeutet werden. Sie müssen auch in intellektueller, ethischer und rechtlicher Beziehung richtig gewertet werden.

Nimmt man die Entschlußfähigkeit hinzu, läßt man die Fähigkeit zu ethischer und rechtlicher Wertung als nicht unbedingt wesentliche Regelerscheinungen beiseite, so wird man biologische und juristische Merkmale folgendermaßen zu vereinigen haben:

Zurechnungsfähigkeit eines Menschen liegt vor, wenn er das Mindestmaß der zur Überlassung der Besorgung eigener Angelegenheiten nach Anschauung der jeweiligen Kultur erforderlichen Fähigkeiten besitzt, um zutreffende Wahrnehmungen zu machen, um sie formell richtig auszudeuten und bei der Willens-

---

[1]) Gleiches gilt von der Fassung: willensfrei sein bedeute wirksam sein nach eigenem Recht. So Merkel-Liepmann 97, Graf Dohna, GS. 65, 318. Vgl. dagegen Hold v. Ferneck, Rechtswidrigkeit 1, 364. Die von Merkel a. a. O. 66 gegebene Analyse der Zurechnungsfähigkeit, wonach sie rechtliche Unterscheidungsfähigkeit und geistige Dispositionsfähigkeit verlangt, enthält dagegen brauchbare Bausteine.

bildung zu verwerten, endlich, um sich entsprechend der erlangten Einsicht zu entschließen.

Sind diese Fähigkeiten beim Täter im allgemeinen zwar vorhanden, während er im Einzelfall nicht über sie verfügen konnte (z. B. wegen Zwangs, Irrtums, jugendlichen Alters), so spricht man gelegentlich von fehlender Zurechenbarkeit der Tat.[1])

Leichter als die Zurechnungsfähigkeit ist ihr Gegenstück zu formulieren. Besonders beachtlich § 3 I des österr. Reg. E. von 1913: „Wer zur Zeit der Tat wegen Geistesstörung, Geistesschwäche oder Bewußtseinsstörung nicht die Fähigkeit besitzt, das Unrecht seiner Tat einzusehen oder dieser Einsicht gemäß zu handeln, ist nicht strafbar." Hält man eine bloße moral insanity mit Merkel-Liepmann 67 für vorkommend, so führt aber diese Definition beim Vorliegen nur moralischen Irrsinns zur Freisprechung. Fraglich ist ferner, ob man das Bewußtsein fordern muß, das Unrecht einzusehen. Wenn jemand nicht einzusehen vermag, daß es verboten ist, den Christbaum zur Weihnachtszeit durch Kinder aus dem Gemeindewald zu holen oder wenn jemand irgend ein kompliziertes technisches Verbot für unvernünftig halten muß, so ist er deswegen noch nicht unzurechnungsfähig. Richtiger wäre es, wenn als Unterscheidungsmerkmal die Fähigkeit genommen würde, die für den Verkehr des täglichen Lebens wichtigen Außenweltsvorgänge richtig zu erfassen und dieser Einsicht gemäß zu handeln.

2. Schon seit mehr als einem Jahrhundert ist die Erkenntnis in Deutschland verbreitet,[2]) daß die intellektuellen und emotionellen Fähigkeiten in sehr verschiedenen Graden vorhanden sind. Es war schon seit Feuerbach streitig, ob für diejenigen, welche zwar die Minimalerfordernisse der Zurechnungsfähigkeit aufweisen, aber mit offensichtlichen Defekten gegenüber dem Durchschnittsmaß jener Fähigkeiten behaftet sind, eine eigene Gruppe zu bilden ist.[3])

---

[1]) Vgl. Geyer 1, 101. Gegen diese Zurechenbarkeit als einen selbständigen Begriff Binding, Normen 2 (²) 88, vgl. oben S. 285.

[2]) Ausführliche geschichtliche Angaben bei Kahl, Verhandlungen des 27. Juristentags 1, 7 f.

[3]) Vgl. Kahl, VD. A. 1, 10 f., Binswanger, Psychiatrie (3) 86, Hälschner 1, 225 N. 1, Wächtler, Sächs.-Thür. Strafr. 325.

Das Hauptbedenken liegt darin, daß, wenn schon die Grenze zwischen Zurechnungsfähigen und Unzurechnungsfähigen für den Praktiker oft schwer erkennbar ist, eine weitere generelle Distinktion innerhalb der Zurechnungsfähigen nicht nur Heterogenes zusammenwirft,[1] sondern auch neue Schwierigkeiten der Erkennbarkeit schafft.[2] Die Laien- und Berufsrichter würden dann leicht zu ungleicher Rechtsprechung gelangen. Für den Betroffenen wäre aber die Entscheidung folgenschwer, je nachdem er zur einen oder anderen Klasse verwiesen wird. Besser erscheint es, einzelne besonderer Behandlung bedürftige Defekte bei der Klasse der Zurechnungsfähigen zum Gegenstand einer Sonderregelung unter gleichzeitiger Annahme einer geringeren Schuld zu machen. Diese Gesetzgebungsfrage ist hier nicht weiter zu verfolgen.[3] Das preuß. StGB. und das RStGB. verhalten sich gegenüber dem Begriff ablehnend.

Eine weitere Frage ist, ob für diese minder Schuldfähigen innerhalb der Zurechnungsfähigen entgegen dem Wortsinn des Ausdrucks Zurechnungsfähigkeit der Name vermindert Zurechnungsfähige oder der Name geistig Minderwertige oder der Name vermindert Schuldfähige zu wählen sei.[4]

Endlich ist bestritten, ob alle Fälle der verminderten Schuldfähigkeit zu vereinigen sind oder nur diejenigen der milderen Bestrafung teilhaftig werden sollen, bei denen es sich um nicht bloß vorübergehende Zustände handelt.[5]

Nach der letzteren Auffassung ist vermindert zurechnungsfähig, wer bei Begehung der strafbaren Handlung in einem nicht bloß vorübergehenden krankhaften Zustande sich befunden hat, der das Verständnis für die Strafwürdigkeit seiner Handlung oder

---

1) Vgl. R. Schmidt, Die Strafrechtsreform (1912) 157 N. 1.

2) Vgl. Coenders, Strafr. Grundbegr. (1909) 37.

3) Vgl. darüber u. a. Bumke, Ueber nervöse Entartung (1912) 73, Köhler, Vergeltungsgedanke 181.

4) Vgl. dazu Hoegel, Einteilung der Verbrecher 173, Hoppe. Bl. f. GefK. 44, 277, Kahl, Verhandlungen des 27. Juristentages 1, 220, Köhler, Vergeltungsgedanke 177 N. 1. Da auch unter geistig Hochwertigen, z. B. Künstlern, verminderte Schuldfähigkeit vorkommt, ist letzterer Ausdruck passender.

5) Vgl. Kahl, VD. A. 1, 67, Birkmeyer, Was läßt v. Liszt vom Strafrecht übrig (1907) 61, Hoegel, BlRA. 75, 198.

seine Widerstandskraft gegen strafbares Handeln verminderte.[1]) Die Jugendlichen und die halb Berauschten, die in einer vorübergehenden psychischen Erregung oder Depression Handelnden werden aber damit nicht nur mit Recht von der Sonderbehandlung, sondern mit Unrecht auch von der generellen Strafmilderung ausgeschlossen, welche die übrigen vermindert Zurechnungsfähigen erhalten.[2])

Will man zugleich die Jugendlichen einbeziehen, so kann man sagen: verminderte Schuldfähigkeit ist gegeben, wenn die bei Zurechnungsfähigen vorausgesetzten Fähigkeiten zwar vorhanden, aber infolge unentwickelter Reife oder psychopathischer Eigenschaften erhebliche Mängel aufweisen.

Eine weitergehende Berücksichtigung der verminderten Zurechnungsfähigkeit enthält der schweiz. VE. (1908) Art. 14 II: „War die geistige Gesundheit oder das Bewußtsein des Täters nur beeinträchtigt, so mildert der Richter die Strafe nach freiem Ermessen." Verbesserte Fassung in Art. 16 des KommEntw.

III. Die Fälle der Unzurechnungsfähigkeit.

A. Unabhängig von der Entwickelungsreife des Täters.

Das StGB. verfolgt bei seiner Begrenzung der Unzurechnungsfähigkeit die sogen. gemischte (d. h. biologisch-psychologische) Methode. Es begnügt sich nicht, biologisch die krankhaften Zustände aufzuzählen, sondern will durch den Zusatz, daß durch einen solchen Zustand die freie Willensbestimmung ausgeschlossen sein muß (§ 51 StGB.), noch ein psychologisches Kriterium geben. M. a. W.: Nicht alles das, was, naturwissenschaftlich betrachtet, bereits zu den pathologischen Erscheinungen gehört, soll ausreichen, um den Täter von Schuld frei zu erklären, sondern der Jurist soll prüfen, ob die patholo-

---

1) So Kahl, VD. A. 1, 77.

2) Erweitert ist die Fassung im Gesetzentwurf § 13 II. Auch der deutsche Vorentwurf § 63 II hat die verminderte Zurechnungsfähigkeit aufgenommen. Seine Fassung wird allerdings als mißlungen angesehen; vgl. z. B. Kantorowicz, MonKrimPsych. 7, 290/91. Der VE. hat ebenfalls vorübergehende Zustände, mit Ausnahme selbstverschuldeter Trunkenheit, einbezogen. — Der österreichische Regierungsentwurf 1912 kennt die generelle verminderte Zurechnungsfähigkeit auch in der engeren Form nicht.

gische Erscheinung einen Grad erreicht hatte, daß die betreffende Person als willensunfrei anzusehen war. Die Willensfreiheit kann aber der Gesetzgeber unmöglich dekretieren wollen. Unmittelbar erkennbar ist sie überhaupt nie. Gemeint ist also mit dem Worte ein Zustand, den die Indeterministen als einen Fall der Willensunfreiheit beurteilen. Forscht man nach, wann nach der Auffassung des Lebens jemand nicht für sein konkretes Verhalten verantwortlich erscheint, so wird man als Maßstab die zur Überlassung der Besorgung eigener Angelegenheiten in minimo erforderlichen Fähigkeiten verwerten können (s. oben I 1.).

Als biologische Merkmale nennt das Gesetz in § 51 die Zustände der Bewußtlosigkeit und der krankhaften Störung der Geistestätigkeit.

1. Die Bewußtlosigkeit ist hier im weiteren Sinne zu verstehen. Es gehören dazu nicht nur die Fälle gänzlich fehlenden Bewußtseins, z. B. die unbewußten Unterlassungen oder die Bewegungen im Schlaf oder in der Ohnmacht, sondern auch die erheblicheren Störungen des Bewußtseins.[1])

Demnach gehören hierher auch die hypnotische Suggestion,[2]) der Zustand der Gebärenden, die Schlaftrunkenheit, die teilweise Amnesie bei akuter Nikotinvergiftung.

2. Die krankhaften Störungen der Geistestätigkeit.

Sie können sein vorübergehender oder dauernder Natur.

a) Eine vorübergehende Störung ist insbesondere der schwere Rausch.[3]) Es muß hier entweder die Apperzeption stärker geschwächt sein als bei verkehrsfreien geistesschwachen Personen oder die Erregbarkeit so stark sein wie bei maniakalischen Geisteskranken. Die Praxis unterer Gerichte ist zur Annahme

---

1) Gl. M. die herrschende Lehre, z. B. Allfeld 129, Frank § 51 II 1, v. Liszt § 38 III, Schwartz § 57 N. 3, Wachenfeld 140.

2) Vgl. dazu Forel, Hypnotismus, 6. Aufl. 1911, insbesondere über die strafrechtliche Bedeutung der Suggestion S. 269—293. Richtig bemerkt Mayer 210 N. 5, daß schwächere Grade der Hypnose, d. h. solche, die keine erheblichere Bewußtseinstrübung mit sich brachten, nicht unter § 51 fallen.

3) Er ist gleichzeitig oft ein Fall der erheblichen Bewußtseinsstörung.

der Unzurechnungsfähigkeit bei Rausch weniger geneigt, als bei anderen pathologischen Störungen von ungefähr gleicher oder geringerer Stärke. Sachlich gerechtfertigt ist dies nicht. — Der Alkohol bewirkt häufig eine nicht bloß vorübergehende Psychose, nämlich dann, wenn er zum Alkoholismus geführt hat. In seinen milderen Formen genügt auch ein Hang zum Alkohol noch nicht zu der Annahme einer Geisteskrankheit im Sinne des § 51. Gleiches gilt vom Morphinismus[1]) und perverser Sexualveranlagung. Derartige Triebe mildern wohl die Schuld; aber erst wenn sie eine das ganze Tun und Treiben beeinflussende Oberherrschaft im Seelenleben besitzen, liegt § 51 vor. — Zu den vorübergehenden Störungen gehören, abgesehen von Intoxikationszuständen, ferner: Fieberdelirien, epileptische Anfälle und ihr unmittelbares Vorstadium.

b) Dauernde Störungen sind die chronisch verlaufenden Psychosen. Die typischen Krankheitsbilder beschränken sich nicht auf einen Defekt. Vielmehr werden verschiedene Zweige der Gehirntätigkeit in Mitleidenschaft gezogen.

Die ältere Doktrin knüpfte an die 4 Temperamente an und unterschied nach ihrem Übermaß: die Manie (mit gesteigerter oder beschleunigter Reaktion auf Reize als einem der Symptome), die Melancholie (verminderte oder verlangsamte Reaktion auf Reize hier symptomatisch), die Verrücktheit (= Einbildung von Tatsachen auf Grund von Störungen des Apperzeptionsvermögens), den Schwachsinn, der ein angeborener sein kann, z. B. Idiotie, oder ein erworbener (die Dementia).[2])

Die neuere Psychiatrie hat sehr verschiedene Einteilungssysteme.[3])

Sie trennt scharf zwischen den verschiedenen Krankheitssymptomen (den Störungen des Wahrnehmungsvorgangs,

---

[1]) Über einen Grenzfall vgl. G. Ilberg, MonKrimPsych. 4, 436.

[2]) Bereits Ph. Pinel, Philosophisch-medizinische Abhandlungen über Geistesverirrungen (deutsch von Wagner, 1801) teilte ein: Melancholie, Manie ohne Delirium, Wahnsinn mit Delirium, Blödsinn, Idiotismus (S. 147 f.).

[3]) Vgl. z. B. Aschaffenburg, Handbuch der Psychiatrie, Bes. Tl. 1 (1915); Binswanger-Siemerling, Psychatrie (3) 1911; Hoche, Handbuch der gerichtlichen Psychiatrie (2) 1909; Kraepelin, Psychiatrie (8) 1909—1915 (4 Bde.); Ziehen, Psychiatrie (4) 1911.

der Verstandestätigkeit, des Gefühlslebens, des Wollens und Handelns[1]) und den einzelnen Psychosen, die eine sehr verschiedenartige Kombination von Symptomen aufweisen können.

Bei den einzelnen Psychosen trennt Ziehen 360 zwischen den Psychosen mit und ohne Intelligenzdefekt. Zu den ersteren rechnet er die beiden Schwachsinnsformen mit ihren verschiedenen Unterarten (z. B. Idiotie, Imbezillität, Debilität). Die Psychosen ohne Intelligenzdefekt sind teils einfache, teils zusammengesetzte (z. B. zirkuläres Irresein, periodisches Irresein). Die einfachen läßt Ziehen zerfallen in affektive (Manie, Melancholie), intellektuelle (Stupidität; Paranoia; Dämmerzustände, z. B. epileptische; Delirien; Geistesstörung aus Zwangsvorstellungen), psychopathische Konstitution. Aschaffenburg 32 unterscheidet endogene und exogene Psychosen und organische Erkrankungen.

Während des Verlaufs einer Psychose treten gelegentlich Perioden ein, in denen der Kranke sich wie ein Gesunder benimmt. Vgl. Ziehen 641, 649. Früher nahm man an, daß während der lucida intervalla, welche sich insbesondere bei periodischer Manie und bei zirkulärem Irresein zeigen, der Kranke zurechnunsfähig sei. In der Gegenwart ist diese Annahme aufgegeben. Anders steht es mit einer vorübergehenden Heilung von Geisteskrankheiten, die dann vielleicht bald wieder rezidiv werden. — Regelerscheinung ist ferner, daß eine Geisteskrankheit das ganze psychische Verhalten mit beeinflußt, auch wenn der Patient nur in einzelnen Beziehungen als verrückt im übrigen aber als vernünftig sich benimmt.[2]) — Sittlichkeitsverfehlungen auf arteriosklerotischer Basis (etwa gegen § 176 Z. 3) können auf Grund des § 51 schuldlos sein, während der Täter im übrigen zurechnungsfähig bleibt. Doch sind nicht entfernt alle

---

[1]) So Kraepelin.

[2]) Vgl. Allfeld 131, v. Lilienthal, VD. A. 5, 31. Dagegen treten Kornfeld, GS. 66, 461, Liedtke, MonKrimPsych. 11, 559 für das Bestehen partieller Geisteskrankheiten ein. Ihnen ist allerdings insofern recht zu geben, als krankhafte Störungen des Gedächtnisses einen Täter von der Schuld wegen angeblich fahrlässiger Erfolgsverursachung befreien können, während um die gleiche Zeit vorgenommene vorsätzliche Handlungen zuzurechnen sind. In ersteren Fällen wird man aber besser bloß von fehlender Schuld reden.

etwas arteriosklerotischen Sittlichkeitsverbrecher deshalb nach § 51 freizusprechen.

In seltenen Fällen wird ferner das unvermittelte Auftreten von Triebhandlungen bei Leuten beobachtet, die vorher und nachher sich völlig vernünftig benehmen. Man spricht hier auch von impulsivem Irresein.[1]) Z. B. es entsteht ein plötzlicher unwiderstehlicher Drang, in einer Gesellschaft ein gemeines Wort auszusprechen, oder in einer Trauerversammlung zu lachen, oder auf einen Stoß hin einem anderen eine Ohrfeige zu geben. Sind auf Grund der Veranlagung des Täters starke krankhafte Triebe als Ursache nachgewiesen, oder ging die Handlung zwar mit Bewußtsein, aber halb reflexiv, d. h. ganz ohne motivierende Vorstellungen vor sich, so ist Unzurechnungsfähigkeit anzunehmen.[2])

Dagegen wird bei den sogen. Monomanien (d. h. dem angeblich unwiderstehlichen Drang, ein bestimmtes Verbrechen öfters zu begehen, z. B. Kleptomanie, Pyromanie, Mordmonomanie) keine selbständige Geisteskrankheit angenommen. Entweder liegt nur eine Äußerungsform typischer Geisteskrankheiten vor, z. B. des manisch-depressiven Irreseins, oder man hat es mit irgend einer Verbrechensspezialität zu tun.[3])

Moralisches Irresein (moral insanity), d. h. die völlige Unempfänglichkeit gegen die Gebote des Rechts, der Sittlichkeit oder der Moral bei sonst vernünftigem Handeln, begründet ebenfalls keine Unzurechnungsfähigkeit;[4]) dagegen kann die bezeichnete Unempfänglichkeit neben anderen Symptomen echter Geisteskrankheiten, z. B. der Imbezillität, leicht vorkommen. Dann ist der Täter überhaupt unzurechnungsfähig.[5])

---

[1]) Ziehen 175, 570, Hoche 504, 528 f.

[2]) Bedenklich Allfeld 130 N. 22. Ablehnend gegen impulsives Irresein als solches Birnbaum, Die psychopathischen Verbrecher 134.

[3]) Gl. M.: Allfeld 130, Frank § 51 II, Hoche 529, v. Lilienthal, VD. A. 5, 31, Schwartz § 51 N. 5, Wachenfeld 140, Ziehen 645.

[4]) Gl. M.: Merkel-Liepmann 73.

[5]) Gl. M.: Allfeld 130, Frank § 51 II 2, Mezger, ZStW. 33, 168, Schwartz § 51 II 2; v. Lilienthal, VD. A. 5, 33, Ziehen 693 (diese beiden auch geschichtlich). Binswanger-Siemerling

Fest eingewurzelter Aberglaube ist nur unter dem Gesichtspunkt der Merkmale, über die sich der Täter etwa geirrt hat, zu würdigen.[1]) Hielt der Täter einen von ihm getöteten Menschen für einen Irrwisch, so kommt es darauf an, ob er eine Gestalt mit lebendigem Fleisch und Blut vor sich zu haben wußte und nur eine falsche Subsumtion unter den Begriff übernatürliches Wesen vornahm, oder ob er nur einen Geist vor sich zu haben wähnte. Als pathologischer Irrtum im technischen Sinne erscheint der Aberglauben als solcher dagegen nicht.

B. Die unentwickelte Geisteskraft.[2])

1. Als Grenze der beginnenden Strafmündigkeit hat das StGB. das Alter von 12 Jahren festgesetzt. Wer vor dem Tage, an dem er 12 Jahre alt wird (BGB. § 187 II), ein Verbrechen i. w. S. begeht, kann deswegen nicht gestraft werden. § 55.

Die neuere Entwickelung ist darauf gerichtet, dieses Mindestalter auf das vollendete 14. Lebensjahr hinaufzusetzen.[3]) Eine oberste Grenze der vollen Strafmündigkeit (Senilität) ist im Gegensatz zu vereinzelten früheren Rechten, z. B. Bayern (1813) Art. 120, nicht gegeben.[4]) Doch schließt das russische StGB. § 58 die Todesstrafe gegen mehr als 70jährige aus.

Gegen die Heraufsetzung der Strafmündigkeitsgrenze von 12 Jahren spricht, daß eine staatliche Strafe gelegentlich bessere Garantien zu bieten vermag als unsichere Erziehungsversuche. Wenn die nötige Reife in Ausnahmsfällen bei 13jährigen Dieben vorhanden ist, so erscheint es als aprioristische Konstruktion, daß Strafe nur da eintreten soll, wo Erziehung aussichtslos erscheint und die Werktagsschule verlassen ist. Die Möglichkeit,

---

227, RGR. 8, 760. Bei Hysterie, auch bei schwerer, ist die Praxis, wenn weiteres nicht vorliegt, z. Z. leider noch wenig geneigt, die Zurechnungsfähigkeit zu verneinen. Vgl. Cramer, Ger. Psychiatrie (3) 280, v. Krafft-Ebing (3) 247.

[1]) Gl. M.: A. Hellwig, MonKrimPsych. 11, 379.

[2]) Geschichtliches bei Binding, G. 100, v. Lilienthal, VD. A. 5, 104.

[3]) Vgl. z. B. VE. § 68, v. Lilienthal, VD. A. 5, 153 N. 2, Felisch, GA. 39, 280, Oetker, GS. 73, 395, Protokoll der 2. Schweizer Expertenkommission 1, 59 f.

[4]) Vgl. auch Schaper, HH. 2, 166 N. 4.

einen nahezu 14jährigen jugendlichen Dieb seiner Jugend angemessen zu strafen, obwohl er noch ein paar Monate die Schule besucht, sollte nicht geleugnet werden. Eine andere Frage ist, ob die heutige Haft- oder Gefängnisstrafe paßt und ob nicht für manche Fälle eine Art Karzerarrest mit Schularbeit geeigneter wäre. — Zu beachten ist auch, daß frühreife Südländer nach Deutschland kommen können.

Gegen Strafunmündige ist eine Verwaltungsmaßregel zulässig: Wenn das Vormundschaftsgericht in einem Beschluß die Begehung der Handlung (d. h. die Zurückführbarkeit des Erfolges auf einen Willensakt des Jugendlichen) festgestellt hat, so kann es die Unterbringung des Unmündigen in eine andere Familie, in eine Erziehungs- oder Besserungsanstalt für zulässig erklären. § 55 Satz 3. Ohne solchen Beschluß darf bloß wegen Begehung einer strafbaren Handlung jene Unterbringung nicht stattfinden. Weniger einschneidende Erziehungsmaßregeln sind von der beschlußmäßigen Tatfeststellung unabhängig. Sie richten sich nach dem bestehenden Vormundschafts- und Fürsorgerecht. § 55 Satz 2.

Das Landesrecht kann weitere Vorbedingungen für die Unterbringung schaffen; es kann die Dauer der Unterbringung näher beschränken, sie jedoch wegen Begehung einer strafgesetzwidrigen Handlung nicht über das vollendete 20. Lebensjahr erstrecken. An sich wäre die Unterbringung bis zum vollendeten 21. Lebensjahre zulässig. Doch entspricht es nicht der ratio legis, daß die Zulässigkeit der Internierung ungenügend Erzogener bei nicht zwölfjährigen Kindern bis zum 21. Jahre soll dauern dürfen, wenn sie bei über Zwölfjährigen gemäß § 56 nur bis zum 20. Jahre gestattet ist.[1]) Die Landesgesetzgebung darf in den Schranken des E. BGB. Art. 135 die Unterbringung von Jugendlichen in den bezeichneten Anstalten auch aus anderen Gründen als wegen Begehung von Delikten vorsehen. Dies ist durch zahlreiche Fürsorge- bzw. Zwangserziehungsgesetze geschehen. — Über die Befugnisse des Vormundschaftsgerichts kraft Reichsrechts vgl. BGB. § 1666, 1838.

---

[1]) Gl. M.: v. Olshausen § 55 N. 12, Hälschner 1, 220. A. M.: Schwartz § 55 N. 3, preuß. Ges. v. 7. Juli 1915 § 13.

Die Strafunmündigkeit bedeutet die unbedingte Strafunfähigkeit. Dagegen enthält § 55 nicht darüber hinausgehend auch noch die Fiktion fehlender Schuld. Vielmehr ist es Frage des einzelnen Falles, ob der Strafunmündige schuldhaft gehandelt hat.[1])

Wenn ein Strafmündiger den im Einzelfall wissentlich handelnden Strafunmündigen unterstützt oder angestiftet hat, so kann der Strafmündige wegen Teilnahme gestraft werden. Er ist weder allemal selbst Täter; denn die generelle Annahme eines Täterdolus beim Strafmündigen wäre eine neue Fiktion. Noch ist er straflos. Dies letztere wäre eine Lücke, die der ratio des Gesetzes nicht entspricht. Ebenso wird es von der psychischen Verfassung des Strafunmündigen im Einzelfall abhängen, ob ein Dritter wegen einer Begünstigung, § 257, oder Hehlerei, §§ 258, 259, an der Tat des Strafunmündigen gestraft werden kann. M. a. W.: Der Strafunmündige ist unbedingt straffrei. Ob er aber gleichzeitig schuldfrei war, bleibt eine für die Heranziehung Dritter beachtliche Tatfrage. Die überwiegende Literatur dagegen erblickt in §§ 55, 56 I unbedingte Fälle mangelnder Schuld.[2])

Die Unzurechnungsfähigkeit wegen Geistesstörung ist nur als Schuldausschließungsgrund gedacht.[3]) Daraus folgt, daß dritte dolos Mitwirkende zu der Tat hier selbst Täter (d. h. mittelbare Täter) sind. Begünstigung und Hehlerei bezüglich der Tat des Unzurechnungsfähigen ist nicht möglich; denn in Ermangelung einer Schuld kam das erforderliche Vordelikt nicht zustande. Mittelbare Täterschaft ist jedoch ausgeschlossen, wenn der Täterwille des Dritten fehlt, weil er etwa von der Geisteskrankheit (oder einem Tatirrtum) des von ihm Benützten oder Unterstützten nichts wußte. Da der Dritte aber immerhin ein Delikt

---

[1]) Gl. M.: E. 6, 186; 6, 336; 19, 192. Doerr, BlRA. 71, 346, v. Lilienthal VD. A. 5, 107; v. Olshausen § 55 N. 6.

[2]) Vgl. Allfeld 132 N. 29, Finger 1, 215; Frank § 55, I, v. Liszt § 38 N. 2, Mayer 222 N. 2, Merkel-Liepmann 71, Schwartz § 55 N. 2, Wachenfeld 138 N. 1.

[3]) Gl. M. die eben Genannten, z. B. v. Liszt § 37 N. 6, Schwartz § 51 N. 7, ferner E. 11, 56. A. M.: v. Lilienthal VD. A. 5 38, v. Olshausen § 51 N. 13.

wollte und auch bewirkte, so ist er solchenfalls als Teilnehmer zu strafen. Denn die Eigenschaft, daß er Täter sei, hatte er nicht gekannt; sie ist ihm gemäß § 59 I daher auch nicht zuzurechnen.[1])

Das Reichsgericht hatte bisher nur Fälle, die anders lagen als der eben erwähnte, zu entscheiden, und in diesen die Teilnahmemöglichkeit an der Tat eines Geisteskranken oder Irrenden verneint. E. **21**, 14, **18**, 419. Generell gegen eine Teilnahmemöglichkeit Allfeld 132 N. 29.

Die Hinaufsetzung des Alters der vollen Strafmündigkeit auf das 21. Lebensjahr befürwortet Lenhard.[2]) Allein mit dem Alter von 21 Jahren ist der Höhepunkt in der Kriminalität der verschiedenen Lebensalter ungefähr bereits erreicht. Man kann die ordentlichen Strafen nicht bloß für diejenigen Schuldfähigen berechnen, die bereits auf der absteigenden Kurve der Kriminalität sich befinden. Diejenigen Altersklassen, die am meisten durch Strafe motivierbar sind, fallen nicht unter die höheren Lebensalter. Um das 21. Lebensjahr herum begegnen wir den verwegensten Einbrechern. In dieser beginnenden Vollkraft der Jahre kann die Zuchthausstrafe besser ertragen werden als bei sinkenden Lebenskräften. Aber eines ist richtig: Verbrechen bis zum 21. Lebensjahre sollten in bezug auf Rückfallsverjährung und Straflöschung einer begünstigenden Sonderbehandlung zugänglich sein. Der Grundgedanke, daß das Verbrechen bei den Jugendlichen nicht so tief eingewurzelt zu sein pflegt, läßt vielleicht auch den Ausschluß der Todesstrafe bei Personen unter 21 Jahren gerechtfertigt erscheinen.[3])

2. Bei dem Delikte der Blutschande (§ 173) dauert die Strafunmündigkeit der Verwandten und Ver-

---

[1]) Insoweit ist im Ergebnis der eben zit. Ans. von v. Olshausen und von v. Lilienthal beizutreten.

[2]) MonKrimPsych. **11**, 375 (Bildung einer bes. Altersstufe von 18 bis 21 Jahren mit erhöhter Gefängnisstrafe u. Zulassung von Erziehungsmaßregeln wie gegen nicht 18jährige, Ausschluß des Zuchthauses); vgl. auch Felisch, JKV. **21**, 368, Grimm, MonKrimPsych. **7**, 716.

[3]) So Frank in Aschrott — v. Liszt, Reform **1**, 277, der aber mit Recht die Zuchthausstrafe schon mit 18 Jahren anheben lassen will. Gegen die Heraufsetzung der Strafmündigkeit auf das 21. Lebensjahr auch Kahl DJZ. **15**, 790, Löffler ÖstZ. **5**, 103, Oetker GS. **73**, 401.

schwägerten absteigender Linie bis zum vollendeten 18. Lebensjahre, § 173 IV. Für Blutschande unter Geschwistern gilt diese Regel nicht, für nicht 18jährige Verschwägerte aufsteigender Linie bedauerlicherweise ebenfalls nicht (z. B. der Vater eines geschlechtsreifen Sohnes verheiratet sich mit einer 17jährigen. Der Sohn verkehrt mit seiner Stiefmutter.) — Auch im Falle des § 173 IV. ist es Tatfrage, ob der straflose Jugendliche schuldunfähig war oder bloß persönlich straffrei bleibt. Letzterenfalls bleiben Teilnehmer des Jugendlichen ohne weiteres als Teilnehmer strafbar. Ersterenfalls ist aber der Teilnehmer des Jugendlichen ebenso zu behandeln, da es eine Blutschande in mittelbarer Täterschaft nicht gibt, Straffreiheit des Dritten aber der ratio legis nicht entspricht. Nach der Auffassung des RG. in E. **19**, 391, die in der Literatur fast einmütig abgelehnt wird, begeht der Jugendliche überhaupt kein Delikt. Der ihn anstiftende Dritte könnte danach nur als Gehilfe des Verwandten oder Verschwägerten aufsteigender Linie manchmal gestraft werden. Der 16jährige Jugendliche wäre ferner im Sinne von SPO. § 56 der Teilnahme unverdächtig und müßte daher als Zeuge beeidigt werden.[1])

3. Bei dem Verbrechen der Unzucht mit Personen unter 14 Jahren (StGB. § 176 Z. 3) sind die Genannten als Schutzobjekt gedacht. Das Gesetz will sie schützen, weil es von der Regel ausgeht, daß sie vermöge ihrer Unerfahrenheit die Schäden nicht übersehen können, die ihr Verhalten für sie selbst mit sich bringt. Es wäre vernunftwidrig, solche Personen dann zu strafen, wenn sie selbst untereinander Unzucht treiben; sie haben bei dieser Tat ebensowenig Einsicht. Auch wenn nur einer von ihnen der aktive Teil ist, muß dies gelten.[2]) Für die Gegenan-

---

[1]) Vgl. dagegen Allfeld 476 N. 9, Frank § 173 III, v. Liszt § 111 N. 3. Olshausen § 173 N. 5. Schwartz § 173 N. 5. Wachenfeld 457 N. 1. Für das Reichsgericht: Rüdorff-Stenglein § 173 N. 7.

[2]) Gl. M.: Allfeld 454 N. 3, v. Bar 2, 78, Frank § 176 III, § 111 N. 3. v. Olshausen § 173 N. 5. Schwartz § 173 N. 5. Wachenfeld 465. A. M.: Binding L. 1, 198 (mit Bedauern), E. 7, 352; E. in GA. **60**, 81, jedoch mit der Einschränkung, der nicht 14jährige sei nur dann straffällig, wenn er der aktive Teil (so E. 7, 352), bzw. der verleitende Teil (so GA. **60**, 81) gewesen sei.

sicht könnte ein Argument aus § 301 entnommen werden, der Minderjährige als taugliche Täter nicht ausschließt und doch Minderjährige schützen will. Aber § 301 beruht nicht auf der Vermutung fehlender Einsicht, sondern nur auf der Vermutung unzureichender Einsicht. — Auch im Fall des § 176 Z. 3 handelt es sich um einen persönlichen Strafausschließungsgrund. Der Dritte, z. B. der Vormund, der dazu angestiftet hat, gilt als Anstifter, nicht als Täter.

4. Die ZPO. § 393 Z. 1 und die StPO. § 56 Z. 1 untersagen die Beeidigung von Personen unter 16 Jahren. Wird eine solche Person (etwa aus Versehen) gleichwohl vereidigt und schwört sie schuldhaft falsch, so ist sie nach E. **36**, 278 f. tauglicher Täter eines Eidesdelikts.[1])

5. Personen, welche wegen körperlicher Defekte oder wegen Abgeschlossenheit von der Außenwelt oder von der Zivilisation (z. B. Blindgeborene, Caspar Hauser, Buschneger) ganz geläufige Begriffe etwa nicht erworben haben, die zum Verkehr in Deutschland notwendig sind, erscheinen ebenfalls als unzurechnungsfähig. Zwar nicht wegen der Analogie zu § 58, der nur Taubstumme erwähnt (richtig Kahl VD. A. **1**, 23), sondern weil ihnen das notwendige Minimum von Bewußtseinsinhalten bei der Tat abging; Bewußtlosigkeit im Sinne des § 51 umfaßt eben alle erheblichen Bewußtseinsmängel.[2])

§ 30.

Jugendliches Alter, Taubstummheit.

Jugend und Taubstummheit sind häufig Unterfälle der verminderten Schuldfähigkeit.

I. Jugend (unentwickelte Reife).

1. Ein Täter, der zur Zeit seiner Handlung 12 aber nicht 18 Jahre alt war, ist vom Strafrichter freizu-

---

[1]) Gl. M. mit Recht Allfeld 665 N. 17, v. Olshausen § 153 N. 3b. A. M. die herrschende Lehre, insbesondere Binding L. **2**, 146 N. 4, ferner v. Bar **2**, 77, Frank IV vor § 157, v. Liszt § 181 N. 4, Schwartz N. 3 vor § 153, Wachenfeld 568 N. 3.

[2]) Gl. M.: Schwartz § 51 N. 5 a. E.; ferner im Ergebnis: Allfeld 128, Birkmeyer RE. (2) 1124, Frank § 58 II, v. Lilienthal VD. A. **5**, 117; wohl auch Wachenfeld 139 N. 2. A. M.: v. Bar **2**, 103, v. Liszt § 38 N. 6, v. Olshausen § 58 N. 3.

sprechen, wenn er die zur Erkenntnis der Strafbarkeit seiner Handlung erforderliche Einsicht nicht besaß, § 56 I.

Wenn ein Jugendlicher ein fortgesetztes Delikt, z. B. die Verprügelung eines Gegners, vor Mitternacht seines 18. Geburtstagsfestes beginnt, nach Mitternacht abschließt, so liegt eine Körperverletzung seitens eines voll Strafmündigen vor.[1])

Nach römischem Recht war das Kind bis zum vollendeten 7. Jahr handlungsunfähig. Bis zur Pubertät (bei Knaben vollendetes 14. Lebensjahr) wurde die Todesstrafe nicht verhängt.[2]) Auch von vereinzelten Delikten bestand für Jugendliche Straffreiheit.[3]) — Das germanische Recht bestrafte regelmäßig nicht bis zur Vollendung eines bestimmten Lebensjahres, das bald auf 12 Jahre, bald auf etwas mehr oder weniger angesetzt war.[4]) Der Ssp. 2, 65 § 1 setzte die Grenze auf das vollendete 12. Lebensjahr für Lebensstrafen fest; fixierte aber kein Alter absoluter Straflosigkeit. In der CCC. Art. 164 wird der Unmündigen beim Diebstahl gedacht. Nur Leibesstrafe und Urphede ist ihnen regelmäßig angedroht, nicht Todesstrafe; bei den beinahe 14jährigen solle „die Bosheit das Alter füllen" können. Art. 179 sieht vor, daß je nach dem Rat der Rechtsverständigen die Jugend von Strafe befreien kann. Wer als Jugendlich gilt, wird nicht bestimmt. Es ist also auf das romanische Recht verwiesen. Der Code pénal Art. 66 und ihm folgend das preußische StGB. von 1851 § 42 kennen keine Grenze absoluter Strafmündigkeit, lassen aber Freisprechung eintreten, wenn der Jugendliche unter 16 Jahren ohne discernement, ohne Unterscheidungsvermögen, gehandelt hat. Andernfalls traten

1) A. M.: Beling, Lehre v. Verbr. 356, es lägen dann zwei realkonkurrende Körperverletzungen vor.

2) Mommsen, Röm. Strafr. 76.

3) L. 22 pr. D. 48, 10. Hier und da wurde darauf abgestellt, ob der Unmündige doli capax für ein bestimmtes Delikt war; vgl. l. 2 § 19 D. 47, 8 betr. Raub.

4) Vgl. Wilda 640 f. Nach einigen Rechten wurde der Unmündige milder gestraft. Im kanon. Recht begegnet die Regel, daß die Jugendlichen bis zu 14 Jahren milder zu strafen seien, c. 1 X 5, 23.

Strafmilderungen ein. Verschiedene Landesstrafgesetze hielten aber an einer Mindestgrenze für beginnende Strafmündigkeit fest, z. B. Bayern (1813) Art. 98, Sachsen (1838) Art. 66, Hessen (1841) Art. 49, Thüringen (1850) Art. 61. Einzelne Gesetze haben von einer Zwischenstufe im wesentlichen abgesehen, so Österreich (1851 § 237; doch werden hier die Verbrechen der 10- aber nicht 14jährigen nur als Übertretungen bestraft), oder doch innerhalb derselben nur Strafmilderung (nicht Freisprechung wegen mangelnder Reife) vorgesehen, so Thüringen Art. 57, Braunschweig (1841) § 60.

Die Schaffung der Altersgrenzen von 12 und 18 Jahren im geltenden Recht beruht vornehmlich auf dem Gutachten der preußischen wissenschaftlichen Deputation für das Medizinalwesen.

2. Das Einsichtserfordernis bedeutet die Fähigkeit des Verstandes, aus einem bestimmten Verhalten, insbes. seiner Mißbilligung oder seiner Wirkungen in der menschlichen Gemeinschaft, von selbst den Schluß abzuleiten, dieses Verhalten sei bei staatlicher Strafe verboten.[1])

Das Einsichtserfordernis in diesem Sinne läßt leider die bei Jugendlichen oft ebenfalls unentwickelte Widerstandskraft gegenüber den Antrieben zum Verbrechen ganz unberücksichtigt und bezieht sich nur auf die Verstandesseite der jugendlichen Psyche. Der Wortlaut des Gesetzes und die Motive zu § 51 stehen zu klar zusammen, als daß man für das geltende Recht das Einsichtserfordernis außer auf die Verstandesseite auch auf die Willensseite erstrecken dürfte.[2])

---

[1]) E. 47, 385 (87) bezeichnet sie als denjenigen Grad der Verstandesentwickelung, der erforderlich ist, um den strafrechtlichen Charakter der begangenen Tat, d. h. deren Bedeutung als Verletzung gewisser durch das Strafgesetz geschützter Rechtsgüter, sich insoweit klar zu machen, wie es einem Erwachsenen im allgemeinen möglich ist.

[2]) Gl. M.: v. Bar 2, 70, v. Lilienthal VD. A. 5, 112, Merkel 59, v. Olshausen § 51 N. 8, Schütze 96, E. 15, 97. A. M.: Finger 1, 216; Binding N. 2 (2) 220, Berner 85, welche darin nur eine Hervorhebung der Bedingung bestehender Zurechnungsfähigkeit, aber kein materielles besonderes Erfordernis der Strafbarkeit Jugendlicher erblicken.

Frank[1]) sieht darin ein besonderes materielles Erfordernis, glaubt aber, daß dies in dem jugendlichen Alter (scil. seiner mangelnden Reife) bestehe. Allein die ungenügende Willensreife ist (allerdings bedauerlicherweise) im geltenden Recht nicht mit als Schuldausschließungsgrund berücksichtigt, sondern nur die ungenügende intellektuelle Reife. — Ein Erwachsener, der zurückgeblieben ist, kann sich nicht darauf wirksam berufen, daß ihm die zur Erkenntnis der Strafbarkeit erforderliche Reife gefehlt habe. Denn es handelt sich de lege lata um ein besonderes, durch § 51 nicht gedecktes Erfordernis, das bei Erwachsenen zwar meist vorhanden sein wird, aber nicht notwendig,[2]) das ferner für Erwachsene nicht mehr aufrechterhalten ist, weil man seiner für die Achtzehnjährigen und älteren nicht mehr zu bedürfen glaubte. — Demnach ist es für das geltende Recht möglich, daß ein Jugendlicher zurechnungsfähig im Sinne des § 51 ist, aber nicht die Einsicht besitzt, die § 56 verlangt. Es ist umgekehrt möglich, daß die letztere vorliegt, aber ein Unzurechnungsfähigkeitsfall des § 51 besteht.[3])

Das Einsichtserfordernis verlangt nicht, daß der Täter positiv die Strafbarkeit oder die Rechtswidrigkeit seiner Handlung erkannt habe, andrerseits genügt es nicht, daß man dem Jugendlichen hätte klar machen können, er mache sich strafbar.[4])

3. Das Einsichtserfordernis ist bezüglich jedes Delikts gesondert zu prüfen. Das gilt nicht nur für Realkonkurrenz, sondern auch für Idealkonkurrenz.[5]) Dagegen ist nicht verlangt, daß der Jugendliche auch den Grad seiner Strafbarkeit erkannt habe. Wenn der Täter z. B. für Diebstahl

---

[1]) Vgl. Frank § 56 III 1.

[2]) Gl. M.: E. 5, 394 (95), v. Olshausen § 56 N. 4.

[3]) Gl. M.: Allfeld 128 N. 7, v. Lilienthal, VD. A. 5, 113. A. M.: Glaser-Oetker, Strafprozeß 3, 201, ferner Geyer Grde. 1, 103, der das Einsichtserfordernis als Einsicht in die Strafwürdigkeit auffaßt. Allein, wenn z. B. der Täter zu erkennen vermag, daß der Schutzmann bei einem bestimmten Tun die Leute verfolgt, braucht er deswegen noch nicht das Werturteil anschließen zu können, daß die Tat Strafe auch wirklich verdiene.

[4]) E. 33, 108.

[5]) E. 5, 394; 11, 387; 47, 385.

die erforderliche Einsicht besaß, so ist nicht weiter zu prüfen, ob er die erhöhte Strafbarkeit des von ihm verübten Einbruchsdiebstahls zu erkennen vermochte.[1])

4. Wird die Einsicht bejaht, so treten die in § 57 vorgesehenen Milderungen ein. Bei verneinter Einsicht hat das Strafgericht im Urteil zu bestimmen, ob der Freigesprochene in eine Erziehungs- oder Besserungsanstalt gebracht werden soll oder nicht. § 56 II. Letzteren Fall nennt das Gesetz: Überweisung an seine Familie.

Wird eine Erziehungs- oder Besserungsanstalt angeordnet, so darf der Jugendliche darin bis zur Vollendung des 20. Lebensjahres behalten werden. Über die Dauer der Einbehaltung entscheidet vorbehaltlich dieser Grenze die der Anstalt vorgesetzte Verwaltungsbehörde.

Für den Fall verneinter Einsicht besteht die Streitfrage, ob damit der Jugendliche stets als schuldlos erklärt ist, oder ob dies von der Willensrichtung des Täters im Einzelfall abhängt. Die überwiegende Lehre entscheidet im ersteren Sinne.[2]) Die Annahme einer unwiderleglichen Vermutung fehlender Verstandesreife oder fehlender Zurechnungsfähigkeit ist im Gesetze nicht bezeugt. Sie ergibt sich auch nicht aus der Behandlung des Falles im älteren Recht. Die praktische Folge ist, daß der Anstifter, Mittäter oder Gehilfe eines Jugendlichen nicht in einen mittelbaren Täter zu verwandeln ist, falls der Jugendliche tatsächlich dolos handelte, aber die erforderliche Einsicht in die Strafbarkeit nicht besaß.

Weitere Folge: Erwerb einer von einem schuldhaften Jugendlichen durch ein Vermögensdelikt erlangten Sache bedeutet auch im Falle verneinter Einsicht, daß die Sache durch eine „strafbare Handlung“ erlangt war. § 259.[3])

---

[1]) E. **25**, 319; **47**, 385. A. M.: Hälschner **1**, 222, de lege fer. mit Recht.

[2]) Z. B. Allfeld 132 N. 29, Frank 56 III, v. Liszt § 38 N. 2, Merkel 57, Wachenfeld 138. Dagegen vertreten wohl mit Recht die zweite Meinung: v. Bar **2**, 62 (zu § 55), v. Lilienthal VD. A. **5**, 113; v. Olshausen § 56 N. 8; Schwartz § 56 N. 4, R. **4**, 700; E. **31**, 161.

[3]) So das RG. in LeipzZ. **9**, 822.

5. Ein Hauptgrund für die eigentümliche Tatsache, daß die volle Strafmündigkeit früher als die volle Geschäftsfähigkeit erreicht wird, ist wohl der, daß das öffentliche Interesse, durch Drohungen abhaltend zu motivieren, sich gegenüber Jugendlichen schon früher geltend macht, als das öffentliche Interesse, den Herangewachsenen seiner Selbstbestimmung zu überlassen, da ja vorher von anderer Seite ausreichend für ihn gesorgt ist.[1])

Der Schutz vor der Jugend, der schon in der Periode ein Bedürfnis wird, wo die Mutter (bzw. der Vater) regelmäßig die tatsächliche Herrschaft oder doch die Kontrolle über ihre Kinder zu verlieren beginnen, muß früher einsetzen als der Verzicht auf den besonderen Rechtsschutz zugunsten der Jugend.

6. Die Erkenntnis, daß die regelmäßige Vollzugsart von Gefängnis- und Haftstrafe gegenüber Jugendlichen wenig nützt, nicht selten schadet, daß auch die Geldstrafe nur beschränkt verwendbar ist, hat in Verbindung mit der Notwendigkeit auch die Erziehungsbedürftigkeit der Jugendlichen im Auge zu behalten, zu mancherlei Reformvorschlägen geführt.[2])

Die auf dem Gebiete des Prozeßrechts liegenden Maßregeln, z. B. Beseitigung generell bestehender Öffentlichkeit und regelmäßiger Verfolgungspflicht, Einschränkung der Untersuchungshaft, Notwendigkeit einer Verbeistandung, Verminderung der Formen des Parteiprozesses, Unzulässigkeit einer Verbindung mit einem Schwurgerichtsprozeß, sind fast alle zu begrüßen.

[1]) Einen beachtlichen weiteren Grund s. bei Binding N. 2 (2) 200; die Zurechnungsfähigkeit werde nie präsumiert, anders die Geschäftsfähigkeit.

[2]) Vgl. u. a. Verh. d. 27. Juristent. 4, 329 f.; JKV. 12, 537 f. (1908); IKV. 18, 426 f.; Schweiz. StGB., Prot. der 2. Expertenkommission 1, 70 f., 189 f.; DJZ. 13, 120 (über die Entstehung der sogen. Jugendgerichte in Deutschland); Oetker, Das Strafverf. gegen Jugendliche GS. 74, Beil. 2; J. F. Landsberg, die öffentliche Erziehung der gefährdeten Jugend, 1913 (aus: Einf. in das lebende Recht); Entw. einer SPO. von 1909 § 364 f.; MonKrimPsych. 10, 726 f. (1914); Freudenthal DJZ. 18, 134 (betr. die Einrichtung des ersten Jugendgefängnisses in Wittlich a. d. Mosel); Sammlung außerdeutscher Strafgesetzbücher XXV (Öst. Entw. betr. die strafrechtliche Behandlung und den strafrechtlichen Schutz Jugendlicher von 1907); ZStW. 34, 119 (Ges.-Entw. betr. Verf. gegen Jugendliche); ZStW. 35, 129 (desgl.); 134 f. (Besprechung des Entw. von Kohlrausch); Leipz. Z. 8 Nr. 3 (Besprechung von Nagler); ZStW. 36, 1 f. (Besprechung von v. Lilienthal).

Das Strafrecht braucht: Die Einführung besonderer Sicherungsmaßregeln gegen Jugendliche, insbesondere einer Schutzaufsicht als fakultativer Maßregel bei Zweifeln über einen Hang zur Wiederholung,[1]) die Anwendung karzerähnlicher Strafen, sofern leichtere Strafen als Freiheitsstrafen nicht angemessen sind (Vollzug nicht in den Kriminalgefängnissen), längere Freiheitsstrafen nur bei schweren Verbrechen i. e. S., verbunden mit einer Zwangserziehung, Geldstrafen mit der Möglichkeit ersatzweiser Strafarbeiten (nutzbringender Art); die Einführung von Arbeit zur (mindestens teilweisen) Abtragung des angerichteten Schadens; die jedesmalige Prüfung nicht nur des erforderlichen Mindestmaßes von Verstandesreife, sondern auch eines wie bei Erwachsenen zu fordernden Mindestmaßes von allgemeiner Besonnenheit (Widerstandskraft) gegenüber den mannigfachen Antrieben zum Handeln (nicht nur zu verbrecherischem Handeln); die Tilgbarkeit der Vermerke über Strafen, zu denen der Jugendliche verurteilt wurde, aus dem Strafregister in kürzeren Fristen als bei Erwachsenen; die Unterlassung von Registereinträgen in Übertretungsfällen und leichteren Vergehensfällen; die Festsetzung kürzerer Verjährungsfristen als bei Erwachsenen, da die Taterinnerung bei Jugendlichen schneller anderen Eindrücken Platz zu machen pflegt (namentlich bei unbedachten Worten).

Dagegen ist ein völliges Durchsehen strafbarer Handlungen (Absehen von jeder Strafe[2])) bei Jugendlichen, denen die erforderliche Reife zugesprochen werden mußte, prinzipiell noch weniger am Platze als bei Erwachsenen. In dem in Frage stehenden Alter sind sie zwar den Körperstrafen bereits entwachsen, da diese mit zunehmender Entwicklungsreife geschlechtliche Perversionen, steigende Haßgefühle, kürzere Furchtgefühle wachzurufen geeignet sind, den Charakter dagegen weniger mehr beeinflussen.[3]) Aber gegen Strafübel im allgemeinen sind sie in diesem Alter, wo die Kriminalitätskurve

[1]) Über die rechtlichen Grundlagen für eine bereits bestehende Schutzaufsicht vgl. Pemmerl JKV. **20**, 463, Wachinger ebenda 440.

[2]) Fürsorgeerziehung als viel verwendeter Ersatz der Strafe ist nicht gleichwertig.

[3]) Gegen ihre leider zulässige Verwendung bei weiblichen schulentlassenen Fürsorgezöglingen mit Recht Pollitz, MonKrimPsych. **9**, 310.

ihrem Höhepunkte sich nähert, eher noch empfänglicher als die Erwachsenen es bleiben. Auch ist ein von dem Jugendrichter unter Ausschluß der breiten Öffentlichkeit erteilter Verweis, der eine nachdrückliche Verwarnung vor den Folgen wiederholter Deliktsverübung enthält und mit der Auferlegung kleiner Bußleistungen nach Ermessen des Richters,[1]) verknüpft werden könnte, durchaus nicht als eine zu harte Maßregelung anzusehen. Die geforderte Heraufsetzung der absoluten Strafunmündigkeitsgrenze auf 14 oder gar 16 Jahre ist bei entsprechender Verbesserung der materiellen und prozessualen Bestimmungen kein Bedürfnis. Ausschluß der Verfolgung Jugendlicher, wenn Erziehungs- oder Besserungsmaßregeln vorzuziehen sind (so z. B. Jugendges.-Entw. § 3 II) ist ebenfalls nicht zu empfehlen. Er verlangt vom Richter eine Prognose, die dieser fast nie zuverlässig stellen kann, und geht von der unzutreffenden Voraussetzung aus, daß Strafen jedweder Art gegen einen Schuldigen die außerdem etwa nötigen Besserungsmaßregeln schädlich beeinflussen können. In der Regel kann die Strafe der Erziehung vorausgehen oder als deren Einleitung benuzt werden. Bei schweren Verbrechern kann während des stufenweise gemilderten Strafvollzugs auch allgemeiner Unterricht und Unterweisung in einem Berufe durchgeführt werden.

Das Problem, wann die Fürsorgeerziehung anzuwenden und wie sie auszugestalten ist, kann hier nicht näher ausgeführt werden. Prügelstrafen erscheinen während derselben als eine Verkennung ihres Grundgedankens.[2])

Auf den Rückgang der Kriminalität hat die vorwiegend anstaltsmäßige Fürsorgeerziehung einen erheblicheren Einfluß bisher nicht auszuüben vermocht.[3])

[1]) Auch in Gestalt von Arbeiten, die im Höchstmaß etwa den Arbeitswert einwöchiger Jugendarbeit erreichen dürften.

[2]) Vgl. Leonhard, Die modernen Strafrechtsideen und der Strafvollzug 1910 S. 74. Beachtliche Winke bei F. W. Förster, Schuld und Sühne (1910) 190 f. Über Methoden der Fürsorgeerziehung vgl. Petersen, MonKrimPsych. 10, 257, der mit Recht im allgemeinen (z. B. bei Ansteckungsgefährdeten, dagegen nicht bei schwer Sicherheitsgefährlichen) der Familienbehandlung (z. B. Einstellung bei einem Lehrherrn) den Vorzug vor der Anstaltsbehandlung gibt. — Vgl. ferner d. Zentralbl. f. Vormundschaftswesen, Jugendgerichte usw., Jahrgang 7.

[3]) Vgl. ZStW. 35, 939.

II. Taubstummheit

(= Fall einer zurückgebliebenen Entwickelung).

1. Ein Taubstummer ist freizusprechen, wenn er zur Zeit der Handlung die zu I bezeichnete Einsicht nicht besaß, § 58.

2. Taubstumm ist, wer taub und stumm ist. Das mutmaßliche gesetzgeberische Motiv, Personen, die diesen Fehler seit der Geburt oder seit frühester Jugend besitzen, wegen ihrer beschränkteren Außenweltserkenntnis auf ihre psychischen Fähigkeiten untersuchen zu lassen, fällt denkbarerweise hinweg, wenn der Fehler erst in späteren Jahren entstand. Allein es ist im Gesetz nicht zum Ausdruck gekommen und auch nicht zweckmäßig. Denn auch die später, z. B. infolge einer Verwundung, taubstumm Gewordenen verlieren wichtige Funktionen, um die Außenwelt richtig einzuschätzen. Sie können ebenfalls eine Einbuße an ihrer Einsicht erlangen. Taubstumme, die erst in späteren Jahren ihre Eigenschaften verloren, sind danach von § 58 nicht ausgeschlossen.[1]

3. Im Falle bejahter Einsicht findet keine Milderung des Strafrahmens statt. Da bei Taubstummen für manche Delikte genau die gleichen Dispositionen bestehen, z. B. für geschlechtliche Delikte, da sie ferner intellektuell und sittlich außerordentlich verschieden entwickelt sind, wäre ihre völlige Gleichstellung mit Jugendlichen eine Übertreibung. Eine mäßige Strafmilderung des Strafrahmens dagegen erscheint angemessen.[2]

4. Analoge Ausdehnung des Falles der Taubstummheit (§ 58) auf andere psychische Rückständigkeiten erheblicher Natur wird vielfach behauptet. Danach wäre das Einsichtserfordernis besonders zu prüfen (und wohl auch prozessual gleichzustellen), wenn der Täter durch sonstige physische Mängel oder durch äußere soziale Verhältnisse in der Entwickelung gehemmt war (z. B. bei seltenen Fällen einsamen Aufwachsens, bei Angehörigkeit zu einem wilden Volksstamme).[3] Als physischer Mangel wäre dann wohl das Fehlen eines

---

[1] Gl. M.: v. Bar 2, 102, Schwartz § 58 N. 1. A. M.: v. Lilienthal VD. A. 5, 116; v. Olshausen § 58 N. 1.

[2] Vgl. v. Bar 2, 102 N. 225.

[3] So Allfeld 129, v. Lilienthal VD. A. 5, 116.

wichtigen anderen Sinnes anzusehen, nämlich Blindheit; denn die beiden übrigen Sinne sind für die psychische Entwickelung zu wenig wichtig. Andere heben nur die völlig Wilden bzw. einsam Aufgewachsenen hervor.[1]

Richtiger wird man den Begriff der Bewußtlosigkeit, der ohnedies auch auf erhebliche Bewußtseinsstörungen zu erstrecken ist, also nicht streng physiologisch aufgefaßt werden muß, auch auf schwere Mängel im Wissen von Außenweltsvorgängen erstrecken müssen. Eine ähnliche Auslegung hat man bei den in § 224 hervorgehobenen Verlusten der wichtigeren Fähigkeiten betätigt. Z. B. das Sehvermögen hat jemand nicht erst dann verloren, wenn er keine Lichtempfindungen mehr hat, das Sprachvermögen nicht erst dann, wenn er keinen Laut mehr vorbringen kann. So wird auch der völlig Wilde, der nach Europa gebracht wird und die einfachsten Verkehrsvorgänge nicht versteht, an solchen Bewußtseinsmängeln leiden, daß wir ihm gegenüber § 51 anzuwenden haben.[2] Eine Andeutung des gleichen Standpunktes enthält auch die bereits bei Finger[3] angeführte E. 28, 87 (89): „Wer normalen Verstand besitzt und nicht etwa als Idiot, Taubstummer oder Wilder völlig außerhalb des Rechts- und Kulturlebens steht, macht sich .... verantwortlich.“ Niedriger Bildungsgrad, unentwickelte Rechtsvorstellungen werden aber dann a. a. O. mit Recht noch für unwesentlich erklärt.

2. Rechtfertigungsgründe.

§ 31.

Die Notwehr.

I. Begriff.

Notwehr ist die Abwehr eines gegenwärtigen rechtswidrigen Angriffs durch den Angegriffenen oder durch

[1]) Z. B. Birkmeyer RE. 1124 (der nicht nur § 58, sondern auch § 56 analog anwenden will), Finger 1, 219, Frank § 58 II, Loening Gr. 28, Wachenfeld 139 (mit Anzweifelung ihrer Rechtfertigung). Gegen die analoge Anwendbarkeit des § 58 (u. 56), v. Bar 2, 103; Geyer 1, 103; Kahl VD. A. 1, 23; v. Liszt § 38 N. 6, v. Olshausen § 58 N. 3 (irrtümlich wegen § 2). S. auch oben S. 332.

[2]) Gl. M. im Ergebnis Binding N. 2 (2) 215 N. 8, Hälschner 1, 224, Schwartz § 51 N. 5.

[3]) Finger 1, 220.

dritte Personen gegenüber dem Angreifer, wenn sie das zur Verteidigung erforderliche Maß nicht überschreitet. § 53 II.

Notwehr war im römischen Recht als Verteidigung gegen vis und iniuria gestattet.[1]) Im germanischen Recht waren ebenfalls Abwehrhandlungen, maßvoll geübt, bußlos.[2]) Im mittelalterlichen Recht wurden die Fälle erlaubter Notwehr durch besondere Voraussetzungen, z. B. Nachweis eigener Verwundung, geregelt.[3])

Die Italiener, auf denen die CCC. Art. 139—145, 150 beruht, schufen für Notwehrexzeß eine Milderung und berührten das Erfordernis, daß der Täter nicht ohne eigene Gefahr entweichen konnte; die Notwehr wurde dabei im Zusammenhang mit den Tötungsdelikten meist nur als Fall erlaubter Tötung geprüft.[4]) Die Notwehr wurde auch späterhin in erster Linie gegenüber Angriffen auf die Person als Befreiungsgrund von der Strafe der Tötung behandelt; Notwehr durch Tötung gegen Angriffe auf das Eigentum war aber meist ebenfalls straflos. Dies wurde namentlich von Carpzov und Pufendorf betont.[5]) Nicht nach allen Rechten durfte man in anderen Fällen als Lebensnotwehr bis zur Tötung des Angreifers gehen; vgl. Berner Landr. von 1454 Art. 6.[6]) Das ALR. 2, 20 § 517 f. hob die Verknüpfung der Notwehr mit einem Tötungsrechte auf, beschränkte aber andrerseits die Notwehr stark. Es verlangte Verhältnismäßigkeit des angerichteten Schadens sowie daß obrigkeitliche Hilfe nicht rechtzeitig zu erlangen war, endlich, daß der Täter sich nicht ohne Gefahr dem anderen zu entziehen vermochte. Die weitergehende Anerkennung im preuß. StGB. § 41 war die Grundlage für die geltenden Bestimmungen.[7])

---

[1]) Vgl. v. Bar 3, 126.

[2]) v. Bar 3, 127, Brunner, DRG. 1 (2) 223, 2, 631.

[3]) Vgl. v. Bar 3, 128.

[4]) Vgl. v. Bar 3, 129. Seeger, Abh. 370, 379.

[5]) v. Bar 3, 130/31.

[6]) Sammlung schweiz. Rechtsquellen: Die Rechtsqu. des Kantons Bern II 1, 2 S. 44 (1915).

[7]) Über die Pflicht zur Anzeige einer ausgeübten Notwehrhandlung als Bedingung der Straflosigkeit nach früheren Partikularrechten vgl. Oetker VD. A. 2, 297.

II. Der Angriff.

1. Als Angriff ist jedes positive Verhalten anzusehen, das rechtliche Schutzobjekte, die irgend ein Rechtssubjekt zum Träger haben, bedroht.

Ein Angriff in diesem Sinne liegt auch in einem Verhalten, daß unmittelbar in eine auf Verletzung von Rechtsgütern gerichtete Ausführungshandlung übergehen kann, z. B. in dem auf der Lauer liegen.

Angriff ist ferner dasjenige Unterlassen, welches für die Tatseite eines Verbrechens i. w. S. kausal werden soll; z. B. die Fortsetzung unbefugten Verweilens trotz erhaltener Aufforderung zum Gehen;[1]) das Unterlassen der leicht möglichen Rettung ihres bedrohten kleinen Kindes durch die Mutter, das Unterlassen der Ernährung ihres Säuglings.[2])

Ist jemand durch Unterlassung rechtzeitigen Aufschließens eines Hauses rechtswidrig eingesperrt, z. B. ein Gast, ein Dienstbote, so darf er demnach das Schloß aufbrechen, ohne daß er sich noch besonders umtun müßte, ob auch die besonderen Voraussetzungen der Selbsthilfe (Gefahr der wesentlichen Erschwerung eines Anspruchs, wenn nicht sofort eingegriffen wird, Nichterlangbarkeit rechtzeitiger obrigkeitlicher Hilfe) zutreffen. Die Selbsthilfe ist gegenüber deliktischen Verletzungen der Interessen eines anderen zu eng verklausuliert; sie paßt nicht.[3]) Weshalb die deliktischen Rechtsverletzungen hier vom Gesetz (und zwar schon 1870) verschieden gewürdigt und behandelt worden sein sollen, je nachdem, ob die Kausalität eine positive oder eine Unterlassungskausalität ist, leuchtet nicht recht ein, da das Strafrecht ein konstatierbares Unterlassen dem Handeln grundsätzlich gleichstellt.

Dagegen liegt kein strafrechtlich verbotener Angriff vor, wenn ein Mieter nicht auszieht,[4]) ein Schuldner die fällige Forderung nicht zahlt, der Beamte ein übertragenes verantwortungsvolles

---

[1]) R. 1, 33. A. M.: Mayer 277.

[2]) Gl. M.: Kitzinger, Die Verhinderung strafbarer Handlungen (1913) 89 f.; v. Bar 3, 147. A. M.: Allfeld 184 N. 23, v. Olshausen § 53 N. 5, Wachenfeld 116.

[3]) A. M.: Schwartz § 53 N. 2a.

[4]) E. 19, 298. Nur das Zivilrecht behandelt diesen obj. Tatbestand.

Amt nicht rechtzeitig antritt (sofern andere zur Stelle sind, die zur Abhilfe verpflichtet sind).

Liegt nur eine Verletzung von Verträgen vor, ohne daß gleichzeitig Besitz, Eigentum oder Individualrechte gefährdet wären, so ist Notwehr nicht gegeben. Beispiel: Vertragswidriges Singen oder Klavierspielen,[1] vertragswidriges Kleiderklopfen. — Wenn sich dagegen ein Reisender auf den von einem anderen belegten Platz setzt, so verletzt er dessen Anspruch auf diesen Platz. A. M.: v. Bar[2]), weil kein Besitzrecht auf den Platz bestehe. Allein dies gilt nur gegenüber den bahnpolizeilichen Organen, nicht gegenüber Mitreisenden.

Gegenüber manchen zivilrechtlichen Rechtswidrigkeiten, die keinen Angriff im bezeichneten Sinne darstellen, besteht jedoch das (beschränktere) Recht zur Selbsthilfe (BGB. § 229), z. B. gegenüber einem durchgehenden Kassierer.

2. Der Angriff braucht sich nicht zu richten gegen Rechtsgüter des einzelnen; er kann sich auch wenden gegen andere Rechtsgüter, sofern ein verletztes Rechtssubjekt, abgesehen von der stets mit verletzten Rechtsordnung, vorhanden ist.

Man darf daher Abwehrhandlungen unter dieser Voraussetzung gegenüber Angriffen auf Rechtsgüter der Allgemeinheit vornehmen, z. B. gegen denjenigen, der Dritten falsche Münzen zusenden will, gegen einen Brandstifter, gegen einen Bettler, Gotteslästerer, Hochverräter oder Landesverräter. Dagegen geht es zu weit, alle Güter als wehrhaft zu erklären.[3])

Insbesondere gibt es wohl keine Notwehr gegen Tierquälerei, Päderastie, Kuppelei, Bestechung, Amtsanmaßung, Meineid, gegen viele Polizeiübertretungen. Es dürfte daher der Richter oder die Partei denjenigen, der gerade einen unzweifelhaft falschen Eid zu schwören im Begriffe ist, nicht mit Gewalt, nötigenfalls durch Tötung, daran verhindern.[4])

---

[1]) Vgl. v. Bar 3, 148.

[2]) Vgl. v. Bar 3, 149.

[3]) A. M.: Finger 1, 385, Wachenfeld 117.

[4]) Gl. M.: Binding H. 1, 737 N. 22; v. Bar 3, 195 f. Vgl. auch Frank § 53 I; v. Bar 3, 148, Kohler L. 47, Kitzinger, Verhinderung strafbarer Handlungen 84.

Wäre die Gegenansicht richtig, so bedeutete der Notwehrparagraph eine Befugnis zur Verhinderung jedweder strafbaren Handlung, überhaupt jeder rechtswidrigen Tätigkeit, z. B. wenn ein Radfahrer abends ohne Licht fährt, dürfte jeder Beliebige ihn daran mit Gewalt hindern, jedermann dürfte einen Bettler, eine nicht polizeilich kontrollierte Dirne an der Fortsetzung ihrer Tätigkeit hindern.

Zweifelhaft ist, ob ein Angegriffener (außer der Rechtsordnung) gegeben ist bei Handlungen, zu deren Tatbestand Ärgerniserregung oder die Gefahr einer Belästigung des Publikums gehört. Indessen wird man denjenigen, der Ärgernis nimmt, als angegriffen ansehen können und daher auch bei den Delikten der Gotteslästerung, der öffentlich unzüchtigen Handlung, des groben Unfugs, Notwehr anerkennen müssen.

3. Die Rechtswidrigkeit des Angriffs erfordert, daß dieser für den Angegriffenen einen Eingriff in seine Rechtssphäre bedeutet, den er nicht zu dulden verpflichtet ist.[1])

Sie kann fehlen, obwohl der Angreifer seinerseits wegen der Handlung als einer ungerechtfertigten verantwortlich wird, z. B. der Gerichtsvollzieher hat fahrlässig eine Überpfändung vorgenommen; der Schutzmann hat versehentlich Fluchtverdacht bei der vorläufigen Festnahme angenommen. Der Angriff ist dennoch nicht rechtswidrig, wenn der Angreifer formell legitimiert war und nur von seinem pflichtmäßigen Ermessen einen unrichtigen Gebrauch gemacht hat.

Die Rechtswidrigkeit setzt dagegen weder Strafbarkeit, noch Verschulden des Angreifers voraus.

Rechtswidrig sind daher auch Angriffe, die von persönlich straflosen Personen ausgehen; z. B. im Falle des § 247 II, 248a III. Streitig ist, ob beleidigende Angriffe der Abgeordneten rechtswidrig sein können. Dies ist zu bejahen; nur sind ihre Berufshandlungen besonders häufig durch § 193 gedeckt, weil der Abgeordnetenberuf den Abgeordneten leicht in die Lage bringt, beruflich angebliche Mißstände vorzutragen, die sich hernach als nicht den Tatsachen entsprechend

---

[1]) Gl. M.: v. Bar, Ges. u. Sch. 3, 153, Frank § 53 I 2b, v. Olshausen § 53 N. 6, Schwartz § 53 N. 2d, Oetker, VD. A. 2, 264.

herausstellen. — Die Rechtswidrigkeit der Angriffe von Exterritorialen oder Monarchen wird im Sinne des § 53 durch ihre völkerrechtliche, bzw. landesrechtliche Unverletzlichkeit ebenfalls nicht beseitigt.[1])

Daß der Angriff, der überhaupt nicht den Tatbestand einer strafbaren Handlung zu erfüllen braucht (man denke etwa an unerlaubte Eigenpfändung), auch nicht schuldhaft sein muß, ist herrschende Lehre.[2])

De lege fer. wäre zu erwägen, ob nicht für unvorsätzliche rechtswidrige Angriffe, z. B. eines Irrenden (auch wenn er fahrlässig ist), eines Unzurechnungsfähigen, sich eine Proportionalität zwischen dem angegriffenen und dem durch Abwehr zu schädigenden Rechtsgut sich empfiehlt. Abwehr wäre hier auch nur zuzulassen, wenn auf einfachere Weise die Gefahr nicht abzuwenden ist.[3])

Besonders betritten ist die Zulässigkeit einer Notwehr gegen Tiere nach deutschem Strafrecht.

Tiere sind nicht Träger von Rechten und Pflichten. Nur wenn es zur Erzielung einer erträglichen Rechtslage unbedingt geboten erscheint, wird man zu der erweiterten Auffassung des Wortes „rechtswidrig" schreiten müssen, wonach wenigstens Angriffe lebender Wesen, wenn sie für den Angegriffenen als etwas nicht zu Duldendes erscheinen, als ein rechtswidriges (hier

---

[1]) Gl. M.: Allfeld 183 N. 17, Finger 1, 386, Jabinski, Zur dogmat. Kritik der Notstands- und Notwehrhandlungen (1914), Diss. 43, Schwartz § 53 N. 2d, Wachenfeld 118. A. M.: Binding, H. 1, 738, Döhn, ZStW. 21, 522 f. S. auch unten S. 356.

[2]) Vgl. Finger, Öster. Strafr. 1, 601, Frank § 53 I 2, v. Liszt § 33 II 1a, E. 27, 44 (46), Binding H. 1, 738, v. Bar 3, 153, E. 27, 44 (46); a. M.: Beling, Grdz. [4] 40 (nur eine schuldhafte Handlung), Hold v. Ferneck, Rechtsw. 2, 122 (nur eine böswillige Handlung). Andrerseits zu weitgehend Löffler Z. 21, 564 (rechtswidrig sei auch der Angriff der leblosen Sache; das geltende deutsche Recht wenigstens kennt diese Ausdehnung nicht; sie ist auch de lege fer. bedenklich). Nach Kohler L. 48 ist die Wehr gegen einen Wahnsinnigen zwar rechtmäßig, aber nach § 228 BGB. Allein dieser eine Proportionalität verlangende Paragraph betrifft den Angriff von Menschen nicht.

[3]) Gl. M. im wesentlichen Löffler Z. 21, 544, der für diesen Fall den Ausdruck Notwehr i. e. S., für ersteren den Ausdruck Trutzwehr vorschlägt.

gleich: rechtlich nicht gewolltes) Ereignis gelten. Der Begriff Angriff steht der Anwendung auf Tiere nicht entgegen, sondern nur der Erstreckung auf gefahrdrohende leblose Sachen. Ein unerträglicher Rechtszustand hätte indessen geradezu vor dem Bürgerlichen Gesetzbuch vorgelegen, wenn man z. B. den Angriff eines gereizten Ebers, eines bissigen Hundes gegen ein fremdes Kind nicht hätte abwehren dürfen, ohne straffällig zu werden. Das Bürgerliche Gesetzbuch wollte aber zweifellos in der strafrechtlichen Umgrenzung des Notwehrbegriffs keine Änderung eintreten lassen, sonst hätte es ihn kaum wörtlich übernommen. § 228 regelt nur solche Notstandshandlungen, die nicht bereits als Notwehrhandlungen erlaubt sind, er entscheidet also die Frage gar nicht. Es wäre auch nach heutigem Recht eine kaum sinngemäße Lücke, müßte man annehmen, Tiere könnten nicht als Angreifer in Betracht kommen. Da BGB. § 228 eine Proportionalität zwischen der Größe des drohenden Schadens und der durch seine Kehrung zu verursachenden Schädigung verlangt, müßte eine im Garten speisende Familie, die sich vor einem eindringenden wütenden Stier in Sicherheit gebracht hat, ruhig dulden, daß Geschirr und Speisen verloren gehen, sofern der Stier immer noch viel mehr wert ist als das gefährdete Porzellan und die Speisen. In Fällen eines solchen Angriffs war vor dem BGB. eine derartige Güterabwägung nicht geboten. Richtiger Ansicht ist sie es auch jetzt nicht. Man wird der ratio legis kaum gerecht, wenn man die Abwehr ohne Güterabwägung gegenüber einem wütenden wertvollen Tier nicht zulassen will, wohl aber gegenüber einem Unzurechnungsfähigen, z. B. gegenüber einem 10jährigen Kinde. So schroffe Ungereimtheiten rechtfertigen eine extensive Auslegung.[1])

---

[1]) Gl. M.: v. Bar 3, 153, Binding Grdr. 190, Hdb. 1, 736, Frank § 53 I, Jabinski S. 40, Oetker, VD. A. 2, 264, Nagler, VD. B. 8, 464. A. M.: Allfeld 183 N. 19, Finger 1, 388 (beide Notwehr gegen Unzurechnungsfähige, aber nicht gegen Tiere als Angreifer anerkennend); ferner v. Liszt § 23 II, M. E. Mayer 278, v. Olshausen § 53 N. 6, Schwartz § 53 N. 2b, Auer, Strafrechtl. Notstand (1903) 7, Wachenfeld 118 N. 4 (rechtswidrig sei nicht vom Standpunkt des Angegriffenen aus zu beurteilen); E. **34**, 295; **36**, 230. Beide Erkenntnisse betreffen ein aus § 53 angeblich nicht ableitbares Recht zur Tötung jagender Hunde

4. Die Rechtswidrigkeit eines Angriffs wird nicht dadurch ausgeschlossen, daß der Angreifer seinerseits durch einen Befehl zu der Handlung legitimiert war, zivilrechtlich also nicht schadensersatzpflichtig ist. Wenn ein Vorgesetzter einem Soldaten den Befehl zu einer Aneignung von Verbrauchsgegenständen (z. B. zur Plünderung eines Apfelbaumes) dolos erteilt, wenn der Schutzmann auf Befehl eines dolosen Vorgesetzten eine diesem als unschuldig bekannte Person bona fide verhaftet, so bleibt die Handlung in solchem Fall für den Betroffenen auch formell rechtswidrig und der Eigentümer, bzw. der zu Verhaftende darf sich wehren. Nirgends ist in der Rechtsordnung angedeutet, daß ein formell rechtswidriger Befehl dadurch, daß er durch ein nicht doloses menschliches Werkzeug hindurchgeht, kraft einer Novation den Charakter eines rechtmäßigen Befehls erhalte.

Nach abweichender Ansicht ist der sich wehrende Betroffene für die von ihm zugefügte Körperverletzung und obendrein noch wegen Widerstandes gegen die Staatsgewalt zu bestrafen.[1])

Die Handlung des Abwehrenden, soweit sie sich in den Grenzen des § 53 hält, ist ihrerseits völlig rechtmäßig. Dies ist die Bedeutung der Regel: Gegen Notwehr keine Gegenwehr.

5. Die Rechtswidrigkeit des Angriffs wird nicht dadurch beseitigt, daß derselbe vom Angreifer schuldhaft verursacht war.[2])

Anders steht es nur dann, wenn ein Unzurechnungsfähiger oder ein sich Irrender zum Angriff provoziert wird. Denn dann hat der Provokant damit den Angreifer als Werkzeug zu einem Angriff benützt, den er selbst geleitet hat.

---

auf fremdem Jagdgrund; sachlich wohl ebenso RMG. 12, 137 (betreffend die Tötung von Katzen, die auf Vögel Jagd machen), indem es nur den § 228 BGB. prüft.

[1]) Richtig Allfeld 640 N. 11, v. Bar 3, 165 f., Binding H. 1, 743, Lehrb. 2, 771, Frank § 53 I, M. E. Mayer, VD. B. 1, 447, Battenberg, Das auf Befehl begangene Verbrechen (1916) 98, Wachenfeld 556. A. M.: Hälschner 2, 811, v. Liszt § 171 II 2, v. Olshausen § 113 N. 15 a, Thomsen 233, E. 2, 411 (15).

[2]) Gl. M.: v. Bar 3, 161, Frank § 53 a E., v. Olshausen § 53 N. 7, A. M.: Die Motive II zu § 53, für den Fall absichtlicher Provokation auch Oetker, VD. A. 2, 271.

Bei vorsätzlichem Tun hat er in den Angriff eingewilligt. In allen Fällen aber hat er selbst den Angreifer in die Gefahr der Abwehr (durch Notwehr oder Nothilfehandlungen) versetzt, die er nun selbst abwenden muß, indem er von der Verletzung des Angreifers absieht.[1]) Der Täter erscheint also als sein eigener mittelbarer Angreifer.[2])

6. Das Erfordernis der Gegenwärtigkeit des Angriffs setzt nicht voraus, daß die Verletzungshandlung schon begonnen hat.[3]) Es genügt, wenn Anzeichen bestehen, daß sie unmittelbar erfolgen wird.[4]) Man wird noch weitergehen und Gegenwärtigkeit bereits dann annehmen dürfen, wenn seitens des Angreifers die Verletzung droht und eine weitere Hinauszögerung der Abwehr deren Erfolg ernstlich gefährdet.[5]) Z. B.: Ein Bandit geht einem Touristen nach und will ihn bald darauf, wenn beide im Walde sind, überfallen. Der Tourist weiß, daß er ihm da nicht mehr gewachsen wäre, und stößt ihn vorher noch in einen Bach. Nimmt man eine drohende Verletzung, die ja aus den verschiedensten Anzeichen erschlossen werden kann, als einen Angriff, so ist damit in solchem Falle auch dessen Gegenwärtigkeit gegeben.[6]) Dagegen läge ein zukünftiger Angriff vor, wenn nach der Sachlage der drohende Eintritt einer Verletzung von Rechtsgütern noch durch spätere Abwehrmaßregeln verhütet werden kann.

Der Angriff als ein rechtswidriger Zustand dauert möglicherweise fort über die formale Deliktsvollendung hinaus. Die Tatbestände des § 823 BGB. können fast sämtlich die formelle Vollendung eines etwa gleichzeitig gegebenen strafrechtlichen Tatbestandes überdauern. Das vereinzelt aufgestellte Erfordernis, daß der nach der Vollendung noch fortdauernde Angriff tatbestandsmäßig sein müsse,[7]) besagt in Wahrheit nichts weiter, als daß er eben noch ein Angriff auf Rechte eines

---

1) Gl. M. im Ergebnis v. Bar 3, 161. A. M.: v. Liszt § 33 II.

2) Vgl. auch Löffler Z. 21, 541.

3) Gl. M.: Finger 1, 389.

4) Vgl. Allfeld 184.

5) Sofortige Verwirklichung der Drohung braucht nicht bevorzustehen, E. 36, 334 (zu § 54). A. M.: Mayer 277.

6) Ein weiteres Beispiel bei Frank § 53 I 1.

7) So Mayer 278.

anderen sein muß. Der Angriff kann überhaupt die verbrecherische Tätigkeit überdauern. Denn das Angegriffensein bemißt sich nach dem Standpunkte des Betroffenen, dessen Güter geschützt werden sollen, nicht nach dem Standpunkte des Angreifers. Der Betroffene wird in seinen Rechten angegriffen, solange dieselben in continenti weiter geschädigt werden. Dazu ist nicht unbedingt ein positives Tun nötig. Notwehr ist zulässig gegen den die Sachen fortschaffenden und enteilenden Dieb, und zwar auch dann, wenn er sich nicht zu Fuß, sondern etwa zu Pferd oder in einem von Dritten gelenkten Wagen entfernt. War jedoch eine Pause während der Verfolgung eingetreten (z. B. der Taschendieb war den Augen seiner Verfolger völlig entschwunden), so ist der Verlust der Sache bereits eingetreten gewesen und die Wiederaufnahme der Verfolgung kann nicht mehr als Notwehrhandlung gelten.[1] Unzutreffend wäre die Ansicht, daß die Verlassung der Wohnung des Betroffenen die Grenze für Notwehr darstellen müßte (z. B. bei Taschendieben). Die Verfolgung muß allerdings entweder unmittelbar oder noch in der Wohnung aufgenommen sein. — Der Annahme, daß die der formellen Vollendung nachfolgende Abwehr weiterer Beschädigung nur als Selbsthilfe zulässig sein könne (v. Liszt § 33 N. 5), steht entgegen, daß die Selbsthilfebefugnisse beschränkter sind und daß ein ferner stehender Angegriffener oft gar nicht genau zu beobachten vermag, wann der Augenblick der Vollendung (z. B. der Gewahrsamserlangung) eingetreten ist.

III. Die Verteidigung.

1. Sie setzt eine Handlung voraus, die sich gegen den Angreifer richtet. Dadurch unterscheidet sie sich von Verletzungen im Notstande. Dieser ermächtigt in bestimmten Fällen zur Verletzung von Rechtsgütern anderer als des Angreifers. Die Verteidigung kann auch in einem Gegenangriff bestehen.

Dem rechtswidrigen Angreifer stehen seine eigenen Rechtsgüter gleich. Denn dadurch wird er selbst mit angegriffen.

---

[1]) Gl. M. in der Hauptsache Allfeld 184, v. Bar 3, 151, ferner Frank § 53 I 1, Hälschner 1, 479, v. Olshausen § 53 N. 9a, Wachenfeld 117, die jedoch auf die nähere Grenzlegung nicht eingehen. A. M.: Finger 1, 400.

Es stehen ihm ferner Angriffsmittel gleich, deren er sich zum Angriff bedient, auch wenn sie ihm nicht gehören.

Wenn jemand von einem Geisteskranken angefallen wird, so darf er nicht nur diesen zurückstoßen, er darf auch dessen Sachen, z. B. dessen Schirm, ergreifen, um den Angriff damit zu parieren. Er darf ihm ferner den Stock zerbrechen, mit dem der Geisteskranke zuschlagen wollte, selbst wenn der Stock einem Dritten gehört. Die Benützung dritter Personen oder ihrer Sachen, die nicht als Angriffsmittel verwendet waren, ist nicht nach den Bestimmungen über Notwehr, sondern nach denen über Notstand zu beurteilen.[1])

Vom Standpunkte der Notwehr aus ist es also z. B. nicht gerechtfertigt, wenn der von einem anderen Gaste angegriffene Wirtshausgast einen Maßkrug des Wirtes ergreift und damit zuschlägt.

Zweifelhaft erscheint, ob Notwehr wenigstens dann erlaubt ist, wenn sie nur geübt werden kann unter Verletzung der Rechtsgüter unbeteiligter Dritter. Wenn der rechtswidrige Eindringling nur dadurch aus einem Hause zu entfernen ist, daß der Eigentümer oder Mieter das Haus ansteckt, ist eine solche Handlung Notwehr? Wenn jemand zur Abwehr einer Flut von Schimpfworten sich nicht anders zu helfen weiß, als daß er das in der Nähe stehende Kind des Beleidigers die Treppe hinabstößt, ist das erlaubt? Wenn jemand zur Abwehr gegen eine Beleidigung oder unsittliche Berührung den Gottesdienst stört, kann er sich auf Notwehr berufen? Anderes Beispiel: Jemand kann die Beschimpfungen eines anderen nur dadurch zu Ende bringen, daß er einen Schuß auf ihn abgibt. Hinter dem Beleidiger hat sich eine Kinderschar angesammelt. Eine derartige Ausdehnung der Notwehrbefugnisse, die gegenüber den Angriffen auch auf relativ überaus unbedeutende Rechtsgüter die wertvollsten Güter Dritter preisgibt, entspricht weder der geschichtlichen Ausdehnung des Notwehrbegriffs, wenigstens im 19. Jahrhundert, noch der geradezu ängstlichen Beschränkung der Notstandsfälle in §§ 52, 54, welche u. E. erkennen lassen, daß das Gesetz die Verletzung unbeteiligter Dritter

---

[1]) Gl. M. wohl v. Olshausen § 53 N. 12.

grundsätzlich in viel beschränkterem Umfange zulassen will, als die Verletzungen des Angreifers. Darf man sonst nur gegenüber Angriffen, die Leib und Leben bedrohen, einen unbeteiligten Dritten verletzen, so darf man dies sicherlich nicht bei beliebig unbedeutenderen Angriffen bloß deswegen, weil man sich dabei zugleich gegen einen Angreifer wehrt. Wäre das noch Notwehr, so dürfte sich der Dritte in diesem Falle nicht einmal gegen die Notwehr wehren. Der Begriff der Verteidigung erstreckt sich daher nicht auf die Handlung, welche unbeteiligte Dritte angreift.[1]) In einem Falle hat E. **21**, 168 entschieden, daß die Störung der Andacht einer Gemeinde straflos sei, wenn sie zur Abwehr von Beleidigungen des Predigers erfolge. Die generelle Zulässigkeit der Verletzung Dritter ist aber nicht ausgesprochen worden. Die Entscheidung läßt sich übrigens aus einem anderen Grunde als dem der Notwehr aufrechterhalten, indem man davon ausgeht, daß die Gottesdienststörung (§ 167) nur bedroht sein soll, wenn sie rechtswidrig ist, den strafrechtlichen Schutz aber bei einer rechtswidrigen Gottesdienstausübung (Schmähungen von der Kanzel) auch für die Zuhörer verneint. In diesem Sinne auch RMG. **17**, 41. Dagegen ist Notwehr nicht deswegen verboten, weil die Verteidigung zugleich eine sicherheits-, verkehrs- oder ordnungspolizeiliche Übertretung (z. B. zu schnelles Fahren, nächtliche Ruhestörung, Fahren ohne Licht, verbotswidriges Schießen) enthält.[2]) Die zur Fernhaltung möglicher Gefahren für unbestimmte Menschen erlassenen Vorschriften würden ja direkt gefahrsteigernd für Schutzobjekte der Rechtsordnung wirken, wenn sie auch auf den Fall gemünzt wären, wo durch ihre Nichtbeobachtung eine rechtswidrig drohende Gefahr nur vermindert werden kann. Ein solcher Wille, der Vernünftiges in sein Gegenteil verkehren würde, ist bei dem Polizeigesetzgeber nicht zu vermuten.

---

[1]) Gl. M.: Allfeld 187, v. Bar **3**, 211, Finger **1**, 393, v. Liszt § 33 N. 6, v. Olshausen § 53 N. 12, Oetker, VD. A. **2**, 291. A. M.: Binding G. 189 (mit einem Vorbehalt), Frank § 53 II, Mayer 282, Wachenfeld 118.

[2]) Gl. M.: v. Bar **3**, 209, Frank § 53 II, Oetker, VD. A. **2**, 293, Kriegsgericht Oppeln in „Das Recht“ 18, 729.

2. Die Verteidigung wird nicht dadurch unzulässig, daß sie bereits vorbereitet war, bevor der Angriff gegenwärtig wurde.

Z. B.: Selbstgeschosse dürfen mit polizeilicher Erlaubnis gelegt werden, auch bevor Diebe in der Nähe sind und bevor sie überhaupt die Gelegenheit zum Stehlen ausgekundschaftet haben. § 367 Z. 8.[1]

Es ist zur Notwehr aber erforderlich, daß die Verteidigung erst wirksam wird, wenn die Gegenwärtigkeit des Angriffs eingetreten ist. Eingeschränkter die Ansicht von Finger,[2] das Legen von Selbstgeschossen sei nur erlaubt, wenn der Abwehrende die Intensität der Wirksamkeit dieses Abwehrmittels mit der Intensität des Angriffs in Parallele zu bringen vermöge.

3) Das Maß der erlaubten Verteidigung wird durch das zur Abwehr des gegenwärtigen Angriffs Erforderliche begrenzt.[3] Wenn jemand zur Abstellung von Kellerdiebstählen seinen Wein vergiftet und der Dieb bei dem Genuß seine Gesundheit beschädigt, so war das Mittel zur Abwehr des gegenwärtigen Angriffs ungeeignet und zur Abwehr des erst zukünftigen nicht erlaubt.[4]

Das Minimum, mit dem der Abwehrende den Angriff noch erfolgreich abschlagen kann, bildet das Maximum der erlaubten Abwehrhandlung.

Beim Legen von Fußangeln oder Selbstgeschossen kann Notwehr die bewirkte Verletzung rechtfertigen, während wegen fehlender polizeilicher Erlaubnis zu ihrer Anbringung eine Übertretung übrig bleibt, § 367 Z. 8. Umgekehrt kann trotz bestehender polizeilicher Erlaubnis das Recht der Verteidigung überschritten und daher Strafbarkeit wegen des verursachten Erfolgs begründet sein. Wenn der Gartenbesitzer durch einfachere Mittel, z. B. durch solche, die den Täter nur kampfunfähig machen, die Diebe abhalten konnte, darf er die Selbst-

---

1) G. M.: Allfeld 184, Kohler L. 46, v. Olshausen § 53 N. 12c.

2) Vgl. Finger 1, 390.

3) Sogen. moderamen inculpatae tutelae. l. 1 C. 8, 4; vgl. dazu v. Bar 3, 129.

4) So treffend Oetker, VD. A. 2, 277.

geschosse nicht so anlegen, daß sie mutmaßlich tödlich wirken. Bei Beurteilung des Sachverhalts ist aber zu berücksichtigen, ob man dem Verteidiger zumuten konnte, überall die jeweilige Stärke des Angriffs abzuwarten und danach die Größe der Abwehrmaßregel zu bemessen. Ist dies nach den Zeitverhältnissen und nach der Art der Örtlichkeit des Angriffs zu verneinen, so darf er die Abwehrmaßregeln so einrichten, daß sie auch der drohenden Gefahr des intensiveren Angriffs gewachsen sind. Wenn ein Garten bald von fremden Kindern, bald von Erwachsenen heimgesucht wird, darf er Fußangeln von einer solchen Kraft anbringen, daß sie auch einen schmalen, kleinen Fuß festklemmen, mögen sie auch einem großen Fuß starke Quetschungen verursachen. Gegen einbrechendes Vieh darf der Besitzer in der Regel vergiftetes Futter streuen. Denn, daß der Eigentümer sich jederzeit bereit hält, das Vieh wieder hinauszutreiben, ist ihm nur zuzumuten, wenn er vermöge seines Berufs dazu ohne erhebliche Schwierigkeiten in der Lage ist oder genügend Personal hat.[1])

Ob der Abwehrende die bezeichneten Grenzen der erlaubten Verteidigung eingehalten hat, bestimmt sich nach den Mitteln, welche in der konkreten Lage nach dem Urteil verkehrstüchtiger Menschen dem Abwehrenden bei seinen individuellen körperlichen und geistigen Kräften zu Gebote standen.[2]) Es entscheidet also nicht der rein subjektive Maßstab, was der Abwehrende für geboten hielt,[3]) andrerseits auch nicht der rein objektive Maßstab, was unbeteiligte Dritte ohne Rücksicht auf die Individualität des Angegriffenen für ein ausreichendes Maß erachten konnten.

Wenn z. B. jemand glaubt, er müsse den Angreifer niederschießen, während er leicht erkennen konnte, daß ein geringer Schlag ausreichen würde, um ihn abzuwehren, hat er die Grenzen der Notwehr überschritten. Anders liegt der Fall, wenn es zwar objektiv ein einfacheres Beruhigungsmittel oder Ablenkungsmittel für eine Tobsüchtige gibt, aber der von der

---

[1]) Gl. M. in der Hauptsache Oetker, VD. A. 2, 277.

[2]) Gl. M.: Allfeld 185 N. 29, Frank § 53 II, v. Olshausen § 53 N. 11, Wachenfeld 119.

[3]) A. M.: Finger 1, 392, teilweise auch Binding H. 1, 751.

Tobsüchtigen Angegriffene davon als Nichtarzt keine Ahnung haben konnte und in Ermangelung besserer Einsicht die Tobüchtige einsperrte. Hier ist das Maß der in concreto erforderlichen Verteidigung nicht überschritten.

4. Ein bestimmtes Wertverhältnis des Schadens, der durch den Angriff droht und des Schadens, der durch die Abwehr zugefügt wird, braucht nicht eingehalten zu werden.[1]

Wenn jemand einen anderen fortwährend beschimpft und er auf andere Weise nicht zum Schweigen zu bringen ist, so darf der Angegriffene sogar schließlich bis zur Tötung vorschreiten Wenn jemand auf einen anderen mit Steinen wirft und dieser sich nicht anders wehren kann, darf er ebenfalls bis zur Tötung des Angreifers schreiten. Ja sogar dann ist dies der Fall, wenn der Angreifer nur Sachen des Betroffenen beschädigen will.

Diese Regel, daß das Recht dem Unrecht um keinen Preis zu weichen braucht,[2] wird in dem Fall unbillig, wo der Angreifer, wie der Abwehrende weiß, nicht vorsätzlich handelt. In solchem Fall erscheint eine Proportion zwischen der Größe des drohenden und des durch die Abwehr anzurichtenden Schadens angemessen.[3]

Eine Beschränkung der Notwehrbefugnisse gegenüber widerrechtlichen Einwirkungen auf Grundstücke enthalten englisch-amerikanische Rechte in nicht nachahmlicher Kasuistik für sogen. Trespassers.[4]

Sehr beachtlich ist de lege fer. der Gedanke Oetkers (VD. A. 2, 294), das Maß der zulässigen Abwehr gegen bloßen Unfug und gegen bloße Ungehörigkeiten (Unfugabwehr) anders zu bestimmen als das zulässige Maß der Abwehr gegen die erheblicheren Angriffe auf Rechtsgüter.[5] Nur müßte klar bestimmt werden, bei welchen Delikten die Abwehr von rechts-

1) Gl. M.: Binding, G. 189, v. Olshausen § 53 N. 11.

2) Vgl. dazu Baumgarten, Notstand und Notwehr (1911) 100 f.

3) Gl. M.: Oetker, VD. A. 2, 325, bei Angriffen auf das Vermögen, wenn sie bona fide verübt werden.

4) Vgl. v. Bar 3, 193 N. 328a; 3, 217 N. 366.

5) Zustimmend zu diesem Gedanken auch Finger, Öst. Strafr. 1, 612, Mayer 281 N. 14.

widrigen Angriffen nicht bis zu einer Tötung oder schweren Körperverletzung vorgehen darf. Dahin würden etwa gehören die drohende Gefahr eines nur geringen Sachschadens, Verbalbeleidigungen, näher aufzuzählende Verkehrsbelästigungen.

5. Die persönliche Exemtion des Angreifers von der Anwendbarkeit der Strafgesetze auf ihn hindert die Zulässigkeit einer ihn verletzenden Abwehrhandlung nicht. Es gibt daher z. B. eine Notwehr auch gegen Beleidigungen, die Abgeordnete, Gesandte oder Monarchen verüben.[1]) Dies gilt auch gegenüber Landesherren. Denn so wenig man gegenüber Gesandten, die völkerrechtlich ebenfalls für unverletzlich erklärt werden, den Ausschluß der Notwehr vertreten kann, so wenig ist dies gegenüber dem Monarchen der Fall. Jene Wendung gehört einfach zu den Ausdrucksformeln für besondere Erhabenheit (z. B. heilig und unverletzlich) und bedeutet nur den Ausschluß staatlicher Zwangsmaßregeln, aber weder den Ausschluß von Erziehungsmaßregeln gegen den Minderjährigen, noch den Ausschluß von Abwehrhandlungen.

6. Die Verteidigung ist auch dann erlaubt, wenn der Angegriffene in der Lage wäre, sich durch die Flucht dem Angriff ohne Abwehr zu entziehen.[2]) Allerdings war diese Einschränkung oder doch die andere Einschränkung, daß obrigkeitliche Hilfe nicht alsbald zu erlangen war, in verschiedenen Partikulargesetzen enthalten; z. B. in Sachsen (1838) Art. 70, in Braunschweig § 166, in Hessen Art. 48; aber nicht in Preußen § 41 und Sachsen (1855) Art. 91. Dem geltenden Recht dürfen bei dieser Sachlage die fehlenden Beschränkungen nicht unterstellt werden. De lege ferenda wird zwischen einem dolosen, mit Bewußtsein der Rechtswidrigkeit verübten Angriff

---

[1]) Gl. M.: Frank § 53 I, Finger 1, 386 N. 485, v. Bar 3, 158 N. 261. A. M.: Binding 1, 738 und v. Olshausen § 53 N. 6 für die deutschen Landesherren, die in den Landesgesetzen für unverletzlich erklärt wurden.

[2]) Gl. M.: E. in GA. 46, 31; ferner Allfeld 186, v. Bar 3, 199, Finger 1, 390, Frank § 53 II, v. Liszt § 33 II, Mayer 280, v. Olshausen § 53 N. 2, Wachenfeld 119. A. M.: E. 16, 69 und GA. 48, 304, sofern der Angegriffene durch eine unschimpfliche, keine berechtigten eigenen Interessen preisgebende Flucht dem Angriff entgehen könne; so auch Beling, Grdz. 40.

und anderen Fällen zu unterscheiden sein. Auch der Fall, daß die Alternative nur entweder Flucht oder eine schwere Verletzung des Angreifers ist, könnte berücksichtigt werden.

7. Eine Verteidigungshandlung oder doch eine den Angreifer schwer schädigende Verteidigungshandlung ist unzulässig, soweit eine gesetzliche oder sonstige Pflicht besteht, den Angriff zu dulden. Solche Pflichten ergeben sich u. a. militärrechtlich gegenüber gewissen Übergriffen der Vorgesetzten; sie ergeben sich nach Beamtenrecht auf Grund der einschränkenden Bestimmungen über die Zulässigkeit des administrativen Waffengebrauchs; es kann z. B. vorgeschrieben sein, daß gegenüber einfachen Beleidigungen der Sträflinge der Karabiner nicht gebraucht werden darf. — Vertraglich darf der Pfleger eines Fieberkranken oder Geisteskranken dessen Schimpfreden nicht mit äußersten Gewaltmitteln abstellen. — Der Vater hat kraft seiner Fürsorgepflicht über das minderjährige Kind kein Tötungsrecht, wenn das Kind etwa dessen Sachen beschädigt; der Ehemann hat kein Tötungsrecht, ja überhaupt kein Notwehrrecht gegenüber dem Ehebrecher, um ihn von dem außerhalb seiner Räume zu begehenden Ehebruch abzuhalten.

Selbstverständlich ist, daß eine Verteidigung gegenüber denjenigen Angriffen auf fremde Güter unerlaubt ist, die in Ausübung eines Notrechts vorgenommen werden. Denn diese Angriffe sind überhaupt nicht rechtswidrig im Sinne des § 53.

8. Die Verteidigung von angegriffenen Rechtsgütern ist nicht nur dem Betroffenen, sondern jedem beliebigen Dritten erlaubt.

Die Einwilligung des Angegriffenen in den Angriff macht die Verteidigungshandlung des Dritten aber in denjenigen Fällen unerlaubt, wo die Einwilligung unrechtausschließende Wirkung hat.[1])

Das Eingreifen zum Schutze fremder Rechtsgüter nennt man Nothilfe.[2]) Sie ist nicht nur bei Notwehr, sondern in beschränktem Umfange auch bei Notstand vorgesehen.

9. Darüber, daß eine Verteidigung nur vorliegt, wenn man

---

[1]) Gl. M.: Allfeld 183, v. Olshausen § 53 N. 10, v. Bar 3, 195 N. 331a.

[2]) Vgl. Allfeld 182 N. 13, Frank § 53 I, v. Bar 3, 273, 283.

auch wirklich den Willen hat, einen Angriff durch die Handlung abzuwehren, daß es dagegen auf das Motiv des Willens nicht ankommt, vgl. oben § 27 II 6 (S. 288).

IV. Notwehrüberschreitung und vermeintliche Notwehr.

1. Notwehrüberschreitung (Exzeß) liegt vor, wenn der einen rechtswidrigen Angriff Abwehrende über das erforderliche Maß der Verteidigung hinausgegangen ist (sogen. intensiver Exzeß). Hierdurch gerät der bisherige rechtswidrige Angreifer seinerseits in echte Notwehrlage. Diesem Falle steht jedoch im geltenden Recht der andere nicht gleich, in welchem nach erledigter Verteidigung der bisherige Verteidiger seine Verletzungshandlungen fortsetzt (sogen. extensiver Exzeß). Echter Exzeß ist z. B. gegeben, wenn der A den angreifenden B erschießt, statt, wie er könnte, ihn bloß kampfunfähig zu machen. Gar keine Notwehr liegt dagegen mehr vor, wenn der A im Anschluß an eine erledigte Abwehr des von B ausgehenden Angriffs diesen noch nachträglich prügelt.[1] Der Wortlaut des § 53 steht ihm nicht zur Seite und die Fälle sind auch generell nicht gleichgelagert. Während des Angriffs ist Bestürzung oder Furcht leicht die Ursache zu stark gewählter Verteidigungsmaßregeln, nach dem Angriff ist Rache leicht die Ursache einer über die Zeit der Verteidigung hinaus fortgesetzten Verletzung des Angreifers. De lege fer. sind nur geringfügige Vergeltungshandlungen nach einem rechtswidrigen Angriff als fakultativer Gegenwert gegen diesen Angriff berücksichtigenswert. Man kann hier die Straffreiheit des Retorquenten dem Gericht überlassen.

Der Notwehrexzeß begründet grundsätzlich strafrechtliche und zivilrechtliche Verantwortlichkeit für die zugefügte Verletzung des Erstangreifers und seiner Güter. Bei fahrlässiger Überschreitung kann nur fahrlässige Verletzung desselben angenommen werden. Fahrlässige Überschreitung ist auch gegeben, wenn die Verletzung vorsätzlich geschah, der Täter aber fahrlässig die tatsächliche Bedeutung des Angriffs überschätzte

---

[1] Gl. M.: Allfeld 187, v. Olshausen § 53 N. 15. A. M.: v. Bar 3, 202 N. 345b, der auch hier einen echten Exzeß annimmt. Ferner RMG. 7 248, das diesen Fall als Putativnotwehr ansieht.

oder die tatsächliche Wirkung seiner Abwehrmaßregel unterschätzte. Fahrlässige Überschätzung der rechtlichen Grenzen des erlaubten Gegenangriffs ist dagegen nicht geeignet, die Haftung wegen vorsätzlicher Verletzung auszuschließen. Z. B. der Exzedent glaubt irrig, das Erforderliche werde noch nicht überschritten, wenn dem Gegner durch eine besonders scharfe Abwehrmaßregel auch die Lust für zukünftige Angriffe ausgetrieben werde.[1])

In drei Fällen bleibt der Notwehrexzeß straflos: nämlich wenn bei der Überschreitung Bestürzung, Furcht oder Schrecken den Täter beeinflußte, § 53 III. Diese Affekte brauchen nicht Motiv gewesen zu sein, es genügt, wenn sie tatsächlich mitwirkten; es genügt aber nicht, wenn die Überschreitung schon vorher beschlossen war und der Täter bei der Ausführung nur nebenher auch bestürzt oder furchtsam oder erschreckt war.[2]) Waren jene Affekte aber mit kausal, so brauchte deswegen der Vorsatz der Überschreitung nicht gefehlt zu haben.[3])

Andere Affekte stehen nicht gleich. Der erste Entwurf (§ 48) hatte hinzugefügt: oder in anderen ähnlichen Gemütszuständen. Die Motive I nahmen an, die angegebenen Fälle enthielten keine erschöpfende Aufzählung der berücksichtigenswerten Gründe. Indessen andere Affekte, z. B. Zorn, Rauflust, Rachebedürfnis erscheinen in der Tat nicht gleichwertig. Waren diese allein beteiligt, so liegt jedenfalls de lege lata kein Strafausschließungsgrund vor.

Teilnehmer, bei denen die privilegierten Affekte nicht gegeben sind, bleiben als solche strafbar; denn die gesetzlich hervorgehobenen Fälle begründen nur einen persönlichen Strafausschließungsgrund.

2. Vermeintliche Notwehr (Putativnotwehr) liegt vor, wenn der Abwehrende irrig an die tatsächlichen Voraussetzungen einer Notwehrlage glaubt.[4]) Z. B. jemand glaubt, der in ein

---

[1]) Vgl. Allfeld 186 N. 35, Frank § 53 II, die aber die Frage, wann Fahrlässigkeit vorliegt, im einzelnen nicht besprechen.

[2]) Gl. M.: v. Olshausen § 53 N. 16.

[3]) Gl. M.: E. **21**, 189.

[4]) Als Strafausschließungsgrund schon in der CCC. Art. 145 berücksichtigt.

Haus Einsteigende sei ein Dieb, während es der Eigentümer ist, der den Schlüssel vergaß. Glaubt der Abwehrende irrig, er sei angegriffen, während ein Dritter der Angegriffene war, so bleibt echte Notwehr bestehen. Ist jemand (etwa bei einer Schlägerei) tatsächlich angegriffen, ohne es zu wissen, und fügt er eine Verletzung zu, die zur Verteidigung erforderlich war, so liegt trotzdem der Tatbestand einer rechtswidrigen Verletzung vor.

Putativnotwehr schließt den Vorsatz aus. Beruht sie auf Fahrlässigkeit, so liegt eine fahrlässige Verletzungshandlung vor, die möglicherweise als fahrlässiges Delikt zu strafen ist. Ist auch keine Fahrlässigkeit vorhanden, so besteht ein vollkommener Schuldausschließungsgrund.[1])

Begeht jemand in bloß vermeintlicher Notwehr einen Exzeß der Verteidigung, so ist er nach herrschender Lehre strafbar, auch wenn er ihn in Bestürzung, Furcht oder Schrecken verübte.[2]) Z. B. jemand hat vollen Anlaß zu glauben, daß der nächtlich ins Schlafzimmer Eintretende ein Dieb sei; in seiner Bestürzung schießt er ihn nieder; der Getroffene entpuppt sich als der eigene Sohn, der aus Schrecken auf den Anruf keine Antwort gab, aber keine aggressiven Absichten trug. Die Bestrafung des Vaters wegen vorsätzlicher Tötung, wenn einer der Affekte des § 53 III vorlag und er im Zweifel war über das Maß der erforderlichen Abwehr, entspricht nicht der ratio legis. Denn Putativnotwehr, die völlig unverschuldet sein kann, ist bei hinzutretendem Exzeß der Verteidigung dem Fall der echten Notwehr mit hinzutretendem Exzeß völlig gleichgelagert; es trifft also Analogie zu, die auch bei dolosem und bei fahrlässigem Exzeß der schuldlosen Putativnotwehr Straflosigkeit bewirkt, wenn Furcht, Bestürzung oder Schrecken die Handlung beeinflußt haben.

---

1) Vgl. v. Olshausen § 59 N. 25d, v. Bar 3, 205, Allfeld 187 N. 41, Wachenfeld 120. RMG. 7, 248.

2) Vgl. v. Bar 3, 202, E. 21, 189, das jedoch straflose Putativnotwehr annimmt, falls der Täter schuldlos glaubte, daß die vorgenommene Abwehrmaßregel erforderlich sei.

§ 32.

Der Notstand.

Vorbemerkung. Der Satz: Not kennt kein Gebot, ist zwar im kanonischen Recht (c. 11 Dist. 1 de consecratione, c. 4 X. 5, 41) in großer Allgemeinheit ausgesprochen („necessitas legem non habet", „quod non est licitum in lege, necessitas facit licitum"), wurde aber in der Strafgesetzgebung früherer Jahrhunderte nur in kasuistisch herausgegriffenen Fällen anerkannt.

So war es nach l. 1 D. 48, 21 demjenigen zu verzeihen, der wegen todeswürdigen Verbrechens angeklagt, den Ankläger bestach. Vgl. Hälschner Syst. 1, 272.[1]) Nach Ssp. 2, 68 durfte ein reisender Mann fremdes Korn für sein Pferd schneiden und ihm geben, wenn es ihm auf dem Wege erliegt. Er mußte dabei aber mit einem Fuße auf dem Wege bleiben. Es war Korndiebstahl, wenn er weiter in den fremden Acker eindrang. Die Carolina läßt in Art. 166 straflos sein den Nahrungsmitteldiebstahl, der in „rechter Hungersnot" vom Täter für sich oder seine Angehörigen begangen wurde. Das Problem wurde zwar von naturrechtlicher Seite, namentlich von Pufendorf, in erweitertem Umfange erfaßt (vgl. v. Bar, Ges. und Schuld 3, 232), aber die Gesetzgebung folgte nur zögernd, indem sie nur Notstandshandlungen zur Rettung von Leib und Leben und auch diese teilweise nur mit Einschränkungen berücksichtigte; vgl. z. B. Hessen-Darmstadt Art. 45. Erst durch Binding H. 1, 754 f. wurden verschiedene Notstandsfälle herausgearbeitet, die bereits geltendes Recht waren, ohne im geschriebenen Recht erwähnt zu sein.

Die Entwicklung ist noch nicht abgeschlossen; anderseits warnt v. Bar, Ges. und Sch. 3, 248 f., vor Überspannungen, die sich in verschiedener Richtung ergeben können. Beachtliche Vorschläge de lege fer. bei Oetker, VD. A. 3, 392 f. Zu weitgehend und die von Oetker gezeichneten Grenzen nicht ein-

---

[1]) Weitere Fälle des röm. R. bei Oetker, Ueber Notwehr und Notstand (1903) 74 f.

haltend: VE. § 67. Bedenklich ist hier die Zulässigkeit der Nothilfe zugunsten beliebiger Fremder, auch wenn es sich um alternativ gebotene Vernichtung gleichartiger Güter handelt, die bei gemeinsamem Notstand einem der in Not Befindlichen verloren gehen müssen; bedenklich die Zulassung ärztlicher Operation gegen den Willen des Patienten, sobald es sich nicht um eine nur geringe Gefahr für dessen Leib oder Leben handelt. — Andrerseits ist Notstand nach VE. § 67 nicht gegeben, wenn zur Rettung des Staates vor schwerer Gefahr derjenige, der ein Staatsgeheimnis erfuhr, in der Eile ein paar Menschen überrennt.

I. Begriff.

Notstand ist im Gegensatz zur Notwehr eine gefährdete Lage für ein Gut, aus der es nur durch Verletzung anderer Güter als der eines persönlichen Angreifers zu retten ist.

In einigen Fällen läßt das Recht solche Rettungshandlung ausdrücklich zu und beschränkt sich auf Regeln über ihre Voraussetzungen, ihren Umfang und ihre Wirkungen, z. B. in den Fällen der §§ 52, 54 StGB., §§ 228, 904 BGB.

In anderen Fällen ist die Rettungshandlung auf Grund von Gewohnheitsrecht und Rechtsanalogie zulässig; insbesondere in den Fällen einer Pflichtenkollision.

In manchen Fällen ist die Rettungshandlung unerlaubt und strafbar, wenn sie fremde Rechtsgüter verletzt.

Z. B. wenn ein Bauer für sein Vieh nicht genügend Futter hat, so kann er das Futter nicht einfach wegnehmen, sondern muß entweder sein Vieh verkaufen oder es schlachten.

Wenn jemand in einer Pension gegen Ende des Sommerbetriebes krank wird, so kann er nicht beanspruchen, daß seinetwegen der Betrieb fortgeführt wird. Er muß die Unbequemlichkeit eines Transportes ins Krankenhaus tragen. Er kann nicht einmal beanspruchen, daß für ihn eine Zimmerpflege eingerichtet wird, wenn der Betrieb fortgeht.

Wenn jemand im Verdacht einer unehrenhaften Handlung unschuldig steht, so darf er sich aus dieser Lage nicht dadurch herausziehen, daß er einen ebenfalls unschuldigen Dritten als Täter denunziert.

Feigheit vor dem Feinde ist unerlaubt, auch wenn sie der Lebensrettung dient. —

Bei Berücksichtigung von Notstandslagen kann das Recht die Notstandshandlung als strafmildernd berücksichtigen (so § 313 II), sie persönlich straflos lassen (StGB. § 52?), sie als schuldlose (oder etwa als einseitig einwandfreie) Handlung behandeln (MStGB. § 47), für erlaubt erklären (StGB. § 52?) oder sogar einen Anspruch auf ihre Vornahme gewähren (§§ 228, 904, sogen. Notrechte).

Wichtig wird die Frage für die Zulassung von Gegenwehr, für die Behandlung der Teilnehmer und für die Wirkung eines Irrtums über das Vorliegen der Voraussetzungen strafloser Rettungshandlung.

Die Notstandsfälle der §§ 52, 54 werden teils als persönliche Strafausschließungsgründe angesehen.[1]

Daraus würde folgen, daß ein Dritter durch Begünstigung des Notstandstäters sich strafbar macht, daß der irrige Glaube an eine gegenwärtige Gefahr für Leib und Leben den Vorsatz des Täters in keiner Weise ausschließt, daß derjenige, welcher dem Ertrinkenden einen (befolgten) Rat gibt, wie er sich auf Kosten eines anderen retten kann, Anstifter eines Mordes ist.

Teils werden sie als Schuldausschließungsgrund aufgefaßt.[2] Das hat zur Folge, daß ebenfalls der irrige Glaube an eine gegenwärtige Gefahr für Leib oder Leben belanglos ist, daß ferner ein dritter Ratgeber, welcher den rettenden Weg zeigt, als mittelbarer Täter der vom Notstandstäter verursachten Rechtsgutsverletzung, z. B. als Mörder, zu strafen ist.

Teils werden sie als erlaubt, d. h. als Rechtfertigungsgrund erachtet.[3] Daß vermeintlicher Notstand strafausschließend wirken kann, ist anscheinend auch die Ansicht von E. in GA. **62**, 149.

Dies ist mit der Einschränkung richtig, daß die Erlaubnis nur den in §§ 52, 54 bezeichneten Personen sowie ihren Teilnehmern und Begünstigern gilt und

---

[1]) So z. B. von Olshausen § 52 N. 14, Beling, Grdz. 60.
[2]) So z. B. von Frank § 52 III.
[3]) So z. B. von Wachenfeld 122, Allfeld 188 N. 4.

auch nur einseitig wirkt. Die Gegenseite (d. h. der durch die Rettungshandlung Angegriffene) wird nicht verpflichtet, die Handlung als erlaubte zu behandeln. Sie darf sich also gegen den Angriff wehren.

Es liegt also in diesem Falle eine Sprengung der hergebrachten Grenzen zwischen Rechtfertigungs- und Schuldausschließungsgründen vor. Aber wenn man hier zunächst von der ratio legis ausgeht und dann erst die theoretische Formel dafür sucht, gelangt man zu diesem Ergebnis. Anders wenn man die theoretischen Begriffe als unumstößliche Schranken des Gesetzeswillens errichtet und von ihnen aus deduziert.[1])

Sonstige zur Rettung mitwirkende Personen werden als Täter (oder Teilnehmer) einer strafbaren Handlung angesehen, die durch eine Rettungshandlung etwa zustande kommt, z. B. der Nichtangehörige als Nothilfetäter. Der vorsätzliche Urheber des Notstandes ist häufig als Täter einer Nötigung und je nach seinem dolus auch als vorsätzlicher Urheber des durch die Rettungshandlung verursachten Erfolges zu strafen.

Die Berücksichtigung einer Notstandslage beruht zum Teil auf dem Gedanken, daß das Recht gegenüber dem Interesse des Bedrohten an der Erhaltung der eigenen wichtigsten Lebensgüter eine Selbstaufopferung für eine Überspannung hält (Beispiel § 54 StGB.), zum Teil auf dem Gedanken einer Abwägung kollidierender Interessen, auch wo Selbstaufopferung nicht notwendig in Frage steht (Beispiel § 228 BGB).[2])

II. Einzelne Notstandsfälle.

A. Fälle des Bürgerlichen Gesetzbuchs und der Nebengesetze.

1. Abwehr gegen Sachen. § 228 BGB.

Wenn von einer fremden Sache eine körperliche Gefahr für irgendwelche Rechtsgüter droht, so ist der Bedrohte und zu seinen Gunsten jeder Dritte berechtigt, auf die Sache einzuwirken (sie insbesondere zu be-

---

[1]) Im wesentlichen gl. M.: Goldschmidt, der Notstand als Schuldproblem 37—45.

[2]) Vgl. Baumgarten, Notstand und Notwehr (1911) 22 f.

schädigen oder zu zerstören), soweit diese Einwirkung zur Abwendung der Gefahr erforderlich ist, es sei denn, daß die Verletzung der Sache einen unverhältnismäßig größeren Schaden bedeutet, als er bei Nichtabwendung der Gefahr bevorsteht. Der Eigentümer der gefahrdrohenden Sache hat gegenüber der Abwehrhandlung weder ein Verbietungs- noch ein Notwehrrecht.

Einzelnes:

Als fremde Sache ist auch die nicht im Eigentum stehende anzusehen; z. B. Vernichtungshandlungen gegen eine Pestleiche sind zulässig.

Die Einwirkung braucht ebenso wie im Falle des § 904 nicht unbedingt in einer Beschädigung der Sache zu bestehen. Um einen wertvollen Gegenstand zu retten, der in das Räderwerk einer Maschine geraten ist und durch sie beschädigt zu werden droht, stelle ich die Maschine ab. Die erforderliche Proportion zwischen dem durch die Abstellung der Maschine etwa für eine Fabrik entstehenden Schaden und dem nur an dem Gegenstande drohenden Schaden liegt schon vor, wenn sie nur dem § 228 entspricht.

Als Gefahr, die zur Abwehr berechtigt, kommt eine Gefahr nicht in Betracht, die nur auf psychisch vermitteltem Wege Schaden verwirklichen kann, z. B. Gefahr für die Ehre, für die Sittlichkeit. Es ist daher z. B. nicht etwa erlaubt, sittlich bedenkliche Gemälde oder Bilder zu zerstören, um seinen Kindern den Anblick zu ersparen. Nur die von der Sache drohende physische Schadenskausalität kommt in Betracht.

Als Schaden, der nicht unverhältnismäßig kleiner sein darf als der durch die Abwehr anzurichtende Schaden, gilt dagegen auch der Schaden für persönliche Güter, z. B. für die Freiheit, für die körperliche Integrität, für die allgemeine Verkehrssicherheit.[1])

Hält man die Abwehr gegen Tierangriffe nicht für eine Abwehr gegen rechtswidrige Angriffe (s. darüber den vorigen Paragraphen) so kommt wenigstens § 228 dabei zur Anwendung. Die Vorschrift des § 228 durchbricht auch landesrechtliche Jagd-

---

[1]) Vgl. auch Planck, BGB.(4) § 228 N. 1 f.

verbote. Jedoch kann gemäß Art. 69f. BGB. eine ausdrückliche landesrechtliche Bestimmung auch die Notstandsbefugnis aufheben.[1] Der § 228 läßt aber das Verbot der Aneignung des rechtmäßig getöteten Tieres bestehen, welches mit Schaden droht. Daß das Tier früher Schaden stiftete, reicht nicht aus. Es kann ferner nicht jedes beliebige Reh abgeschossen werden, wenn nur ein einzelnes Reh etwa einer jungen Saat nachteilig ist. Nur die Tötung des Tieres, von welchem nachweislich Gefahr droht, ist nach § 228 zu beurteilen.[2] — Damit ist zugleich die Frage entschieden, ob durch § 228 auch die Rechtswidrigkeit anderer objektiver Deliktstatbestände, die in der Abwehrhandlung liegen können, ausgeschlossen ist als die der Sachbeschädigung, z. B. eines Polizeidelikts, einer Brandstiftung. Die Frage ist zu bejahen, wenn bei billiger Güterabwägung der von der Sache drohende Schaden nicht wesentlich kleiner ist als der Schaden, den die pseudodeliktische Abwehrhandlung für die Rechtsgüterwelt bedeutet.[3] — Auch die Tötung revierender Hunde durch den Jagdberechtigten ist unter den häufig allerdings nicht gegebenen Voraussetzungen des § 228 erlaubt.[4]

Damit eine Gefahr von der Sache droht, ist erforderlich, daß die zu beschädigende Sache selbst Schaden stifte. (Nicht ganz unbedenklich wird auch gesagt, daß sie die „ursprüngliche Ursache" der Gefahr sein müsse. Allein die Bewegung einer Sache ist immer selbst kausiert.) Wenn z. B. vom Hochwasser eine Gefahr droht, darf man nicht den Hochwasserdamm an einer für das bedrohte Grundstück nicht bedrohlichen Stelle durchstechen, um dem Wasser einen anderen Abfluß zu geben. Denn vom Damm selbst droht die Gefahr nicht, und der Damm ist auch nicht eine Sacheneinheit mit dem Wasser, wie etwa die Schale einer Bombe und ihr Sprengstoff.[5] Doch kann § 904 vorliegen.

---

1) Treffend v. Liszt § 34 N. 4.

2) Vgl. dazu E. in DJZ. 7, 152.

3) Gl. M.: Riezler-Staudinger, BGB. (8) § 28 N. 4b, 9d, Ebner, ZStW. 33, 69, Oertmann, BGB. § 228 N. 2a.

4) E. 34, 295 (97).

5) Gl. M.: Oetker, VD. A. 2, 360, E. ZS. 71, 240. A. M.: Cosack (6) 1, 325.

Verschuldung des Notstands schließt den § 228 nicht aus. Auch wer vorsätzlich seinen Notstand verursacht hat, darf hiernach abwehren.[1] Er ist nur zum Schadensersatz verpflichtet. Dagegen wird eine Ausnahme gelten, wenn der Täter nicht nur den Notstand, sondern auch die Beschädigung der fremden Sache vorausgesehen und sie mindestens dolo eventuali gewollt hat. In dem Augenblick, wo der Täter bei Verursachung der Gefahr vorsätzlich zugleich einen Zustand verursacht hat, in dem die Sachverletzung zur Abwendung erforderlich wird, war er von der Sache nicht bedroht. Er hat damit durch eine actio libera in causa sich ein Dilemma geschaffen, in dem er jetzt entweder die Gefahr auf sich nehmen muß (= freiwilliger Rücktritt vom Sachverletzungsversuch) oder aber seine Straffälligkeit (wegen der zur Verhütung größeren Schadens nicht mehr aufgegebenen Sachverletzung) beibehält.

2. Abwehr mit Hilfe von Sachen. § 904 BGB.

Zur Abwehr einer gegenwärtigen Gefahr für irgend welche Rechtsgüter ist der Bedrohte und zu seinen Gunsten jeder Dritte berechtigt, eine Einwirkung auf fremde Sachen vorzunehmen (sie also nötigenfalls zu zerstören), wenn die Einwirkung zu jenem Zwecke notwendig und der durch die Gefahr drohende Schaden unverhältnismäßig größer ist als der durch die Einwirkung zu erwartende Schaden. Der Sacheigentümer hat hiergegen weder ein Verbietungsrecht, noch bei Eigenmacht des Verbietenden ein Notwehrrecht.[2]

Einzelnes:

Der § 904 greift nur subsidiär Platz, d. h. nur soweit nicht die weiter gehenden Rechte aus § 228 BGB., §§ 52, 54 StGB. vorliegen.[3] Im Falle des § 904 ist der Täter allemal ersatzpflichtig, es sei denn, daß er nicht der Bedrohte war, sondern

---

[1] A. M.: v. Bar 3, 245, der nur culpa, nicht dolus gelten läßt.

[2] Gl. M.: Binding, G. 196, Kober-Staudinger, BGB. (8) § 904 N. 1c; Komm. der Reichsgerichtsräte zum BGB (2) § 904 N. 3; Neumann, BGB. (6) § 904 N. 7. A. M.: Cosack, Bürgerl. R. (6) 1, 325.

[3] Gl. M.: Binding G. 196.

nur auf dessen Weisung hin als Besitzdiener abwehrte. Dann ist aber der Bedrohte nach § 904 ersatzpflichtig.

Der § 904 legt dem Eigentümer nicht die Pflicht auf, selbst handelnd dem Bedrohten auf dessen Verlangen mitzuhelfen. Der Eigentümer braucht z. B. nicht eigens für den eine Arznei Verlangenden diese zuzubereiten;[1]) er hat ferner keine Auskunftspflicht (vgl. aber auch § 809 BGB.). Der Bedrohte kann nach der Sache selbst suchen, wenn die Vorausaussetzungen des § 904 vorliegen; wenn der Eigentümer sie nicht besitzt, kann er dies verhindern. Ableugnung des Besitzes bedeutet die volle Verantwortlichkeit des Eigentümers, wenn die Gefahr zur Rechtsgutsverletzung führt und der Eigentümer dies als möglich vorausgesehen hat oder voraussehen mußte.

Der Eigentümer muß das Verbot und die positive Verhinderung einer gewünschten Einwirkung nicht erst von dem Zeitpunkte an unterlassen, wo der Notstandstäter die Sache bereits ergriffen hat, sondern schon dann, wenn dieser seinen Willen zur Einwirkung kundgegeben hat und der Eigentümer darum weiß. Z. B. der Eigentümer darf ein Tau nicht mehr kappen oder zurückreißen, wenn er sieht, daß der Ertrinkende darauf zustrebt oder nach ihm greift.

Als Gefahr im Sinne des § 904 hat nicht nur eine solche Gefahr zu gelten, für die eine Sache physisch kausal werden kann (so § 228), sondern auch eine Gefahr für immaterielle geschützte Güter. Man darf also z. B. zur Verhütung der Gefahr, als ehrlos oder als Ehebrecher dazustehen, sich einen fremden Brief verschaffen.[2]) De lege ferenda ist allerdings eine Einschränkung des § 904 erwägenswert, dessen volle Tragweite glücklicherweise noch nicht ins Volk gedrungen ist.[3]) Der Eigentümer ist manchmal ziemlich gefährdet und außerdem in einem rechtlichen Dilemma befindlich, wenn er die Größe und das Bestehen einer von dritter Seite vorgegebenen Gefahr nach der Sachlage nicht prüfen kann.

Löffler[4]) nimmt an, eine Not, die die tägliche Bettgenossin

1) Gl. M. wohl v. Bar 3, 246.
2) Gl. M. im Ergebnis Finger 1, 398, a. M.: v. Bar 3, 248.
3) Vgl. dazu v. Bar 3, 255.
4) Vgl. Löffler ZStW. 21, 577 N. 84.

eines armen Mannes sei, genüge nicht für § 904, es müsse eine außergewöhnliche Not vorliegen. Die frierenden Vagabunden in sein Haus einzulassen, sei der Bauer nicht gebunden. — Schädigungen, die nach den Verkehrsanschauungen unbedeutend sind, z. B. Bespritztwerden von vorbeifahrenden Wagen, werden allerdings zu gewaltsamem Eindringen in ein verschlossenes Haus kaum legitimieren. Eckhäuser an engen, belebten Straßen müßten sonst oft herhalten. (Notwehr gegen den Wagenlenker ist auch nicht immer gegeben.) Dagegen ist in § 904 keine Rücksicht darauf genommen, ob gerade für den in Gefahr Befindlichen diese Gefahr keine außergewöhnliche ist. Ist ein armer Teufel in einer ernstlichen Gesundheitsgefahr, so ist ihm § 904 nicht deshalb verschlossen, weil er schon öfters in ähnlicher Lage war und bisher von seinem Rechte keinen Gebrauch gemacht hat. — Aber gegen verdächtige Vagabunden, die unter Berufung auf nicht sofort widerlegbare Not Einlaß begehren, kann häufig Putativnotwehr geltend gemacht werden: wer glaubt, der begehrte Einlaß sei Vorwand zu einem in Wahrheit rechtswidrigen Eingriff in den Hausfrieden, handelt bei der Abwehr des Eindringlings wenigstens nicht vorsätzlich rechtswidrig.

Vorsätzliche Verursachung der Gefahr unter Voraussicht der zu ihrer Abwehr erforderlichen Einwirkung hebt auch bei § 904 die Rechtmäßigkeit der Handlung auf. Dem Umstand, daß die vorausgesehene Einwirkung auf fremdes Eigen im Falle des § 904 unverhältnismäßig unbedeutender ist als die Gefahr, kommt gegenüber einer actio libera in causa keine Bedeutung zu. Diesen vorbedacht rechtswidrigen Angriff darf der Eigentümer unbedingt wehren, solange bei Notwehr keine Proportionalität eingeführt ist.

Gemeinsame Bemerkungen zu §§ 228, 904.

Die beiden Fälle bilden echte Ausschließungsgründe der Rechtswidrigkeit, ja sie stellen ein Notrecht dar.[1])

---

[1]) Gl. M. die herrschende Lehre z. B. Allfeld 188 N. 4; Binding G. 196; v. Liszt § 34 III; Oetker, VD. A. 2, 368, Wachenfeld 125. A. M.: Mayer 305 f., der hier nur die subjektive, nicht die objektive Widerrechtlichkeit für ausgeschlossen erklärt. Die Folgerung, daß der Eigentümer der vom Notstandstäter beschädigten Sache sich wehren darf, wird jedoch von Mayer 309 nur für § 228, nicht für § 904 in

Die Fälle der §§ 228 und 904 werden einander nicht selten als defensive und aggressive Notstandshandlungen gegenübergestellt.[1]) Vom Standpunkte der Abwehr aus handelt es sich in beiden Fällen um eine Abwehr, vom Standpunkte des Sacheigentümers in beiden Fällen um einen Angriff. Der Sache droht auch bei § 228 nicht notwendig Verletzung, z. B. wenn der Abwehrende an ihr bloß aufspringen will; es bleibt dann aber ein Angriff gegen die Willensmacht des Eigentümers übrig, der nicht anders auch bei § 904 vorliegt.[2])

Bei Prüfung der Erforderlichkeit (Notwendigkeit) der Notstandshandlung zur Gefahrabwendung ist davon auszugehen, daß dies Merkmal schon vorliegt, wenn der Täter (außer dem Falle der Notwehr) nur durch eine andere mehr Rechtsgüternachteile bedeutende Handlung die Gefahr kehren könnte.[3])

Der Ausschluß der Widerrechtlichkeit macht sich in §§ 228, 904 nicht nur gegenüber dem Sacheigentümer, sondern auch gegenüber dem Besitzer und dem dinglich Berechtigten geltend. Es handelt sich um einen Anspruch, der die Sache selbst betrifft, gleichviel wem die Ausübung der aus dem Eigentum quellenden Befugnisse jeweils zusteht.[4])

Irrtum des Täters über das Vorliegen der geforderten Proportionalität zwischen der Bedeutung der Gefahr und der Größe des anzurichtenden Schadens schließt in der Regel den Vorsatz aus; z. B. der Täter überschätzt die Gefahrnähe oder den Gefahrumfang. Anders verhält es sich, wenn der Täter

---

Kauf genommen. Die positive Vorschrift des § 904, daß der Eigentümer die Einwirkung nicht verbieten darf, muß u. E. auch für die theoretische Konstruktion des geltenden Rechts maßgebend sein. Die These Mayers 306, daß ohne Rechtswidrigkeit der Handlung die Einführung einer Haftung ohne Verschulden ein leeres Wort sei, ist nicht haltbar. Der Gegenbeweis der herrschenden Lehre aus GewO. § 26 ist von Mayer 307 nicht widerlegt.

[1]) So z. B. von Mayer 303. Dagegen Wachenfeld 125.

[2]) Trotzdem erscheint die Terminologie Mayers unmißverständlich und plastisch, da sie offenbar nur das verschiedene Verhältnis des Notstandstäters zu der personifiziert gedachten Sache im Auge hat, also bewußt ein Bild gebraucht. Nur logisch haltbar ist sie nicht.

[3]) Gl. M.: Oetker, VD. A. 2, 369.

[4]) Gl. M.: Komm. der RGR (2) zu § 904 N. 1.

sich nur darüber geirrt hat, welches Mißverhältnis zwischen Gefahr und anzurichtendem Schaden nach der ratio legis als unverhältnismäßig zu gelten habe.[1])

3. Notstandsfälle in Nebengesetzen ergeben sich aus Reichspostgesetz § 17, Seemannsordnung § 87, Strandungsordnung §§ 9 II, 35.[2])

B. Fälle des ungeschriebenen Rechts und des Strafgesetzbuchs.

1. Ist ein gefährdetes Rechtsgut nur zu retten durch Verletzung eines Rechtsguts offenbar geringwertigerer Bedeutung oder einer Rechtsnorm polizeilichen Charakters, so ist diese Verletzung regelmäßig unverboten (Interessenkollision).

Z. B. ein Rechtsanwalt oder Arzt kann sich vor dem unverdienten Verdacht einer strafbaren Handlung nur durch Preisgabe eines anvertrauten Geheimnisses retten (§ 300). Er darf das Geheimnis preisgeben.

Oder: Um einen Wagen mit Gipsfiguren vor einem durchgehenden Pferd zu retten, fährt ihn der Gipswarenhändler eiligst auf einen polizeilich verbotenen Weg.[3])

Oder: Eine Schwangere schwebt in starker Gefahr, ihr Leben oder auf längere Zeit ihre Gesundheit einbüßen zu müssen, wenn ihre Frucht nicht frühzeitig abgetrieben oder perforiert wird. Ein Arzt, der diese Handlung vornimmt, macht sich nicht schuldig, wenn er auch kein Angehöriger der Schwangeren ist.[4])

Das Prinzip des überwiegenden Interesses und die Dispositionsbefugnis über das notorisch als höherwertig erachtete Rechtsgut spricht dafür, daß der Selbstmordversuch einer Schwangeren auch nicht als versuchte oder vollendete Tötung der Frucht (§ 218) geahndet werden kann. Anders wenn die

---

[1]) Gl. M. wohl v. Bar 3, 247.

[2]) Vgl. dazu Frank (14) S. 117; v. Liszt § 34 N. 9; Oetker VD. A. 2, 353; Wachenfeld 127.

[3]) Vgl. v. Bar 3, 276; weitere Beispiele bei Goldschmidt, Der Notstand ein Schuldproblem 49.

[4]) Vgl. auch Binding H. 1, 766, weitere Beispiele bei v. Bar 3, 275.

Absicht auf Tötung der Frucht gerichtet war und der eigene Tod nur dolo eventuali gewollt war.[1])

Ausnahme: In einzelnen Fällen bestehen Pflichten, einer bestimmten Gefahr für eigene Rechtsgüter zu trotzen, z. B. für Soldaten im Felde, für Seeleute zur Erhaltung von Schiff und Ladung, für Feuerwehrleute (in beschränktem Umfang).[2]) Außerdem ist die Notstandshandlung, welche zugunsten eigener Sachen fremde Sachen verletzt, nur innerhalb der Grenzen des BGB. (das hier erschöpfend sein will) erlaubt. Eine Ausnahme siehe unten unter 3.

2. Besteht für den Täter die Notwendigkeit, eine von mehreren Rechtspflichten zu verletzen, so ist die Verletzung der geringwertigeren Pflicht, bei ihrer Gleichwertigkeit einer der beiden Pflichten, unverboten (Pflichtenkollision).

Z. B. ein Soldat steht vor dem Dilemma, entweder seinen Posten verlassen zu müssen oder einen beobachteten Verbrechensplan nicht anzeigen zu können. Anderes Beispiel: Vorladung vor zwei verschiedene Gerichte zum gleichen Zeitpunkt. Weitere Beispiele bei v. Bar 3, 222, Oetker VD. A. 2, 358.

3. Sind zwei Rechtsgüter in einer Gefahr, aus der nur eines überhaupt gerettet werden kann, so ist die Rettung des wertvolleren auf Kosten des minderwertigen erlaubt; bei gleichwertigen Rechtsgütern ist die Rettung jedes von beiden auf Kosten des anderen erlaubt (scil. soweit nicht § 54 zutrifft).[3])

Z. B.: Jemand kann bei einem Brande von zwei Koffern (einem eigenen und einem ihm zur Behütung anvertrauten) nur den einen aus dem Hause herausschaffen.

4. Erlaubt sind ferner Nothilfehandlungen, wenn sie nach Auffassung verkehrstüchtiger Menschen nur als solche betrachtet werden, welche die Gefahr der Verletzung eines Schutzobjektes vermindern.

---

[1]) Vgl. zu der Streitfrage Schwartz § 218 N. 6.

[2]) Vgl. Allfeld 194 N. 34, Binding H. 1, 781 f.

[3]) Vgl. Oetker VD. A. 2, 352, Binding G. 194.

Z. B.: Der Arzt weiß, daß sein Patient mit 100 % Wahrscheinlichkeit bald sterben muß, wenn er an ihm nicht eine schwierige Operation vornimmt, die in 80 % der Fälle den Tod früher verursacht, in 20 % der Fälle dagegen das Leben rettet. Diese Operation mit 20 % Wahrscheinlichkeit ist bei Einwilligung des Patienten zulässig, obwohl sie, naturwissenschaftlich beurteilt, die Todeschancen nicht vermindert, sondern vermehrt. Denn Todesbeschleunigung gilt nach physischer Kausalität als Todesverursachung, und es sind 80 % dieser Wahrscheinlichkeit gegeben. Allein, wenn jemand binnen kurzem (z. B. binnen Monatsfrist) ohnehin dem Tod verfallen ist, so gilt es nach Anschauung des Verkehrs (verkehrstüchtiger Menschen) nur als Rettung, wenn man ihm durch eine Operation 20 % Rettung bringt, in 80 % der Fälle aber die kurze Lebens- und Leidensspanne verkürzt. Im Vergleich zu der Gewinnchance wird die Verlustchance als etwas rechtlich Untergeordnetes gewertet. — Anderes Beispiel: Ein Jäger sieht, daß ein hilfloser Mensch von einem wütenden Stier angefallen wird und dem sicheren Tode verfallen ist, wenn der Stier nicht sofort niedergeschossen wird. Der Jäger sieht aber zugleich eine Wahrscheinlichkeit von 50 % (oder mehr) voraus, daß er den Stier verfehlen und den Hilflosen treffen könne. Er schießt auf den Stier. Auch hier kommt die geringe Lebensverkürzung, die der Tod durch einen Herzschuß bedeuten kann, im Urteil verkehrstüchtiger Menschen noch nicht in Betracht bei Vergleichung der Chancen der Lebensrettung.[1])

5. E r l a u b t i s t d i e U n t e r l a s s u n g e i n e r g e b o t e n e n H a n d l u n g, w e n n i h r e V o r n a h m e z u g l e i c h d i e S e l b s t a n z e i g e w e g e n e i n e r s t r a f b a r e n H a n d l u n g e n t h i e l t e.

Die Gefahr einer Bestrafung darf also durch bestimmte Unterlassungen, nämlich durch Nichtvornahme solcher Handlungen, abgewendet werden, durch welche zugleich die begangene Straftat den Staatsorganen enthüllt würde.

---

[1]) Vgl. auch v. B a r 2, 196, der in solchen Fällen Kausalzusammenhang der Rettungshandlung mit dem etwa bewirkten Schadenserfolge verneint. Dies erscheint nicht haltbar.

Z. B. ein Bordellwirt unterläßt die Anzeige seines Gewerbebetriebs bei der Steuerbehörde, um nicht nach StGB. § 180 verfolgt zu werden. Er ist nicht wegen Defraudation zu strafen.

Ebenso steht es, wenn ein nicht konzessionierter Buchmacher Wetteinsätze annimmt, ohne seinen Gewerbebetrieb der Steuerbehörde anzumelden, mit dem Vergehen nach § 31 des Reichsstempelgesetzes von 1909.[1])

6. Erlaubt ist die Handlung, zu deren Vornahme der Täter durch Drohung mit gegenwärtiger Gefahr für Leib oder Leben seiner selbst oder eines Angehörigen genötigt wurde, sofern die Gefahr auf andere Weise nicht zu beseitigen war. Nötigungsstand. StGB. § 52. Beruhte diese Gefahr nicht auf der Drohung seitens eines Zurechnungsfähigen, so ist weiter vorausgesetzt, daß sie (von dem in Notstand Befindlichen) nicht verschuldet war. Strafrechtlicher Notstand i. e. S. StGB. § 54. (Das StGB. erwähnt in § 52 außerdem den Fall, daß jemand durch unwiderstehliche Gewalt zu einem Tun oder Lassen gezwungen war. Alsdann fehlt es aber bereits an einer Handlung, und der Gezwungene ist schon deshalb nicht verantwortlich. Ist die Gewalt widerstehlich und zugleich gegen die Person (nicht nur gegen ihre Sachen) angewendet, so kommt sie im Sinne des § 52 als Drohung in Betracht. Beispiel: Einschließung in einem Zimmer, aus dem der Ausweg nur erschwert ist.

Typische Notstandsfälle nach § 54.

Der Mignonettefall: Zur Rettung vor dem drohenden Hungertod verspeist die schiffbrüchige Mannschaft des Schiffes Mignonette den Schiffsjungen.[2])

Das Brett des Karneades: Zwei Schiffbrüchige suchen sich auf einer Planke zu retten, die nur einen über Wasser hält. Der eine stößt den anderen fort.

Um ihr durch einen Unglücksfall verletztes Kind vor der Verblutung zu retten, zwingt die Mutter mit vorgehaltenem

---

1) Vgl. RGE. 45, 102, RG. in GA. 53, 76.

2) Vgl. Simonson ZStW. 5, 372; Osenbrüggen, Casuistik, 10.

Revolver einen zufällig vorübergehenden Arzt zu sofortiger Hilfeleistung.

Einzelheiten der §§ 52, 54:

a) Eine Drohung liegt auch dann vor, wenn der Bedrohte sich selbst ernstlich bedroht und ein Angehöriger zur Abwehr der Gefahr beispringt.

Z. B. eine Mutter begeht straflos einen Kinderraub, (§ 235) wenn sie ihr Kind der Zwangserziehung entzieht, weil dieses ernstlich mit Selbstmord gedroht hat.[1]

b) Eine Gefahr für Leib oder Leben liegt auch vor, wenn sie die geschlechtliche Intaktheit betrifft (Finger **1**, 427). Ebenso gehört hierher die Gefahr einer körperlich fühlbaren Einsperrung.[2] Die Gefahr einer ganz unbedeutenden Körperverletzung reicht nicht aus.[3]

Die Gefahr kann auch durch schlechten Zustand eines Fürsorgezöglings in der Anstalt begründet sein.[4]

c) Die Gefahr ist auf andere Weise zu beseitigen, solange dem in Notstand Befindlichen die Flucht offen steht, oder eine Notwehrhandlung möglich ist, welche die Gefahr für Leib oder Leben ohne nennenswertes persönliches Risiko abwendet.

M. a. W.: Die Notstandshandlung ist dann der Notwehr gegenüber nur subsidiär erlaubt. Wer vor der Alternative steht, entweder seinen gefahrdrohenden Gegner niederzuschießen oder einen unbeteiligten Dritten als Deckung zu benutzen, muß das erstere wählen. Aber die Subsidiarität ist nicht vorhanden, wenn die Abwehr für den Täter ein nennenswertes Risiko für sein Leben oder seine körperliche Gesundheit bedeutet.[5]

Die Notstandshandlung ist ferner nur erlaubt, wenn die Gefahr nicht durch eine weniger Schaden verursachende Handlung abzuwenden war.[6]

---

1) Vgl. E. **38**, 123 (27). A. M.: Schwartz § 52 N. 3d.
2) Gl. M.: Allfeld 191 N. 14.
3) Gl. M.: Frank § 52 I 2.
4) Gl. M.: E. **41**, 214.
5) Treffend Oetker VD. A. **2**, 368.
6) Gl. M.: v. Olshausen § 52 N. 11.

Die Gefahr war auf andere Weise abwendbar, wenn seit dem Augenblick ihrer Wahrnehmung durch den Notstandstäter eine solche Möglichkeit für ihn bestanden hat, mag sie auch im Augenblick der Notstandshandlung für ihn nicht mehr bestehen. Wenn er die Verwirklichung eines für morgen angekündigten Übels heute noch durch Verständigung der Polizei verhüten kann, ist er bei schuldhafter Versäumung dieser Möglichkeit durch § 52 nicht mehr gedeckt. Aber dolus kann ihm fehlen.

d) Die Rettungshandlung ist zulässig, auch wenn die Größe des dadurch angerichteten Schadens der Größe der drohenden Gefahr nicht entspricht. M. a. W.: Es ist nicht außerdem erforderlich, daß der anzurichtende Schaden dem durch die Gefahr drohenden (abzuwendenden) Schaden proportional sei.[1] Falsch die Definition in den Motiven zu § 54: Der Notstand ist die Kollision zwischen zwei Rechten, bei welcher das geringere dem größeren weichen muß.

Eine Proportionalität verlangt VE. § 67. Sie ist bei einem Notstand zugunsten von Sachgütern auch angemessen.[2]

Beispiel zur lex lata: Auch wer nur Brandwunden zu befürchten hat, falls er ein Kind nicht von der Leiter stürzt, darf dies bei unverschuldetem Notstand tun.

Aber nur diejenige Rettungshandlung ist erlaubt, welche das geringste Übel darstellt, mit dem die Leibes- oder Lebensgefahr beseitigt werden kann.

Z. B.: Infolge einer Bedrohung mit Schlägen läßt der Wächter eines Hauses, wenn er sich anders davor nicht bewahren kann, Räuber oder Brandstifter ins Haus.

Irrige Annahme der Notstandstatsachen beseitigt den Vorsatz.[3]

---

[1] Gl. M.: Allfeld 193 N. 29, Frank § 54 II, v. Liszt § 34 III 3. A. M.: Binding G. 195.

[2] Vgl. aber auch v. Bar, 3, 260 f, der gewisse (überwindliche) Schwierigkeiten beleuchtet. Irrige Falscheinschätzung wäre als vorsatzausschließend zu erachten. Daß es unter Umständen zweifelhaft bleibt, ob die Bedeutung der Gefahr nicht unterschätzt wird, ist in Fällen wo heterogene Werte (z. B. guter Ruf und Sachen) zur Vergleichung kommen, nicht zu leugnen. Die Verkehrsauffassung, der Satz in dubio pro reo und die Irrtumslehre können aber in den doch seltenen Fällen der Unsicherheit ausreichend nachhelfen.

[3] Frank § 54 I a. E.

Der durch eine Notstandshandlung Bedrohte handelt in Notwehr.[1])

e) Die Gegenwärtigkeit der Gefahr bedeutet einen nützlichen[2]) Hinweis darauf, daß eine Gefahr, deren Verwirklichung noch durch spätere Abwehrmaßregeln zu beseitigen ist, nicht als ausreichend angesehen werden soll. Daß die Verletzung ebenfalls unmittelbar bevorstehen müsse, ist zu einer gegenwärtigen Gefahr nicht zu verlangen.[3]) Gegenwärtige Gefahr steht im Gegensatz nicht zu einer zukünftigen Gefahr, sondern zu einer Gefahr, zu deren Kehrung man noch nicht gegenwärtig vorzugehen braucht. — Bei erzwungener Unterlassung lag eine gegenwärtige Gefahr schon vor, wenn die Verletzung im Falle des Handelns zu befürchten gewesen wäre. Z. B.: Es wird jemandem gedroht, wenn er zum Termin als vorgeladener Zeuge erscheine, werde ihn unterwegs eine Kugel finden. Hier kann Notstand vorliegen, obwohl den zu Hause gebliebenen Zeugen keine Kugel bedrohte.

f) Verschuldet ist der Notstand, wenn die Gefahr verschuldet ist. Denn die Gefahr löst den Notstand ohne weiteres aus.[4]) Richtig ist zugleich, daß nicht jede bewußte Herbeiführung einer Gefahr auch einen verschuldeten Notstand herbeiführt. Denn diese darf manchmal herbeigeführt werden.[5]) Anders wäre es, wenn man jede wissentliche Gefährdung (dem rein deskriptiven Vorsatzbegriff folgend) als dolose Gefährdung ansehen müßte. Dann müßte man, um gewisse Notstandslagen trotzdem straflos zu erklären, eine Unterscheidung konstruieren und sagen: Eine dolose Gefährdung ist noch keine verschuldete Begründung einer Notstandslage.[6])

Verschuldung der Gefahr liegt beim Notstand vor, wenn

---

[1]) Gl. M.: Frank § 54 III.

[2]) Gl. M.: Oetker VD. A. 2, 342. A. M.: Mayer 310 N. 18.

[3]) Gl. M.: Frank § 52 I 2 b.

[4]) Gl. M.: Frank § 54 I 4, v. Liszt 155. A. M.: Allfeld 192 N. 21, E. 36, 334 (40) passim.

[5]) Etwas anderes meint auch das zit. RGE. 36, 334 nicht. (Ein Ehemann hatte seine nicht gebärfähige Frau durch Schwängerung in einen Notstand gebracht, der eine Abtreibung angemessen erscheinen ließ.)

[6]) Der Streit hat somit keine sachliche, sondern nur terminologische Bedeutung.

man ohne rechtfertigenden Grund eine Lage schafft, aus der, wie vorauszusehen, der Gefährdete ohne Schädigung fremder Rechtsgüter nicht herauskommt. — Eine zur Duldung verpflichtende Gefahr wird anzunehmen sein bezüglich der Freiheitsentziehung, die einer Person auf Grund eines rechtskräftigen, wenn auch unrichtigen Strafurteils droht.[1])

Die Verschuldung des Notstands verbietet Rettungshandlungen nur, wenn der in Notstand Befindliche der Schuldige ist.[2])

Eine Handlung ist also z. B. nicht in einem verschuldeten Notstand begangen, wenn infolge eines von anderer Seite verschuldeten Brandes der Täter sich auf Kosten des Lebens eines anderen rettet.

Dagegen ist die Handlung zur Rettung aus einem verschuldeten Notstande begangen, wenn einem Brandstifter die Rettung aus dem brennenden Hause dadurch ermöglicht wird, daß ein Angehöriger desselben flüchtende Hausbewohner von der rettenden Leiter schießt.[3])

Weiß der die Rettung unternehmende Angehörige von dem Verschulden des Bedrohten nichts, so liegt Putativnotstand vor. Er schließt die Strafe wegen vorsätzlicher Handlung aus.[4]) Hat ein Angehöriger den Notstand verschuldet, so haftet er für den durch die Rettungshandlung verursachten Erfolg, wenn und soweit er ihn voraussah oder voraussehen mußte.

Z. B.: Eine Mutter hat aus Nachlässigkeit einen Wohnungsbrand verschuldet. Wenn sie, um ihr Kind zu retten, eine taube Person auf der Treppe umrennt, so ist die Handlung zur Rettung aus einem unverschuldeten Notstande begangen. Aber sie ist wegen fahrlässiger Branderregung schuldig, wegen fahrlässiger Körperverletzung nur dann, wenn sie sich eine solche Folge ihres fahr-

---

[1]) Vgl. E. in „Das Recht“ **19** Nr. 1222.

[2]) Gl. M.: Frank § 54 I 4, Oetker VD. A. **2**, 344, Wachenfeld 124. A. M.: Allfeld 192, Finger **1**, 422, welche auf das Verschulden des Täters der Rettungshandlung entscheidendes Gewicht legen.

[3]) Gl. M.: v. Bar **3**, 272.

[4]) Gl. M.: E. **41**, 214 (16).

lässigen Verhaltens bereits seinerzeit vorstellen mußte. — Wer anders entscheidet (d. h. die Rechtshandlung in solchem Falle verbietet), muß zu der Konsequenz kommen, daß die Mutter trotz inzwischen hinzugetretener Vorstellung, ohne ihre Rettungshandlung werde der Tod des Kindes eintreten, nicht Täterin einer vorsätzlichen Tötung wird. Das steht aber in Widerspruch zu der Lehre von den Fällen kausaler Unterlassung. Denn hiernach gilt derjenige als vorsätzlicher Täter eines Delikts, der unvorsätzlich die Ursache zu einem Erfolg gesetzt hat, und in einem Zeitpunkt, wo er ihn noch abwenden könnte, die Rettungshandlung vorsätzlich unterläßt; vgl. z. B. Allfeld 172 Nr. 3b.

Der Gedanke, daß nicht ohne weiteres das Verschulden des Nothelfers die Rettungshandlung desselben verbiete, aber ihn doch in anderer Weise haftpflichtig mache, ist auch in einem anderen Notstandsfall (BGB. § 228) verwertet.

Anderes Beispiel: Ein Vater hat sein Kind in den Wald geschickt und dabei vergessen, daß dort heute Gemeindejagd ist. Er darf im Auto zur Rettung dem nach dem Walde gehenden Kinde nachjagen und macht sich, wenn Gefahr im Verzuge ist, nicht eines verbotswidrigen Fahrens (etwa nach § 24 Z. 1 — Kraftfahrzeugges. v. 1909) schuldig.

g) Als Angehörige gelten im Sinne des Notstands und überhaupt des Strafrechts[1]) die in § 52 II bezeichneten Personen[2]): Verwandte und Verschwägerte in gerader Linie, Adoptiv- und Pflegeeltern und -kinder, Ehegatten bei bestehender Ehe, Verlobte bei bestehendem Verlöbnis, Geschwister, Verschwägerte im zweiten Grades der Seitenlinie.[3])

Außereheliche Verwandtschaft steht der ehelichen (auch für Schwägerschaften) gleich. — Die Schwägerschaft dauert fort, wenn die sie begründende Ehe durch den Tod[4]) gelöst ist.

---

1) Vgl. z. B. § 292 StGB., § 9 des Bankdepotgesetzes von 1896.

2) Vgl. v. Bar 3, 284, v. Olshausen § 52 N. 18—24.

3) Die affines secundi generis gehören nicht dazu.

4) Lösung durch Urteil hebt die Schwägerschaft ebenso wie die Gatteneigenschaft auf (bestr.).

Das Verhältnis der Ehegatten wird noch nicht durch Aufhebung der ehelichen Gemeinschaft, aber durch die Trennung der Ehe gelöst.

Pflegekindschaft bedeutet ein Verhältnis häuslicher Gemeinschaft zwischen einem Minderjährigen und einer älteren Person, wonach ersterer ähnlich wie ein leibliches Kind gehalten wird. Dauerte dieses Verhältnis bis zur Volljährigkeit fort, so bleibt es weiter erhalten. — Onkel und Neffe sind keine Angehörigen.

§ 33.

Rechtfertigungsgründe außerhalb des Allgemeinen Teils des Strafgesetzbuchs.

Geschichtlicher Überblick bei Heimberger: Zum Ausschluß der Rechtswidrigkeit 1907.

I. Hauptfälle.

Die Rechtswidrigkeit einer Tatbestandsverwirklichung kann insbesondere[1]) wegfallen:

1. bei erlaubter Selbsthilfe. Ihre Grenzen[2]) bestimmt das bürgerliche Recht; vgl. BGB. §§ 229f, 561 I, 859 III, 910 I, II f; E. BGB. Art. 89 f.

2. bei bestimmten Berufstätigkeiten.[3]) Z. B. haben Polizeibeamte und Gerichtsvollzieher ein Recht zum Betreten einer Wohnung,[4]) der Pfarrer kann landesrechtlich ein solches ebenfalls haben, RGR. **10**, 385. Jagdberechtigte dürfen nach bayr. VO. v. 5. Oktober 1863 § 17 revierende Hunde töten. Geistliche dürfen das Beichtsiegel bewahren, wenn sie ein anzeigepflichtiges Vorhaben des Verrats militärischer Geheimnisse in Ausübung der Seelsorge anvertraut erhielten, Gesetz vom 3. Juni 1914 § 9 II. Geistliche dürfen eine Trauung ohne vorgängige Eheschließung vor dem Standesbeamten vornehmen

---

[1]) Vgl. auch v. Liszt (20) 158 unter II 4.

[2]) Ihre sachlichen Grenzen gegenüber der Notwehr sind kaum abzugrenzen; nach positivem Recht ist sie der Notwehr gegenüber subsidiär. Vgl. dazu Kitzinger, Das Recht der Polizei zur Verhinderung strafbarer Handlungen (1913) 95.

[3]) Früher nahm man zu viele Berufsrechte an; es gibt solche, aber manche Fälle sind auch anders erklärbar. Vgl. Heimberger VD. A. **4**, 22.

[4]) Vgl. z. B. SPO. § 105.

bei todesgefährlicher Erkrankung eines Verlobten, Personenstandsgesetz § 67 II. Der Soldat hat im Felde ein Recht zur Tötung des Feindes; der Scharfrichter hat ein Recht zur Hinrichtung des zum Tode Verurteilten, der Forstbeamte ein Recht zur Brechung eines Widerstandes und zur Festnahme.

Formelle, d. h. strafrechtlich bedeutsame Überschreitung des Berufsrechts liegt nicht schon dann vor, wenn der Beamte die tatsächlichen Voraussetzungen einer Berufshandlung, die er zu prüfen hat, irrig annahm, es sei denn, daß er dabei fahrlässig zu Werke ging.[1])

Beispiel: Der Soldat verwechselt Freund und Feind.

Überschreitung liegt ferner nicht vor, wenn der Beamte bei Ermessensfragen sein Ermessen hat unrichtig walten lassen, mag er auch grob fahrlässig dabei vorgegangen sein.[2])

Beispiel: Der Gerichtsvollzieher nimmt eine Überpfändung vor, ZPO. § 803, weil er den Wert der gepfändeten Sachen bona fide zu niedrig schätzt. — Militärische Sonderbefugnisse begrenzt die preußische Dienstvorschrift vom 19. März 1914, betr. den Waffengebrauch und das Festnahmerecht des Militärs.[3])

3. bei Erziehungs- und Disziplinarrechten.[4]) Ein solches Recht, das zur Anwendung angemessener Zuchtmittel ermächtigt, besteht insbesondere für Eltern (auch für Adoptiveltern), Vormünder, öffentliche Lehrer, gewerbliche Lehrherren;[5]) dagegen nicht für Schiffer gegenüber Schiffsleuten (Seemannsordnung § 91 I[6]); nur eine Ermächtigung zur Körperverletzung als Zwangsmittel zur Beugung fortbestehenden Ungehorsams ist hier vorgesehen.

---

1) Gl. M.: Frank § 113 IV 2, E. 5, 295.

2) Gl. M.: E. 19, 164.

3) Ueber sonstigen dienstlichen Waffengebrauch s. Kitzinger 203 f., Anuschat, GA. 63, 4.

4) Vgl. Jos. Kaufmann, Das Züchtigungsrecht der Eltern und Erzieher (1910).

5) Vgl. BGB. §§ 1631, 1634, 1707; 1800; RGE. 43, 277 u. die dort zit. Erkenntnisse, welche ein aus dem Erzieherberuf abzuleitendes Züchtigungsrecht gegenüber Schülern bestimmter Klassen bzw. Schulen annehmen; Gew. O. § 127a.

6) A. M.: Allfeld 198, Wachenfeld 131. Vgl. dagegen v. Olshausen § 223 N. 10a.

Bestritten ist die Zulässigkeit der Züchtigung von Strafgefangenen; landesrechtlich wird sie zum Teil bejaht.[1]) Die landesrechtliche Zuständigkeit zu Vorschriften darüber dürfte zu bejahen sein.

Ausgeschlossen ist ein Züchtigungsrecht gegenüber den Dienstboten als solchen; E. BGB. Art. 95. Auch den Stiefeltern und Pflegeeltern steht keines zu. Doch kann es ihnen mit der Erziehung übertragen werden; den Fürsorgeerziehern ist es stillschweigend übertragen.[2])

4. bei einem rechtmäßigen Befehl.[3])

a) Es genügt formelle Rechtmäßigkeit des Befehls, auch wenn derselbe materiell ungerechtfertigt erscheint.

Der formell rechtmäßige Haftbefehl ermächtigt z. B. den Gerichtsdiener zu einer Verhaftung, der Vollstreckungsbefehl den Gerichtsvollzieher zur zwangsweisen Wegnahme von Sachen, der Absperrungsbefehl den Schutzmann zur Absperrung einer Straße und zu der damit entstehenden Verkehrshinderung. Der Haftbefehl gegen einen Verdächtigen bleibt rechtsgültig, auch wenn der Verhaftete in Wirklichkeit sich als unschuldig erweist.

b. Formell rechtswidrige Befehle beseitigen dagegen die Rechtswidrigkeit der anbefohlenen Handlung nie.[4]) Der Befehlende wird Anstifter oder mittelbarer Täter der befohlenen Handlung.

---

[1]) Vgl. dazu Kriegsmann, Gefgskunde 170, Freudenthal ZStW. **23**, 234.

[2]) Treffend bemerkt Jos. Kaufmann a. a. O. 29, daß man bei bestehendem Züchtigungsrecht nicht zu konstruieren habe, es liege schon begrifflich keine Mißhandlung vor, sondern: die Rechtswidrigkeit sei ausgeschlossen. Besonders deutlich tritt die Richtigkeit dieser Konstruktion zutage, wenn das erlaubte Zuchtmittel etwa in einer Freiheitsberaubung besteht. Hier ist es doch zweifellos, daß der zu Erziehende eingesperrt wird. Er wird es nur nicht in rechtswidriger Weise.

[3]) Vgl. dazu van Calker: Die strafrechtliche Verantwortlichkeit für auf Befehl begangene Handlungen 1891. Rotering, GerS. **71**, 417 (geschichtlich), Battenberg, Das auf Befehl begangene Verbrechen, 1916.

[4]) Gl. M.: Hegler, ZStW. **36**, 215, Frank III vor § 51. A. M.: van Calker 44, E. **2**, 411 (15).

Der durch die anbefohlene Handlung Angegriffene kann Notwehr üben.

Der Befohlene darf diesem rechtswidrigen Befehl in der Regel nicht gehorchen.

Beispiel: Der Vater befiehlt dem Sohne eine Brandstiftung an. Der strafmündige Sohn wird durch die Ausführung selbst strafbar. Der Bedrohte kann sich gegen ihn wehren.

Eine Besonderheit sieht § 47 MStGB. vor. Der befehlende militärische Vorgesetzte ist bei Übertretungen allein als verantwortlich erklärt; soweit eine befohlene Tat Verbrechens- oder Vergehenseigenschaft aufweist, soll der Untergebene als Teilnehmer haften. Der nächstliegende Sinn des § 47 ist kaum anders aufzufassen, als daß der Vorgesetzte jedenfalls als Täter verhaftet bleiben sollte; sonst könnte von einer Teilnahme des Untergebenen nicht die Rede sein. Ausdrücklich erklären die Motive,[1] es sei damit beabsichtigt, den Vorgesetzten allemal als Täter verantwortlich zu machen. Wenn schon die rein grammatische Auslegung bei unbefangener Würdigung diesen Sinn ergibt und die Motive ihn auch als beabsichtigt ergeben, dann kann der Wortlaut nicht einfach durch den Hinweis auf die Anomalität einer solchen Regelung umgestoßen werden.[2]

Danach wird der Vorgesetzte nicht des Strafrahmens eines bloßen Gehilfen teilhaftig, wenn sein Befehl nicht bestimmend, sondern nur gegenüber einem bereits Entschlossenen bestärkend wirkte. Der Untergebene ist Mittäter.[3]

c) Ausnahmen von der Pflicht, dem rechtswidrigen Befehl nicht zu gehorchen, bestehen verschiedentlich für dienstlich Untergebene. Ein solcher Fall ist gegeben, wenn der Befehlende unter anderen Umständen einen Befehl gleichen In-

---

1) Vgl. über die Entstehungsgeschichte van Calker 126.

2) Gl. M.: Allfeld 196; Binding, Strafr. Abh. 1, 350.

3) Im Gegensatz zu der hier vertretenen Ansicht halten den Vorgesetzten nur für einen Teilnehmer und den Untergebenen für den Täter, wenn er vorsätzlich ein Vergehen oder Verbrechen verübt: Battenberg 100, 106; Dietz, HoltzRE. (7) 5, 221; Mayer, Militärstrafr. 1, 119; Rotermund, MStGB. § 47 N. 5.

halts (z. B. einen Verhaftungs- oder Beschlagnahmebefehl) geben durfte.

Zur Entstehung eines Schuldausschließungsgrundes für den Untergebenen ist hier weiter erforderlich, daß entweder der Befehlende nicht dolos handelte, oder der Untergebene den Dolus des Befehlenden weder kannte noch kennen mußte. Das ergibt sich aus der normalen Stellung des Untergebenen, der die Grenzen der generellen Zuständigkeit, aber nicht die tatsächlichen Voraussetzungen dieser Zuständigkeit maßgebend zu prüfen hat, wenn er dienstliche Weisungen erhält.[1])

Es handelt sich aber nicht um bloße Schuldlosigkeit des Untergebenen,[2]) sondern um einen einseitig wirkenden Rechtfertigungsgrund.[3]) Die Folge ist, daß auch derjenige Nichtuntergebene straflos bleibt, der den Untergebenen unterstützt oder bestimmt, dem Befehle Folge zu leisten, sofern dieser Dritte kein besseres Wissen um die Sachlage hat als der Untergebene.

Beispiele: Ein Amtsarzt ordnet die zwangsweise Überführung eines an Darmkatarrh Erkrankten ins Krankenhaus an, indem er die Krankheitssymptome ganz irrig unter Flecktyphus subsumiert. Auch wenn der Untergebene die (richtige) Überzeugung hat, daß keine der gemeingefährlichen Krankheiten vorliegt, so darf er seine bessere Überzeugung nicht der des Amtsarztes überordnen, sondern muß gehorchen, wenn der Amtsarzt bei seiner etwa völlig grundlosen Meinung bleibt. Würde in solchem Fall ein objektiver Verdacht vorliegen, so wäre die Handlung des Amtsarztes nach § 14 III des Gesetzes von 1899 natürlich gar nicht rechtswidrig.

Ein Polizeiwachtmeister befiehlt dolos die vorläufige Festnahme eines Unschuldigen, weil er angeblich eines Verbrechens dringend verdächtig sei. Der Schutzmann erkennt den Dolus ohne Verschulden nicht und vollzieht den Befehl, obwohl er seinerseits von dem Fehlen eines Verdachtsgrundes überzeugt ist. — Anders läge es, wenn ein Oberlehrer dem Pedell den Befehl gäbe, gewaltsam in die Wohnung eines Schülervaters,

---

[1]) Vgl. auch v. Bar 3, 115.

[2]) A. M.: Battenberg 91.

[3]) Gl. M.: Frank III vor § 51.

einzudringen, sofern eine derartige Befehlsgewalt dem Befehlenden unter keinen Umständen zusteht.

Eine Auslegungsregel für die Frage der Entschuldbarkeit dessen, der einen rechtswidrigen Befehl irrig nicht als solchen erkennt, stellt Mayer 338 auf: Irrtum über die formelle Zulässigkeit des Befehls entschuldige nicht. Denn diese Zulässigkeit sei leicht feststellbar. Irrtum über die inhaltliche Berechtigung dagegen sei entschuldbar. Eine dahingehende Regel ist nicht anzuerkennen. Die formelle Zuständigkeit eines Beamten kann sehr schwer festzustellen sein, die inhaltliche Unzulässigkeit bestimmter Maßnahmen, z. B. einer bestimmten Behandlung in Beschlag zu nehmender Gegenstände, kann offen zutage liegen. Es bestehen also für die Prüfung der Fahrlässigkeit keine Präsumtionen.

Einen weiteren Fall fehlenden Verschuldens für den gehorchenden Untergebenen bildet das Bestehen einer im Gesetze etwa aufgestellten unweigerlichen Gehorsamspflicht.

Beispiele: Der die Begehung einer Übertretung verlangende Befehl des militärischen Vorgesetzten in Dienstsachen, MStGB. § 47. Auch hier handelt der Untergebene objektiv rechtswidrig.[1]) Wichtig für die Zulässigkeit eines Widerstandes gegen ihn. — Die Befehlsgewalt des Schiffsvorgesetzten nach Seemannsordnung §§ 34, 41. Der Befehlende haftet hier als Täter.

Ob der durch einen formell rechtswidrigen Befehl Angegriffene Notwehr ausüben darf, ist bestritten, aber wohl zu bejahen.[2])

d) Gehorsam gegen einen rechtswidrigen Befehl begründet eine Verantwortlichkeit des Befohlenen auch dann nicht, wenn dieser sich durch eine Drohung der in § 52 StGB. bezeichneten Art zur Befolgung des Befehls bestimmen ließ.

Drohungen leichterer Natur, die den Befehl begleiten, bedeuten, wenn sie Erfolg haben, in der Regel nur, daß der

---

[1]) A. M.: van Calker 111, Binding N. 2 (2) 921.

[2]) Vgl. Frank III vor § 51.

Bedrohte als angestifteter Täter haftet und daß eine besonders bedenkliche Form der Anstiftung vorliegt. Doch kann die in die Form des Befehls oder der Drohung gekleidete Veranlassung auch einen Irrtum des Veranlaßten über den Eintritt des Erfolges bewirken, so daß dann der Veranlasser selbst als alleiniger doloser Täter in Betracht kommt; der Veranlaßte bleibt aber dann vielleicht noch fahrlässiger Täter.

5. bei besonderen rechtlich anerkannten Ausnahmebefugnissen. Aus der nicht durch ein festes Prinzip begrenzten Zahl der zweifellosen und der umstrittenen Fälle sind hervorzuheben:

a) Das Recht jedermanns, den Täter einer strafbaren Handlung auf frischer Tat (unter den Voraussetzungen des § 127 SPO.) vorläufig festzunehmen.

b) Das ausnahmsweise Recht zur Beleidigung, StGB. § 193. Der § 193 bezieht nicht nur den Fall ein, daß ein wahrer Vorwurf in angemessener Form bei passendem Anlaß erhoben wird; in diesem letzteren Falle ist eine Beleidigung im Sinne des Gesetzes tatbestandlich überhaupt nicht vorhanden; Gegenschluß aus § 192.[1])

Der § 193 enthält vielmehr zugleich die Sondervorschrift, daß es bei Beleidigungen zur Wahrung gerechtfertigter Interessen angemessen ist, das Interesse des Angegriffenen an dem Nichteintritt der Beleidigung zurücktreten zu lassen hinter dem Interesse des Beleidigers, soweit letzteres nicht wesentlich weniger schutzwürdig erscheint.

c) Die gewohnheitsrechtlich anerkannte Befugnis zu wissenschaftlichem Zweck, Versuche am lebenden Tier zu machen. Wachenfeld 130 nimmt hier ein Berufsrecht an; allein das Recht ist nicht an berufsmäßige Tätigkeit oder an die Innehabung einer Stelle gebunden; z. B. ein Hörer macht, angeregt durch die Vorlesung, vor anderen ein Froschexperiment nach.[2]) Von Hippel[3]) rechtfertigt mit der Wahrnehmung überwiegender

---

[1]) Vgl. auch Sauer, Die Ehre und ihre Verletzung (1915) 71; Binding, L. 1, 151. Übersicht über die Theorien zu § 193 bei Liepmann, VD. B. 4, 318.

[2]) Gegen ein Berufsrecht auch v. Bar 3, 85.

[3]) Vgl. v. Hippel, VD. A. 2, 248 N. 3.

Interessen. Das ist verfänglich, namentlich wenn man den Grundsatz auf chemische Experimente mit Feuersgefahr usw. anwendet. — Mayer 288 nimmt zur Begründung eine unser ganzes Kulturbild beherrschende Freiheit an, die Natur frei von dogmatischer Gebundenheit erforschen. Dies geht ebenfalls zu weit. Denn damit könnte man eine Rechtfertigung aller möglichen Experimente, die unter strafrechtliche Tatbestände fallen, konstruieren. — Allfeld 204 vertritt die Straflosigkeit aus dem Gesichtspunkte der sachgemäßen Handlung zu einem anerkannten Zweck. Allein nicht alles ist erlaubt, was für einen anerkannten Zweck sachgemäß erscheint.

Das Problem läßt sich nicht mit der Annahme abtun, eine Tiermißhandlung könne bei sachgemäßem Vorgehen schon tatbestandlich (§ 360 Z. 13) nicht vorliegen.[1] Denn begrifflich ist es nicht ausgeschlossen, daß der Experimentator allmählich (objektiv betrachtet) roh und gefühllos bei seinen Versuchen gegenüber tierischen Schmerzreaktionen wird.

d. Zweifelhaft erscheint die Annahme eines Züchtigungsrechts gegenüber fremden Kindern oder jugendlichen Personen beiderlei Geschlechts, die sich einer unsittlichen, unerlaubten oder unanständigen Handlung schuldig gemacht haben.[2]

Nach Ssp. 2, 65 § 2 war es bei Missetaten von Kindern unter 12 Jahren zugelassen, daß man sie deswegen schelte, raufe oder mit einem Besen schlage.

Die Schelte ist durch § 193 gedeckt. Im übrigen kommt insbesondere körperliche Züchtigung und Einsperrung in Frage, aber höchstens bis zu dem Zeitpunkte, wo die mißbilligte Handlung dem gesetzlichen Vertreter zur Kenntnis gelangt und dieser in der Lage ist, selbst zu handeln.

Bei dem Problem schwebt schon die Altersgrenze, bis zu welcher nach heutigem Recht die Handlung zulässig sein soll, im Unklaren. So lange als der gesetzliche Vertreter die Sorge um die Person hat (also bis zur Volljährigkeit), dauert das

---

1) So, allerdings mit Einschränkung: Stooß, Chirurg. Operation, S. 76.

2) scil. soweit das Recht zur Einsperrung oder Körperverletzung nicht schon durch eine Notwehrlage gedeckt ist.

Recht kaum. Würde sich z. B. ein 13jähriger kräftig wehren, so würden unseres Erachtens für den Geschäftsbesorger nicht die Notwehrbefugnisse des § 53 entstehen.

Die Annahme einer Geschäftsführung ohne Auftrag ist unzutreffend; denn die Geschäftsbesorgung steht im Recht der Schuldverhältnisse bei den einzelnen Schuldverhältnissen; eine Ausdehnung auf ein außerhalb jedes Zusammenhangs mit dem Vermögensrecht stehendes Personenrecht ist nicht erfolgt; es könnte also nur ein Gewohnheitsrecht behauptet werden, angebliche Interessen der Öffentlicheit auf Vornahme einer Züchtigung Minderjähriger wahrzunehmen. Das wirkliche Bestehen eines solchen Interesses ist im Einzelfall sehr unsicher; eine gewohnheitsmäßige Fiktion solchen Interesses ist nicht nachweislich. Bestünde es als öffentliches Interesse, so könnte es auch noch nach Kenntnisnahme des gesetzlichen Vertreters von dem Verhalten der jugendlichen Person ausgeübt werden, etwa in den nächsten Tagen. —

Ist es schon bedenklich, bei zulässigen ärztlichen Operationen eine rechtmäßige Körperverletzung zu leugnen und zu behaupten, es liege schon tatbestandlich nie eine Körperverletzung vor, auch wenn die Operation gänzlich mißglückte, so ist es noch bedenklicher, zur Rechtfertigung der Züchtigung fremder Kinder vorzubringen, es liege auch hier nicht einmal tatbestandlich eine Mißhandlung vor.[1])

Zunächst ergibt sich aus der Ableitung „miß" von „misse" nicht, daß die Urbedeutung der beiden getrennten Worte in der Zusammensetzung sich erhalten hat. Ferner ist es beweislos, daß das Mißhandeln ursprünglich rein subjektiv, nicht objektiv (äußerlich) zu beurteilen war. Es gab jedenfalls bußlose „Missetaten". Vgl. ferner oben S. 382 N. 2. —

Auch mit einem abgeleiteten Erziehungsrecht ist die angebliche Befugnis nicht zu verteidigen. Ohne Kenntnis der Körperbeschaffenheit des Kindes und ohne Kenntnis seiner psychischen Reaktion auf derartige Taten Fremder wäre auch der Wert sehr zweifelhaft. Angesehene Kinderärzte und Psychiater, die die kindliche Entwickelung verfolgen, lehnen

---

[1]) A. M.: Eckstein, GA. 56, 282.

die körperliche Züchtigung bei großen Gruppen von Kindern, wenn sie bereits sprechen können, insbesondere bei nervösen, überhaupt ab. Wie soll da ein Fremder der autoritative Interpret der sachlichen Richtigkeit sein! — Ableitung von dem Willen des gesetzlichen Vertreters ist möglich, wenn die Übertragung nach der Sachlage nicht unsittlich war (z. B. Übertragung an den Konkubinen, um sich diesen treu zu erhalten, wäre wirkungslos). Eine Vermutung der Ableitung besteht nicht; denn wie die konkreten Eltern im Einzelfall über die Angemessenbeit der Züchtigung mutmaßlich denken, dafür gibt es keine objetiv feststehenden Regeln.[1])

Daß E. BGB. Art. 95 es dem Landesrecht verwehrt hat, den Dienstherrschaften ein Züchtigungsrecht über minderjährige Dienstboten zu verleihen, auch wenn sie die Dienstboten anleiten, ausbilden und in Obhut nehmen, ist als Argument gegen ein abgeleitetes Züchtigungsrecht völlig Fremder allerdings nicht beweisend, weil diese Bestimmung auf besonderen sozialen Gründen fußt.[2]) —

Auch de lege fer. würde ein weitergehendes Recht als das zur Feststellung des Namens, nötigenfalls zur Festnahme und Vorführung vor die Schul- und Vormundschaftsbehörde, kaum als dringendes Bedürfnis erscheinen.

e) Das Operationsrecht zur Tauglichmachung für den militärichen Dienst. Die Friedenssanitätsordnung von 1891 § 77 Nr. 3 glaubt, ein solches für nicht erhebliche Operationen aufstellen zu können. RMG. 8, 288 und **16**, 224 nehmen zugleich an, in der Dienstpflicht stecke auch die Pflicht, ein brauchbares Mitglied des Heeres zu sein. Entsprechend

---

[1]) Gl. M. in diesem Punkte Binding G. 201. A. M.: v. Liszt § 35 II 2.

[2]) Die Züchtigung fremder Kinder ohne zulässige Übertragung halten für zulässig: Binding, G. 201; Kulemann, ZStW. **11**, 340; Havenstein, GA. 51, 255; Mayer 297; Zitelmann, Ausschluß der Rechtswidrigkeit (1906) 100; OLG. Jena, GA. **60**, 498, OLG. Hamburg, LeipzZ. 8, 601.

Mit Recht für Unzulässigkeit: Hahne, Das Recht **20**, 68; Allfeld 198; v. Bar **3**, 96, v. Olshausen § 223 N. 10; Schwartz § 223 N. 10c, Wachenfeld 131. E. 4, 98; OLG. Posen, GA. **60**, 164. Finger, Öst. Strafr. **1**, 632 (für Österreich). Referierend Heimberger, VD. A. 4, 23.

der Friedenssan.-O. wird aber die Pflicht auf Gemeine und Unteroffiziere beschränkt. Ihre Verweigerung der Operation ist dann Gehorsamsverweigerung.[1])

Aus der Dienstpflicht folgt u. E. allerdings eine Pflicht, sich dienstbrauchbar zu erhalten. Eine Pflicht des Dienstuntauglichen, sich wieder dienstfähig machen zu lassen, ist damit nicht identisch. Gewohnheitsrechtlich wird sie jedoch anzunehmen sein. Sie gilt dann aber für alle Dienstverpflichtete ohne Unterschied, ob der Grund der Dienstpflicht in freiwilliger Übernahme oder in der unmittelbaren gesetzlichen Dienstpflicht wurzelt, also für Berufsoffiziere und Berufsunteroffiziere wie für Reserveoffiziere und Gemeine. Sie geht nicht nur dahin, eine nicht erhebliche Operation zu dulden, sondern dahin, jede Operation zu dulden, welche mehr Chancen auf Erhöhung oder Wiederherstellung der Dienstfähigkeit eröffnet als auf das Gegenteil. Sie geht nie dahin, irgend eine Operation, auch nur eine unerhebliche, zu dulden, wenn diese nicht bezweckt, der Erhöhung der Diensttauglichkeit zu dienen. Der Krüppel, der endgültig dienstuntauglich ist, braucht sich gar keine Operation aufzwingen zu lassen, wäre es auch nur das Ziehen eines Zahnes. — Eine Erweiterung der angenommenen Pflicht dahin, daß auch ein Wehrpflichtiger, der bisher untauglich ist, sich durch Operation erst tauglich machen lassen müsse, entspricht nicht der Tendenz der Bestimmungen des RMil.G. Er steht bisher nicht im Militärverbande. Umgehung dieses Hindernisses ist möglich, aber vom Gesetze für reguläre Zeiten kaum gewollt.

f) Das Recht zu medizinischen Versuchen an Menschen, zur Transplantation der Haut von einem Gesunden auf einen Kranken, zur Bluttransfusion. Die Ausübung dieses Rechts gegenüber dem Versuchsobjekt bzw. gegenüber dem Gesunden ist von ordnungsmäßiger Einwilligung abhängig. Wer überhaupt nur die Einwilligung zu leichten Körperverletzungen für beachtlich erklärt, muß dies auch hier tun.[2])

---

[1]) Für das RMG. Rotermund, DJZ. 14, 709; gegen die Annahme einer Gehorsamsverweigerung, weil kein Befehl in Dienstsachen vorliege, Mayer, DJZ. 14, 533. Vgl. auch C. Adam, Kriegsärztliche Vorträge (1916) 219.

[2]) So z. B. v. Bar, Festschr. f. Regelsberger (1901) 227 f.

g) Besondere Fälle zwangsweiser körperlicher Eingriffe zu Zwecken der Polizei oder der Justiz.

Die Zwangsheilung von Prostituierten durch Salvarsan erachtet für zulässig Herzheimer.[1]) Hier ist zu unterscheiden: Zu den sittenpolizeilichen Vorschriften kann zweifellos die Auflage, sich von Geschlechtskrankheiten heilen zu lassen, gehören. Zuwiderhandlung unterfällt dem § 361 Z. 6. Aber ebensowenig wie Strafgefangene unterliegen sie körperlichem Zwange bei Verweigerung von Operationen; diese ist auch nicht strafbar. Eingriffe, die den äußeren Tatbestand der Körperverletzung verwirklichen, überschreiten die Grenzen der zulässigen Zwangshandlungen. Wenn Körperstrafen abgeschafft sind, so darf auch aus anderem Grunde nichts, was ein obrigkeitlichem Zwang Unterworfener als unmittelbare Körperverletzung empfindet, verhängt werden (etwa zu physischer, statt zu moralischer Heilung). Ob innerlich wirkende Mittel aufgezwungen werden dürfen, hängt davon ab, ob sie ohne beachtliche Störung des körperlichen Wohlbefindens und ohne beachtliches Risiko einer Gesundheitsverschlechterung wirksam werden. — Mittel, die direkt als Körperverletzung wirken, aber einem Untersuchungszweck dienen, z. B. Brechmittel zur Überführung wegen Diebstahls, dürfen ohne Einwilligung nicht gegeben werden. Dies wäre keine Durchsuchung im Sinne des § 102 SPO. mehr. Die Tendenz der SPO. ist eine völlig andere.[2])

h) Eingriffe zu Heilzwecken im Privatinteresse des Patienten.

α) Sie werden von vielen (wenn die Regeln der ärztlichen Kunst beachtet sind) auch bei fehlender Einwilligung für zulässig erachtet; bei bestehendem Widerspruch des Verletzten liege wenigstens Körperverletzung tatbestandlich nicht vor.[3]) Gewöhnlich wird zugleich angenommen, bei ver-

---

1) StrafrZ. 1, 567.

2) Gl. M.: Löwe-Rosenberg, SPO. § 102 N. 3; a. M.: Rosenfeld 187 N. 6.

3) So z. B. Stooß, Schweiz. Z. f. Strafr. 12, 24 (29), Stooß, Chirurg. Operation (1898) 6, Binding, L. 1, 56, „arzen“ sei heilen; die Operation und das folgende Ergebnis sei als Gesamtheit zu erachten, nicht in eine vorausgehende Körperverletzung und nachfolgende Heilung zu zerlegen, Kahl, Der Arzt im Strafrecht (1908) 19, Mayer 294, Heim-

sagter Einwilligung liege Willensmißachtung, also strafbare Nötigung vor.[1]) Körperverletzung bleibt danach beim Fehlen ärztlicher Kunstfehler auch im Falle ungünstigen Ausgangs ausgeschlossen.

Gegen diese Lehre ist zunächst das Bedenken geltend zu machen, daß das Gesetz nirgends andeutet, es wolle eine Schmerzzufügung oder eine sonstige Mißhandlung dann als tatbestandlich nicht vorhanden ansehen, wenn nur der Zweck obwalte und nach ärztlicher Regel durchgeführt sei, nachträglich eine Besserung oder Heilung zu erzielen.[2]) Analogien zu anderen Delikten, z. B. zur Sachbeschädigung, sprechen nicht dafür. Wer gegen den Willen des Eigentümers ein altes Möbel renoviert, mag nach künstlerisch richtigem Urteil das Möbel verbessert haben. Der vorher geäußerte Wille des Eigentümers, der es im alten Stande lieber sieht, entscheidet, ob die Veränderung als Sachverbesserung oder -beschädigung gilt. Beschädigung ist Verletzung der Sachsubstanz, sobald sie ein (beachtliches) Interesse des Eigentümers an ihrer Unversehrtheit beeinträchtigt.[3]) Auf vorliegende Fragen übertragen bedeutet das: Wer lieber eine Warze oder einen kranken Zahn ohne künstlichen Aufsatz behalten will, hat wie im vorigen Falle autoritativ entschieden, daß die an ihm vorgenomme körperliche Veränderung als (Körper-)Verletzung anzusehen ist. — Vielleicht kommt noch ein zweiter Gesichtspunkt hinzu, der ebenfalls durch Vergleichung zu erweisen ist: Wer eine Uhr dem Eigentümer eigenmächtig auseinander nimmt, um sie zu putzen und ge-

---

berger, Strafrecht und Medizin (1899) 46; Frank II 3 vor § 223, Landau, Arzt und Kurpfuscher (1899) 16, Kohler, L. 101, Löffler, VD. B. 5, 247. — Etwas eingeschränkter Beling, Lehre v. Verbr. 155, Beling, Grdz. 41, nur die wirklich heilende ärztliche Operation ist keine Körperverletzung; Einwilligung daher gleichgültig. Eine Einschränkung auch bei v. Bar 3, 76, die mit Zustimmung des Patienten vorgenommene Operation sei nicht Körperverletzung, wohl aber die ohne Zustimmung vorgenommene.

[1]) So z. B. Binding, L. 1, 58, Mayer 294, van Calker, Frauenheilkunde und Strafr. (1908) 16, Stooß, Chirurg. Operation 28.

[2]) Gl. M. im Ergebnis E. 38, 34, 25, 375 (77), v. Lilienthal, Festgabe für E. J. Bekker (1899) 16.

[3]) Vgl. E. 33, 177 (78).

reinigt wieder zusammenzusetzen, hat eine Sachbeschädigung bei beachtlichem Gegeninteresse schon dann begangen, wenn ihm die Zusammensetzung nachher ganz zufällig nicht glückt. Die einmal vorliegende Sachbeschädigung wird aber nicht nachträglich ungeschehen, wenn man auch rein technisch mit Recht sagen kann, die gereinigte Uhr sei keine beschädigte mehr, sondern jetzt eine verbesserte Uhr geworden. Für das bereits vorher vollendete Delikt (man denke, daß der Eigentümer die zerlegte Uhr an sich nimmt, weil er das kunstvoll gearbeitete altertümliche Räderwerk nicht durch angeblich ungeeignete Hände zusammengesetzt wissen will) wird dadurch kein Rücktritt erzielt. Ebenso ist der Geheilte gewiß kein Beschädigter mehr; aber da man sich gegen Zwangsheilung wehren darf,[1]) so kann man verhindern, daß der geplante Zustand, z. B. die Aufsetzung einer Zahnkrone, eintritt. Das ist nicht Selbstverursachung einer Körperverletzung, sondern nur Verhinderung ihres Aufhörens. Für letztere wird der Täter auch nicht verantwortlich gemacht.

Wenn ein Arzt einen vorübergehend Tobsüchtigen zu dessen eigener Sicherung in eine besondere Zelle einschließt, bis der Anfall vorüber ist, so hat er ihn doch eingesperrt, wenngleich dies nur zur Heilung geschieht. Es besteht kein Grund, in diesem Falle nicht von einer Einsperrung zu sprechen, bloß weil das Tun rechtmäßig ist.

Gsgen die Ansicht, welche bereits die Tatbestandlichkeit einer Körperverletzung bei Operationen verneint, bestehen außerdem auch entstehungsgeschichtliche Bedenken. Liegt wirklich nach der ratio des StGB. nur Willensmißachtung vor, so ist in den ersten Jahren nach 1870 bei tödlichem Ausgang einer an sich indizierten und kunstgerechten Operation (der zwangsweise Operierte wachte etwa nicht wieder auf) die volle Straflosigkeit des die Operation erzwingenden Arztes der Wille des Gesetzes gewesen. Denn die Nötigung war bis 1876 Antragsdelikt.

Auch abgesehen von diesem Punkte erscheint das Ergebnis sozial unbefriedigend. Zahlreiche Personen, die ins Kranken-

1) Vgl. Binding, L. 1, 57.

haus gebracht werden, betrachten dies Los häufig mit unbegründeter Besorgnis. Manche Operationen mißlingen freilich; manche Ärzte halten das Operieren bei bestimmter Sachlage für indiziert, andere nicht. Die Besorgnis von Patienten vor dem Krankenhaus ist aber dann nicht ganz unbegründet, wenn in der Tat ihre Rechtslage die ist, daß bei Mißlingen einer von ihnen nicht gewollten Operation der Arzt höchstens wegen Nötigung verfolgt werden könnte, während sie dessen Handlung mit dem Leben büßen.

Wir gelangen zu dem Ergebnis: Kein sorgfältiger oder gewissenhafter Arzt kommt dadurch zu Schaden, wenn man die entgegen dem Willen des zurechnungsfähigen Patienten ausgeführte und mißlungene Operation, die vielleicht für den Patienten heftige Schmerzen im Gefolge hatte, wenigstens objektiv als Körperverletzung ansieht, gleichviel, ob sie der jeweils geltenden ärztlichen Regel entspricht. Auch bei gelungener Operation entscheidet nicht der Wille des Arztes (außer wenn die Unterlassung einem Selbstmord des Kranken gleichkäme), sondern der des Patienten über die maßgebende rechtliche Seite des Eingriffs. Dagegen ist terminologisch nichts einzuwenden, wenn man den mit Einwilligung des Patienten kunstgemäß vollzogenen Eingriff im Falle seines Gelingens rechtlich nur unter dem Gesichtspunkte einer Gesundheitsverbesserung ansehen will, also auch die objektive Tatbestandlichkeit einer Körperverletzung damit für begrifflich beseitigt hält. Notwendig ist nicht einmal dies. Die auch dem Juristen am Herzen liegende Förderung der Interessen eines tüchtigen Ärztestandes hängt jedenfalls gar nicht davon ab. Der Jurist z. B. würde für seinen Stand die Konstruktion einer rechtmäßigen Verhaftung als einer erlaubten Freiheitsberaubung nicht als anstößig erachten.

β) Einige Schriftsteller vertreten die Straflosigkeit des ärztlichen Eingriffs auf Grund eines Berufsrechts.[1])

---

[1]) So Finger 1, 410 (bedingt regelmäßig durch Einwilligung), v. Olshausen § 223 N. 9b (unter Einräumung von weiteren Fällen der Zulässigkeit), Wachenfeld 128 N. 1, 129 N. 1 (bei fehlendem Widerspruch sei die Handlung durch den staatlich anerkannten Beruf gedeckt), Holer, Die Einwilligung des Verletzten (1906) 140 N. 1.

Allein der Beruf als solcher verleiht weder gegenüber dem Bewußtlosen noch gegenüber dem Widersprechenden Sonderrechte, sie wären denn ausdrücklich mit dem Beruf durch rechtliche Vorschrift verknüpft. Der Heilberuf ist außerdem z. Z. freigegeben; auch der Laie darf an und für sich operieren. Verfügungsmacht über den Körper anderer, z. B. Bewußtloser, bloß kraft Ausübung eines freien Berufs ist nicht als Gewohnheitsrecht festzustellen.[1])

γ) Rich. Schmidt[2]) vertritt ein Gewohnheitsrecht, das er das Recht der ärztlichen (nicht auf Berufsärzte beschränkten) Hilfe nennt. Danach besteht eine Befugnis zur Vornahme derjenigen Eingriffe, die nach der medizinischen Regel zur Heilung, Schmerzlinderung, Untersuchung usw. erforderlich sind, sofern nur der Arzt überhaupt zugezogen war, S. 35. Einwilligung zur Spezialbehandlung wäre danach nicht erforderlich, soweit die Einwirkung in Operationen besteht, S. 59. Ein so weit gehendes Gewohnheitsrecht ist aber weder nachweislich, noch ein Bedürfnis, namentlich wenn Befragung des konsultierenden Patienten nach seiner Einwilligung möglich ist. Bedenklich erscheint ferner Schmidts Annahme, zweifellos sei auch der Arzt straflos, der eine an sich nötige Operation in der festen Überzeugung vornehme, im gegebenen Falle nichts helfen zu können.

δ) Nach Auffassung des Reichsgerichts, das aber bisher Fälle einer nicht zu erlangenden maßgebenden Willenserklärung des Patienten oder seines gesetzlichen Vertreters nicht zu entscheiden hatte, wird Willensübereinstimmung, also Einwilligung, als maßgebender Rechtfertigungsgrund angenommen, E. 25, 375 (81), E. 38, 34 (35).[3]) Für Fälle der Bewußtlosigkeit wird bei Gefahr im Verzug eine tatsächliche Vermutung der Einwilligung als Rechtfertigungsgrund passim behauptet, E. 25, 375 (81). Das letztere ist eine Fiktion, die zudem nicht ausreicht bei bewußtlosen Selbstmordkandidaten. Bedenklich ist a. a. O. die Schuldigerklärung eines Arztes, der die Weigerung des Vaters eines Kindes zu einer Leben rettenden Operation unbeachtet ließ, obwohl anscheinend die Unterlassung der Operation

---

[1]) Dagegen auch E. 25, 375 (79).

[2]) Die strafrechtliche Verantwortlichkeit des Arztes (1900) 26 f.

[3]) Wie das RG. auch Schwartz § 223 N. 5b.

Todesgefahr für das Kind bedeutete, da die vom Vater geplante Wegnahme des Kranken aus der Krankenanstalt diesem die Aussicht benommen hätte, noch rechtzeitig eine rettende Behandlung zu erlangen.

Die gegen dieses Urteil einsetzende begreifliche Opposition von juristischer und ärztlicher Seite ging aber teilweise auch über das Ziel hinaus.

ε) Einige Schriftsteller[1]) wollen die Rechtfertigung des Eingriffs mit auftragloser Geschäftsführung, BGB. § 677f., begründen.[2]) In denjenigen Fällen, wo die Verweigerung der Operation einem Selbstmorde des Patienten gleichstünde, ist zwar eine Rechtfertigung gegeben; aber der § 679 ist dafür nicht die richtige Stütze. Denn er verlangt eine Rechtspflicht des Geschäftsherrn, deren Erfüllung im öffentlichen Interesse liegt. Eine Rechtspflicht, sich am Leben zu erhalten, besteht nicht. In denjenigen Fällen aber, wo keine Lebensgefahr bei Aufschub besteht, steht es bei fehlender Einwilligung sehr häufig nicht fest, ob der Patient eine bestimmte gewagte Operation nicht ausschließlich seinem Hausarzt oder ausschließlich einem bestimmten Spezialisten bewilligt hätte. Der Fremde handelt meist willkürlich, wenn er hier einen mutmaßlichen oder gar wirklichen Willen des Geschäftsherrn annimmt. Bei Widerspruch des Geschäftsherrn versagt der Gesichtspunkt ganz. Es bleiben aber Fälle, wo die Rechtfertigung auch mittels des BGB. § 677 gelingt. Nur ist er nicht der Kernpunkt, denn das fragliche Recht besteht dann als ius publicum.[3])

ζ) Von anderer Seite wird vertreten, die Operation sei zulässig, soweit sie ein anerkanntes Mittel zu einem rechtlich anerkannten Zwecke darstelle.[4]) Allein dieses weit-

---

[1]) Z. B. Rosenberg, GS. **62**, 72; Zitelmann, Ausschluß der Rechtswidrigkeit 112.

[2]) Dagegen aber Brückmann, ZStW. **24**, 673f.

[3]) Vgl. v. Bar **3**, 78 N. 123a, der für dergleichen Fälle von einem unnötigen Umweg über das Zivilrecht spricht. Ablehnend ferner Hegler ZStW. **36**, 42.

[4]) So z. B. Allfeld 202; v. Liszt § 35 III 1; mit der Modifikation „notwendiges Mittel“ auch Binding L. **1**, 55. Dagegen aber u. a. Hegler ZStW. **36**, 38, Löffler VD. B. **5**, 247.

tragende Prinzip ist nicht als geltendes Recht anerkannt; vgl. auch E. 34, 444 (47). Es ist gerade bei Eingriffen zu Heilzwecken oft ganz unsicher, welches Mittel als anerkannt zu gelten hat. Das Mittel könnte ferner nach ärztlicher Lehre anerkannt, aber objektiv ganz verfehlt sein. Es ist nicht klar, warum zeitweilig anerkannte Mittel sogleich aufzwingbar sein sollen. Sagt man aber, eine anerkannte Mittelanwendung müsse vorliegen, so kommt man zu der erst zu beantwortenden Frage, wessen Anerkennung hier maßgebend sein soll. Lautet die Antwort: teils der Wille des Patienten, teils die Rechtsauffassung des Publikums, so ist man über einen Umweg zu anderen Quellen der Rechtfertigung gelangt.

η) Unseres Erachtens ist die Berechtigung der Eingriffe zu Heilzwecken nicht von dem Vorliegen eines einzigen, stets gleichen Rechtfertigungsgrundes abhängig zu machen. Die Einwilligung kann in sehr vielen Fällen[1]) einen selbständigen Rechtfertigungsgrund abgeben, gleichviel ob ihre Wirksamkeit aus der Tendenz der Strafdrohungen bestimmter Deliktsgruppen oder aus einem Gewohnheitsrecht[2]) abzuleiten ist. Wenn z. B. A zum B auf einem Ausflug sagt, dieser möge unter allen Umständen versuchen, ihm einen Splitter aus der Ferse herauszuziehen, es sei ihm gleich, ob es mehr oder weniger kunstgerecht geschehe, ob er dabei etwas mehr oder weniger kunstgerecht vorgehe, es solle nur schnell geschehen, so ist sicher nicht die ärztliche Regel, sondern die Einwilligung rechtfertigend. Sie rechtfertigt den Eingriff auch, wenn etwa der B die Meinung vertritt, es sei für die Heilung besser, der Splitter bleibe vorläufig in dem Fuße. — Die Bedeutsamkeit der Einwilligung kommt darin zum Ausdruck, daß bei ihrem Fehlen, vorbehaltlich der unten zu erwähnenden Ausnahmen, eine rechtswidrige Körperverletzung vorliegt.[3]) Aber die Ein-

---

[1]) Pfeiffer, Schweiz. Z. 27, 44 will daher mit Recht die Einwilligung als Rechtfertigung für operative Eingriffe in den Vordergrund stellen. Der zweite Rechtfertigungsgrund Pfeiffers: Das öffentliche Interesse der Allgemeinheit paßt nicht für alle Fälle; s. das im Text Folgende.

[2]) So Oppenheim, Das ärztl. Recht usw. (1892) S. 39.

[3]) Gl. M. auch Schwartz § 223 N. 5c; vgl. ferner v. Lilienthal 42f.; Dr. med. Büdinger, Die Einwilligung (1905) 7, 22.

willigung reicht nicht immer aus; eine Vermutung der Einwilligung ist dann eine unnötige Präsumtion; das Strafrecht arbeitet im Zweifel nicht damit.[1])

Die Einwilligung ist nicht nötig bei Bewußtlosen, für die weder eine gültige eigene Willenserklärung, noch eine Willenserklärung legitimierter Vertreter vorliegt; sie versagt ferner, wenn ihre Verweigerung durch den sich Weigernden die Bedeutung eines Selbstmordwillens erlangt.

Für die erstere Gruppe kann man ein tatsächlich geübtes Gewohnheitsrecht annehmen, daß der Eingreifende legitimiert ist, in dessen Stellvertretung nach dem „Prinzip des wahren Wohles" des Patienten zu handeln, soweit sofortiges Eingreifen als Vernunftgebot erscheint.[2]) Der Operateur darf dies aber nicht tun, wenn eine gültige entgegengesetzte Willenserklärung vorliegt.[3]) Durch diesen Grundgedanken der stellvertretenden Hilfe zum wahren Wohl, soweit ein Aufschub als unvernünftig erscheinen würde, wird der Fall der sogen. Notoperation gedeckt, bei dem sich während des Eingriffs eine Erweiterung über das Maß des Vereinbarten hinaus als unbedingt zweckmäßig herausstellt. Es braucht also keine Lebensgefahr bei Nichtvornahme der erweiterten Operation vorzuliegen. Gedeckt werden durch jenes Prinzip auch Fälle, in denen ausnahmsweise die ärztliche Regel nicht gewahrt werden kann, z. B. ein fehlerhafter Verband, der einem bewußtlosen Kranken angelegt wird, den der Helfer im Walde fand. Die vorsätzliche Versetzung eines anderen in eine Lage, in der seine Einwilligung nicht mehr eingeholt werden kann, mit dem dolus eventualis, alsdann eine vernunftmäßig gebotene Operation vorzunehmen, wäre als actio libera in causa anzusehen. Irrige Annahme, ein bestimmter Eingriff sei ein gegenwärtiges Ver-

---

1) A. M.: v. Bar, 3, 78, v. Lilienthal 33, Köhler, Reformfragen 71.

2) Die Formulierung des Prinzips stammt im wesentlichen von Hegler ZStW. 36, 42 f.

3) Etwas weitergehend, aber von gleichem Grundgedanken beherrscht, erklärt v. Lilienthal 38 stets den Heilzweck (Immunisierungszweck usw.) für das rechtfertigende Element; die Einwilligung habe nur die Bedeutung, daß ihre Versagung Rechtswidrigkeit begründe.

nunftgebot, oder es liege eine Versagung der Einwilligung nicht vor, unterliegt der gleichen Beurteilung wie die putative Annahme sonstiger Rechtfertigungsgründe.

Liegt der andere Fall vor, in dem Einwilligung nicht nötig ist, nämlich unmittelbare Todesgefahr bei Unterlassung des Eingriffs, so geht ein Gewohnheitsrecht dahin, daß das zum besten Wohl Notwendige getan werden darf. Dies gilt auch dann, wenn der Patient sterben will und die Zustimmung zur sicheren Lebensrettung versagt.[1] — Außerdem ist die Verweigerung eines unbedeutenden Eingriffs durch eine Schwangere unbeachtlich, wenn dessen Vornahme zur Lebenserhaltung des Kindes geboten ist; Beisp.: Einleitung einer Frühgeburt wegen großer Enge des Beckens. Das wertvollere Gut ist hier entscheidend.

Endlich gibt es Fälle, wo die Einwilligung zwar erforderlich ist, aber durch ein zweites Rechtfertigungselement ergänzt werden muß, das ebenfalls allein nicht ausreicht. So muß zur Einwilligung die Indikation als bestes Wohl hinzutreten bei lebensgefährlichen Operationen, d. h. solchen, die neben den Chancen einer Gesundheitsverbesserung erhebliche Chancen tödlichen Ausgangs eröffnen; z. B. bei schwereren Operationen an alten Leuten. Ferner gehören hierher Abtreibungen (mit Ausnahme des oben erwähnten Falles). Sie setzen voraus Einwilligung der Schwangeren und einen Notstand, bestehend in Lebensgefahr oder besonderer Gefahr schwerer Körperverletzung. Bei solchem Notstand erscheint aber auch ein Verzicht der Mutter auf ihr Leben zugunsten der Erhaltung des Lebens der Frucht nicht als unwirksam, wenn er in der Versagung der Einwilligung zu einer Operation besteht, welche nur unter Tötung der Frucht das Leben der Mutter retten kann. Der Verzicht der Mutter ist unbeachtlich, wenn ihr Leben schwer gefährdet ist und die Unterlassung des Eingriffs die Chancen der Frucht nicht wesentlich besser stellt.

Soweit eine Einwilligung nach vorstehenden Ausführungen erforderlich ist, setzt sie eine Information des Patienten bzw. seines Vertreters voraus, der einer sein Wohlbefinden erheblich beeinträchtigenden Behandlung zu unterwerfen ist. Es bedarf

---

[1]) Gl. M. u. a. Büdinger, Die Einwilligung 23, Kahl, ZStW. 29, 365. Vgl. auch Wachenfeld 159, 342.

dazu nicht eines medizinisch-technischen Eingehens in Einzelheiten, wohl aber einer gemeinverständlichen Bezeichnung der Art der Behandlung, bei Operationen auch des betroffenen Körperteils. Bei gefährlichen Operationen gehört auch eine Aufklärung über die etwa bekannten Chancen einer Operation bei der konkreten Indikation mit zur Information. Sind von der Nachbehandlung voraussichtlich starke Schmerzen zu erwarten, die ohne die geplante Behandlung erspart bleiben, so bedarf dies einer Erwähnung, da sonst der Patient die Tragweite seiner Einwilligung in verkehrsüblich ausreichendem Maße zu erkennen nicht imstande wäre.

i) Die Zulässigkeit des Zwangs zur Unterlassung strafbarer Handlungen. Soweit die sehr weitreichende Nothilfemöglichkeit besteht, bedarf es der Aufstellung eines solchen Nötigungsrechtes nicht. Eine darüber hinausgehende Verhinderung strafbarer Handlungen ist Sache der Polizei; dem einzelnen als solchen steht sie nicht zu.[1]

k) Das Recht zur Sterbehilfe. Ob ein dahin gehendes Gewohnheitsrecht tatsächlich besteht, ist zweifelhaft. Man betritt hier ein sehr unsicheres Gebiet. Die Antworten der Ärzte über ihre Übung werden häufig unter dem Siegel der Verschwiegenheit gegeben.[2]

Hält man strafbare Beihilfe zum Selbstmord für ausgeschlossen, so ist der Arzt jedenfalls nicht verantwortlich, wenn er dem Totkranken das Narkotikum verschafft, das dieser zur Abkürzung der letzten Qual dann selbst einnimmt. Abgesehen hiervon wird die Erlaubtheit der Euthanasie als Gewohnheitsrecht in engen Grenzen nicht zu leugnen sein. Die vorsätzliche Unterlassung von Kampferinjektionen und ähnlichen

---

1) Gl. M.: Allfeld 439, Binding L. 1, 91, v. Bar 3, 36, v. Liszt § 100 III, v. Olshausen § 240 N. 12, Schwartz § 240 N. 3; J. Stern, Verhältnis von Nötigung zu Erpressung (1901) 74, Wachenfeld 341. A. M.: Frank § 240 IV, Hälschner 2, 126, Rüdorff-Stenglein § 240 N. 6; Schütze 410.

2) Bejahend Mayer 290, Oppenheim, Das ärztl. Recht zu körperlichen Eingriffen (1892), 30, ebenso de lege fer.: Elster ZStW. 36, 204. A. M.: Beling, Unschuld, Schuld u. Schuldstufen (1910) 21, Kaßler DJZ. 20, 204.

Stimulantien, die nur den sicheren Tod durch einen künstlich erzeugten Aufregungszustand um ein oder zwei Stunden hinauszögern, durch den zugezogenen Arzt, ist keine rechtswidrige Unterlassung. Unbedeutende Lebensverkürzung um etwa 1 bis 2 Stunden durch Narkotika ist ebenfalls als erlaubt zu erachten. In beiden Fällen ist aber noch Voraussetzung, daß das Leben für den Sterbenden während dieser Spanne Zeit objektiv keinerlei Interesse hat und daß dieser auch subjektiv kein solches zu erkennen gibt. Irrige Annahme fehlender Interessen könnte den Arzt wegen fahrlässiger Tötung verantwortlich machen. Ob außerdem die Einholung der Zustimmung des Sterbenden nötig ist, erscheint fraglich. Die Übung in ärztlichen Kreisen scheint sehr verschieden zu sein. Es dürfte dann nicht notwendig sein, vor einer Unterlassung die Zustimmung einzuholen, wenn keinerlei subjektives oder objektives Interesse an einer qualvollen Lebensverlängerung nur um wenige Stunden erkennbar ist und die Eröffnung des bevorstehenden Todes selbst die Gefahr einer Lebensabkürzung bedeuten kann (z. B. die Gefahr eines Schlaganfalls).

Die menschenfreundliche Aufforderung eines Angehörigen, der das Leiden des Sterbenden aufhören sehen will, an den Arzt ist keine Aufforderung nach § 49a, wenn sie nicht mehr verlangen will, als der Arzt an Sterbehilfe leisten darf, mag der herbeirufende Angehörige auch die Grenzen der Zulässigkeit nicht genau kennen und daher bei seinem Wunsch Unzulässiges benennen.

e) In verschiedenen Wendungen wird der Gedanke als geltendes Recht vertreten: Das richtige Mittel zu einem rechtlich anerkannten Zweck sei erlaubt.[1])

M. E. Mayer 286 nimmt an: was nach der guten Sitte richtig sei, erkenne die Rechtsordnung stillschweigend an. Wenn dabei die gute Sitte (Mayer gedenkt a. a. O. seiner Kulturnormen) als gewohnheitsrechtliche Übung zu verstehen ist (nicht notwendig der Fall), erscheint die Regel für derogierendes

[1]) So insbesondere Graf Dohna, Rechtswidrigkeit 54; v. Liszt § 32 II 2a, § 35 III, Binding L. 1, 55, Nagler, Rechtswidrigkeit 111 (die beiden letzteren nur für die notwendigen Mittel und unter Ablehnung einer metajuristischen materiellen Rechtswidrigkeit und Rechtmäßigkeit).

Gewohnheitsrecht richtig. Abgesehen hiervon ist aber die behauptete Regel bedenklich. Z. B. eine Verhaftung kann rechtlich geboten sein. Zu ihrer Ermöglichung kann nach der Sachlage ein das Bein vielleicht zerschmetternder Schuß das einzig richtigte Mittel sein. Aber ob die Rechtsordnung dieses teleologisch richtige Mittel auch ihrerseits für richtig erklärt, hängt lediglich davon ab, ob nicht der Tatbestand einer strafbaren (bzw. unerlaubten) Handlung mit seiner Anwendung verwirklicht ist. Die teleologische Richtigkeit bedeutet nicht, daß die Rechtsordnung schon ihretwegen ihre sonstigen Verbote eingeschränkt wissen wollte. Ein als notwendig anerkannter Zweck gilt als verfolgbar nur soweit, als das Gesetz die Mittel dazu nicht durch Verbote der Selbsthilfe, des Waffengebrauchs usw. beschränkt hat.[1])

§ 33.

Die Einwilligung insbesondere.

I. Geschichtliche Vorbemerkungen.

Die Wirksamkeit der Einwilligung ist bei Delikten, welche ihr Fehlen zum Tatbestandsmerkmal erhoben haben, außer Streit, wenn sie von einem Verfügungsberechtigten ausgeht.

Abgesehen hiervon bestehen über die Bedeutung der Einwilligung seit Beginn des 19. Jahrhunderts noch unausgeglichene Meinungsverschiedenheiten. Henke 1, 233 und Tittmann (2) 1 § 36 S. 61 vertraten die individualistische Richtung, die Erlaubnis des Berechtigten zu seiner Verletzung sei Rechtfertigungsgrund, außer wenn er damit zugleich Rechte Dritter unmittelbar gefährde. Ebenso Heffter Lehrb. § 38. Dagegen vertrat v. Grolman Grds. (4) §§ 26, 141 und Abegg Lehrb. § 102 die Ansicht, es sei zu unterscheiden zwischen veräußerlichen und unveräußerlichen Rechten des einzelnen. Einwilligung in die Verletzung der letzteren sei wirkungslos. Von hier aus lag es nahe, die Einwilligung in die Verletzung der Ehre, der Freiheit und des Körpers für bedeutungslos zu

[1]) Gl. M.: im Ergebnis Frank III vor § 51; Fuchs, MonKrimPsych. 10, 530, Hegler ZStW. 36, 38, Löffler VD. B. 5, 246; anscheinend auch E. 34, 444 (47), nicht dem Wortlaut, aber dem Zusammenhange nach. Treffend auch Kohlrausch ZStW. 25, 662.

erklären.[1]) Marezoll Criminalr. (1841) 61 ging sogar so weit, die Einwilligung für bedeutungslos zu erklären, soweit nicht ihr Fehlen Tatbestandsmerkmal ist. Ebenso erklärt sie grundsätzlich für einflußlos: Geib 2, 214. Nicht besonders klar unterschied Luden Abhandl. 2, 425 zwischen Rechts- und Gesetzesverbrechen. Bei ersteren sei die Einwilligung wirksam, bei letzteren nicht. Köstlin Syst. 1, 99 brachte insofern einen Fortschritt in die Lehre, als er annahm, Leben, Freiheit, Ehre und Gesundheit seien der Substanz nach unveräußerlich, aber nicht ebenso die einzelnen Anwendungen des Rechts. Wäre diese Ansicht freilich vollkommen richtig, so müßte die vorherige Einwilligung in eine einzelne Körperverletzung usw. dem anderen ein Recht auf sie geben, auch wenn der Einwilligende vor oder während der Ausführung anderen Sinnes wird. Auch diejenigen, welche grundsätzlich die Einwilligung, außer bei Vermögensdelikten, für einflußlos erachteten, führten Ausnahmen ein.[2]) Goltdammer in seinen Materialien 2, 366 vermutete, daß bei der Mehrzahl der Antragsdelikte vorzugsweise das verletzte Privatrecht geschützt werden solle und die Einwilligung daher wirksam sei. Geib 2, 215 erklärte sogar die Wirksamkeit der Einwilligung bei allen Antragsdelikten. Merkel-Liepmann 190 hält diese Ansicht im Zweifel für diejenigen Antragsdelikte als richtig, bei denen nicht neben dem Verletzten anderen Personen ein Antragsrecht verliehen ist.[3]) Allein abgesehen, daß dann z. B. Beleidigungen ausgenommen wären, spricht dagegen auch, daß durch vorgängige Einwilligung der nachträgliche Antrag nicht durchweg unzulässig wird, z. B. bei Ehebruch. Auch wäre es schwer zu verstehen, daß die Einwilligung in Fällen von Offizialdelikten durchweg ausgeschlossen wäre, z. B. bei grobem Unfug, bei Brandstiftung nach § 308. Von der Ansicht, daß die Einwilligung bei Antragsdelikten bedeutsam sei, war nur ein kleiner Schritt zu der noch heute vertretenen Ansicht, daß die Einwilligung in leichte Körperverletzungen unrechtausschließend

---

1) So z. B. Hälschner, Syst. 1, 232.

2) So z. B. Hälschner, Syst. 1, 232.

3) Gl. M. wohl auch Schwartz § 223 N. 5a, Frank III vor § 51.

sei (sie waren vor 1876 durchweg Antragsdelikte), Einwilligung in schwere Körperverletzung dagegen nicht.[1]) Grundsätzlich richtig erscheint die Annahme, daß die Wirksamkeit der Einwilligung nur nach der Natur der einzelnen Verbrechensart entschieden werden kann.[2]) Nur fragt es sich doch, welches Prinzip etwa aus dem Gesetze herauszulesen ist, wenn bei der einzelnen Verbrechensart selbst kein Hinweis zu finden ist, wie z. B. bei Freiheitsberaubung, Brandstiftung nach § 308.

In der Gesetzgebung war nur im bayr. StGB. ven 1813 Art. 123 der Versuch gemacht worden, einen allgemeinen Grundsatz der Bedeutungslosigkeit der Einwilligung außer bei nicht gemeinfährlicher Eigentumsbeschädigung aufzustellen.

Die Bestimmung fand aber keinen Anklang.[3])

Um die Zeit der Erlassung des StGB. und noch ein Jahrzehnt nachher wurde die Annahme, daß die Einwilligung in Körperverletzung wirksam sei, von gewichtigen Schriftstellern verneint,[4]) während sie bejaht wurde von Wächter Vorl. 189, v. Schwarze (5) 163. Gegenwärtig herrscht wieder die letztere Ansicht vor.[5]) Dagegen erklärt v. Liszt § 87 III a. E. die Einwilligung bei Körperverletzungen für wirkungslos. Ebenso E. 2, 442, 6, 61 (63). In späteren Urteilen werden jedoch für ärztliche Handlungen, die ohne Kunstfehler ausgeführt wurden, Ausnahmen angenommen.[6]) Auch die Richtigkeit der älteren zu generell lautenden Erkenntnisse 2, 442; 6, 61 scheint in E. 25, 375 (81) offen gelassen zu sein.

II. Durch Einwilligung ausgeschlossene Delikte.

Der Kreis der Delikte, bei denen Einwilligung rechtserheblich ist, umfaßt nicht nur die Tatbestände, welche aus-

---

[1]) So schon Schaper HH. 2, 130; ferner v. Bar, Ges. u. S. 3, 58, Wachenfeld 162, van Calker Grdr. 28.

[2]) So v. Bar 3, 58, Allfeld 199.

[3]) Vgl. Feuerbach—Mittermaier (1847) § 35 N.; Henke 1, 235.

[4]) Z. B. Hälschner 1, 471, Schütze 105, Geyer Grdr. 2, 17.

[5]) Vgl. v. Olshausen § 223 N. 9a und dort Zitierte, ferner M. E. Mayer 291 N. 15.

[6]) Vgl. E. 25, 375 (82); 38, 34 (35); Kiehl GA. 54, 357 f.

gesprochen nur bei fehlender Einwilligung zur Erfüllung kommen, z. B. Notzucht § 177, Nötigung § 240. Vielmehr gehören hierher auch diejenigen Delikte, welche Rechtsgüter schützen, über die das Recht ihrem Träger oder Hüter (sit venia verbo) die tatsächlich oder rechtlich vorhandene Verfügungsmacht nicht oder nicht völlig nehmen wollte. Will das Recht dem Träger oder Hüter eines Rechtsguts die Macht belassen, durch eigene Handlungen das Gut zu schädigen oder zeitweilig unbehütet zu lassen, so ist im Zweifel anzunehmen, daß er in gleichem Umfang auch durch Dritte die Handlungen vornehmen lassen darf.[1]) Wo der einzelne auch wider seinen Willen ersichtlich geschützt werden soll, wie bei Wucher, gilt die Regel natürlich nicht.

Die Einwilligung ist aber nur insoweit bedeutsam, als das Recht die Verfügungsgewalt nicht in erkennbarer Weise eingeschränkt hat. Hervorzuheben sind folgende Fälle:

a) Das Leben kann sich der einzelne nehmen, aber er kann nicht anderen die Verfügnng darüber einräumen; arg. § 216; über die eigene Leibesfrucht kann die Hüterin nicht (isoliert) verfügen; arg. § 218.

b) Über die körperliche Integrität kann der einzelne dann nicht verfügen, wenn er gleichzeitig bestimmte fremde Interessen (seien es auch öffentliche Interessen) verletzt (Beispiele hierfür §§ 142, 205, 221). Wer trotz bestehender Obhutpflicht einen einwilligenden Zurechnungsfähigen aussetzt, ist strafbar.[2])

Abgesehen von solchen gesetzlichen Ausnahmefällen vermag die Einwilligung die Rechtswidrigkeit bei Körperverletzungen zu beseitigen. Die gegenteilige Annahme wäre unnatürlich. Man denke nur an Scherz und Spiel, wo dergleichen nach allgemeiner Überzeugung tausendfach, und zwar nicht als Unrecht, geübt wird. Wenn ferner das ernstliche Verlangen bei Tötung sogar die vorsätzliche überlegte Ausführung bis zu einem Vergehen herabdrückt, so ist es unwahrscheinlich, daß es bei

1) A. M.: Bierling, Jur. Prinzipienlehre 3, 209, Nagler, Rechtswidrigkeit (1911) 21; richtig v. Liszt § 35 V.

2) Gl. M.: Binding H. 1, 725.

schweren wie bei leichten Körperverletzungen gänzlich einflußlos bleiben soll. Auch der Umstand, daß die Verstümmelung, die der Wehrpflichtige an sich begehen läßt, trotz der gleichzeitigen Verletzung der staatlichen Interessen für den Täter nur Vergehensstrafe nach sich zieht (§ 142), ließe es unbegreiflich[1]) erscheinen, wenn die Körperverletzung auf Verlangen in anderen Fällen schwere Zuchthausstrafen auslösen würde.[2])

De lege ferenda kann man allerdings wünschen, daß die Einwilligung in schwere Körperverletzungen den Täter nicht straflos mache. Gegen die Abhängigkeit der wirksamen Einwilligung von einem Antragserfordernis bei der Körperverletzung spricht, daß diese Abgrenzung bei den übrigen Einwilligungsfällen ebenfalls nicht zutrifft. Es gibt zahlreiche Offizialdelikte, die nur bei fehlender Einwilligung zustande kommen; z. B. Nötigung, Notzucht, Freiheitsberaubung, Dieb-

---

[1]) Gegen diese Beweisführung aus § 142 Rich. Schmidt, strafr. Verantwortlichkeit des Arztes (1900) S. 58. Seine Annahme, daß eine Verstümmelung nach § 142 nur ganz selten eine schwere Körperverletzung bedeute, beweist nicht gegen die Fälle, in denen sie es tatsächlich ist; außerdem ist angesichts der weiten Fassung des § 224 die Annahme unzutreffend.

[2]) Gl. M.: Allfeld 394 N. 27, Mayer 291 N. 15, Binding L. 1, 45 (Daß auch die Sonderbestimmungen, welche bei Körperverletzungen in der Form des Zweikampfes vorgesehen sind, ein Argument liefern, ist abzulehnen; a. M.: Binding H. 1, 723, L. 1, 44, Finger 1, 416. Referierend Gerland VD. A. 2, 500, Löffler VD. B. 5, 242 (dieser gegenüber den oben vorgebrachten Gründen ablehnend. Vor zu weitgehenden Analogieschlüssen, d. h. solchen, die sich nicht aus der weitgehend durchgeführten Abstufung von Tötung und Körperverletzung ergeben, muß man sich freilich hüten; treffend Binding H. 1, 722 N. 13). — A. M.: Frank III vor § 51, Wachenfeld 132, welche nur bei leichten, geringfügigen Körperverletzungen die Einwilligung gelten lassen, ferner v. Bar Ges. u. Sch. 3, 59, Merkel-Liepmann 190, Schwartz § 223 N. 5a, welche dies nur bei der von einem Antrag abhängigen Körperverletzung annehmen. Gegen diese Mittelmeinungen mit Recht Gerland VD. A. 2, 497 und 501 N. 8, Kiehl GA. 54, 366. Es fehlt ihnen nicht nur jeder positivrechtliche Anhalt, sondern die Argumente, welche im positiven Recht für die Relevanz der Einwilligung in Körperverletzungen überhaupt sprechen, stehen ihnen ebenfalls entgegen.

stahl; daraus, daß der Staat in manchen Fällen bei fehlender Einwilligung in eine Handlung diese Handlung von Amts wegen in die Hand nimmt, ist also nicht generell zu folgern, daß bei allen Offizialdelikten der Wille des Angegriffenen belanglos wäre. Umgekehrt kann der Sohn die verleumderische Beschimpfung des Andenkens seines Vaters nicht wirksam gestatten, und doch bleibt die Handlung Antragsdelikt. Als Regel mit Ausnahmen läßt sich allerdings der Satz halten, daß bei Antragsdelikten die Einwilligung des Berechtigten das Zustandekommen des Delikts verhindert. Zu den vorbehaltenen Ausnahmen zählen dann die §§ 172[1]), 189, 237, 301, 302.

c) Die Freiheitsberaubung ist durch Einwilligung ausschließbar. Das Leben führt zu sehr vielen freiwillig geduldeten Einsperrungen (z. B. das Haus wird allabendlich verschlossen; das Krankenzimmer wird gelegentlich abgeschlossen, das Eisenbahnabteil vor Abgang des Zuges), ohne daß jemand daran Anstoß genommen hätte. Das Recht räumt dem einzelnen eine gewisse Verfügung über die Freiheit der Ortsveränderung ein: er kann sich selbst einschließen, es ist kein besonderer Fall gegeben, auf Grund dessen er dies nicht auch durch andere besorgen lassen dürfte.[2]) Die Widerrufsmöglichkeit kann rechtswirksam nicht ausgeschlossen sein. Das bedeutet aber nicht, daß der Eingeschlossene beanspruchen könnte, sofort aufgeschlossen zu bekommen, wenn er an seiner Einschließung schuld ist. Während einer der Sachlage angemessenen Zeit kann der etwa durch andere Tätigkeit in Anspruch genommene Täter damit zuwarten, sofern der Eingeschlossene in seiner Körperintegrität nicht gefährdet ist. So ist wohl E. in GA. **62**, 348 zu verstehen. Beispiel: Jemand läßt sich absichtlich während der Mittagspause in einen Arbeitsraum einsperren und telephoniert dann dem Wächter, er solle

---

1) Bestr. von Allfeld 471, Binding H. **1**, 715, richtig Wachenfeld 455, N. 3, Schwartz § 172 N. 1, E. in GA. **54**, **305**. Vgl. auch Frank § 172 IV.

2) Gl. M. im Ergebnis: Binding L. **1**, 100, Frank § 239 IV, v. Liszt § 35 N. 6, v. Olshausen § 239 N. 8, Schwartz § 239 N. 6; mit Beschränkung auf kürzere Freiheitsberaubung Wachenfeld 132 N. 1 (v. Liszt wird hier irrig als Gegner der Wirksamkeit angeführt).

sofort kommen und ihn befreien. Für die Freiheitsberaubung im Amte gilt das Gesagte ebenfalls. Der Beamte ist also nicht strafbar, wenn bzw. solange der abends zu entlassende Gefangene wünscht oder sonst einwilligt, bis zum anderen Morgen in der Zelle zu bleiben. Eine Dienstpflichtwidrigkeit bleibt vielleicht übrig, aber keine rechtswidrige Freiheitsberaubung. Denn der Gefangene ist jetzt Hüter seiner Freiheit, die Vorgesetzten des Gefangenen nur mehr Hüter, daß sie ihm nicht gegen seinen Willen länger vorenthalten bleibe.

d) Auch die Widersetzung kann durch Einwilligung erlaubt werden. Der pfändende Gerichtsvollzieher ist zwar nicht Träger des angegriffenen Rechtsgutes, aber doch Hüter. Wenn er z. B. zu einem Bekannten, bei dem er pfänden muß, sagt: Halten Sie die Türe meinetwegen zu, ich bringe sie schon auf, so kann der darauf eingehende Schuldner nicht nach § 113 gestraft werden. Ebenso ist wirksam die Einwilligung in einen Hausfriedensbruch, mit Einschluß des Hausfriedensbruchs im Amte.[1])

e) Die Ehre als ein bestimmtes Maß berechtigter Wertschätzung kann der einzelne selbst verkleinern, indem er sich herabsetzt. Es ist kein Grund erfindlich, warum er nicht Dritten diese Handlung wirksam gestatten könnte.[2]) A. M.: v. Liszt,[3]) weil die Ehre kein veräußerliches Recht darstelle. Das ist die Freiheit ebensowenig, bei der v. Liszt die Wirksamkeit der Einwilligung in ihre Entziehung anerkennt. Es kommt nur darauf an, ob das Recht den Ehrenträger gegen seinen Willen bei einer tatsächlichen Verletzung schützen will, ob es ihm m. a. W. auch jede Verfügung über den Gebrauch des ihm zukommenden Gutes entzogen hat.

Anders steht es mit der Einwilligung des Bezichtigten in eine falsche Anschuldigung. Hier läge zugleich eine davon un-

---

1) Gl. M.: Binding H. 1, 728, der aber mit Unrecht für die Körperverletzung im Amte abweichend entscheidet. Auch § 122 MStGB. wird zu Unrecht von M. E. Mayer 290 N. 12 als der Einwilligung unzugänglich erachtet.

2) Gl. M. die herrschende Lehre, z. B. Allfeld 198 N. 34, Wachenfeld 132, E. 41, 392; GA. 51, 44; RMG. 17, 111.

3) Vgl. v. Liszt § 95 N. 6.

trennbare Disposition über geschützte Interessen der Justiz vor, die dem Bezichtigten nicht zusteht.[1])

f) Die Geschlechtsehre kann gegenüber den Handlungen nach §§ 176 Z. 1, 177 preisgegeben werden, außer wenn eine Handlung nach §§ 174, 176 Z. 3, 182 in Frage steht. In letzteren Fällen soll der einzelne auch gegen seinen Willen geschützt werden. Auch sittenwidrige Handlungen nach §§ 180, 181, 181a; 184, 184a kann das Objekt desselben nicht erlauben.

g) Vermögensdelikte, auch solche, die nur das Merkmal der Rechtswidrigkeit, nicht das des Handelns gegen fremden Willen enthalten, z. B. Diebstahl, Unterschlagung, Sachbeschädigung, sind durch Einwilligung ausschließbar. Dies gilt jedoch nicht für Sachbeschädigung nach § 304. Kann der Eigentümer selbst nicht über die Sache frei verfügen, so kann er eine ihm verbotene Verfügung noch weniger einem Dritten verschaffen.

Sehr zweifelhaft ist, ob jemand noch Ärgernis nehmen kann (vgl. z. B. §§ 166, 183), der selbst in die verbotene Handlung vollinhaltlich eingewilligt hat. Dem Wortlaute nach ja, der ratio legis nach, wonach ein Schutz auch von Privatpersonen gegen Verletzung ihrer Gefühle bezweckt ist, nicht. Letzterem Gesichtspunkte dürfte der Vorzug gebühren. Der Einwilligende ist untauglicher Repräsentant der Gefühle des Publikums geworden.

h) Urkundenfälschung und Brandstiftung betreffen Rechtsgüter der Gesamtheit, ohne jedoch durch Einwilligung unberührt zu bleiben. Wenn A dem B erlaubt, daß B eine Privaturkunde mit dem Namen des A zeichnet, so wird dadurch die Fälschung regelmäßig ausgeschlossen. Z. B. um die Tatsache der Abwesenheit seines Vollmachtgebers zu verheimlichen, zeichnet der Angestellte eines Kaufmanns, Rechtsanwalts, Ehemannes unter dessen Einverständnis fällig werdende Schriftstücke nur mit dessen Namen. Oder: Der Schutzmann fertigt im Auftrag des Antragstellers den Strafantrag mit dessen Namen.

Anders wenn ausnahmsweise die Rechtswirksamkeit der

---

[1]) Gl. M.: Binding L. 2, 528.

Urkunde von eigener Unterschrift abhängig erscheint und die Urkunde zur Täuschung im Rechtsverkehr über ihre Echtheit bestimmt ist. Z. B. ein Erblasser beauftragt einen anderen, für ihn ein Testament zu machen und es mit dem Namen des Erblassers (der vielleicht nicht mehr recht schreiben kann) zu unterzeichnen. Oder: Ein Arzt läßt während seiner Abwesenheit Rezepte mit seinem Namen durch einen Diener ausstellen, die nur durch einen Arzt verschrieben werden dürfen. Vgl. auch E. **44**, 69 (72), GA. **57**, 205 und über die Streitfrage Frank § 267 V 1b, VI 2.

Wenn der Eigentümer der in Brand gesetzten Gegenstände nach § 308 vom Täter verschieden ist, aber eingewilligt hat, wird § 308 unanwendbar. In anderen Brandstiftungsfällen ist Einwilligung rechtlich belanglos.

Auch in einen groben Unfug kann eingewilligt werden. Das Publikum, das eine Veranstaltung des Karnevals besucht, willigt in die damit üblicherweise verbundenen Belästigungen ein; es erklärt dadurch, diese vorkommenden Scherze würden von ihm nicht als Belästigung empfunden.

III. Form der Einwilligung.

Entsprechend der Vielgestaltigkeit der Einwilligungsfälle sind auch die Form und die Voraussetzungen nicht völlig einheitlich zu bestimmen. Bald genügt inneres Einverständnis, bald muß eine Zustimmung kundgegeben sein, bald muß sie dem Täter erklärt sein. Beispiele: Notzucht wird durch vis haud ingrata ausgeschlossen. Eine besondere Kundgabe bestehender Zustimmung der Frau braucht der Angreifer des Rechtsgutes nicht abzuwarten.[1] — Nach herrschender Lehre kann jemand ferner nicht der Freiheit beraubt sein, solange er ohnedies den Raum nicht verlassen wollte. Einer Erklärung bedarf seine Einwilligung nicht. — Auch der Hausfriedensbruch kommt schon dann nicht zustande, wenn der Träger des Hausrechts tatsächlich den

[1]) Zu allgemein daher v. Bar 3, 63: ein lediglich innerer psychischer Vorgang könne nicht als Einwilligung gelten. Wie v. Bar auch Zitelmann, Ausschluß der Widerrechtlichkeit (1906) S. 62.

Eintritt des Täters zulassen wollte. — Das zur Mittäterschaft nötige Einverständnis liegt vor, wenn jedem der Mittäter bewußt geworden ist, daß auch der andere den Willen habe, mit ihm gemeinschaftliche Sache zu machen. Nicht erforderlich ist, daß dieses Bewußtsein auf Grund einer gewollten Kundgebung des anderen Teils erlangt ist. — Der Diebstahl als Bruch fremden Gewahrsams ist ausgeschlossen, wenn der Besitzer den Gewahrsam aufgegeben hat. Eine bloße Willensrichtung genügt dazu nicht; sie muß mindestens durch konkludendes Verhalten kundgetan worden sein; vgl. BGB. § 856 I. Erklärung der Besitzaufgabe an den Täter ist dazu nicht begrifflich erforderlich.[1] — In denjenigen Fällen, in welchen die Dereliktion einer Sache dieser das Verbrechensmerkmal der fremden Sache benimmt, muß nur die Besitzaufgabe kundgegeben sein, die gleichzeitige Absicht der Eigentumsaufgabe braucht bloß bestanden zu haben. BGB. § 959.

Abgesehen von erkennbaren Ausnahmefällen geht aber die Regel dahin, daß nur eine dem Täter kundgegebene Einwilligung rechtswirksam ist.[2]

Wenn A einem Bekannten erklärt hat, mir liegt nichts daran, ob meine Briefe eröffnet werden, und ein Dritter ohne Wissen von dieser Erklärung die Briefe des A dolos eröffnet, wird § 299 anwendbar. Gleiches gilt z. B. von der nicht durch Besitz- oder Eigentumsaufgabe erfolgenden Einwilligung in die Wegnahme einer Sache, von der Zustimmung in die Beschädigung einer Sache, von der Erlaubnis zur Mitteilung von Geheimnissen, zu einer sachlichen Begünstigung, zu einer Ehrverletzung.

---

[1] Zu viel verlangt zu wirksamer Einwilligung beim Diebstahl daher Merkel HH. 3, 653: Durch die dem Täter unbekannte Einwilligung des Eigentümers werde der Diebstahl nicht ausgeschlossen. Umgekehrt scheint Hälschner 2, 291 in solchem Falle zu wenig zu fordern. Er verlangt zum Diebstahl nur, daß der Täter gegen den Willen des Eigentümers handelt. Er muß vielmehr gegen den kundgegebenen Willen des Eigentümers handeln.

[2] A. M.: Gerland VD. A. 2, 506. Auch wenn man ihm mit Recht darin folgt, daß die Bedeutung der Einwilligung objektiv zu bestimmen ist, daß sie also das Objekt der Verletzung untauglich macht, ist daraus nicht zu schließen, daß diese objektive Wirkung nicht von einer Kenntnisnahme des Täters abhängig sein könnte.

Einwilligung in fahrlässige Delikte erscheint nicht begrifflich ausgeschlossen. Denn Einwilligung verlangt nicht gegenseitiges Einverständnis zwischen dem Einwilligenden und dem Täter. Will jemand z. B. eingeschlossen bleiben, so handelt der fahrlässig gefangen Haltende in Wahrheit nicht gegen einen entgegenstehenden Willen (vgl. das Beispiel aus § 345 II). Denkbar ist auch, daß jemand eine ihm noch unbekannte Operation nur übernimmt, wenn der andere im voraus eine dabei unterlaufende Fahrlässigkeit mit in Kauf nimmt, weil der Operateur nicht garantieren mag, daß ihm kein Kunstfehler passiert. Auch im bürgerlichen Recht kann Haftung für Fahrlässigkeit wegbedungen werden. Strafrechtlich folgt nur aus der Unzulässigkeit der Verfügung über das Leben, daß man in fahrlässige Tötung nicht wirksam einwilligen kann.[1])

IV. Voraussetzungen der Rechtsbeständigkeit.

a) Zu bedenklichen Gesichtspunkten gelangt man, wenn man mit Zitelmann (S. 53) jede Einwilligung als Rechtsgeschäft beurteilt.[2]) Es ist zwischen den einzelnen Delikten zu unterscheiden, die, sei es ausdrücklich, sei es stillschweigend, ein Handeln wider den Willen eines anderen verlangen. Wäre Freiheitsberaubung nur dann ausgeschlossen, wenn ein Geschäftsfähiger sich einsperren läßt, so dürfte man einen 12jährigen weder Droschke noch Trambahn fahren lassen, denn während der Fahrt ist er der Freiheit beraubt, sofern das Abspringen gefährlich erscheint. Es wäre Diebstahl, wenn ein 11jähriger den Besitz einer ihm gehörigen Sache eigenmächtig überträgt. Die Einwilligung einer Minderjährigen wäre nicht geeignet, Notzucht auszuschließen. Ein Junge dürfte seinem strafmündigen Bruder nicht die Erlaubnis zur Eröffnung eines Briefes geben, den ersterer empfing. — Richtiger erscheint es, Geschäftsfähigkeit bloß dann zu verlangen, wenn durch die Willenserklärung ein Privatrecht aufgegeben bzw. begründet werden soll, das nur

---

[1]) Für Einwilligung in Fahrlässigkeit auch Allfeld 199 N. 35, Wachenfeld 132 N. 2. A. M.: Holer, Einwilligung, 1906 S. 80, Gerland VD. A. 2, 492.

[2]) Wie Zitelmann insbesondere Frank III vor § 51. Dagegen mit Recht Gerland VD. A. 2, 503, M. E. Mayer 292.

durch rechtliche Verfügung seitens eines Volljährigen vernichtet bzw. geschaffen werden kann. Z. B. die Fremdheit einer Sache kann ein Minderjähriger für den Täter nicht einseitig beseitigen. Ebensowenig kann er eine Jagdbefugnis auf seinem Grund und Boden verleihen. Er kann ferner zwar einem Kameraden gestatten, auf eine Scheibe zu schießen, die er sich gekauft hat, aber er kann nicht die Beschädigung seines Hauses wirksam bewilligen, da er es nicht zu freiem Gebrauche besitzt und nicht verfügungsberechtigt ist.

Abgesehen von den Fällen, wo ersichtlich nur ein Privatrechtsgeschäft zur Änderung der tatbestandlichen Merkmale einer Handlung führen kann, ist generell nur erforderlich das Vorhandensein der wahren Willensmeinung[1]) bei dem Einwilligenden und eine Erkenntnis der Bedeutung der Handlung, in die eingewilligt wurde, in solcher Klarheit, wie man sie bei Großjährigen annimmt.[2])

Zur Gewahrsamsübertragung, die ebenso wie Gewahrsamsaufgabe bereits als tatsächlicher Vorgang ein unbestreitbares Ereignis ist, auch wenn sie privatrechtlich unwirksam bleibt, ist keine besonders tiefgehende Beurteilung der Handlung erforderlich. Auch ein Geisteskranker kann zu diesem Willensakt fähig sein,[3]) ebenso ein Kind.[4]) Zweifellos ist andrerseits, daß de lege lata der Wille einer geisteskranken Frau nicht genügt, um Notzucht auszuschließen, arg. §§ 176 Z. 2, 177.

---

[1]) Eine durch Täuschung erlangte Einwilligung ist nicht bloß anfechtbar, sondern unwirksam. Gl. M. OstLG. in StrafrZ. **3**, 344. Gleiches gilt von der durch Drohung bewirkten Einwilligungserklärung; auch sie erzeugt nur einen Scheinwillen.

[2]) Gl. M. im wesentlichen E. **41**, 392 (96), GA. **51**, 44. Auch E. **29**, 398 schließt nur mit Recht im konkreten Fall, aber nicht unbedingt bei 15jährigen die wirksame Einwilligung zu einer Beleidigung aus. Für Kinder unter 14 Jahren schließt E. **45**, 344 die Wirksamkeit der Einwilligung in die mit § 176 Z. 3 verbundene Beleidigung unbedingt aus. Eine derartige absolute Grenze ist zu bezweifeln. Vgl. zu der Frage auch Klee GA. **48**, 343 f.

[3]) Gl. M. E. **2**, 332.

[4]) Gl. M.: Frank § 242 VI, v. Olshausen § 242 N. 16. A. M.: v. Liszt § 127 N. 6, Allfeld 509 N. 12, Binding H. **1**, 714.

Für Körperverletzungen wird es auf deren Bedeutung ankommen. Zu einem ärztlichen Versuch kann der Minderjährige, der nicht etwa selbst Mediziner ist, in der Regel nicht wirksam einwilligen (es müßte sich denn um Erfolge handeln, die er leicht völlig übersehen kann, z. B. Entnahme von Blutproben).[1] Die Einwilligung in eine operative Heilbehandlung ist von 18jährigen in ihrer Tragweite meist zu übersehen, wenn die Gefahr einer Verstümmelung oder des Todes nicht in Frage steht.

Einwilligung von Kindern unter 14 Jahren in Beleidigungen ist ebenfalls nach der Art des beurteilbaren Erfolges zu bemessen. Wenn Kinder verschiedenen Alters „Dieb" oder „Räuber" spielen, wird es niemand einfallen, daß der 6jährige, der sich dabei vom 15jährigen Räuber nennen und gefangennehmen läßt, beleidigt wäre. Die Tragweite dieser Einwilligung vermochte er zu erkennen.[2]

Der Grundsatz, daß es auf den zu vernünftiger Beurteilung der Bedeutung einer Zustimmung erforderlichen Reifegrad ankomme, ist auch auf den Fall des Tötungsverlangens nach § 216 anzuwenden.[3]

V. Die zulässige Einwilligung in die Verletzung der Rechte eines Geschäftsunfähigen kann regelmäßig durch den

gesetzlichen Vertreter

erfolgen, z. B. in eine Zueignung, Einsperrung, Sachbeschädigung, Besitzrechtsstörung. Auch hier bestehen Ausnahmen, die aus der Natur des einzelnen Delikts zu erschließen sind. Durch Einwilligung des Vaters oder sonstigen gesetzlichen Vertreters wird der Vergewaltigung der minderjährigen Tochter die Eigenschaft der Notzucht nicht genommen. Durch Einwilligung des gesetzlichen Vertreters hört die Mißhandlung des Geisteskranken

---

[1] Gl. M. v. Bar 3, 66.

[2] Bedenklich Binding H. 1, 727 N. 29.

[3] Gl. M.: Allfeld 382 N. 6, Binding L. 1, 35, Frank § 216 II 2. A. M.: v. Liszt § 85 N. 1, v. Olshausen § 216 N. 2, Schwartz § 216 N. 2c, welche Zurechnungsfähigkeit fordern. Wachenfeld 309 nimmt an, nicht der Geisteskranke, aber der Jugendliche könne im Sinne des § 216 ein ernstliches Verlangen äußern.

nicht auf, strafbar zu sein. Der einzelne kann sich selbst als Geschäftsfähiger einem ärztlichen Experiment unterziehen, der gesetzliche Vertreter kann ihn nicht dazu preisgeben. Soweit eine Einwilligung in ärztliche Heilbehandlung der Sorge für die Person dienlich erscheint, kann der Vertreter diese Einwilligung geben.

Eine nach sachverständiger Beurteilung ungefährliche, für das spätere Leben regelmäßig nützliche Immunisierung, z. B. die Duldung, daß mehrere Kinder einander mit Masern (nicht Scharlach oder Diphtherie) anstecken, kann je nach dem Gesundheitszustand der anzusteckenden Kinder dem gesetzlichen Vertreter ebenfalls erlaubt sein. Sie ist dann auch ein Akt der Fürsorge für die Person.

Eine kombinierte Einwilligung des Vertreters und des Vertretenen ist nie erforderlich, aber de lege fer. zu erwägen.[1]) Bei Einwilligung in die Preisgabe von Vermögensrechten ist der gesetzliche Vertreter in der Lage, die Rechtswidrigkeit des Angriffs (z. B. der Zueignung) auszuschließen, auch wenn er sich damit einer Untreue schuldig macht. Denn die Übertragung der Sorge für das Vermögen gewährt ihm eine Rechtsstellung nach außen, die auch dann besteht, wenn seine Handlung in Wahrheit der Sorge für das Vermögen nicht entspricht. Ist der Dritte Teilnehmer der Untreue, so wird natürlich die Rechtmäßigkeit seiner Zueignungshandlung ausgeschlossen.

Auch durch bevollmächtigte Vertreter kann eine Einwilligung rechtswirksam erteilt werden, jedoch nur zum Angriff auf solche Rechte, die durch Rechtsgeschäft anderen zur Verwaltung übertragen werden können; z. B. ein abreisender Kaufmann kann seinen Prokuristen ermächtigen, daß er Dritten den Eintritt in ein geheimes Laboratorium gestatte, daß er andere zur Eröffnung der einlaufenden Briefe ermächtige, daß er bestimmte Waren einstampfen lasse, dagegen nicht dazu, daß der Chef beleidigt, körperlich verletzt werde. — Wer sich zu einem berühmten Arzt begibt, um sich operieren zu lassen, hat mit dem Eintritt in dessen Klinik nicht etwa eingewilligt, daß ein

---

[1]) A. M.: v. Bar 3, 80, Frank III vor § 51. Analoge Anwendung des § 65 I ist zu verneinen.

beliebiger Stellvertreter die Operation übertragen bekomme.[1]) Zu weitgehend ist aber die Annahme, daß gewillkürte Stellvertretung in der Einwilligung überhaupt nicht stattfinde.[2])

VI. Widerruflichkeit.

Generell oder doch bei der Einwilligung in Verletzungen der Person wird häufig behauptet, die Einwilligung bleibe jederzeit widerruflich.[3]) Daß man Vermögensrechte unwiderruflich preisgeben kann, erscheint zweifellos. In bezug auf Persönlichkeitsrechte ist die Regel richtig, aber das jederzeit ist nicht buchstäblich zu nehmen. Wenn sich jemand über Mittag hat einschließen lassen, braucht der Einschließende weder für den Widerruf jederzeit bereit zu stehen, noch gegenüber dem erfolgten Widerruf sofort aufzuschließen.[4]) — Wer zur Drucklegung und Veröffentlichung eines seine Person verspottenden Gedichts seine Einwilligung gegeben hat (gleichviel ob gegen Lohn oder nicht), kann die Verbreitung weiterer Exemplare des Gedichts nicht in jedem beliebigen Augenblick verbieten. Unbegonnene Handlungen sind bei Verletzungen der Person selbst auf Widerruf hin zu unterlassen; bereits angefangene Handlungen (z. B. der Patient verlangt sofortigen Abschluß einer bereits beinahe vollendeten Operation) brauchen dann nicht aufgegeben zu werden, wenn bei billiger Abwägung der Umstände die Fortsetzung der Handlung eine nennenswerte Verschlechterung der Lage des Verletzten nicht ergibt oder das sofortige Aufgeben der Handlung eine unverhältnismäßige Arbeit oder Aufwendung erfordern würde.

VII.

Die Wirksamkeit der Einwilligung wird durch

Willensmängel

aufgehoben, aber nicht durch Leichtfertigkeit oder Unsittlichkeit.[5]) Bedenklich Kiehl, GA. 54, 376: wenn die Einwilligung

---

[1]) Richtig v. Bar 3, 82.

[2]) Vgl. Gerland VD. A. 2, 505.

[3]) Vgl. Allfeld 200 N. 39. Gerland VD. A. 2, 527, Zitelmann 46 und die bei Binding H. 1, 729 N. 35 unter 3 Zitierten. — Widerruflich ist auch die Entbindung von der Schweigepflicht (§ 300) im Prozeß (Bestr.).

[4]) Vgl. E. in GA. 62, 348.

[5]) Gl.: M. Gerland VD. A. 2, 503.

unsittlich sei, fehle ihre Wirksamkeit bei Körperverletzungen. Die Einwilligung einer 16jährigen in den ersten und zugleich außerehelichen Geschlechtsverkehr würde dahin zu rechnen sein; aber noch niemand hat hier eine wegen Ungültigkeit der Einwilligung strafbare Körperverletzung angenommen.

Die Tragweite der erfolgten Einwilligung spielt namentlich bei Körperverletzungen eine Rolle. Es genügt nicht, wenn der Arzt eine Operation für notwendig erklärt und der Patient einwilligt, ohne ihr Wesen und ihre regelmäßigen Folgen erfahren zu haben. Wenn z. B. Perforation oder Uterusexstirpation zur Wahl steht, muß der Arzt, der letztere für angezeigt hält, über ihre Bedeutung auch für das spätere Leben aufklären. Durch den Eintritt in ein Krankenhaus hat man in Operationen noch nicht concludenter eingewilligt, auch nicht, wenn es eine chirurgische Klinik ist. Vgl. auch oben S. 400.

Andererseits ist sicher, daß es der Einwilligung nicht bedarf, wenn sich während der Operation an dem Bewußtlosen ihre vorher nicht vorausgesehene Erweiterung als zur Verhütung des Todes oder schwerer Gesundheitsbeschädigung notwendig herausstellt,[1] oder wenn jemand sich weigert, die zur Beseitigung von Lebensgefahr nötige Operation vornehmen zu lassen.

VIII.

In einzelnen Fällen bedeutet die Einwilligung nur einen **Strafmilderungsgrund.**

Vgl. § 216; §§ 218, 219 in Verbindung mit § 220; § 237 bei Minderjährigen in Verbindung mit § 236; § 182 bei nicht 16jährigen in Verbindung mit § 177, § 142 in Verbindung mit § 224, 225. Vereinzelte Unstimmigkeiten des Strafrahmens, z. B. § 216 im Vergleich zu § 213, müssen freilich außer Betracht bleiben. — Die Voraussetzungen der Einwilligung sind hier die gleichen wie bei der die Rechtswidrigkeit beseitigenden Einwilligung.

---

[1]) Vgl. darüber K. Büdinger, Einwilligung (1905) 31.

Fünftes Kapitel.

Bedingungen der Strafbarkeit.

§ 35.

Grundsätzliche Bedeutung.

I. Begriff.

Bedingungen der Strafbarkeit sind Merkmale des gesetzlichen Tatbestandes i. w. S., die der schuldhaften rechtswidrigen Tat (= dem Delikt) erst den Charakter der strafbaren geben, aber von der Schuld des Täters nicht umspannt zu sein brauchen.

Anders ausgedrückt: Sie machen den bedingt entstandenen Strafanspruch zu einem fälligen.[1])

Hauptfälle derselben sind der Antrag auf Strafverfolgung § 61, die Ermächtigung §§ 99, 101, 197, die Lösung des Ehebandes in §§ 170, 172, 228; die Ausführung des nicht angezeigten Verbrechens in § 139; der Eintritt einer schweren KV oder des Todes in § 227 I; die Verursachung eines Schadens in § 326 StGB.; der Eintritt der Unmöglichkeit, die gebührende Seemannskost zu verabreichen in Seem.-O. § 112 II; die Zahlungseinstellung oder Konkurseröffnung in KO. § 239 f.; im

---

[1]) Vgl. dazu Allfeld 266, v. Bar 3, 17, Binding H. 1, 85, Frank VI vor § 51; Wach VD. A. 6, 52, v. Olshausen § 61 N. 1, Merkel 287, v. Liszt 196, Kohler L. 66, Thomsen 201, Birkmeyer RE. 1147, Beling Grdz. (4) 59, Wachenfeld 275, Finger 1, 119, 189, van Calker Grdr. 42.

weiteren Sinne auch das Erfordernis der Gegenseitigkeit in § 102, 103 StGB.

Bei den drei erstgenannten Bedingungen ist die Frage bestritten. Insbesondere der Strafantrag wird vom Reichsgericht im Gegensatz zum RMG. und zum Obersten LG. für bloße Prozeßvoraussetzung erklärt. Vgl. z. B. E. **2**, 221; **6**, 161 (passim). Hierfür auch Allfeld, Beling, Finger, Frank, v. Liszt, Wachenfeld. Dagegen mit Recht v. Bar, Binding, Birkmeyer, Kohler, Merkel, v. Olshausen, Wach (s. oben § 7 a. E.).

Dagegen gehört die Unerweislichkeit einer nachgeredeten ehrenrührigen Tatsache (§ 186) und die Inländereigenschaft des im Auslande handelnden Täters (§ 4 Z. 3) nicht hierher. Denn beim Fehlen dieser Merkmale braucht die Handlung nicht rechtswidrig zu sein.

Auch das Stattfinden des Zweikampfes, § 210, gehört nicht hierher, da es von der Schuld des Anzeigers mit umspannt ist.

Neben den Bedingungen der Strafbarkeit gibt es auch solche der erhöhten Strafbarkeit. Dahin gehört der Eintritt eines schwereren Erfolges bei den Erfolgshaftungsdelikten, z. B. §§ 178, 224, 226, 307 Z. 1, sowie der präsumtive schwere Erfolg in § 87.[1])

II. Rechtliche Behandlung der Bedingungen der Strafbarkeit.

1. Teilnehmer und Begünstiger können vor Eintritt der Bedingung ebenfalls nicht gestraft werden. Dagegen kann das Delikt der Begünstigung vor Eintritt der Bedingung bereits verübt sein.

2. Bei Vergleichung verschiedener Gesetze (StGB. § 2 II) gilt das Gesetz als milder, nach welchem wegen Ausfalls der Bedingung der Strafbarkeit ein Strafanspruch nicht zur Fälligkeit gelangt ist, im Vergleich zu einem Gesetze ohne Antragserfordernis, dessen Strafrahmen niedriger ist als der des erstgenannten Gesetzes. Denn die Bedingung der Strafbarkeit ist ein Bestandteil des materiellen Strafgesetzes.

3. Falsche Anschuldigung kann gestraft werden, auch wenn die Bedingung der Strafbarkeit für ein

---

[1]) Vgl. Finger **1**, 116.

nachgesagtes Delikt nach Behauptung des Anzeigers noch obschwebt. Denn eine strafbare Handlung im Sinne eines Delikts ist schon vorher vorhanden.

4. Vor Eintritt der Bedingung kann das Delikt auch nicht als versuchtes gestraft werden (Bestritten für betrüglichen Bankrott, KO. § 239).

5. Die Verjährung ist vor Eintritt der Bedingung gehemmt, § 69 StGB. Eine positivrechtliche Ausnahme für den Antrag (und die Ermächtigung) enthält § 69 II StGB.

6. Die Nichtbeachtung durch den Richter gilt als Verletzung von materiellrechtlichen Normen im Sinne der §§ 380, 384 II SPO.

7. Einziehung und Unbrauchbarmachung, die bei bloß prozessualer Unverfolgbarkeit eines Delikts unbeschränkt betrieben werden können, sind beim Fehlen von Bedingungen der Strafbarkeit, z. B. des Strafantrags, im objektiven Verfahren undurchführbar.

III. Abweichende Auffassung über Bedingungen der Strafbarkeit.

1. Es wird vertreten, daß der Antrag nur Prozeßvoraussetzung sei, weil bei seinem Fehlen im Falle eines Antragsdelikts Einstellung, nicht Freisprechung, die Folge sei gemäß SPO. § 259.[1]) Dies ist nicht haltbar; denn die Einstellung steht ebenso für andere materiellrechtliche Einrichtungen (z. B. für die Verjährung, für die Begnadigung, für den Grundsatz ne bis in idem) zur Verfügung.[2]) Sie bedeutet, daß ein entstandener Strafanspruch, sei es zur Zeit, sei es überhaupt, keine Verfolgbarkeit eröffne. Überdies ist gerade beim Strafantrag nicht einmal jede Verfolgshandlung ausgeschlossen, vgl. SPO. §§ 127, 130.

Prozeßvoraussetzungen sind richtiger Ansicht im technischen Sinne nur solche Vorbedingungen eines Prozesses, welche einen zweckmäßigen Weg für die Realisierung von Straf-

---

[1]) Vgl. z. B. Wachenfeld 278.

[2]) Vgl. Löwe-Rosenberg SPO. § 259 N. 4.

ansprüchen angeben oder eingrenzen wollen.[1]) Sie sind also entweder Bedingungen, auf deren Erfüllung die Organe der Strafrechtspflege hinwirken sollen (z. B. zuständiges Gericht, ordnungsmäßige Klage, Sistierung des Beschuldigten zur Hauptverhandlung) oder solche Vorbedingungen, welche zur Einleitung eines dem Ziele der Wahrheitsermittelung dienenden Verfahrens bereits vorliegen müssen, z. B. Parteifähigkeit, Verhandlungsfähigkeit des Beschuldigten, Eigenschaft als Zivilperson (Die Hervorhebung dieser letzteren Gruppe bei Köhler, Strafantrag 16, hat v. Bar Ges. und Sch. 3, 298 N. 492 wohl übersehen, als er gegen die bezeichnete Umgrenzung der Prozeßvoraussetzungen polemisierte). Prozeßvoraussetzung im weiteren Sinne ist natürlich auch jede Bedingung der Strafbarkeit, ebenso wie z. B. geistige Gesundheit, relative Strafmündigkeit. Aber sie ist es nicht im Sinne einer dem Prozeßrecht zugehörigen Bedingung der Bestrafung. M. a. W.: Überall da, wo das Gesetz (z. B. in §§ 380, 384 II StPO.) eine trennende Behandlung der materiellen und der formalen Bedingungen einer Bestrafung vorschreibt, sind die Bedingungen der Strafbarkeit von den Prozeßvoraussetzungen i. t. S. zu scheiden.[2])

2. Es wird vertreten, daß vor dem Eintritt der Bedingung ein Delikt gar nicht vorhanden sei.[3]) Die Folge ist, daß diejenigen, welche dabei ganz richtig die Deliktsnatur einer Hand-

---

[1]) Vgl. auch Allfeld 264: „Diejenigen Umstände, die aus prozessualen Gründen vorhanden sein müssen, damit eine strafrechtliche Verfolgung bzw. Aburteilung eintreten kann.“ Leider zieht Allfeld für den Antrag daraus nicht die Konsequenzen.

[2]) Zu weitgehend Löwe-Rosenfeld (N. 16g vor SPO. § 151), der § 380 finde auch auf Prozeßvoraussetzungen nicht Anwendung. Es dürfte richtiger sein, zu sagen: er findet auf sie Anwendung, d. h. die Revision kann nicht mit einem Mangel von Prozeßvoraussetzungen gegenüber Berufungsurteilen begründet werden. Aber es gibt Prozeßmängel, deren Vorliegen jedes Gericht von Amts wegen berücksichtigen muß (z. B. Exterritorialität des Beschuldigten, Unzulässigkeit jedes Prozeßschrittes), sobald das Gericht mit der Sache formell befaßt ist. Diese Mängel bewirken ja absolute Nichtigkeit jedes weiteren Prozesses.

[3]) So Samuely, GerS. 32, S. 5, Coenders, GerS. 83, 301. Finger 1, 189 unter a), sowie früher v. Bar GA. 19, 641 f., z. T. auch v. Liszt 199.

lung vor der Antragstellung bereits als vorhanden ansehen, den Antrag nicht als Bedingung der Strafbarkeit erklären können. Allein diese Abgrenzung des Begriffs einer Bedingung der Strafbarkeit ist irrtümlich. Sie führt dazu, daß fast alle oben aufgeführten Bedingungen für die Strafbarkeit eines Delikts ausscheiden müßten (mit Ausnahme etwa des Erfordernisses der Gegenseitigkeit), und ein eigener Name für sie zu schaffen wäre. Auf Grund des weiteren Irrtums, daß alles, was nicht unter den künstlich verengerten Begriff der Bedingung der Strafbarkeit fällt, nun sofort zum Prozeßrecht gehöre, gelangen dann einige, z. B. Finger, v. Liszt, zur Annahme, daß z. B. der Antrag ein prozeßrechtliches Institut sei.

3. Die Erkenntnis einer besonderen Kategorie von strafrechtlichen Merkmalen, die von der Schuld des Täters nicht umschlossen sind, war bis in die 80er Jahre des 19. Jahrhunderts wenig beachtet.

Man schied in der Praxis vielfach nur zwischen Schuld- (= Tatbestandsmerkmalen) und Prozeßvoraussetzungen. Schon damals hatte man richtig erkannt, daß der Strafantrag nicht zur Schuldfrage gehöre, auch nicht, wie die Deliktsmerkmale, im Urteil festgestellt werden müsse, vgl. E. **1**, 43; **2**, 221; **6**, 161; aber man glaubte diese Entscheidung nur dann rechtfertigen zu können, wenn man den Antrag dem Prozeßrecht zuweise. Diese Begründung war dann der Anlaß zu der verfehlten Beurteilung vieler Bedingungen der Strafbarkeit, obwohl doch auch auf bürgerlichrechtlichem Gebiete die Bedingungen für die Fälligkeit eines Anspruchs nicht aus dem materiellen Rechte heraus ins Prozeßrecht gewiesen werden.

Bei der Zahlungseinstellung oder Konkurseröffnung verfiel man infolge ungenügender Beachtung der Kategorie der Bedingungen der Strafbarkeit in den umgekehrten Fehler, sie zu den Tatbestandsmerkmalen zu zählen. Da, wo die Zahlungseinstellung oder Konkurseröffnung eintrat, ist danach der Bankerutt begangen. Vgl. z. B. E. **16**, 188. Der Versuch des Verbrechens wäre dann ohne Eintritt jenes Ereignisses strafbar; so E. **13**, 41 (43). Freilich zog man nicht alle Konsequenzen, z. B. nicht die, daß der Täter diesen angeblichen Erfolg gewollt haben müsse. So ist denn das RG. in E. **45**, 88 (zu § 2) wenigstens in der

Schuldfrage neuerdings zu sachlicher Anerkennung des Resultates gelangt, daß die Zahlungseinstellung usw. nicht ein Delikts- (= Tatbestands-)merkmal sei. Anders noch E. 27, 316 (20).

§ 36.

Der Strafantrag insbesondere.

I. Begriff.

Strafantrag (französich pleinte) ist die Erklärung an die Behörde, daß man die Bestrafung eines bestimmten, nicht von Amts wegen verfolgbaren Deliktes begehre.

Die CCC. Art. 118—120, 165 kennt Fälle einer Bestrafung nur auf eine peinliche Beklagung des Verletzten hin. Das war aber kein Strafantrag, sondern eine Privatklage.[1]) Das ALR. dagegen kennt ein Antragserfordernis, das nicht Privatklage bedeutet, z. B. bei leichten Injurien; vgl. ALR. II 20 § 649. In Oesterreich kommt das Antragserfordernis nur in Nebengesetzen, nicht im StGB. vor.

II. Arten der Antragsdelikte.

1. Die Antragsdelikte sind teils absolute (d. h. solche, welche in jedem Falle ihrer Begehung einen Antrag verlangen), teils relative (d. h. solche, welche einen Antrag nur dann verlangen, wenn der Täter bestimmte Beziehungen zum Verletzten (Angehörigeneigenschaft) aufweist, oder wenn er ein Antragsdelikt begünstigt hat).

Beispiele relativer Antragsdelikte: StGB. §§ 247, 263 IV,[2]) 289, 292; 257 mit 63.

---

[1]) Vgl. Binding, H. 1, 603, Köhler, Strafantrag 5. A. M. z. B. Geib 2, 5.

[2]) Ob auch bei Betrug im Rückfall, § 264, wenn er von Angehörigen im Sinne des § 263 IV begangen wurde, ein Antragserfordernis besteht, ist zweifelhaft. Dafür spricht eine Verwandtschaft mit dem Rückfallsdiebstahl, § 244, der bei Verübung durch Angehörige Antragsdelikt ist; § 247; auch läßt sich die Zweckmäßigkeit gleichartiger Erledigung rechtfertigen. Dagegen spricht aber, daß das Antragserfordernis nur beim einfachen Betrug als Annex angefügt ist, ferner die technische Regel, daß Antragserfordernisse sich sonst nur auf die vorausgehenden Paragraphen beziehen, vgl. z. B. §§ 124, 293. Dazu kommt, daß ohnedies eine Gleichregelung

Unter den absoluten Antragsdelikten gibt es zwei mit relativer Rücknehmbarkeit des Antrags, d. h. der Antrag kann hier dann, aber nur dann zurückgenommen werden, wenn der Täter ein Angehöriger des Verletzten ist: StGB. §§ 232, 303.

2. Die Antragsdelikte sind zum größten Teile Antragsvergehen, nur zum kleinsten Teile Antragsverbrechen und Antragsübertretungen; vgl. z. B. §§ 123, 185, 232, 248a, 264a; § 179; § 370 Z. 5.

3. Dem gesetzgeberischen Motive nach verdanken die Antragsdelikte das Antragserfordernis teils der Erwägung, daß ohne erklärtes Privatinteresse an der Bestrafung das öffentliche Bestrafungsinteresse zu schwach sei, um den Verfolgungsapparat in Bewegung zu setzen (z. B. §§ 123, 194, 288, 289 IV; vgl. auch Beling Strafprozeßrecht 223), teils der Erwägung, daß das öffentliche Interesse an der Bestrafung aus Rücksicht auf entgegenstehende Privatinteressen zurücktreten könne; z. B. §§ 182, 247 I, 263 IV, 236, 289 V, 303 IV.[1]) In manchen Fällen mögen beide Motive beteiligt sein, z. B. in den §§ 299—302.[2])

---

für den Betrug und Diebstahl vom Gesetz nicht beliebt wurde. Man darf z. B. nicht den Betrug gegen Lehrherrn oder gegen die Dienstherrschaft als Antragsdelikt auffassen, obwohl dies ebenso gerechtfertigt wäre. Die Frage ist also beim Betrug selbständig zu beurteilen. — Diese Bedenken auf Grund sicherer logischer Auslegung gegenüber der einer anzuerkennenden Zweckmäßigkeit entnommenen Auslegung dürften nicht durch das Schlagwort „formalistisch“ zu beseitigen sein. Auch der Freund weitgehender Analogien muß hier stutzig werden. Das Antragserfordernis erscheint demnach nicht als nachweislich. Man kann auch nicht sagen: in dubio für ein Antragserfordernis. Gl. M.: v. Olshausen § 264 N. 2, Finger, GerS. 78, 401, Binding H. 1, 607. A. M.: Allfeld 548, Frank § 264 II, Schwartz § 264 N. 2, E. 43, 363.

[1]) Vgl. Frank § 61 I 2, Allfeld, VD. A. 2, 166.

[2]) Die Ansicht v. Bars 3, 304, v. Liszts § 45 II, das Gesetz wolle bei einer Gruppe von Antragsdelikten festgestellt sehen, ob der Verletzte die Verletzung als solche empfinde, ist unzutreffend. Auch wenn er sie gar nicht als solche empfunden hat, behandelt das Gesetz seinen Antrag als gültig. Richtig Wachenfeld 278, Beling, Strafpr. 223.

III. Der Antragsberechtigte.

1. Antragsberechtigt ist in der Regel jeder durch das Delikt Verletzte, sofern er 18 Jahre alt ist. § 65.

a) Als verletzt gilt nur der unmittelbar in seiner Rechtssphäre Betroffene, also z. B. der Eigentümer des beschädigten Hauses, der es bewohnende Mieter, aber nicht der Käufer einer Sache, dem diese noch nicht übereignet wurde.[1]

Man kann auch sagen:

Jeder, dem ein Anspruch auf Unterlassung der begangenen Handlung zustand; der bloß an der Unterlassung Interessierte gehört dazu nicht.[2] Z. B. der Ehemann ist zur Antragstellung wegen Beischlafserschleichung (§ 179) nicht legitimiert, E. 19, 250. Dagegen ist z. B. eine Unterschlagung nicht nur gegen den Eigentümer begangen,[3] sondern auch gegen den Nießbraucher, dagegen allerdings nicht gegen den Anvertrauenden, obwohl auch er ein Rückforderungsrecht hat.

b) Bei verschiedenen Delikten wird der Antragsberechtigte ausdrücklich bezeichnet (direkt oder — so in § 197 — indirekt).

Darin liegt zum Teil eine Erweiterung über den Kreis der Verletzten hinaus, z. B. in §§ 195, 196, 232, zum Teil eine Verengerung, z. B. in §§ 102, 103, 170 (nicht entgegen die ratio legis; sehr bestr.), 182, zum Teil nur eine Wiederholung, z. B. in §§ 99, 101, 104.

2. Hat jemand ein selbständiges Antragsrecht, d. h. ein Antragsrecht in seinem eigenen Interesse überkommen, so bleibt es ihm auch nach Wegfall der das Antragsrecht verschaffenden Stellung erhalten.

---

[1]) Gl. M.: Allfeld, VD. A. 2, 178, Frank § 61 III, v. Bar 3, 307, Wachenfeld 279, OLG. Hamburg GA. 42, 50.

[2]) Eine abweichende Ansicht vertritt Flex, Der Verletzte im Sinne des § 65 StGB. (1914), Diss., S. 1: Verletzter sei derjenige, dessen Interesse durch die betreffende Strafandrohung vor Verletzung geschützt werden soll. Ein Strafgesetz kann nachweislich mannigfachen Interessen dienen. Wessen Interesse aber das Gesetz dabei dienen soll, das läßt sich sehr oft nicht nachweisen. Das „Verletztsein“ weist dagegen auf einen Eingriff in subjektive Rechte (auch öffentliche) hin, gleichviel, ob sie dem Gesetzgeber vorschwebten oder nicht.

[3]) So die herrschende Lehre, z. B. v. Olshausen § 247 N. 3b.

Z. B.: Der Ehemann darf wegen einer bei bestehender Ehe gegen seine Frau begangenen Beleidigung auch nach erfolgter Scheidung oder nach erfolgtem Tode noch Antrag stellen,[1] vgl. E. 1, 29; der Lehrherr wegen Diebstahls gegen seinen früheren Lehrling. Bei Auslegung nach den Motiven zu § 195 wäre allerdings der Ehemann nicht in eigenem Interesse berechtigt. Das trifft aber für die lex lata nicht zu. Das RG. geht noch weiter und erachtet auch den gesetzlichen Vertreter eines Minderjährigen nach dessen Tode noch generell für antragsberechtigt; so E. 35, 131. Allein dieser hat kein selbständiges Antragsrecht und ein zu Vertretender ist nicht mehr da. Der § 195, der auch bestimmten gesetzlichen Vertretern, nämlich den Vätern, ein selbständiges Antragsrecht verliehen hatte, ist seit 1900 auf Ehemänner beschränkt.

Antragsrechte, die jemandem nur als Vertreter fremder Interessen zukommen (= unselbständige Antragsrechte), bleiben nur so lange erhalten, als diese Vertretung dauert.

Zwar hat bei Beleidigungen von Beamten usw. der § 196 ein Antragsrecht geschaffen, das nicht als bloße Vertretung des Beleidigten erscheint, sondern selbständigen dienstlichen Interessen zur Verfügung stehen soll. Es ist daher auch noch auszuüben, wenn der Beleidigte nicht mehr aktiver Beamter ist. Aber der einzelne Vorgesetzte übt es aus lediglich als berufener Vertreter jener staatlichen (usw.) Interessen. Nach Beendigung seiner dienstlichen Stellung ist er nicht mehr antragsberechtigt wegen der Handlungen, die während seiner Dienstzeit gegen die ehemaligen Untergebenen begangen wurden.[2]

Ebenso steht es mit dem Antragsrecht des gesetzlichen Vertreters nach § 65. Doch ist zu beachten, daß die Interessenwahrung (z. B. Sorge für gutes Andenken) mit dem Tode des Berechtigten noch nicht völlig abschneiden muß.

3. Das Antragsrecht ist in der Regel höchst per-

---

[1]) Sehr bestritten. Gl. M.: Hälschner 2, 208 für den Fall des Todes. A. M.: Frank § 195 II, Köhler, Strafantrag 42 N. 5.

[2]) Gl. M.: v. Olshausen § 196 N. 5a.

sönlich. Es geht also nicht auf die Erben über, auch wenn der Erbe in ein verletztes Rechtsobjekt sukzediert[1]). Das Antragsrecht ist auch nicht Gegenstand einer Veräußerung.

Aber es duldet die Ausübung durch Vertreter:

a) Der gesetzliche Vertreter eines Berechtigten hat diesen in der Regel bei der Antragstellung zu vertreten. Unabhängig von ihm darf auch der geschäftsbeschränkte Minderjährige Antrag stellen, wenn er 18 Jahre zählt, § 65 I. Privatklage kann freilich nur der voll Geschäftsfähige stellen.

Fraglich erscheint, ob der 18jährig Gewordene nur diejenige Antragsfrist benützen darf, die seinem gesetzlichen Vertreter noch nicht abgelaufen ist. Die Fassung des Gesetzes und die gewollte Unabhängigkeit von dem gesetzlichen Vertreter deutet auf eine unabhängige Antragsfrist.[2])

Eine Vertretungsbefugnis erscheint als ausgeschlossen, wenn es sich um ein Delikt handelt, dessen Würdigung nicht zu den Aufgaben eines gesetzlichen Vertreters gehört; z. B. die dem Ehemann als solchen zustehende Antragsberechtigung kann nicht von dem Vormund des Geisteskranken ausgeübt werden. Hier bewendet es bei der Höchstpersönlichkeit.

Geistesschwache sowie entmündigte Verschwender und Trinker üben ihre Antragsrechte selbst aus.[3]) Hat der Verletzte einen gesetzlichen Vertreter wegen Geschäftsunfähigkeit, so kann der Strafrichter nur nachprüfen, ob die Bestellung des Vertreters formell zu Recht besteht, nicht ob die Bestellung materiell gerechtfertigt war.[4]) Dies gilt auch für die Pfleger im Falle des BGB. §§ 1910 II, 1911.

---

1) Gl. M.: Allfeld 274, Schwartz § 61 N. 3c, Wachenfeld 280. A. M. zum Teil v. Liszt § 45 N. 15.

2) Gl. M.: Binding, H. 1, 628 N. 11, und für den Fall, daß dem gesetzlichen Vertreter die Antragsfrist noch nicht abgelaufen war, auch v. Olshausen § 65 N. 20. A. M.: Frank § 61 VIII 1 b, E. 24, 427.

3) E. 34, 98. — Die volljährigen Geschäftsbeschränkten sind also im Gegensatz zu den Geschäftsunfähigen selbst antragsberechtigt. Jedoch wird der Vormund eines hierzu etwa unfähigen Geistesschwachen dessen Antragsrecht (also ohne selbständigen Fristenlauf) ausüben können. Gleiches können in ihrem Wirkungskreis auch die Pfleger eines verhinderten Gebrechlichen oder Abwesenden. Vgl. auch Allfeld VD. A. 2, 180.

4) E. 49, 225, GA. 59, 452.

b) Der bevollmächtigte Vertreter darf Antrag stellen, wenn er Spezialvollmacht oder Spezialauftrag hat; ebenso wenn er generell bevollmächtigt ist zur Besorgung geschäftlicher Angelegenheiten, zu deren ordnungsmäßiger Durchführung auch die gewissenhafte Verwertung von Antragsrechten gehört.

Z. B.: Der Hausverwalter eines auf längere Zeit Abwesenden darf Strafantrag stellen wegen eines Hausfriedensbruchs, der im Hause des Abwesenden begangen wurde. Ebenso darf der Prokurist eines verreisten Verlagsbuchhändlers Strafantrag wegen Nachdrucks an einem Verlagswerke stellen. Dagegen darf der Generalbevollmächtigte nicht Antrag wegen einer gegen den Abwesenden verübten Beleidigung oder wegen eines Ehebruchs seiner Gattin stellen.[1]) Widerspricht die Antragstellung eines Bevollmächtigten dem vorher kundgegebenen Willen des Vollmachtgebers, so ist sie nichtig.

IV. Gültigkeit der Antragstellung.

Sie hängt ab:

1. von der Beobachtung der vorgeschriebenen Form.

Hierher gehört die Beobachtung der sehr laxen Formvorschriften des § 156 II SPO. (schriftliche Antragstellung bei einer zuständigen[2]) Behörde; bei Gerichten und Staatsanwaltschaften genügt auch Antragstellung zu Protokoll; schriftliche Antragstellung liegt bereits vor, wenn mit dem Willen des Antragstellers der Schutzmann die Erklärung in dessen Namen zu Papier seiner Behörde einreicht).[3]) —

Streitig ist, ob der Antragstellung beigefügte Bedingungen die Gültigkeit des Antrags beseitigen.

Das Reichsgericht nimmt die Ungültigkeit des Antrags bei Suspensivbedingungen an, die bloße Ungültigkeit der Bedingungen bei Resolutivbedingungen.[4])

---

[1]) Vgl. v. Olshausen § 61 N. 17, 18. Eingehend hierüber Coenders, GS. 83, 306 f., der mit Recht darauf hinweist, daß auch eine Vertretung bei immateriellen Interessen vorkommen kann. Dies gilt z. B. von Geheimnisverrat.

[2]) Vgl. E. 48, 274.

[3]) Vgl. Löwe-Rosenberg, StPO (1914) § 156 N. 10.

[4]) E. 14, 96 (97).

Richtiger Ansicht nach sind auch bedingte Erklärungen gültig, aber nur zu berücksichtigen, wenn innerhalb der Antragsfrist die Erfüllung der Bedingungen der Behörde amtlich zur Kenntnis gelangt.[1] Bedingungen sind grundsätzlich im bürgerlichen Recht und im öffentlichen Recht zulässig, soweit sie nicht mit der Natur einer Rechtshandlung in Widerspruch stehen (z. B.: Eheschließung; Urteil; Klageerhebung). Auf dem Gebiete des öffentlichen Rechts kommen vor z. B. Eventualanträge; bedingte Anschließung an ein Rechtsmittel; bedingte Konsense; bedingte Zustimmung zur Verwendung von Abgaben.

Beispiele: Wenn der A in der Zeitung eine Erklärung gegen mich veröffentlicht, so will ich, daß seine heute gegen mich begangene Beleidigung verfolgt werde (Angeblich ungültiger Antrag).

Anders in folgendem Fall: Ich stelle hiermit Strafantrag gegen A wegen Beleidigung, wenn er nicht binnen 14 Tagen bei der Gerichtsschreiberei 20 M. für die Armen der Stadt einzahlt (Angeblich gültiger Antrag mit ungültiger Bedingung).

Das Wort „Antrag“ braucht bei der Antragstellung nicht vorzukommen. In dem Gesuch auf Zulassung als Nebenkläger (SPO. § 436) ist dessen Wille, daß die Tat bestraft werden möge, bereits ausgedrückt.[2]

2. von einer die Bestrafung der ganzen deliktischen Tat wollenden Erklärung, StGB. § 63.

a) Der Antrag ist ungültig, wenn er die Bedingung enthält, daß einzelne an der Tat mitbeteiligte Personen (Täter, auch Nebentäter, Anstifter, Gehilfen, Begünstiger) straflos belassen werden.[3] Dagegen ist der Antrag noch gültig, wenn er auch keine Beteiligten oder doch nicht alle aufzählt. Das Verfahren kann dann auch gegen die nicht genannten Beteiligten durchgeführt werden, § 63.

---

[1]) Gl. M.: Frank § 61 IV 4, Beling 289. A. M.: v. Olshausen § 61 N. 45.

[2]) Gl. M.: E. in „Das Recht“ 18 N. 1926.

[3]) Da als an der Handlung Beteiligte nicht nur Teilnehmer i. e. S. erscheinen, ist bei Preßdelikten der gegen den verantwortlichen Redakteur gerichtete Strafantrag auch wirksam gegen den Verfasser und Einsender, ebenso umgekehrt, gleichviel ob alle dolos waren oder nicht. Vgl. E. in „Das Recht“ 19 N. 1899.

Der Antrag, welcher statt einer wirklich beteiligten Person nur eine unschuldige Person als beteiligt erwähnt, ist deswegen nicht ungültig.[1])

Die Ungültigkeit der Teilung bezieht sich aber durchweg nur auf die Antragstellung, nicht auf die geteilte Erhebung einer Privatklage unter Weglassung einzelner Beteiligter.

Das Gericht kann eine Strafklage, die nicht alle Beteiligten umfaßt, gemäß SPO. § 153 nicht zurückweisen.

b) Der Antrag ist ungültig, wenn er die Bedingung enthält, daß von mehreren in ein und derselben Handlung enthaltenen Delikten das eine unverfolgt bleibe.

Z. B. das Beschmieren einer Wand kann eine Karikatur darstellen und außer der Sachbeschädigung auch eine Beleidigung enthalten. Der Antrag kann hier nicht dahin gehen, daß etwa ausschließlich die Sachbeschädigung verfolgt werden solle.[2])

Wird ein Einzelakt eines fortgesetzten Delikts als Gegenstand des Antrags bezeichnet, so ist bezüglich des ganzen fortgesetzten Verbrechens Antrag gestellt. —

Zu einer tatsächlichen Trennung der Verfolgung kommt es aber dann, wenn eine und dieselbe Handlung ein Antragsdelikt und ein Offizialdelikt enthält. Hier kann das Gericht bei fehlendem Antrag nur das Offizialdelikt aburteilen.

Z. B. ein und derselbe verursachte ruhestörende Lärm enthielt zugleich eine leichte Körperverletzung (§§ 360 Z. 11, 223). Wenn der Verletzte im Augenblick der Aburteilung noch keinen Strafantrag gestellt hat, kann nur wegen der Übertretung verurteilt werden.

Zweifelhaft erscheint, ob das schwerere Antragsdelikt dann zum Gegenstande neuer Verfolgung gemacht werden kann. Da es nicht rechtskräftig abgeurteilt ist, wird die Frage zu bejahen sein.[3]) Dies gilt jedoch nur dann, wenn das Gericht nicht die

1) G. M.: E. in LeipzZ. 9, 482.

2) Bei Verschiedenheit der Verletzten ist hier Trennung denkbar.

3) Gl. M.: Beling, Strafpr. 417 N. 50. A. M.: E. 23, 307.

ganze Tat abgeurteilt hat, sondern wegen des Antragsdelikts auf Einstellung erkannte. Dazu ist es richtiger Ansicht nach in der Lage.[1])

V. Die Antragsfrist.

1. Der Berechtigte muß den Antrag innerhalb einer dreimonatlichen Frist gestellt haben. Die Einhaltung dieser Frist muß feststehen.[2])

Erster Tag dieser Frist ist der Tag, an welchem der Berechtigte von einer gegen ihn gerichteten Tat[3]) und von einem schuldhaft an der Tat Beteiligten glaubhafte Kenntnis hat, § 61. Der Tag wird also eingerechnet.

a) Sind mehrere selbständig Antragsberechtigte vorhanden (z. B. ein Schimpfwort betrifft mehrere Personen), so wird für jeden der Fristenbeginn von seiner Kenntnis an gerechnet. § 62.

Dies gilt nicht für unselbständige Antragsbefugnisse, z. B. nicht für einen Vertreter, der nur einen bisherigen Vertreter ablöst.[4])

Ist der gesetzliche Vertreter eines Unzurechnungsfähigen selbst der Täter, so läuft keine Antragsfrist.[5]) Auch dann ruht die Frist eines Antragsberechtigten, wenn er während der ganzen Frist (z. B. wegen schwerer Erkrankung) außerstande war, die Befugnis wahrzunehmen.[6]) Die ratio legis will dem Berechtigten mit der Fristsetzung eine Grenze stecken, nicht das Recht von einer manchmal unmöglichen Bedingung abhängig machen. Es handelt sich nicht um eine zivilprozessuale Frist, die allerdings Rechtsverlust ohne Verschulden nach sich ziehen

---

[1]) A. M.: E. **36**, 275 (76).

[2]) Schwartz § 61 N. 6g, E. in StrafrZ. **1**, 363.

[3]) Dazu gehört auch ein mindestens eventuelles Wissen von dem Vorliegen der Tatumstände, welche ein Antragsrecht verleihen, z. B. von dem Fehlen eines gefährlichen Werkzeugs bei der zugefügten Körperverletzung. A. M.: Allfeld, VD. A. **2**, 193 N. 2. — Man muß von der Tat so viel wissen, daß man sich sachgemäß entschließen kann. Bloße Kenntnis, daß man beleidigt worden sei, genügt nicht, GA. **46**, 38.

[4]) Gl. M.: Frank § 61 VIII 1b.

[5]) Gl. M.: Wachenfeld 279.

[6]) Gl. M.: Frank § 61 VIII 7, Wachenfeld 281, v. Olshausen § 61 N. 50. A. M.: v. Bar **3**, 319, Beling 232 N. 8.

kann. Wäre die Frist aber selbst prozessualer Natur, so würde die Tendenz, die aus genereller Wiedereinsetzungsmöglichkeit im Strafprozeß zu entnehmen ist, für ein tempus utile sprechen.

b) Bei relativen Antragsdelikten beginnt die Frist erst dann zu laufen, wenn der Berechtigte auch von der Tatsache Kenntnis hat, welche hier ein Antragsrecht begründet; z. B. daß sein eigener Sohn ihn bestohlen hat, § 247.

Alsdann aber kommt der Unteilbarkeitsgrundsatz wieder zur Geltung, wenn etwa mehrere Beteiligte nur auf Antrag verfolgbar sind.[1]

c) Wird ein Offizialdelikt durch Gesetzesänderung zum Antragsdelikt (wie z. B. der bewaffnete Hausfriedensbruch durch die Nov. von 1912), so beginnt die Frist nicht vor dem Inkrafttreten des neuen Gesetzes.[2]

d) Ist die Verfolgbarkeit einer Tat außer von einem Antrag noch von einer weiteren Bedingung abhängig (z. B. von der Scheidung oder Nichtigkeitserklärung einer Ehe), so beginnt nach sehr bedenklicher reichsgerichtlicher Praxis die Frist erst mit Hinzutritt der weiteren Bedingung und der Kenntnis des Antragsberechtigten von ihrem Eintritt.[3]

Praktische Bedeutung hat die Frage für den Fall, daß die Bestrafung eines Delikts, z. B. des Ehebruchs, noch von einer Auflösung der Ehe abhängig gestellt ist; vgl. §§ 170, 172, 238.

Die Antragstellungsmöglichkeit beginnt dabei schon vor dem Beginn der Antragsfrist.[4] Nach E. 38, 271 genügt es, wenn z. B. bei Ehebruch der Antragsberechtigte seine Willenserklärung vor Eintritt der Rechtskraft des Scheidungsurteils abgesandt hat. Also ist danach jedenfalls keine Kenntnis von

---

1) Frank § 63 II 2.

2) Gl. M.: Allfeld, VD. A. 2, 196, Blumenthal, DJZ. 17, 1295, Fuchs GA. 19, 83. A. M.: Frank § 61 VIII 10.

3) So E. 26, 116; 37, 271; Beling, Strafpr. 234, M. Cohn, Problem der Bestrafung des Ehebruchs 39, v. Liszt § 44 N. 4. Richtig dagegen u. a. Frank § 172 III, Schwartz § 172 IV, es bestehe keine Ausnahme von § 61.

4) Gl. M.: v. Bar 3, 325; Frank § 172 III 2; Mittermaier, VD. B. 4, 98, Schwartz § 172 N. 4; Wachenfeld 455.

dem Eintritt der Rechtskraft erforderlich. Da das RG. in dem betr. Fall hervorhebt, daß der Antrag erst nach Eintritt der Rechtskraft bei der Staatsanwaltschaft einging, scheint das RG. an diesem Eintritt als dem frühesten Termin der Antragszulässigkeit festzuhalten.[1])

e) Die Möglichkeit (= Zulässigkeit) der Antragstellung beginnt, auch wenn man bei doppelt bedingter Verfolgungsmöglichkeit eine Ausnahme macht, bei sonstigen Antragsdelikten schon vor dem Fristenlauf. Ja eine Antragstellung ist zulässig schon vor der Deliktsbegehung, sofern das Delikt bereits konkret vorausgesehen wurde.[2])

f) Erfährt der Berechtigte später von der Beteiligung weiterer Personen an dem Antragsdelikte, so beginnt die Antragsfrist gegen diese nicht von neuem (In der Theorie teilweise bestritten)[3]).

2. Bei leichten Körperverletzungen und bei Beleidigungen besteht ein besonderes Ende der Antragsfrist, wenn sie einander wechselseitig gegenübertreten, vgl. §§ 198, 232. Hat der eine Teil gültig Strafantrag gestellt, so muß der andere den Antrag spätestens stellen bis zum Schluß der Plaidoyers in erster Instanz. Hiermit endigt für ihn der Fristenlauf. Dagegen besteht sein Antragsrecht bis zu jenem Zeitpunkt auch dann, wenn er bereits über 3 Monate Kenntnis hatte.

Eine besondere Antragsfrist kennt die Seemannsordnung § 96 IV (Rechtsverlust mit der Abmusterung des Schiffsmanns, hier ohne Rücksicht auf Wissen von der Tat).

VI. Untergang des Antragsrechts.

1. Absolute Endigungsgründe sind z. B. der Eintritt der Verjährung, der Tod des Schuldigen.[4])

---

[1]) Diesen letzteren Termin stellt ausdrücklich E. **37**, 372 auf; ebenso Allfeld 472 N. 19. Nach Finger **1**, 201 beginnt auch das Antragsrecht (gemeint ist die Antragszulässigkeit) erst mit der Kenntnis von der Rechtskraft des Urteils. So auch M. Cohn 39.

[2]) Gl. M.: E. in GA. **60**, 438, frühere Entscheidungen abweichend.

[3]) Z. B. von Frank § 61 VIII 4. Binding, H. **1**, 689 nimmt Neubeginn der Frist mit Kenntnis von weiteren Beteiligten an, und läßt auch die Frist gegen die bisher Bekannten dadurch neu aufleben.

[4]) VE. § 72 sieht eine Vererbung auf die nächsten gesetzlichen Erben vor. Treffend bemerkt Oetker bei Aschrott—v. Liszt Reform **1**,

2. Relative Endigungsgründe (d. h. solche, welche nur für einen bestimmten Berechtigten gelten) sind z. B. die Pensionierung des Vorgesetzten im Falle des § 196, das Aufhören der vormundschaftlichen Befugnisse, die Antragszurücknahme. Gesetzliche Vertreter dürfen auch nach dem Tode des (vorher) Verletzten für diesen Strafantrag stellen, soweit ihr Amt zur persönlichen Fürsorge noch nicht beendet ist.[1]

Keinen Endigungsgrund bildet dagegen der Verzicht auf den Antrag (es sei denn, daß er vor der Vergleichsbehörde im Falle des § 420 SPO. erklärt wäre).[2]

3. Die Zurücknahme insbesondere.

a) Sie ist seit der Novelle von 1876 nur bei denjenigen Delikten möglich, welche sie ausdrücklich zulassen; vgl. z. B. §§ 123, 194, 232, 248a, 264a, 370 II; dagegen z. B. nicht bei §§ 170, 179, 182, 288, 289, 299, 300, 301, 302.

b) Zurücknahmeberechtigt ist in der Regel nur der Antragsteller; also nicht ein nachher aufgestellter gesetzlicher Vertreter, ebensowenig die Erben des Antragstellers.[3] Ausnahme:[4] Der Rechtsnachfolger eines gesetzlichen Vertreters kann den von seinem Rechtsvorgänger gestellten Antrag zurücknehmen, z. B. der großjährig gewordene Sohn, der den ersten ablösende zweite Vormund.

305, daß eine Vererbung des Antragsrechts durchaus nicht immer angemessen sei, z. B. nicht auf die Kinder bei Ehebruch, man kann hinzufügen: auch nicht bei Diebstahl nach § 247, überhaupt nicht bei relativen Antragsdelikten. Außerdem sollte eine Vererbung ausgeschlossen sein, wenn der Wille des Verstorbenen irgendwie festzustellen ist, daß die Antragstellung unterbleibe. Denn er war der eigentlich zur Entscheidung Berufene.

1) Gl. M. für den § 232: E. 38, 34 (37). A. M.: Allfeld 273. S. auch oben S. 426.

2) Gl. M.: Löwen-Rosenberg, SPO. § 420 N. 7. A. M.: Finger 1, 206.

3) Hälschner 1, 716.

4) Gl. M.: Binding H. 1, 651. Weitergehend die herrschende Lehre, z. B. Allfeld 280, welche den ernannten Vertreter des Geisteskranken zur Zurücknahme ermächtigt sein läßt. Allein hier ist die Sachlage nicht die gleiche wie bei der Vertretung in der Antragstellung. Es liegt ein gültiger Wille des erst später krank Gewordenen vor, und dieser Wille wird ebenso zu respektieren sein, wie wenn der Antragsteller später gestorben wäre. Die höchstpersönliche Entschließung ist ausgeübt kraft eigenen Rechts. Des nachfolgenden Vertreters Wille hat nicht die gleiche Bedeutung. Wenn der gesunde Ehemann die Beleidigung

Die Zurücknahmebefugnis endigt mit dem Beginn der Verkündung eines Urteils, das gegen einen an dem Antragsdelikt Beteiligten eine Strafe ausspricht, § 64 I StGB.

Wird das Urteil wieder aufgehoben, so lebt sie nicht wieder auf.[1]) Die Erlassung eines Strafbefehls hindert vor dessen Rechtskraft die Zurücknahme nicht.[2])

Anderes gilt für die Befugnis zur Zurücknahme einer etwa erhobenen Privatklage: Sie endigt erst mit dem Beginn der Verkündung des Urteils der Berufsinstanz, SPO. § 431 II. Also auch wenn die erste Instanz bereits auf Strafe erkannt hatte, kann die Privatklage noch zurückgenommen werden. Wird die Privatklage in einem Falle zurückgenommen, wo die Zurücknahme des Antrags nicht oder nicht mehr zulässig ist, so hindert das eine neue Verfolgung durch die Staatsanwaltschaft nicht. Ist bei Zurücknahme der Privatklage die Zurücknahme des Antrags noch zulässig, so gilt diese als mitgewollt, wenn ein gegenteiliger Wille nicht erkennbar wird.

Die Zurücknahmeerklärung ist unteilbar, § 64 II. Bei Antragsdelikten mit relativer Rücknehmbarkeit des Antrags (§§ 232, 303) soll nach herrschender Theorie die Zurücknahme sich nur auf die Angehörigen erstrecken.[3]) Dies entspricht nicht dem Wortlaut und führt eine nicht gewollte Teilbarkeit des Antrags herbei.

---

seiner Ehefrau gesühnt sehen will oder seine Ehre für geschädigt ansieht, so ist er zur Beurteilung maßgebender als sein Vertreter, der die Beleidigung der fremden Ehre vielleicht gar nicht so empfand. Anders läge die Sache, wenn man eine Tendenz des Gesetzes zu konstatieren hätte, die Zurücknahmemöglichkeit zu begünstigen. Die Zurücknahmemöglichkeit war aber nach der Novelle von 1876 außer für Beleidigungen fast nur für Fälle vorbehalten, wo höchstpersönliche Beziehungen des Antragstellers zum Täter vorliegen. Das Gesetz spricht nur von der Vertretung bei der Antragstellung, nicht von der Vertretung bei der Zurücknahme. Die analoge Ausdehnung auf sie wird daher nur insoweit geboten sein, als die Verhältnisse wirklich analog liegen.

[1]) Gl. M.: Allfeld VD. A. 2, 208, E. 2, 420.

[2]) v. Bar 3, 344. Auch nach Seem. O. § 96 ist Zurücknahme bis zur Rechtskraft der Entscheidung zulässig.

[3]) Vgl. Finger 1, 205, Beling, Strafprozeßr. 238 N. 7, v. Olshausen § 64 N. 18.

c) Die Zurücknahme muß bei einer der Behörden erfolgen, vor welcher der Antrag gestellt werden konnte.[1]) Ihre Zulässigkeit nur vor dem Prozeßgericht während der Rechtshängigkeit ist nicht bestimmt; sie wäre für das Gericht (nicht für den Antragsteller und den Verletzten) eine Erleichterung. Nach v. Olshausen § 64 N. 9 ist bis zum Eröffnungsbeschluß auch die bei der Staatsanwaltschaft eingetroffene Zurücknahme bereits als wirksam anzusehen. Diese Mittelmeinung ist ebenfalls unhaltbar.

Eine bestimmte Form der Zurücknahmeerklärung ist nicht vorgeschrieben. Echte Bedingungen sind in ihrer Wirksamkeit wie Bedingungen der Antragsstellung zu behandeln.

d) Die Zurücknahme ist unwiderruflich. Sie bewirkt die Pflicht, die Kosten des Verfahrens zu tragen. SPO. § 502. Hat der Beschuldigte sie durch Vertrag übernommen, so tut der Antragsberechtigte gut, auf ihre vorherige Berichtigung zu dringen. Denn eine solche Übernahme hat nur materielle (zivilrechtliche) Wirkung.[2]) Anderes gilt vom Vergleich über das Privatklageverfahren.[3]) Auf Grund der Zurücknahme wird das Verfahren durch Urteil eingestellt, SPO. § 259 II.

§ 37.

Die Ermächtigung insbesondere.

I. Begriff.

Ermächtigung bedeutet im Sinne der §§ 99, 101, 197 StGB. das zur Strafverfolgung erforderliche Einverständnis mit dieser. Es muß von einem dazu Berechtigten ausgehen.

Das Einverständnis kann aus freien Stücken erklärt werden. Vermöge des Legalitätsprinzips hat die

---

[1]) Gl. M.: Frank § 64 II 4; Schwartz § 64 N. 5; Hälschner 1, 720. Nach Allfeld VD. A. 2, 208, Allfeld 280, Wachenfeld 281 ist die Zurücknahme erst dann erklärt, wenn sie bei derjenigen Stelle angelangt ist, welche die Oberleitung des gerade obschwebenden Verfahrensstadiums hat. So auch E. 8, 79 (80) passim.

[2]) Gl. M.: Löwe-Rosenberg SPO. § 502 N. 4.

[3]) Vgl. dazu GKG. §§ 86, 88 und Löwe a. a. O. § 503 N. 6b.

Staatsanwaltschaft die Pflicht, bei dem Berechtigten wegen Erteilung der Ermächtigung anzufragen.

II. Behandlung der Ermächtigung.

Eine besondere Form und Frist der Erklärung ist nicht vorgeschrieben. Der Grundsatz der Unteilbarkeit des Strafantrags wird (wegen Gleichheit des Grundes) auch auf die Ermächtigung zu übertragen sein. — Bei Erlassung des StGB. waren Antrag und Ermächtigung frei zurücknehmbar. Dies ist für Antragsdelikte 1876 beschränkt worden, aber gerade bei Beleidigungen ist der Antrag zurücknehmbar geblieben. Da die Ermächtigung nur für Beleidigungsfälle vorgesehen ist, wird anzunehmen sein, daß die Ermächtigung (nach wie vor) bis zur Verkündung eines Strafurteils frei zurücknehmbar ist.[1] Eine Vertretung in der Erklärung ist wie beim Strafantrag zulässig.

Die Berechtigung ist unvererblich. Eine Vererbung liegt aber nicht vor, wenn eine beleidigte politische Körperschaft in veränderter Zusammensetzung, etwa auf Grund einer Neuwahl, ihre Zustimmung zur Verfolgung einer vorher begangenen Beleidigung gibt.[2]

---

[1] A. M.: E. 33, 66 (70), Frank § 99 II 2, v. Bar 3, 363, früher auch der Verf.

[2] Gl. M.: v. Olshausen § 197 N. 4.

Sechstes Kapitel.

Unvollständigkeit und Unselbständigkeit von Verbrechen (sogen. Erscheinungsformen des Verbrechens)

§ 38.

Systematische Bedeutung.

I. Unter dem Ausdruck **Erscheinungsformen** (oder Formen) des Verbrechens werden nicht selten Versuch, Teilnahme und Konkurrenz (so v. Liszt, Allfeld) oder doch die beiden ersteren (so Wachenfeld) zusammengefaßt; oder es werden Versuch, Teilnahme mit jugendlichem Alter und den allgemeinen Schärfungsgründen des MStGB. vereinigt (so Beling, Grdz.). Der Ausdruck enthält nichts Unrichtiges; aber ein besonders kennzeichnender Inhalt ist damit nicht verbunden. Gl. M. M. E. Mayer[1]), der aber außerdem vorschlägt, Versuch und Teilnahme unter dem Begriff der Strafausdehnungsgründe zusammenzufassen. Allein hiermit würde etwas Zufälliges als Begriffsmerkmal behandelt. Formuliert ein Gesetz: wer es unternimmt, wird so und so bestraft, so sind die Fälle, in denen ausnahmsweise bei Versuch noch nicht gestraft werden soll (z. B. Übertretungen), viel mehr der Fall eines Strafeinschränkungsgrundes. Legt eine Gesetzgebung das Hauptgewicht auf die Betätigung eines verbrecherischen Willens, wie

---

1) Vgl. Mayer 341.

z. B. das kanonische Recht, so ist der Versuch ebenfalls nicht Strafausdehnungsgrund, sondern seine Straffreiheit in gewissen Fällen ist ausnahmsweise Strafeinschränkung. — Ebenso kann bei den Teilnahmeformen sowohl durch die Art der Formulierung, als auch durch eine grundsätzliche Stellungnahme ausgedrückt werden, daß von der Bestrafung aller Mitwirkenden als der Regel ausgegangen wird und die Nichtbestrafung gewisser Fälle als Strafeinschränkung zu behandeln ist; z. B. wenn es im römischen Recht gelegentlich heißt: qui dolo malo fecerit, ut occidatur, so ist darunter jede vorsätzliche und kausale Mitwirkung inbegriffen.

Ob speziell nach dem geltenden deutschen Recht Versuch, Anstiftung, Beihilfe unter dem Gesichtspunkt der Ausdehnung der Strafbarkeit über deren regelmäßige Grenzen erscheint, oder ihre ausnahmsweise Nichtbestrafung als Einschränkung gilt, ist nicht unzweifelhaft.

II. Dagegen weist das Verbrechen einer Person eine gewisse Unvollständigkeit auf, wenn der Vollendungserfolg überhaupt nicht erreicht wurde, wenn er von dieser Person nur unter Mitwirkung des Beitrags weiterer Personen erreicht wurde, endlich wenn die Strafe des betreffenden Verbrechens durch das Danebenbestehen weiterer Verbrechen nicht voll zur Anwendung gelangt. Bei Teilnahme und Konkurrenz ist außerdem der Gesichtspunkt einer Unselbständigkeit der einzelnen Handlung verwertbar.

III. Vereinzelt ist auch unternommen worden, die Materien des Versuchs und der Teilnahme in den Lehren von der Tat- und von der Schuldseite des Verbrechens unterzubringen.[1] Allein der Versuch als solcher gehört nicht nur zur Tatseite, die Teilnahme nicht nur zur Schuldseite. Steht eine Gesetzgebung auf dem Boden der rein subjektiven Versuchslehre, so fehlt die Tatseite oft fast gänzlich; wird umgekehrt bezüglich der Teilnahmeformen objektiv unterschieden, so tritt die Verschiedenheit der Schuld der Teilnehmer mehr in den Hintergrund gegenüber der Tatseite.

---

[1]) Vgl. z. B. einerseits Binding, Grdr. (8) § 52f., H. Meyer, Lehrb. 1877, S. 30f., 41; andrerseits Schütze, Lehrb. § 45f.

1. Der Versuch.

§ 39.

Der Begriff des Versuchs und seine Bestandteile.

I. Begriff.

Versuch im technischen Sinne ist derjenige vorsätzliche rechtswidrige Angriff auf ein Schutzobjekt, welcher die objektiven Verbrechensmerkmale nicht vollständig zur Verwirklichung bringt.

1. Das ältere römische Recht bestrafte wenigstens grundsätzlich den Versuch bei den Staatsverbrechen. Es strafte ihn regelmäßig gleich der vollendeten Tat. Der Versuch von Privatdelikten war straflos.[1]

Das germanische Recht hat in älterer Zeit nur die vollendete Tat gestraft[2], in den Volksrechten werden einige Handlungen, die typische Versuchsfälle darstellen, als delicta sui generis behandelt, z. B. zorniges Zulaufen auf jemanden, Inswasserwerfenwollen eines anderen, der dann nicht hineinfällt, Giftgeben ohne Todesfolge.[3] Das salische und langobardische Recht strafen den Versuch bestimmter Missetaten ganz allgemein und zwar milder.[4] — Die Strafbarkeit der versuchten Missetat als solcher erörterten dann die Postglossatoren, wobei zwischen entfernterem und näherem Versuch mehrfach geschieden und allmählich die Strafbarkeit desselben generell angenommen wurde.[5] Im Anschluß an CCC. Art. 178, der verschiedene Strafbarkeit der vollendeten und der versuchten Tat je nach dem Urteil des Gerichts über den Sachverhalt vorsieht und nur den generell tauglichen Versuch („scheinliche Werke") als strafbaren Versuch anerkennt, wurde in Deutschland bei peinlichen Delikten die mildere Strafbarkeit zur Regel. Eine strengere Auffassung über die Strafbarkeit brachte nach Vorgang der Josefina v. 1787 § 9 der Code pénal für schwerere Delikte auf. Unter sorg-

[1] Mommsen 97 N. 5, Hälschner, Syst. 1, 174.
[2] Vgl. v. Amira 230, Wilda 606/07.
[3] Beispiele bei Wilda 603/04 u. bei Pertile, Storia del dir. V 76.
[4] Vgl. Wilda 605.
[5] v. Bar 2, 497, Mittermaier, GS. 11, 197.

fältiger Trennung von bloßen Willensbetätigungen und weitergehenden Ausführungshandlungen bestimmte er unter Übergehung des untauglichen Versuchs in art. 2: Toute tentative de crime qui aura été manifestée par des actes extérieurs et suivie d'un commencement d'exécution . . . . est le crime même. In der Folgezeit bestrafte zwar das bayr. StGB. v. 1813, Art. 58 bis 62, und das sächs. StGB. v. 1838, Art. 41, den Versuch grundsätzlich milder, dagegen bestraften ihn das preuß. StGB. v. 1851 § 32, das österr. StGB. v. 1852 § 8, 47, 52 und das bayr. StGB. v. 1861 Art. 49 grundsätzlich gleich der Vollendung.

2. Die mildere Strafbarkeit[1]) rechtfertigt sich dadurch, daß für die Beurteilung einer strafbaren Handlung nicht nur der böse Wille, sondern auch der durch die Tat erweckte Eindruck (insbesondere das gefühlte Abschreckungsbedürfnis) zu beachten ist. Ein mißlungener Anschlag hat für die Gefühle der Allgemeinheit, die bei Bemessung des Strafübels nicht völlig zu ignorieren sind, durchschnittlich nicht eine gleich schwere Erregung usw. zur Folge.

Irrig ist die Auffassung, daß in jedem Versuche ein Irrtum des Täters stecke.[2]) Wenn ein Erpresser auf Grund früherer Erfahrung weiß, daß von drei Erpresserbriefen nur einer verfängt und er nun neuerdings drei solche Briefe an verschiedene ihm ganz unbekannte Personen mit solchem Ergebnis abschickt, so hat er sich über nichts geirrt, und doch sind neben einer vollendeten zwei versuchte Erpressungen gegeben.

Unzutreffend ist auch die Annahme, Versuch und ebenso Beihilfe seien besondere Deliktsbegriffe.[3]) Sie sind in Wirklichkeit unselbständige Merkmale, mit denen das begangene Verbrechen einer Person behaftet sein kann. Es ist keine andere Norm übertreten als die des Verbrechens, das begangen wurde. Es gibt zwar einen Tatbestand des Versuchs und der Beihilfe, aber kein selbständiges Verbrechen des Versuchs oder der Beihilfe. Begangen ist lediglich das eine Verbrechen, das der Handelnde versucht oder unterstützt hat. Wenn z. B. jemand

---

1) Gegen sie u. a. H. v. Hentig, richtig schon Vollert, Thür. Bl. 17, 18.

2) A. M.: E. 1, 439 (43), v. Bar 2, 520, Frank § 43 I a. E., wohl auch Kohlrausch, Irrtum 1, 9.

3) So M. E. Mayer 18. Dagegen richtig Beling, Grdz. 84.

eine Sachbeschädigung versucht hat, spricht ihn der Richter nicht eines Vergehens des Versuchs schuldig, sondern eines Vergehens der versuchten Sachbeschädigung, andererseits auch nicht eines versuchten Vergehens der Sachbeschädigung (da er wirklich ein Vergehen verübt hat). Versuch ist eines der möglichen Merkmale des allgemeinen Tatbestandes ebenso wie Vorsatz und Fahrlässigkeit, wie Verursachung durch Handlung oder durch Unterlassung.

II. Elemente des Versuchsbegriffs.

1. Vorsatz. Das Gesetz spricht von einem beabsichtigten Verbrechen. Absicht ist im Sinne des § 43 gleich Vorsatz. Versuch kann daher auch bei bloßem dolus eventualis angenommen werden.[1])

Fahrlässiger Versuch ist nicht strafbar. Er läge z. B. vor, wenn jemand fahrlässig eine Lebensgefahr der Schwangeren annimmt und, um sie zu retten, eine Abtreibung versucht.

Versuch eines fahrlässigen Verbrechens, z. B. einer fahrlässigen Tötung, ist etwas sprachlich Unmögliches. Von gleichem Sprachgebrauch geht das StGB. § 43 aus. Was man unter einem fahrlässigen Versuche meint, ist ein fahrlässiger Angriff auf ein Schutzobjekt oder eine fahrlässige Gefährdung desselben.

Ergreift der dolus ein Merkmal, das nur als Bedingung erhöhter Strafbarkeit aufgestellt ist, so ist bei Ausbleiben des Erfolges Versuch des Deliktes in seiner qualifizierten Form möglich; z. B. jemand versucht einen anderen in einem Vorratskeller einzuschließen, welcher, wie er weiß, erst nach 10 Tagen voraussichtlich wieder geöffnet wird (= Versuch eines Verbrechens nach § 239 II). Ebenso steht es in den Fällen der §§ 221 (gewollte, aber mißglückte Herbeiführung einer schweren Körperverletzung), 229 II, 315 II, 321 II.

Tritt bei einem solchen Delikte der vom Täter beabsichtigte schwere Schaden zwar ein, aber infolge einer kausal gewordenen Tätigkeit, durch die er nicht kausal werden wollte, so liegt ebenfalls nur Versuch vor.

---

1) Gl. M.: Binding, N. 2 (2) 865, v. Liszt 205, v. Olshausen § 43 N. 5, E. 19, 90 (93). A. M.: E. 7, 118 (22) für Kuppeleiversuch.

Z. B. A beabsichtigt, dem B Gift einzuflößen, um dessen Gesundheit zu zerstören. B spuckt das schlecht schmeckende Gift sofort wieder aus und eilt ins Schlafzimmer, um nochmals nachzuspülen. Er ergreift ein von A aus Versehen dort stehen gelassenes Glas mit Salzsäure, das gar nicht zu Vergiftungszwecken angeschafft war, und verursacht sich durch schnelles Hinunterschlucken eine schwere Vergiftung.

Der Versuch eines durch den Erfolg qualifizierten Delikts liegt aber nicht vor, wenn der dolus des Täters auf den schweren Erfolg gar nicht gerichtet war, mag dieser auch eingetreten sein. Man kann nur etwas versuchen, was man will. Ungewollte Erfolge sind nicht versucht.[1])

Z. B. wer sich nicht den Tod als Folge einer Vergiftung vorgestellt hat, kann nicht wegen versuchter Vergiftung mit tödlichem Ausgang (§ 229 III) gestraft werden, wenn etwa bei dem Versuch, das Gift zwangsweise einzugeben, der Angegriffene, dem etwa nur eine Gesundheitsbeschädigung zugefügt werden sollte, vor Aufregung stirbt. Ebensowenig liegt versuchte Notzucht mit tödlichem Ausgang (§ 178 mit 177 Z. 3) vor, wenn die Notzucht mißlingt, aber die Gewaltanwendung so ausfällt, daß ohne Willen des Täters die Genötigte stirbt.[2])

Man könnte nur daran denken, daß der vollendete Tatbestand des Erfolgshaftungsdelikts schon gegeben sein soll, wenn aus einem bloßen Versuch des einfachen Delikts der schwere Erfolg hervorgeht.[3]) Dagegen aber v. Bar 2, 546, der für die Regel zugleich anerkennt, daß der Versuch nur möglich sei, wenn der dolus auf den Erfolg mitgerichtet war.[4]) Hauptsächlich der Umstand, daß bei einzelnen Erfolgshaftungsdelikten (offenbar ohne sachliche Verschiedenheit) nicht verursacht sein muß: „durch die Handlung", sondern: „durch den Brand", „durch die Körperverletzung", deutet darauf hin, daß nur bei Verursachung durch den näheren Vollendungserfolg der

---

1) Gl. M.: Baumgarten, Versuch 378. A. M.: Frank § 43 V 5.

2) A. M.: Frank § 43 V 5 (vgl. aber auch Frank VD. A. 5, 211/12); Wachenfeld 169; v. Olshausen § 43 N. 5 II; Allfeld 210 N. 30.

3) So Thomsen, Über den Versuch der durch eine Folge qualifizierten Delikte 60.

4) Dagegen auch E. 40, 321 (25).

schwerere Vollendungserfolg angenommen werden darf. Trotz allem ist für § 178 nach dessen besonderer Fassung und Tendenz die Ansicht Thomsen immerhin vertretbar.

2. Der rechtswidrige Angriff.

a) Es muß zunächst einmal vorliegen eine Handlung, welche auf Verwirklichung eines vom Gesetz verbotenen Erfolgs gerichtet ist.

Nach Hälschner **1**, 336, RGR. **4**, 44 (46), E. **38**, 174 (76)[1] genügt dies. Diese rein subjektive Theorie wird aber weder der ratio legis, noch der Zweizahl von Versuchsmerkmalen „Betätigung des Entschlusses", und zwar durch solche „Handlungen, welche einen Anfang der Ausführung enthalten", gerecht; vgl. dagegen auch v. Olshausen § 43 N. 4 u. 14, E. **9**, 81 (Eindringen in ein fremdes Besitztum, um dort einen Einbruchsdiebstahl zu begehen, und Ertapptwerden gerade vor Beginn des Hinaufsteigens mit Werkzeugen bedeute noch nicht Versuch); ferner der Sache nach RGR. **6**, 641. Versuch dürfte in letzterem Beispiel gleichwohl vorliegen, aber nur deshalb, weil bereits das geschützte Rechtsgut durch die Willensbetätigung angegriffen worden war.[2]

b) Die Handlung muß gerichtet sein auf Erfüllung von Tatmerkmalen, welche unter den Begriff eines Verbrechens oder eines Vergehens mit strafbarem Versuch zu subsumieren sind. Der Versuch einer Übertretung ist stets straflos.

c) Die Willensbetätigung muß ferner einen Anfang der Ausführung des Deliktes (= commencement d'exécution) darstellen.

Willensbetätigungen, die dazu noch nicht gehören, sind straflose Vorbereitungshandlungen.

Als Anfang der Ausführung (commencement d'exécution) wird teils angesehen:

aa) die Vornahme einer gesetzlichen Tatbestandshandlung,[3] so überwiegend das Reichsgericht.

---

1) Das Ergebnis der Entscheidungen ist unbedenklich.

2) Die Formel von Senf GS. **67**, 306, daß eine unzweideutig zielbewußte Objektivierung des Vorsatzes Versuch sei, ist ebenfalls subjektiver Natur.

3) So z. B. v. Olshausen § 43 N. 14, v. Liszt [20] S. 207 mit 141, in der Formulierung der Begründung zu richtigen Entscheidungen meist

Ungerechtfertigt ist jedenfalls die Behauptung, das Reichsgericht vertrete generell für die Abgrenzung von Versuch und Vorbereitung eine subjektive Theorie.[1]) —

In manchen Fällen fällt die Tatbestandshandlung allerdings mit dem Anfang der Ausführung zusammen. Manchmal liegt letzterer aber schon früher vor. Daher führt diese Formel in einigen Fällen zu unbefriedigenden, in einzelnen sogar zu unklaren Ergebnissen.[2])

Z. B. Tatbestandshandlung ist etwa töten (= den Tod verursachen; arg. § 222).[3]) Wann beginnt es? Erst mit dem Augenblick, wo die Drosselung so stark ist, daß der Angegriffene beinahe stirbt? Wie, wenn jemandem eine Grube gegraben wird? Entscheidet hier der erste Spatenstich oder der zweite oder der letzte oder etwa erst das Verdecken der Grube?

Wann beginnt ferner der Tatbestand des Herbeiführens eines Erfolges? vgl. z. B. §§ 312, 347.

bb) Teils die Vornahme einer generell gefährlichen Handlung.[4])

Diese Ansicht dehnt das Versuchsgebiet bald zu weit aus, bald zu wenig weit, ist auch sehr unbestimmt.

Z. B. das Anfeuern eines Geisteskranken zur Tat, das Anfertigen der Verbrechenswerkzeuge ist wohl schon generell gefährlich. Ferner ist z. B. bei Auswandern, § 140 Z. 2, Vorschubleisten, § 181, Begünstigen, § 258 Z. 2, die Grenze der beginnenden generellen Gefährlichkeit kaum zu markieren. Wenn eine Statue zu schwer ist, um von einem nicht außergewöhnlich starken Menschen umgeworfen zu werden, fehlt es an einem Kriterium, um zu beurteilen, ob der Versuch eines Schwachen,

---

auch das RG., z. B. E. in „Das Recht“ 19 Nr. 1220, RGE. 6, 46, 9, 81, 30, 177 (78), RGR. 9, 687. A. M.: E. 13, 212 (Eine Anfertigung falscher Urkunden liege noch nicht in dem Auftrag an ein gutgläubiges Werkzeug, sie herzustellen, auch nicht in der Herstellung des Holzstocks, von dem sie abgezogen werden sollen, durch dieses).

[1]) Treffend Mayer 350. Gl. M. auch Köhler, Studien (1910) 29 A. M.: Begr. z. VE. 285.

[2]) Dagegen auch Kohler L. 59.

[3]) Vgl. Bierling, Jur. Prinzipienlehre 3, 31.

[4]) So z. B. Merkel 128.

eines Mittelstarken als generell gefährlich gilt. Soll etwa entscheidend sein die Prüfung, ob es nicht irgendwo in der Welt einen hinreichend Starken gibt?

cc) Teils die Vornahme einer Handlung, wodurch der Wille in seiner individuellen Eigenart seinen Ausdruck gefunden hat,[1] „wenn dadurch der Wille zur Handlung genügend ausgeprägt ist, so daß man ihn aus der Handlungsweise erschließen kann".[2])

Dies würde schon bei zahlreichen Vorbereitungshandlungen des Diebstahls und der Münzfälschung der Fall sein, die allgemein noch nicht zum Versuchsbereich gezählt werden.

dd) Teils die Vornahme von Tätigkeitsakten, welche vermöge ihrer notwendigen Zusammengehörigkeit mit der Ausführungshandlung für die natürliche Auffassung als deren Bestandteil erscheinen.[3]

Beispiele: RGR. 2, 179 (Hinüberlangen zum Ladentisch, um die unverschlossene Ladenkasse zu eröffnen und daraus zu stehlen). Bedenklich weit E. 3, 136 (39): Beginn der Reise, um als Wehrpflichtiger in continenti das Bundesgebiet zu verlassen, sei ausreichend, auch wenn noch nicht der letzte Zug bestiegen sei, der über die Grenze führen soll. Die Tatbestandshandlung eines Verlassens „des Bundesgebietes" (im Gegensatz zum Verlassen der Heimat, welches nach dem § 140 Z. 1 nicht genügt) beginnt jedenfalls erst mit dem letzteren Akt.

Die Ansicht führt in der Regel zu richtigen Ergebnissen, gibt aber eigentlich keine Grenze und läßt daher beim Fehlen einer Volksmeinung über einen Fall im ungewissen. Z. B. wann beginnt das Vorschubleisten? oder das Auswandern? oder das Hinterziehen?

ee) Teils die Vornahme einer Handlung, die ihrer allgemeinen Beschaffenheit nach zu denjenigen Veranstaltungen gehört, deren eine oder andere unumgänglich notwendig ist, damit der Tatbestand verwirklicht wird.[4] Dies paßt manchmal, aber auch nicht immer.

---

[1]) So Kohler, Studien 1, 17.

[2]) Kohler L. 60.

[3]) So Frank [14] § 43 II 2b.

[4]) So Allfeld S. 211.

Danach würde die Verschaffung eines Einbruchswerkzeugs bereits unter den Versuchsbegriff subsumierbar sein. Das Anlegen einer Flinte genügte dagegen nicht, denn es kann jemand auch auf andere Weise getötet werden. — Ergänzt man das Erfordernis dahin, es komme auf die Unumgänglichkeit nach dem konkreten Plan an, so würde der Dieb noch nicht Täter eines Versuchs, wenn er zunächst ein Einbruchswerkzeug benutzte, sofern er sukzessive noch andere, ferner Nachschlüssel sich in Bereitschaft hält, oder schließlich ohne Werkzeuge die Tat zu vollbringen hofft.

ff) Richtiger wird es sein, zu sagen: Ein Anfang der Ausführung ist in einer Handlung zu erblicken:

α) Wenn sie bereits einen gegenwärtigen, rechtswidrigen Angriff auf das vom Täter ins Auge gefaßte Schutzobjekt darstellt.[1])

Z. B.: Der Täter erbricht das Zimmer, in dem der zu Tötende sich aufhält. Dieser soll in unmittelbarer Folge erschossen werden.

Der Täter dringt in das Haus ein, um ein Mädchen gewaltsam zur Unzucht zu entführen. Wenn nicht Hilfe sofort gerufen wird, ist der Erfolg sicher.

Der Täter betritt rechtswidrig einen Garten, um die Lunte, die zum Wohnhaus führt, anzuzünden.

Der Täter schleicht sich auf den offenen Speicher, um alsbald, wenn das Haus verlassen ist, die Wohnung anzuzünden.

Der Täter betritt das Wohnhaus durch eine offene Türe, um daraus in continenti die Sache zu ergreifen.[2])

Gegenbeispiele:

Der Täter kauft Gift für eine Vergiftung, Abtreibungsmittel für eine Abtreibung. Der Dieb geht mit Einbruchswerkzeugen versehen zum Tatort. Er geht um das Haus herum, um die Einsteigemöglichkeit zu erspähen und dann sofort auszuführen. Er verschafft sich beim Schlosser einen Nachschlüssel.

---

1) So Frank VD. A. 5, 188 und die dort Zitierten; ferner Mayer 352.

2) A. M.: E. 43, 332 (33) passim. Das Erbrechen einer äußeren Umschließung, um im Inneren dann zu stehlen, gilt aber dem RG. a. a. O. bereits als Versuch.

Dagegen der Beginn des Einsteigens, des Erbrechens von Behältnissen, das Vergiften des Wächterhundes, um alsbald eintreten zu können, das Anlegen der Leiter sind bereits Versuchshandlungen.

Greift der Täter zunächst nur ein anderes Rechtsgut an, mittels dessen er erst später sein aufs Korn genommenes Hauptangriffsobjekt treffen will, so ist der Versuch nur in bezug auf das erstere Rechtsgut gegeben.

Z. B.: A versucht, einen Revolver des B zu stehlen, mit dem er dann dem X auflauern will, um diesen zu töten. Kein Mordversuch.

Ebenso liegt in der unwahren Angabe gegenüber Zollbehörden noch kein Hinterziehungsversuch von Zollabgaben, wenn die zollpflichtigen Gegenstände noch nicht in den Verfügungsbereich der Zollbehörden gebracht sind.[1] Denn ein rechtswidriger Angriff gegen Forderungen des Fiskus ist vor Entstehung der Forderungen nicht vorhanden. Dagegen kann man von dem Beginn einer verbotenen Ausfuhr (= Unternehmen der Konterbande) schon sprechen, wenn die auszuführenden Gegenstände ganz nahe an der Grenze aufgestellt wurden, so daß man jederzeit der Grenzüberschreitung gewärtig sein muß.[2] Das Interesse des Staates, die Gegenstände nicht zu verlieren, ist damit bereits wirklich bedroht.

β) Wenn mit ihrer Vornahme die kausale Willensbetätigung des Handelnden bereits ihren Abschluß finden soll und mit dem späteren Erfolgseintritt bereits gerechnet werden kann; anders ausgedrückt: wenn eine Handlung von dem Täter mit dem Willen vorgenommen wurde, dadurch ohne weiteres eigenes Zutun den Erfolg herbeizuführen, und die Handlung dazu generell geeignet erscheint.[3]

Grund: Die Handlung des Täters kann vollkommen abgeschlossen vorliegen, bevor der Angriff auf das Schutzobjekt gegenwärtig geworden ist. Da es beim Versuch nur auf die Handlung i. e. S., nicht auf einen besonderen Erfolg derselben

---

1) Gl. M.: E. **45**, 419 (23).

2) So E. **49**, 308.

3) Vgl. auch Wachenfeld 173: „Diejenigen Körperbewegungen, welche die zum Erfolg hinführende Kausalkette anregen."

(nahe Gefährdung etwa) ankommt, ist demnach im Falle β) ein Versuch auch schon vor der Gegenwärtigkeit des rechtswidrigen Angriffs anzunehmen.

Beispiele: A gibt eine Kiste, enthaltend eine Höllenmaschine, zur Verfrachtung auf, die nach ihrem Mechanismus erst in 14 Tagen zur Explosion kommen soll. Die Maschine wird vielleicht entdeckt, bevor das Schiff, das sie aufnehmen soll, bestimmt ist, und bevor dessen Passagiere sich zur Mitreise entschlossen haben. Tötungsversuch ist gleichwohl gegeben.

Oder: A bestimmt den unzurechnungsfähigen B, daß er den C aus einem aufzusuchenden Hinterhalt töte. A hat mit dem Fortschicken des B sich bereits schuldig gemacht, nicht bloß nach § 49a,[1]) sondern als Täter eines Tötungsversuchs.[2])

Oder: Quer über die Straße wird im Walde ein Drahtseil gespannt gefunden, welches die Insassen eines beliebigen Autos vernichten soll, die der Täter hernach ausplündern will. Es steht fest, daß niemand gefährdet war, weil zufällig am Waldeingang der Straße eine behördliche Straßensperrung stattgefunden hatte.

Oder: Ein Weichenwärter wird sinnlos betrunken aufgefunden mehrere Stunden, bevor der Schnellzug, dessen Entgleisung er durch unterlassene Weichenstellung bezweckte, die Strecke passiert.[3]) —

Wie aber, wenn die Ausführungshandlung des Werkzeugs ausbleibt? Auch dann ist der Veranlasser strafbar, es sei denn, daß nach der Art der dem Veranlaßten beigebrachten Instruktionen von diesem erst ein weiterer Entschluß zur Tat gefaßt werden soll, der noch von dem Vorliegen bestimmter ungewisser Umstände abhängig ist. Z. B. ein Auftrag lautet: wenn die X die Herausgabe des Geldes verweigerte, solle der zu ihr gesandte Bote sie ermorden.

---

1) Denn der Unzurechnungsfähige begeht durch die Ausführung seinerseits kein Verbrechen. Vgl. v. Olshausen § 49a N. 10.

2) Gl. M.: v. Bar 2, 846.

3) In der betrüglichen Aufgabe eines Inserats liegt Betrugsversuch, wenn bereits durch das Inserat eine rechtswidrige, für den weiteren Erfolg kausale Täuschung herbeigeführt werden soll. Vgl. RMG. 17, 3.

3. Nichteintritt der Vollendung. Vollendung ist gegeben, sobald sämtliche Tatbestandsmerkmale erfüllt sind, mag auch nach dem einheitlichen Plan des Täters die Tat in größerem Umfange beabsichtigt gewesen sein, z. B. Wegnahme einer Sache in größerer Quantität, Beschädigung einer Sache in größerem Umfange. A. M. das Reichsgericht[1] in folgendem Falle: Ein Dieb hatte sich einen Eimer Hafer stehlen wollen, war aber betreten worden, als er den Eimer erst halb gefüllt hatte. Richtiger wäre die Prüfung gewesen, ob er bereits einen Gewahrsam an dem halben Eimer erlangt hatte, der die tatsächliche Beherrschungsmöglichkeit des bisherigen Inhabers ausschloß. Dies ist allerdings im Zweifel zu verneinen, wenn der Dieb mit der Sache die Räume des Bestohlenen nicht unkontrolliert verlassen konnte und die Sache einstweilen auch noch nicht zu verwerten vermochte. Anders dann, wenn ein Sondergewahrsam (z. B. Einstecken in die Tasche) erlangt war, der nach der Auffassung des Lebens dem Inhaber der Räume den Obergewahrsam über die Sache (insbesondere die freie Möglichkeit, hier die Sache zu suchen) entzieht.[2] —

Bei Delikten, bei denen der Versuch für strafbar erklärt ist, z. B. der Unterschlagung, wird im Zweifel das Tätigkeitswort als sogen. Zeitwort des Erfolgs[3] anzusehen sein. Töten bedeutet dann: den Erfolg des Todes erreichen; zueignen, den Erfolg der Zueignung erreichen. Während man noch in der Zueignung begriffen ist, z. B. eine fremde anvertraute Sache rechtswidrig zum Verkauf anbietet, liegt dann nur Versuch der Unterschlagung vor. Es bleiben sonst für das nach dem Gesetz aufzusuchende Versuchsgebiet nur Fälle übrig, die um 1870 gar keine Rolle im Schrifttum gespielt hatten, z. B. die Fälle des Distanzdelikts. Ergebnis: nicht schon durch die Tätigkeit, durch die der Täter den Eigentümer von der Herrschaft auszuschließen gedenkt, wird Unterschlagung vollendet, sondern erst durch die Erreichung eines Zustandes, wonach dieser tatsächlich (wenn

---

[1] Vgl. E. in JW. 42, 152 Nr. 4.

[2] Nicht unbedenklich E. 12, 353, das auch in ersterem Falle vollendeten Diebstahl annahm. Treffend Goldschmidt GA. 47, 358. Vgl. auch über die unsichere Rechtsprechung Frank § 242 VI 1.

[3] Vgl. über diesen Ausdruck Redslob, Die krim. Unterlassung 43.

auch nicht unwiderbringlich) von der Herrschaft über die Sache ausgeschlossen ist (z. B. in dem Abschluß eines Kaufvertrags).[1])

Zweifel kann auch die Diebstahlsvollendung erwecken. Wenn der Täter unbewacht vom Eigentümer in diebischer Absicht eine gesuchte Sache aufhebt, nicht um sie zunächst erst zu betrachten und sich dann über das Behalten zu entscheiden, sondern sogleich um sie zu behalten, und der Täter jetzt an der aufgehobenen Sache Wahrnehmungen macht, die ihn bestimmen, die tatsächliche Herrschaft wieder aufzugeben, so dürfte bereits Vollendung eingetreten sein. Die Behauptung des Täters, er habe positiv vorgängige Prüfung vor der Entschließung über das Behalten schon von vornherein geplant, wird sich aber häufig nicht widerlegen lassen.[2])

Mit dem Verschließen des fremden silbernen Löffels seitens des Reisenden, der auf dem Zimmer frühstückte, in seinem Koffer ist ein Diebstahl vollendet, auch wenn der Reisende hernach den Koffer dem Wirte zur Aufbewahrung übergibt.[3]) Vollendung liegt auch vor, wenn der Taschendieb die Geldbörse aus dem Rock gezogen hat, unmittelbar hernach am Arm gepackt wird und in der Hoffnung, der Überführung zu entgehen, die Börse auf den Boden fallen läßt.[4]) —

Die Vornahme unzüchtiger Handlungen (z. B. § 176 Z. 3) setzt ebenfalls einen Erfolg voraus, aber nur den, daß der Täter einen Punkt erreicht hat, von dessen Erreichung er eine Erregung oder Befriedigung der Geschlechtslust erwartet hatte. Rein objektiv ist hier der Erfolg nicht bestimmbar, da erst das Motiv über die Unzüchtigkeit der verschiedensten Handlungen entscheidet, z. B. ob eine Untersuchung zu Heilzwecken vorliegt, oder eine Absicht der Körperverletzung, oder eine unzüchtige Handlung.[5])

---

[1]) Gl. M.: Frank § 246 V. Teilweise a. M.: Allfeld 504 N. 5, Binding L. 1, 270, Wachenfeld 386, in dem Anbieten zum Kaufe liege vielfach vollendete Unterschlagung. A. M. auch RMG. 19, 61.

[2]) Daher im Ergebnis vielleicht richtig E. 39, 37, das ohne weiteres bei nachträglichem Wegwerfen Versuch annahm.

[3]) Ost.LG. 9, 376,

[4]) Ost.LG. 9, 3.

[5]) Gl. M. wohl E. 47, 74. Vgl. auch Wörter, StrafrZ. 2, 449.

4. Nicht bei allen Delikten ist ein von der juristischen Vollendung trennbarer Anfang der Ausführung möglich. Hierher gehören, abgesehen von den einmomentigen Verbrechen (z. B. Ungehorsam gegen den militärischen Befehl: Stillgestanden; vgl. auch den entgegengesetzten Befehl in § 116 I), die Delikte, welche bereits bei Vorliegen eines Unternehmens oder eines Versuchs die Strafe des vollendeten Verbrechens vorsehen, z. B. §§ 105, 114, 122 II, 159; ferner § 80.

Der Begriff des Unternehmens umfaßt Versuch und Vollendung; dagegen nicht die beliebig weit zurückgehenden Vorbereitungshandlungen.[1] Die Technik des StGB., das keinen Grund erkennen läßt, weshalb außer der Vorverlegung der Vollendung bei den Unternehmungsdelikten auch noch das weite Vorbereitungsstadium eingeschlossen sein soll, spricht nicht für diese Ausdehnung. A. M.: Wachenfeld 175, nur die planmäßigen Versuchshandlungen zählten hierher. Dagegen mit Recht E. **42**, 266 (76). — Der regelmäßige Unternehmungsbegriff hat aber zwei Ausnahmen: in § 159 ist der Fall der Vollendung ausgeschieden, in § 82 ist für den Hochverrat der Begriff des Unternehmens weiter gefaßt und umschließt auch die letzten Vorbereitungshandlungen vor der Ausführung.[2] Hierfür spricht, daß der Ausführungsbegriff sich nicht auf die Vollendung beschränkt, sondern sich auf das ganze Stadium der gegenwärtigen Herstellung eines Tatbestandes erstreckt (arg. §§ 43, 47, 330). Der § 82 verlangt aber nicht, daß die Handlung zur Ausführung gebracht wird, sondern daß sie dazu gebracht werden soll.[3]

[1] Gl. M.: Berner 382; Binding Gr. 135; Frank § 105 II; v. Olshausen § 105 N. 2; Schwartz § 105 N. 3; E. **42**, 266 (77); R. **5**, 592; E. **15**, 259 passim. A. M.: Allfeld 208 N. 21, v. Bar **2**, 541, v. Liszt § 46 III, Mayer VD. B. **1**, 268, E. **3**, 26, nach deren Ansicht auch die Vorbereitungshandlungen eingeschlossen sind.

[2] Gl. M.: Frank § 82 II; v. Liszt § 165 III 1; Bisoukides, Hochverrat (1903) 105. Cohn, Revisionsbedürftigkeit usw. (1916) 127.

[3] A. M.: Binding L. **2**, 447, van Calker VD. B. **1**, 40, Schwartz § 82 N. 2, nach denen auch hier Unternehmen gleich Versuch ist. Dies entspricht nicht dem deutlichen Wortlaut des § 82 und würde auch zu der Annahme nötigen, daß der Unternehmensbegriff systematisch fehlerhaft in den Hochverratsabschnitt aufgenommen wurde, während er dann nur in den Allgem. Teil des StGB. gehören würde.

Auch die Entstehungsgeschichte[1]) spricht mehr für eine beabsichtigte Abweichung vom allgemeinen Unternehmungsbegriff. De lege ferenda wäre die Gegenansicht zu billigen. — Nach einer anderen Auffassung[2]) fallen unter den Unternehmensbegriff des § 82 nur die letzten vor der Vollendung liegenden Versuchshandlungen. Für diese Meinung kann wiederum die Entstehungsgeschichte angeführt werden. Gegen sie sprechen aber nicht nur die Worte des § 82, sondern auch die Ungereimtheiten, welche sich dann nach §§ 83, 85 ergeben würden: Wenn der Hochverrat ein sich planmäßig aus mehreren Akten zusammensetzendes Verbrechen ist, so wäre nicht jede Aufforderung zu Ausführungshandlungen nach § 85 strafbar, sondern nur die Aufforderung zu den letzten komplementären Akten. Ferner wäre nur die Verabredung von Vollendungshandlungen, nicht die von sonstigen Ausführungshandlungen, z. B. eines Aufstands behufs Verfassungsänderung, bedroht. Im Gegensatz hierzu zieht daher E. **16**, 165 der Sache nach auch die letzten Vorbereitungshandlungen zum Unternehmen, indem es bereits mit Ausbruch eines Krieges, der Bundesgebiet einem anderen Staate einverleiben soll, das Stadium als erreicht erklärt, wo das Vorhaben unmittelbar zur Ausführung gebracht werden soll. Denn der Kriegsausbruch ist doch noch nicht die Einverleibungshandlung selbst. Ebenso sieht E. **41**, 138 in der Aufforderung zu einer Massenaktion (= Aufstand) behufs Herbeiführung einer gewaltsamen Verfassungsänderung bereits eine Aufforderung zu einem Unternehmen, d. h. zu einer Handlung, die die Verfassungsänderung unmittelbar zur Ausführung bringen soll. Die Entscheidung ist richtig, aber eben nur haltbar, wenn man nicht bloß die letzten Ausführungshandlungen zum Unternehmen rechnet. Denn der Aufstand ist wohl Rechtsbruch, aber noch nicht Rechtsänderung selbst. Dazu gehören noch weitere Maßnahmen.

5. Nicht in allen Fällen, wo ein Anfang der Ausführung möglich ist, soll er ferner als Versuch des besonderen Tatbestandes gestraft werden, dessen Merkmale der Täter

---

1) Vgl. Goltd. Mat. **2**, 22.

2) Vertreten von Allfeld 208, Birkmeyer RE. (2) 1191, v. Olshausen § 82 N. 1, Wachenfeld 175; der Form nach auch von E. **16**, 165.

verwirklichen wollte. Hierher gehören Fälle, in denen das Gesetz nur beim Eintritt eines bestimmten, nicht zu den Schuldmerkmalen zählenden Ereignisses (eines Strafbarkeitsmerkmals) die Bestrafung wegen eines Deliktes haben will. Hier ist keine bloße Abweichung vom Verschuldungserfordernis beliebt, sondern ein bestimmtes Ereignis (nicht notwendig ein Handlungserfolg) zur Bedingung der Bestrafung wegen dieses Deliktes gemacht.

Dahin rechnet die Praxis (wohl mit Unrecht) den Fall der Lohnabtreibung. Es wird nach ihr nur dann aus § 219 gestraft, wenn die Abtreibungshandlung zur Tötung der Frucht geführt hat.[1])

Richtigeres Beispiel: Die betrügliche Führung von Handelsbüchern wird nur dann strafbar, wenn der Konkurs ausgebrochen ist. Ist dies nicht der Fall, so kann nicht wegen versuchten Bankerotts gestraft werden.[2])

Anders steht es beim vorläufigen Fehlen eines Verbrechensmerkmals, auf das sich die Schuld zu erstrecken hatte. Strafbarkeit wegen Versuchs tritt ein, wenn das Merkmal eintritt, der Vollendungserfolg aber ausbleibt. Z. B. jemand legt seinem Pferd vergiftetes Futter in den Trog; er übereignet es hernach; das Pferd frißt wider Erwarten das Futter nicht oder wird nicht krank. Mit der Übereignung liegt versuchte Sachbeschädigung vor.

6. Bei Unterlassungsdelikten ist ein strafbarer Anfang der Ausführung möglich, gleichviel ob es sich um ein echtes oder unechtes Unterlassungsdelikt, um ein fehlgeschlagenes Delikt oder ein anderes handelt.[3])

---

[1]) Vgl. E. 1, 194 und dagegen die mit Recht abweichende herrschende Lehre, z. B. Allfeld 390 N. 20, Binding L. 1, 40, Schwartz § 219 N. 4, v. Olshausen § 219 N. 3.

[2]) Gl. M.: Allfeld 536 N. 24, v. Liszt § 137 II 3c, Schwartz KO. § 239 N. 13, Wachenfeld 433. A. M.: E. 13, 41 (43), Frank KO. § 239 V.

[3]) Gl. M.: Allfeld 209 N. 23, 24; v. Olshausen § 43 N. 27; Wachenfeld 168. A. M.: Für die echten Unterlassungsdelikte Frank VD. A. 5, 211, Schwartz § 43 N. 5b. Allein mit Unrecht. Beispiel: ein Strandwächter macht sich in der Absicht betrunken, um ein Schiffahrtszeichen in der angegebenen Zeit nicht aufzustellen (§ 322). Er wird

Nach v. Liszt[1]) ist bei echten Unterlassungsdelikten Versuch zwar möglich, aber nur in der Form des beendeten Versuchs. Auch das ist nicht nötig. Beispiel: ein Gefangenwärter will einen Gefangenen entweichen lassen. Er läßt es geschehen, daß dieser aus der Zelle gelangt und will ihn auch aus dem Gang und aus dem Gebäude und dem Hofe gelangen lassen, wird aber aus Furcht vor Entdeckung anderen Sinnes, bevor der Gefangene wirklich entwichen ist.[2])

III. Stufen innerhalb der Vollendung.

Mit dem Eintritt der Erfüllung des gesetzlichen Tatbestandes liegt ein delictum perfectum vor. Das Versuchsstadium ist überholt, strafbefreiender Rücktritt daher nicht mehr möglich. Das ist de lege ferenda verfehlt, aber de lege lata nicht wegzuinterpretieren. Es gilt auch für die Fälle, wo das Gesetz bereits das Unternehmen als vollendetes Delikt behandelt.[3]) Ein Versuch des Unternehmens ist nicht möglich. In der Zulassung des strafbefreienden Rücktritts war das

---

aber geweckt, sieht sich entdeckt und stellt es in der Hoffnung, der Bestrafung zu entgehen, doch auf. Ein anderes Beispiel verwendet Allfeld 209 N. 24 und Wachenfeld 169.

[1]) Vgl. v. Liszt § 46 V 2.

[2]) A. M.: Ferner bei den unechten Unterlassungsdelikten Finger 1, 316 (für den unbeendigten oder beendigten, aber noch nicht fehlgeschlagenen Versuch); a. M. endlich v. Liszt § 46 V 2, für den unbeendigten Versuch. Allein ebensowenig wie für den Versuch durch positive Tätigkeit der Anfang der Ausführung erst mit dem Augenblick anhebt, wo der Täter den Eintritt des Erfolges nicht mehr in den Händen hat (er beginnt z. B. bei der Brandstiftung schon mit dem Anzünden der Lunte), ebensowenig ist bei der Unterlassung ein gegenwärtiger rechtswidriger Angriff um deswillen noch kein Versuch, weil der Täter die Verwirklichung der Gefahr noch abwenden kann. Der Wächter eines Hauses, der die brennende Lunte gesehen hat, aber sie in der Absicht, daß das Haus abbrennen soll, herankommen läßt und erst im letzten Augenblick seinen Entschluß freiwillig oder unfreiwillig ändert, hat schon vorher versucht. Ein weiteres Beispiel bei Frank VD. A. 5, 210.

[3]) Gl. M.: Allfeld 223 N. 59, v. Liszt § 48 N. 8, v. Olshausen § 46 N. 5; E. 10, 324 (Rücktritt von dem Unternehmen der Meineidsverleitung befreit nicht von der verwirkten Strafe des § 159). A. M.: Binding L. 1, 14, Schwartz § 46 N. 7, Wachenfeld 185.

Gesetz überhaupt sehr ängstlich. Es entspricht daher kaum der gesetzlichen Tendenz, sie über den klaren Wortlaut hinaus zu erweitern. Da allerdings, wo das Gesetz ausdrücklich den Versuch tatbestandlich völlig bestehen läßt und keinen einheitlichen Tatbestand dieses oder jenes Unternehmens geformt hat, wird strafbefreiender Rücktritt noch anzunehmen sein (so nach § 80,[1]) ferner nach GewO. § 153).

Mit der Deliktsvollendung liegt aber nicht immer zugleich ein beendigtes Verbrechen (delictum finitum) vor. Man kann hier[2]) unterscheiden: verkümmerte zweiaktige Verbrechen, z. B. §§ 146, 265, bei denen die Vollendung bereits vor dem geplanten zweiten Tätigkeitsakt des Tatbestandes angesetzt ist, und kupierte Erfolgsverbrechen, z. B. §§ 87, 288, bei denen zur Vollendung der Eintritt eines vom Täter erwarteten Erfolges nicht abgewartet wird. Diese Delikte sowie die Dauerverbrechen und die fortgesetzten Verbrechen haben die Eigentümlichkeit, daß Beihilfe noch möglich ist nach Eintritt der formellen Vollendung, sowie daß die Verursachung des weiteren Erfolges im Verlauf der festgehaltenen Willensrichtung dem Täter nicht als ein neues Verbrechen anzurechnen ist.

§ 40.

Arten des Versuchs.

I. Beendigter und unbeendigter Versuch.

Die Unterscheidung wird bedeutsam für die verschiedene Möglichkeit eines strafbefreienden Rücktritts nach § 46.

Ein Versuch ist beendigt, wenn auch ohne weitere Ergänzungshandlungen des Täters die Weiterentwicklung der Kausalität zum Erfolg von Sachverständigen erwartet werden konnte oder wenn der Täter seine Handlung nicht mehr durch weitere Tätigkeit ergänzen zu müssen glaubte, um den Erfolg zu bewirken. Es

[1]) Gl. M.: Allfeld 626 N. 3. A. M.: Köhler GA. 51, 135. Frank § 80 III will bei freiwilligem Rücktritt noch wegen eines vollendeten Verbrechens aus § 81 strafen. Allein beide Paragraphen schließen sich aus.

[2]) Mit Binding Grdr. 136.

genügt also sowohl der objektive als auch der subjektive Maßstab, um das Stadium des beendeten Versuchs herbeizuführen.

Die Praxis des RG. hat in zwei Fällen den subjektiven Maßstab berücksichtigt.

Eine Frau hat einen Abtreibungstee nicht weiter genommen und das RG. hielt es für entscheidend, ob sie die bisher genommene Quantität für geeignet zur Abtreibung hielt oder nicht.[1] Da es keine objektive Quantität gab, die als geeignet anzusehen wäre, ist die Entscheidung richtig.[2]

In zwei weiteren Fällen hat es den objektiven Maßstab als Grundsatz angenommen: „Indem der Angeklagte Papier mit Spiritus tränkte und mit einem Streichholz anzündete, hat er alles getan, was zu einem beendeten Versuch (scil. der Brandstiftung) erforderlich ist."[3] „Dadurch, daß der Angeklagte die auf Erstrebung eines rechtswidrigen Vermögenserfolges gerichtete Drohung dem H. gegenüber kundgab, um diesen zur Hergabe von 15 M. zu nötigen, hatte er seinerseits alle diejenigen Handlungen vorgenommen, die zur Vollendung des Vergehens gehört haben würden. Ein Aufgeben der Handlung war daher begrifflich unmöglich."[4] Auch diese Entscheidungen sind richtig.

Die Lösung dieses Gegensatzes der angelegten Maßstäbe liegt in einer Zulassung beider. Wenn ein Mann glaubt, er habe noch nicht lange genug gesägt, um eine Brücke zum Einsturz zu bringen, und von der Fortsetzung absteht, so erachten wir ihn, wenn die Brücke einstürzt, vollendeter Sachzerstörung schuldig. Der subjektive Glaube, der Versuch sei noch nicht beendigt, wird nicht berücksichtigt. Wenn ein Erpresser glaubte, sein erster Erpresserbrief bedürfe noch einer Ergänzungshandlung, um den Erpressungserfolg herbeizuführen, und diese Ergänzungshandlung hernach aufgibt, so ist er nicht wegen Rücktritts vom Erpressungsversuch straffrei, falls der erste Erpresserbrief doch bereits den Erfolg herbeiführt. Der Täter hielt

---

1) E. **43**, 137.

2) In gleichem Sinne E. **39**, 220.

3) E. **38**, 402.

4) E. **16**, 77 (78).

seinen Versuch für unbeendigt, aber er war beendigt. Legen wir in solchen Fällen einen objektiven Maßstab bei Beurteilung der Frage an, ob der nicht weitergeführte Versuch auch wirklich beendigt war, so müssen wir den gleichen Maßstab auch dann anlegen, wenn der Erfolg ausgeblieben ist. Z. B. wenn jemand einen anderen in der Absicht, sich einen rechtswidrigen Vermögensvorteil zu verschaffen, getäuscht hat und glaubt, er habe damit den Versuch beendigt, so kann er durch bloße Abwendung des Schädigungserfolges sich keine Straffreiheit mehr sichern, falls er dies aus Furcht vor Bestrafung tut.[1]) Denn zur Beendigung des Versuchs gehört hier auch die Annahme des Vorteils.[2]) Erst wenn nicht bereits objektiv feststeht, daß ein fehlgeschlagenes Verbrechen vorliegt, kommt der Plan des Täters, also der subjektive Maßstab, zu seinem Recht. Deshalb ist E. 45, 183 (85) im Recht, wenn es bei einem Betrugsversuch trotz ausgebliebener Annahme des erstrebten Betrags wegen des subjektiven Glaubens des Täters, er habe bereits alles Erforderliche getan, in der bloßen Nichtvornahme jener Schlußhandlung keinen strafbefreienden Rücktritt erblickt.

In der Literatur vertreten den subjektiven Maßstab: Allfeld 213 N. 5, Finger 1, 308, Frank § 43 IV, Kohler L. 61, Reichardt 105; Birkmeyer in seiner RE. § 10, Geib 2, 302, Mayer 370 N. 8; 372 N. 11. Den objektiven Maßstab vertreten: Beling Grdz. [4] 86, Berner 148, v. Liszt [20] 208, Merkel 134, Schwartz § 46 N. 5, Wachenfeld 176.

Für eine verschiedenartige Bestrafung ist die Unterscheidung nicht zu verwerten.[3])

Beide Standpunkte verwertet de lege lata v. Bar.[4])

Steht die Untauglichkeit eines (objektiv) beendigten Versuchs zur Bewirkung des Erfolges fest, so spricht man von einem fehlgeschlagenen Verbrechen (délit manqué).[5])

---

1) E. 15, 44 (47).

2) Vgl. auch ZRpfl. in Bayern 8, 360.

3) Daher gegen sie: Binding Grdr. 139, v. Bar 2, 518, Schütze 139.

4) v. Bar 2, 557/58; referierend über beide Maßstäbe: Frank VD. A. 5, 206, van Calker Grdr. 51.

5) Vgl. Allfeld 214, Frank § 73 IV, v. Liszt 203.

Ein strafbefreiender Rücktritt von ihm ist nicht mehr möglich.

II. Der qualifizierte Versuch

(besser, aber umständlicher: Zusammentreffen von Versuch und Vollendung[1]) oder: „Vollendung mit Versuch").

Darunter versteht man den Fall, bei welchem mit dem versuchten Delikt zugleich ein vollendetes Delikt gegeben ist.

Z. B.: Bei einem Mordversuch kann bereits eine vollendete Körperverletzung gegeben sein, bei Diebstahlsversuch vollendete Brandstiftung, bei Raubversuch vollendete Nötigung.

Bestritten ist, ob in allen Fällen eines strafbefreienden Rücktritts das vollendete Delikt strafbar bleibt oder ob und in welchem Falle es mit straffrei wird.[2])

Richtig erscheint, daß die Konsumtion eines vollendeten Delikts durch ein schwereres Delikt nur dann eintritt, wenn dieses als vollendetes oder versuchtes bei Bestande, d. h. strafbar bleibt. Der Rücktritt hindert also auch bei bloßer Gesetzeskonkurrenz des versuchten mit dem vollendeten Delikt die Bestrafung des letzteren nicht. Beim zusammengesetzten Delikt kann man zweifeln. Aber auch hier gilt das gleiche, wenn es auch in anderer Beziehung als geschlossene Einheit auftritt.

III. Der untaugliche Versuch.[3])

1. Unter den Gründen der Nichtvollendung eines Erfolges[4]) sind hervorzuheben die Fälle, in welchen von vornherein ein untaugliches Mittel oder Objekt gewählt wurde (sogen. untauglicher Versuch).

Z. B.: Der Täter wählt versehentlich Zucker statt des Arseniks, um den X zu vergiften.

---

1) So Berner 157/58.

2) Für Strafbarkeit in allen Fällen Allfeld S. 222 N. 57, v. Bar 2, 564, Frank § 46 IV, Wachenfeld 186 N. 2. Für Strafbarkeit nur, wenn das vollendete Delikt nicht in dem versuchten aufgeht, d. h. bei Idealkonkurrenz, Berner 157, früher auch Olshausen § 46 N. 3.

3) Vgl. auch Delaquis, Der untaugliche Versuch 1904, Ed. v. Liszt ZStW. 25, 24, A. Schoetensack, Verbrechensversuch 1911, Frank VD. A. 5, 243.

4) Z. B. zu geringe Stärke des Angriffs, unvorhergesehenes Dazwischentreten Dritter, ungenaues Zielen.

Oder: Der A schießt in Tötungsabsicht auf B. Dieser war schon vorher eine Leiche, da ihn bereits ein anderer ermordet hatte.

Erscheint die Untauglichkeit als eine zufällige des Einzelfalls, so spricht man von relativ untauglichem Versuch, erscheint sie dagegen mit dem Mittel oder Objekt geradezu begrifflich verknüpft, so spricht man von absolut untauglichem Versuch.[1]

Eine zu schwache Dosis Gift oder eine mittlere Dosis gegenüber einem arsenikunempfindlichen Mann bilden Beispiele des relativ untauglichen Versuchs. Dagegen Zucker, der statt Arsens in den Tee gegeben wurde, ein Baumstumpf oder ein Rehbock, der in der Dunkelheit für einen Menschen gehalten und angeschossen wurde, bilden Beispiele des absolut untauglichen Versuchs.

2. Das Reichsgericht erachtet auf Grund subjektiver Auslegung des Versuchsbegriffs (= Fürtauglichhalten seitens des Täters) jeden untauglichen Versuch für strafbar; subjektive Versuchstheorie.[2]

Eine Konsequenz dieser Ansicht ist u. a., daß derjenige wegen Tötungsversuchs zu bestrafen ist, welcher einen irrig für geisteskrank Gehaltenen zu einem Selbstmord bestimmt hat, der dann mißglückte oder gar nicht unternommen wurde.

3. v. Olshausen erklärt den absolut untauglichen Versuch für straflos (genauer: den Versuch am untauglichen Objekt oder mit absolut untauglichem Mittel).[3]

Bedenken: Gesetzliche Grundlage für diese Unterscheidung fehlt. Ferner: Die Untauglichkeit ist stets als absolute zu be-

---

1) Vgl. v. Olshausen § 43 N. 17f., Schütze 136.

2) Vgl. z. B. E. 47, 65 (29. Februar 1913): Abtreibungshandlungen einer Nichtschwangeren mit gänzlich unschädlichen Mitteln; E. 47, 189: Beischlaf mit einem Mädchen in dem irrigen Glauben, es sei die Tochter des Täters (angeblich Ausführungshandlung, d. h. Versuch einer Blutschande); E. in GA. 58, 187: Sichverschaffen von Geldrollen in dem Glauben, sie enthielten falsches Geld (angeblich versuchtes Fälschungsverbrechen); E. 49, 16 (20): Verkauf einer unterschlagenen Sache in dem irrigen Glauben, daß der gutgläubige Erwerber nicht Eigentümer werde (angeblich Betrugsversuch). Grundlegend waren E. 1, 439, 1, 451. — Ebenso RMG. 18, 41,

3) § 43 N. 19, 22.

jahen, wenn man die fehlende Eigenschaft generalisiert. Sie ist fast stets eine relative, wenn man die gesamte Tätigkeit des Handelnden generalisiert. Zwischen beiden Standpunkten schwanken die Entscheidungen dieser Theorie hin und her, z. B. eine leere Tasche bedeutet stets das Fehlen des gesuchten Diebstahlsobjekts. Nach jener Theorie ist aber das Befinden des Objekts an anderem Ort nur ein relativ untauglicher Versuch. — Eine zu geringe Dosis Gift ist stets untauglich zur Vergiftung. v. Olshausen nimmt hier ein relativ untaugliches Mittel an. — Ein Gewehr ist generell taugliches Mittel, auch wenn es zufällig nicht schadet, weil es ungeladen war. Nach v. Olshausen war es ein absolut untaugliches Mittel. — Wenn man beim Losschlagen auf einen Toten das Losschlagen generalisiert, kommt man zu dem Ergebnis eines relativ untauglichen Versuchs; generalisiert man die Eigenschaft des Angegriffenen als eines Toten, so ist ein absolut untauglicher Versuch unternommen worden.

4. Allfeld[1]) will den Versuch am untauglichen Objekt straflos lassen, dagegen den Versuch mit untauglichen Mitteln strafen.

Bedenken: Die Unterscheidung zwischen Mittel und Objekt hat im Gesetz keine Stütze, außerdem ist sie nicht scharf durchführbar. Ein gepanzerter Mensch ist untaugliches Objekt für einen Dolchstich; man kann aber ebenso sagen: der Dolch ist eben ein ungeeignetes Mittel zur Tötung eines Gepanzerten.

5. Birkmeyer RE. (2) § 9 a. E. und v. Liszt (20) § 47 (S. 213) nehmen an, der in concreto (absolut) ungefährliche Versuch sei straflos.

Danach wäre straflos der Versuch, eine gepanzerte Person zu erdolchen, wenn nach der Sachlage die Panzerung leicht zu erkennen gewesen wäre. Strafbar wäre das Unternehmen einer Nichtschwangeren, ihre eingebildete Frucht durch Kneten abzutreiben, wenn die Annahme einer Schwangerschaft damals nicht völlig von der Hand zu weisen war. Der Gesetzgeber zielt aber unseres Erachtens nicht darauf ab, ob der Anfang der

---

1) Vgl. Allfeld S. 215.

Ausführung ein angegriffenes Rechtsgut wirklich in Gefahr brachte.

6. Wachenfeld 180 hält nur den abstrakt, d. h. den der Rechtsordnung gefährlichen Versuch für strafbar.

Allein eine Gefahr für die Rechtsordnung ist zugleich eine konkrete Gefahr der Verletzung eines Rechtsguts. Bleibt man aber bei dem Merkmal der generellen oder abstrakten Gefährlichkeit der Handlung, so fehlt jedes Kriterium, wonach man entscheiden soll, ob die Handlung ihren Merkmalen nach generell ungefährlich war. Je nach dem generalisierten Merkmal erklärt der Beurteiler eine Handlung bald für ganz ungefährlich, bald für sehr gefährlich. Wachenfeld führt an, der Versuch mit harmlosen Mitteln, z. B. mit Zucker statt Arsenik, sei ungefährlich. Indessen das Suchen nach einem Gift (mag nun ein Sichvergreifen oder eine falsche Beurteilung der Wirkungen eines Stoffes vorliegen) kann die Handlung des Einschüttens eines zufällig unschädlichen Stoffes generell sehr gefährlich erscheinen lassen. Bei jedem Versuch läßt sich anderseits irgend ein fehlendes Merkmal so generalisieren, daß man sagen muß, ein auf diese Weise unternommener Versuch, z. B. Schießen mit ungeladenem Gewehr oder mit einem 1000 m weit tragenden Gewehr auf 2000 m, ist generell ungefährlich.

7. Kohler[1]) erklärt, straflos sei ein Versuch, wenn der Täter solche Handlungen zu tun vorhat, welche, wenn sie sich entsprechend entwickeln, nicht zur Vollendung führen (oder welche, wie er es auch ausdrückt, nicht geeignet sind, sicher oder wahrscheinlich den Erfolg herbeizuführen). Dies paßt in vielen, aber nicht in allen Fällen.

Straflos wäre danach, wer glaubt, die Türe eines Kassenschranks durch Umwerfen aus den Fugen bringen zu können; strafbar dagegen, wer sich vergreift und Zucker statt Arseniks als Gift gibt; dagegen wieder straflos, wer Zucker oder einen harmlosen Farbstoff in dem irrigen Glauben gibt, Zucker oder der Farbstoff sei ein Giftstoff.

Diese Ansicht veranlaßt häufig eine genaue Nachprüfung der Vorstellung des Täters von der Art und Weise, wie sich

---

[1]) Vgl. Kohler Leitf. 60.

die Kausalität betätigen soll. Je nachdem, ob es relativ dumm oder klug erscheint, sich eine bestimmte Kausalität vorzustellen, wird der Täter straflos gelassen oder gestraft. Dies führt zu einer Prämiierung der Dummheit bei gleicher Bosheit.

Vereinbar mit Kohler, aber in der Formulierung abweichend sind die Unterscheidungsmerkmale von Finger 1, 303, straflos seien Handlungen, die selbst im Tatvorbilde des Täters ausgeführt, ungeeignet sind, den generellen Erfolg herbeizuführen;[1] ferner von Frank § 43 III, straflos seien Handlungen, die den Erfolg nicht bewirkt hätten, wenn die Sachlage der Vorstellung entsprochen hätte, die der Täter zur Zeit der Handlung hatte.

Gegen diese Ansicht: v. Liszt § 47 N. 1 (= S. 212 N. 1), Kriegsmann ZStW. 33, 724.

8. Für gleichbedeutend wird verschiedentlich gehalten die sogen. Graf Dohnasche Formel.

Graf Dohna (Mangel am Tatbestand S. 61) führt aus: „Der Versuch ist (nur) dann straflos, wenn der Täter einen Erfolg nur um deswillen erwarten konnte, weil sein nomologisches Urteil in allgemein erkennbarer Weise falsch war. Frank a. a. O. verdeutscht diesen Satz dahin, der Versuch sei (nur) dann straflos, wenn er auf einen Irrtum über die Gesetze des Geschehens zurückweise (Gegensatz: Irrtum über die tatsächlichen Verhältnisse).[2]

Zum nomologischen Urteil gehört z. B. auch Irrtum über die Tragfähigkeit der Flinte, über die Flugbahn. Wer sie um eine Kleinigkeit falsch berechnet hat, ist danach straflos.[3] Umgekehrt gehört das Wissen um das tatsächliche Leben eines anderen zum ontologischen Wissen. Danach wäre derjenige strafbar, welcher einen Schuß auf einen bereits Toten abgibt in dem irrigen Glauben, er sei noch am Leben. — Würde man dagegen mit Kohler entscheiden, so würde man bei Vornahme der infolge eines mathematischen Irrtums falsch berechneten Geschoßbahn noch eine Handlung, die zur Tötung geeignet ist, annehmen können. Denn die Handlung des Schießens in der

[1] Vgl. auch Finger, Festschrift f. Binding 1, 293f.

[2] Gegen die Unterscheidung mit Recht Mayer 358 N. 40, 363.

[3] Treffend ein ähnliches Beispiel von Kriegsmann ZStW. 33, 724.

Richtung auf einen Lebenden war noch geeignet, den Erfolg herbeizuführen. Im Falle des Schießens auf einen für lebend gehaltenen Toten wäre die Handlung ungeeignet, den Erfolg herbeizuführen.[1])

9. Am richtigsten erscheint eine anscheinend von Frank § 43 I, Beling Grdz. [4] 85, Allfeld 215 N. 25 mit ihren verschiedenen anderen Formeln für gleichbedeutend erachtete Unterscheidung. Danach ist straflos eine als Versuch gedachte Handlung, wenn die im Einzelfalle erforderlichen Merkmale für das Zustandebringen eines rechtswidrigen Angriffs nicht alle gegeben sind, sogen. Mangel am Tatbestande.[2])

Straflos ist danach z. B., wer einen Menschen zu töten glaubt, aber sich nur an einem Toten vergreift; straflos der Abtreibungsversuch mit einem Mittel (z. B. einfachem Tee), das jedermann nehmen darf, der Beischlaf mit einer nichtverwandten Person in dem irrigen Gsauben, sie sei die eigene Schwester, der Abtreibungsversuch an einer Nichtschwangeren, der Monolog, gerichtet an eine für anwesend gehaltene Person, von welcher der Täter etwas erpressen wollte, das Zielen und Abdrücken in einer Richtung, wo sich kein Mensch aufhält, während der Täter dort sein zu tötendes Opfer vermutet (Anders der bloß danebengehende Schuß, der einen Menschen infolge seiner Anwesenheit in der Nähe tatsächlich in eine Notwehrlage versetzt hat);[3]) der Diebesgriff nach dem

---

[1]) Beling Grdz. ([4]) 87 formuliert, straflos sei der Versuch, wenn ein Beurteiler im Augenblick seiner Vornahme bei Zugrundelegung aller damals gegebenen Lebenskonkreta und des allgemeinen Erfahrungswissens ein Unmöglichkeitsurteil des Inhalts fällen kann, daß sie den Tatbestand nicht erfüllen können. Danach wäre aber der Diebesgriff in die leere Tasche oder in die leere Kasse straflos.

[2]) Gl. M. ferner Binding, N. 2 (2) 798, außerdem auch Wachenfeld 178 zu N. 2, der jedoch die abstrakt ungefährlichen Handlungen ausscheiden will.

[3]) Mayer 360, 362 führt seine richtige Theorie, daß ein rechtswidriger Angriff zum Versuch erforderlich ist, nicht völlig durch und kommt daher zu recht bedenklichen Ergebnissen. Wenn X die Uhr des A aus dessen Tasche stehlen will und sie dort nicht findet, soll er straflos sein, wenn A überhaupt keine Uhr besitzt. Allein das Gesetz kann doch keine Untersuchung darüber wollen, ob nicht irgendwo in

eigenen Regenschirm, den der Täter im Dämmerlicht für einen fremden hielt.

Diese Handlungen mögen einen gefährlichen Menschen aufweisen. Allein die Gefährlichkeit ist vielleicht Anlaß für Sicherungsmaßregeln. Unser geltendes Strafrecht bedroht aber nur verbotene Handlungen. Dazu gehört z. B. der Diebesgriff in eine leere Tasche (Das Opfer ist dadurch gegenwärtig angegriffen); das Anfertigen einer falschen öffentlichen Urkunde, wenn dabei wesentliche Merkmale noch übersehen sind; der Abtreibungsversuch mit Mitteln, die das Leben des Foetus bedrohen; der Raubanfall eines körperlich zu Schwachen auf einen Baumstarken, ausgeführt in ungefährlicher Weise, aber doch so, daß ein echter Angriff zustande kam.

IV. Allgemein anerkannt[1]) ist die Straflosigkeit des abergläubischen Versuchs, d. h. des

Versuchs mit metaphysischen Mitteln.

Grund: Das Strafrecht verbietet nicht die Anrufung einer übersinnlichen Kausalität, da deren wirkliches Walten ja doch sinnlicher Feststellung in jedem Falle entzogen wäre. Beispiele: Behexen von Vieh, Totbeten von Menschen.

§ 41.

Der Rücktritt vom Versuch.

I. Umfang seiner Anerkennung.

1. Die für ein versuchtes Delikt verdiente Strafe fällt weg, wenn der bei dem Delikte Beteiligte in bestimmter Weise von seinem ursprünglichen Wollen abgeht. § 46.

der Welt eine in dem Eigentum des A befindliche Uhr vorhanden ist. Der Diebstahl richtet sich auch gegen den Gewahrsamswillen; dieser ist rechtswidrig angegriffen, wenn die Behältnisse des Inhabers von Taschen usw. durchsucht werden. Es kommt nicht darauf an, ob in den Räumen, an denen Gewahrsam ausgeübt wird, im Augenblick der Tat sich Objekte befinden, an denen ein Beherrschungswille besteht. Bedenklich auch Mayers Ansicht, daß der Schuß in das leere Zimmer Tötungsversuch sei, wenn kein Mensch dadurch angegriffen war, sofern nur derjenige, welcher angegriffen werden soll, irgendwo lebt.

[1]) Vgl. RGE. 33, 321, van Calker, Grdr. 48, Delaquis, untaugl. V. 229, Mayer 353. A. M.: v. Hentig 120.

2. Die Strafbefreiung trifft immer nur den Zurücktretenden selbst, nicht die übrigen Beteiligten, soweit sie nicht ebenfalls zurückgetreten sind.[1])

Dagegen können Anstifter und Gehilfen auch dadurch zurücktreten, daß sie für den Ausschluß der Mitwirkung ihres Beitrags zum Erfolg sorgen. Es genügt aber für den Anstifter nicht einfacher Widerruf der Aufforderung, sondern er muß den zur Tat Entschlossenen entweder umgestimmt (sei es auch nur vorübergehend) oder bewirkt haben, daß der Erfolg ausbleibt. Das Zustandekommen eines Versuchs braucht nicht gehindert zu werden.[2])

Das Wort Täter ist somit in § 46 in einem weiteren Sinne zu verstehen.

Tritt das unmittelbar ausführende Werkzeug eines mittelbaren Täters auf Grund einer vorgängigen Instruktion des letzteren freiwillig zurück, so kommt der Rücktritt auch dem mittelbaren Täter zugute.[3])

Tritt das unmittelbar ausführende Werkzeug eines mittelbaren Täters freiwillig zurück (§ 46 Z. 1), so wirkt dessen Rücktritt, mag es schuldlos oder dolos Versuchshandlungen vorgenommen haben, nicht zugunsten des nunmehr passiven mittelbaren Täters.[4]) Der mittelbare Täter hat den Erfolg aus den Händen gegeben. Wenn er nicht mehr eingreift, entscheidet

---

[1]) Gl. M.: Wachenfeld 186 N. 6, Frank § 43 V, Allfeld 224, Beling ZStW. 28, 604 N. 16, v. Liszt 217 N. 7. E. **47**, 358. A. M.: v. Bar **2**, 688, Binding G. 138, v. Olshausen § 46 N. 2.

[2]) Gl. M.: E. **38**, 223, ferner E. **47**, 358 (62); hierin E. **39**, 37 (39) korrigierend (welches das erstgenannte Urteil übersehen hatte).

[3]) Gl. M.: Beling ZStW. 28, 606f., ferner E. **39**, 37 (41), zu § 46 Z. 1, das aber auch einen eigenmächtig gefaßten Rücktrittswillen des Werkzeugs bei nachträglichem Einverständnis des Auftraggebers zu dessen Gunsten wirken läßt. Dies ist nicht haltbar. Gl. M.: Allfeld 224 N. 66. Nach v. Liszt § 50 N. 8, der übrigens das Erkenntnis in E. **39**, 37 ebenfalls ablehnt, kann das Werkzeug nie mit Wirkung für den mittelbaren Täter zurücktreten; nur § 46 Z. 2 sei für diesen möglich.

[4]) Gl. M.: Allfeld 224 N. 66, v. Liszt § 50 N. 8. A. M.: E. **39**, 37 (41), wenn der unmittelbare Täter entsprechend der Willensrichtung des mittelbaren Täters (d. h. „in bewußter Willensvertretung") zurücktrete. Allein dies widerspricht dem Grundgedanken der lediglich persönlichen Wirkung einer Rücktrittshandlung.

es sich ohne sein Zutun, ob der Erfolg ausbleibt oder nicht. Er kann also nur noch durch eigenes Zutun abwenden;[1]) bloßes Zulassen des Verlaufs der angestoßenen Kausalität ist kein Aufgeben der Ausführung, wenn der Erfolg infolge einer Sinnesänderung des Werkzeugs unterbleibt. Auch mit Hilfe der Annahme eines nur bedingten Tatwillens (sogen. bedingte Tatbegehung) des Veranlassers kommt man zu keinem anderen Ergebnis.[2]) Das Werkzeug, das entsprechend einer vorgängigen Instruktion beim Vorliegen bestimmter Umstände die Vollendung einer Ausführung aufgab, hat immer eine eigene Willensänderung vollzogen, die der Veranlasser wohl vielleicht vorausberechnen kann, aber nicht als eine persönliche Sinnesänderung auf sich zu übertragen vermag. — Scheinbare Sinnesänderungen aber, die etwa schon im voraus vorgenommen sind, wären in Wahrheit gar keine neuen Entschlüsse, wie sie § 46, Z. 1 voraussetzt; so z. B. wenn die Instruktion lautete: „Falls du nach dem Einsteigen findest, daß die Geldbörse keine fünf Mark enthält, dann lasse sie einfach liegen.“ Würde hier der Ausführende doloser Alleintäter sein, so wäre auch für ihn durch das dem Vorhaben entsprechende Liegenlassen kein freiwilliger Rücktritt entstanden. Er hat einfach das nicht gefunden, was für ihn das alleinige Stehlensobjekt gebildet hatte. — Wollte aber der Veranlasser, daß sein Werkzeug die erste Ausführungshandlung überhaupt von dem Vorliegen bestimmter Umstände abhängig mache und unterläßt instruktionsgemäß das Werkzeug jede Ausführung wegen Fehlens der Umstände, so fehlt es an jeder Tatbegehung; der Veranlasser ist nie Täter geworden; Rücktritt kommt nicht in Frage.

3. Die Rechtfertigung der Strafbefreiung liegt vornehmlich in dem Interesse, den Schaden der Verbrechensvollendung noch in letzter Stunde womöglich zu verhüten (zugleich auch dem Verbrecher eine goldene Brücke zu bauen); außerdem in dem Billigkeitsgrunde, dem in objektiv verdienstlicher Weise von seinem Vorhaben Abgehenden dies anzurechnen. Auf das innere Motiv für die der Rechtsordnung

---

1) Treffend v. Liszt § 50 N. 8.

2) Gl. M.: Allfeld 224 N. 66. A. M.: Beling ZStW. 28, 606.

nützliche Handlung legt das Gesetz nur insofern Gewicht, als es bei fehlender Freiwilligkeit oder bei Abwendung nach Entdeckung den Rücktrittswillen für unbeachtlich erklärt.[1])

Bedauerlich ist, daß der Rücktritt in Ermangelung besonderer Vorschriften nicht auch in zahlreichen anderen Fällen strafbefreiend wirkt, in denen ebenfalls ein lebhaftes Interesse an der Rücktrittshandlung bestehen kann, insbesondere bei Zustandsdelikten (Diebstahl unter fortschreitender Entfremdung der Sache), verkümmerten zweiaktigen Verbrechen (Münzanfertigung ohne bisherige Veräußerung der Falsifikate), kupierten Erfolgsverbrechen (Begünstigung), Unternehmungsdelikten (Unternehmen eines noch nicht durchgeführten Staatsverbrechens), Vorbereitungsdelikten mit selbständig umgrenzten Tatbeständen, Gefährdungsdelikten.[2]) Unzweifelhaft ist die Frage nicht. Aber wenn man den festen Boden des Gesetzes, das eine Ausnahmebestimmung schaffen wollte, verläßt, gerät man auf eine schiefe Ebene. Jede Grenzabsteckung bleibt gegenüber der lex lata eine unbewiesene Behauptung. Man verwischt dann mehr oder weniger die verschiedenen Grenzen, die im positiven Recht dem Versuch und der tätigen Reue gezogen sind. Der Versuch hat eine technische Bedeutung, die nicht anwendbar ist auf Deliktstatbestände die als solche vollendet vorliegen. — Im Falle der §§ 80 StGB., 153 GewO. dagegen ist der Versuch als solcher von der Vollendung tatbestandlich losgetrennt geblieben und § 46 daher anwendbar.

4. Beim qualifizierten Versuch befreit der Rücktritt nicht von der Strafe wegen des vollendeten Delikts. Vgl. den vorigen Paragraphen.

Ist eine bedrohte Vorbereitungshandlung nicht zu einem besonderen Tatbestand ausgestaltet worden (so in § 86), sondern ausdrücklich als solche bezeichnet, so ist ein Rücktritt von ihr ebenso noch möglich, wie der Rücktritt von einem ausdrücklich

---

[1]) Gl. M. im wesentlichen Merkel-Liepmann 157, Wachenfeld 182. Gegen diese Rechtfertigung Mayer 370.

[2]) Für einzelne dieser Kategorien wollen den § 46 analog anwenden u. a. v. Bar 2, 541, Binding L. 1, 14, v. Hippel ZStW. 37, 781, Frank § 46 IV, Allfeld 223, unter sich abweichend. Richtig: v. Liszt § 48 IV 2, v. Olshausen § 46 N. 5, Wachenfeld 285, Mayer 369 N. 4.

so bezeichneten Versuch, der etwa eine Sonderstrafdrohung aufweist.

II. Formen des strafbefreienden Rücktritts.[1])

1. Freiwilliger Rücktritt vom unbeendigten Versuch. § 46 Z. 1. Strafbefreiung tritt ein, wenn der Täter die Fortsetzung der zur (etwaigen) Vollendung erforderlichen Ausführungstätigkeit aufgab, ohne daß äußere Umstände mitwirkten, die im Sinne des praktischen Lebens einen zwingenden Grund des Rücktritts für ihn abgeben.[2])

Ein eingebildetes Hindernis benimmt bereits der Willensentschließung den Charakter einer nicht abgenötigten; ebenso steht es mit der Furcht, infolge des Entdecktseins alsbald ergriffen zu werden; bloßes Bewußtsein der Entdeckung genügt noch nicht. Erst wenn „das Gefühl der freien Wahl unter den den Willen gestaltenden seelischen Anreizen aufgehoben ist", kann man praktisch von einem freiwilligen Verhalten nicht sprechen.[3])

Nach weitergehender Ansicht ist Freiwilligkeit schon dann anzunehmen, wenn der Täter zwar sein Aufgeben unter dem gefühlten Druck eines Hindernisses vornahm, aber dadurch an der Vollendung objektiv nicht verhindert gewesen wäre.[4])

Vgl. dagegen die §§ 167, 214, 315 I, 366 Z. 9, welche hindern nicht im Sinne von verhindern gebrauchen.

Eine engere Ansicht nimmt bereits beim Auftreten unangenehmer Gegenmotive (Erscheinen eines unbeteiligten Zuschauers; Entdeckung, daß eine erbrochene Kiste weniger Beute enthält) Unfreiwilligkeit an.[5])

Allein das Aufgeben beruht ganz regelmäßig auf einem

---

1) Schon die CCC. 178 straft nur, wenn der Täter an der Vollbringung wider seinen Willen durch andere Mittel (scil. als seine eigenen) verhindert wurde.

2) Vgl. E. **37**, 402; **45**, 6; **47**, 74; v. Liszt 216 N. 4, Wachenfeld 183.

3) Gl. M.: E. **47**, 74 (77).

4) So Frank § 46 II, sowie VD. A. **5**, 231.

5) So v. Bar **2**, 555/56. Dagegen v. Liszt 216 N. 5.

äußeren Motiv; die Versagung der Gesetzeswohltat entspricht hier nicht der ratio legis.

Übereinstimmung besteht jedoch darüber, daß der üble Geschmack eines Abortivmittels als Motiv der Aufgabe eines Versuchs noch nicht genügt, um die Unfreiwilligkeit derselben darzutun.[1]

Auf den Diebstahl angewandt ergibt sich folgendes:

Freiwillige Aufgabe fehlt, wenn der Dieb Sachen, die wenigstens der Art nach bestimmt waren (z. B. Goldschmuck), gesucht, aber nicht gefunden hat, mag er auch andere gefunden haben, die er hätte wegnehmen können.[2]

Diesem Fall steht der andere gleich, wenn der Täter zwar eine gesuchte Sache ihrer Individualität nach gefunden hat, er sie aber um deswillen liegen ließ, weil sie im Augenblick der etwa zu vollendenden Wegnahme diejenigen Eigenschaften nicht besaß, um derentwillen allein er zu ihrer Wegnahme entschlossen war. Der Täter hat dann nicht weggenommen, weil er gegen seinen Willen das nicht vorfand, worum es ihm bei der geplanten Wegnahme allein zu tun gewesen war.[3]

Beispiel: X hält das Bismarckbild bei Z für einen echten Lenbach, schleicht sich, um ihn zu stehlen, nachts in das Zimmer des Z, bemerkt aber bei sofortiger näherer Besichtigung, daß es eine ziemlich wertlose (für ihn jedenfalls reizlose) Kopie ist und hängt es wieder an seinen Platz.

Dagegen ist die Aufgabe freiwillig, wenn der Dieb ihrer Art oder ihrer Individualität nach bestimmte Sachen (z. B. Bilder, Schmucksachen überhaupt, das Bild von Lenbach speziell) gesucht und gefunden hat, sie aber liegen läßt, weil sich ihm jetzt Beweggründe über die Nutzlosigkeit der Wegnahme aufdrängen, die vorher bei seinem Tatentschluß nicht als Bedingungen aufgetreten waren. Z. B. der Täter findet, die Beute lohne sich für ihn nicht, sei seiner nicht würdig, während er sich vorher einen bestimmten Wert nicht als Bedingung gesetzt

---

1) Vgl. E. 35, 102.

2) Gl. M. E. 24, 222 (23).

3) Gl. M.: E. 45, 6, wohl auch v. Bar 2, 555, aber nicht ganz scharf. A. M.: Mayer 372 N. 11, E. 39, 37.

hatte.[1]) Oder: Der Täter findet zwar das gesuchte Bild, bemerkt aber an ihm einen Fehler, weshalb es ihm nicht mehr gefällt.

Ein Aufgeben liegt nicht in einem bloßen Aufschub, um bei gelegener Zeit das Begonnene weiter zu führen, auch nicht in dem Aufgeben eines bestimmten Mittels, um in continenti mit einem zweiten Mittel neu zu beginnen, z. B. der Einbrecher wirft einen Dietrich endgültig weg und greift zu einem Stemmeisen. Anders, wenn der Täter den bisherigen Versuch aufgibt, sich aber vornimmt, zu anderer Zeit neu zu beginnen.[2])

2. Der Rücktritt vom beendigten und unentdeckten Versuch (= Abwendung des Erfolges) § 46 Z. 2.

Strafbefreiung tritt auch ein, wenn der Täter nach Abschluß der zur Vollendung vorausgesetzten Ausführungstätigkeit den Erfolg durch eigene Tätigkeit abgewendet hat, ehe sein Verbrechen entdeckt, d. h. von Personen wahrgenommen wurde, die weder Beteiligte waren, noch von ihm ins Vertrauen gezogen wurden.

Das auch in § 310 neu begegnende Merkmal des Unentdecktseins war in der älteren Partikulargesetzgebung und im Preußischen StGB. nicht enthalten. Dieses ließ in § 31 den Versuch straflos, wenn der Erfolg durch äußere, vom Willen des Täters abhängige Umstände ausgeblieben war. Die Einfügung des § 46 Z. 2 erfolgte erst im zweiten Entwurf des StGB.[3]) Anscheinend hielt man eine Freiwilligkeit, die erst nach Entdeckung des Verbrechens einsetzte, für verdächtig; dem Täter sollte vermutlich die Lust benommen werden, es erst noch darauf ankommen zu lassen, ob er entdeckt und der Früchte seiner Handlung dadurch vielleicht beraubt würde, ehe er zurücktrete. So ist wohl die Äußerung der Motive zu ver-

[1]) Gl. M.: E. 24, 222 (23). A. M.: v. Bar 2, 556.

[2]) Gl. M.: v. Bar 2, 556, Frank § 46 II a. E. Wer heute die Öffnung bricht, durch die er in 8 Tagen stehlen will, hat mit dem rechtswidrigen Angriff begonnen und nur die Vollendung aufgeschoben. GA. 44, 143.

[3]) Binding G. 139 macht darauf aufmerksam, daß in der goldenen Bulle c. 24 bereits ein analoges Merkmal für strafbefreienden Rücktritt von hochverräterischen Verschwörungen bestanden hatte.

stehen, die Vorschrift sei „aus politischen Gründen“ aufgenommen worden. Auch die §§ 158, 163 enthalten eine gleichartige Tendenz. Unzweckmäßig war aber, daß man in diesen Bestimmungen (§§ 46 Z. 2, 310, 158, 163) das Merkmal der Freiwilligkeit wegließ, das durch die Bedingungen des Nichtentdecktseins und der eigenen Tätigkeit sowie durch die Merkmale der §§ 158, 163 nicht voll ersetzt wird.

Einzelheiten.

a) Eine Abwendung des Erfolges liegt nicht mehr vor, wenn dieser schon ohnedies ausbleiben mußte, also beim fehlgeschlagenen Verbrechen.

War der Täter des Glaubens, daß sein beendigter Versuch noch nicht zum fehlgeschlagenen Verbrechen geworden sei, und nahm er Abwendungshandlungen vor, so hat er in Wahrheit doch nicht abgewendet und bleibt bedauerlicherweise daher strafbar.[1])

b) Die Abwendungshandlung braucht nicht völlig freiwillig zu erfolgen.[2]) Nach dem RG. ist die Abwendungshandlung unfreiwillig, wenn der Täter aus Furcht vor alsbaldiger Entdeckung gehandelt hat.[3]) Das ist zwar Unfreiwilligkeit im Sinne des § 46 Z. 1, aber das objektive Merkmal der eigenen Tätigkeit wird dadurch nicht beseitigt. Daß nur ein objektives Symptom der Freiwilligkeit (scil. nicht darüber hinausgehend diese selbst) vom Gesetz verlangt ist, nimmt auch v. Olshausen § 46 N. 15 an.

Irriger Glaube des Entdecktseins kann zwar den Willen des Zurücktretenden bestimmt haben, verhindert aber die strafaufhebende Wirkung des Rücktritts nicht.[4])

c) Durch eigene Tätigkeit hat der Täter den Erfolg auch dann abgewendet, wenn er dritte Personen zur Abwendung heranzog, ohne Unterschied, ob er ohne sie auch hätte helfen können oder nicht, ob sie sich freiwillig erboten hatten oder

---

[1]) Gl. M.: Allfeld 222 N. 52; Binding G. 139; Finger 1, 321; Frank VD. A. 5, 235. A. M.: Wachenfeld 185.

[2]) Gl. M.: M. E. Mayer 373; auch E. 15, 44 (ebenso E. in DJZ. 16, 92) geht offenbar bei der Unterscheidung der beiden Fälle des § 46 hiervon aus. A. M.: E. 38, 402, v. Liszt § 48 III.

[3]) Dagegen mit Recht Frank § 46 III 2 c.

[4]) Gl. M.: Binding G. 139.

nicht,[1]) ob er sie in das Geschehene erst einweihen mußte oder nicht.[2])

Eigene Tätigkeit liegt dagegen nicht vor, wenn dritte Personen ohne Veranlassung oder sonstige positive Mitwirkung des Täters, sei es auch mit seinem Einverständnis, den Erfolg abwendeten, ferner nicht, wenn der Täter im Sinne des § 52 oder 54 genötigt zur Abwendungshandlung schritt. Dagegen in weiterem Umfange bekümmert sich das Gesetz um die Freiwilligkeit nicht; es braucht kein sua sponte gewähltes Motiv vorzuliegen, damit die Bestrafung ausgeschlossen ist.

d) Die Entdeckung der Tat vor der Abwendungshandlung ist objektive Voraussetzung einer Strafbarkeit trotz des Rücktritts. Entdeckung auch der Täterperson braucht nicht vorzuliegen.[3]) Irrige Annahme einer Entdeckung schließt die Straflosigkeit nicht aus.[4]) — Der Begriff des Entdeckens wird in § 46 ebenso wie in § 310 verstanden werden müssen.

α. Wenn jemand vorsätzlich einem anderen von einem Sachverhalte Kenntnis gegeben hat, so hat der andere ihn nicht entdeckt. Diejenigen, welche der Täter eingeweiht hat, sind also nicht mehr Entdecker. Das Reichsgericht[5]) erkennt dies für den Fall unbedenklich an, daß der Täter zur Abwendung des Erfolges andere Personen beigezogen hat, die vorher nicht Entdecker geworden waren. Dagegen nimmt das Reichsgericht[6]) an, der § 46 Z. 2 sei unanwendbar, wenn der durch das Delikt Bedrohte Kenntnis erlangt habe. Zwar lehnt hierbei das Reichsgericht es ausdrücklich ab, eine Entdeckung der Handlung anzunehmen.[7]) Aber es behauptet, der Strafbefreiung nach § 46 Z. 2 könnten diejenigen Handlungen übernicht teilhaftig werden, die bereits bei ihrem Existentwerden zur Kenntnis eines anderen gelangen. Es könne von einer

---

1) Richtig Finger 1, 322, Hälschner 1, 362.

2) Gl. M. die herrschende Lehre, z. B. Wachenfeld 184, v. Liszt § 48 III.

3) Richtig Frank § 46 III 2 c.

4) Gl. M.: Frank § 46 III 2 c. A. M.: v. Bar 2, 561.

5) E. 1, 375 (76); 15, 44 (46).

6) E. 1, 306 (09); 26, 77 und ebenso auch v. Olshausen § 46 N. 20.

7) Unrichtig die Gegenbehauptung von M. E. Mayer 374 N. 18.

„Entdeckung nicht mehr die Rede sein. Die Konsequenz wäre daß die strafbefreiende Wirkung sogar dann entfallen müßte, wenn der Täter von vornherein sich einen Augenzeugen zu seinem Delikt zugezogen hat. v. Olshausen a. a. O. vertritt jene Behauptung nur für die begrifflich notwendige Kenntnisnahme des Verletzten. Die herrschende Theorie lehnt dagegen mit Recht die reichsgerichtliche Konstruktion ab. Gegen die Konstruktion spricht ein Doppeltes: Es ist ein Irrtum, daß man nicht im Werden begriffene Dinge ebensogut entdecken kann (z. B. der Biologe entdeckt einen eigenartigen Zellenteilungsvorgang). Es ist ferner ein Irrtum, daß ein Dritter eine Handlung nicht mehr entdecken könne, wenn der Täter von vornherein bereits jemanden ins Geheimnis gezogen hatte.[1]) — Eine Gruppe unter den Bekämpfern des Reichsgerichts verneint die „Entdeckung" der Handlung bei Kenntnisnahme des Verletzten wenigstens dann, wenn diese Kenntnis (wie z. B. bei der Erpressung) zu den Begriffsmerkmalen des Verbrechens gehöre.[2]) Diese Einschränkung ist vertretbar, aber nach der ratio legis und dem regelmäßigen Sinne des Wortes „entdecken" doch nicht geboten. Wenn jemand einem anderen in Tötungsabsicht Gift gegeben hat und ihm Gegengift einspritzen will, dies aber nur kann, falls er ihm die Tat gesteht, so läge in diesem Geständnis für den Bedrohten ein „Entdecken der Handlung". Denn die Tötung verlangt nicht begrifflich, daß der Verletzte merkt, er werde durch eine fremde Handlung zu Tode gebracht. Die Lösung, daß durch eine vorsätzliche Kenntnisgabe an einen anderen für diesen die Möglichkeit, die Handlung noch zu entdecken, entfällt, erscheint als näherliegend. — Abzulehnen ist andrerseits die zu weit gehende Ansicht von Thomsen 180, daß die Kenntnisnahme des Opfers stets für die Straflosigkeit der tätigen Reue gleichgültig sei. Wenn z. B. der Eigentümer eines Hauses den vom Täter angelegten, aber noch nicht ausgebrochenen Brand ohne Zutun

---

[1]) Gegen das Reichsgericht u. a.: Allfeld 222 N. 56, v. Bar 2, 560, Finger 1, 322 N. 14, Wachenfeld 184.

[2]) So z. B. v. Liszt § 48 III, Schwartz § 46 N. 5f, Frank VD. A. 5, 234 (wenn die Kenntnisnahme des Bedrohten regelmäßig zum Tatbestande gehöre).

des Täters wahrnimmt, hat er ihn entdeckt. Überhaupt ist seine Wahrnehmung der Handlung Entdeckung, wenn sie ohne den Willen des Täters erfolgt.

Nicht beizupflichten ist endlich der Ansicht von M. E. Mayer,[1]) die Wahrnehmung der Handlung seitens des Bedrohten sei nur dann eine den § 46 Z. 2 ausschließende Entdeckung, wenn ihm eine Hinderung des Enderfolgs oder die Veranlassung einer Strafverfolgung zuzutrauen ist. Danach hätte das Gesetz ein unpraktisches Kriterium aufgestellt. Wenn der Bedrohte tatsächlich nicht gehindert und nicht angezeigt hat (es war vielleicht gar keine Zeit mehr dazu), müßte der Charakter und das Vorleben des Bedrohten durchforscht werden, um zu prüfen, ob sich sichere Anhaltspunkte dafür finden, was ihm zuzutrauen ist, ob er im allgemeinen verschüchtert oder doch ruhebedürftig ist oder nicht. Und wie vollends, wenn man zwar weiß, daß der Bedrohte, etwa ein Reisender, in einem Eisenbahnabteil oder in einem Wirtshaus die Handlung, z. B. den Betrugsversuch, wahrgenommen hat, man aber die Persönlichkeit nicht feststellen kann? Man kann dann doch keine Statistik aufstellen, wie viele von den Bedrohten überhaupt, oder von den mit Betrug Bedrohten eine Anzeige zu machen pflegen, wie viele nicht.

β. An der Tat vorsätzlich Beteiligte (auch Nebentäter) haben selbst die strafbare Ausführung der Tat gewollt. Das Wollen einer Deliktshandlung setzt aber ein Wissen über dessen konkrete Verwirklichungsmöglichkeit voraus. Die Tat, von der man durch eigene Beteiligung weiß, ist für den Beteiligten nicht mehr eine fremde Erscheinung, der er gegenübertritt. Auch wer eine Anzeigepflicht nach § 139 vorsätzlich versäumt hat, ist schuldhaft, wenn auch mit beschränkter Haftung, an ihr beteiligt und kann etwas, was er vorausgewußt hat, nicht mehr entdecken.

Mit Recht lehnt daher die herrschende Lehre die Entdeckung der Tat durch Teilnehmer ab.[2])

---

[1]) Vgl. M. E. Mayer 374.

[2]) Vgl. Allfeld 222, v. Bar 2, 561; Finger 1, 322, v. Liszt 48 III, Schwartz § 46 N. 5e, Wachenfeld 314.

Nach Frank § 46 III 2 sind diejenigen nicht Entdecker, auf deren Verschwiegenheit der Täter rechnet. Dahin gehörten auch die Teilnehmer. Allein auch wenn der Täter nicht auf jene vertraut, aber schon vor einer Anzeige des Teilnehmers in Sicherheit zu sein hofft, kommt keine Entdeckung durch den Teilnehmer (etwa einen agent provocateur) zustande. — M. E. Mayer 374 stellt auch hier darauf ab, ob dem Mitschuldigen Hinderung oder Veranlassung einer Strafverfolgung zuzutrauen war. Angenommen, eine derartige Beurteilung der Teilnehmer gelänge in der Regel, so würde durch generelle Bejahung des Zutrauens nicht einmal festgestellt sein, daß der Täter auch seinerseits den Teilnehmern diese Handlung zutraute. Seine Handlung würde also vielleicht nicht durch Umstände, die von seinem Willen unabhängig waren, motiviert worden sein. Das Gesetz hat aber überhaupt die Freiwilligkeit in Ziffer 2 nicht als subjektives Kriterium aufgestellt, sondern sich mit einem objektiven Symptom, dem Nichtentdecktsein, begnügt. — Selbstverständlich ist, daß der Teilnehmer eine Entdeckung verursachen kann, wenn er ohne Willen des Täters die Kenntnis eines Dritten herbeiführt.[1])

γ. Wenn eine Handlung nur deshalb vom Täter mitgeteilt wird, um der zu erwartenden Entdeckung zuvorzukommen, ist an der Kenntniserlangung nicht nur die Mitteilung, sondern auch die Handlung dessen beteiligt, der im Begriffe war, ohnedies die Wahrnehmung zu machen. Sein vorheriges Verhalten ist für das Zustandekommen seiner Wahrnehmungen das Entscheidende gewesen. Daher wird der Fall mehr als Entdeckung, denn als Mitteilung zu erachten sein. Beispiel: A hat Feuer angelegt. Da sieht er einen Schutzmann auf das Haus zugehen. Um sich den Rücktritt vor der Entdeckung zu wahren, eilt er ihm entgegen und offenbart sich ihm. Strafbefreiung tritt nicht ein.

δ) Wahrnehmung des äußeren Geschehens ohne Vorstellung der Möglichkeit, daß es auf deliktischem Verhalten beruht, ist nur Wahrnehmung, enthält aber noch keine Entdeckung. Nicht alles, was der einzelne sieht und hört, gilt als

---

1) Gl. M.: Frank § 46 III 2a.

Entdeckung, sondern nur das, woran er etwas bisher Verborgenes erkennt. Gl. M. die herrschende Theorie.[1])

ε) Hat jemand ohne Zutun des Täters Kenntnis von der deliktischen Handlung erlangt und gehört er nicht zu den Beteiligten, so hat er „entdeckt". Diese Tatsache hängt dann nicht außerdem noch davon ab, ob sein Verhältnis zu dem Täter das eines Fremden, Bekannten oder Freundes ist,[2]) ob von ihm eine Verwertung der Wahrnehmung zu erwarten ist oder nicht.[3]). —

Im Schrifttum wird zur Entdeckung bald außer der Kenntnisnahme ohne Willen des Täters auch verlangt, daß von dem Kenntnis Erlangenden Einschreiten oder Anzeige (nicht notwendig Strafanzeige) zu befürchten ist.[4]) Bald wird verlangt, daß die Wahrnehmung des Dritten eine Verhinderung der Tat oder eine Strafverfolgung gegen den Täter nach sich ziehen konnte.[5]) Kenntniserlangung durch Beiziehung seitens des Täters zur Hilfe genügt natürlich auch in diesem Falle zur Entdeckung nicht.[6]) — Bald wird verlangt und für ausreichend erachtet, daß Hinderung des Enderfolgs oder Veranlassung der Strafverfolgung dem Dritten zuzutrauen ist.[7]) Die Art der Kenntniserlangung wäre hiernach gleichgültig; die Besorgnis einer Anzeige bei der Schulbehörde jugendlicher Täter nicht ausreichend.

e) Wird die Abwendungshandlung von einem Teilnehmer (z. B. dem Anstifter) vorgenommen, so ist die Abwendung noch nicht erfolgt mit einem bloßen Widerruf des Rates oder der anstiftenden Aufforderung, wenn sie den Willen des Täters

---

[1]) Vgl. Allfeld 222 N. 54; Frank VD. A. 5, 235; Wachenfeld 184, Schwartz § 46 N. 5 d. A. M.: E. 3, 93 (jemand sieht eine Flamme, ohne an eine Brandstiftung zu denken); Finger 1, 322 N. 413.

[2]) A. M. in letzterer Beziehung M. E. Mayer 374.

[3]) Gl. M. ausdrücklich Finger 1, 323 N. 415; auch v. Liszt § 48 III und Merkel-Liepmann 157 erwähnen weitere Einschränkungen des Entdeckungsbegriffes nicht. Dagegen begegnen sie in verschiedenen Formulierungen in der überwiegenden Literatur.

[4]) So Allfeld 222; der Sache nach auch Wachenfeld 184 und v. Bar 2, 561.

[5]) So E. 1, 375 (77).

[6]) Hierin Gl. M.: E. 1, 375 (77).

[7]) So M. E. Mayer 374.

nicht verändert hat.[1]) Eine wenig mehr vertretene Mittelmeinung geht dahin, bis zur Ausführungshandlung des Täters genüge Widerruf, hernach erst müsse der Teilnehmer sich die Straffreiheit durch Abwendung des Erfolgs erkaufen.[2])

§ 42.

Bestrafung des Versuchs.

I. Die Fälle seiner Bestrafung.

Der Versuch eines Verbrechens i. e. S. ist stets strafbar, der Versuch eines Vergehens nur dann, wenn dies für das betreffende Vergehen ausdrücklich[3]) gesagt wird, § 43.

Der Versuch einer Übertretung ist straflos; abweichendes Landesrecht ist zulässig. In der Form: „wer es unternimmt . . .“ wird der Versuch im Falle des § 360 Z. 5 mitbedroht. Die Bedeutung der Straflosigkeit von Übertretungsversuchen wird nicht selten durch unbestimmtere Formulierung eines Erfolgsmerkmals stark abgeschwächt (vgl. z. B. „wer . . . zuwiderhandelt“. Jede schuldhafte Handlung, welche im Widerspruch mit verbotenem Verhalten steht, ist dann ohne Rücksicht auf äußere Erfolgsherbeiführung bereits bedroht).

Bei verschiedenen Delikten mit straflosem Versuch sind einzelne Fälle, die zum Gebiete ihres Versuchs mit gehören, als selbständige Tatbestände mit Strafe bedroht; vgl. z. B. § 111 II und 49a mit § 48; § 367 Z. 10 mit § 223a; § 368 Z. 10 mit § 292; § 159 mit §§ 153, 48. Vereinzelt sind auch Vorbereitungshandlungen als selbständiges Delikt bedroht. Vgl. z. B. § 86 mit §§ 80—85, § 151 mit § 146.

II. Das Maß der Bestrafung.

1. Grundsatz: Das Höchstmaß und das Mindestmaß des Strafrahmens ist bei dem versuchten Delikt niedriger als bei dem vollendeten, § 44 I. Aber es darf

---

[1]) Gl. M.: Finger 1, 324, wohl auch Frank § 46 V, v. Liszt 217 N. 7. A. M.: Binding, Normen 2 (2) 626.

[2]) Vgl. darüber v. Olshausen § 46 N. 7, dessen Zitate aber hier z. T. nicht zutreffen.

[3]) Gegen die Systemlosigkeit, mit der dies geschah, schon Vollert, Thür. Bl. 17, 21 (1870).

bei Herabsetzung des Mindestmaßes das generelle Mindestmaß der angedrohten Strafart nicht vermindert werden.

Beispiel: Das gesetzliche Mindestmaß für Gefängnis ist ein Tag, StGB. § 16. Für vollendete Gefangenenbefreiung (§ 120) ist das angedrohte Strafminimum ein Tag; es kann auch bei versuchter Gefangenenbefreiung nicht unter dasselbe herabgegangen werden. Anders bei der Erpressung (§ 253), die im Vollendungsfalle mit Gefängnis nicht unter einem Monate bedroht ist. Hier kann im Falle eines Versuchs z. B. auf 8 Tage Gefängnis erkannt werden.

Ist im Vollendungsfalle Zuchthausstrafe angedroht, so darf jedoch deren gesetzliches Minimum von einem Jahr (§ 14 II) in der Weise bei Versuch umgangen werden, daß eine Gefängnisstrafe im 1½fachen Betrag der verdienten (= verwirkten) Zuchthausstrafe von weniger als einem Jahr ausgesprochen wird, § 44 IV mit § 21.

Beispiel: Bei versuchter Eisenbahntransportgefährdung (§ 315 I) kann auf Zuchthaus von 5 Jahren, aber auch auf Gefängnis von 15 oder von 9 Monaten erkannt werden; aber immer nur auf eine Gefängnisstrafgröße, die sich aus einer verwirkten Zuchthausstrafgröße ergeben kann (E. in Strafr.Z. 2, 86), z. B. nicht auf Gefängnis von 8 Monaten, da zwischen 5 und 6 Monaten keine verwirkte Zuchthausstrafe liegen kann. Zweckmäßig ist diese positivrechtliche Regel nicht. — Der 1½fache Betrag von 3 Monaten Zuchthaus ist 4 Monate 15 Tage Gefängnis,[1] nicht 4 Monate 14 Tage.[2] Das Gesetz folgte der Übung des Lebens, die nicht das Maß des Februar, sondern das Maß von 30 Tagen für alle Monatsberechnungen zugrunde legt, welche nicht nach konkreter Zeit durchgeführt werden können.

2. Die einzelnen zulässigen Strafmaße.

a) Der Versuch eines mit dem Tode oder mit lebenslänglichem Zuchthaus bedrohten Verbrechens wird mit Zuchthaus von 3—15 Jahren bestraft; daneben kann auf Zulässigkeit von Polizeiaufsicht erkannt werden. § 44 II.

---

[1]) So mit Recht E. 43, 320.

[2]) E. in LeipzZ. 10, 403.

Der Versuch eines mit lebenslänglicher Festungshaft bedrohten Verbrechens wird mit Festungshaft von 3—15 Jahren bestraft, § 44 III.

Bei alternativer Androhung zeitlicher und lebenslänglicher Zuchthausstrafe erweitert sich der Strafrahmen nach unten entsprechend dem § 44 IV. Auf Polizeiaufsicht darf erkannt werden, auch wenn sie bei dem vollendeten Verbrechen nicht vorgesehen ist, sofern die erkannte Versuchsstrafe 3 Jahre Zuchthaus erreicht.[1])

b) Bei Versuch der übrigen Verbrechen und bei Versuch der Vergehen ermäßigt sich der Strafrahmen des vollendeten Delikts in seinem Höchstmaß um eine Strafgröße, die von der schwersten Hauptstrafe in Wegfall kommen muß. Das Mindestmaß bildet der vierte Teil der auf das vollendete Delikt angedrohten geringsten Hauptstrafe, § 44 IV. Unter dem gesetzlichen Mindestmaß der angedrohten Strafart darf aber auch hier nicht erkannt werden; vgl. oben unter 1.

Ist das Mindestmaß einer ordentlichen Hauptstrafe ein Monat oder eine Anzahl von Monaten, die durch 4 geteilt Tagesbruchteile ergeben, so darf auf die Tagesbruchteile nicht erkannt werden, § 19 II. Anderseits muß die erkannte Strafe sich innerhalb jenes vierten Teiles halten.

Daraus folgt, daß z. B. versuchte Sachbeschädigung nach § 305 mit Gefängnis von mindestens 8 Tagen (nicht 7 Tagen), versuchte Unterschlagung im Amte (§ 350) mit Gefängnis von mindestens 23 Tagen (nicht 22 Tagen) zu bestrafen ist.[2]) A. M. die herrschende Lehre,[3]) nach dem Grundsatz in dubio mitius

---

[1]) Gl. M.: Schwartz § 44 N. 2; E. 16, 400. Nach Frank § 44 II 2, Wachenfeld 238 N. 2 gilt dies nur, wenn auch beim vollendeten Delikt diese Strafe angedroht ist, z. B. bei §§ 251, 256, nicht bei § 214; nach Mayer 482 N. 4, der mit Frank übereinzustimmen glaubt, ist Polizeiaufsicht bei Versuch nur zulässig, wenn für das vollendete Delikt (Todesstrafe oder) ausschließlich lebenslängliches Zuchthaus angedroht ist. Dies deutet das Gesetz nicht an; die Polizeiaufsicht ist als schwächerer Ersatz für die Lebenslänglichkeit der Einsperrung gedacht.

[2]) Gl. M.: E. 5, 442, E. 46, 303, Rüdorff-Stenglein § 44 N. 6 IV.

[3]) Z. B. Frank § 44 I 2, v. Liszt § 70 N. 2, v. Olshausen § 44 N. 6, Schwartz § 44 N. 3.

sei auf 7 Tage erkennbar. Allein wenn die Grenze der Herabsetzung nur „bis auf ein Viertel des Mindestbetrages“ gehen darf, dieser aber ohnehin bei Delikten, deren Strafe von dem Minimum anhebt, nicht weiter vermindert werden kann, so ist die klare Meinung die: Keinesfalls weniger als ein Viertel. Ein dubium bleibt da nicht übrig. Vgl. auch § 157. Bei zweimaliger Herabsetzung ist erforderlich und ausreichend, daß das Minimum sich innerhalb von $^1/_{16}$ der ordentlichen Mindeststrafe hält; z. B. im Falle der Beihilfe zu einem Erpressungsversuch beträgt das Mindestmaß 2 Tage (nicht 1 Tag) Gefängnis.

c) An Nebenstrafen, die neben der Versuchshauptstrafe zulässig sind, nennt § 45 nur Aberkennung der bürgerlichen Ehrenrechte und Zulässigkeit von Polizeiaufsicht. Teilweise Aberkennung steht im Falle des § 35 gleich. Einziehung und die ihr nah verwandte Verfallserklärung (Gesetz vom 3. Juni 1914 § 15; StGB. § 335, Preßgesetz § 16) sind nach der ratio legis ebenfalls gleichzustellen. Denn sie setzen nur eine Verbrechensbegehung voraus, die keine Vollendung sein muß. Dagegen gilt die Erstreckung der angedrohten Nebenstrafe auf Versuchsfälle nicht für sonstige Nebenstrafen, z. B. nicht für die der §§ 161, 319, 358.[1])

Soweit Nebenstrafen bei Versuch zulässig sind, findet eine Herabsetzung ihrer Dauer jedoch nicht statt.[2]) Sind zugelassene Nebenstrafen beim vollendeten Delikt obligatorisch, so gilt gleiches auch von dem versuchten; Beispiel: §§ 152, 302d.

Auf polizeiliche Präventivmaßregeln aller Art kann in gleichem Umfang auch bei bloßem Versuch erkannt werden.[3])

---

[1]) Gl. M.: E. **13**, 76 (79) mit der treffenden Bemerkung, daß § 45 überflüssig wäre, wenn er nicht eine Beschränkung der Nebenstrafen bedeutete, die bei Versuch zulässig sind. Gl. M. auch v. Olshausen § 45 N. 1, Frank § 45 N. 2, Schwartz § 45 N. 2. A. M.: Wachenfeld 258, der alle beim vollendeten Delikt möglichen Nebenstrafen auch beim versuchten zuläßt.

[2]) Schwartz § 45 N. 4.

[3]) Gl. M.: v. Olshausen § 45 N. 1.

2. Die Teilnahme.

§ 43.

Begriff und rechtliche Natur.

Geschichtlicher Überblick. Vgl. Mommsen RömStrR. 98, v. Amira 235f., Geyer, HH. 2, 325, Heimberger, Die Teilnahme am Verbrechen in Gesetzgebung und Literatur von Schwarzenberg bis Feuerbach 1896, v. Bar, Ges. u. Sch. 2, 581—604, W. Engelmann, Der geistige Urheber des Verbr. nach dem italienischen Recht des Mittelalters (Festschr. f. Binding, Bd. 2, 387—610).

Im römischen Recht werden schon in älterer Zeit Schlagworte für verschiedenartige Beteiligungsformen verwendet: qui fecit, qui faciendum curavit, cuius ope vel consilio factum est; conscius, receptator, minister, socius. Aber weder werden die Begriffe scharf unterschieden, noch wird eine besondere Gruppe für diejenigen gebildet, welche zur Verursachung des Delikts mitgewirkt haben im Gegensatz zu sonstigen Beteiligten, z. B. Begünstigern, Mitwissern. Generell gültige Sätze über die Behandlung der Teilnehmer wurden nicht aufgestellt. Vielmehr wurde nur bei so und so vielen Einzeldelikten eines kleineren oder größeren Kreises anderer Beteiligter als des Täters mitgedacht. Regel war noch in der beginnenden Kaiserzeit die Gleichbestrafung der Beteiligten.

In der späteren Kaiserzeit bestand dagegen vielfach eine mildere Strafdrohung für Gehilfen, zum Teil auch für andere Beteiligte.

Das germanische Recht unterschied begrifflich scharf nach Art und Maß der Mitwirkung zum schädlichen Erfolg. Die Anstiftung (= Rat) und Beihilfe (= Volleist) wurden nur bei bestimmten Delikten gestraft, erstere teilweise als selbständiges Delikt. Eine besondere Beihilfeform war die bandenmäßige Gefolgschaftsleistung gegenüber dem Täter. Ursprünglich wurden die Teilnehmer milder gestraft als die Täter; im Mittelalter wurde die Gleichbestrafung zur Regel.

Die Carolina Art. 177 verweist auf den Rat der Rechtsverständigen unter gleichzeitiger Bezeichnung verschiedener Fälle der Beihilfe. Zweifelhaft ist, ob sie dabei auch die Anstiftung mit bezeichnet hat.[1]) Anstiftung wird jedenfalls in Art. 107 bei Meineid erwähnt und wie Täterschaft bestraft. In der Bambergensis Art. 203 ist sie generell mit bedroht.

Die mittelalterlichen Italiener hatten eine Reihe von Distinktionen unter den Teilnehmern aufgebracht und für den Anstifter als Hauptnrheber hier und da schärfere Strafe als für den Täter verlangt. Es wurde z. B. unterschieden zwischen verursachendem und nichtverursachendem consilium bzw. auxilium. Ein besonderer Fall der Aufforderung war das Mandatum. Es umfaßte auch Fälle eigennütziger Beihilfe neben der eigennützigen Anstiftung. Im einzelnen bestanden bei den Schriftstellern mancherlei Abweichungen von einander. Bei den leichteren Vergehen wurden einige Beihilfefälle milder gestraft.[2]) Die Italiener hatten auch die akzessorische Natur der Teilnahme, d. h. die Abhängigkeit von einer strafbaren (wenn auch persönlich straflosen) Haupttat, aufgebracht.[3])

Der Code pénal Art. 59, 60 bedroht die sämtlichen Teilnehmer gleich. Das preußische StGB. und in schärferen Umrissen das RStGB. kehrten zu einer milderen Strafbarkeit der Gehilfen zurück.

Terminologie: Der Ausdruck Teilnahme, Teilnehmer umfaßt im Sinne der Überschrift zum 3. Abschnitt sowie im Sinne des § 50 den Mittäter, Anstifter und Gehilfen. Teiln. i. w. S.

Im Sinne der §§ 63, 49a, 143 II umfaßt er nur die beiden letzteren. Teiln. i. e. S. (im techn. S.[4])

I. Begriff der Teilnahme im weiteren Sinne.

Sie ist die vor Beendigung eines vorsätzlichen Delikts erfolgende vorsätzliche Mitwirkung zu dessen Herbeiführung durch einen anderen.

Nach geltendem Recht kann sie nur geleistet werden in den Formen der Mittäterschaft, der Anstiftung und der werktätigen (= physischen) sowie der bestärkenden

[1]) Vgl. Heimberger 85.

[2]) Vgl. v. Bar 2, 548, Geyer HH. 2, 382, Geib 2, 338.

[3]) Heimberger 35.

[4]) Vgl. über die Terminologie auch v. Bar 2, 734, Finger 1, 342, Frank I vor § 47, v. Olshausen N. 7 vor § 47.

(= ratenden, intellektuellen, psychischen) Beihilfe. Andere Formen der Anteilnahme an rechtswidrigem Geschehen unterliegen den Regeln über die Haftung als Teilnehmer nicht (z. B. nicht die Mitwisserschaft). Jedoch sind sie bei bestimmten besonders schutzbedürftigen Angriffsobjektiven nach geltendem Recht teils als selbständige Delikte bedroht, teils als Strafschärfungsgrund verwertet.

Dahin gehört das Komplott, d. h. die Verabredung mehrerer zur Begehung eines oder mehrerer konkreter Delikte.[1]) Es ist z. B. selbständig bedroht beim Hochverrat (StGB. § 83), beim Verrat militärischer Geheimnisse (Gesetz vom 3. Juni 1914 § 5), bei Sprengstoffverbrechen (Sprengstoffgesetz vom 9. Juni 1884 § 6). Es ist als Strafschärfungsgrund verwertet bei Gehorsamsverweigerung, Nötigung, Widerstandsleistung gegenüber einem Schiffsvorgesetzten (Seemannsordnung vom 2. Juni 1902 §§ 101, 105).

Dahin gehört ferner die Bandenmäßigkeit, d. h. die Verabredung mehrerer zur Verübung von Delikten gewisser Art in unbestimmter oder in größerer Zahl. Die Zugehörigkeit zu einer Bande ist in solchem Falle mit geschärfter Strafe bedroht z. B. bei Diebstahl und Raub (StGB. §§ 243 Z. 6, 250 Z. 2), bei Schmuggel (Vereinszollgesetz vom 1. Juli 1869 § 146), bei Sprengstoffverbrechen (Sprengstoffgesetz § 6).[2])

Teilnahme liegt auch nicht vor bei Gutheißung oder Verherrlichung eines begangenen Verbrechens. Jedoch kann eine derartige psychische Anteilnahme zugleich als Begehungsform besonderer Delikte auftreten, z. B. die Verherrlichung eines Attentats als Anfeuerung zu seiner Nachahmung. Als selbständiges Delikt war die Verherrlichung vorgeschlagen in VE. § 131.[3]) Die Anpreisung von Sprengstoffverbrechen ist selb-

---

[1]) Vgl. Berner S. 174.

[2]) Nicht haltbar die Annahme v. Mayer 385, Komplott und Bande seien Formen der Mehrtäterschaft. Sie sind nur Formen der Verabredung zu gemeinschaftlicher Begehung. Da diese aber nicht eingetreten zu sein braucht, scheiden sie als Teilnahmeformen aus.

[3]) Besser wäre die Bedrohung der Anpreisung von Verbrechen, Goldschmidt in Aschrott—v. Liszt, die Reform des RStGB. 2, 74.

ständiges Vergehen nach Sprengstoffgesetz § 10 II, wenn sie zugleich eine Verleitung zur Begehung sein will.

II. Unselbständige Eigenschaften der Teilnahmeformen (= akzessorische Natur der Teilnahme). Die wesentlichsten Erscheinungen, die mit der Beilegung akzessorischer Eigenschaft verknüpft sind, waren schon den Postglossatoren bekannt.[1]) Mit voller Schärfe wird die akzessorische Natur auch von Carpzov P. 1 qu. 4 c. 14 ausgesprochen: Mandans poena homicidii tunc demum afficiendus est, si delictum secutum: quia enim ex delicto obligatur, eo nondum perfecte existente neque obligatus neque perfecte ut homicida puniendus erit. Vgl. auch Kleinschrod 1 § 185. — Anders dagegen die Theresiana Art. 91 § 8 II. — Die Josefina § 7 läßt hinwiederum die Bestrafung des mittelbar Mitwirkenden von einer erfolgten Missetat abhängen. — Die Behauptung v. Liszts, die akzessorische Natur der Teilnahme sei erst durch das preußische StGB. zur Herrschaft in der Literatur und Gesetzgebung gelangt, trifft nicht zu. Nur vereinzelt bestanden damals Gegenmeinungen.

1. Die Mitwirkung zur Herbeiführung eines Delikts durch mehrfache Beteiligung gilt für die Bestrafung nur als eine einzige strafbare Handlung; also nicht als Verbrechensmehrheit.[2])

Es liegt daher z. B. nur ein Mordversuch vor, wenn der Täter zuerst durch Gift, dann durch Nahrungsentziehung, dann durch Verwahrlosung den Tod seines Kindes herbeizuführen versuchte. Es ist nur ein Diebstahl dem Täter zur Last zu legen, wenn er andere bestimmte, ihm bei der Ausführung zu helfen.

Eine Ausnahme nimmt die Praxis an für mehrfache Teilnahme i. e. S. bei einem und demselben fortgesetzten Delikte eines anderen; s. unten III 6.

Soweit mehrfache Teilnahme nur als einzige strafbare

---

[1]) Vgl. v. Bar 2, 592 N. 26 e; Heimberger, Die Teilnahme am Verbr. (1896) 35 f.

[2]) Gl. M. für das geltende Recht: E. 44, 207 (11), Frank § 74 V 1 a, b und die herrschende Lehre.

Handlung gilt, wird der Teilnehmer nach der schwersten ihm zur Last fallenden Beteiligungsform gestraft.[1])

2. Die strafbegründenden Merkmale eines gesetzlichen Tatbestandes werden bei der Bestrafung den Teilnehmern auch dann zugerechnet (d. h. der bei ihrem Gegebensein gegen den Täter anwendbare Strafrahmen wird zugrunde gelegt), wenn sie dieselben in ihrer Person nicht verwirklichen, sofern sie um ihr Vorliegen bei dem Täter wenigstens wissen; arg. § 50.[2])

Z. B. ein Nichtbeamter bestimmt einen Beamten dazu, sich passiv von einem Dritten bestechen zu lassen. Oder: jemand hilft zu einem Diebstahl, hat aber persönlich keine Zueigungsabsicht. Oder: er stiftet einen Soldaten zu einer militärischen Achtungsverletzung an (MStGB. § 89).

Die Strafbarkeit von Teilnehmern i. e. S. hängt auch nicht davon ab, ob sie die ihnen im Einzelfall fehlenden Strafbegründungsmerkmale sich gar nicht verschaffen können. Denn das Gesetz unterscheidet nicht, es hat nur für vereinzelte Teilnahmefälle an einem Sonderverbrechen selbständige Delikte aufgestellt, z. B. §§ 112, 141. Abgesehen von ihnen ist die Teilnahme i. e. S. am Sonderverbrechen nach allgemeinen Regeln zu strafen. Anderenfalls entstünden auch unnatürliche Lücken bei zahlreichen höchst strafwürdigen Teilnahmehandlungen.[3]) Allerdings ergibt sich dann für uns das Problem, ob die militärische Strafe des Arrestes gegen Zivilpersonen verhängbar ist. Das RG. verneint mit Recht und läßt die Strafart des RStGB. eintreten, die am meisten der des MStGB. korrespondiert, nämlich Haft.[4])

---

[1]) Gl. M.: E. **36**, 25.

[2]) Gl. M.: Allfeld 230 N. 28, 237 N. 6. Frank § 50 I, § 48 III 1, v. Olshausen § 50 N. 2a, Schwartz § 50 N. 2, v. Bar **2**, 621, Wachenfeld 213, E. **36**, 148 (54), R. **6**, 416 (18). A. M.: Kohler, Studien **1**, 135.

[3]) Gl. M.: v. Bar **2**, 657 f., Frank IV 1 vor § 47, Nagler, Teilnahme 116, Schwartz N. 3 vor § 47, v. Olshausen N. 10 vor § 47; E. **15**, 396 (98); **38**, 417. A. M.: M. E. Mayer, Militärstrafrecht (1907) **1**, 104, P. J. Mayer, Teilnahme von Zivilpers. (1913) 56.

[4]) E. **13**, 396 (405).

Das Richtige wären Sonderbestimmungen. Denn z. B. der Zivilist als Teilnehmer steht nicht unter der militärischen Disziplin, hat nicht den gleichen Pflichtenkreis ständig vor Augen. Sonderregelung traf denn auch Sachsen (1855) Art. 66—69.

3. Die Teilnahmehandlungen werden als solche nur dann gestraft, wenn es zur mindestens teilweisen Ausführung einer Haupttat gekommen ist, arg. § 48, I, 49 I.[1]) Die Bestrafung wegen Teilnahme richtet sich alsdann gemäß §§ 48 II, 49 II nach dem Grade der Vollendung, bis zu welchem die Täterhandlung vorgeschritten ist. Erfolglose Verleitungshandlungen bilden aber z. T. den Gegenstand selbständiger Delikte; vgl. z. B. §§ 49a, 111 II, 159.

Die Ausführungshandlung muß auch rechtswidrig sein. Wer einen andern zum Selbstmord anstiftet, ist daher nicht Anstifter; ebensowenig, wer einen anderen zu einer üblen Nachrede anstiftet, die für den Täter durch § 193 gerechtfertigt ist. Eine solche Anstiftung wird auch nicht etwa, weil sie nicht als Anstiftung gestraft werden kann, einfach in mittelbare Täterschaft umgewandelt. A. M.: Binding L. 1, 25|26 für Bestimmung eines Zurechnungsfähigen zum Selbstmord. Richtig: Allfeld 227 N. 15; Frank II vor § 211; v. Liszt § 81 I; Mayer 405 N. 1; Schwartz § 211 N. 2; Wachenfeld 301 N. 3. Anstifterdolus und Täterdolus decken sich de lege lata nicht; Anstifter und Täter werden auch de lege lata nicht in allen Stücken gleich behandelt; vgl. unten § 44 I 3b.

Setzt die Teilnahmehandlung i. e. S. unter allen Umständen eine rechtswidrige Handlung voraus, so gilt doch nicht das gleiche umgekehrt von der Täterhandlung unter Benutzung eines rechtmäßig handelnden Werkzeugs. Wer sich bösgläubig eines bona fide Handelnden, der etwa durch § 193 ge-

---

[1]) Vgl. Birkmeyer VD. A. 2, 54; v. Liszt § 52 II (Akzessor. Eigensch. i. e. S.). Werden Anstiftung und Beihilfe wie im geltenden Recht als Akzessorium einer Haupttat behandelt, so sind sie als solche eben keine Verbrechen oder Vergehen im Sinne des § 43. Der Grund ihrer Straflosigkeit ohne Hauptat ist also letzten Endes die akzessorische Natur, die ihnen de lege lata zukommt. A. M. in der Begründung Mayer 396.

schützt ist, zur Äußerung einer Beleidigung bedient, ist nicht ebenfalls straflos, sondern mittelbarer Täter einer strafbaren Beleidigung. Wer einen Unzurechnungsfähigen zu Selbstmordhandlungen bestimmt, ist Täter einer versuchten bzw. vollendeten Tötung.

Über die Streitfrage, ob die Teilnahme i. e. S. unter allen Umständen nur dann bei Bestand bleiben kann, wenn der Haupttäter auch vorsätzlich gehandelt hat, vgl. unten unter III 3.

4. Mittelbare Teilnahme.

Anstiftung zur Anstiftung wird nach geltendem Recht hinsichtlich ihrer Strafbarkeit lediglich danach beurteilt, ob sie den Erfolg einer Haupttat hatte. Sie ist also nur zu strafen, wenn sie zur Bestimmung des Haupttäters geführt hat; das Mittelglied des unmittelbaren dolosen Anstifters schließt die Anstiftereigenschaft des Ersthandelnden nicht aus. Es liegt also mittelbare Anstiftung (= vermittelte Anstiftung) vor.[1] Andere konstruieren, im Ergebnis jedoch übereinstimmend, ein Delikt der Anstiftung zur Anstiftung, dessen Strafbarkeit aber von dem Erfolg der letzteren abhänge.[2] Selbstverständlich wird hier unter mittelbarer Anstiftung nicht die Benutzung eines nichtdolosen Werkzeugs, sondern nur die Vermittelung durch einen ebenfalls dolosen Anstifter verstanden. — Sachlich a. M. ist Finger,[3] der den mittelbaren Anstifter (d. h. den Anstifter des Anstifters) straflos lassen will, weil zwischen der Ersthandlung und der Haupttat zwei freie Willensentschlüsse inmitten liegen. Allein durch einen freien Willensentschluß des Bestimmten wird nach geltendem Recht nichts weiter geändert, als daß der Bestimmende nicht Täter, sondern bloßer Anstifter werden kann. Das kann aber auch der Anstifter des letzteren ebensogut werden.

Anstiftung zur Beihilfe, Beihilfe zur Beihilfe und Beihilfe zur Anstiftung sind ebenfalls nur in ihrer

---

[1] Gl. M.: Allfeld 234 N. 50, v. Bar 2, 642, Binding G. 173, v. Liszt § 52 III 1, Wachenfeld 207.

[2] So Frank § 48 II 2, v. Olshausen § 48 N. 23.

[3] Vgl. Finger 1, 349.

Eigenschaft als Förderungsmittel zur Haupttat von Belang, d. h. sie gelten als mittelbare Beihilfe zur Haupttat. Vor deren Beginn keine Strafbarkeit des entfernteren Gehilfen. Die Ansichten gruppieren sich wie oben.[1])

III. Selbständige Eigenschaften der Teilnahmeformen.

1. Weicht der Haupttäter bei der Ausführung vorsätzlich von den Handlungen ab, deren Vornahme der Teilnehmer noch mit in den Bereich seiner Tatvorstellungen gezogen hatte, so haftet der Teilnehmer für den Erfolg nur insoweit, als derselbe zugleich Merkmale verwirklicht, die innerhalb des Vorstellungsbereichs des Teilnehmers gelegen waren.

a) Hauptfall ist der sogen. excessus mandati: Der Täter begeht ein Plus gegenüber den Handlungen, die vom Willen des Teilnehmers mit eingeschlossen waren.

Z. B.: Der A bestimmt den B, dem C die Börse heimlich wegzunehmen; B nimmt sie daraufhin mit Gewalt weg. Der A ist dann als Anstifter zu einem Diebstahl zu strafen, obwohl B nicht bloß einen Diebstahl, sondern einen Raub beging. Oder: Der A hilft dem B, von dem er glaubt, er wolle den C mißhandeln, B hat aber Tötungsvorsatz und versucht zu töten. A ist Gehilfe zu einer Körperverletzung.[2])

---

[1]) Vgl. einerseits als gl. M. Allfeld 234, v. Bar 2, 693, Binding G. 163, v. Liszt § 52 III 1, Wachenfeld 210, E. 23, 300 (306), anderseits als a. M.: Frank § 49 I, v. Olshausen § 49 N. 22 b. In dem Ergebnis, daß der Gehilfe des Gehilfen nur einmalige Reduktion des Strafrahmens bekommt, also nur als Gehilfe des Haupttäters in Betracht kommt, stimmen die Genannten alle, mit Ausnahme von Frank § 49 III 2, überein. Letzterer behandelt konsequent den ersten Gehilfen nur als Gehilfen des Gehilfen, reduziert also zweimal die Strafe. Nach Finger 1, 358 ist der Gehilfe des Gehilfen straflos. Schwartz § 48 N. 2 e, § 49 N. 3 e endlich nimmt Anstiftung zur Anstiftung an, dagegen lehnt er den Begriff der Beihilfe zur Beihilfe ab. Sie sei nur mittelbare Beihilfe; darin liegt trotz der prakt. Gleichheit der Ergebnisse eine Unstimmigkeit der Konstruktion.

[2]) Gl. M. die herrschende Lehre, vgl. Allfeld 245, Frank § 48 III 4 a, § 49 III 2, v. Liszt § 52 I 2 a, Wachenfeld 190.

b) Wenn dagegen die Ausführungshandlung des Haupttäters ein einfaches Minus gegenüber dem Teilnehmerdolus darstellt, so haftet der Teilnehmer nur für das Minus. Hierin besteht also eine Unselbständigkeit der Teilnehmerschaft.

Z. B. der Anstifter A wollte, daß der B dem X die Geldbörse mittels Drohungen abverlange, B nimmt sie ohne Drohung in einem unbewachten Augenblick weg. A ist nur wegen Anstiftung zu einem Diebstahl zu strafen (In dem Erpressungstatbestand liegt zwar nicht immer, aber doch möglicherweise auch die Duldung zur Wegnahme, nämlich dann, wenn diese Duldung nicht durch die Mittel des § 255 erzwungen werden soll. Daher bildet hier nicht nur Raub, sondern auch Erpressung ein denkbares Plus gegenüber dem Diebstahl. In solchem Falle ist das vom Dieb Ausgeführte ein bloßes Minus gegenüber dem Anstifterdolus). Oder: Der Gehilfe wollte einen Mord unterstützen. Der Täter gelangte aber nur bis zu einem Mordversuch. Oder der Anstifter wollte einen Raub, der Angestiftete nimmt die Sache ohne Zwang weg. Der Anstifter wird nur wegen Anstiftung zum Diebstahl gestraft.[1])

Für Mittäter gilt diese Unselbständigkeit nur teilweise. Wenn der A den Wächter überwältigt, damit der B unterdessen im Hause Sachen unter Bedrohung mit Waffen wegnehmen kann, der B aber die Waffe schon vorher weggeworfen hat, so ist A allerdings auch nur der Mittäterschaft bei einem einfachen Raube schuldig. Ebenso ist er trotz geleisteten vollen Tatbeitrags nur des Raubversuchs schuldig, wenn dem B die Vollendung mißlingt. Dagegen bleibt er eines Raubversuchs schuldig, wenn die erwartete und beförderte Zueignungshandlung des B ausbleibt, oder wenn B die Sache nicht wegnimmt, sondern erpreßt. — Kein notwendiges Minus entsteht auch für denjenigen, der ausschließlich an einem Raub teilnehmen will, wenn der Täter statt dessen nur eine Erpressung begeht, um die Sache zu erlangen. Er kann aber weder als Teilnehmer eines Raubes, noch ohne weiteres als Teilnehmer einer Erpressung gestraft werden. Hat er sich etwa Gewalt oder Drohung als Mittel und Wegnahme von Sachen als Folge vorgestellt,

[1]) Gl. M.: Frank § 48 III 4a. A. M.: Hälschner 1, 415, der hier wegen Anstiftung zu einem Raubversuch strafen will.

jedoch keinerlei andere rechtswidrige Form der Erlangung des Gewahrsams, der vom Täter dann durch Erpressungmittel des § 240 abgenötigt wurde, so kann er wegen Nötigung gestraft werden. Nur in bezug auf deren rechtliche Merkmale stimmen hier seine Vorstellung und die Wirklichkeit überein.

Zu a) und b). Bei Erfolgshaftungsdelikten wird allen Teilnehmern der Eintritt des schweren Erfolgs ebenfalls angerechnet. Ihr Strafrahmen ist also nach dem des Erfolgshaftungsdelikts zu bestimmen, auch wenn sie den schweren Erfolg nicht verschuldet haben.[1]) Denn der Eintritt eines schwereren Erfolges, der nicht durch eine Abweichung des Täters vom Teilnehmervorsatz verursacht wurde, gehört überhaupt nicht zu Handlungsexzessen.

Beispiel: Der A wollte, daß B dem C eine Ohrfeige versetze. Der Schlag fällt so unglücklich aus, daß der C hinstürzt und eine schwere Körperverletzung davonträgt.

c) Begeht der Täter vorsätzlich eine von dem Teilnehmervorsatz in keiner Weise mit umschlossene Handlung (= ein aliud), so haftet der Teilnehmer als solcher gar nicht; doch kann ein selbständiges Delikt, z. B. §§ 49a, 111 II, gegeben sein.

Beispiel: Der A teilt dem B mit, die Ehefrau des B treibe Ehebruch mit C, und tut dies, um B zu veranlassen, daß er den C mißhandle. B mißhandelt aber statt dessen seine Ehefrau. Oder: A wird auf einen Wertgegenstand aufmerksam gemacht, den er bei B stehlen könne. A verschafft ihn sich aber nicht durch Diebstahl, sondern durch Betrug. Der Bestimmende haftet hier gar nicht.[2]) Vorausgesetzt ist natürlich, daß der Teilnehmer nicht eventuell auch in den anderen Erfolg einwilligte.

Sehr bestritten ist, ob ein den Teilnehmer als solchen straflos belassendes Aliud auch vorliegt, wenn dem Täter ein error in objecto unterläuft, der für diesen belanglos bleibt; z. B. A gibt dem B seinen Revolver, damit er den C töte.

---

[1]) Gl. M. die herrschende Lehre, z. B. Allfeld 230 N. 25, Frank § 48 III 4, Schwartz § 48 N. 10 c.

[2]) Gl. M. die herrschende Lehre, z. B. Frank § 48 III 4 c, v. Olshausen § 48 N. 15 b β.

B verwechselt den C mit dem D und tötet diesen. In solchem Falle kommt der Irrtum auch dem Teilnehmer nicht zugute; denn kein fremder Vorsatz durchkreuzte seinen Kausalitätswillen. Vorstellung und Wirklichkeit stimmten auch bei dem Teilnehmer insoweit überein, als er diejenigen Merkmale der Täterhandlung richtig voraussah, welche eine Verwirklichung des gesetzlichen Tatbestandes enthalten. Er wußte z. B. richtig, er trage dazu bei, daß in concreto ein Mensch getötet werde.[1])

Ein Aliud darf auch nicht schon um deswillen angenommen werden, weil der Täter mit der Abweichung nicht einverstanden gewesen wäre, wenn er sie vorausgesehen hätte. Z. B. wenn der A wollte, daß B den C vergiften solle mit Todesfolge, B daraufhin nur Gift mit dem Vorsatz der Körperverl. gibt, so kann es sein, daß A von dem Nebenmotiv geleitet war bei seiner Anstiftung, daß C ewig mundtot werden solle. Trotzdem ist A als Anstifter zu der Vergiftung zu behandeln, auch wenn er versichern kann, daß er die Giftanwendung nicht gewollt haben würde, falls er gewußt hätte, daß B nur einen geringeren Dolus als Tötungsdolus habe.

Steht das begangene Delikt zu dem vom Teilnehmer gewollten Delikt nicht in dem Verhältnis eines reinen Plus oder Minus, so ist auch dies kein ausreichender Grund, ein völliges Aliud anzunehmen. Bei mehraktigen Delikten genügt die Übereinstimmung des Täters und Teilnehmers in bezug auf einen Akt, um hinsichtlich dieses wenigstens eine Teilnahme aufrecht zu erhalten. Z. B. A stiftet den B an, daß er die C knebele und an ihr Notzucht verübe. B knebelt sie, läßt sie aber gegen Lösegeld frei. A hat zu einer Nötigung angestiftet.

Endlich ist zu beachten, daß ein Exzeß dann noch nicht vorliegt, wenn der Teilnehmer sich die Art und den Umfang des Deliktes in seiner Vorstellung nicht klar ausgeschieden hat. Wer für eine Bande von Dieben Wache steht und voraussieht, daß sie Gewalt anwenden werden, wo sie Widerstand finden, ist nur dann nicht Gehilfe der verschiedenen Formen einer Gewalt-

---

[1]) Gl. M.: Allfeld 246 N. 17, Frank § 48 III 4d, Wachenfeld 191. A. M.: v. Olshausen § 48 N. 15b β; Schwartz § 48 N. 10d.

anwendung, wenn sie über den Begriff der Gewaltanwendung hinausgehen (z. B. Tötung) oder er bestimmte Formen als nicht eintretend innerlich abgelehnt hat (z. B. Erpressung). Andernfalls haftet er, gleichviel ob der Täter zu den Sachen durch Wegnahme oder durch Nötigung gelangt, für das durch diesen begangene Delikt (also für Raub, räuberische Erpressung, einfache Erpressung), auch wenn er zu stumpf war, sich die Art der Gewalt psychisch näher zu spezialisieren. Ebenso ist als Anstifter zu einer Steuerdefraudation zu strafen, wer den Täter nur aufgefordert hatte, der Steuerbehörde zu wenig zu deklarieren. Ohne Rücksicht darauf, ob er sich die Summe irgendwie spezialisiert hat, trifft ihn ein gleich hoher Strafrahmen wie den Angestifteten, auch wenn die defraudierte Summe höher ist, als er sie sich vorgestellt hätte, wenn er über die mutmaßliche Wirkung seiner Aufforderung und über die Höhe des deklarationspflichtigen Vermögens wirklich, sei es auch nur einen Augenblick, nachgedacht hätte.

2. Persönliche Eigenschaften und Verhältnisse eines Täters, die das Gesetz als Strafschärfungsgründe oder Strafmilderungsgründe gegenüber einem einfachen Tatbestande verwendet, werden ebenso auch einem Teilnehmer zugerechnet, wenn sie bei ihm vorliegen. Dagegen werden sie denjenigen Tätern oder Teilnehmern nicht zugerechnet, bei denen sie nicht gegeben sind. Ebenso wirken diese persönlichen Strafänderungsgründe, die das Gesetz für eine Tat vorsieht, nicht auf den Täter, sondern nur auf den Teilnehmer, wenn sie nur bei letzterem zutreffen (§ 50).[1]

Das Problem war schon zur Postglossatorenzeit bekannt wurde hier aber anders entschieden.[2] Auch der gemeinrechtlichen Wissenschaft war es bekannt. In Feuerbachs Lehrbuch, §§ 52, 115, wird der Gehilfe, der nicht dieselben Merkmale an sich hat wie der Urheber, als nach seinen eigenen Verhältnissen strafwürdig behandelt. In verschiedenem Umfange wurde diesem Grund-

---

[1]) Vgl. dazu Allfeld 231 N. 32, Birkmeyer VD. A. 2, 76, Doerr, BlRA. 71, 342, v. Liszt § 53 II 1, Redslob, Die persönlichen Eigenschaften und Verhältnisse (1909), Schütze 147, Wachenfeld 212 N. 1.

[2]) Vgl. v. Bar 2, 662 N. 119.

gedanken dann in den deutschen Partikulargesetzen Rechnung getragen; vgl. z. B. Braunschweig (1840) § 54, Sachsen (1855) Art. 51, 55, 56, Hamburg (1869) Art. 51. Das preuß. StGB. von 1851 gedachte solcher Fälle nicht generell, aber bei der Kindestötung (§ 180) und bei Diebstahl und Unterschlagung gegen Angehörige (§ 228 II).

Die Scheidung des § 50 ist nicht völlig gerecht.[1])

Was zu den persönlichen Eigenschaften und Verhältnissen zu rechnen ist, erscheint nicht durchweg unzweifelhaft. Mit der herrschenden Lehre[2]) sind hierher als Milderungsgründe insbesondere zu zählen: Jugendliches Alter (§ 57), Eigenschaft als außereheliche Mutter (§ 217); Militärischer Dienst in der feindlichen Macht vor Kriegsausbruch (§ 88 III); Eigenschaft als Angehöriger, Verteidiger usw. einer Person, zu deren Gunsten ein Meineid geleistet wurde, § 157 Z. 2; Eigenschaft als mit Verfolgung Bedrohter bei Angabe der Wahrheit, § 157 Z. 1; Eigenschaft als Widerrufender, § 158; Eigenschaft als unverschuldet zum Zorn Gereizter, § 213; Verhältnis als Eigentümer zu der Sache, die durch Überschwemmung geschützt werden soll.[3])

Als Schärfungsgründe kommen in Betracht u. a. Staatsangehörigkeit des Täters[4]), § 80, 94f.; Deszendenteneigenschaft, § 215; Aszendenteneigenschaft, §§ 221 II, 223 II; Zugehörigkeit zu einer Bande, §§ 243 Z. 6, 250 Z. 2; Beamteneigenschaft, §§ 340—343, 345, 347—351, 354, 355, 357; die Rückfälligkeit, §§ 244, 250 Z. 5, 261, 264, 362, Vereinszollgesetz §§ 140, 141; die Gewerbs- oder Gewohnheitsmäßigkeit §§ 260, 302d, 294.

A. M. für die beiden letzteren Fälle sowie für jugendliches Alter und Rückfälligkeit Binding.[5]) Gerade das jugendliche Alter war aber einer der ersten Fälle, auf die man aufmerksam wurde (vgl. z. B. Abegg, Strafr. [1836]); die Rückfälligkeit war sogar

[1]) Vgl. gegen sie u. a. Schütze 147, v. Bar 2, 666, Köhler Studien z. VE. 37.

[2]) Vgl. darüber Doerr a. a. O. 348 f.

[3]) Gl. M.: Doerr 349, Binding L. 2, 35 N. 3. A. M.: v. Olshausen § 313 N. 2.

[4]) Vgl. Jankowitsch, Der Einfluß persönlicher Umstände (1911) 84.

[5]) Vgl. Binding G. 174 und dagegen E. 2, 261.

der einzige Fall, den das frühere bad. StGB. von 1845 § 137 berücksichtigte; vor dem RStGB. war sie ferner bereits im Vereinszollgesetz von 1869 § 149 II berücksichtigt. Die Gewerbs- und Gewohnheitsmäßigkeit sind auf die Dauer angelegte psychische Beschaffenheiten und daher ebenfalls hierher zu zählen.[1])

Dagegen gehört nicht hierher die Beteiligung an einer Verbindung als Stifter oder Vorsteher (§§ 128, 129), die Zueignung einer dem Täter anvertrauten Sache (§ 246). Denn das sind Eigenschaften bzw. Verhältnisse, die bei einem bloßen Teilnehmer überhaupt nie vorliegen können, sondern nur beim Täter.[2])

Ebensowenig fallen vorübergehende Willensrichtungen unter § 50. Sie sind weder Eigenschaften, die etwas Beständiges zum Ausdruck bringen, noch Verhältnisse. Hierher ist zu rechnen z. B. das Fehlen der Absicht, einen Vorteil zu erlangen beim Teilnehmer an einer schweren Urkundenfälschung (§ 268 Z. 1), das Fehlen einer durch das Verlangen des Getöteten hervorgerufenen Willensbestimmung bei dem Gehilfen des Tötenden (§ 216), das Fehlen der Überlegung beim Teilnehmer an einem Mord (§ 211).[3]) A. M. z. Teil Frank,[4]) derjenige Teilnehmer, der mit Überlegung gehandelt habe, unterstehe dem § 212, wenn auch der Täter ohne Überlegung gehandelt habe. Habe der Täter mit Überlegung gehandelt, so komme diese nur beim überlegenden Teilnehmer in Anrechnung. A. M. ferner Beling,[5]) der jeden Beteiligten nach § 50 behandelt, also jeden nach § 211 beurteilt, der seinerseits mit Überlegung handelte.[6]) Das wäre wohl zweckmäßig und zeigt die Verfehltheit der positiven Regelung des § 50 auf, ist aber nicht geltendes Recht.

[1]) Gl. M.: Frank § 50 II 2, E. 25, 266.

[2]) A. M.: Doerr 351.

[3]) Gl. M.: Binding G. 174, Doerr 347; v. Olshausen 50 N. 5; Schwartz § 50 N. 4.

[4]) Vgl. Frank § 211 II.

[5]) Vgl. Beling, Lehre vom Verbrechen 444.

[6]) So auch v. Liszt § 53 N. 3, Redslob 67 N. 2; desgleichen Jankowitsch, Einfluß besonderer Umstände auf Täterschaft und Teilnahme (1911) 85.

Die prozessuale Wirkung dieser Regelung ist, daß der Anstifter zu einer Kindestötung (§ 217) nur dann nach § 211 gestraft werden kann, wenn bezüglich der Mutter festgestellt ist, daß sie mit Überlegung handelte.[1]) Hier muß bei der Mutter ein Merkmal festgestellt werden, das bezüglich ihres Delikts im Tatbestande des § 217 gar nicht vorkommt.

Endlich findet § 50 nicht Anwendung auf Merkmale, welche das Verbrechen erst schaffen, z. B. auf die Beamteneigenschaft bei der Bestechung §§ 331, 333, auf die Elterneigenschaft bei der Kuppelei nach § 181.

Dagegen gelten die gleichen Grundsätze wie die des § 50 regelmäßig für die die Strafe ausschließenden[2]) Gründe, vgl. z. B. § 53 III, §§ 163, 247 II.[3])

Doch gibt es auch solche die Strafe ausschließende bzw. aufhebende Gründe, welche demjenigen angerechnet werden, bei dem sie nicht vorliegen.

Dahin gehört z. B. der Fall, daß ein Aszendent anstiftet zum Beischlaf mit seiner Enkelin. Dahin gehört auch § 204, dahin gehören ferner die §§ 11, 193, soweit sie die Rechtswidrigkeit des Tuns beseitigen.

Wer z. B. einem Abgeordneten zur Rüge eines angeblichen Mißstandes geraten hat, die etwa eine üble Nachrede im Sinne des § 186 gegen einen Beamten enthielte, wenn nicht ein Berufsrecht des Abgeordneten jede Rechtswidrigkeit, also auch Notwehrbefugnisse, ausschlösse, kann ebenfalls nicht bestraft werden.[4]) Wer freilich bösgläubig eine zur Wahrung berechtigter Interessen begangene Beleidigung unterstützt oder verursacht, ist nicht straffrei.

Bestritten ist, ob Unzurechnungsfähigkeit des Täters im Falle des § 51 die Bestrafung der Teilnehmer als solcher

---

[1]) Gl. M.: R. 3, 93.

[2]) Nach der Terminologie des StGB. (Ueberschrift zu Teil 1 Abschn. IV) hat man hierzu auch die nachträglichen Strafbefreiungsgründe (= Strafaufhebungsgründe) zu zählen, z. B. Verjährung, arg. § 66 f.

[3]) Aber richtig bemerkt v. Olshausen § 50 N. 2 a gegen E. 14, 102, daß der § 50 hierfür nicht der maßgebende Gesichtspunkt ist.

[4]) Sehr bestr.; vgl. v. Olshausen § 11 N. 6; zu weitgehend v. Bar 1, 249.

beseitigt. Das Reichsgericht[1]) erklärt, die Teilnehmer würden mittelbare Täter.[2])

3. Irrtum über die Art und Stärke der eigenen Beteiligung.

a) Wenn der Teilnehmer i. e. S. irrig an vorsätzliche Schuld des Täters geglaubt hat, so bleibt er in seiner Eigenschaft als Teilnehmer strafbar.[3])

b) Wenn jemand mit Tätervorsatz eine irrig für unzurechnungsfähig gehaltene Person benützt, so wird er nur als Anstifter strafbar. Denn er nahm irrig die Voraussetzungen einer selbständigen Strafbarkeit an;[4]) wichtig für den Versuchsbeginn.

---

[1]) Vgl. E. 11, 56; 21, 14.

[2]) A. M.: v. Olshausen § 51 N. 13; mit Recht. Denn es kommt darauf an, ob sie auch Täterwillen hatten. Nur letzterenfalls entsteht mittelbare Täterschaft.

[3]) Gl. M.: Oetker — Glaser 3, 131 N. 9, RGR. 2, 251; M. E. Mayer 377 N. 4; Allfeld 238 N. 8, letztere beide bezüglich der Beihilfe. A. M.: E. 18, 419 (für Straflosigkeit des Gehilfen bei irrig angenommenem Vorsatz des Täters); Binding Abh. 1, 361 (für die Annahme, daß der Anstifter eines für dolos gehaltenen Täters mittelbarer Täter werde, wenn der Anstifter die objektiven Eigenschaften eines Täters erfülle, andernfalls sei der Anstifter straflos). E. 40, 21 (25) erklärt passim, wenn ein Anstifter einen Unzurechnungsfähigen bestimme und keinen Täterdolus habe, sei er straflos. Ebenso v. Olshausen § 59 N. 14. — Wieder anders Frank Abschn. 3 Abs. II 1, wer mit Teilnehmervorsatz eine Täterhandlung vollziehe, sei fahrlässiger Täter. — Zu weitgehend nimmt Schütze 160 N. 18 in allen Fällen fehlender Strafbarkeit des Täters nach §§ 51, 52, 54—56, 58 an, der Gehilfe oder Anstifter bleibe als solcher strafbar. Dies gilt nur für solche Fälle, wo der Teilnehmer bloßen Teilnehmerdolus hat und deshalb nicht als vorsätzlicher mittelbarer Täter behandelt werden kann. — Nach Hälschner 1, 388 ist wegen versuchter Beihilfe zu bestrafen, wer einen latent Unzurechnungsfähigen unterstützt. Dies ist ein de lege lata nicht gangbarer Mittelweg, da die Unterstützung des Erfolges ja eingetreten ist. — Hoegel ZStW. 37, 657, 657 läßt unterschiedslos die Teilnahmeformen bestehen, wenn der Benützte geisteskrank oder unmündig war. Allein das unschuldige Werkzeug ist von einem nichtmenschlichen Werkzeug des Täters, z. B. einem mühsam abgerichteten Hunde, in bezug auf die Art der Kausierung nicht zu unterscheiden. Hoegels Aufrechterhaltung der Teilnahmeformen müßte sich folgerichtig auch auf die Tierabrichter als Urheber erstrecken.

[4]) Gl. M.: Beling, Verbr. 254, Frank II 2 vor § 47; Allfeld 238 N. 8. A. M.: Nagler, Teiln. am Sonderverbr. 149, es liege bei Urheber-

4. Leistet jemand durch die nämliche Tätigkeit Teilnahme zu mehreren selbständigen Haupttaten, so ist er als Teilnehmer nur einmal, und zwar nach der schwersten der Teilnahmehandlungen zu strafen. arg. § 73.[1])

Beispiel: In einer Winkelkneipe gibt jemand mehreren anwesenden Bekannten einen gemeinsamen Rat, wie sie es bei ihren getrennten Taschendiebstählen am geschicktesten anfangen sollen. Er hat damit richtiger Ansicht nach nicht mehrere selbständige strafbare Handlungen (als Gehilfe) begangen, sondern nur eine Mehrheit ideell konkurrierender Beihilfen geleistet.

Für mittelbare Täterschaft gilt ein analoger Satz ebenfalls, sofern man eine Ausführungshandlung schon dann annimmt, wenn der Täter die Weiterentwickelung der Kausalität zum Erfolge aus der Hand gegeben hat. Wer durch einen Brief zwei unzurechnungsfähige Kinder zu Handlungen veranlaßt hat, die jedes an einem anderen Orte beging, ist Täter zweier Delikte geworden, aber nicht zweier von ihm völlig selbständig ausgeführter.

5. Zeit und Ort der Teilnahmehandlung.

Zu beachten ist, daß (nach der herrschenden Praxis) der Teilnehmer auch da gehandelt hat, wo ein von seiner Schuld und Kausalität mit umspannter Angriffserfolg eintritt.[2])

Der Anstifter hat danach also auch da gehandelt, wo der Angestiftete die angesonnene Handlung ausführt; der Gehilfe aber an dem Orte, wo der Haupttäter körperlich tätig wurde, in dem Ausnahmsfalle nicht, wenn die Beihilfe erst nachher begann und der Erfolg an einem anderen Orte eintraf. Ebenso wird von der Praxis akzessorische Eigenschaft für die Zeit der

---

willen mittelbare Täterschaft vor. Allein das geltende Recht trennt Anstiftungs- und Täterhandlungen. Letztere lagen nicht vor und können durch den bloßen Dolus nicht geschaffen werden. A. M. auch H. Berolzheimer, Die akzessor. Natur der Teilnahme (1909) 34 (für völlige Straflosigkeit).

[1]) Gl. M.: Allfeld 238 N. 41, v. Liszt § 52 III N. 10, v. Olshausen § 73 N. 19 II a, Frank § 73 III 3a, Wachenfeld 191 N. 3, Beling, Verbr. 407. A. M. das Reichsgericht, welches hier mehrere selbständige Teilnahmehandlungen (§ 74) bestraft, so E. 4, 95; 5, 227, 11, 37; E. in „Das Recht“ 19 Nr. 1901. A. M. ferner Merkel-Liepmann 168.

[2]) Streitfrage. Vgl. darüber § 22 des Buches.

Teilnahmehandlungen angenommen. Für Gehilfenhandlungen, die der Täterhandlung nachfolgen, läßt sich diese Annahme jedenfalls nicht festhalten.

6. Mehrfache gleichartige oder verschiedenartige Beteiligung an dem fortgesetzten Delikt oder Kollektivdelikt eines fremden Täters ist nach bedenklicher Praxis[1]) eine Mehrheit selbständiger Delikte, außer wenn auch der Teilnehmer in Vorsatzeinheit handle. Die Teilnahme sei hier nicht akzessorisch. Wenn z. B. der Gehilfe zu einem fortgesetzten Diebstahl den einheitlichen dolus des Täters kennt, aber seinerseits neuen dolus zu einer späteren Hilfeleistung faßt, ist er angeblich als Gehilfe zweier real konkurrierender Diebstähle zu strafen; das widerspricht den §§ 48 II, 49 II. Ebenso ist die Ansicht irrig, daß jemand bei dem nämlichen fortgesetzten oder gewerbsmäßigen Delikte eines anderen sukzessive Anstifter, Gehilfe und Mittäter in Realkonkurrenz werden könne, sofern er selbst keinen einheitlichen Vorsatz dabei von vornherein aufweise.[2])

Endlich ist nicht haltbar, daß stets Realkonkurrenz vorliegen soll, wenn ein Teilnehmer durch die nämliche Handlung zu mehreren selbständigen Handlungen Dritter mitgewirkt hat.[3])

IV. Schuld- und Tatseite der Teilnahmehandlung.

1. Der Teilnehmer braucht den verbrecherischen Vollendungserfolg nicht zu erstreben, auch nicht zu billigen. Aber er muß mindestens wollen, daß es unter Mitwirkung seines Beitrags zu einer strafbaren Ausführungshandlung komme.[4])

A. M. die herrschende Lehre.[5])

---

[1]) Vgl. z. B. E. im „Das Recht" 19 Nr. 1901, E. 17, 227, 48, 200 (10), und dagegen Allfeld 258, v. Olshausen § 73 N. 13b 2, Doerr 210.

[2]) A. M.: E. 17, 227.

[3]) Siehe oben unter 4.

[4]) Gl. M.: v. Bar 2, 645 N. 92, Beling Grdz. 90, Binding Gr. 171, Abhandl. 1, 323, N. 2, 873, Heilborn, Der agent provocateur (1901) 88, v. Olshausen § 48 N. 14, Thomsen 150, Schwartz § 48 N. 2h.

[5]) Coenders, Strafrechtl. Grundbegriffe 237; Ibach, Die Anstiftung (1912) 75; Wachenfeld 205 N. 4; Finger 1, 351; Frank § 48 III; v. Liszt § 52 N. 7; Birkmeyer, Teiln. 276; Köhler,

Nach der herrschenden Lehre ist z. B. Beihilfe straflos, wenn der X dem zur Rauferei gehenden Z eine Verteidigungswaffe gibt, die ihn, falls er losschlägt, besser deckt, aber durchaus nicht will, daß er losschlägt. Ebenso ist straflos, wer dem Dieb eine Leiter gibt, aber überzeugt ist, daß trotz der Leiter der Diebstahl nicht bis zur Vollendung reifen wird. — Die abweichende Ansicht beruht zum Teil darauf, daß die Anstiftung zwei Erfolge haben müsse, die Bestimmung des anderen und die Begehung der Tat. Also müsse der Anstifter auch beides wollen.[1]) Allein der Versuch ist auch bereits eine strafbare Handlung, und mehr verlangt das Gesetz nicht, als daß zu einer strafbaren Handlung bestimmt wurde. — Zum Teil wird angenommen,[2]) daß bei Strafbarerklärung des Teilnehmers, der keine Vollendung wollte, auch derjenige strafbar sein müsse, der bewußt untaugliche Mittel liefere. Allein, wenn der Dritte weiß, daß er durch seine Handlung den Täter in der Ausführung nicht fördern werde, so ist dies etwas anderes, als wenn er durch einen Beitrag die strafbare Ausführungstätigkeit zustande bringen oder die Gefährdung des Objekts weiterführen (z. B. eine Notwehrlage erzeugen) will. — Endlich wird die Straflosigkeit daraus abgeleitet, daß der Anstifter mittelbarer (intellektueller) Urheber der Tat sei.[3]) Da der Täter nicht den bloßen Versuchswillen haben kann, könne auch der Anstifter ihn nicht haben. Allein, wenn das Gesetz bestimmte Handlungen, auch ohne daß sie eine Verletzung erreichen, als Angriffshandlungen verbietet, so besteht zwar ein logisches Hindernis, dolose Versuchshandlungen ohne Vollendungswillen anzunehmen, aber kein logisches Hindernis, die dolose Erzeugung eines solchen Willens wegen ihrer weiteren Wirkungen auch an demjenigen zu strafen, der diese ihm verbotenen Gefährdungen verursacht hat, ohne seinerseits Vollendung zu

---

Studien 1, 122, Kohler L. 35, M. E. Mayer 406, E. 15, 315. Noch weitergehend Allfeld 229 N. 23, der verlangt, daß der Teilnehmer eine wirkliche Verletzung des angegriffenen Rechtsgutes wollte, nicht eine bloß formelle Deliktsvollendung.

[1]) So Frank § 48 II mit 48 III.

[2]) So insbesondere vom Reichsgericht, E. 15, 316.

[3]) So Köhler, Studien 1, 113. Richtig Binding N. 2, 873, 899.

wollen. Der Anstifter erzeugt vorsätzlich einen Vollendungswillen. Aber ebensowenig wie er selbst die besonderen Absichten des Tatbestandes geteilt zu haben braucht (z. B. die gewinnsüchtige Absicht oder Ausführungsabsicht), ebensowenig ist begrifflich zu seiner Urhebereigenschaft erforderlich, daß er das, was er im anderen gegen das Verbot der Rechtsordnung erzeugte, in sonstiger Beziehung ebenfalls gewollt habe. M. a. W.: Nur vom Ausführenden verlangt der Tatbestand bestimmte psychische Richtungen und physische Eigenschaften, nicht von dem verursachenden Hintermann.

2. Die Teilnahmehandlung wird nur strafbar, wenn sie zu dem Versuchs- oder Vollendungserfolg auch wirklich etwas beigetragen hat. Straflos ist daher der mißlungene Versuch, zu einer wirklich ausgeführten strafbaren Handlung einen Beitrag als Anstifter oder Gehilfe zu leisten. M. a. W.: Die Teilnahme ist nach geltendem Rechte nur strafbar, wenn sie vollendet wurde. Es gibt also keine strafbare versuchte Teilnahme (wohl aber strafbare Teilnahme zum Versuch).[1]

Bloß versuchte Teilnahme liegt aber z. B. nicht notwendig vor, wenn der Täter einen empfangenen Rat sich merkt, aber unbenützt läßt,[2] wohl aber, wenn er seine Benutzung innerlich abgelehnt oder den Rat nicht angenommen hat.[3] Wenn der Dieb einen Dietrich zugesteckt bekommt, aber ihn absichtlich oder unabsichtlich zu Hause läßt, ist der Eigentümer des Dietrichs nicht Gehilfe geworden. Läßt jemand eigens für den Einsteigedieb ein Fenster offen, so ist er nicht Gehilfe geworden, wenn dieser das Fenster nicht findet. Dagegen liegt Beihilfe vor, wenn der Dieb das geliehene und mitgenommene Werkzeug nicht benützte, weil er zunächst mit eigenen Werkzeugen die Tat versuchen wollte. Die Mitnahme war mindestens subjektiv eine Bestärkung, eine Erhöhung des Sicherheitsgefühls.[4]

---

1) Gl. M.: Allfeld 233, v. Liszt § 52 II 2, E. 11, 56. A. M. wohl Thomsen 150.

2) A. M.: E. 38, 156.

3) Gl.: M. E. 38, 156.

4) Gl. M.: Allfeld 249 N. 17, v. Bar 2, 697.

3. Fahrlässige Teilnahme.

Fahrlässige Veranlassung und fahrlässige Beförderung eines fremden Delikts ist sehr wohl möglich. Denkbar wäre, daß das Gesetz sie auch als Teilnahme behandeln würde. Nach geltendem Recht wird jedoch für Anstifter und Gehilfen Vorsatz verlangt, §§ 48 I, 49 I. Fahrlässige Mitwirkung ist also nicht Teilnahme, kann aber mittelbare Täterschaft des Mitwirkenden sein, sofern der unmittelbar Ausführende nicht dolos handelt.[1]

Bei der Mittäterschaft ist das Erfordernis vorsätzlichen Verhaltens und Zusammenwirkens nicht ausdrücklich aufgestellt. (Anders im sächs. StGB. von 1855 Art. 50.) Einige nehmen daher die Möglichkeit fahrlässiger Mittäterschaft an.[2] Ihnen ist nicht beizutreten. Natürlich können mehrere gemeinsam verursachen und jeder fahrlässig handeln. Alsdann kann schon nach allgemeinen Kausalitätsregeln Verantwortlichkeit für den ganzen Erfolg begründet sein. Nur Teilnahme ist das nicht. Das Gegenteil würde bei mehraktigen Delikten Ergebnisse haben, die nicht gewollt sind. Wer eine falsche Urkunde anfertigt, würde wegen vollendeter Urkundenfälschung haften, wenn er fahrlässig nicht voraussieht, daß ein anderer die Fälschung in Gebrauch nimmt. Denn es würde ihm der Tatbeitrag des anderen so anzurechnen sein wie sein eigener. — Überhaupt erscheint es nicht wahrscheinlich, daß das Gesetz ohne eine positive Andeutung speziell die Mittäterschaft auch als fahrlässige gelten lassen wollte. Für diejenigen Fälle, in denen gemeinschaftliche Ausführung Strafschärfungsgrund ist (z. B. §§ 123, 223a, 293), wird jedenfalls die fahrlässige Verübung

---

[1]) Sie ist eine strafbare Handlung, auch wenn sie in der Bestimmung eines andern zu einer Tat besteht, deren rechtswidrige Folgen keiner von beiden voraussah, aber jeder von ihnen hätte voraussehen sollen; z. B. A bestimmt den B, dem schon betrunkenen C noch einen halben Liter Wein vorzusetzen. Keiner von beiden denkt daran, daß C den Heimweg nicht mehr finden und unterwegs erfrieren werde. Obwohl fahrlässige Anstiftung nicht strafbar ist, muß A wegen fahrlässiger Tötung verurteilt werden.

[2]) Binding G. 152, Frank IV 1 vor § 47, § 54 III, Wuttig, Fahrlässige Teilnahme (1902) 106. A. M. die herrschende Lehre, z. B. Allfeld 229, v. Liszt 52 N. 1, Mayer 382, Wachenfeld 189, v. Olshausen § 47 N. 10, E. 5, 306.

nicht mit geschärfter Strafe bedroht, und die fahrlässige Unkenntnis des Mitwirkens eines anderen ist nicht geeignet, das gesetzgeberische Motiv für die Schärfung zu erfüllen. Dies spricht ebenfalls nicht für fahrlässige Mittäterschaft als einer besonderen Regeln unterworfenen Teilnahmeform. Sie ist nur Nebentäterschaft.

Die Schaffung fahrlässiger Teilnahmeformen wäre auch nicht zweckmäßig. Sie würde zu schwierigen Feststellungen in Menge führen, ob jemand hätte voraussehen sollen, daß er durch irgend ein Verhalten anderen einen Anlaß oder eine Gelegenheit zu Verbrechen biete. Sie würde ferner unter Durchbrechung der bestehenden Kausalitätsvorstellungen denjenigen noch als verantwortlich erscheinen lassen, dessen fahrlässiges Verhalten den Erfolg erst bewirkte vermöge des Hinzutretens eines vorsätzlich sich eingliedernden Dritten. Je nach dem Ausfall einer dann auch für die Fahrlässigkeit zu treffenden Scheidung von Tätern und Gehilfen, würde dann der fahrlässige Urheber in der einen oder anderen Beteiligungsform strafbar werden, wenn er z. B. fahrlässig Gift auf dem Tisch stehen läßt, das dann ein anderer zu einer vorsätzlichen Vergiftung benützt.

4. Vorsätzliche Teilnahme an fahrlässigem Tun. Durch den Wortlaut des Gesetzes in §§ 48, 49 ist es nicht ausgeschlossen, auch denjenigen als Teilnehmer zu strafen, der einen fahrlässigerweise deliktisch handelnden Dritten wissentlich veranlaßt hat.[1]) A. M. die herrschende Lehre, auf Grund rationeller Auslegung wohl mit Recht.[2]) Bezüglich der Beihilfe liegt die Meinungsverschiedenheit ebenso.[3])

---

[1]) Die Bestrafung wegen vorsätzlicher Teilnahme an fahrlässigem Tun wird in der Tat bezüglich der Anstiftung vertreten von Berner 159, Binding G. 171, Birkmeyer, Teiln. 141, v. Olshausen § 48 N. 18, Thomsen 150, Wächter 255 N. 2.

[2]) Vgl. Allfeld 228 N. 18, v. Bar 2, 634, Frank IV 2 vor § 47, v. Liszt § 52 I, Schwartz § 48 N. 2g, Wachenfeld 138 N. 5, Wuttig 126; E. 23, 175, 30, 292 (96). In letzterem Urteil wird es aber mit Recht für gleichgültig erklärt, ob das den Gegenstand der Anstiftung bildende Delikt nur vorsätzlich oder auch fahrlässig begangen werden kann; sofern nur im Einzelfall zu einer vorsätzlichen Begehung bestimmt wurde, liegt Anstiftung vor.

[3]) Wächter 255 gedenkt des Falles allerdings nicht eigens. Die herrschende Praxis vertreten E. 10, 8, 16, 277. A. M. u. a. Binding N. 2, 896.

Für die herrschende Lehre spricht das unnatürliche Ergebnis, zu dem die abweichende Lehre gelangen muß, z. B. der vorsätzliche Veranlasser eines Mordes ist danach mit dem Tode zu bestrafen, wenn er zur Ausführung einen vorsätzlich handelnden Dritten bestimmt. Er ist dagegen nur Anstifter eines mit Gefängnis bedrohten Vergehens, wenn er sich eines fahrlässig handelnden Dritten bedient. Er wird aber wieder des Todes schuldig, wenn er einen schuldlos handelnden Dritten zur Ausführung benützt. Die geschichtliche Entwickelung spricht ebenfalls gegen die bekämpfte Ansicht. Wohl gab es Vertreter echter Teilnahme an kulposem Handeln,[1] aber sie bildeten die Minderzahl.[2] Hätte das StGB. eine so tief einschneidende Neuerung treffen wollen, so würde es das deutlich gesagt haben. Seine Motive zu § 48 sprechen von einer Einwirkung auf den „Willen des Angestifteten", deuten also nichts von einer solchen Änderung der bisherigen herrschenden Lehre an.

Die vorsätzliche Veranlassung eines Fahrlässigen zur Herbeiführung eines bei Strafe verbotenen Erfolges erscheint demnach als (mittelbare) Täterschaft. Ebenso die vorsätzliche Unterstützung fahrlässigen Tuns. Wer genau weiß, der Mittelsmann handle unvorsätzlich und trotzdem den vorgesetzten strafbaren Erfolg will, dessen Wille ist in Wahrheit Täterwille, dessen Beitrag ist in Wahrheit Verursachungshandlung. Ein fremder Täterwille, unter den er sich unterordnen könnte, ist nicht vorhanden. Z. B.: A bestärkt den B in dem Glauben, ein bestimmtes Pulver sei ein harmloses Schlafpulver. A weiß aber, daß das Pulver, das B dem C eingeben will, Gift ist. Der bestärkende Rat hat hier ursachliche Qualität, auch wenn A selbst seinen dolus als bloßen Ge-

---

1) Z. B. Marezoll, Kriminalr. (1841) 90, Luden, Hdb. (1847) 1, 440.

2) Abgelehnt wurde die Ansicht u. a. von Köstlin Syst. 1, 282, 312; Geib 2, 346; Heffter S. 75, ferner für das preuß. StGB., das sich ebensowenig wie das StGB. ausdrücklich erklärte, von Hälschner, Preuß. Strafr. 1, 328, 349; von Goltdammer Mat. 1, 322 (für Beihilfe; zweifelnd für Anstiftung 1, 301).

hilfendolus qualifiziert.[1]) Dies gilt in gleicher Weise, wenn der Beistandleistende weiß, daß er einem Schuldlosen (z. B. einem Geisteskranken) durch Rat oder Tat Beistand leiste, sofern er dabei die Tat, nicht bloß den Täter, zu fördern beabsichtigt.

Auch fahrlässige Teilnahme (oben Nr. 3) wurde vereinzelt nach älterem Recht für strafbar erklärt. CCC. Art. 177 freilich erwähnte nur wissentliche Hilfeleistung. Aber von den Partikulargesetzen bedrohte Bayern (1813) Art. 46 II (= Oldenburg Art. 68 II) die fahrlässige Teilnahme. Die übrige Partikulargesetzgebung schloß sich dem jedoch nicht an, vgl. z. B. Bayern (1861) Art. 52, 54, Württemberg (1839) Art. 74, Braunschweig § 41, Preußen § 34, Sachsen Art. 50.[2])

V. Beschränkte Strafbarkeit bei notwendiger Teilnahme.

Manche Delikte setzen zur Herstellung ihres Tatbestandes eine Mitwirkung mehrerer bei Vornahme der verbotenen Handlung voraus,[3]) z. B. Ehebruch, Doppelehe, Aufruhr, Meuterei, Wucher, Kuppelei, Gefangenenbefreiung, Zweikampf, Raufhandel, gemeinschaftlicher Landfriedensbruch, Verkauf unzüchtiger Schriften; sogenannte notwendige Teilnahme (concursus necessarius).

Teils findet eine Begegnung der verschiedenen Willenserklärungen statt, sei es auch nur in der Form eines tatbestandsmäßigen Vertrags, sogen. Begegnungsdelikte. Beispiele: Zweikampf § 201, Kuppelei § 180 StGB.; Stimmverkauf KO. § 243.

Teils erfolgt ein Zusammenwirken mehrerer nach derselben Seite hin, d. h. nach demselben äußeren Ziele, sogen. Konvergenzdelikte.[4]) Beispiele: Aufruhr § 115, gemeinschaftliche Körperverletzung § 223a I, Teilnahme an einer verbotenem Verbindung § 129.

Bei einzelnen Delikten kann man zweifeln, ob sie besser zur einen oder anderen Kategorie zu zählen sind, z. B. bei der Gefangenenbefreiung.[5])

---

1) A. M.: M. E. Mayer 377 zu N. 4.
2) Uebersicht über die gemeinrechtl. Literatur bei Geib 2, 342, 346
3) Freudenthal, Notw. Teilnahme (1901) 100, 124.
4) Freudenthal a. a. O. S. 3.
5) Vgl. auch v. Bar 2, 735.

Kein wesentliches Merkmal der notwendigen Teilnahme ist, daß sämtliche Mitwirkenden zurechenbar handeln; vgl. z. B. E. 19, 192, ein strafunmündiger Dritter könne für zwei zurechnungsfähige Mitwirkende das Merkmal des bandenmäßigen Schmuggels, VZG. § 146, erfüllen, sofern er wenigstens dolos handle.[1])

Obwohl die notwendige Teilnahme nicht Teilnahme i. e. S. ist, wird bei Delikten mit notwendiger Teilnahme der eine nicht zugleich der Teilnahme an der Handlung des andern schuldig, wenn er ihm zur Tatbestandsverwirklichung verhilft. Z. B. der eine Ehebrecher ist nicht zugleich als Anstifter des andern Teils[2]) zu bestrafen.[3])

Wenn bei notwendiger Teilnahme nur einzelne der zum Ganzen erforderlichen Tätigkeitsakte ausdrücklich bedroht sind, so ist damit stillschweigend die Tätigkeit des anderen, der den komplementären Akt vornimmt, als straflos erklärt, auch wenn sie sachlich eine Teilnahmehandlung darstellt. Z. B. bei unbefugter Geschenkannahme nach § 331 ist nur der annehmende Beamte bedroht, nicht der Geschenkgeber, bei Stimmverkauf seitens des Konkursgläubigers ist nur dieser, nicht der Gemein-

---

[1]) Vgl. auch v. Olshausen § 123 N. 26, Freudenthal 127, 155, Frank § 47 III.

[2]) Zweifelhaft erscheint, ob Bestrafung gewollt ist, wenn mehrere sich durch gegenseitige Unterstützung zur Vollbringung der Haupttat verhelfen und die Haupttat für straflos, die Beihilfe für strafbar erklärt ist. Z. B. zwei Jugendliche befreien sich aus der Fürsorgeerziehung, indem sie gemeinschaftlich das Tor aufbrechen, oder indem der eine auf den Schultern des andern die Mauer erklimmt und dann den anderen nachzieht. E. 48, 226 (30) bejaht die Strafbarkeit. Allein wenn die Haupthandlung strafbar wäre, wie z. B. bei Meuterei, Aufruhr, wäre die gleichzeitige Nebenhandlung als solche straflos. Eine Haupthandlung, die nach der Sachlage nicht anders auszuführen ist, als durch Beihilfe zu gleicher Tat eines Dritten, verliert aber ihren Charakter als Haupthandlung dadurch nicht. Derjenige, der nicht einmal wegen der Haupthandlung gestraft werden kann, soll dann auch wohl hinsichtlich der Bedeutung, die der Nebenhandlung zukommt, nicht schlechter gestellt sein, als derjenige, dessen Haupthandlung bereits strafbar ist. Die Bedrohung der Beihilfe bezieht sich daher nur auf Dritte, die nicht dadurch zugleich für sich selbst die straflose Haupthandlung bewirken.

[3]) Gl. M.: v. Bar 2, 734 N. 250 a.

schuldner oder Dritte bedroht, der ihm diese Vorteile verspricht, KO. § 243. Ebenso steht es mit der Gefangenenbefreiung, die an sich für den Gefangenen straflos ist, deren Beförderung aber bedroht wird, § 121, mit der Lohnabtreibung nach § 219, wegen der nur der entgeltlich handelnde Dritte bedroht ist, mit der Entgegennahme einer Begünstigung oder Hehlerei (§§ 257—259), die nicht als Selbstbegünstigung (oder Selbstverhehlung), sondern als Förderung eines Täters nach der Tat unter Strafe steht; mit der Gestattung von Glücksspielen, § 285, während die Glücksspieler selbst nicht bedroht sind.[1])

Einen Schluß auf die Richtigkeit dieser Ansicht kann man daraus entnehmen, daß die Einseitigkeit der Bedrohung wohl die Bedeutung hat, man wolle dem komplementären Teil die betr. Handlung mit Rücksicht auf seine besonderen Verhältnisse nicht als gleich strafwürdig anrechnen. Da andrerseits der Schwerpunkt der Teilnahme im geltenden Recht in der Beförderung eines verbotenen Erfolges, nicht aber in der Hereinziehung anderer in das Verbrechen liegt, kann derjenige, dem die Erfolgsverursachung persönlich nicht verboten ist, auch nicht wegen Benützung anderer Kräfte zu seiner Herbeiführung gestraft werden. Ist er kein tauglicher mittelbarer Täter, dann ist er auch kein tauglicher Anstifter oder Gehilfe. Dazu kommt, daß das Gesetz es ausdrücklich zu sagen pflegt, wenn es trotz einseitiger Hervorhebung einer notwendigen Teilnahmehandlung den anderen Mitwirkenden ebenfalls treffen will; vgl. StGB. §§ 142; 281 mit 348; Wettbewerbsgesetz § 12.

Das Reichsgericht erkennt die Straflosigkeit des (zweiten) notwendigen Teilnehmers an, wenn seine Teilnahmetätigkeit nicht über das hinausgeht, was nach dem gesetzlichen Tatbestand zur Deliktshandlung des anderen Teils hinzukommen muß; dagegen nicht, wenn er den anderen Teil anstiftet oder ihm eine über die notwendige Komplementärhandlung hinausgehende Hilfe leistet.

---

[1]) Gl. M.: Frank V 1 vor § 47, v. Kries ZStW. 7, 536 f, Binding L. 2, 59 f., Freudenthal 117 f., Thomsen 152, Wachenfeld 421 N. 4 (zu § 257), Schwartz § 180 N. 9 (betr. § 180; a. M. jedoch in § 120 N. 7, betr. den § 120), v. Liszt § 52 V 2, 3; v. Bar 2, 725.

Vgl. z. B. E. **1**, 350: die Schwangere, welche den Dritten veranlasse, gegen Entgelt ihr das Abtreibungsmittel zu verschaffen, sei wegen der qualifizierten Lohnabtreibung zu strafen, E. **3**, 140: der Gefangene, der einen anderen veranlasse, ihn zu befreien, werde als Anstifter zur Gefangenenbefreiung straffällig, E. **29**, 304: der Käufer der Stimme des Konkursgläubigers sei zwar nicht mitbedroht, unterliege aber als dessen Anstifter dem gleichen Strafrahmen, E. vom 28. März 1916 in Z. f. Rpfl. in Bayern **12**, 182: der begünstigte Gläubiger sei strafbar, wenn er dazu anstifte, daß er begünstigt werde (zu KO. § 241). Die Annahme der reichsgerichtlichen Begründung, daß seine Schuld gleichartig sei, wie die eines unbeteiligten Dritten, der anstifte, ist irrig. Vgl. ferner E. **4**, 60, **21**, 375 (der Täter eines Vordelikts, der einen anderen bestimme, ihm nachträgliche Begünstigung zuteil werden zu lassen, werde Anstifter zu seiner eigenen Begünstigung). Dagegen verneint E. **34**, 304, daß der Mittäter (Täter) eines Vordelikts Anstifter bei der Verhehlung der von ihm strafbar erlangten Sache werden könne. Ebenso hat E. **42**, 382 mit Recht erklärt, nur der Geschenkannehmende sei im Falle des § 331 strafbar, nicht der Anbietende, auch wenn er dadurch zur Annahme bestimme.[1])

Anhang: Ist ein Strafgesetz zum Schutze des einen der bei Herstellung des Tatbestandes Mitbeteiligten bestimmt oder mitbestimmt, so ist jede Teilnahme der geschützten Person an der Handlung des mit Strafe bedrohten Teils ausgeschlossen.

Notwendige Teilnahme im technischen Sinne braucht hier nicht vorzuliegen, weil der Dritte durch die Handlung in eigenen Rechtsgütern angegriffen wird, dazu aber nicht notwendig zustimmen muß.[2]) Vielleicht kann man hier aber von notwendiger Teilnahme i. w. S. sprechen.

Die Straflosigkeit dieser Fälle vertritt[3]) die herrschende

---

[1]) Mit dem RG. im wesentlichen übereinstimmend: Allfeld 235 N. 61; v. Olshausen § 120 N. 7, 219 N. 2. Anstifter (und Gehilfen) des Vordelikts sind nach E. **32**, 394 taugliche Teilnehmer und Täter den Sachhehlerei.

[2]) Vgl. Freudenthal 98.

[3]) Vgl. v. Olshausen N. 9b vor § 47, v. Liszt § 52 V 1, Allfeld 232 N. 37.

Lehre und für die Mehrzahl der Fälle auch das Reichsgericht. In E. 18, 273 (81) wird nicht nur die Bestrafung einer Entführten wegen Teilnahme für unzulässig erklärt, sondern passim auch die strafbare Teilnahme des ausgebeuteten Minderjährigen an seiner Ausbeutung, § 301, des Bewucherten an seiner Bewucherung, § 302 a, des abhängigen Objektes unzüchtiger Handlungen an diesen, § 174, verneint. Nur für die sämtlichen Kuppeleifälle hält das RG. (z. B. in E. 25, 369) daran fest, daß der Verkuppelte strafbarer Anstifter oder Gehilfe bei seiner eigenen Verkuppelung sein könne; dagegen aber die herrschende Lehre.[1])

VI. Begünstigung.

Faßt man die Teilnahme mit dem StGB. grundsätzlich als eine Mitwirkung zur Erfüllung eines Verbrechenstatbestandes auf, so ist es begrifflich ausgeschlossen, die Begünstigung mit zur Teilnahme zu rechnen.

Die Carolina Art. 40 bezeichnet Fälle der Begünstigung und Hehlerei als eine Art der Hilfe. Feuerbach unterschied (L. § 48) concursus antecedens — concomitans — subsequens. Doch wurde die Begünstigung bereits in der Theresiana Art. 3 § 12 als eine besondere Missetat behandelt, ebenso im westgalizischen StGB. von 1803 § 11. ALR. 2, 20 § 83 droht dem sachlichen Begünstiger eine etwas mildere Strafe an als dem Täter, behandelt ihn aber im übrigen als Teilnehmer. Auch die meisten Partikularstrafgesetzbücher führen sie im gleichen Abschnitt mit der Teilnahme auf, setzen aber z. T. eigene Strafen dafür fest, so z. B. Preußen § 37, Sachsen (1855) Art. 61. In der Literatur des 19. Jahrhunderts[2]) wurde dann mehr und mehr die Forderung nach Loslösung der Begünstigung erhoben. Erst in neuerer Zeit wird die Ansicht wieder häufiger vertreten, welche die Abhängigkeit der Begünstigung stärker betont sehen will.[3])

Eine gewisse Abhängigkeit ist auch weder zu leugnen, noch

---

[1]) Vgl. v. Olshausen § 180 N. 14 b und die hier Angeführten, außerdem Schwartz § 180 N. 9.

[2]) Uebersicht bei v. Bar 2, 741.

[3]) So v. Bar 2, 750, Beling, Verbr. 487; Kohler L. 39, Studien 1, 156.

zweckmäßigerweise aufzuheben; z. B. der Täter, der sich begünstigt, wird nicht wegen des selbständigen Delikts der Begünstigung gestraft, das Antragsrecht ergreift auch die Begünstigung; die Begünstigung ist von einem strafbaren Vordelikt abhängig. Ihr Strafrahmen ist nicht gänzlich ohne Beziehung zum Vordelikt. Gleichwohl kann man die Begünstigung nicht mit der Teilnahme auf gleiche Stufe stellen. Die gleiche Abhängigkeit von dem Erfolg, die Notwendigkeit des Wissens von der Art der Handlung bestehen für sie nicht, ein Wollen des Verbrechens oder eine nachträgliche Billigung desselben braucht nicht vorgelegen zn haben. Ort der Tat, Verjährungsfrage sind ebenfalls anders als beim Teilnehmer zu beurteilen. Man kann also sehr wohl die bisherigen Grenzen der Teilnahme beibehalten, wonach diese mit der Förderung des Verbrechenserfolges ihr Ende findet, und doch die nachträgliche Förderung des Verbrechers zur Vereitelung von Strafansprüchen und deliktischen Zivilansprüchen als ein Delikt gegen die Rechtspflege behandeln.

§ 44.
Die Täterschaft.

I. Alleintäterschaft.

1. Täter einer strafbaren Handlung ist, wer alle Ausführungshandlungen oder wesentliche Teile derselben (nicht notwendig körperliche) vornimmt.

2. Täterschaft im Sinne des Gesetzes kann in verschiedenen Fällen auch vorliegen, wenn die Vornahme durch Vermittelung eines anderen Menschen erfolgt. Der Veranlasser heißt dann mittelbarer Täter, der Veranlaßte (das Werkzeug) unmittelbarer Täter.

Wenn der Veranlasser einen dolos handelnden Dritten zur Ausführung bestimmt, so ist in der Regel nur der letztere Täter, der dolose Veranlasser ist Anstifter.

Dagegen liegt in folgenden Fällen mittelbare Täterschaft vor:

a) **Der Täter veranlaßt einen nicht wissentlich oder sonst nicht zurechenbar Handelnden zur unmittelbaren Ausführung.**[1])

Z. B.: Der A verschreibt dem gutgläubigen B Gift statt Arznei für den C. Dieser stirbt daran. A ist hier Täter, sowohl dann, wenn B schuldlos, als auch dann, wenn B fahrlässig handelt. Ist B geisteskrank oder unmündig, so bleibt A Täter, auch wenn B wissentlich handelt. Ob auch B als Täter in Betracht kommt, nämlich wenn er zurechnungsfähig war, aber fahrlässig handelte, ist für die Täterschaft des A unwesentlich.

A ist hier ferner Täter, gleichviel, ob er seinerseits vorsätzlich oder fahrlässig handelte.

Anderes Beispiel: A bestimmt einen 8jährigen Jungen, er solle sich Naschwerk beim Konditor stehlen.

Oder: A nötigt den B durch die Mittel des § 52 eine falsche Urkunde anzufertigen und abzusenden.

b) **Der Täter veranlaßt zur Ausführung eine wissentlich und zurechenbar handelnde Person, welcher eine besondere Eigenschaft oder Willensrichtung abgeht, die das Gesetz vom Täter dieser Handlung verlangt.**

Z. B.: Täter einer Gebührenüberforderung kann nur eine in § 352 bezeichnete Person sein, also z. B. ein Rechtsanwalt oder Notar, dagegen nicht sein Buchhalter. Wenn der Rechtsanwalt seinen Buchhalter bestimmt, er solle wissentlich von der Partei eine zu hohe Gebühr einheben, so kann der Buchhalter

---

[1]) Bedenklich Mayer 376: „Wer einen Menschen, der aus Rechtsgründen nicht Täter sein kann, veranlaßt, einen gesetzlichen Tatbestand zu verwirklichen, wird als Täter bestraft und mittelbarer Täter genannt.“ Des Hauptfalls der mittelbaren Täterschaft, bei welchem der Veranlaßte ebenfalls Täter wird, nur nicht vorsätzlicher, ist dabei nicht gedacht. — Hoegel, ZStW. 37, 667 f., lehnt die von der herrschenden Lehre, z. B. Allfeld 236, Schwartz § 47 N. 2, Frank III vor § 47, v. Liszt § 50 II, Wachenfeld 195, angenommene Ansicht von der mittelbaren Täterschaft ab und behandelt die Fälle als Anstiftung. Allein hierbei wird ohne zwingenden Grund eine seit langer Zeit feststehende Auslegung umgestoßen, die unter einer begangenen strafbaren Handlung nicht die Tat eines Unschuldigen versteht, es sei denn, daß es sich um Fälle handelt, auf die der Gesetzgeber seine Täterstrafdrohung vernünftigerweise nicht gemünzt haben kann.

gemäß § 352 die Tätereigenschaft einfach nicht erfüllen, folglich kann der Rechtsanwalt auch nicht bloßer Anstifter sein. Denn Anstifter kann man in der Regel nur werden, wenn ein anderer schuldhafter Täter ist. Straflos kann die Tat aber auch nicht sein. Daher ist hier überhaupt nicht der Ausführende Täter, sondern ausschließlich der Veranlasser, nämlich der Rechtsanwalt.[1])

Anderes Beispiel: A läßt sich einen Gummiball durch den bösgläubigen B aus einem fremden Garten holen. B ist nicht Täter, sondern bloßer Gehilfe, wenn er die Absicht hat, unmittelbar für einen Dritten Besitz zu erwerben und nicht die Absicht hat, auch für sich zu erwerben.[2])

3. Fälle ausgeschlossener mittelbarer Täterschaft.

Trotz Benutzung einer Mittelsperson, die nicht als vorsätzlicher Täter haftet, kommt mittelbare Täterschaft in zwei Fällen nicht zustande:

a) Der Veranlasser, der sich zur Ausführung eines anderen bedient, wird nicht Täter, wenn ihm die gesetzlich vorausgesetzten besonderen Eigenschaften (z. B. als Beamter) zur Täterschaft fehlen oder wenn nach dem Sinne eines bestimmten Gesetzes nur der körperlich Ausführende als Täter in Betracht kommt, endlich wenn die Handlung dem Veranlaßten persönlich nicht verboten ist.

Z. B.: Täter einer Geheimbündelei kann nur sein, wer an der verbotenen Verbindung persönlich teilnimmt. § 128.

Täter einer Verletzung des Postgeheimnisses kann der Dritte nicht sein, der den Postboten als Werkzeug zur Unterdrückung von Briefen benützt, indem er in dessen Beutel ein Loch schneidet, so daß Briefe verloren gehen, die der Postbote hineinsteckt.

Täter einer Gebührenüberhebung (§ 352) kann der Anwaltsbuchhalter nicht sein, der vorsätzlich den sich irrenden

---

[1]) Gl. M.: v. Olshausen § 47 N. 17 II, Frank Abschn. III 1 b 2, Allfeld 237 N. 6, 248 N. 9, M. E. Mayer 379, Merkel-Liepmann 162, Nagler, Teilnahme 69; E. 28, 109; 39, 37 (39).

[2]) Weitere Beispiele: RGR. 6, 416, E. 14, 121 (24), 24, 86. Dagegen aber Frank 3 Abschn. III 2.

Rechtsanwalt oder Beamten zu einer objektiven Gebührenüberhebung veranlaßt.

Täter eines Meineids, § 153 54, ist derjenige nicht, welcher einen Gutgläubigen dolos veranlaßt, eine bestimmte falsche Aussage als wahr zu beschwören. Denn Täter eines Meineids kann nur werden, wer selbst schwört. Ebenso kann man nicht durch Vermittlung eines anderen Täter des Landstreichens werden. Bestritten ist, ob der Einsteigediebstahl auf Grund der Tendenz und der Fassung des § 243 Z. 2 nur von einer Person begangen werden kann, die selbst eingestiegen ist. Vgl. v. Olshausen § 243 N. 20. Das Reichsgericht bejaht dies, soweit nicht Mittäterschaft unter Großjährigen vorliegt.[1]) In GA. 46, 41 wird zum Ausschluß des § 243 Z. 2 wohl mit Recht verlangt, daß ein etwa mitwirkender Unmündiger nicht dolos gehandelt habe.[2]) Bei manchen Delikten, z. B. Notzucht, Blutschande, ist die Frage der Begehbarkeit als mittelbarer Täter sehr zweifelhaft, aber wohl zu bejahen.

Entscheidend dürfte sein, ob der unmittelbare Täter nach der ratio der Strafrahmenhöhe besonderen Hemmungsvorstellungen entgegengehandelt haben muß, die bei dem Veranlasser fehlen. Wer z. B. nicht durch den besonderen Pflichtenkreis des Soldaten vinkuliert ist, kann nicht durch Benutzung eines betrunkenen Soldaten zur unerlaubten Entfernung Täter dieses Deliktes werden.[3]) Bleibt die Handlung für den Veranlasser verboten,[4])

---

[1]) Vgl. E. 24, 88. Ferner E. in „Das Recht" 1910 N. 3866.

[2]) Ueber weitere Fälle der notwendig eigenhändigen Begehung vgl. Höpfner, ZStW. 22, 213, Binding, Abh. 1, 267 und 1, 269 N. 18.

[3]) Nach Mayer 378 gibt es für solche Fälle notwendig persönlicher Ausführung nur eine faktische Begrenzung; allein man muß doch beim völligen Schweigen des Gesetzes einen Beurteilungsmaßstab anlegen können zur Ermöglichung einer Abgrenzung. — Zu weitgehend in der Ausschließung mittelbarer Täterschaft v. Olshausen N. 5 vor § 47, betr. Schändung und betr. Zuhälterei, welche eine Frauensperson in mittelbarer Täterschaft allerdings verüben kann.

[4]) Z. B. jemand veranlaßt oder unterstützt einen geisteskranken Lehrer, der eine unzüchtige Handlung an einem Schüler vornimmt. Mittelbare Täterschaft ist hier unmöglich. Daher gilt in solchen Fällen auch eine Ausnahme von dem oben § 43 IV a. E. (S. 504/05) ausgeführten.

so haftet er als Anstifter zu einer nur speziell beim Täter straflosen Handlung.[1])

Eine Sonderregelung für Meineide hat § 160 getroffen. Die dolose Veranlassung eines Gutgläubigen wird hier als Täterschaft eines selbständigen Delikts behandelt. Eine Sonderregelung ergibt sich auch aus § 271 im Verhältnis zu § 348! Der Veranlasser des nicht dolosen Beamten ist Täter des Delikts nach § 271|72[2]).

Ist die Erfolgsherbeiführung dem Veranlasser, aber nicht dem Veranlaßten verboten, so ist auch die Veranlassung straflos.

Wenn z. B. der Vater zum Beischlaf mit seiner 16jährigen Tochter einen Fremden bestimmt, so kann der Vater zwar wegen Kuppelei gestraft werden, aber eine Blutschande wird überhaupt nicht begangen.

Wenn jemand, dem der Eintritt in ein Haus verboten ist, einen anderen, dem der Eintritt erlaubt ist, in das Haus hineinschickt, so kommt ein Hausfriedensbruch nicht zustande.

b) Irriger Glaube des Handelnden, das von ihm benützte Werkzeug handle nicht dolos, kann die in Wahrheit fehlende Täterschaft nicht ersetzen. Der dolos Veranlassende haftet dann nur als Teilnehmer (und zwar hier als Anstifter).

Irriger Glaube des dolos Handelnden, das von ihm benützte Werkzeug handle mit tauglichem Tätervorsatz, läßt (wegen § 59) ebenfalls nur die Möglichkeit übrig, den dolos Handelnden als Teilnehmer zu behandeln. Vgl. oben § 43 III 3. Hierher gehört auch der Fall, daß von zwei Tätern jeder nur in Unterordnung unter den beim anderen Teil angenommenen Täterwillen sich beteiligen will und dabei keiner eine Handlung wissentlich verwirklicht, die nach objektiver Beurteilung unbedingt als Täterhandlung zu gelten hat.

---

[1]) Vgl. dazu v. Bar, Ges. u. Sch. 2, 640/41, v. Liszt 222 N. 3, Allfeld 237 N. 6, welche hier indessen stets mittelbare Täterschaft annehmen. Frank [14] Abschn. 3 unter III 1 a, sowie v. Olshausen Abschn. 3 N. 5 nehmen Straflosigkeit an.

[2]) Der Anstifter eines dolosen Beamten ist gemäß § 50 ebenfalls nach § 271/72 zu strafen. Gl. M.: Binding L. 2, 291.

Bei fehlendem Täter- oder Ausführungswillen jemanden trotzdem als Täter zu behandeln, geht nach geltendem Recht trotz des grundsätzlich gleichen Strafrahmens für Täter und Anstifter nicht an. Denn nicht in allen Stücken steht der Anstifter dem Täter gleich: Versuchte Anstiftung ist straflos, versuchte mittelbare Täterschaft ist strafbar (und kann bei Annahme der subjektiven Teilnahmetheorie sehr häufig gestraft werden). Dies übersehen diejenigen, welche den Anstifterdolus sich einfach in mittelbaren Täterdolus verwandeln lassen.

II. Mittäterschaft. § 47.

1. Sie setzt gemeinschaftliche Ausführung mit einem oder mehreren anderen voraus[1]). Jedem Mittäter wird der etwaige Beitrag des anderen wie seine eigene Tat zugerechnet. — Die Gemeinschaftlichkeit liegt nur vor bei bewußtem und gewolltem Zusammenwirken. Dagegen setzt sie Zurechnungsfähigkeit für die Genossen des Beschuldigten nicht voraus.[2]) Die Praxis des RG. stimmt nur hinsichtlich der Mittäterschaft unter Beteiligung eines Unmündigen, der wissentlich handelt, zu.[3]) Für das Erfordernis der Zurechnungsfähigkeit bei dem Mittäter die überwiegende Literatur.[4])

Fehlt es an dem bewußten und gewollten Zusammenwirken, so wird jedem nur das angerechnet, was er verursacht hat, sogen. Nebentäterschaft (auch Mehrtäterschaft genannt, so z. B. Frank § 47 VII).

Z. B. wenn zwei Personen gleichzeitig in ein fremdes Haus eindringen, ohne von einander zu wissen, so liegt der Strafschärfungsgrund des § 123 II nicht vor.

Auch durch bloßes Schweigen trotz vorhandener Redepflicht kann jemand Mittäter bei einer von einem anderen Anwesenden als dem Sprachrohr des Schweigenden aufgestellten Tatsachenbehauptung werden.[5])

---

1) Bei manchen Delikten kann jeder Mittäter den vollen Tatbestand verwirklichen, vgl. z. B. §§ 123 II, 223 a, 293.

2) Gl. M.: v. Olshausen § 51 N. 13; 55 N. 6.

3) E. 19, 192.

4) Z. B. Frank § 51 III.

5) E. 49, 239. Formaldelikte kennen meist keine Mittäterschaft.

Fehlt es an besonderen gesetzlichen Voraussetzungen für die Entstehung oder Richtung des Vorsatzes bei einem der Beteiligten (z. B. der Vorsatz des einen Tötenden ist unüberlegt, oder: der eine hat keine Zueignungsabsicht beim Wegnehmen fremder Sachen), so kommt in bezug auf das Delikt, dessen Tatbestand diese Erfordernisse aufstellt, keine Mittäterschaft zustande.[1])

Vorgängige ausdrückliche Verabredung ist zur Mittäterschaft nicht erforderlich. Fehlt sie, so spricht man von zufälliger Mittäterschaft, so Binding Grdr. 153. Möglich ist ferner, daß die mehreren Mittäter nur in bezug auf Teile eines konkreten Tatbestandes in Übereinstimmung handeln und daher auch nur insoweit in Mittäterschaft stehen.

Z. B. A und B mißhandeln gemeinschaftlich den C. A hat dabei Tötungsvorsatz, B nicht. A ist dann eines Mordversuchs (nicht in Mittäterschaft verübt) schuldig, B einer in Mittäterschaft (§ 223 a) verübten Körperverletzung, obwohl sein Genosse nur aus dem schwereren Gesetze haftet (§§ 211, 43).[2])

An Mittäterschaft fehlt es, wenn nur der eine Teil das Bewußtsein und den Willen des Zusammenwirkens mit einem anderen hat, der von seinem Genossen nichts weiß.[3]) Insoweit gibt es also keine Mittäterschaft.

2. Unterscheidung der Mittäterschaft von der physischen Beihilfe.

a) Nach einer subjektiven, insbesondere vom Reichsgericht vertretenen Theorie liegt Mittäterschaft vor, wenn jeder den verbrecherischen Willen Betätigende die Tat als eigene gewollt hat (d. h. wenn er animo auctoris gehandelt hat).[4])

Dagegen liegt für denjenigen Beihilfe vor, der etwa die Tat nur als fremde gewollt hat (d. h. der animo adjutoris gehandelt hat). Verwandt, aber nicht ganz identisch[5]) ist die

---

1) Gl. M.: Beling, Lehre v. Verbr. 411.

2) Gl. M.: E. **44**, 321.

3) Frank § 47 III, v. Olshausen § 47 N. 7, E. **23**, 193. A. M.: Beling 470. Wichtig z. B. für § 123 II.

4) Vgl. z. B. E. **3**, 181; **39**, 193 (96); **40**, 21 (25).

5) Diese Verschiedenheit wird nicht allgemein beachtet; vgl. z. B. Mayer **401**, der nur die Interessetheorie erwähnt.

Gegenüberstellung: die Tat in eigenem bzw. nur in fremdem Interesse wollen.[1]) Auf die objektive Bedeutung und Größe des Tatbeitrags kommt nach der subjektiven Theorie in ihrer doppelten Gestalt nichts an. In ihrer ersten Fassung will sie ausdrücken, der Gehilfe stelle es dem anderen Teil (dem Täter) anheim, ob die Tat zur Vollendung kommen soll.[2]) Auch derjenige kann nach dieser Ansicht Täter sein, der gar keine Tatbestandshandlung und überhaupt keine gegenwärtige rechtswidrige Angriffshandlung vornahm, sondern eine bloße Vorbereitungshandlung beging. Verlangt wird aber vielfach weiter, daß er die Tat als eigene wollte und bei der Tat des Genossen, ihn bestärkend, zugegen war.[3]) — Anders der KommE.: Mittäter ist danach, wer mit einem anderen den Vorsatz, gemeinsam eine strafbare Handlung zu begehen, gemeinsam verwirklicht. — Vielleicht würde zu sicherer Ausschließung der rein subjektiven Theorie formuliert werden können: Mittäter ist, wer durch gemeinschaftliche Ausführungshandlungen mit einem anderen vorsätzlich zusammenwirkt.[4])

b. Nach einer objektiven Theorie, vertreten insbesondere von Birkmeyer REnz. § 19, Frank § 47 II, v. Liszt § 50 III 1, Thomsen L. 144, Wachenfeld 201 entscheidet

---

[1]) Vgl. Hergt, Die Lehre v. d. Teilnahme 1909 S. 17, 19, Birkmeyer, Teilnahme 224, E. **9**, 109 (10), R. **8**, 474 (77), E. in Leipz. Z. **10**, 553.

[2]) Vgl. E. **3**, 181.

[3]) So anscheinend E. **1**, 145; **3**, 142 (45); OstLG. **10**, 60. In dieser Weise wird die subjektive Theorie auch ausgelegt von v. Bar **2**, 714; Mayer 402, Schwartz § 47 N. 6, Wachenfeld 200. Neuerdings hat aber das RG. erklärt, es genüge psychische oder physische Mitwirkung bei Vorbereitung der Ausführung, so z. B. GA. **56**, 90, E. **15**, 295 (302), E. **37**, 55 (58). Von E. **26**, 351 wird beigefügt, sie müsse wenigstens kausal geworden sein. Diese ganze Praxis verwischt sichere Grenzen. — Daß bloße Billigung der Handlung durch den anwesenden Gehilfen nicht ausreicht, ist klar; so auch GA. **56**, 90.

[4]) Zu beachten ist, daß nach reichsgerichtlicher Ansicht Mittäterschaft, Anstiftung und Beihilfe an der Tat eines Geisteskranken nicht möglich ist. Dies wird angenommen, gleichviel, ob letzterer wissentlich handelte oder nicht, und gleichviel, ob der andere von der Geisteskrankheit wußte oder nicht, E. **11**, 56, **21**, 14, Finger **1**, 342 N. 437.

Mittäterschaft ist ausgeschlossen, wenn der eine Teil rechtmäßig handelt und daher des erforderlichen Dolus ermangelt, E. **17**, 413.

die objektive Größe und Bedeutung des Tatbeitrags. Danach liegt Mittäterschaft vor bei Vornahme einer Tätigkeit von ursachlicher Bedeutung während der Ausführung (gewöhnlich als Tatbestandshandlung bezeichnet); dagegen liegt Beihilfe vor bei den Handlungen, die der Ausführung zeitlich vorausgehen, ferner bei solchen Handlungen während der Ausführung, die nicht Tatbestandshandlungen sind.

Allein der Begriff der Tatbestandshandlung hat keine fest absteckbaren Grenzen und der Begriff einer verursachenden Handlung im Sinne der Übergewichtstheorie führt nicht immer zu sicheren oder doch brauchbaren Ergebnissen.

Nach Ansicht Mayers[1]) nimmt der Täter eine Angriffshandlung vor, der Gehilfe bereitet den Angriff vor oder sichert ihn. Allein im Begriff der Beihilfe liegt nicht, daß sie keine Hilfe im Angreifen sein dürfe, im Begriff der gemeinsamen Ausführung nicht, daß jeder während der Ausführung, die schon im ganzen einen Angriff darstellt, noch speziell eine als Angriffshandlung i. e. S. zu bezeichnende Handlung vornehmen müßte. Es wäre ein völliger Bruch mit der Überlieferung, daß der Gehilfe bei einer Urkundenfälschung oder Geldfälschung um deswillen ohne weiteres Täter wäre, weil er einen noch so untergeordneten Beitrag zur Herstellung des Falsifikats geleistet hat, z. B. die Urkunde unter die Presse gelegt, durch irgend ein Fixierbad gezogen hat (Ein Angriff auf das Rechtsgut liegt hier aber vor). Umgekehrt wäre der Diebsgenosse stets nur Gehilfe, der die vielleicht weit schwierigere und bedeutsamere Aufgabe übernommen hat, die Aufmerksamkeit des Bestohlenen abzulenken, so daß der andere Teil, der viel unfähiger ist, nur zuzugreifen braucht.

c) Nach einer vermittelnden Theorie ist der Ausgangspunkt ein objektiver: Bestimmte Handlungen sind ihrer objektiven Bedeutung nach untergeordneter Natur. Sie können Mittäterhandlungen auch nicht durch eine irrige Annahme des jene untergeordnete Unterstützung Leistenden werden, daß sein Beitrag bedeutender sei, ebensowenig durch den Willen des

---

1) Vgl. Mayer 403.

objektiv nur Helfenden, daß die Tat als seine eigene zustande komme.

Z. B. wer dem Täter während der Ausführung den Rat gibt, einen ihm bekannten Kunstgriff anzuwenden, ist nur Gehilfe der Körperverletzung, sofern er nicht physisch mit eingreift.

Wer während der Ausführung nur Wache steht, wer dem nächtlichen Brandstifter nur für einen Augenblick die Leiter hält, ist nicht Mittäter, sondern nur Gehilfe.[1])

Umgekehrt gibt es Tatbeiträge (z. B. Anfertigung falschen Geldes mit allen dazu erforderlichen Handlungen, wobei des Täters Frau nur ein paar ersetzbare Handreichungen leistete), die als Täterhandlungen in der Auffassung des täglichen Lebens unbedingt gelten, mag auch der Täter persönlich uneigennützig gehandelt haben oder mag er die Fälschung auch nur ausgeführt haben, weil er unter dem Einfluß seiner Frau stand (mag es ihm also an eigenem Interesse und am animus auctoris fehlen).

Soweit eine solche Ausscheidung nach der objektiven Bewertung des Tatbeitrags (wie sie allgemein vorgenommen wird) nicht möglich ist, entscheidet der Wille des Mitwirkenden, ob er die Tat nur in Abhängigkeit von dem Willen des anderen Teils oder auch unabhängig davon wollte.[2])

Gegen die vermittelnden Theorien Mayer.[3]) Er meint, es handle sich um eine scharfe Alternative; das objektive Kriterium greife durch. Allein dies erscheint als petitio principii.

---

[1]) Bedenklich E. in Leipz. Z. 10, 553: Stillschweigend gewollte Gestattung der Wegnahme von Gegenständen zum Nachteile des Dienstherrn bedeute für den Angestellten bereits Mittäterschaft bei dem Diebstahl, wenn die Tat mindestens zum Teil auch zugunsten und im Interesse des Angestellten verübt wurde. — Noch bedenklicher E. in Leipz. Z. 10, 757: Schon das In die Feder Diktieren einer falschen Urkunde, die von dem Diktierenden gar nicht in Gebrauch genommen wurde, sei Mittäterschaft, wenn der Diktierende wollte, daß die falsche Urkunde so hergestellt und dann einem Dritten gegenüber zu dem in Aussicht genommenen Täuschungszwecke verwendet werden solle. Hier fehlt es an jeder eigenen Ausführungshandlung des Veranlassers, und die Grenze zur Anstiftung ist verwischt.

[2]) Gl. M. im wesentlichen Beling Grdz. (4) 89, Allfeld 248, Coenders, Strafr. Grundbegr. 257.

[3]) Vgl. Mayer 403.

Eine Begründung, daß im Gesetz nicht einfach die Auffassung des Lebens zugrunde gelegt sein kann, oder daß diese in jedem Falle nur nach objektiven Merkmalen scheide, wird nicht erbracht. Auch braucht gar kein Irrtum des Mitwirkenden über die Bedeutung seines Beitrags obzuwalten, wenn dafür ein objektives generelles Werturteil nicht besteht. Die vermittelnden Theorien nehmen also nicht, wie Mayer 404 zu vermuten scheint, ein Anlehen von der Irrtumslehre auf.

Der Wille des Mitwirkenden entscheidet außerdem noch in dem Ausnahmsfall, daß das Gesetz die Täterschaft bei einem Delikt von einem Fürsichhandeln abhängig macht, so beim Diebstahl. Hier ist Täter, wer einen Dritten für seine Zwecke benützt, ohne daß der Veranlasser mit auszuführen braucht.

3. Jeder Mittäter wird als Täter, d. h. ebenso gestraft, wie wenn er den Erfolg allein verursacht hätte. § 47.

Bei einzelnen Delikten ist erhöhte Strafe angedroht, wenn sie in Mittäterschaft verübt wurden; so nach §§ 119, 123 II, 223a, 293 StGB.[1]) Auch in diesen Fällen gehört zur Mittäterschaft einverständliches Handeln. Dagegen gehört nicht noch weiter dazu auch Zurechnungsfähigkeit.[2]) Richtig ist aber, daß Alleintäterschaft gegeben ist, wenn der Unzurechnungsfähige nach dem Vorsatz des anderen nur als dessen Werkzeug benutzt wurde.

Mittäterschaft liegt auch für denjenigen vor, welcher gemeinschaftlich mit einem anderen handelt, der einem Strafschärfungsgrunde unterliegt. Z. B. der Beamte A begeht in Ausübung seines Amtes gemeinsam mit dem Nichtbeamten B eine Körperverletzung. Letzterer wird aus § 223a wegen einer gemeinschaftlich, d. h. in Mittäterschaft verübten, Körperverletzung bestraft. A ist strafbar nach § 340.

4. Sukzessive Mittäterschaft (von bloß sukzessiver Ausführung zu unterscheiden) ist möglich. Sie liegt nur dann vor, wenn vor Begehung der letzten Ausführungshandlung, aber nach geleistetem Beitrag des

---

[1]) Verabredete Gemeinschaftlichkeit verlangt SeemO. § 101, 105 I.

[2]) Gl. M.: Frank § 47 III. A. M.: RGE. 19, 192 für den Fall der Geisteskrankheit eines Mittäters.

Ersttäters noch ein Einverständnis mit dem Zweittäter über den herbeizuführenden Gesamterfolg zustande kommt.[1])

Sie setzt ferner voraus, daß der Beitrag des Ersttäters noch zur weiteren Tat mitwirkt. Sie entsteht also nicht, wenn ein fehlgeschlagenes Verbrechen vorlag. Sie tritt auch nicht ein, wenn nur der eine der beiden auf die spätere vorsätzliche Mitwirkung des anderen rechnete; der Ersttäter wird hier nur mittelbarer Täter, nicht Mittäter. Dagegen liegt sie z. B. vor, wenn ein Geldfälscher nach begonnener Ausführung diese liegen läßt und ein anderer von ihm jetzt zugezogen wird, der die Fälschung allein vollendet. — Bei zusammengesetzten Tatbeständen sind danach verschiedenartige Gestaltungen möglich. Z. B. wenn A den X überwältigt, B die dadurch geschaffene Hilflosigkeit benutzt und bei X Sachen fortnimmt, so kann A als Mittäter eines Raubes gestraft werden, falls er nachträglich sein Einverständnis mit der Wegnahme von Sachen dem B kundgibt (mag er auch ursprünglich nur in der Absicht der Freiheitsberaubung gehandelt haben). A kann als mittelbarer Täter des Raubes gestraft werden, wenn er auf die spätere Wegnahme durch B gerechnet hatte, aber gegenseitiges Einverständnis ausblieb. A ist nur Täter eines Raubversuchs, wenn ohne seine Vorauserwartung B die Wegnahme vollzog, A aber in Wegnahmeabsicht die Gewalthandlung begangen hatte. Fehlte auch diese Absicht, so ist A Täter einer Freiheitsberaubung. — B wird zum Räuber nur dann, wenn er auf Grund nachträglichen Einverständnisses mit A wegnimmt. Anderenfalls ist er Dieb.

5. Mittäterschaft ist auch bei Unterlassungsdelikten denkbar.[2]) Sie tritt aber nur dann ein, wenn erst das einverständliche Nichttun den Erfolg bewirkt. Z. B. beide Eltern ernähren ihr Kind ungenügend, um es krank werden zu lassen (= § 223a).

---

[1]) Gl. M.: v. Olshausen § 47 N. 12, Frank § 47 III, Schwartz § 47 N. 6 a. E.; E. 8, 42.

[2]) A. M. wohl v. Olshausen § 47 N. 19.

§ 45.

Die Anstiftung.

I. Begriff.

Anstiftung ist die Bewirkung einer strafbaren Handlung durch absichtliche Bestimmung des Willens eines vorsätzlich ausführenden Dritten. § 48.

Binding hat[1]) es unternommen, den Anstifterbegriff aufzulösen und statt dessen den Begriff des Urhebers (nicht im Sinne des Urhebers von Individualrechten) zu begründen. Urheber ist, wer einen Täter zur Verwirklichung des Tatbestandes einer strafbaren Handlung bestimmt hat, zu deren unmittelbaren Begehung ihm entweder die gesetzlichen Tätereigenschaften oder der Täterwille fehlt.[2]) Dieser Urheberbegriff ist weiter als der Anstifterbegriff, weil unter jenen auch der Fall mittelbarer Täterschaft fällt, wo sich jemand vor eigener Ausführung scheut, aber einen nicht dolos Handelnden zur Ausführung benutzt. Er ist andrerseits enger als die Anstiftung, da er den Fall nicht umschließt, in welchem der Veranlasser die Tat als seine eigene will, auch wenn er sich eines dolosen Dritten, der als Täter tauglich ist, zur Ausführung bedient.[3]) Die logische Durchführung und die psychologische Vertretbarkeit dieser Lehre ist ohne weiteres anzuerkennen. Aber praktisch wird es oft schwer fallen, festzustellen, ob ein Veranlasser Täterwillen oder bloß Urheberwillen hatte.[4]) Außerdem ist nicht zu übersehen, daß das die Anstiftungsfälle zusammenschließende Band der Überwindung des Willens eines Zurechnungsfähigen diese Form der Kausierung leichter feststellbar zu einer Einheit zusammenschließt. Nach Bindings Urheberbegriff dagegen ist es gleichgültig, ob der Urheber direkt ein willenloses Werkzeug zur Verursachung benutzte oder bloß ein Motiv für den im übrigen selbst verantwortlichen Willen des Veranlaßten abgegeben hat. Zuzu-

---

[1]) Im GerS. 76, 105 f., in Leipz. Z. 10, 1, in seinen strafr. Abhandlungen 1, 170, 356, in den Normen 2 (2) 489, 886.

[2]) Abh. 1, 400.

[3]) Abh. 1, 283.

[4]) Vgl. Binding Abh. 1, 327 N. 97.

geben ist aber, daß die Anstiftung im Sinne der herrschenden Lehre einer Reform bedürftig ist. Ihre Bestrafung sollte nicht verneint werden dürfen, weil der Ausführende latenter ohne dolus war. Ferner wäre bei der Bestrafung eine Unterscheidung erwägenswert, ob der Anstifter animo autoris oder animo adiutoris gehandelt hat.

Fahrlässige Veranlassung eines Dritten ist nicht Anstiftung, aber in einzelnen Fällen als selbständiges Delikt bedroht, z. B. in §§ 329 III, 345 II, vgl. auch § 121 II in Verbindung mit § 347 II.

Aus der Anstiftung scheiden diejenigen Fälle aus, in welchen der Veranlasser nach Maßgabe des vorigen Paragraphen als mittelbarer Täter zu erachten ist.

Die Anstiftung ist gleich der Täterschaft für den Erfolg kausal. Aber das Gesetz zieht daraus, daß der Anstifter durch den von ihm bestimmten Willen eines anderen die Tat mitverursacht hat, nicht die Konsequenz, ihn dem Täter gleichzustellen, weil es diese Form der Verursachung im Vergleich zur Vornahme gegenwärtiger Angriffshandlungen auf das Rechtsgut nicht für gleichartig erachtet, wenn der Veranlaßte schon allein für doloses Ausführen verantwortlich gemacht werden kann. Die zur Bestimmung des Täters entfaltete Tätigkeit ist wegen der Hemmungen, die der Zurechnungsfähige zu entfalten fähig ist, noch nicht als gegenwärtiger Angriff auf das geschützte Rechtsgut zu bewerten. In der Literatur wird die Handlung des Anstifters zum Teil als reine mittelbare Täterschaft konstruiert,[1] zum Teil als Bedingung im Gegensatz zur Ursache, die der Täter setze,[2] zum Teil wird jede Kausierung des Erfolgs durch Anstifter verneint.[3] Richtig dürfte sein, soweit sich nicht aus einer positivrechtlichen Gegenüberstellung von teilnehmen und begehen (= ausführen) Besonderheiten ergeben, an der Verursachung auch beim Anstifter festzuhalten; z. B. für Rückfallsvorbestrafungen wegen bloßer Anstiftung zu einem Diebstahl.[4]

---

1) So z. B. v. Kohler L. 32.
2) So z. B. von Frank § 48 I.
3) So z. B. von Beling, Lehre vom Verbr. 391 N. 2.
4) Uebersicht über das Schrifttum bei v. Liszt § 49 N. 4.

II. Schuldseite.

1. Der Anstifter muß die Bestimmung des anderen sowie den Eintritt eines strafbaren Handelns wollen.

Streitig ist, ob er notwendig die Vollendung des angesonnenen Delikts wollen mußte. Wichtig für die Strafbarkeit des agent provocateur, der vielleicht Ertappung im Stadium des Versuchs allein im Auge hatte.[1])

Beispiel: Anstiftung zu einem Raubversuch, wobei Schutzleute verborgen gehalten werden, die die Vollendung abhalten sollen und wirklich verhindern.

2. Zur Anstiftung ist ferner erforderlich, daß der Bestimmende eine nach Ort oder Zeit näher konkretisierte Ausführungshandlung im Auge hatte, welche dann mindestens teilweise eintrat.

Sehr weitgehend in dieser Beziehung E. **34**, 327, konkrete Anstiftung zur Abtreibung komme bereits dann in Betracht, wenn die zu veranlassende Person nicht irgendwie zu einer konkreten Handlung bestimmt war, sondern ihr nur gesagt war, sie solle doch bei sich etwa bietenden Gelegenheiten gewisse Handlungen vornehmen (z. B. Abtreibungsmanipulationen an dritten Personen). Tue die Beeinflußte dies dann in einem dem Veranlasser unbekannten Fall, so sei er doch Anstifter geworden.

3. Individuelle Kenntnis der Person des Angestifteten ist nicht verlangt.[2]) Ebensowenig ein Bewußtsein des Angestifteten davon, daß er angestiftet wurde.

4. Dolus eventualis genügt zum Anstiftungsvorsatz als Ganzem nicht.[3]) Aber die Absicht im Sinne eines Anstrebens kann sich z. B. darauf beschränken, daß ein konkreter Angriff auf gewisse Rechtsgüter stattfinde, während die Modalitäten der Begehung, etwa der Gebrauch von strafschärfenden Mitteln, nur dolo ev. in Kauf genommen sind. Auch bedingte Absicht

---

[1]) Verneinend mit Recht: v. Olshausen § 48 N. 14, Binding Grdr. 171, Schwartz § 48 N. 2 h. A. M.: Allfeld 229 N. 23, Frank § 48 III, Mayer 406, Wachenfeld 205 u. E. **15**, 315.

[2]) Gl. M.: Frank § 48 III 2, v. Bar **2**, 620, Binding N. **2**, 893, Schwartz § 48 N. 6. A. M.: E. **3**, 145, Mayer, VD. B. **1**, 379.

[3]) Gl. M.: v. Bar **2**, 619, Hälschner **1**, 397, Schütze 153, insbes. aber Kohler, Studien **1**, 79. A. M.: Wachenfeld 206, Finger **1**, 346.

ist möglich. Es ist daher Anstiftung in der Form denkbar, daß einem Arbeiter gesagt wird: Verlange Deinen Lohn von X. Gibt er ihn Dir nicht heraus, so schlage ihn zu Boden und nimm Dir die geschuldete Summe[1]. — Wenn dagegen ein Hauseigentümer oder Besucher einen geheimen Drücker an der Haustüre anwendet und ein Landstreicher in der Nähe steht, von dem er voraussieht, daß dieser ihm den Griff absieht und demnächst bei einem Nachbarhaus anwenden wird, ist er nicht Anstifter der etwa vorausgesehenen Tat des Landstreichers. Es fehlt an der Anstiftungsabsicht. Verlangt man eine solche nicht, so dürfte niemand in Gesellschaft oder in der Familie eine Begebenheit erzählen, wenn er zweifelt, ob nicht vielleicht einer der Zuhörer daraus Anlaß nimmt, einen anderen zu beleidigen. Es kommt häufig vor, daß jemand eine an sich interessante aber harmlose Nachricht über Dritte so ausgeschmückt weitergibt, daß daraus eine üble Nachrede wird. Ist ein Vater oder sonstiger Erzähler zum Stillschweigen verurteilt, weil er befürchtet, einen solchen pseudologischen Charakter unter seinen Zuhörern zu haben? Sicherlich nicht.

III. Mehrfache Anstiftung.

Anstiftung eines bereits Entschlossenen (d. h. eines alias oder omni modo facturus) ist unmöglich.

Dagegen wird die Anstiftung nicht schon dadurch ausgeschlossen, daß der Veranlaßte schon vorher geneigt war und dies kundgegeben hatte, ja nicht einmal dadurch, daß er sich dem Veranlasser zur Tat erboten hat.[2] Auch zur Fortsetzung eines bereits begonnenen Kollektivdelikts oder fortgesetzten Verbrechens kann noch angestiftet werden, da die Anstiftung noch neue Entschlüsse trotz vorliegender Vorsatzeinheit hervorrufen kann, z. B. wenn jemand sukzessive ein Warenhaus bestehlen will, kann in ihm der Entschluß zu einem Teilakte (etwa heute abend) noch hervorgerufen werden.

Anstiftung des Täters durch mehrere Personen ist

---

[1]) Auch die Absicht, dem Anderen nur eine Gelegenheit zu zeigen, genügt; die Begehung der Tat braucht der Anstifter dann nicht anzustreben. Beispiel: A sagt zu B, wenn B. Schuhe nötig habe, könne er sie bei X ohne Bezugsschein kaufen.

[2]) Gl. M.: v. Bar 2, 632, E. 37, 172.

in der Weise möglich, daß die mehreren einverständlich je einen Beitrag zur Entschließung des Veranlaßten leisten[1]; aber auch in der Weise, daß beide, ohne von einander zu wissen, Überredungsbeiträge leisten,[2] dagegen nicht in der Weise, daß der eine ohne Einverständnis mit dem anderen dolos dessen Anstiftungsversuch zum Erfolge bringt.

IV. Anstiftungsmittel.

In ausdrücklich beispielsweiser Aufzählung führt § 48 StGB. an: Geschenke, Versprechen, Drohung, Mißbrauch des Ansehens oder der Gewalt, absichtliche Herbeiführung oder Beförderung eines Irrtums.

Andere Anstiftungsmittel sind z. B. die einfache Aufforderung, die Verhöhnung, scheinbares Abraten (z. B. einer zur Lynchung geneigten Menge wird zugerufen: Nur nicht ins Wasser mit ihm). Unterlassungen sind taugliche Anstiftungsmittel nur da, wo eine rechtliche Pflicht bestand, den Entschluß eines anderen im konkreten Falle zu beeinflussen.

Die Drohung ist Anstiftungsmittel nur dann, wenn sie nicht die Formen des § 52 annimmt. Denn letzterenfalls ist ja eine strafbare Handlung des Veranlaßten, der im Notstand handelt, ausgeschlossen (Zugleich ein Argument, daß der Notstand für den Genötigten kein bloßer Strafausschließungsgrund ist. Denn Teilnahme an der Handlung eines Dritten, dem ein bloßer Strafausschließungsgrund zur Seite steht, wäre möglich).

Der Irrtum ist Anstiftungsmittel nur dann, wenn er sich nicht auf Tatumstände des gesetzlichen Tatbestandes (§ 59 StGB.) bezieht. Denn letzterenfalls wäre ja eine vorsätzliche Handlung bei dem Irrenden ausgeschlossen. Eine vorsätzliche Ausführungshandlung des Veranlaßten ist aber Strafbarkeitsbedingung für die Handlung des Anstifters.

V. Strafe des Anstifters.

Sie bemißt sich nach dem Strafrahmen, der für die ausgeführte[3] konkrete Straftat besteht, soweit sie vom

---

[1] Vgl. Frank § 47 II.

[2] Gl. M.: Binding, Strafr. Abhandl. 1, 327.

[3] Strafbarer Versuch beginnt beim Anstifter später als beim mittelbaren Täter.

Anstifter gewollt (oder mitgewollt) war, § 48 II. Innerhalb dieses Strafrahmens ist eine verschiedene Bestrafung des Anstifters und des Täters beliebig möglich.

Bei Anstiftung zu einem mit Arrest bedrohten militärischen Delikte trifft den Anstifter Haftstrafe.[1]

De lege fer. ist der Strafrahmen für Anstifter Gegenstand von Meinungsverschiedenheiten.[2] Wenn der Anstifter erweislich nur im Interesse des Veranlaßten handelte oder ohne die persönlichen Eigenschaften oder Willensrichtungen tätig wird, die beim Täter strafbegründend wirken, verdient er einen milderen Strafrahmen. Beutet er dagegen in eigenem Interesse eine Willensschwäche eines bisher zum Verbrechen nicht Geneigten aus, so ist das Umgekehrte der Fall. Für die breite Masse der übrigen Fälle ist Gleichheit des Strafrahmens angemessen.[3]

VI. Selbständige Anstiftungsdelikte; Anstiftungsversuch.

In einigen Fällen wird die erfolgreiche Anstiftung als selbständiges Delikt behandelt (oder doch mit zu dessen Tatbestand gezogen).

Hierher gehören z. B. §§ 210, 357, 361 Z. 4, 9.

In einzelnen Fällen bildet die erfolglose Aufforderung ein delictum sui generis.

So nach StGB. §§ 49a, 85, 111 II, 159, Höchstpreisgesetz von 1914 § 6 Z. 2. Die Selbständigkeit tritt dann in der Möglichkeit selbständiger Beurteilung der zu ihr geleisteten Teilnahme und in der Möglichkeit eines strafbaren Versuchs (wenn dessen besondere Voraussetzungen gegeben sind) zutage. Der agent provocateur macht sich im Falle des § 49a schon durch die Aufforderung strafbar, wenn er wenigstens die Annahme der Aufforderung ernstlich will und diesen Eindruck erreicht (Bestritten). Die generelle Bedrohung erfolgloser Anstiftung (d. h. des sogen. Anstiftungsversuchs) bei allen Vergehen erscheint nicht der Einführung bedürftig. Denn Anstiftungsversuch bedeutet noch

---

[1] Bestr. Gl. M.: v. Olshausen § 48 N. 32.

[2] Vgl. Deutsche Richterztg. 7, 302 f.

[3] Vgl. auch Köhler, Deutsche RZ. 7, 460. Für mildere Beurteilung des Anstifters Coenders, Strafr. Grundbegr. 192.

keinen gegenwärtigen Angriff. Nur bei schweren Delikten oder bei besonders bedenklichen Formen (z. B. „öffentlich vor einer Menschenmenge“) ist eine Pönalisierung solcher vorbereitender Tätigkeit ein Bedürfnis.[1])

§ 46.

Die Beihilfe.

I. Begriff.

Beihilfe ist die absichtliche Unterstützung eines anderen zu dessen vorsätzlicher Ausführung einer strafbaren Handlung trotz einer konkreten Vorstellung von deren Ausführung. Vgl. § 49 I.

Die Beihilfe zu einer bloßen Übertretung ist nach geltendem Recht nicht strafbar. Einzelne Ausnahmen in Steuergesetzen (vgl. z. B. Zuckersteuergesetz § 47[2])), in § 363 II.

II. Tatseite.

1. Die Beihilfe kann sowohl vor als auch während der Ausführung der Haupttat geleistet werden. Die Gehilfentätigkeit kann ferner schon abgeschlossen sein, bevor der Täter entschlossen war.[3]) Sie ist deswegen nicht notwendig Anstiftung; z. B. die Schwester steckt dem Bruder vor dem Tatentschluß eine Waffe in die Kleider, die dieser benützt, wenn er sich zu einer in Frage stehenden Tat entschließt. — Beihilfe nach der Ausführunghandlung des Täters ist nur möglich, soweit die Unterstützung noch zum Vollendungserfolg oder darüber hinaus zur Fortdauer des deliktischen Verhaltens beiträgt; z. B. wenn sie die Aufrechterhaltung einer Freiheitsberaubung bewirkt.[4])

---

1) A. M.: Mayer in Aschrott—v. Liszt, Reform 1, 371 (dem aber einzuräumen ist, daß die ablehnende Haltung des Vorentwurfs in der Begründung dazu S. 311 anfechtbar motiviert wird), v. Hentig 127.

2) Vgl. v. Liszt [20] § 51 N. 7; Binding Grdr. [8] 172 I 2.

3) E. 28, 287. A. M.: Wachenfeld 209.

4) Gl. M.: E. 23, 292, 49, 208; Frank § 257 II 2; Schwartz § 49 N. 2c. A. M.: Wachenfeld 208 N. 2, M. E. Mayer 399 (nur bis zum Eintritt des Vollendungserfolges), Allfeld 250 N. 19, v. Olshausen § 49 N. 4, 5 (auch noch nach der Vollendung, aber immer nur, solange die Willensbetätigung i. e. S. nicht abgeschlossen ist. Hierbei werden die Worte „zur Begehung“ unnötig eng ausgelegt).

Nach der Entstehungsgeschichte[1]) ist Beihilfe nach Abschluß der Willensbetätigung des Täters für möglich zu erklären, und zum gleichen Ergebnis gelangt man, wenn man mit dem RG.[2]) annimmt, die Begehung einer strafbaren Handlung erschöpfe sich nicht in der Willensbetätigung selbst, sondern umfasse auch den Erfolg. Endlich löst sich die Zusammengehörigkeit mit der Haupthandlung nicht durch das zeitliche Vorausgehen derselben, von dem der Gehilfe oft gar kein sicheres Wissen haben kann. Wenn der Täter $^{9}/_{10}$ zu einem Erfolg beiträgt, der Gehilfe $^{1}/_{10}$, so wird der subjektiv und objektiv schwächere Tatbeitrag nicht schon dadurch zur Täterschaft, daß er erst das auslösende zehnte Zehntel hinzufügt. Eine solche Novation müßte irgendwo im Gesetz bezeugt sein.

2. Jede Beihilfe muß sich in den Kausalverlauf wirklich eingegliedert haben. Eine conditio sine qua non braucht sie nicht gewesen zu sein. Vgl. oben § 43 IV 2. Nicht einmal eine objektive Förderung des Erfolgs braucht sie herbeigeführt zu haben.[3]) Gl. M.: Wachenfeld 211 N. 4.

Vom Reichsgericht ist die Mitwirksamkeit der Beihilfe zum Erfolg früher nicht immer verlangt worden.[4])

3. Mitwisserschaft des Täters um die Beihilfehandlung braucht nicht zu bestehen.

4. Die intellektuelle Beihilfe (= Beihilfe durch „Rat“) kann nicht nur durch Beratung, sondern auch durch Aufmunterung des wankend Gewordenen sowie durch Bestärkung des Tatentschlusses verübt werden.

5. Beihilfe ist nicht nur zu positiven Handlungen möglich, sondern auch zu allen Arten von Unterlassungsdelikten.[5])

Beispiel: A unterläßt vorsätzlich eine ihm vorgeschriebene Anzeige; um ihn in seinem Vorsatz zu bestärken, richtet seine

---

1) Vgl. Goltd. Mat. **1**, 340.

2) Z. B. E. **10**, 420.

3) Beispiel: Der Täter benutzt zuerst einen ihm zugesteckten Dietrich. Der Dietrich bricht ab, und der Täter wird dadurch sehr aufgehalten, vollendet aber dann doch die Tat mit eigenen Werkzeugen.

4) Vgl. E. **6**, 169 (70), dagegen aber Allfeld 249 N. 16, E. **38**, 156; richtig auch R. **9**, 285, der Sache nach ferner E. in Leipz. Z. **10**, 172.

5) A. M.: v. Zahn GS. **69**, 52.

Ehefrau B einen übernommenen Auftrag eines Bekannten nicht aus, der dem A eine bestimmte Warnung vor der Durchführung seines Vorhabens zukommen lassen wollte.

III. Schuldseite der Beihilfe.

Der Gehilfe muß eine konkrete Vorstellung von der Täterhandlung im ganzen haben. Die Beihilfe muß m. a. W. individualisiert sein. Die konkreten Einzelheiten der Tat braucht der Gehilfe nicht zu wissen[1]). Er muß ferner die Tauglichkeit seiner Handlung zur Unterstützung des Erfolgs kennen. In beiden Richtungen genügt ein eventuelles Wissen. Der Gehilfe muß endlich die Unterstützung des Täters durch seine Handlung beabsichtigen, d. h. entweder als unvermeidlich voraussehen oder anstreben.[1])

Praktisch wird die Streitfrage z. B., wenn ein Dienstbote etwa genau weiß, daß sein Herr irgend ein Vergehen morgens vorhat, aber mit ungeputzten Schuhen oder ohne Frühstück nicht ausgeht. Muß er eher den Dienst verlassen, als eine Handlung vornehmen, die eine Vorbedingung für den Erfolg mit sich bringt? Vgl. auch den Fall in LeipzZ. **10**, 172 (Reisebegleitung als Gesellschafter während einer Reise des Täters zur Tat; in dem betr. Fall lag allerdings nicht bloß dolus eventualis vor).

Verlangt man zur Beihilfe, daß der Gehilfe die Unterstützung des Täters anstrebe oder als unvermeidlich voraussehe, so ergibt sich auch ein klares Verhältnis der „unterlassenen Abhaltung“ gewaltunterworfener Personen von Diebstählen usw. (§ 361 Z. 9) zur Teilnahme an Diebstählen usw. Nicht jede pflichtwidrig unterlassene Abhaltung von einem Diebstahl braucht

---

[1]) Blankettvorsatz genügt aber nicht. A. M.: Binding N. **2**, 903.

[2]) Gl. M. im Ergebnis (Begründung anfechtbar) E. **37**, 321, **39**, 44. A. M.: Frank § 49 II; Wachenfeld 211 N. 2; Birkmeyer VD. A. **2**, 70. Das RG. legt den Nachdruck bei richtig getroffener Entscheidung darauf, ob der Gehilfe nur in seinem erlaubten Berufe tätig werden wollte, oder ob er nebenher auch die fremde Tat fördern wollte. Diese Unterscheidung gibt aber nur dann einen vernünftigen Sinn, wenn man letzteres Wollen als ein beabsichtigtes auffaßt. Denn ein dolus eventualis liegt in den vom RG. gegebenen Beispielen zweifellos vor.

man dann als Beihilfe zu ihm zu konstruieren. Fehlt es an der Unterstützungsabsicht, so ist der Unterlassende nur Täter der Übertretung nach § 361 Z. 9. Liegt dagegen echte Beihilfe zum Diebstahl vor, so tritt § 361 Z. 9 als subsidiär zurück.[1])

Individuelles Kennen des Täters ist auch zur Beihilfe nicht erforderlich.[2]) Die nähere konkrete Ausführung, abgesehen von einer Individualisierung der Tat, braucht vom Dolus des Gehilfen ebenfalls nicht umschlossen zu sein.

Nach überwiegender Lehre muß der Gehilfe auch die Vollendung des Delikts wollen.[3])

IV. Bestrafung.

Die Strafe des Gehilfen richtet sich nach dem Strafrahmen der ausgeführten Tat, zu welcher vorsätzlich geholfen wurde, jedoch mit der Abweichung, daß der Strafrahmen nach den Grundsätzen über Versuch zu ermäßigen ist, § 49 II.

Ist die Haupttat nur ein Versuch geblieben, so ist aus dem nach § 44 ermäßigten Strafrahmen des Haupttäters ein abermals ermäßigter Strafrahmen für den Gehilfen zu bilden.

Z. B. der Versuch, ein Gebäude zu zerstören (§ 305) ist bedroht mit Gefängnis von 8 Tagen bis zu 4 Jahren 11 Monaten 29 Tagen; die Beihilfe hierzu mit Gefängnis von 2 Tagen bis zu 4 Jahren 11 Monaten und 28 Tagen. Ist der Versuch eines Vergehens straflos, so ist, wenn dasselbe vollendet wurde, doch der Gehilfe strafbar. Der Strafrahmen wird also nach §§ 44, 45 gebildet. Z. B. Beihilfe zu einer Körperverletzung ist strafbar.

Besteht bei einem Delikte der gleiche Strafrahmen für Versuch und Vollendung, so ist doch die Beihilfe gemäß den

1) Gl. M. in bezug auf letzteres Ergebnis Oppenhoff § 361 N. 67, Schwartz § 361 N. 22.

2) Gl. M. R. 10, 242.

3) v. Olshausen § 49 N. 21, E. 15, 315. Dies ist bedenklich. Richtig Binding Gr. 149 N. 2.

allgemeinen Versuchsregeln einem milderen Strafrahmen unterworfen.[1])

Nur wenn Beihilfe begrifflich bloße Vorbereitung wäre, nie in einem untergeordneten Tatbeitrag bestehen könnte, wäre Mayer 409 zuzustimmen, daß der Strafrahmen für Beihilfe weiterer Herabsetzung bedürfte als der für Versuch.

V. Abweichende Behandlung der Beihilfe.

1. Handlungen, in denen sachlich eine Beihilfe für andere Delikte steckt, werden als selbständige Delikte bedroht in: §§ 141, 203, 219, 354.

2. Der Strafrahmen für Beihilfehandlungen ist dem der Täterschaft gleich in: §§ 143 II, 218 III, 363 II, Vereinszollges. § 146.

3. Anhang: Für grundsätzliche Bestrafung des Gehilfen de lege fer. nach dem Strafrahmen, wie er für Täter gilt, sind u. a. Harburger[2]), Hoegel[3]), für grundsätzliche Beseitigung der Teilnahmeformen überhaupt ist Getz.[4]) Allein der Sonderbestimmungen für Teilnahme bedarf man, wenn man der Tatsache Rechnung tragen will, daß unendliche Teilnahmehandlungen schon einsetzen, wo noch keine Ausführungshandlungen vorliegen, wenn man also eine allerdings nur in beschränktem Umfang anerkennungsbedürftige akzessorische Eigenschaft der Teilnahmehandlungen anerkennen will. Der Unterscheidung zwischen Gehilfen und anderen Beteiligungsformen bedarf man, wenn man für typisch faßbare Fälle einer regelmäßig geringeren Strafbedürftigkeit einen milderen Strafrahmen vorsehen will.[5])

---

[1]) Gl. M. E. 12, 64, Frank § 80 III. A. M.: v. Liszt § 51 N. 10. Beispiele §§ 80, 114.

[2]) JKV. 11, 513.

[3]) ZStW. 37, 666.

[4]) JKV. 5, 355.

[5]) Für Fortbestand der Teilnahmeformen auch VE. § 78 f., GE. § 31 f.; Birkmeyer VD. A. 2, 132; Mayer in Aschrott—v. Liszt, Reform 364.

3. Einheit und Mehrheit der Verbrechen.

§ 47.

Unterscheidungsmerkmale, insbes. bei einer natürlichen Mehrheit der Deliktsverwirklichungen.

Jedes selbständige neue Delikt erzeugt einen Strafanspruch. Z. B. wenn jemand wiederholte Betrügereien verübt hat, so hat er mehrfache Strafe verwirkt.

Aber nicht jedes Delikt erscheint völlig selbständig. Wenn z. B. jemand um 11 Uhr ein Schaufenster eingeworfen und um 12 Uhr einen Menschen körperlich verletzt hat, so sind das zwei selbständige Delikte; wenn jemand dagegen durch einen Stoß den betreffenden X körperlich verletzte, indem er ihn in das Schaufenster warf, so stehen Körperverletzung und Sachbeschädigung nicht völlig selbständig da, aber sie sind beide begangen.

Auch nicht jede neue Deliktsverwirklichung begründet ein neues Delikt. Z. B. wenn der A den B mehrmals bei verschiedenen Anlässen beleidigt, so können das verschiedene selbständige Beleidigungen sein. Wenn A dagegen dem B in kurzer Aufeinanderfolge zahlreiche Schimpfworte an den Kopf wirft, so gilt das nur als eine Beleidigung. Wo liegt da die Grenze?

In der älteren Geschichte begegnet man vielfach einer sehr äußerlichen Zusammenrechnung: So viele Klagetatbestände (= actiones) aus einer oder mehreren Handlungen sich ergaben, so viele Straffälle waren nach römischem Recht dann in der Regel vorhanden. Wenn je eine Klage aus mehreren leges zur Verfügung stand, konnte bis in spätere Zeit hinein jede erhoben werden.[1])

Das germanische Recht entschied nach der Mehrheit der äußeren Erfolge. Z. B. jeder bei einer Verwundung zugefügte Knochenbruch wurde als besondere Missetat gezählt; bei unerlaubtem Eintreiben von Vieh auf fremdes Feld wurde

---

[1]) Vgl. v. Bar 3, 514, Mommsen, Röm. Strafr. 890.

eine der Zahl der Viehhäupter entsprechende Menge von Eigentumsverletzungen angenommen. Ja, im friesischen Recht wurde die Zahl der Delikte gelegentlich nach der Zahl der Nadelstiche bestimmt, womit eine Wunde zugenäht werden mußte.[1]) Die Aufstellung großer Deliktsmehrheiten entsprach in späterer Zeit offenbar einem fiskalischen Interesse.

Die mittelalterlichen Italiener versuchten in scharfsinnigen Untersuchungen die Ausscheidung eines einheitlichen fortgesetzten Verbrechens von den Fällen echter Deliktsmehrheit (z. B. mehrfacher Ehebruch mit der nämlichen Frau galt schließlich als nur ein Delikt). Ferner wurden mehrfache Erfolge einer und derselben Tat teilweise als nur ein Delikt behandelt, z. B. bei Beschädigung mehrerer Sachen durch einen Stoß.[2])

Die ideale Konkurrenz wurde auch um die Wende des 18. und 19. Jahrhunderts durchweg als echte Konkurrenz angesehen. „Ideal“ bedeutete nicht scheinbare Konkurrenz, sondern Mehrheit der Gesichtspunkte, unter denen das äußere Faktum strafbar erscheint.[3]) Mehrheit der schuldhaften Ideen[4]), nicht eine Konkurrenz nur in der Einbildung, ist späterhin der Kern des nicht glücklichen, aber hergebrachten Ausdrucks für die einaktige Verbrechenskonkurrenz.[5])

Die gemeinrechtliche Jurisprudenz suchte dann im 19. Jahrhundert zu weiteren durchgreifenden Unterscheidungsmerkmalen, z. B. zwischen fortgesetztem und wiederholtem Verbrechen[6]) zu gelangen.

Manche Fragen sind noch in der Gegenwart bestritten.

---

[1]) v. Amira 236. Nicht gehäuft wurde das Friedensgeld; Schreuer 119.

[2]) v. Bar, 2, 516 f.

[3]) Vgl. Klein, Grunds. (1799) §§ 157, 159.

[4]) Gegen die Annahme einer mehrfachen Schuld bei Idealkonkurrenz Baumgarten, Idealkonk. (1909) 52.

[5]) Vgl. auch Salchow, Peinl. R. (6) 1823 § 136, der davon spricht, daß nach PGO. Art. 163 bei Idealkonk. bloß die Schuld des schwersten Verbr. berücksichtigt werde. Henke 1, 617 nennt das, was wir heute Idealkonk. nennen: concursus simultaneus delictorum, und verlangt auch für ihn wie für den conc. successivus eine Mehrheit von „Absichten“.

[6]) Vgl. z. B. Feuerbach L. §§ 127, 128.

I. Grundsätze.

1. Bei mehrfacher Verwirklichung des nämlichen oder mehrerer verschiedener Deliktstatbestände durch denselben Täter ist nur ein einziges Delikt anzunehmen, wenn ein einheitlicher Schuldinhalt das gesamte Verhalten umspannte.

Dies ist jedoch nicht der Fall:

a) wenn mehrere selbständige Fälle der Vorsatzfassung bzw. der Fahrlässigkeit einer wiederholten Deliktsverwirklichung zugrunde liegen,

b) wenn die Tatbestände rechtlich verschiedener Delikte verwirklicht sind, und die Schuld des Täters bei Begehung des einen Delikts noch nicht die sämtlichen Schuldmerkmale enthält, welche bei der Verwirklichung des oder der übrigen Tatbestände in der Person des Täters vorgelegen haben,

c) wenn die mehrfache Verwirklichung des nämlichen rechtlichen Tatbestandes an einer Mehrheit von Schutzobjekten zutraf, an deren selbständiger Fortexistenz in unversehrtem Zustande das Recht ein Interesse nimmt (z. B. an mehreren Staaten, mehreren Personen, mehreren Religionsgesellschaften, mehreren Ehen).

Dementsprechend ist es eine Körperverletzung, wenn jemand auf Grund des einheitlichen Vorsatzes, einen anderen zu prügeln, mehrmals auf ihn einschlägt, wenn jemand mit einem Diebesgriff die Sachen mehrerer Eigentümer wegnimmt.

Es liegt dagegen Deliktsmehrheit vor, wenn jemand gestern dem A rechtswidrig eine Ohrfeige versetzte, und bei neuem Anlaß heute den Vorsatz der Wiederholung faßt und ausführt. Ebenso, wenn jemand den Vorsatz verwirklicht, einen Menschen in ein Schaufenster hineinzustoßen, oder wenn er vorsätzlich einen Schuß auf zwei hintereinander stehende Menschen abgibt.

Für die Bejahung der Frage, ob bei Verletzung einer Mehrheit von Angriffsobjekten der gleichen Art nach Auffassung des Gesetzes diese Mehrheit als ein Verbrechen zusammenfaßbar ist (vorausgesetzt, daß die Willensrichtung des Täters eine ununterbrochen einheitliche war), gibt die Fassung des

Tatbestandes häufig einen Fingerzeig (sogen. Einheit kraft Gesetzes, gesetzliche Einheit). Das Gesetz bezeichnet nämlich nicht selten die Handlung mit einer kollektiven Wendung (z. B. Zweikampf § 205, Vornahme unzüchtiger Handlungen § 174, Mißhandeln § 223, Fischen § 296). Oft nennt es ferner die Angriffsobjekte in der Mehrzahl oder mit einem Kollektivnamen (z. B. Sachen § 259, Privatgeheimnisse § 300, Vorräte § 308; Geld § 146, Stempelpapier § 275, Eigentum § 314). Die gesetzlich mögliche Erfolgseinheit wird dann nicht schon durch eine Mehrzahl der objektiven Tatbestandsverwirklichungen (d. h. das Repetieren eines Delikts) zerrissen. Ein Fingerzeig ist auch gelegentlich daraus zu entnehmen, daß trotz des Gebrauchs der Einzahl an der einen Stelle an einer anderen Stelle für die gleiche Deliktsgattung die Mehrzahl gebraucht wird (z. B. in § 242 eine Sache, in § 247 Sachen; in § 303 eine Sache, in § 304 Gegenstände; in § 363 bald Zeugnisse, bald eine Urkunde). Einheit des Schutzobjekts entscheidet bei Abtreibung, § 218.[1])

Auch wo solche Fingerzeige fehlen, ist im Zweifel ein abweichender Wille des Gesetzes nach der Richtung, daß jede neue objektive Tatbestandserfüllung durch den Täter mehr als eine bloße Verstärkung der Deliktsintensität bedeute, nicht anzunehmen. Die Annahme, daß das Gesetz die einzelnen Schutzobjekte eines Tatbestandes als unzusammenfaßbare Individualitäten ansieht, ist nicht zu vermuten.[2]) In mehrfacher Beziehung abweichend Mayer.[3]) Zu den Fällen fehlender Anhaltspunkte rechnet er auch die Sachbeschädigung. Zusammenfaßbarkeit in den Fällen eines fortgesetzten Verbrechens wird hier ohne weiteres angenommen. Dagegen soll in den übrigen Fällen (z. B. bei Sachbeschädigung an mehreren Objekten durch verschiedenartige Tätigkeit) die Einheit (= die Zusammenfaßbarkeit) ausgeschlossen sein, wenn an den einzelnen Objekten ein „gesondertes Interesse" bestehe; z. B. bei Beschädigung von fünf Kunstwerken lägen fünf Sachbeschädigungen vor, bei Be-

[1]) Vgl. auch Beling L. v. V. 231, Binding 1, 554 f., Höpfner 2, 21, Mayer 161.

[2]) Gl. M.: Beling, L. v. V. 231.

[3]) Vgl. Mayer 161.

schädigung von fünf Kleidungsstücken dagegen nur eine Sachbeschädigung. Allein die Zusammenfaßbarkeit bestimmt sich nur nach den vom Gesetz generell unterstellten Eigenschaften der Angriffsobjekte, nicht noch außerdem nach Eigenschaften, die den Objekten bloß im Einzelfall von Interessenten beigelegt werden.

2. Wo eine bestehende Deliktsmehrheit auf eine Mehrheit völlig selbständiger (= zeitlich zu trennender) Handlungen zurückzuführen ist, spricht man von Realkonkurrenz (Tatmehrheit, sachliches Zusammentreffen). Wo sie dagegen mindestens teilweise auf eine und dieselbe Ausführungshandlung zurückzuführen ist, spricht man von Idealkonkurrenz. Der Ausdruck hängt mit der Auffassung zusammen, daß in einer Handlung sich mehrere verschiedene deliktische Ideen betätigen. Statt Idealkonkurrenz sagt man auch: rechtliches Zusammentreffen.

3. Wenn trotz bestehender Deliktseinheit für das Verhalten des Täters mehrere gesetzliche Tatbestände bei isolierter Betrachtung sich zur Subsumtion darbieten (von denen aber nur einer bei der Vergleichung übrig bleibt), spricht man von Gesetzeskonkurrenz. Beispiel: § 263 mit § 148.

II. Hauptfälle einer Deliktseinheit bei andauernden, wiederholten oder sonstigen mehrfachen Deliktsverwirklichungen.

1. Das Dauerverbrechen (delictum successivum in der ausländischen Literatur; auch del. permanens früher genannt)[1] und sein Gegenstück: das Zustandsverbrechen.

a) Ersteres liegt vor, wenn auch nach der juristischen Vollendung eines Delikts das verbrecherische Verhalten seinen Fortgang nimmt, wenn m. a. W. die der positiven Tätigkeit nachfolgende Unterlassung als ununterbrochene Ausführungshandlung anzusehen ist.[2]

Beispiele: Die Freiheitsberaubung (§ 239) dauert als rechtswidriges Verhalten fort, solange der Eingesperrte nicht wieder die Freiheit erlangt. Als verbrecherisches Ver-

[1] Vgl. v. Bar 3, 408.

[2] Vgl. auch Loening VD. A. 1, 439. Treffend wird das Dauerverbr. von Höpfner 1, 250 f. als eine meist aus Tun und Lassen zusammengesetzte Handlung charakterisiert.

halten setzt sich das Dauerdelikt jedoch nur so lange fort, als der böse Wille (Vorsatz) weiterbesteht. Da Vorsatz kein kontinuierliches Denken verlangt, wird er durch zeitweilige Ablenkung der Gedanken noch nicht aufgehoben; ebensowenig wie die Vorsatzeinheit beim fortgesetzten Verbrechen. Wird jemand aber z. B. auf ein paar Jahre geisteskrank, so dauert während dieses Zeitraums nicht etwa sein verbrecherisches Verhalten fort. Überhaupt ist ein Dauerverbrechen während der Zeit unterbrochen (ein Verjährungslauf hebt also an, Notwehrrecht hört auf), während deren der Täter nicht in der Lage ist, ein Aufhören des rechtswidrigen Zustandes herbeizuführen. Wird es nachher fortgesetzt, so ist eine in der Zwischenzeit zur Aufrechterhaltung des Erfolges von einem Dritten geleistete Unterstützung Beihilfe geworden. Das Dauerverbrechen wird auch sonst wichtig, z. B. für den Verjährungsbeginn, für die fortdauernde Möglichkeit einer Beihilfe und einer strafbaren Nichtanzeige, für die unselbständige Bedeutung einer Nachhandlung des Täters (z. B. er schließt das Tor ab, er verringert die Bewegungsfreiheit), für Notwehr und Notstand.

Fernere Beispiele:

Hausfriedensbruch § 123;

Feilhalten unzüchtiger Gegenstände § 184 Z. 1;

Menschenraub § 234;

Tragen verbotener Waffen § 367 Z. 9;

Verletzung der Wehrpflicht § 140 Z. 1;

Kindesverwechselung als Unterfall der Personenstandsveränderung § 169.

b) **Ein Zustandsverbrechen liegt vor, wenn mit der juristischen Vollendung das verbrecherische Verhalten als beendet anzusehen ist, aber eine der Rechtsordnung widersprechende Lage fortdauert,** die denkbarerweise, d. h. generell betrachtet, wieder aufgehoben werden könnte.

Beispiel:

Der Diebstahl § 242;

die Doppelehe § 171;[1])

---

1) **Thomsen** 103 N. 3 und die herrschende Lehr.

das Beiseiteschaffen von Vermögensstücken § 137; KO. § 239; die Falschanzeige eines Kindes als Unterfall der Personenstandsveränderung § 169.

Manche Dauerdelikte können später die Eigenschaft eines Zustandsdelikts annehmen. Z. B. das widerrechtliche Jagen hört mit der Wegnahme des erlegten Wildes unter Abstehen von weiterem Nachstellen auf, fortzudauern.

Praktische Bedeutung: Unterstützung nach der Deliktsvollendung kann nicht mehr Beihilfe sein.

Die Verjährung beginnt bereits mit der Deliktsvollendung. Ausnahme hiervon kraft positiver Bestimmung für die Doppelehe, § 171 III.

Die etwaige Vornahme einer tatbestandlichen Nachhandlung (z. B. im Falle der Münzfälschung: das Inverkehrbringen) ist wie beim Dauerdelikt im Gegensatz zum rein einaktigen Delikt kein neues Delikt. Aber sie unterbricht doch die Verjährung. Denn sie ist Neubeginn deliktischer Tätigkeit.[1]

2. Das fortgesetzte Verbrechen (delictum continuatum,[2] repetierendes Verbrechen, Fortsetzungszusammenhang). Geschichtlicher Überblick bei Doerr S. 4f; Höpfner Einheit und Mehrheit I, 19, 57, 71.

Es setzt voraus:

a) Wiederholte Vornahme von Akten, welche das gleiche Grunddelikt verwirklichen.

---

[1]) Gegen die Unterscheidung, welche v. Liszt § 54 III aufgebracht und die herrschende Theorie, z. B. Allfeld 255, Frank § 74 V 2b, Wachenfeld 113, angenommen hat, Kitzinger, Ort u. Zeit 257, Kitzinger, Recht der Polizei (1914) 149, H. Egenolf, Das Dauer- u. Zustandsverbrechen (Diss.) 1914 S. 34, 73, Mayer 126 (der Begriff des Zustandsverbrechens sei überflüssig). Allein der Ausdruck kennzeichnet eine eigentümliche Erscheinung einiger abgeschlossener Delikte, daß sie einen rechtswidrigen Zustand begründen, dessen Aufrechterhaltung jedoch dem Täter nicht als Verbrechensfortsetzung anzurechnen ist. — Richtig ist, daß es sich im wesentlichen um eine Abart der Erfolgsverbrechen handelt (Bei Bigamie nicht). Ihre Besonderheit liegt dann darin, daß die nachträgliche Verschlimmerung oder die Aufrechterhaltung des Zustandes durch weitere Handlungen möglich ist (z. B. Verbrauch der zugeeigneten Sache), ohne daß diese Nachhandlungen ein neues Delikt begründen. Rechtsschutz zur Beseitigung des Zustandes wird gewährt.

[2]) v. Bar 3, 569.

Ein Fall ist z. B. mehrfaches Wegnehmen fremder Sachen, auch wenn es teilweise unter erschwerenden Umständen, z. B. §§ 242 und 243 Z. 2, 3, durch Teilakte auf Grund einheitlichen Vorsatzes verwirklicht wird. In dem maius steckt ja das minus.

Die Praxis verlangt statt der Identität des Grunddelikts (z. B. §§ 296 und 350) die Einheit des angegriffenen Rechtsguts.[1]) Allein die Rechtsgüter können in verschiedenstem Umfange konstruiert werden, vgl. z. B. Vermögen, Eigentum, Besitz; vgl. ferner Eigennutz, Freiheit von wucherischer, speziell von kreditwucherischer Ausbeutung. Gegen das trügliche Kriterium der Rechtsgutseinheit auch Höpfner.[2])

b) Ausführung in Verfolgung eines und desselben Vorsatzes[3]) oder doch der gleichen schuldhaften und bereits irgendwie konkretisierten Willensrichtung.[4]) — Nach letzterer (richtigerer) Auffassung gibt es auch Deliktseinheit bei fahrlässiger Fortsetzung. Z. B. ein Dienstbote hat fahrlässig einen Befehl falsch verstanden und führt ihn nun dreißigmal je mit dem Erfolg einer Übertretung nach § 366 Z. 10 an.

α) Vorsatzeinheit ist nicht gleich Entschlußeinheit oder Absichtseinheit; z. B. wenn jemand durch einen Entschluß sich dahin bringt, bei zwei ganz verschiedenen Diebstählen als Mittäter mitzuwirken, kommt ein fortgesetztes Delikt nicht zustande.[5]) Umgekehrt kann ein nach der lex lata einheitlicher Deliktsvorsatz aus einer Anzahl von Teilentschlüssen sich zusammensetzen, z. B. beim gewohnheitsmäßigen Verbrechen. Auch bei anderen als Kollektivverbrechen ist Entschlußmehrheit trotz Vorsatzeinheit leicht möglich; z. B. jemand beschließt zuerst die Tat im ganzen und faßt nachher neue Entschließungen über die verschiedenen Modalitäten der Ausführung; er will einen verschlossenen Schmuck stehlen und entscheidet sich später für Brecheisen, noch später für die Ausführung bei Nacht.

---

[1]) Z. B. E. **41**, 98 (102), **48**, 177, GA. **46**, 48.

[2]) Einheit und Mehrheit **2**, 13, ferner Kohler GA. **53**, 156.

[3]) So Doerr 93 und das Reichsgericht, z. B. E. **39**, 220, E. **44**, 392 (96). Vorsatzgleichheit verlangt van Calker Gr. 63.

[4]) So v. Bar **3**, 581, wohl auch Rumpf, Der Strafrichter (1913) **2**, 323.

[5]) Vgl. E. **45**, 70.

Der Satz Mayers 162, daß Vorsatz derjenige Ausschnitt aus dem Entschlusse sei, der für die Zurechnung zum Erfolge relevant ist, dürfte bloß in dem Falle zutreffen, wo der Entschluß eines Täters auf Ausführung einer Mehrheit von Handlungen gerichtet ist, von denen nur einzelne deliktischer Natur sind. Abgesehen von einem solchen Falle kann, wie gezeigt, aus einem rechtlich einheitlichen Vorsatz sich eine Mehrheit von Teilentschlüssen ergeben.

β) Eine weitere Verschiedenheit von Vorsatz und Entschluß kann aus psychologischen und sprachlichen Gesichtspunkten abgeleitet werden, wenngleich der gemeine Sprachgebrauch in manchen Fällen beide Ausdrücke unterschiedslos gebraucht. Der Entschluß bezeichnet das Herrschendwerden des entscheidenden Motivs,[1]) während der Ausdruck Vorsatz auch die durch den Entschluß entstehende Willensrichtung, d. h. den damit begründeten Zustand der Psyche bedeutet. Man kann zwar ebensogut sagen: man habe einen Entschluß gefaßt, wie: man habe einen Vorsatz gefaßt. Dagegen sagt man nach diesem Zeitpunkt von sich richtiger: man habe den oder jenen Vorsatz, als: man habe den oder jenen Entschluß. Denn der Entschluß bezeichnet einen Vorgang, der Vorsatz auch den daran anknüpfenden Zustand.

γ) Verlangt man zur Begründung einer Deliktseinheit wegen Fortsetzungszusammenhangs Vorsatzeinheit, so begrenzt man die Fälle zu eng, verlangt man nur Einheit der Willensrichtung, so kann man das Gebiet leicht über die ratio legis hinaus erstrecken.

Wenn sich jemand z. B. ein Brecheisen kauft, um bei jeder sich bietenden Gelegenheit zu stehlen, so ist die Ausführung dieses gefaßten Planes bei mehreren Gelegenheiten noch kein einheitlich zusammenfaßbares (= fortgesetztes) Verbrechen.[2])
Ebenso steht es mit dem Falle,[3]) wo der Täter das Vorhaben ausführte, bei jeder sich bietenden Gelegenheit aus einer bestimmten Zuckerfabrik Sachen zu stehlen, die er brauchen könne.

---

[1]) Vgl. Wundt, Grdr. der Psychologie (8) § 14 Nr. 7.
[2]) Vgl. E. **45**, 70.
[3]) Richtig entschieden vom RG. in JW. **41**, **1065**.

Anderseits wird durch neue Teilvorsätze (oder Zusatzvorsätze) die Einheit eines früheren Gesamtvorsatzes nicht ohne weiteres aufgehoben. Aber die schwierige Frage ist, wann liegt ein bloßer Teilvorsatz vor, wann ein neuer Vorsatz? Gelegentlich wird hierzu bemerkt[1]): „Ein Entschluß kann ebensogut dahin gehen, bei sich künftig bietender Gelegenheit die Straftat zu wiederholen, also nur selbständige Straftaten zu begehen, wie dahin, eine Straftat zu verüben, wenn auch in verschiedenen, als Ausfluß des sie insgesamt beherrschenden Entschlusses sich darstellenden Einzelhandlungen. Nur in letzterem Falle würde aber ein im Fortsetzungszusammenhang stehendes Handeln vorliegen."

Da die Einzelhandlungen in ihrer Art und Weise, in ihrem Umfange, nach Ort und Zeit ganz regelmäßig nicht von vornherein genau feststehen, wird demnach das fortgesetzte Delikt durch neue Teilentschlüsse[2]), die sich auf solche Umstände beziehen, nicht ausgeschlossen. Sie begründen dann nur Teilvorsätze. Es wird daher ein fortgesetztes Verbrechen auch anzunehmen sein, wenn der Täter von einer gefälschten Legitimation zu Freifahrtsscheinen von vornherein mehrmals zu einem konkretisierten Zweck (z. B. Erlangung einer konkreten Anstellung) Gebrauch machen will und nur die Zahl der dazu notwendigen Fahrten behufs persönlicher Vorstellung noch nicht genau im voraus kennt. Zu eng gerade in einem solchen Falle RMG. **19**, 39 (44). Das Urteil nimmt an, die Selbständigkeit der Einzelhandlungen komme schon dann zur Geltung, wenn der Täter die zweite und dritte Fahrt mit der gefälschten Legitimation zwar im voraus geplant, aber nur für den Fall gewollt hatte, daß die erste Vorstellung behufs Erlangung einer Anstellung nicht zum Ziele führe. Wenn der Vorsatz zur Einzelhandlung bisher nur bedingt gefaßt oder sonst nicht genügend bestimmt gewesen sei, so liege die zum fortgesetzten Verbrechen erforderliche Vorsatzeinheit nicht vor. Allein ein bedingter Vorsatz ist eventueller Vorsatz. Dieser gilt aber auch sonst als echter Vorsatz. In allen Einzelheiten vorher bestimmt ist der Vorsatz bei zeitlich völlig getrennten Einzelhandlungen

1) So E. **45**, 70 (71).

2) Gl. M.: E. **34**, 5 (8), Doerr 98.

fast nie. Bei dieser extremen Durchführung des Erfordernisses einer Einheit des Vorsatzes würde das fortgesetzte Verbrechen fast völlig zugunsten von Realkonkurrenzen unterdrückt.

Zur Vermeidung von Mißverständnissen wird daher besser von einer Einheit der konkretisierten Willensrichtung zu sprechen sein. Es kommt m. a. W. darauf an, ob ein einheitlich zusammenfaßbarer Deliktserfolg als ein zeitlich und örtlich individualisiertes und irgendwie umgrenztes Ganzes vom Täter gewollt (sei es auch nur bedingt gewollt) war.[1])

δ) Man wird es für widersinnig halten, einen Krankenpfleger zehnfacher Körperverletzung in Realkonkurrenz schuldig zu sprechen, der auf Grund der gleichen Fahrlässigkeit (falsche Etikettierung einer Flasche) den Kranken an zehn verschiedenen Stellen des Körpers oder zehnmal hintereinander an der gleichen Stelle mit einer heftig reizenden Salbe eingerieben hat, während er eine reizlindernde Salbe anzuwenden hatte. Denn wenn der Krankenpfleger diese Salbe auf Grund des gleichen Vorsatzes zehnmal an Kranken angewendet hätte, läge zweifellos nicht eine Mehrzahl von 10 realkonkurrierenden, sondern nur eine Körperverletzung in Fortsetzungszusammenhang vor. — Es kann ferner vorkommen, daß jemand auf Grund einer und derselben Zerstreutheit nach einander Dutzende von Trinkgefäßen anfertigt, welche wegen hohen Bleigehalts gesundheitsschädlich sind (Nahrungsmittelges. § 14). Es ist nicht anzunehmen, daß hier abweichend von dem Falle vorsätzlichen Tuns ein paar Dutzend fahrlässiger Delikte in Realkonkurrenz vorliegen sollen. — Wenn eine wissenschaftliche Zeitschrift ein Jahr lang versehentlich zwei verantwortliche Redakteure aufführt, ohne daß eine räumliche Trennung des Teiles angegeben ist, für welchen jeder allein verantwortlich ist, so kann, wenn 24 Nummern erschienen sind, die Annahme von 24 realkonkurrierenden Delikten (nach § 7 II mit § 19 des Preßgesetzes) eine Ungerechtigkeit darstellen, sofern die Fahrlässigkeit nur eine einmalige war. Die beiden Redakteure hatten sich etwa über ihre preßrechtlichen Obliegenheiten schlecht informiert.

Hält man es an der Hand dieser und anderer Fälle für

[1]) Verwandt: E. 34, 5 (8); über das Schwanken des RG. vgl. auch Rumpf 2, 249 f.

unabweislich, eine auf einheitlicher Fahrlässigkeit beruhende Mehrheit fortgesetzter Einzelhandlungen in gleichem Maße als Deliktseinheit[1]) zu behandeln wie eine auf einheitlichem Vorsatz beruhende Mehrheit von fortgesetzten Einzelhandlungen, so wird eine einheitliche Fahrlässigkeit, sofern ein zur Zusammenfassung taugliches Deliktsobjekt gegeben ist, dann angenommen werden können, wenn der Täter fahrlässig eine irgendwie konkretisierte Gesamthandlung (z. B. Herausgabe einer bestimmten Zeitschrift, gewerbsmäßige Anfertigung von Genußmitteln) sich vorgenommen hatte, ohne der Umstände gewahr zu werden, welche die Unzulässigkeit bzw. Schädlichkeit seines Tuns begründeten, und ohne neue warnende Motive zu empfangen, welche ihn von der Fortsetzung seines Verhaltens hätten abhalten sollen.

Nimmt man dies als richtig an, so ist in der Tat die Vorsatzeinheit als Merkmal des fortgesetzten Verbrechens richtiger zu vertauschen mit dem Merkmal der Einheit einer auf einen bestimmten Erfolg konkretisierten Willensrichtung.

ε) Einheit der konkretisierten Willensrichtung (bzw. des Vorsatzes) ist auch anzunehmen, wenn der Täter seinen Angriff auf neue Objekte vorsätzlich erweitert, bevor er eine frühere Deliktsverwirklichung beendigt hat; z. B. während des ersten ehebrecherischen Stelldicheins wird ein zweites verabredet. Oder: A will Geld stehlen. Bevor der Diebstahl von ihm beendigt ist, sieht er weitere Gegenstände, deren Dasein er nicht vermutet hatte, und nimmt sie ebenfalls weg. Auch in solchem Falle begeht er nur einen Diebstahl.[2]) Richtig bleibt aber, daß ein Generalentschluß auch zu gleichartigen Deliktshandlungen nicht genügt; z. B. nicht der Entschluß, bei jeder sich bietenden Gelegenheit eine bestimmte falsche Legitimationskarte zu benutzen. Die Tat muß vielmehr irgendwie als ein einheitliches konkretes Ereignis gewollt sein. In bezug auf ihren Umfang können dann Teilvorsätze ergänzend hinzutreten.[3])

---

[1]) A. M.: E. 41, 98.

[2]) Gl. M.: Doerr 95 N. 5, Frank § 74 V 1 d (S. 184), ferner M. E. Mayer 170 N. 16, E. 17, 103 (13) (Vereinigter 2. u. 3. Strafsen.). A. M. die neuere Rechtsprechung des RG.; vgl. z. B. Warneyer 9, 13.

[3]) Zutreffend E. 49, 202 (08), 34, 5 (8).

c) Nichteintritt rechtlich bedeutsamer Gegenmotive gegen die Deliktsfortsetzung in der Zwischenzeit der Wiederholungshandlungen des Delikts. Hauptfall ist eine zwischen mehreren Akten inmitten liegende Verurteilung.[1] Eine Ausnahme hiervon ist anzunehmen, wenn während der Aburteilung oder Abstrafung eines Delikts ein anderes Delikt im Gange war, auf das sich die Aburteilung gar nicht bezog. Der Aburteilung wird die Zustellung des Eröffnungsbeschlusses, eine richterliche Vernehmung als Beschuldigter, eine richterliche Verhaftung gleichstehen. Auch durch sonstige einen neuen Entschluß zum Delikt nötig machende Warnungen wird die Deliktseinheit ausgeschlossen.[2] Z. B. der Herr verschließt den Zigarrenkasten nach der erstmaligen Erleichterung desselben durch den Diener.

d) Nichtvorliegen von Angriffsobjekten, welche für den Täter eine auch in abstracto unverschmelzbare rechtliche Sonderexistenz führen, z. B. Verletzung verschiedener Personen in ihrem persönlichen Wirkungskreis (Leben, Freiheit, Körper, Ehre, Personenstand), hoch- oder landesverräterischer Angriff gegen verschiedene Bundesstaaten, Nichtanzeige mehrerer zeitlich selbständiger Verbrechen. Jährliche Wiederholung einer ehrenwörtlichen falschen Steuerdeklaration, die jährlich eingefordert wird; jede von diesen hat rechtliche Sonderbedeutung;[3] dieser Fall ist auch unter lit. c) oben subsumierbar.

Anders steht es bei Verletzung der Sachen oder Vermögensrechte verschiedener Personen (z. B. bei Täuschung verschiedener Personen zur Erlangung einer Vermögensdisposition, welche den Täter rechtswidrig bereichern soll, bei mehrfacher Verletzung der Pflicht zur ehelichen Treue in Vorsatzeinheit, sei es auch durch Geschlechtsverkehr mit verschiedenen Personen.[4])

Anhang: Das (subjektive) Erfordernis zu b) wird im Schrifttum vielfach durch Aufstellung anderer, nämlich ob-

---

[1]) Gl. M.: E. **47**, 308. Rechtskraft ist nicht nötig, E. **49**, 353. Auch die Bankrottfortsetzung kann unterbrochen werden. Gl. M.: Beling 376; bestr.

[2]) Vgl. die Beispiele bei v. Bar **3**, 587, bei Köhler GA. **53**, 160.

[3]) Vgl. E. **46**, 16. Vgl. auch unten S. 547.

[4]) Vgl. v. Bar **3**, 589 N. 153 a.

jektiver Erfordernisse ersetzt. Nach diesen objektivierenden Theorien wird als wesentliches Merkmal teils verlangt: äußere Gleichartigkeit oder Ähnlichkeit der Akte,[1]) teils das Bestehen einer kürzeren zeitlichen Aufeinanderfolge der mehreren Akte (= zeitlicher Zusammenhang),[2]) teils Einheit des Erfolgs,[3]) teils Ausnutzung der nämlichen Gelegenheit.[4])

Kohler[5]) läßt maßgebend sein den Umstand, ob ohne die tatsächlichen Hindernisse die Handlungsweise sich auch als fortdauernde Vergehung hätte entwickeln können und ob die Pausen, die zwischen den einzelnen Akten tatsächlich eingetreten sind, unerheblich waren. Verwandt Beling.[6]) Nach Kohler kommt es hierbei darauf an, ob dasselbe reale Objekt oder doch einander sehr nahestehende Objekte betroffen werden. Diese Theorie kommt der Erfolgstheorie Wachenfelds nahe. Nach dieser sind es notwendig mehrere real konkurrierende Ehebrüche, wenn jemand in kurzem Abstande zwei Freudenhäuser besucht, notwendig mehrere real konkurrierende Diebstähle, wenn das Zimmermädchen sich seine Aussteuerwäsche teils in der Stadtwohnung der Herrschaft, teils in der Sommervilla, wohin es die Herrschaft begleitet, zusammenstiehlt. —

Nach P. Merkels Ausführungen[7]) ist für Einheit und Mehrheit die Fassung der gesetzlichen Tatbestände ausschlaggebend. Merkel gibt zu, daß man damit zuweilen auf unlösliche Schwierigkeiten stößt. Seine Terminologie weicht dabei bewußt von der üblichen ab. Er spricht bei dem fortgesetzten Delikt im technischen Sinne nur von Einheit und Mehrheit der Delikte und nennt fortgesetzte Delikte nur solche, die nach der Vollendung in weiteren, nicht mehr selbständig strafbaren Nachhandlungen durchgeführt werden, z. B. die verkümmerten zweiaktigen Delikte (Versicherungsbetrug, Münzfälschung).

---

[1]) So v. Liszt 240; hiergegen aber E. in GA. 38, 423 (25).
[2]) So Allfeld 257.
[3]) So Wachenfeld 111, dagegen aber Beling, Lehre vom Verbr. 369.
[4]) So Frank (14) 184, M. E. Mayer 167.
[5]) GA. 53, 155 f.
[6]) Lehre v. V. 364.
[7]) Vgl. P. Merkel VD. A. 5, 288 f.

Schon v. Woringen[1]) bekämpfte die Ansicht, daß Beschlußeinheit das ausschlaggebende Merkmal sei. Statt aber noch ein anderes subjektives Merkmal vorzunehmen, geriet er auf den Abweg, lediglich objektive Merkmale aufzustellen, insbesondere die Identität eines Angriffsobjekts, welches in quantitativ verschiedenem Maße verletzbar sei, z. B. der Gewahrsam des X.[2]) Allein die Parallele zu dem Kollektivverbrechen und die Unentbehrlichkeit der Mitverwertung subjektiver Merkmale in anderen Fragen der Konkurrenzlehre weisen darauf hin, daß ein Schuldmerkmal neben einem Tatmerkmal nicht zu übergehen ist. Das auch erforderliche Tatmerkmal wird etwa negativ dahin zu bestimmen sein, daß die Angriffsobjekte des Täters, welche dem gleichen gesetzlichen Grunddelikte unterfallen müssen, nicht als selbständige Rechtssubjekte oder als selbständig bestehende Interessen nach der Tendenz des betreffenden Tatbestandes anzusehen sind. Z. B. kann nicht sukzessive gegen mehrere Bundesstaaten ein fortgesetzter diplomatischer Landesverrat verübt werden; ein fortgesetztes Verbrechen ist auch ausgeschlossen, wenn wiederholt Verbrechen nicht angezeigt wurden. Denn an der Verhütung jedes neuen selbständigen Verbrechens besteht ein neues selbständiges Interesse der Rechtsordnung.

Höpfner[3]) verwirft den Begriff des fortgesetzten Verbrechens, nimmt aber Unselbständigkeit der Handlungen (also nicht § 74) an, wenn gleichartige Handlungen in Verhältnissen, die die Begehung gewisser Delikte besonders begünstigen, wiederholt begangen werden, ferner wenn Delikte als Ausfluß derselben Neigung meistens nicht bloß einmal sondern öfters wiederholt vorgenommen werden. Letzteres Kriterium ist verwandt mit unserem Schuldmerkmal (oben S. 540), läßt aber eine einmalige Strafrahmensanwendung auch in Fällen eintreten, in denen nicht mehr von Einheit der Willensrichtung, sondern nur von Einheit der Charakterneigung gesprochen werden kann; z. B. würde sadistische Anlage ausreichen, um die verschiedenen Handlungen des Sadisten zu einer Einheit zusammenzuschließen.

---

1) v. Woringen, Fortgesetztes Verbrechen (1857) 21, 34.

2) a. a. O. 44, 57.

3) Einheit und Mehrheit 2, 59, 62.

Zusammenfassend läßt sich sagen:

Ein fortgesetztes Delikt ist gegeben, wenn die mehrfache Verwirklichung des nämlichen Grunddeliktstatbestandes erfolgt als Betätigung der gleichen konkretisierten schuldhaften Willlensrichtung gegen zusammenfaßbare Angriffsobjekte.

Es genügt hierbei, wenn die Schuld sich auf neue Angriffsobjekte erweitert, bevor ein früherer Akt beendigt war.[1])

Die Frage der praktischen Bedeutung einer Zusammenfassung mehrerer Akte zu einem sogen. Fortsetzungszusammenhang (z. B. für Ort und Zeit der Handlung, Strafantragsumfang, ne bis in idem, Verjährung, mehrfache Teilnahme) gehört besser zu den betreffenden Materien. Hier nur die Feststellung, daß zum Teil der Gedanke der Zusammenfassung zu einer Einheit im wesentlichen auf den Strafrahmen beschränkt wird,[2]) während andere[3]) die Einheitlichkeit in weitem Umfange annehmen. In der Tat dürfte es mehr dem Gesetze entsprechen, ein für die Frage Konkurrenz einheitliches Delikt auch für die damit zusammenhängenden Fragen als eine zusammengehörige Einheit aufzufassen, soweit nicht teilweise (z. B. bei StGB. §§ 2, 56) aus Sonderbestimmungen, die übrigens auch für Kollektivverbrechen zutreffen, sich eine Abweichung ergibt.[4])

3. Das Kollektivdelikt.

Bei manchen Delikten verlangt das Gesetz als Begriffsmerkmal oder als Strafschärfungsmerkmal Gewohnheitsmäßigkeit, Gewerbsmäßigkeit oder Geschäftsmäßigkeit der Verübung.

Vgl. z. B. §§ 150, 180, 181 a; 260, 302 d. — § 284, 361 Z. 6; 260, 294, 302 d, e. — § 144 StGB., Ges. v. 9. Juni 1897 § 45.

Allen diesen Fällen ist gemeinsam, daß danach die einzelnen Akte, welche auf Grund der nämlichen Geneigtheit, den Tatbestand wiederholt zu

---

1) Vgl. auch Binding H. 1, 545.

2) So z. B. von Kitzinger, Ort und Zeit, 243 f.

3) Z. B. Doerr 194, 196, E. 40, 319, 47, 308 (09), 49, 66.

4) Uebersicht über die Tragweite des Problems auch bei Frank § 74 a. E.

verwirklichen, begangen werden, nur als ein einziges Delikt gewürdigt werden sollen.

a) Dabei ist zu beachten, daß die Gewohnheitsmäßigkeit (scil. einer strafbaren Handlung) nach herrschender Praxis im Gegensatz zur Gewerbsmäßigkeit und Geschäftsmäßigkeit nur dann angenommen werden kann, wenn jemand bereits mehrmals den Tatbestand erfüllt hat. Denn eine bestehende Gewohnheit setzt eine bereits zum Hang gewordene Übung, also eine mehrmalige Verübung voraus.[1]

Dagegen kann der Beweis der Gewohnheitsmäßigkeit (und ebenso der der Gewerbsmäßigkeit) auch aus Handlungen entnommen werden, die wegen Verbüßung, Verjährung, Erlassung nicht mehr gestraft werden können.[2]

Handlungen, die den Tatbestand jetzt verwirklichen würden, aber zur Zeit oder am Ort der Tat keine strafbaren Handlungen waren, sind zum Beweis eines Kollektivverbrechens in der Regel nicht heranziehbar.[3]

A. M. die herrschende Lehre, welche teils dahin geht, daß alle (auch die zur Begehungszeit nicht rechtswidrigen) Tathandlungen zum Beweis heranziehbar sind,[4] teils dahin, daß die vor der Geltung des gegenwärtigen Gesetzes begangenen straflosen Tathandlungen heranziehbar sind, dagegen nicht andere Handlungen, die auch nach geltendem Rechte straflos sind (z. B.

---

[1]) Gl. M.: E. 27, 138; 34, 310, E. in Leipz. Z. 8, 181, Frank § 74 V 2b, v. Lilienthal Gr. 23, Hälschner 1, 545.

[2]) Gl. M.: v. Olshausen § 260 N. 7, Mayer 173, Merkel HH. 3, 225. A. M. für verjährte Delikte: Binding H. 1, 550 N. 12, v. Bar 3, 392 N. 67; letztere Ansicht ist für Verjährung de lege ferenda vorzuziehen; für Begnadigung, deren sich der Begnadigte durch Neubegehung unwürdig erweist, gilt dies nicht.

[3]) Gl. M.: Binding H. 1, 249 N. 2, E. 5, 369 für die vor der Strafdrohung begangenen Handlungen zur Begründung des Merkmals der Gewohnheitsmäßigkeit; v. Bar 1, 152 für die im Ausland begangenen Handlungen zur Begründung der Gewohnheitsmäßigkeit; Goltd. Mat. 1, 71 für die im Ausland begangenen Handlungen zur Begründung eines Kollektivverbrechens; v. Bar 1, 64 für die von schuldunfähigen Jugendlichen begangenen gewohnheitsmäßigen Handlungen.

[4]) So v. Olshausen § 260 N. 7, v. Liszt § 55 N. 8, E. 4, 390 (dieses bezüglich der Gewerbsmäßigkeit).

Neigung zum Betrieb von Darlehensgeschäften),[1]) teils endlich dahin, daß nicht nur frühere Fälle, sondern auch andere Umstände heranzuziehen sind, z. B. ein aufgedeckter Plan zu mehrfacher Begehung.[2]) Richtig ist, daß bei Gewerbs- und Geschäftsmäßigkeit nicht nur Tatwiederholung diese Begriffe im Einzelfall erweisen kann; jedoch sind solche Umstände ausgenommen, die außerhalb des Geltungsbereichs des Strafgesetzes sich ereignet haben. Richtig ist ferner, daß eine Handlung, die schon früher strafbar war, durch die Einführung eines Strafschärfungsgrundes nicht aufhört, mit den späteren die vom Gesetz gewollte Deliktseinheit zu bilden und daher auch zu den später abgeurteilten Kollektivverbrechen mit herangezogen werden kann. Dagegen ist es bedenklich, Handlungen, Pläne, Willensrichtungen, soweit von ihnen nicht feststeht, daß sie sich auf inländische strafbare Handlungen beziehen, zum Aufbau von Verbrechensmerkmalen für eine bei uns gegenwärtig strafbare Handlung zu verwerten. Denn der zu einem bestimmten Tatbestand erforderliche Hang (Gewohnheits-, Gewerbemäßigkeit) ist nicht als bloße äußere Bedingung der Strafbarkeit (bzw. der erhöhten Strafbarkeit) aufzufassen, sondern soll ein Merkmal erhöhter Verworfbarkeit (intensiverer Schuld) bedeuten. Daran kann es z. B. fehlen, wenn jemand bisher erlaubterweise gewerbsmäßig gejagt hat und diese Handlung noch einmal fortsetzt, nachdem sie ihm verboten ist. Wollte er damit sein Gewerbe nicht einstellen, so hat er gewerbsmäßig gejagt, auch falls dies tatsächlich seine letzte gewerbsmäßige Handlung wurde, dagegen nicht, wenn diese Handlung allein in Betracht kommt und Wiederholung nicht beabsichtigt war. Wenn ein Deutscher sich angewöhnt hat, die Zigarre achtlos auf der Straße wegzuwerfen und so einmal auch beim Durchwandern eines Waldes verfährt, wo dies durch Warnungstafeln verboten ist, hat er nicht wegen seiner in Frage kommenden Gewohnheit auch das von ihm verübte Delikt gewohnheitsmäßig verübt. Wer in einem Lande, in dem Sachwucher kein Delikt ist, gewerbe-

---

[1]) So R. 6, 486.

[2]) So Mayer 173, Schwartz § 73 N. 5 b γ, Wachenfeld 108; wohl auch Allfeld 259 N. 25.

und gewohnheitsmäßig Geschäfte treibt, die in Deutschland unter Sachwucher fallen, hat in Deutschland weder gewohnheits- noch gewerbsmäßig Sachwucher getrieben, wenn er in einem vereinzelten Ausnahmefall sein Gewerbe auch auf Deutschland ausgedehnt, d. h. hier ein sachwucherisches Geschäft abgeschlossen hat. — Hiervon sind zu unterscheiden die Fälle, in denen sich nachweisen läßt, daß jemand im Ausland wiederholte gewerbemäßige Handlungen für das Inland vorbereitet hat, ferner die Fälle, wo feststeht, daß jemand das vorher straflose Handeln gewerbe- oder gewohnheitsmäßig unter der Herrschaft eines Strafgesetzes fortsetzen wollte. Denn nur darum handelt es sich, eine vielleicht sogar bereits feststehende Gewerbe- oder Gewohnheitsmäßigkeit von der Verwertung zur Bildung des in einem Strafgesetz geforderten Merkmals der Gewerbs- oder Gewohnheitsmäßigkeit auszuschließen, wenn sie sich nicht auf Zuwiderhandlungen gegen ein geltendes deutsches Strafgesetz bezieht. — Mitbestraft werden die früheren straflosen Fälle nie.

b) Gewerbsmäßigkeit einer strafbaren Handlung bedeutet die Neigung, aus einer strafbaren Handlung sich eine Einkommensquelle zu schaffen; Geschäftsmäßigkeit die Neigung, sich die Wiederbegehung der Handlung nicht nur für ein paar vorausgesehene Einzelfälle zur Aufgabe zu machen.[1])

4. Kumulation der Deliktsunterfälle (auch genannt: Alternativität der Tatbestände).[2])

Die Begehung des nämlichen Grunddelikts unter Verwirklichung mehrerer Unterformen bedeutet für das Gesetz nur ein Verbrechen. Die verschiedenen im Gesetz nebeneinander gereihten Alternativen schließen sich für die Würdigung zu einer Einheit zusammen. Die schwerste Alternative entscheidet. Sind sie gleichwertig, so wird der Strafrahmen für alle als nur einmal verwirkt angesehen. Eine gemeinsame gesetzliche Schuldgrundlage ist ja gegeben; nur ist das Grunddelikt in verschiedenen seiner Erscheinungsmöglich-

---

[1]) Finger 1, 375.

[2]) Baumgarten, Idealkonk. 76, spricht von „echter" Gesetzeskonkurrenz, Wachenfeld 108 von Gesamtverbrechen.

keiten zur Ausführung gelangt.[1]) De lege ferenda wäre eine fakultative Strafrahmenserhöhung beim Zusammentreffen mehrerer Qualifikationsgründe zu erwägen.

Beispiel: Jemand begeht mit anderen einen Einbruchsdiebstahl. Schon vorher hatten sich die Ausführenden zu einer Diebesbande zusammengeschlossen, § 243 Z. 2, 6.

Oder: Jemand verhehlt gestohlene Sachen zuerst auch im Interesse des Diebes, hernach nur im eigenen Interesse, indem er sie an sich bringt, §§ 258, 259. Die Hehlerei gilt im StGB. nur als ein Delikt. Je nachdem ob § 258 Z. 1 oder § 258 Z. 2 oder Sachhehlerei § 259 in Frage steht, kommt der jeweils schwerste Strafrahmen in Betracht[2]) (vgl. auch als Ergänzung jedes der Fälle die §§ 260, 261).

Oder: Jemand stiftet zu einem fortgesetzten Diebstahlsverbrechen an und wirkt außerdem bei einem Einzelakt, der keinen Qualifikationsgrund des § 243 aufweist, als Mittäter mit.[3])

Oder: Jemand verübt bewaffnet einen nächtlichen Einschleichediebstahl (§ 243 Z. 5, 7) und wirft den nacheilenden Eigentümer zu Boden (§ 252).

5. Das Vorliegen einer Spezialität, indem ein Tatbestand als ein hervorgehobener Sonderfall eines Grundtatbestandes erscheint, der nicht mehr weiter in Betracht kommt, oder einer Subsidiarität, wonach ein bestimmter Tatbestand nur für den Fall angewendet werden soll, daß ein bestimmter anderer Fall nicht vorliegt (beides im Grunde nur verschiedene Gesichtspunkte für das gleiche Verhältnis).

---

[1]) Gl. M.: Wachenfeld 108. A. M.: Beling, L. v. V. 311, für Idealkonkurrenz.

[2]) Gl. M.: v. Bar 2, 830. A. M.: Allfeld 566 N. 23, Frank II 2 vor § 257; E. 47, 220, welche zwischen Personen- und Sachhehlerei Verbrechenskonkurrenz annehmen. Allein es ist doch nur eine Sache verhehlt worden. Vielleicht war Anlaß zu dieser Konstruktion das Bedürfnis nach Ablehnung der allerdings bedenklichen Ansicht Bindings L. 1, 385, Sachhehlerei könne nur vorliegen, wenn keine Begünstigung (bzw. Personenhehlerei) bezüglich der verhehlten Sache begangen sei.

[3]) Hier für Idealkonkurrenz E. in ZRpfl. 12, 114. Allein dieser Konstruktion mehrerer Delikte bedarf es nicht; die schwerste Alternative ist maßgebend.

Die Subsidiarität kann eine ausdrückliche oder auch eine stillschweigende sein. Diese Fälle einer Gesetzeskonkurrenz spielen bei der Einheit der natürlichen Handlungen eine bedeutendere Rolle als bei der Mehrheit solcher Handlungen. Vgl. unten S. 568.

Beispiele dieser Gesetzeskonkurrenz bei Mehrheit der natürlichen Handlungen: Eine fahrlässige Körperverletzung wird so lange fortgesetzt (z. B. in der Form der Unterernährung), bis sie den Tod des Verletzten fahrlässig verursacht. Der § 222 schließt als spezieller den § 230 aus.

Die Aufforderung zu einem Verbrechen i. e. S. tritt kraft ausdrücklicher Bestimmung des § 49a als subsidiär zurück, wenn sie den Erfolg hatte, daß der Aufgeforderte das Delikt beging.

Die strafbare Handlung der Herausforderung zum Zweikampf tritt als stillschweigend subsidiär zurück, wenn der Herausfordernde wirklich den Zweikampf ausführt. Ebenso steht es mit dem Verrat militärischer Geheimnisse nach vorgängiger Ausspähung. —

Auch Fälle der Nr. 4 können zugleich ein Subsidiaritätsverhältnis aufweisen, nämlich diejenigen, bei welchen die verschiedenen verwirklichten Alternativen nicht gleich hoch bedroht sind.

6. Eine Untergruppe der stillschweigenden Subsidiarität bildet die sogen. Konsumtion eines Tatbestandes durch einen anderen.[1]

Die Grenzlegung zur Subsidiarität steht bei der Begriffsverwertung nicht völlig fest.[2]

Man wird hierher die Fälle zu rechnen haben, wo ein Tatbestand als den anderen einschließend (= mit würdigend) gedacht ist. Gegensatz: die Fälle, die als sich gegenseitig ausschließend gedacht sind (z. B. § 139 verglichen mit § 211; § 368 Z. 10 verglichen mit § 292; § 241 verglichen mit § 240). Auch Fälle, die zugleich unter Z. 4 oben im Text

---

[1]) Zuerst von Binding, H. 1, 363 eingehend erörtert; neuerdings von Lent, Die Gesetzeskonkurrenz 1, 17 (1912).

[2]) Vgl. z. B. Allfeld 261, Frank § 73 VII 2c, Binding, H. 1, 363.

fallen, kann man als Beispiele der Konsumtion ansehen; z. B.: Wird eine Kuppelei erst aus Eigennutz begonnen, dann hinterlistig fortgesetzt, so liegt nur die schwerste Form (§ 181 Z. 1) vor. Der Fall des § 180 wird dadurch konsumiert. Die Deliktseinheit in den Fällen der Konsumtion und der Subsidiarität überhaupt wird darauf zu stützen sein, daß der psychische Vorgang bei Verwirklichung des einen Tatbestandes für die natürliche Schuldauffassung als eine Einheit erscheint, daß also die Annahme einer selbständig daneben bestehen bleibenden Schuld der tatsächlichen Bedeutung des Hauptvorganges nach dem Sinne des Gesetzes nicht entspräche.

Konsumtion ist insbesondere anzunehmen, wenn mehrere mißglückte Versuchshandlungen und eine Vollendungshandlung in bezug auf das nämliche geplante Delikt vorgenommen wurden. Der Annahme mehrerer Delikte steht die Einheit der Willensrichtung entgegen, die durch bloße Teilvorsätze, welche sich ändern können, nicht aufgehoben werden. Z. B. jemand sucht einen Kassenschrank zuerst vergeblich durch Nachschlüssel zu öffnen, findet dann den echten Schlüssel und stiehlt aus dem damit eröffneten Schrank.

Der schwere Diebstahlsversuch (z. B. nach § 243 Z. 3) und der vollendete einfache Diebstahl sind keine vollständig selbständigen Taten.[1] Anderseits kann man nicht einfach vollendeten schweren Diebstahl annehmen, auch nicht als fortgesetztes Verbrechen.[2] Denn mittels der Nachschlüssel ist dem Täter der Diebstahl niemals geglückt. Es wird aber dem Strafbedürfnis völlig ausreichend Rechnung getragen, wenn man den versuchten Nachschlüsseldiebstahl allein zur Bestrafung verwertet und demgegenüber die Vollendung des Diebstahls in einfacher Form (§ 242) zurücktreten läßt; in dem umgekehrten Fall, daß der Täter einen vollendeten einfachen Diebstahl in schwereren

---

[1]) Treffend Frank § 243 III 2. Nach E. 15, 281 soll Idealkonkurrenz hier vorliegen; es fehlt aber an Tateinheit.

[2]) A. M.: Binding, H. 1, 546. Die Annahme eines fortgesetzten Verbrechens bedeutet zwar Zusammenfassung mehrerer Akte zu einer Einheit, aber nicht darüber hinaus wechselseitige Zusammenstückung der verschiedenen Akte, indem man Merkmale, die dem einen Akte fehlen, von einem anderen Akte überträgt.

Diebstahlsversuchen weiterspinnt, nimmt auch Binding[1]) mit Recht nur schweren Diebstahlsversuch an.

Bleibt der Diebstahlsversuch kausierend, so gilt Folgendes

Ist der Dieb eingebrochen, um bestimmte Wert: objekte zu stehlen, und nimmt er andere Objekte weg, weil er die gesuchten nicht fand, so ist er von seinem Diebstahlsvorsatz nicht zurückgetreten und wegen eines vollendeten schweren Diebstahls zu strafen[2]), außer wenn er bisher nur für den Fall hätte stehlen wollen, daß er die gesuchten Sachen finden würde. Dann würde der schwere Diebstahlsversuch wohl den maßgebenden Strafrahmen abgeben[3]); aber wiederum läge keine Deliktsmehrheit vor.[4])

Ist der Dieb eingebrochen, um Wertobjekte zu stehlen, und nimmt er nur andere Objekte weg, weil er von seinem ursprünglichen Vorsatz freiwillig zurück tritt, so liegt nur vollendeter einfacher Diebstahl vor, § 242 oder § 370 Z. 5.[5])

Ist der Dieb eingebrochen und wollte er nur für den Fall stehlen, daß er Gegenstände des § 370 Z. 5 (z. B. Eßwaren) fände, so liegt bei nachheriger Wegnahme von Gegenständen, die nicht unter § 370 Z. 5 fallen, stets vollendeter einfacher Diebstahl vor, der Mundraubsversuch war ja nich strafbar.[6])

Ist der Täter eingebrochen, zwar in Mundraubsabsicht, aber ohne die Tat nur mit der Beschränkung zu wollen, daß er ausschließlich Objekte des § 370 Z. 5 wegnehmen

---

1) H. 1, 547 N. 21.

2) Gl. M.: Binding, L. 1, 298, der aber keinen Vorbehalt für den nachfolgenden Sonderfall macht. A. M.: Frank § 243 III 2 (für einfachen vollendeten Diebstahl).

3) Gl. M. wohl Frank § 243 III 2; nach E. 14, 312 (15) (passim) ist auch hier vollendeter schwerer Diebstahl gegeben.

4) Bedenklich Oetker, ZStW. 17, 60 N. 18 (für Realkonkurrenz).

5) Gl. M.: Frank § 243 III 2.

6) Gl. M.: Frank § 370 V; Goldschmidt, GA. 47, 350, die jedoch in jedem Fall ebenso entscheiden, in dem der Täter Mundraubsabsicht hatte, auch wenn er sich dabei auf Nahrungsmittel usw. nicht kapriziert hatte. Gl. M. ferner E. 14, 312 (17), jedoch nur für den Fall, daß der Täter nicht nebenher auch Mundraubsgegenstände wegnimmt. Allein dadurch wird an der Tatsache nichts geändert, daß die Wegnahme der anderen Gegenstände auf einem völlig neuen Entschluß beruhte.

werde, so ist zu unterscheiden: α) Nimmt der Täter dann freiwillig nur Nahrungsmittel usw. weg, so ist er von dem schweren Diebstahlsversuch jedenfalls zurückgetreten. Ein solcher liegt jedoch dann vor, wenn der Täter positiv auch schon die Eventualität, andere Gegenstände zu nehmen, mit in seinen Vorsatz aufgenommen hatte. β) Nimmt er unfreiwillig keine anderen Gegenstände mit (etwa weil er keine findet), so liegt, wenn bezüglich ihrer mindestens dolus eventualis gegeben war, Versuch des schweren Diebstahls vor, der den Diebstahl nach § 370 Z. 5 konsumiert.[1]) γ) Nimmt er andere Gegenstände und Nahrungsmittel mit, so liegt nur vollendeter schwerer Diebstahl vor.[2]) —

Verbrechenseinheit ist ferner anzunehmen, wenn mehrere Teilnahmehandlungen und eine Täterhandlung der nämlichen Person in bezug auf die Herbeiführung eines bestimmten Erfolges gegeben sind. Alsdann werden die leichteren Begehungsformen durch die schwerste konsumiert (absorbiert).[3])

Gleiches gilt für die sogen. Nachhandlungen, z. B. für die Zueignung des weggenommenen Sache; für die Beschädigung der unterschlagenen Sache; für die Ausführung einer im Tatbestande vorgesehenen Absicht nach der Deliktsvollendung. Die schon völlig bei Abgeltung des ersten Delikts berücksichtigte Schuld (die böse Absicht) ist nach der ratio legis schon ausreichend bestraft. Es soll nicht die gleiche Absicht zweimal gestraft werden.[4]) Zu den straflosen Nachhandlungen,

---

[1]) Für Idealkonkurrenz hier E. **30**, 67.

[2]) Nach E. **14**, 312 (17) zugleich in Idealkonkurrenz noch die Uebertretung nach § 370 Z. 5. Allein wenn jemand ohne Qualifikation Nahrungsmittel und Geld bei der gleichen Tat wegnimmt, liegt doch auch immer nur ein Delikt vor.

[3]) Gl. M.: Allfeld 261/62.

[4]) Andere Begründung bei Beling, Lehre vom Verbr. 248. Vgl. außerdem u. a. Beling, Lehre vom Verbr. 318, Frank § 73 VIII 2c, v. Olshausen § 146 N. 10, § 242 N. 33; E. **14**, 121 (24), E. **35**, 64, E. **49**, 16 (18). Anders RGR. **10**, 51, Wachenfeld 412 für Versicherungsbetrug, wenn nachträglich die Versicherungssumme durch einen Betrug wirklich erlangt wird. Hiergegen aber mit Recht Frank § 265 I, v. Liszt § 140 N. 3.

die durch die Haupthandlung konsumiert werden, kann man auch die nachträgliche Anstiftung eines Begünstigers durch den Vortäter rechnen. Die Straflosigkeit dieses Falles ist allerdings bestritten.[1])

Denkbar ist auch, daß durch eine straflose Handlung eine an und für sich strafbare Handlung konsumiert wird, z. B. durch einen Selbstmordversuch eine versuchte Abtreibung, die mit dem Tode der Schwangeren ebenfalls vollendet vorläge.[2])

§ 48.

Unterscheidungen innerhalb natürlicher Handlungseinheit.

I. Die Idealkonkurrenz.

1. Sie liegt vor, wenn eine und dieselbe Handlung mehrere rechtliche Tatbestände oder einen Tatbestand mehrmals verwirklicht und die dabei betätigte Schuld des Handelnden durch einmalige Subsumtion unter einen der Tatbestände noch nicht vollständig bewertet ist.

Z. B.: Durch einen Schuß tötet A vorsätzlich einen Hund und verletzt gleichzeitig fahrlässig oder vorsätzlich den in der Nähe stehenden X. Die Tötungsschuld enthält noch nicht die Schuld an der Verletzung des X. Ebensowenig umfaßt die Schuld an der Körperverletzung gegen X den Schuldgehalt, der durch die Sachbeschädigung (= Tötung des Hundes) hinzutritt.[3])

Weiteres Beispiel: Jemand tötet durch einen Schuß vorsätzlich zwei hintereinander stehende Menschen. Durch die Annahme des eines Mordes wird das Tun noch nicht vollständig bewertet; es sind zwei Morde begangen.

---

[1]) Vgl. v. Olshausen § 257 N. 27 und über weitere Beispiele Frank § 73 VII 2c.

[2]) Gl. M.: E. 41, 328 (30), Begründung bedenklich. A. M.: Frank § 218 III.

[3]) Daß Idealkonkurrenz von vorsätzlichen und fahrlässigen Delikten möglich ist, betont E. 48, 250.

Die Idealkonkurrenz stellt somit echte Verbrechens- (oder Delikts-)mehrheit dar (Vgl. schon bayr. StGB. v. 1813 Art. 110)[1]).

Grund: Jedes einzelne Delikt bedeutet eine bestimmte schuldhafte Willensbetätigung. Jede solche Willensbetätigung verliert nicht schon deshalb ihre Existenz, weil sie sich mit einer anderen Willensbetätigung in irgend einem Ausführungsakte vereinigt. Eine unnatürliche Konstruktion, wie sie vorläge, wenn man sagen müßte: ein Betrug oder Diebstahl ist nicht mehr als begangen anzusehen, wenn vom Täter zugleich ein schwereres Delikt verübt wurde (z. B. Urkundenfälschung, Hochverrat), ist dem Rechte nicht unterzulegen.[2])

Die gegenteilige Meinung wird nahe gelegt, wenn man unter Handlung im Sinne des Strafrechts nur ein irgendwie abgeschlossenes sinnfälliges Ereignis versteht und zu einer Verbrechensmehrheit dann eine Mehrheit solcher selbständiger Handlungen verlangt. Man dürfe dasselbe Ding, so wird zur Begründung ausgeführt, nicht zweimal zählen.[3]) Zweifellos ist, daß eine natürliche Handlung durch verschiedene Eigenschaften sich nicht in zwei verschiedene natürliche Handlungen verwandelt. Von natürlicher Handlungsmehrheit sprechen aber auch diejenigen nicht, die Idealkonkurrenz als Verbrechensmehrheit oder als Mehrheit „strafbarer Handlungen" ansehen.

Sie gehen davon aus, daß jedes Verbrechen eine schuldhafte Tatbestandserfüllung darstellt. Sind mehrere Tatbestände schuldhaft erfüllt, so sind mehrfach Normen übertreten worden; es ist mehrfach der Vorwurf schuldhaften Handelns zu erheben. Jeder dieser begründeten Vorwürfe geht dahin, daß eine strafbare Handlung vorliege. Mehrheit

---

[1]) Gl. M. die überwiegende Lehre, z. B. v. Bar, Ges. u. Sch. 3, 527, Frank § 73 II, Allfeld 262, v. Olshausen § 73 N. 24b, Binding, H. 1, 525, E. 2, 42; 4, 179, E. 47, 372. A. M.: v. Liszt 245 (der in den neueren Auflagen daraus jedoch nicht alle Konsequenzen mehr zieht, s. S. 246, betr. Rückfall in das leichtere Delikt), Wachenfeld 103, Höpfner, Einheit und Mehrheit der Verbrechen 1, 160.

[2]) Dagegen auch E. 4, 179.

[3]) So Wachenfeld 102. Richtig bemerkt Höpfner 1, 170, daß die Frage mit der grundsätzlichen Verbrechensauffassung zusammenhänge.

der strafbaren Handlungen im Sinne einer Mehrheit konkret und rechtlich erfüllter Verbrechenstatbestände ist damit bejaht, nicht eine Mehrheit von Handlungen im Sinne von völlig in der Außenwelt getrennten Handlungen. Daß dem Gesetz, soweit es an Verbrechensmehrheit Folgen knüpft, nur die äußerliche Mehrheit das Entscheidende ist, erscheint schon deshalb unwahrscheinlich, weil eine sinnfällige Veränderung zur Handlung im Sinne der §§ 1 f. des StGB. überhaupt nicht notwendig ist. Wenn das Gesetz die einzelnen Angriffsobjekte mit speziellem Schutze umgibt, nicht etwa generell formuliert, wer Rechtsgüter schädigt, so ist daraus entnehmbar, daß jede schuldhafte Verletzung eines selbständigen Rechtsgutes auch eine Einheit bildet, die von der Verletzung eines weiteren Rechtsgutes trennbar bleibt. Rechtsgutsverletzungen, die mit Strafe bedroht sind, bedeuten aber strafbare Handlungen. Gegen diese Ansicht ist vorgebracht worden, sie verwechsle das Vorliegen mehrerer abstrakter Verbrechen (scil.: das man bei Idealkonkurrenz annehmen könne) mit dem Vorliegen mehrerer konkreter Verbrechen, das abzulehnen sei.[1]) Dies ist unrichtig: bei Idealkonkurrenz liegen zwei konkrete Tatbestandserfüllungen vor (z. B. X ist durch einen Schuß verwundet worden; Z ist durch einen Schuß getötet worden. Ein und derselbe Schuß hat beides verursacht). Ebenso liegen hier aber auch zwei gesetzliche Tatbestände erfüllt vor (z. B. §§ 223a, 211).

Gegen die Ansicht wird ferner vorgebracht, es sei das Hexeneinmaleins, bei Idealkonkurrenz von zwei konkreten Verbrechen zu reden. Als ob man sich eines Zwiegespannes rühmen dürfe, wenn man einen Schimmelhengst besitze.[2]) Man kann erwidern: als ob eine Leinwand nicht zwei Bilder aufwiese, wenn die Vorderseite und die Rückseite bemalt sind. Man hat dann doch nicht bloß ein Gemälde, sondern zwei. Nur kann man sie (Unablösbarkeit vorausgesetzt) nicht getrennt aufhängen. — Anders ausgedrückt: eine Handlung i. e. S. ist Bestandteil jedes erfüllten gesetzlichen Tatbestandes,

[1]) So Mayer 157.

[2]) So Mayer 156, 157 (das Beispiel ist von Höpfner 1, 161 übernommen.

gleichwie die Unterlage zu einem jeden Gemälde gehört. Dagegen geht nicht umgekehrt das Verbrechen stofflich ganz in einer Handlung i. e. S. auf. Nicht nur aus äußerer Handlung i. e. S. setzt sich der konkrete Verbrechenstatbestand zusammen; es gehört vielmehr dazu auch Zurechnungsfähigkeit, ein bestimmter schuldhafter Wille, meist auch ein äußerer Erfolg. Sind diese Handlungsbestandteile von sehr erheblicher Bedeutung für das Zustandekommen eines Verbrechens, ja bringen sie erst die Verbrechensart zustande, so wird die Mehrheit der Verbrechen nicht dadurch ausgeschlossen, daß sie eine in concreto gemeinsame Unterlage haben. —

Im Gegensatz zur Realkonkurrenz ist bei der Idealkonkurrenz Tateinheit, d. h. Identität einer Ausführungshandlung, notwendig. Bloße Gleichzeitigkeit der Handlung begründet noch keine Identität der Ausführungshandlung.[1] Z. B. während der A den B körperlich mißhandelt, beleidigt er durch Schimpfreden den C.[2]

2. Die Idealkonkurrenz ist ungleichartig, wenn die nämliche äußere Handlung mehrere verschieschiedene gesetzliche Tatbestände verwirklicht. Dieser Fall ist in § 73 allein genannt. Sie ist gleichartig, wenn die nämliche äußere Handlung einen und den selben Tatbestand mehrmals verwirklicht.[3]

In der Annahme gleichartiger Idealkonkurrenz erblickt Wachenfeld[4] eine unzulässige Analogie. Allein die Annahme eines weiteren Verbrechens ist hierbei nicht Erzeugnis einer durch § 2 verbotenen Analogie, sondern ergibt sich bereits aus § 1. Eine analoge Anwendung des § 73 besteht nur in der Richtung, daß auch bei gleichartiger Idealkonkurrenz das Absorptionsprinzip zur Geltung gebracht werden muß. Von E. 2, 255 wurde z. B. ein Urteil aufgehoben, das bei gleichartiger Idealkonkurrenz den § 74 zur Anwendung gebracht

---

[1]) Gl. M.: E. 32, 137.

[2]) A. M.: E. 46, 301 (03), das Tateinheit auch bei getrennten Tätigkeitsakten als möglich annimmt; richtig hinwiederum E. 48, 177 (86).

[3]) Vgl. E. 2, 255.

[4]) Vgl. Wachenfeld 105.

hatte, und der Grundsatz des § 73 auch hier für zutreffend erachtet.[1])

Die Idealkonkurrenz kommt vor in Gestalt vollständiger und teilweiser Tateinheit.[2]) Erstere liegt dann vor, wenn die Handlung i. e. S. für die verschiedenen Tatbestandsverwirklichungen völlig die gleiche ist[3]); z. B. ein Ehemann vollzieht mit seiner 13jährigen geisteskranken Tochter den Beischlaf (§§ 172, 173, 176 Z. 2, 3 StGB.).

Bei mittelbarer Täterschaft kommt es nicht darauf an, ob die Handlung des Veranlassers eine einheitliche war; sondern für die eine Ausführungshandlung im Sinne des § 73 ist entscheidend, ob der unmittelbare Täter durch die nämliche Ausführungstätigkeit die mehreren Deliktstatbestände verwirklicht hat.

Teilweise Tateinheit ist gegeben, wenn die Ausführungstätigkeiten nur in einem oder einzelnen Stücken für die verschiedenen Deliktstatbestände zusammenfallen, in anderen dagegen getrennt in die Erscheinung treten.

Z. B. das Schreiben je eines Briefes ist eine selbständige Tätigkeit; dadurch kommt jedoch eine strafbare Handlung in der Regel noch nicht vollständig zur Ausführung. Ist die Weitergabe der mehreren Briefe, von denen der eine vielleicht eine Beleidigung, der andere eine Bedrohung enthält, in einem Akt, z. B. durch gleichzeitiges Einwerfen in den Postkasten, erfolgt, so ist das letzte Ausführungsstück beiden Deliktsbegehungen gemeinsam und es liegt Idealkonkurrenz vor.

Eigentümliche Schwierigkeiten entstehen hier für Preßdelikte. Enthält ein Buch, eine Zeitung an verschiedenen

---

1) Für die Annahme einer Verbrechensmehrheit (im Sinne des § 73) auch Frank § 73 III 3.

Allfeld, der der in der ungleichartigen Idealkonkurrenz eine Verbrechensmehrheit erblickt, lehnt sie bei der gleichartigen Idealkonkurrenz ab; S. 256 N. 6, 263 N. 42.

2) Nach Oetker, Zeitschr. f. Rpfl. **10**, 2 kommt trotz teilweiser Tateinheit beim Auseinanderhalten der Erfolge Idealkonkurrenz nicht zustande; es sei vielmehr Realkonkurrenz anzunehmen.

3) Vgl. Kohler, L. 84.

Stellen verbotene Äußerungen, so kann es sein, daß der Autor, der Redakteur, der Korrektor gleichzeitig die letzte Korrektur aus den Händen gab oder daß dies sukzessive geschah. Es kann ferner sein, daß nur eine einmalige Befassung mit dem Manuskript vorlag, oder eine mehrmalige. Letzterenfalls wäre z. B. die in einer Stelle enthaltene Beleidigung schon bei der erstmaligen Kenntnisnahme eines anderen vollendet gewesen, die späteren Wiederholungen würden auch bei gleichzeitiger Weiterbeförderung der ganzen Korrektur nicht mehr Tateinheit begründen können, außer bei Vorliegen eines fortgesetzten Verbrechens.

Allein es ist zweifelhaft, ob das Gesetz bei Preßdelikten eine solche gesonderte Betrachtung will und nicht vielmehr das Preßdelikt beginnen lassen will mit der Ausgabe der Druckschrift. Alsdann werden etwaige vorausgehende Akte, z. B. Vollendung der Beleidigung durch Einsendung des Manuskripts an den Verleger, Wiederholung durch Zurücksendung der Korrektur konsumiert durch die dolose Veröffentlichung der Druckschrift. Sie beruht auf einem einheitlichen Willensakt des Täters (wobei Verfasser, Redakteur und Drucker alsdann Mittäter sein können). Für diese Ansicht spricht, daß das Gesetz mehrfach (ungenau) durch den Inhalt der Druckschrift einen strafbaren Tatbestand begründet werden läßt (Preßgesetz §§ 20, 21, 23 Z. 3) und in § 22 sagt, daß Preßdelikte „durch die Verbreitung von Druckschriften strafbaren Inhalts begangen werden“.[1]) Die Folge ist, daß mehrere Preßdelikte, die einen gemeinsamen Verbreitungsakt haben, der auf dem Willen des Täters beruht, als in Idealkonkurrenz zu einander stehend zu erachten sind.[2]) Das Reichsgericht schwankt und nimmt E. 34, 134 (36) an, es komme für die Frage ob Realkonkurrenz oder Idealkonkurrenz darauf an, ob mehrere räumlich getrennte Kundgebungen vorliegen (z. B. in verschiedenen Abschnitten eines Kalenders). Allein ein solches Kriterium ist nicht nur unsicher, sondern hat auch mit der für

---

[1]) Gl. M.: Binding, Strafrechtliche Abhandlungen 1, 181.

[2]) Gl. M.: Binding, H. 1, 581 N. 33, Frank § 73 III 3b, Mayer 508 N. 17. A. M.: E. 33, 46 (50).

§§ 73, 74 entscheidenden Frage, ob mehrere selbständige Handlungen vorliegen, nichts zu tun. —

Die teilweise Handlungseinheit kann sich aber nicht nur in der Weise verwirklichen, daß mehrere Delikte gerade die abschließende Tätigkeit gemeinsam haben.

Z. B. das täuschende Vorzeigen einer gefälschten Urkunde bildet den ersten Akt eines eventuellen Betrugs (der sich aus Täuschung und Vermögensbeschädigung zusammensetzt); es ist aber bereits der letzte Akt des Urkundendelikts (das aus Anfertigen und Gebrauchmachen besteht); § 268 Z. 1 mit § 263.

Das Reichsgericht legt in E. **32**, 137; **34**, 134; **45**, 322; **49**, 272 mit Recht das entscheidende Gewicht darauf, daß mindestens ein Teil der Tätigkeitsakte unter jeden der erfüllten Tatbestände fallen muß.[1] In teilweisem Gegensatz dazu behauptet E. **32**, 394 (96) speziell für das Verhältnis von Sachhehlerei und Vordelikt, daß die Frage, unter welchen Voraussetzungen teilweise Identität zwischen zwei Delikten vorliege, nicht nach einer bestimmten Formel zu beantworten sei. Die Aufforderung des zu einem Diebstahl anstiftenden Hehlers, ihm die zu stehlenden Sachen zu bringen, sei regelmäßig bereits Verwirklichung des Tatbestandes von § 259. Die Identität der Tat hänge insbesondere ab von der Länge der Zeit, durch welche die Deliktshandlungen von einander geschieden sind. Das ist eine ebenso unbegründete wie unbestimmte Grenze für Handlungseinheit. Man muß vielmehr sagen: Entweder ist die Anstiftung zu einer Hehlereibeteiligung durch den späteren Sachhehler auch bereits Hehlereihandlung. Dann ist sie es stets ohne Rücksicht auf das zeitliche Intervall zwischen dem Vordelikt und der Hehlerei. Oder aber sie ist es nie. Letztere Alternative dürfte zutreffen. Denn die Anstiftung zur Mitwirkung enthält noch keinen gegenwärtigen Angriff auf das durch § 259 geschützte Interesse der Rechtspflege, solange das Vordelikt noch nicht existiert. Dadurch, daß jemand einen anderen anstiftet, ihm bei einem künftigen Delikte zu helfen, führt er dieses doch noch nicht aus. — Bedenklich auch E. **46**, 301 (03); hier wurden zeitlich

[1]) Ebenso Höpfner, Einheit und Mehrheit 1, 202, Allfeld 365, Thomsen 108.

getrennte Willensbetätigungen als Idealkonkurrenz verschiedener Delikte aufgefaßt.

3. Idealkonkurrenz ist auch gegeben, wenn eine nach der Vollendung des Delikts liegende weitere Tatbestandshandlung desselben zugleich zur Ausführung eines anderen Deliktes dient.[1])

Z. B. das Feilhalten von unzüchtigen Schriften (§ 184 Z. 1) begründet bereits ein vollendetes Vergehen. Wenn dann in dem etwa nachträglich erfolgten Verkauf der unzüchtigen Schriften zugleich der Tatbestand einer Anstiftung zur Kuppelei, §§ 180 mit 48 (oder einer öffentlichen Aufforderung hierzu, § 111 I) liegt, so tritt das auf Kuppelei bezügliche Delikt mit dem strafbaren Feilhalten in Idealkonkurrenz. Die Nachhandlung gehört also noch mit zur Ausführungshandlung eines Delikts und kann daher noch die Verknüpfung mit einem anderen Delikte zuwege bringen.

4. Idealkonkurrenz ist dagegen nicht mehr vorhanden, wenn und soweit mit dem Vorliegen des einen verwirklichten Tatbestandes ganz regelmäßig (nach dem gewöhnlichen Verlauf der Dinge) auch der andere Tatbestand mit gegeben ist. Es ist zum Ausschluß von Idealkonkurrenz mithin nicht erforderlich, daß logisch notwendigerweise der eine der verwirklichten Tatbestände in dem anderen aufgeht.

Beispiel: die Gebührenüberhebung (§ 352) ist Spezialdelikt gegenüber dem Betrug, obwohl sie in vereinzelten Fällen auch ohne Täuschung (z. B. durch Drohung) begangen werden kann. Wird freilich außer der Einforderung noch eine besondere täuschende Veranstaltung vorgenommen, so tritt Idealkonkurrenz ein. Der einfache Betrug (§ 263) ist ganz regelmäßig in dem vorsätzlichen Inverkehrbringen falscher Münzen (§ 146) mit enthalten. Daher keine Idealkonkurrenz zwischen beiden Delikten, obwohl logisch das eine ohne das andere vorliegen könnte. Vgl. ferner § 243 Z. 2 im Verh. zu § 123; § 148 im Verh. zu § 263; § 243 Z. 2 im Verh. zu § 303, § 122 II im Verh.

---

[1]) G.l M.: E. 44, 28 (31).

zu § 303; § 205 im Verh. zu §§ 223, 223a, 224; § 249 im Verh. zu § 223; § 362 II im Verh. zu § 253; § 299 im Verh. zu § 303.[1] Der angeführte Grundsatz entspricht der Auffassung der herrschenden Lehre, ist aber mehr in Einzelanwendungsfällen als in seiner Generalisierung bekannt.[2]

Zahlreiche Fälle, z. B. Mord mit Sachbeschädigung, Einbruchsdiebstahl mit Hausfriedensbruch, Gebührenüberhebung mit Betrug, Brieferöffnung mit Sachbeschädigung, ergeben außerdem meist beim Täter keine selbständig ausscheidbaren Vorstellungsinhalte. Der Gesetzgeber hat bei der Abfassung des spezielleren Delikts, auch wenn es das mildere ist, das regelmäßige Mitvorliegen eines anderen nicht eigens als eine besondere Schuldbetätigung anrechnen wollen. Anderenfalles würde praktisch z. B. der vom Gesetz doch beabsichtigte mildere Strafrahmen des § 148 gegenüber dem des § 263 fast nie zur Geltung kommen. — Es entspricht endlich nicht der Tendenz des Gesetzes, Idealkonkurrenzen zu begünstigen, da es mit seinen selbständigen Tatbeständen und ihren weiten Strafrahmen Begleitumstände, die sich in der Psyche des Täters nicht scharf als selbständige Erfolge wiederspiegeln, bereits mitzuwürdigen gestattet. Anders wäre die grundsätzliche Stellung zu Idealkonkurrenzen, wenn wir ein System absoluter Strafbestimmungen hätten. — In manchen Fällen, z. B. im Verhältnis von § 239 zu § 223, von § 239 zu § 240, von § 185 zu 223a wird die Annahme einer Idealkonkurrenz jedoch dann berechtigt sein, wenn es dem Täter erkennbar um mehrere Erfolge zu tun war, wenn er z. B. den X nicht nur prügeln, sondern auch noch zu irgend einem anderen Zweck festhalten wollte. Nur bei wirklich ausscheidbaren Schuldvorstellungen wird ferner bei Beschädigung eines Hauses oder eines Anzugs aus Anlaß

---

1) Gl. M.: Binding, H. 1, 369, Frank § 299 VI, RMG. 7, 11.

2) Vgl. v. Bar 3, 539/40, Binding, H. 1, 364, Frank § 263 XI 1, v. Olshausen § 73 N. 14a, E. 18, 219 (21), E. 40, 430 (31), E. in GA. 56, 86. Früher stand das RGer. auf einem abweichenden Standpunkt, indem es nur nach dem logischen Verhältnis zweier Delikte zueinander sah; vgl. z. B. E. 2, 42 (43), 15, 12 (14). Im Verhältnis der Beleidigung zu Sittlichkeitsdelikten herrscht die alte Meinung noch vor, vgl. E. bei Warneyer 7, 26, betr. § 182 und 185.

einer Mordhandlung Idealkonkurrenz von § 303 und 211 anzunehmen sein. Ebenso steht es mit § 365 im Verhältnis zu § 123. An sich unterscheidet § 123 bei unbefugtem Verweilen nicht nach den Gründen eines erlassenen Verbots ferneren Verweilens. Wenn aber der Gast nicht nur die Vorstellung des Polizeigebots hat, dem er trotzen will, sondern auch in der Absicht handelt, den Hausfrieden des Polizeistunde heischenden Wirtes zu stören, liegt Idealkonkurrenz vor. — Einen Fall, bei dem eine Idealkonkurrenz sehr selten vorkommen wird, bildet der Tötungsversuch, welcher eine Körperverletzung verursacht hat.[1]) Die Körperverletzung geht rechtlich ganz regelmäßig in dem Tötungsversuch auf, da tatsächlich jede Tötung durch eine Körperverletzung bewirkt wird, mag auch das Intervall, wo letztere vorlag, nur von minimaler Dauer gewesen sein. Nur wenn es dem Täter ersichtlich darauf angekommen war, den Angegriffenen nicht nur zu töten, sondern ihm auch einen körperlichen Schaden von selbständiger Bedeutung zuzufügen, wird man einen Doppelvorsatz und dann Idealkonkurrenz annehmen können. Beispiel: A will durch einen Hieb über den Kopf seinen Nebenbuhler B dauernd entstellen und hofft außerdem, daß dieser über kurz oder lang an der Wunde zugrunde gehen werde. Die Körperverletzung dagegen, welche als bloßer Durchgangspunkt für den Tötungserfolg ins Auge gefaßt war, wird vollständig durch den erfüllten Tatbestand des Tötungsversuchs mit gewürdigt und ist in dem hohen Strafrahmen dieses Delikts bereits mit berücksichtigt.

5. Die praktische Bedeutung der Idealkonkurrenz besteht namentlich darin, daß jedes der Delikte beim richterlichen Schuldigspruch als begangen zu erklären und bei der Strafzumessung mit zu berücksichtigen ist.[2]) Aber einen obligatorischen Strafschärfungsgrund über das Mindestmaß des Strafrahmens hinaus bildet das Vorliegen von Idealkonkurrenz de lege lata nicht.[3])

---

[1]) Vgl. dazu auch Liebezeit in GA. 57, 174, der zugleich über ein Urteil des OLG. Breslau ablehnend referiert, das Idealkonkurrenz zwischen Tötungsversuch und Körperverletzung für möglich erklärt.

[2]) G M. E 4, 179.

[3]) Vgl. Köhler, Grenzlinien 151

a) Bei der ungleichartigen Idealkonkurrenz kommt hinzu, daß auch dasjenige Delikt, dessen Strafrahmen bei der Bestrafung nicht anzuwenden ist, mitbegangen und mitbestraft wird. Es gilt daher für etwaige spätere Rückfallsschärfungen als ein abgestraftes Delikt.[1])

Beispiel: Die Verübung eines Betrugsvergehens (§ 263) in Idealkonkurrenz mit Urkundenfälschung (§ 268 Z. 1) führt zur Anwendung des § 268 hinsichtlich des Strafrahmens. Hatte dagegen der Täter in den letzten Jahren schon wiederholt Betrügereien begangen und war er jedesmal gestraft worden, so ist bei der jetzt vorliegenden Idealkonkurrenz von Betrug im Rückfall (§ 264) und Urkundenfälschung (§ 268 Z. 1) der Strafrahmen des § 264 anzuwenden, weil er der höhere ist. —

b) Die praktische Bedeutung speziell der gleichartigen Idealkonkurrenz tritt bei der Urteilspublikation, § 200, zutage. Wird z. B. eine Schrift, die für jeden Empfänger beleidigend ist (etwa als unwürdige Zumutung oder Anfrage), in 1000 Exemplaren gleichzeitig versandt, so kommt man bei Annahme einer Mehrheit idealkonkurrierender Beleidigungen zu dem Ergebnis, daß jeder Empfänger je eine Beleidigung erlitten hat. Keine der Beleidigungen ist damit aber über die Person des einzelnen Empfängers hinaus mitgeteilt worden; § 200 I liegt also nicht vor.[2]) Hätte der Täter durch seine Handlung aber nur einmal eine Beleidigung begangen, so läge in der Versendung derselben an 1000 Adressen allerdings regelmäßig bereits eine Verbreitung, und § 200 I wäre dann anwendbar. —

Ist die Idealkonkurrenz echte Deliktskonkurrenz, so ist ferner das Landesrecht sowohl bei der ungleichartigen als auch der gleichartigen Idealkonkurrenz berechtigt, für seinen Materienkreis oder einen einzelnen Teil (z. B. für den verbotenen Absatz von Lotterielosen, für Forstbeschädigungen) die zusammenhängenden Handlungen als selbständige Handlungen zu behandeln, also den Grundsätzen über Realkonkurrenz zu unterwerfen. Mit Recht hat übrigens, entgegen den Motiven zum alten preußischen Lotteriegesetz § 2, das Kammergericht

---

[1]) Gl. M.: E, **18**, 193.

[2]) So auch E. in GA. **52**, 85.

(KGJ. 36 C 100) 1908 diese Annahme für das genannte Gesetz verneint.

Nach dem Gesagten ergibt sich, daß es unzutreffend ist,[1] den Begriff der gleichartigen Idealkonkurrenz ganz zurückzuweisen. Andrerseits ist es ebenso verfehlt, die gleichartige Idealkonkurrenz wegen Nichterwähnung im § 73 etwa als einen Fall, der unter § 74 fiele, behandeln zu wollen.[2]

II. Gesetzeskonkurrenz und sonstige Deliktseinheit.

1. Gesetzeskonkurrenz liegt insbesondere vor, falls eine und dieselbe Ausführungshandlung nur dann unter jeden von mehreren Gesetzesparagraphen (Tatbeständen) zu subsumieren wäre, wenn der betr. Paragraph allein dastünde.

a) Die tatsächliche Koexistenz der mehreren gesetzlichen Tatbestände kann dann bedeuten, daß der eine Tatbestand die Merkmale des anderen mitenthält oder doch mitberücksichtigt, oder daß der eine Tatbestand das gleichzeitige Vorliegen des anderen (subsidiären) ausschließt. Ersterer Fall bedeutet die Spezialität, der letztere die Subsidiarität der mehreren Gesetze. Über ihre Rolle bei Tatmehrheit vgl. oben S. 553.

Weil danach immer nur ein Delikt und ein anwendbares Strafgesetz übrig zu bleiben hat, wird der Ausdruck Gesetzeskonkurrenz für solche Fälle vereinzelt beanstandet und der Ausdruck unechte Gesetzeskonkurrenz oder Scheinkonkurrenz bevorzugt.[3] Allein diese Meinungsverschiedenheit ist terminologische Geschmacksfrage. Denn rein begrifflich und grammatikalisch bieten sich mehrere Gesetze zur Subsumtion dar. Diese Konkurrenz muß der Beurteiler nach der ratio legis so lösen, daß eines der konkurrierenden Gesetze den Vorzug erhält. Bei der Idealkonkurrenz bleibt auch einem Gesetze der Vorzug; aber die verschiedenen Delikte werden hier richtiger Ansicht nach als fortbestehend angesehen.

---

[1]) A. M.: M. E. Mayer 507.

[2]) Hiergegen mit Recht M. E. Mayer 508 N. 16. A. M.: v. Buri, Einheit und Mehrheit der Verbr. (1879) 108.

[3]) Vgl. Allfeld S. 260 N. 30, Wachenfeld 105.

Beispiele: Der § 223a enthält einen Spezialfall der Körperverletzung und konkurriert daher nicht ideell mit dem Gattungsdelikt des § 223.

Beim zusammengesetzten Delikte (z. B. §§ 249, 255) geht die selbständige Bedeutung der in ihm enthaltenen Delikte unter. Das zusammengesetzte Delikt ist Speziallfall für die in ihm enthaltenen einfachen Delikte.

Der § 153 Gew.-O. tritt als subsidiär zurück, wenn zugleich eine Nötigung nach § 240 gegeben ist; vgl. E. in GA. 58, 456.

Der § 97 tritt als subsidiär hinter § 103 zurück, wenn der beleidigte deutsche Prinz Landesherr eines ausländischen Staates geworden ist. Dabei ist § 97 in bezug auf den Strafrahmen strenger. Aber er wird dem nur bedingten Schutze nicht so voll gerecht, der speziell für den ausländischen Monarchen nach der ratio legis gewollt ist.[1])

Der § 185 tritt als subsidiär zurück, wenn der Verletzte durch die nämliche Äußerung zugleich nach §§ 186, 187 beleidigt ist. Denn vom Standpunkte des geltenden Rechts, das dem Abschnitt über Beleidigungen einen gemeinsamen Deliktsstamm zugrunde gelegt hat, handelt es sich in den §§ 185—187 um verschieden bewertete Modalitäten des gleichen Grunddelikts der Beleidigung.[2])

Der § 139 ist scheinbar auf den Ratgeber zu einem

---

[1]) Gl. M.: E. 22, 141 (46).

[2]) Gl. M.: OstLG. 14, 328, im Prinzip auch das RG. in JW. 44, 1441: „Nur soweit die gebrauchten Ausdrücke" (scil: welche isoliert betrachtet unter § 185 fielen) „nicht lediglich die Bedeutung einer zusammenfassenden Kennzeichnung der behaupteten Tatsachen haben und schon als solche beleidigend sind, könnte neben § 186 auch noch der Tatbestand des § 185 in Frage kommen." Dies ist richtig; dann liegt aber nicht nur die nämliche Äußerung vor, die unter mehrere Paragraphen subsumierbar wäre. Vgl. ferner E. 41, 277 (86), das ebenfalls grundsätzlich Idealkonk. verneint. Eine Ausnahme nimmt E. 41, 61 (65) für den seltenen Fall an, daß die Äußerung einer ehrenrührigen Tatsache zuerst dem Beleidigten und erst hernach Dritten bekannt werden sollte. Allein auch hier dürfte durch die Weiterverbreitung die ursprüngliche Deliktsmodalität überholt und konsumiert sein. Vgl. zu der Zweifelsfrage auch Frank § 186 I.

Mord usw. anwendbar. In Wahrheit schließt die Teilnahme (§§ 48, 49, 50) aber die Anwendbarkeit des § 139 aus.

In einigen Fällen geht ein Tatbestand in einem anderen nur dann auf, wenn ein bestimmtes Maß seiner Verwirklichung nicht überschritten wird oder wenn seine Verwirklichung nicht besonders angestrebt war. Z. B. dasjenige Maß der Nötigung, das man zur Durchführung einer Freiheitsberaubung braucht, geht in ihr auf (ebenso umgekehrt). Dagegen ein darüber hinausgehender Nötigungsvorsatz, der etwa betätigt wird, bewirkt Idealkonkurrenz zwischen § 239 und 240. Ferner: Diejenige Ehrverletzung, die in einer Notzucht ohne weiteres gelegen ist, bewirkt keine Idealkonkurrenz von § 185 und 177, auch nicht, wenn der Täter sich vorgestellt hat, er trete mit seiner Handlung fremder Ehre zu nahe. Anders dagegen, wenn eine Notzucht nur zu dem Zwecke ins Werk gesetzt wurde, um dem Opfer einen Schimpf anzutun.[1])

b) Gesetzeskonkurrenz kommt außerdem auch hier vor in Gestalt einer Kumulation mehrerer Schärfungsgründe (Alternativität mehrerer Gesetze). Die Begehung des nämlichen Grunddelikts unter Verwirklichung mehrerer Unterformen kann auch in einer und derselben Ausführungstätigkeit sich vollziehen.

Z. B. jemand verübt bewaffnet (§ 243 Z. 5) einen Einbruchsdiebstahl (§ 243 Z. 2) und ist zugleich rückfälliger Dieb (§ 243). Er gilt nicht als Täter dreier Diebstähle, sondern nur als Täter des höchstbedrohten.

Oder jemand begeht eine Kuppelei aus Eigennutz unter Anwendung hinterlistiger Kunstgriffe. §§ 180, 181 Z. 1.[2])

Reine (echte) Alternativität kommt vor insbes. im Verhältnis von Verletzungs- und Gefährdungsdelikten. Eine Handlung, die ein bestimmtes Rechtsgut verletzt, kann nicht gleichzeitig auch noch als eine selbständige

[1]) Dagegen wurde bei Ehebruch die offensichtliche Tendenz des § 172 umgangen, wollte man mit OLG. Marienwerder GA. 44, 400 die (einstweilige) Bestrafung der Ehebrecher wegen Beleidigung zulassen.

[2]) In letzterem Falle scheint RGE. 42, 203 Idealkonkurrenz anzunehmen; dagegen Binding H. 1, 349 N. 1. Weitere Beispiele bei Binding, Normen 1 (2) 204.

Gefährdung dieses Rechtsgutes gelten. Die naheliegende Annahme, daß der Tatbestand des Gefährdungsdelikts dem Verletzungsdelikte subsidiär sei, verbietet sich aber dann, wenn qualifizierte Unterfälle des Gefährdungsdelikts schwerer bedroht sind als manche Fälle des Verletzungsdelikts. Es wird daher das Gesetz allein zur Anwendung kommen sollen, welches jeweils durch seinen höheren Strafrahmen die Strafbarkeit des Täters am vollständigsten umfassen kann.

Z. B. jemand begeht ohne Überlegung auf Grund schwerer Reizung durch einen anderen mit Tötungsvorsatz gegen diesen eine Vergiftung (§§ 213, 229). Letztere geht hier vor. Dagegen geht die mit Überlegung ausgeführte Tötung der Vergiftung vor (§§ 211, 229).[1] Bei Rücktritt vom Giftmordversuch bleibt daher eine vollendete Vergiftung zur Bestrafung bestehen.[2]

Ebenso ist das Verhältnis von Totschlag (§§ 212, 213) und schwerer Aussetzung (§ 221) zu beurteilen.[3]

Man könnte allerdings an Idealkonkurrenz denken und einfach den § 73 für anwendbar erklären. Allein daß der Täter in solchen Fällen eine mehrfache Schuld auf sich geladen hätte, daß ihm also ein Angriff auf nebeneinander bestehende Schutzobjekte vorzuwerfen wäre, ist nicht anzunehmen. Man wirft ihm z. B. nicht vor, daß er vorsätzlich getötet habe und außerdem, daß er den Weg der Vergiftung beschritten habe. Liegt keine Schuldmehrheit, wohl aber eine Unstimmigkeit der Strafrahmen vor, so wird einfach die Anwendung des schwersten Gesetzes gewollt sein. Hält man dabei den § 73 nur für Idealkonkurrenz bestimmt, so ist man bei Alternativität nicht gebunden, immer dem Strafgesetz den Vorrang zu geben, das bloß die schwerere Strafart vorsieht während das andere Gesetz unverhältnismäßig schwerere andere Strafen kennt; vgl. z. B. § 207. Hat z. B. ein Zweikämpfer

[1]) Treffend Allfeld 405 N. 21.

[2]) Gl. M.: Wachenfeld 327, Allfeld a. a. O. A. M.: Frank § 229 V., falls der Täter nur Tötungsvorsatz hatte. Allein es ist nicht zuzugeben, daß der auf das Plus gerichtete Vorsatz den Vorsatz in bezug auf das Minus nicht in sich mit verkörpere.

[3]) Gl. M.: Allfeld 405 N. 21, wohl auch v. Bar, Ges. u. Sch. 3, 543. Für Idealkonkurrenz Frank § 229 V.

mittels vorsätzlicher Übertretung der Kampfesregeln (etwa durch Überschreitung seines Platzes) eine fahrlässige Tötung des Gegners bewirkt, so ist der Strafart nach § 222 schwerer, nur dem Strafrahmen nach § 206. Letzterer ist anwendbar. Idealkonkurrenz ist nicht gegeben.[1])

2. Deliktseinheit liegt ferner vor bei mehrfacher Verwirklichung des nämlichen Tatbestands durch eine und dieselbe Ausführungshandlung, wenn die verschiedenen Angriffsobjekte nicht notwendig eine rechtliche Sonderexistenz führen; d. h. wenn sie auch ohne Normenänderung zu einer rechtlichen Einheit verknüpfbar sind.

Z. B. wenn ein Steinwurf zwei Sachen verschiedener Eigentümer trifft, so ist diese Eigentumsverschiedenheit eine zufällige; sie könnten auch der gleichen Person gehören.

Wenn eine neue Operette die Melodien dreier Komponisten unbefugt entlehnt, so ist rechtlich ein Fall doch ebenso denkbar, wo die verschiedenen Individualrechte dem gleichen Urheber zustehen. Ebenso verhält es sich mit Diebstahl, Unterschlagung, Betrug, Erpressung, wenn sie etwa das Vermögen mehrerer gleichzeitig angreifen. Der Täter begeht durch den Angriff auf mehrere bloß zufällig in ihrer Zugehörigkeit getrennte Objekte nur ein Delikt, nicht mehrere ideell konkurrierende Delikte.

---

[1]) Treffend über Alternativität auch Schwartz § 73 N. 8 e.

Drittes Buch.

Die Bestrafung des Verbrechens.

Erstes Kapitel.

Die Strafarten.

§ 49.

Die Hauptstrafen.

I. Gemeinsame Gesichtspunkte.

Je nach der Art der durch die Strafe getroffenen Rechtsgüter unterscheidet man im geltenden Recht: Strafen am Leben, an der Freiheit, am Vermögen, an der Ehre. —

Wünschenswerte Anforderungen an die Strafmittel sind[1]:

Die Humanität, d. h. die Übereinstimmung mit unserem nationalen kulturellen Fühlen. Sie spricht gegen den Vorschlag der Vasektomie bei Sittlichkeitsdelikten.

Die Moralität, d. h. die Übereinstimmung mit unseren ethischen Gefühlen. Sie spricht gegen verstümmelnde Strafen.

Die Präventivkraft, d. h. die Möglichkeit, den Schuldigen und die Volksgenossen damit günstig zu beeinflussen. Dies spricht gegen die planlose Zusammensperrung aller Verbrecherarten, gegen Prangerstrafen i. w. S. (z. B. auch gegen die Veröffentlichung des Urteils in der Presse bei zahlreichen [aber nicht bei allen] Delikten).

---

[1]) Treffend Finger 1, 449, Birkmeyer RE. § 20, Wahlberg HH. 2, 437.

Die Personalität, d. h. die tunlichste Beschränkung ihrer Wirkung auf den Bestraften selbst. Spricht gegen eine Anwendung der Geldstrafe in Fällen, wo zu ihrer Abtragung die Familie des Bestraften in irgend einer Form mutmaßlich mit herangezogen wird.

Die Gleichmäßigkeit, d. h. die annähernd gleichheitliche Wirkung gegen jedermann, der von der Strafe getroffen wird. Spricht gegen Körperstrafen sowie gegen Vollzugsmaßregeln, welche einen gesetzlich gleichen Strafinhalt durch Weglassung jeder Rücksicht auf die verschiedene Strafempfindlichkeit der Verurteilten zu einer vermeidbar ungleichen Bestrafung machen.

Die Abstufbarkeit, d. h. die Dehnbarkeit innerhalb der Strafart und die Vergleichbarkeit mit anderen Strafarten. Spricht gegen die Strafen auf Lebenszeit und gegen die Todesstrafe; letztere ist zwar in verschieden schweren Arten vollziehbar, aber nur die relativ leichten Arten sind mit Humanität und Moralität verträglich. Wenn die Beibehaltung aus anderen Gründen ein gefühltes Bedürfnis ist, so bleibt größte Maßhaltung wünschenswert.

Die Widerruflichkeit. Ein Ungeschehenmachen im buchstäblichen Sinne ist bei jeder Strafe unmöglich. Eine Beseitigung der schwersten Folgen (der unersetzbare Verlust der Lebensjahre) bleibt ein großer Nachteil aller länger dauernden Freiheitsstrafen und wird durch Geldentschädigung des als unschuldig Freigesprochenen wie durch Rehabilitation nur unvollkommen aufgewogen. Bei der Todesstrafe kann nur durch Wiederherstellung des guten Namens und die Schadloshaltung der Erben ein schwacher Ersatz für das persönlich nicht gut zu machende Übel geschaffen werden.

Die Wirtschaftlichkeit, d. h. die tunlichst geringe Belastung der Finanzwirtschaft. In Zeiten gebotener strenger Sparsamkeit des Staates wird z. B. die Strafe vielfach als mängelbehafteter Ersatz für kostspielige Nacherziehungsversuche verwendet werden müssen. Außerdem wird eine Strafe als Unrechtsfolge auch dann zu wählen sein, wenn der etwa nachweisliche Mehrnutzen aus Erziehungsanstalten für Rechtsbrecher so bescheiden ist, daß im Vergleich zu den höheren Ausgaben die Anwendung billigerer Strafmittel für die Gesamtheit der zu wahrenden Staatsaufgaben ausreichenden präventiven Nutzen verspricht

Kein Strafmittel entspricht allen Anforderungen vollkommen. Diese fallen aber nicht alle bei jeder Unrechtsart gleich ins Gewicht. Sie sind überhaupt nicht gleichwertig; z. B. die Abstufbarkeit, die Wirtschaftlichkeit spielt bei einer Notwendigkeit, zu prävenieren, nicht die entscheidende Rolle. Deswegen ist die Aufstellung prinzipieller Gesichtspunkte nicht überflüssig. Vielmehr wird der Gesetzgeber sich die einzelnen nützlichen Seiten eines Strafmittels zu vergegenwärtigen und mit den nachteiligen Seiten zu vergleichen haben. Dasjenige oder diejenigen Strafmittel, die danach für einen bestimmten Unrechtstypus am besten passen, werden dem Richter zur Verfügung gestellt. Wo diesem mehrere Strafarten zur Wahl stehen, wird er nach gleichen Gesichtspunkten verfahren. Die Abwägung von Licht- und Schattenseiten eines Strafmittels für das Gesamtinteresse eines bestimmten Kulturstaates im Vergleich zu den außerdem zur Verfügung stehenden Strafmitteln und ihrem Würdigungsergebnis hat geschichtlich schon manchen Nutzen gezeitigt, insbesondere zur Beseitigung der qualifizierten Todesstrafen, der Leibesstrafen sowie verschiedener Ehrenstrafen geführt. — Endlich spielt die Erwägung der verschiedenen Anforderungen an die Strafe auch eine Rolle bei der näheren Ausgestaltung der vom Gesetzgeber aufgenommenen, bzw. der vom Richter ausgesprochenen Strafen.

II. Die Todesstrafe.[1])

1. Geschichtlicher Überblick.

Sie bildete eines der häufigsten Strafmittel schon bei mittelschweren Delikten zwischen dem 13. und 18. Jahrhundert. Für Freiheitsstrafen in ausgedehnterem Umfange fehlten die wirtschaftlichen und pädagogischen Vorbedingungen. Auch im Altertum wurde die Todesstrafe periodenweise häufig verhängt. Die Bewegung zu ihrer Abschaffung datiert von der Auf-

[1]) Vgl. dazu: Bismarck, Sten. Ber. d. nordd. Reichstags, 1. Sess. (1870) 1120 f., v. Bar, Das Recht 15, 385, Finger, Verh. d. 31. Juristentags 2, 334, v. Holtzendorff, Das Verbrechen des Mords u. die Todesstr. 1875, Liepmann, Verh. d. 31. Juristentags 2, 572; 3, 698, Goldschmidt VD. A. 4, 318, Merkel-Liepmann 254, Köhler, Oesterreich. Zentralbl. für die Jurist. Praxis 30, 762.

klärungszeit. Ein naturrechtlicher Vorkämpfer gegen sie war Marchese C. B. Beccaria (Schrift: Dei delitti e delle pene, 1764, vielfach übersetzt). Mehr realpolitisch dachte Marchese T. Natale in seiner Bekämpfung der Todesstrafe (für die meisten Fälle ihres bisherigen Vorkommens).[1] Erste Abschaffung in Toscana 1786, vorübergehende Abschaffung in Österreich 1787—1795, ferner auf Grund des Jahres 1848 in einzelnen Gliedstaaten, z. B. Bremen, Württemberg (hier nur vorübergehend), Sachsen (hier 1868—1870). Der Höhepunkt der literarischen Abolitionsbewegung in Deutschland wurde in den 70er Jahren des 19. Jahrhunderts erreicht (v. Holtzendorff, Das Verbrechen des Mords und die Todesstrafe, 1875). Dann kam Stillstand. 1884 und 1895 wurden weitere Fälle der Todesstrafe beschlossen. Seit 1902 (26. Deutscher Juristentag) wurde die Gegenströmung gegen die derzeitige Abschaffung stärker (z. B. auf dem 31. Juristentag).

Die Todesstrafe ist gegenwärtig abgeschafft in Italien (seit 1889), in den Niederlanden (seit 1881), in Norwegen (seit 1904), in Portugal (seit 1867), in Rumänien (seit 1864), in der Mehrzahl der schweizerischen Kantone, in einzelnen Unionsstaaten von Nordamerika (Kansas, Maine, Michigan, Wisconsin, Rhode Island),[2] endlich in einigen anderen amerikanischen Staaten.[3]

2. Die Gesetzgebungsfrage.

Bedenken gegen sie bilden im wesentlichen ihre Irreparabilität, ferner die an mittelalterliche Verhältnisse erinnernde peinliche Notwendigkeit des körperlichen Vollzugs, die unsichere Abstufbarkeit gegenüber der nächst niedrigeren Strafe, nämlich der lebenslänglichen Freiheitsstrafe, endlich (u. E. nicht begründete) Zweifel, ob ihr wirklich durchschnittlich eine erhöhte Abschreckungskraft gegenüber der lebenslänglichen Zuchthausstrafe beiwohnt.

---

[1] Ueber Natale u. sein wahrscheinlich 5 Jahre vor Beccarias Schrift fertiggestelltes Werk: Riflessioni politiche in torno all' efficacia e necessità delle pene, das erst 1772 gedruckt erschien, vgl. Günther, GA. 48, 1 f.

[2] Vgl. Herr, VD. A. 4, 473, Freudenthal, ZStW. 27, 462.

[3] Vgl. Finger, Oesterr. Strafr. (3) 1, 697. — Belgien vollzog sie seit 1863 nicht; vgl. Goldschmidt VD. A. 4, 175.

Demgegenüber ist aber fraglich, ob sie in der Gegenwart mit höherem Nutzen für die Gesamtheit entbehrlich ist. Der Staat tut besser, dieses äußerste Kampfmittel gegen das allerschwerste Verbrechertum nicht von vornherein aus der Hand zu geben. Dies gilt namentlich mit Rücksicht auf wiederholt vorgekommene Fälle, daß ein begnadigter Mörder oder zu lebenslangem Zuchthaus Verurteilter im Gefängnis abermals einen Menschen ermordet hat. Die befürchtete Gefahr eines Justizmordes ist bei der äußerst sorgfältigen Untersuchung der Mordfälle gegenwärtig auf ein Minimum herabgedrückt worden. Bei auch nur leisen Zweifeln an der vollen Schuld wird tatsächlich die Todesstrafe nicht vollzogen. Wenn man einerseits sich nicht scheuen darf, auch sonst jemanden als Verbrecher zu stempeln trotz der abstrakten Möglichkeit eines Justizirrtums, wenn man anderseits auch sonst das Leben anderer durch staatliche Maßnahmen gelegentlich aufs Spiel setzt (z. B. durch Konzessionierung gefährlicher Betriebe), so darf man nicht überängstlich in der gebotenen Repression gegen schwerste Verbrechen sein. Der allgemeinen psychologischen Lebenserfahrung entspricht es, daß der Tod mehr gefürchtet zu werden pflegt, als der Verlust der Freiheit. Die Präventivkraft der Todesstrafe erscheint daher stärker. Das durch Todesstrafe im StGB. geschützte Gut (das gegen vorbedachte affektlose Tötung geschützte Leben) bedarf aber des stärksten, mit unseren Kulturanschauungen noch verträglichen Schutzes. Dazu gesellt sich das Bedürfnis, die Gesellschaft von einem höchst schädlichen Gliede zu befreien. Es ist daher mangels zuverlässigen Gegenbeweises, daß die Todesstrafe weder repressiv noch präventiv so stark wirkt wie lebenslängliche oder zeitliche Zuchthausstrafe, der Stab über sie nicht zu brechen.

3. Fälle der Todesstrafe.

Sie ist angedroht bei Mord (§ 211 StGB.); bei Mord und Mordversuch gegen den Kaiser, gegen den eigenen (deutschen) Landesherrn des Täters und gegen den (deutschen) Landesherrn des Aufenthaltsstaats (§ 80 StGB.); bei der schwersten Form der Sprengstoffverbrechen (Sprengstoffgesetz vom 9. Juni 1884 § 5 III); beim schwersten Fall des Sklavenraubes (Sklavenraubsgesetz vom 28. Juli 1895

§ 1 II); außerdem bei bestimmten mit lebenslänglichem Zuchthaus bedrohten Verbrechen, falls am Orte der Tat der Kriegszustand (Belagerungszustand) erklärt ist,[1] E. StGB. § 4; endlich in 18 Fällen des MStGB. nach befohlener Mobilmachung.

Mit Ausnahme der beiden letzten Gruppen von Fällen ist die Todesstrafe als alleinige Hauptstrafe angedroht. Der VE. § 212 will mit Recht bei Mord mildernde Umstände und in diesem Falle eine Zuchthausstrafe vorsehen.

4. Vollzug.

Die Todesstrafe ist regelmäßig durch Enthauptung zu vollziehen, § 13. In bezug auf die Art der Enthauptung bestehen Verschiedenheiten: Das Fallbeil (Guillotine) ist vorgeschrieben in Bayern und der Rheinprovinz, in Sachsen, Württemberg, Baden, das Henkersbeil in den altpreußischen Provinzen, das Henkersschwert in Mecklenburg.[2]

SPO. § 486 schreibt Intramuranhinrichtung, d. h. den Ausschluß des breiteren Publikums beim Vollzuge, vor.

Besondere Fälle: Die im Felde verwirkte Todesstrafe des MStGB. ist durch Erschießen zu vollziehen, MStGB. § 14.

In den Schutzgebieten dürfen andere Vollzugsarten eingeführt werden, sofern sie eine Verschärfung der Todesstrafe nicht enthalten, Schutzgebietsgesetz § 6. Zugelassen ist daselbst auch das Erschießen und das Hängen; Kais. VO. von 1900 § 9.

Hinrichtungsformen in anderen Kulturstaaten: Die Guillotine (nach dem Namen des französischen Arztes Guillotin) in Frankreich und in der Schweiz sowie in einzelnen nordamerikanischen Unionsstaaten; das Hängen in England, Österreich-Ungarn, Ruß-

---

[1]) Ist lebenslängliches Zuchthaus nicht die einzige zulässige ordentliche Strafe, so werden die anderen Strafen nicht unzulässig, nur statt lebenslänglichen Zuchthauses ist die Todesstrafe auszusprechen. Gl. M.: Allfeld 307, Frank EG. § 4, Mayer 456, Schlayer, Strafr. Z. 1, 562, Schwartz EG. § 4 N. 3d. Die Gegenansicht, welche alle anderen Strafen außer der Todesstrafe bei erklärtem Kriegszustande für unzulässig erachtet, hat den Wortlaut, aber kaum den Grundgedanken des Gesetzes für sich. Ihr folgen Hälschner 2, 763, v. Olshausen EG. § 4 N. 9, Hertel, Strafr. Z. 2, 324. Eine dem EG. § 4 nachgebildete Vorschrift enthält das bayr. Ges. v. 5. XI. 1912 Art. 3.

[2]) Vgl. v. Liszt § 60 III N. 8, v. Guttenberg, Der Strafvollzug (1913) S. 62, 100, 109.

land, Japan und zahlreichen Unionsstaaten; die Garotte (eine Würgschraube, die ohne Blut den Hals abknickt) in Spanien; die elektrische Kraft in einigen Unionsstaaten, z. B. in New York, Massachusetts. —

Andere körperliche Strafen haben wir in Deutschland als Kriminalstrafen nicht. Nach dem hannoverschen StGB. Art. 40 bestand allerdings bis 1866 noch die Prügelstrafe. In England wurde durch Gesetz vom 13. Dezember 1912 die Prügelstrafe gegen Zuhälter eingeführt.[1]) Die Prügelstrafe besteht dort auch noch für einzelne weitere Fälle.

Neuerdings wird gegen männliche Sittlichkeitsverbrecher von verschiedenen Seiten auf Grund amerikanischer Vorbilder (seit 1907) die Vasektomie, d. h. die Durchschneidung des Samenleiters in der Weise, daß der Same in die vorgelagerten Gewebe aufgenommen wird, empfohlen.[2])

Die Sterilisation bedeutet inhaltlich ein Strafübel, wenn sie wegen einer strafbaren Handlung auch nur zu Verhütungszwecken verhängt wird. Sie ist nicht so wichtig, daß man die Gefahren eines Justizirrtums über ihre Notwendigkeit bei dem einzelnen Individuum und das Widrige ihres Vollzugs leichthin in Kauf nehmen könnte. Die hierdurch zu erzielende Minderung der Gesamtkriminalität ist im Vergleich zur bloßen Anwendung anderer Präventivmittel (z. B. Verwahrung) nicht so bedeutend, daß man den gefühlsmäßigen Widerwillen gegen die neu einzuführende Prozedur niederzukämpfen hätte.

---

[1]) Vgl. JKV. **20**, 136.

[2]) Vgl. F. L. Gerngroß, Sterilisation und Kastration als Hilfsmittel im Kampfe gegen das Verbrechen, München 1913 (Lehmann); H. v. Hentig, Strafrecht und Auslese 53; v. Hoffmann, MonKrimPsych. **10**, 297 mit günstigem Urteil. Ablehnend mit Recht Schulze, ZSt.W. **36**, 663. Weitere Literatur ZStW. **36**, 689, wozu ferner etwa noch zu erwähnen ist: Henderson, JKV. **21**, 124. Nach dem Journal of the American Institute of Criminal Law and Criminologie **5**, 368 (1915) ist z. Z. die zwangsweise Sterilisation gegen criminals, especially rapists (= Notzüchter, americ.) and sexual perverts in Indiana und Kalifornien gesetzlich in Kraft. In zehn weiteren Staaten ist ein die Sterilisation betreffendes Gesetz infolge ablehnender Haltung des Gouverneurs nicht in Kraft getreten (Stand von 1914). — Bedenken gegen die Sterilisationsbewegung äußert ebenda Emory Lyon, Race Betterment and the Crime Doctors 887 (890).

III. Die Freiheitsstrafe.[1])

A. Im allgemeinen.

Die Freiheitsstrafe, im Altertum und im Mittelalter bekannt, aber wenig verwendet, kam erst im 16. Jahrhundert mehr in Gebrauch. In der Hauptsache dienten die Gefängnisse im Mittelalter zu Untersuchungszwecken und zur Sicherung des späteren Vollzugs von Lebens- oder Leibesstrafen. Immerhin kannten die Römer die Freiheitsstrafe der poena metalli; ferner bestanden bereits in der Karolingerzeit geistliche Gefängnisse auch zur Bestrafung von Laien.[2]) In den capitula Remedii von 800 wird u. a. Gefängnis bei Ehebruch angedroht.[3]) Geib erwähnt ein weltliches Strafgefängnis in Hamburg aus dem Jahre 1270.[4])

1. Die ersten generellen und prinzipiellen Gefängnisorganisationen knüpfen an John Howard (1726—1790) an, dessen Schrift: „The state of prisons in England and Wales 1777" allgemeines Interesse erregte.

Man kann eine größere Anzahl sukzessive sich ausbildender Gefängnissysteme unterscheiden:[5])

a) Das ältere pennsylvanische System: Einzelhaft ohne Arbeitsgelegenheit, 1790.

b) Das Auburnsche oder Schweigsystem: Gemeinschaftshaft mit strengstem Schweiggebot und Arbeitszwang; Trennung bei Nacht; eingeführt in Auburn (New York) 1823.

Vorläufer: u. a. das Zuchthaus Bridewell in London 1555 (für den Zweck der Erziehung durch Arbeit), die maison de force der Kaiserin Maria Theresia in Gent 1775 (auch für

---

[1]) Vgl. Freudenthal, Gefängnisrecht in Holtzendorff-Kohlers Rechtsenz. (7) 5, 75 f, Freudenthal, StrafrZ. 1, 488; Gennat, Forderungen für ein Strafvollzugsgesetz, Bl. f. GefK. 49, 201 f; Goldschmidt, VD. A. 4, 252; Guttenberg, Der Strafvollzug 1913; v. Hippel, ZStW. 18, 419, 18, 608; Kriegsmann, Einführung in die Gefängniskunde (1912) 24; Rich. Schmidt, Aufgaben der Strafrechtspflege 235.

[2]) Vgl. Kraus, Im Kerker vor und nach Christus (1895) 318.

[3]) Vgl. dazu auch P. C. Planta, Das alte Rhätien (1872) S. 324.

[4]) Vgl. Geib, Lehrb. 1, 240 und für die spätere Zeit insbesondere Knapp, Die Zehnten des Hochstifts Würzburg (1907) 2, 696—742.

[5]) Birkmeyer RE. § 22, Finger 1, 468.

Trennung bei Nacht), das Gefängnis San Michele in Rom Clemens' XI. von 1703 für Jugendliche (auch für das Schweiggebot).[1])

c) Das jüngere pennsylvanische System: Einzelhaft mit Arbeitszwang, Zellenbesuchen und Lektüre, Gefängnis Eastern Penitentiary (1829|1836). Nach diesem Systeme viele europäische Zellengefängnisse, z. B. in Pentonville 1842, Bruchsal 1848, Moabit 1849.

d) Das englische Progressivsystem (auch Greysches Probationssystem genannt),[2]) Entwickelung 1853—1857. Zunächst mehrmonatige Einzelhaft, dann drei bis vier Stufen der Gemeinschaftshaft, die durch Verdienung einer Anzahl von Fleißstrichen absolviert werden, schließlich bedingte Entlassung (conditional release). Später wurde das System mit einer Klassifikation der Sträflinge verbunden. In jeder der verschiedenen Klassen (z. B. Rückfälligenklasse, Klasse der Erstlinge) werden die Sträflinge anders behandelt, das Aufrücken und die Vergünstigungen verschieden geregelt. Die Klassifikation, ohne Aufrückungsstufen, war schon vorher mit dem Auburnschen System verbunden worden, sogen. Genfer System 1833. Diese Klassifikation war nicht lebensfähig.[3])

Wesentlich verbesserte Vorschläge zu einem Strafvollzug in Stufen[4]) in GE. § 50.

In Irland wurde das Progressivsystem mit der Besonderheit durch Walter Crofton 1853 eingeführt, daß nach Absolvierung der verschiedenen Stufen von Gemeinschaftshaft zunächst die Versetzung in eine räumlich getrennte Zwischenanstalt eintritt, in welcher der Gefangene freieren Verkehr mit der Außenwelt hat, z. B. auf Arbeit ausgehen, Bestellungen entgegen-

---

1) Daß es sich bei dem Auburnschen System um einen neuen Namen für bekannte Methoden handelt, betont richtig Freudenthal, Holtz. RE. (7) 5, 89.

2) Engelberg BlGefK. 39, 469.

3) Vgl. Wahlberg in Holtzendorffs Hdb. des Gefängniswesens 1, 103.

4) Ueber seine Nützlichkeit bei längeren Freiheitsstrafen (abges. von Festungshaft) siehe Ellger ZStW. 36, 554.

nehmen kann. Hernach erst kommt es zur vorläufigen Entlassung.[1])

e) Das belgische System der Strafverkürzung durch Einzelhaft. Die einzelnen Monate und Jahre der urteilsmäßigen Strafdauer erfahren eine progressive Verkürzung bei Verbüßung in Einzelhaft (Von den späteren Monaten und Jahren der ursprünglichen Strafzeit wird ein steigender Bruchteil bei Verbüßung in Einzelhaft nachgelassen)[2]).

f) Reformatorysystem (neuerdings auch Borstalsystem, nach dem englischen Gefängnis in Borstal genannt).

Es ist bestimmt für Erstlingsverbrecher unter 30 Jahren (in Borstal für Täter unter 21 Jahren), soweit sie dem Richter zur Besserung geeignet erscheinen. Erste Einführung in Elmira (im Staate New York) 1876. Eigentümlichkeiten sind:

Drillmäßige Nacherziehung mit Unterricht in allen Schulfächern, verbunden mit Anleitung zu einem Handwerk. Große Machtstellung des Anstaltsleiters, der mit oder ohne Zuziehung einer Kommission, je nach dem Verhalten des Gefangenen, innerhalb weiter gesetzlicher Grenzen die Strafzeit kürzer oder länger dauern lassen kann (relativ unbestimmte Strafurteile).[3])

---

[1]) Früher, z. B. von Hälschner 1, 597, wurde das Progressivsystem irisches Gefängnissystem genannt, vgl. dagegen Kriegsmann S. 49.

[2]) Vgl. dazu auch Kriegsmann, Einführung 286.

[3]) Wirkung verschieden beurteilt, vgl. Herr, VD. A. 4, 490, Bärnreither, Jugendfürsorge u. Strafr. in den Vereinigten Staaten 1905 S. 119 f., Hintrager, Amerikan. Gefängnis- u. Strafenwesen 1900 S. 48, Freudenthal Holtz RE. 5, 97. — Angesichts der seit über 30 Jahren sich entwickelnden verschiedenen amerikanischen Reaktionsexperimente gegen Verbrecher gibt ein Ausspruch von J. Goebel, Journal of the Amer. Inst. of Crim. Law and Criminologie 3, 769 aus dem Jahre 1913 zu denken: The shocking amount of crime in the United States, and especially unpunished crime, is exceedingly discreditable to us as a nation and indicates a standard of civilization, of which we cannot be proud. — Es wäre zwar vorschnell, zu folgern: Mit dem System der Reformatories, reformschools, indeterminate sentences, sterilisations, Alkoholverbote usw. ist eine Verminderung der Kriminalität weniger zu erreichen als mit dem Gefängniswesen des europäischen Kontinents. Aber man geht nicht zu weit, wenn man die Frage aufwirft, ob nicht besondere Verhältnisse der amerikanischen gemischten Bevölkerung und der amerikanischen dezentralisierten Verwaltung die Ursache für das Bedürfnis nach

Vorläufer der Reformatoryideen war Obermayer (München) in seiner Schrift „Anleitung zur vollkommenen Besserung der Verbrecher“ 1835.[1]) —

Keines dieser Systeme erscheint als alleinige Grundlage des Freiheitsstrafvollzugs geeignet. Es bedarf der Anwendung verschiedener Systeme je nach der Art der Delikte und der Täter.

2. Die Strafdauer und ihre Berechnung nach geltendem Recht.

Bei Ausmessung von Freiheitsstrafen wird der Tag zu 24 Stunden, die Woche zu 7 Tagen, der Monat und das Jahr nach der Kalenderzeit gerechnet, § 19 I.

Die Dauer einer Zuchthausstrafe ist nach ganzen Monaten, die Dauer anderer Freiheitsstrafen nach vollen Tagen auszumessen, § 19 II.

Bruchteile von Jahren, Monaten und Tagen dürfen nicht ausgesprochen werden.[2]) Dagegen darf das Landesstrafrecht Bruchteile von Tagen noch androhen.

In den Fällen einer Strafumwandlung (z. B. § 74 mit § 21) oder Strafanrechnung (z. B. §§ 7, 60) können Zuchthausstrafen auch in Tagesbeträgen (als Zusatzstrafen oder anzurechnende Strafen) vorkommen.

Z. B. wenn eine 15tägige Gefängnisstrafe als Zuchthausstrafe zum Vollzuge gelangt (vgl. etwa § 28 III), so ist sie in 10tägiges Zuchthaus zu verwandeln, das neben einer etwa verwirkten Zuchthausstrafe zu verbüßen ist.

Die Dauer der Strafzeit berechnet sich vom Augenblicke des Strafantritts und wird ad momentum gezählt; z. B. eine am 2. Februar abends 5^{45} angetretene einmonatliche Gefängnisstrafe endet am 2. März wieder um 5^{45}.[3])

besonderen Maßnahmen sind, um die dortige Bevölkerung im Zaume zu halten, während solche Maßnahmen bei uns teils hinter wichtigeren Staatsaufgaben zurücktreten können, teils mit unseren Rechtsanschauungen nicht harmonieren.

[1]) Vgl. dazu Kriegsmann, Einführung 62 f.

[2]) Vgl. E. 43, 320. Berichtigende Auslegung ungenauer Urteile ist aber möglich; E. in GA. 51, 355.

[3]) Über die Berechnung eines halben Monats, bzw. eines Viertelmonats vgl. oben § 42 II bei der Bestrafung des Versuchs.

Wenn infolge vorgeschriebener Zusammenrechnung oder Umwandlung mehrerer Strafen ein Tagesbruchteil sich herausstellen würde, so hat derselbe fortzufallen;[1] z. B. wenn wegen eines Diebstahls drei Tage und wegen einer Unterschlagung ein Tag Gefängnis als Einzelstrafen verwirkt sind, gibt es als Gesamtstrafe (§ 74 I, III) auch nicht mehr als 3 Tage Gefängnis. Die Umwandlung von 4 Tagen Gefängnis in Zuchthaus bei Gesamtstrafen ergibt nicht $\frac{2}{3} \times 4 = 2\frac{2}{3}$, sondern 2 Tage Zuchthaus; vgl. §§ 21, 74 II. Geldstrafe unter 1 Mark kann in Freiheitsstrafe nicht umgewandelt werden; vgl. § 29.[2])

3. Einzelhaft.

Nur Zuchthaus und Gefängnis dürfen in beabsichtigter Einzelhaft vollzogen werden. Ohne Zustimmung des Gefangenen darf die Einzelhaft in ihrem Gesamtbetrage 3 Jahre nicht übersteigen, § 22. Einzelhaft als Anstaltsdisziplinarstrafe wird hierdurch nicht ausgeschlossen.

Unter Einzelhaft ist eine unausgesetzte Absonderung zu verstehen. Sie wird durch ein ausschließlich räumliches Zusammensein nur dann aufgehoben, wenn entweder Verkehr mit den anderen eintreten darf oder gemeinschaftliche Arbeit stattfindet. Die Einzelhaft dauert daher z. B. auch fort, wenn gemeinschaftlicher Gottesdienst oder gemeinschaftlicher Schulunterricht im sogen. Stallsystem eingerichtet ist, oder wenn die Gefangenen im Spazierhof mit 5 Schritt Abstand einherzugehen haben. Rein zufällige Einzelhaft, welche vorliegt, wenn Personen des gleichen Geschlechts oder der gleichen Altersklasse im Gefängnis nicht anwesend sind, wird durch § 22 nicht eingeschränkt.

---

[1]) Gl. M. die herrschende Lehre, z. B. v. Olshausen § 19 N. 7 b β, Schwartz § 74 N. 4 b α, E. 30, 141. Referierend Frank § 74 III 1. A. M.: Kluckhohn, GS. 84, 462, es sei auf einen Tagesbruchteil zu erkennen. Diese Ansicht widerspricht dem § 19 II, während § 74 I für sie geltend gemacht werden kann. Der Grundsatz in dubio mitius und die Erwägung, daß eine Erhöhung bereits verhängter Gesamtstrafen beim Hinzutreten neuer Einzelstrafen ja auch nicht unbedingt geboten ist, lassen die herrschende Lehre richtig erscheinen.

[2]) Gl. M.: v. Olshausen § 19 N. 7, E. **30**, 141.

Gemäß § 11 BRVO. von 1897 soll das Vollzugsorgan von seiner Befugnis zur Anwendung der Einzelhaft tunlichst Gebrauch machen bei Personen, die noch nicht 25 Jahre alt sind, oder Zuchthaus, Gefängnis oder geschärfte Haft noch nicht verbüßt haben, ferner bei Strafen, welche 3 Monate nicht übersteigen.[1]) — Die Einzelhaft erleichtert die Anstaltsdisziplin, sichert der Strafe einen Übelscharakter (trotzdem eine Minderzahl der Gefangenen sie der Gemeinschaft mit Sträflingen vorzieht); Sinnesänderung ist hier wahrscheinlicher. Gefahren sind: Verlernung des Verkehrs mit gleichgeordneten Menschen; Erzeugung von Willensschwäche; bestritten sind: die höhere Gesundheitsschädlichkeit bei längerer Dauer (doch wird zugegeben, daß geistesschwache, nervöse, insbesondere hysterische Personen sie schlecht vertragen, Frauen durchschnittlich nicht so lange als Männer), die größere Kostspieligkeit der Zellengefängnisse. Nur als Übelsschärfung kommt sie in Betracht bei Personen, die durch Gemeinschaft nicht zu bessern sind. — Die Grundgedanken der BRVO. §§ 11—14 erscheinen als richtig. Zu ergänzen wäre, daß auch bei stufenweisem Strafvollzug als erste Stufe eine mehrmonatliche Einzelhaft für die Regel vorzusehen ist.

Trennung der gesunden Sträflinge bei Nacht erscheint im allgemeinen als wünschenswert.

4. Vorläufige Entlassung (auch bedingte Entlassung genannt).

Die Einrichtung wurde zuerst in Sachsen durch Verordnung von 1862 ohne gleichzeitige Übernahme des englischen Progressivsystems eingeführt.[2])

Vor dem vollständigen Ablauf der Strafzeit kann ein Zuchthaus- oder Gefängnissträfling durch die oberste Justizverwaltungsbehörde aus der Strafanstalt entlassen werden.

Voraussetzung ist: a) Ablauf von $^3/_4$ der zu verbüßenden Strafzeit; b) Verbüßung eines vollen Jahres der Freiheits-

---

[1]) Grundsätzliche Erörterungen über Einzelhaft, die neben Vorzügen auch Schattenseiten aufweist, bei Kriegsmann 184f; Vorschläge in VE. § 22, GE. § 45.

[2]) Görlich, Vorläuf. Entlassg. (1906) S. 5. Auch Braunschweig (1864) sah sie vor, Mittermaier VD. A. 4, 509.

strafe; c) gute Führung; d) Anhörung der Gefängnisverwaltung; e) Einwilligung des Gefangenen, §§ 23, 25 I. Der Eintritt kann außerdem an Bedingungen (z. B. regelmäßige Meldung) geknüpft werden, § 24 I.

Die Dauer der bedingten Entlassung gilt nicht als Strafzeit[1]); beachtlich für die Strafverjährung, für die Zulässigkeit des Eintritts einer Polizeiaufsicht. Die Maßregel ist daher nicht als Strafverlängerung durch die Justizverwaltung zu konstruieren. Die Frage der Anwendbarkeit des § 79 auf Handlungen, die während der Zeit der vorläufigen Entlassung abgeurteilt werden, ist dagegen anders zu entscheiden: § 79 wird erst mit völliger Erledigung der bisher auferlegten Strafe unanwendbar. Ablauf der festgesetzten Strafzeit ohne Widerruf gilt als Verbüßung der Strafe, § 26.

Schlechte Führung (der Begriff ist dem Verwaltungsermessen anheimgestellt) und Zuwiderhandlung gegen auferlegte Bedingungen berechtigt die oberste Justizerwaltung zum Widerrufe, § 24 I. Der Widerruf hat zur Folge, daß der Täter den unverbüßten Teil der auferlegten Strafe noch verbüßen muß, § 24 II. Vor Eintritt eines Widerrufs kann die Ortspolizeibehörde aus dringenden Gründen des öffentlichen Wohls den bedingt Entlassenen einstweilen festnehmen lassen. Läuft alsdann noch vor dem Widerruf die festgesetzte Strafzeit ab, so bleibt der Widerruf gleichwohl gültig, § 25 III. Die festnehmende Ortspolizeibehörde soll sofort um den Widerruf bei der hierfür zuständigen Stelle nachsuchen, § 25 II. — Als „auferlegte Strafe“ (§ 23) gilt nach der ratio legis nur die im Augenblick der Urteilsrechtskraft noch zu verbüßende, nicht die durch Begnadigung oder Strafanrechnung von vornherein nicht zu wirklicher Verbüßung gelangende Strafe.[2])

Landesrecht hat sich ermächtigt erachtet, eine Begnadigungsform auszubilden, wonach bei geringeren Strafen von 4 bis 12 Monaten eine Beurlaubung auf Wohlverhalten eintritt, so Baden. Bei guter Führung läßt die Staatsanwaltschaft Straf-

---

[1]) Gl. M.: Oetker GS. 70, 361. A. M.: Görlich 23; dagegen mit Recht Kriegsmann 134.

[2]) Gl. M.: M. E. Mayer 459 N. 18. A. M.: v. Liszt bis zur 18. Aufl. § 62 III 2.

verjährung eintreten. Darin liegt eine Umgehung der lex lata. Solche Strafunterbrechungen erscheinen, wenn sie zu dem erkennbaren Zwecke erfolgen, die Schranken des § 23 zu durchbrechen, nicht als zulässig. Auch die Zweckmäßigkeit de lege ferenda ist nur in bescheidenen Grenzen anzuerkennen, jedenfalls in engeren Grenzen als die sonstige bedingte Begnadigung.[1])

Die bedingte Entlassung auch neben lebenslänglichem Zuchthaus vorzusehen, ist nicht empfehlenswert. Dadurch wird die wünschenswerte präventive Wirkung der Androhung lebenslänglicher Strafe ohne Not abgeschwächt.[2]) Bedingte Begnadigung bleibt ja ohnedies möglich.

Das richterliche Urteil, das ein Strafbedürfnis von einer bestimmten Dauer sorgfältig erwogen und anerkannt hat, sollte nicht so leicht in seiner Wirkung abgeschwächt werden können, daß man schon nach $^2/_3$ der Strafzeit den Abbruch der Verbüßung als eine zulässige Verwaltungsmaßregel empfehlen kann.[3]) Dadurch erzielt man auch ein ähnliches Mißverhältnis zwischen Justiz und Verwaltung und ihrem Einfluß auf die Strafdauer, wie es von unbestimmten Strafurteilen zu befürchten wäre. Ist dagegen das Maß der abkürzbaren Strafzeit wie bisher nur ein Viertel, so kann man häufigerer Anwendung als bisher das Wort reden. Der VE. § 27 sieht vor, daß die Bewährungsfrist mindestens 2 Jahre dauere, auch wenn der Strafrest kürzer ist, der noch zu verbüßen wäre. Darin läge eine Verbesserung des geltenden Rechts.[4])

5. Die bedingte Begnadigung (eine Form der teilweisen Begnadigung).

Durch (generelle) Verordnungen haben seit 1895 die einzelstaatlichen Träger der Begnadigungsgewalt ihren obersten Justizverwaltungsbehörden die Ermächtigung erteilt, nach gutachtlicher Anhörung des verurteilenden Gerichts in gewissen Fällen die Strafvollstreckung auszusetzen. Dieser Strafaufschub enthält

---

[1]) Vgl. auch Frank § 26 V, Kriegsmann 135, Reichardt BlGefängnK. 44, 23, v. Jagemann ZStW. 34, 349.

[2]) A. M.: Allfeld 321 N. 80.

[3]) A. M.: VE. § 26.

[4]) Gl. M.: Mittermaier, VD. A. 4, 566.

zugleich die Inaussichtstellung, daß der Souverän im Falle des Bestehens einer Bewährungsfrist den Verurteilten endgültig begnadigen werde.

Die Bewährungsfrist wird von der Justizverwaltungsbehörde je nach der Strafe in der Regel zwischen 1 und 3 Jahren bemessen.

Die erforderliche gute Führung während der Bewährungsfrist setzt insbesondere Nichtverurteilung zu erheblicheren Strafen während derselben voraus.

Seit 1. Januar 1903 gelten hinsichlich der Gewährung bedingter Begnadigung auf Grund eines Bundesratsbeschlusses gemeinsame Grundsätze. Die Anwendung der bedingten Begnadigung ist nicht mehr auf ein bestimmtes Maximum der erkannten Strafe beschränkt. Aber die geringfügigen Strafen sollen den Hauptanwendungsfall nach wie vor bilden. Vorwiegend soll die Maßregel jugendlichen, nicht vorbestraften Personen zugute kommen.[1] Vor der bedingten Verurteilung hat sie voraus, daß sie sich durch Zentralbehörden je nach den Zeitbedürfnissen regulieren läßt.

6. Nur außerhalb Deutschlands ist bisher in zahlreichen Ländern eingeführt worden die bedingte Verurteilung, eine der bedingten Begnadigung vielfach verwandte Einrichtung.

Danach kann das verurteilende Gericht selbst bei leichten und mittleren Strafen die Strafvollstreckung aussetzen und ihren späteren Eintritt von dem Nichtbestehen einer Bewährungsfrist abhängig machen. Nichtbestanden ist die Bewährungsfrist in der Regel erst bei neueren erheblichen Verurteilungen.[2]

Ungestörter Ablauf der Bewährungsfrist bewirkt den Erlaß der Strafe (z. B. in Norwegen). Er bewirkt in der Regel außerdem die volle Tilgung der Verurteilung (z. B. in Belgien, Frankreich).

Diese Wirkungen treten meist automatisch ein, in einzelnen Ländern erst nach erneuter gerichtlicher Beschlußfassung über die Führung des Verurteilten.[3]

---

[1] Vgl. Klee ZStW. 24, 69 f.
[2] v. Liszt, VD. A. 3, 80 f.
[3] Vgl. v. Liszt, VD. A. 3, 84 f. Vermittelnd VE. § 40.

7. Über das kriminalpolitisch wichtige Gebiet der Entlassenenfürsorge vgl. Krohne, Gefängniskunde (1889) 276, Kriegsmann 269 f., Brosius, Die Obsorge usw. 1908.

B. Die einzelnen Freiheitsstrafen.

Über den Strafinhalt und über die Differenzierung der Strafarten handelt das StGB. nur sehr lückenhaft. Lebhaft beanstandet wird vielfach das Bestehen einer kurzen Freiheitsstrafe, die entsprechend der geringeren Schuld schwächere Vorteile für den Staat bringt, wohl aber in Verbindung mit der bisherigen Verwertung der Strafregister den Verurteilten über Verhältnis zu schädigen vermag.[1]) Speziell für Gefängnis führte England 1914 ein Mindestmaß von 5 Tagen ein, vgl. ZStW. 36, 782. Ganz zu entbehren ist die kurze Freiheitsstrafe nicht,[2]) nicht einmal eine Gefängnisstrafe von weniger als 8 Tagen. Aber ihre Häufigkeit läßt sich insbesondere durch die Gewährung der Möglichkeit zum Abverdienen uneinbringlicher Geldstrafen vermindern.[3])

Die Ausfüllung der Lücken durch Landesrecht erfolgte sehr verschiedenartig.

Zur Erzielung von Rechtseinheit in den Prinzipien erging nach dem Scheitern eines Reichsstrafvollzugsgesetzes (Entw. v. 1879) ein Bundesratsbeschluß vom 28. Oktober 1897, betreffend „Grundsätze, welche beim Vollzug gerichtlicher Freiheitsstrafen . . . . zur Anwendung kommen". Sie betreffen unter großer Schonung landesrechtlicher Besonderheiten u. a. Zellengröße, Anwendung von Einzelhaft; Beschäftigungsdauer, Bekleidung, mündlichen und schriftlichen Verkehr mit der Außenwelt; Pflicht zum Gottesdienst (aber nicht zum Abendmahl), Unterricht, Disziplinarstrafen.

Als Beilage zu den Blättern für Gefängniskunde Band 45 ist 1911 der Entwurf eines Gesetzes über den Vollzug der gerichtlich erkannten Freiheitsstrafen erschienen, der von einer Kommission der Strafanstaltsbeamten ausgearbeitet ist, aber die

---

1) Vgl. v. Liszt, Aufs. 1, 347 u. 515, der Freiheitsstrafen bis zu 6 Wochen verwirft.

2) Vgl. Heilborn, Die kurze Freiheitsstrafe, 1908; Köhler, Vergeltungsgedanke 236.

3) Beachtliche Vorschläge bei Traeger GerS. 78, 327, Ebermayer, Kommissionsentw. 5/6.

in erheblichem Umfang wünschenswerte Ermessensfreiheit der Anstaltsbeamten auf Kosten des Rechtscharakters der Strafe doch bedenklich weit ausdehnt. Verschiedene Besprechungen u. a. in den nächstfolgenden Bänden der Blätter für Gefängniskunde, ein zweiter Entwurf ebenda Band 47.[1]) —

1. Zuchthaus, §§ 14, 15. Es kommt nur bei Verbrechen i. e. S. vor und besteht aus Freiheitsentziehung, verbunden mit Arbeitszwang. Berücksichtigung der Persönlichkeit bei Wahl der Arbeitsart ist nicht vorgeschrieben, aber gleichwohl häufig.

Außenarbeit (d. h. Arbeit außerhalb der Anstaltsumfriedigung unter staatlicher Aufsicht) ist zulässig und von der Einwilligung des Gefangenen unabhängig. Der Gefangene soll dabei von freien Arbeitern getrennt bleiben (Nicht immer strikt durchführbar). Tägliche Arbeitszeit bis zu 12 Stunden, BRVO. § 20. Männliche Zuchthaussträflinge bekommen das Haar kurz geschoren und tragen keinen Bart, BRVO. § 26 I.

Trennung von Gefangenen anderer Art, tunlichst durch Überführung der Zuchthausgefangenen in eigene Strafanstalten, sieht vor BRVO. § 2; als bindende Anordnung ist dies vorgeschlagen in VE. § 15.

Anhang:

Als Arbeitssystem bei allen Arten der Freiheitsstrafe, nicht nur bei Zuchthausstrafe, ist der Betrieb der Arbeit in eigener Regie besser als die Verdingung der Arbeit an private Unternehmer.[2]) Die ältere Form des Unternehmerbetriebs, wonach die Gefangenen einfach der Ausnutzung des Unternehmers überlassen wurden, besteht in Deutschland gegenwärtig nirgends.[3]) Eine Übertreibung ist es aber, wenn man annehmen wollte, alle Formen des Unternehmerbetriebs trügen in gröberer oder feinerer Gestalt das Gepräge des Menschenhandels.[4]) Die Versorgung der Gefangenen mit einer

[1]) Über Reformvorschläge, betr. die Ausgestaltung der Freiheitsstrafen, vgl. Kitzinger, Die Int. Krim. Ver. 84 f, Goldschmidt VD. A. 4, 329 f und aus neuerer Zeit Aschrott in Aschrott—v. Liszt, Reform des RStGB. 74 f.

[2]) Vgl. v. Jagemann in Holtz. Hdb. d. Gefägnisw. 2, 247, Hoegel, Freiheitsstrafe u. Gefängniswesen in Oesterreich (1916) 128.

[3]) Vgl. Kriegsmann 211 N. 1.

[4]) So jedoch Krohne, Gefängniskunde 391.

für ihr späteres Fortkommen nützlichen Arbeit ist oft außerordentlich schwer in vollständig eigener Regie durchzuführen. Letzteres System ist auch bei kurzen und leichteren Freiheitsstrafen gegen Personen, die einen ehrlichen Beruf ausüben, weniger wichtig als der Gesichtspunkt, daß ihnen die Wohltat der Arbeit ebenfalls zuteil werde. — Vielfach üblich ist das Akkordsystem, d. h. die staatliche Verarbeitung fremder Materialien auf Bestellung eines Gewerbetreibenden.

Wichtige und vielverhandelte Probleme bei der Arbeit in den Gefangenenanstalten sind u. a. die tunlichste Verhütung einer Unterbietung der freien Arbeit durch die Gefangenenarbeit, die Auswahl der zu Land- und Meliorationsarbeiten Geeigneten.[1])

Nebenwirkung der Zuchthausstrafe ist:

a) Der Verlust der bekleideten öffentlichen Ämter sowie die Unfähigkeit, solche je wieder zu erlangen, endlich die dauernde Unfähigkeit zum Dienst in Heer und Marine, § 31.[2])

Zu den öffentlichen Ämtern zählt auch das Laienrichteramt, ferner die Anwaltschaft und das Notariat, § 31 II.

Kirchenämter fallen hierunter dann, wenn auf Grund staatlicher Anstellung staatliche Angelegenheiten, d. h. solche, die als staatliche in dem betreffenden Bundesstaate angesehen werden, zu verrichten sind. Dahin gehört z. B. das Amt eines Religionsprofessors an den Mittelschulen, eines Konsistorialrats, eines Superintendenten, soweit er staatliche Funktionen zu versehen hat, eines Pfarrers, soweit er nach Landesrecht eo ipso oder kraft besonderer Designation als Schulinspektor in Volksschulen zu fungieren hat, eines Militär- oder Anstaltsgeistlichen, soweit er in diesem Dienste bestimmte vom Staate verlangte Seelsorge zu üben hat. Dagegen wird das Kirchenamt nicht schon dadurch zum öffentlichen Amt, daß die es verleihende Religions-

---

1) Vgl. dazu u. a. Leonhard, Die modernen Strafrechtsideen und der Strafvollzug (1910) S. 31, Goldschmidt, VD. A. 4, 298, Kriegsmann 219.

2) Letztere Unrechtsfolge ist von zweifelhaftem Werte; vgl. Köhler, Annalen d. Dtsch. Reiches (1910) 208. A. M.: Steidle, Militärrechtliche Studien (1910) 291.

gesellschaft als öffentlichrechtliche Korporation anerkannt ist[1]) oder daß der Landesherr kraft eines Summepiskopats auf die Stelle ernennt (kgl. Pfarrer).[2]) Vollkommen richtig erklärt E. **47**, 49, Geistliche seien, sofern ihnen nicht besondere staatliche Aufgaben, so in der Schul- oder Armenpflege oder bei der Verwaltung öffentlicher Gelder übertragen sind, keine Beamten im Sinne des § 359; desgleichen seien rein kirchliche Ämter keine öffentlichen. Danach berichtigt sich die zu allgemeine Formulierung von E. **10**, 199 (203), das den geistlichen Ämtern die Eigenschaft eines öffentlichen Amtes (im Sinne des § 132) absprach. A. M. v. Olshausen,[3]) der das Pfarramt schlechthin als öffentliches Amt ansieht; umgekehrt zu weitgehend Binding,[4]) der auch dann ein öffentliches Amt verneint, wenn der Kirchenbeamte ausdrücklich in die Staatsbeamten landesrechtlich eingereiht ist. Allein, daß ein bestimmtes Staatsamt nach Kirchenrecht zugleich ein Kirchenamt ist (z. B. die Generalsuperintendentur), kann ihm die Eigenschaft als Staatsamt nicht nehmen. — Streitig ist auch, ob das Problem lediglich reichsrechtlich oder auch landesrechtlich zu beurteilen ist. Sie ist dahin zu entscheiden: Für die Frage, welche Eigenschaften einem öffentlichen Amt zukommen, ist selbstverständlich nur Reichsrecht maßgebend; über die weitere Frage, ob einem bestimmten Kirchenamte diese Eigenschaften zukommen, entscheidet lediglich das Landesstaatskirchenrecht.[5])

b) Die Zulässigkeit der Aberkennung der bürgerlichen Ehrenrechte, §§ 32, 33 (Einzelne von ihnen gehen schon ipso iure auf Grund des § 31 verloren, aber nicht alle[6]. Der Zuchthäusler ist an sich wahlberechtigt; er besitzt etwaige Ehrenzeichen weiter, mag er auch keine Gelegenheit haben, sie anzulegen). —

Die Dauer der Zuchthausstrafe beträgt mindestens ein Jahr und höchstens 15 Jahre. Nur wo das Gesetz dies

[1]) Gl. M. im Ergebnis wohl Neumeyer ZStW. **27**, 6; bedenklich Frank § 31 II 2.

[2]) Gl. M. im Ergebnis Schwartz § 31 N. 6.

[3]) Vgl. v. Olshausen § 31 N. 7.

[4]) Vgl. Binding L. **2**, 380.

[5]) So ist u. E. Allfeld 312, Frank § 31 II 2 zu verstehen.

[6]) Voller Ehrverlust wäre richtiger; so schon Vollert, ThürBl. **17**, 101.

ausdrücklich vorsieht, kann sie lebenslänglich sein (z. B. §§ 81, 251). Anderenfalls heißt sie „zeitig“ (besser zeitlich) § 14.

Als schwerstes Disziplinarmittel wird bei ihr die Zulässigkeit der Prügelstrafe[1]) und des Arrests auf einem Fußboden mit scharfkantigen Latten (Lattenarrest) in den Bundesstaaten noch aufrecht erhalten, wo diese Körperstrafen bis zur Bundesratsverordnung von 1897 bestanden, BRVO. § 34 VIII. Der Rechtsbestand dieser Disziplinarmittel ist gleichwohl sehr fraglich.[2]) Neuerdings ist es zweifelhaft geworden, ob nicht auch die schwerste generell (d. h. abgesehen von der ausnahmsweise vorbehaltenen Körperstrafe) vorgesehene Disziplinarstrafe ohne Nachteil für die Gefängnisdisziplin entbehrlich ist, nämlich der strenge Arrest mit der Wirkung der Verdunkelung der Zelle.[3])

2. Die Festungshaft, § 17. Sie kommt bei Verbrechen und Vergehen vor und besteht aus Freiheitsentziehung, verbunden mit Beaufsichtigung der Beschäftigung und Lebensweise. Arbeitszwang und Außenarbeit sind unzulässig. Der Vollzugsraum darf nicht gleichzeitig für andere Strafarten bestimmt sein. Der Vollzug ist in der Regel der Militärbehörde landesrechtlich übertragen.[4])

Fakultative Nebenwirkungen enthalten z. B. §§ 81 III, 83 III, 87 III, 88 IV, 89 II, 95 II. Aberkennung der bürgerlichen Ehrenrechte ist nirgends vorgesehen.

Ist wahlweise Zuchthaus und Festungshaft angedroht (z. B. §§ 105, 106), so ist Festungshaft auszusprechen, wenn nicht festgestellt ist, daß die Tat aus ehrloser Gesinnung hervorging. Ehrlose Gesinnung bedeutet: sittliche Verachtung der Person hervorrufende Charaktereigenschaften, § 20. Auch bei ehrloser Gesinnung darf Festungshaft ausgesprochen werden.

---

[1]) Ueber die Bedenklichkeit dieses Disziplinarmittels vgl. die vielleicht etwas stark aufgetragene, im Grunde aber richtige Schilderung von Krohne, Gefängniskunde (1889) 357.

[2]) Vgl. Freudenthal ZStW. 32, 229/30.

[3]) Vgl. dazu v. Michaelis, Bl. f. GefK. 48, 548, der mit Recht wünscht, daß Dunkelarrest gegen schwangere oder menstruierende Frauen nicht vollzogen werde, und glaubt, daß man auch sonst ohne Zellenverdunkelung auskommen kann, die bei einer Erstreckung auf mehrere Tage medizinisch nicht unbedenklich ist.

[4]) Vgl. Begr. z. VE. 53.

Bei der Wahl zwischen Gefängnis und Festungshaft, z. B. in § 95, wird teilweise analogerweise vorzugehen sein: d. h. Gefängnis ist nur dann auszusprechen, wenn zugleich unanständige Gesinnung nachweislich vorlag.

Die Dauer der Festungshaft beträgt mindestens 1 Tag, bei Verbrechen in der Regel mindestens 1 Jahr (Ausnahme § 208: 3 Monate). Im Höchstfall dauert sie 15 Jahre und, wo es ausdrücklich vorgesehen ist, lebenslänglich; § 17

3. Gefängnis, § 16.

Es kommt vor bei Vergehen, vereinzelt auch bei Verbrechen (nämlich in §§ 57 Z. 1—3, 224, 226, 228 sowie bei Verbrechen, die unter mildernden Umständen begangen wurden).

Es besteht in Freiheitsentziehung, fakultativ verbunden mit Arbeitszwang. Die Arbeit muß den Fähigkeiten und der sozialen Stellung des Gefangenen angemessen sein. Auf Verlangen muß der Gefangene solche Arbeit zugewiesen bekommen (§ 16 II).

Außenarbeit ist zulässig, aber von der Zustimmung des Gefangenen abhängig.[1])

Ein Trennungsgebot besteht wie beim Zuchthaus.

Die Dauer der Gefängnisstrafe beträgt mindestens 1 Tag.[2]) Der Höchstbetrag ist in der Regel 5 Jahre (in Ausnahmefällen mehr: §§ 29 II, 57, 74 III, 78).

Als Nebenwirkung kommt teils fakultativ, teils obligatorisch die Aberkennung der bürgerlichen Ehrenrechte vor (z. B. §§ 302a, 302d). Stets müssen dabei aber die besonderen Voraussetzungen des § 32 vorliegen.

Ein besonderer Vollzug der Freiheitsstrafen überhaupt, aber namentlich der Gefängnisstrafe, wäre für die meistens

---

[1]) Für die Dauer des Weltkrieges ist diese Bestimmung suspendiert, vgl. Bekanntm. d. Reichskanzlers vom 4. März 1915.

[2]) Landesrecht kann weiter herabgehen. Gl. M.: KammerGer. J. 9, 165. A. M.: Binding H. 1, 301, v. Olshausen § 19 N. 6b. Die Bestimmungen über Freiheitsstrafen des StGB. sind allerdings ganz auf die für die Regel des § 16 zugeschnitten; genau das gleiche läßt sich aber auch für Geldstrafen behaupten, bei denen die Zahl derer, die abweichendes Landesrecht zuläßt, größer ist. Die Beschränkung des Landesrechts, das sogar Arbeitsstrafen einführen darf, bemißt sich ausschließlich nach EG. §§ 5, 6, 8.

vermindert Schuldfähigen erwünscht (womöglich getrennte Abteilung des Gefängnisses oder Sondergefängnisse).[1] Die nachträgliche Überführung von Personen, die als gesund verurteilt wurden, in jenen Sondervollzug ist zuzulassen, erfordert aber eine vorherige Feststellung, daß keine Simulation vorliegt.

4. Die Haft, § 18.

Sie kommt vor bei Übertretungen und bei einzelnen Vergehen (§§ 185, 186, 140 Z. 2).

Es bestehen zwei Arten:

a) Die einfache Haft. Sie ist Freiheitsentziehung ohne Arbeitszwang, § 18 II. Die eigene Reinigung der Zelle kann jedoch verlangt werden; so die preuß. DienstO. für die Anstalten des Min. d. I. § 68. Freiwillig übernommene Arbeit verpflichtet zu ihrer Leistung.

b) Die geschärfte Haft. Sie ist Freiheitsentziehung mit fakultativem Arbeitszwang wie bei der Gefängnisstrafe (jedoch besteht kein Anspruch auf Beschäftigung), ferner mit fakultativer Außenarbeit wie beim Zuchthaus, § 362 I.

Die Dauer der Haft beträgt in beiden Fällen mindestens 1 Tag, höchstens 6 Wochen. Beim Zusammentreffen mehrerer Haftstrafen ist der Höchstbetrag 3 Monate (§§ 77, 78 I, 79).

Anhang: Von der Befugnis zum Arbeitszwang soll nach BRVO. § 17 I bei Gefängnisstrafe und geschärfter Haft in der Regel Gebrauch gemacht werden.

Tägliche Arbeitszeit in beiden Fällen bis zu 11 Stunden, BRVO. § 20.

IV. Die Geldstrafe. § 27.

Sie kommt bei allen 3 Kategorien von Delikten vor; bei Verbrechen i. e. S. jedoch stets nur kumulativ neben einer Freiheitsstrafe; vgl. z. B. §§ 265, 271, 360.

Die Geldstrafe fließt in der Regel der Staatskasse des in erster Instanz verfolgenden Staates zu, ausnahmsweise anderen öffentlichen Kassen, vgl. z. B. Nahrungsmittelgesetz § 17 (der Untersuchungsanstalt für Nahrungs- und Genußmittel); GewO. § 146 III, Weinges. § 32. Dem Landesrecht wäre es unver-

[1] Vgl. Kahl, VD. A. 1, 77.

wehrt, zu bestimmen, daß ein Bruchteil der Geldstrafe dem Anzeiger zufällt oder ihm vom Gericht zugewiesen werden kann. Als Regel ist eine solche Bestimmung zu widerraten; sie bebefördert Delatorenunwesen. Ausnahmsweise kann sie entschieden das minus malum darstellen; z. B. zur Durchführnng von Anzeigepflichten über angehäufte Vorräte von Getreide und Lebensmitteln, zur Verhinderung von massenhaften Christbaumfreveln vor Weihnachten, zur Erhöhung des Schutzes öffentlicher Anlagen, überhaupt zur erhöhten Wirksamkeit von Vorschriften, deren Einhaltung dringend erwünscht ist, aber nur durch verstärkte Mitwirkung des breiteren Publikums einigermaßen ausreichend erwartet werden kann. Erstreckung auf Sittlichkeitsdelikte oder Beleidigungen wäre verfehlt. Besondere Aufmunterungen des Publikums zur Anzeige sind hier kein generelles Bedürfnis. Anders steht es bei einzelnen leichten Delikten, an deren Verhütung die Allgemeinheit unbedenklich als unmittelbar mitinteresiert behandelt werden kann. So hat z. B. eine Polizeiverordnung des Kantons Appenzell JR. vom 19. September 1913 Art. 4 demjenigen eine Prämie versprochen, der das Ausreißen bestimmter seltener Alpenpflanzen mit der Wurzel zur Anzeige bringt.

Die Mindestgrenze der Geldstrafe beträgt für Übertretungen des RStGB. 1 M., für Vergehen 3 M. — Für Sonderstrafgesetze des Reichs und für landesrechtliche Delikte besteht keine reichsgesetzliche Mindestgrenze.[1])

Ein allgemeines Höchstmaß ist nicht vorgesehen. Ja, bei Geldstrafen, die nach dem Vielfachen oder dem Bruchteil eines variablen Wertes (z. B. bei unbefugter Ausgabe von Inhaberpapieren, § 145a) sich bemessen können, ist nicht einmal immer eine abstrakte Höchstgrenze für den Deliktstypus vorgesehen.

In § 302d ist die Höchstgrenze 15 000 M., im Sklavenraubsgesetz § 3 ist sie 100 000 M., im Kalisalzges. v. 1910 ist sie 500 000 M.

Die Geldstrafe ist stets Hauptstrafe. Bei Vergleichung

[1]) Gl. M.: E. **16**, 159, Allfeld 323 N. 6, Wachenfeld 236; im wesentlichen auch Schwartz § 27 N. 3, dieser jedoch nicht für die Delikte, die das Landesrecht als Vergehen behandelt. Generell a. M.: Binding H. **1**, 301, Frank § 27 I.

mehrerer Strafgesetze nach § 73 kommen zuerst die Hauptstrafen in Betracht. Die Nebenstrafen kommen nur subsidiär mit zur Vergleichung.[1]) Trotz Nichterwähnung in § 45 kann daher bei Versuch (z. B. des Betrugs) auf akzessorische Geldstrafe ebenfalls erkannt werden.

Unter den Reformgedanken[2]) sind hervorzuheben: a) Die maßvolle Vermehrung der Fälle, in denen Geldstrafe als Haupt- oder Nebenstrafe anzudrohen ist; b) die obligatorische Berücksichtigung auch der Vermögenslage des Beschuldigten (und der Anwartschaft seiner pflichtteilsberechtigten Erben), wobei aber eine Verurteilung nur nach Verhältnis des Einkommens oder in fest steigender Progression zum Einkommen zu ungesunden Nebenwirkungen führen müßte; c) Die Schaffung einer Gelegenheit für Arbeitsfähige, die bei ihnen uneinbringliche Geldstrafe abzuarbeiten; d) die Einschränkung des Eintritts einer Ersatzfreiheitsstrafe für uneinbringliche Geldstrafen auf Fälle, in denen der Verurteilte angemessene ersatzweise Arbeit nicht leisten will oder kann.

V. Der Verweis.

Er kommt nur gegen Jugendliche vor, und zwar nur bei Vergehen und Übertretungen. Auch ist er stets fakultativ, § 57 Z. 4. Die Art des Vollzugs ist reichsgesetzlich nicht festgelegt. Er kann schriftlich oder auch mündlich erteilt werden. Darüber bestimmt die Vollstreckungsbehörde, nicht das Urteil. Mündliche Form ist vorzuziehen; vgl. E. **31**, 285. Der Vollzug wird durch die ordentliche Vollstreckungsbehörde erst nach Eintritt der Urteilsrechtskraft gültig bewirkt.

Zur Ermöglichung der Vollstreckung eines mündlichen Verweises muß angenommen werden, daß die Vollstreckungs-

---

[1]) Gl. M.: v. Olshausen § 27 N. 1, v. Liszt 254 N. 2. A. M.: Finger **1**, 451, Wachenfeld 247, unter Bezugnahme auf RGf. **32**, 439, das indessen durch E. **46**, 268 aufgegeben ist. Auch E. **19**, 234 vertritt die Ansicht, daß die Geldstrafe im Sinne der Terminologie des StGB. stets als Strafe (Hauptstrafe) anzusehen ist.

[2]) Vgl. darüber Kronecker, JKV. **21**, 177, Traeger GS. **78**, 241 (bes. 327 f.). — Festsetzung nach Summen, nicht nach Quoten des Vermögens oder Einkommens (so Portugal), wünscht mit Recht auch Goldschmidt VD. A. 4, 407.

behörde nötigenfalls Vorführungsbefehl nach Analogie der SPO. § 489 erlassen kann.[1])

Für landesrechtliche Delikte kann der Verweis ausgeschlossen werden.[2])

Da das Landesrecht den näheren Strafinhalt innerhalb des reichsrechtlichen Rahmens für die Vollzugsbehörden vorschreiben kann, ist es in der Lage, zu bestimmen, ob der Verweis öffentlich zu erteilen ist oder nicht, ob schriftlich oder mündlich, bzw. in welchen Fällen in der einen oder in der anderen Form.[3]) Die Zulässigkeit öffentlichen Vollzugs ist nicht zu leugnen,[4]) die Zweckmäßigkeit dann nicht, wenn die Tatsache der Begehung durch den Jugendlichen ohnehin örtlich bekannt ist und der öffentliche Vollzug dem Verletzten eine billige Genugtuung statt einer von ihm erwarteten Bestrafung verleihen kann, oder Vollzug in öffentlicher Sitzung eher eindrucksfähig erscheint.

Trotz obwaltender Bedenken[5]) erscheint die Erstreckung des Verweises auf Erwachsene, wie sie VE. § 37, GE. § 88 vorschlägt, nicht unzweckmäßig. Aber es empfiehlt sich, ihn gleich anderen Strafarten nur bei bestimmten Delikten gegen Erwachsene zuzulassen, z. B. bei Beleidigungen, grobem Unfug und überhaupt bei solchen Delikten, bei denen erfahrungsgemäß häufiger schon die öffentliche Mißbilliung des Verhaltens den Täter empfindlich trifft. Der Verweis bedürfte hier, d. h gegen Erwachsene, keines besonderen Vollzugs. Der Vollzug durch eine ungeeignete Person, z. B. einen zu jugendlichen Mann, könnte hier im Vergleich zu der gerichtlichen formellen Urteilsverkündigung nicht selten geradezu abschwächend wirken.

---

[1]) Gl. M.: Kollenscher GA. 47, 274. A. M. wohl Wachenfeld 235.

[2]) Gl. M.: Allfeld 329.

[3]) Gegen die reichsrechtliche Zulässigkeit und gegen die Zweckmäßigkeit öffentlicher Vollstreckung Jaritz GA. 57, 121.

[4]) Gl. M.: Frank § 57 II 3.

[5]) Vgl. etwa Schweiz. StGB., Prot. d. 2. Expertenkomm. 1, 336.

§ 50.

Die Nebenstrafen und die sonstigen im Strafverfahren zu erledigenden Unrechtsfolgen.

I. Nebenstrafen an der Ehre.

1. Die Aberkennung der bürgerlichen Ehrenrechte. StGB. §§ 32—34, 36.

a) Sie ist ohne weiteres zulässig neben der Todesstrafe und neben der Zuchthausstrafe.

Neben der Gefängnisstrafe ist sie nur zulässig, wenn diese im Einzelfalle mindestens 3 Monate beträgt. Außerdem muß entweder das Gefängnis wegen mildernder Umstände an die Stelle der Zuchthausstrafe treten (z. B. nach § 243 II) oder die Aberkennung muß bei dem begangenen Delikt ausdrücklich vorgesehen sein; § 32 I (vgl. z. B. § 263 I).

b) Ihre Dauer bemißt sich auf 1—5 Jahre bei Gefängnis, auf 2—10 Jahre bei zeitlichem Zuchthaus, auf Lebenszeit bei lebenslänglicher Strafe, § 32 II.

Die Frist wird von der Erledigung der Hauptstrafe an gerechnet; der Verlust tritt aber bereits mit der Rechtskraft des Straferkenntnisses ein, § 26.

c) Die Wirkung der Aberkennung besteht:

α) Dauernd: In dem Verlust der bisher aus öffentlichen Wahlen erworbenen Rechte, der bekleideten öffentlichen Ämter, ferner der erlangten Würden, Titel, Orden und Ehrenzeichen,[1] § 33. Auch der Doktortitel gehört hierher.

β) Auf die Dauer der Aberkennung beschränkt: In der Unfähigkeit zur Erlangung der oben bezeichneten Rechte sowie zur Ausübung politischer Rechte (mit Einschluß des Stimmrechts in öffentlichen Angelegenheiten) § 34 Z. 3 und 4; in der Unfähigkeit zum Eintritt in Heer und Marine (dies wird nicht durchweg als Übel empfunden), § 34 Z. 2, die Unfähigkeit wird hier in einigen Fällen eine dauernde, vgl. MStGB.

---

[1]) Bei ausländischen Verleihungen ruht der inländische Gebrauch. Gl. M.: Frank § 34 II 2. A. M.: Wachenfeld 245 N. 4. — Öffentliche Ämter sind auch die des Offiziers, des Konkursverwalters.

§§ 31, 32, 42; in der Unzulässigkeit der Beiziehung zu bestimmten Rechtsgeschäften und privatrechtlichen Ehrenämtern (Zeugschaft bei Aufnahme von Urkunden, Konkursverwaltung, vormundschaftsrechtliche Ämter), § 34 Z. 5, 6,[1]) in der Unzulässigkeit des Tragens der Reichs- oder Landeskokarde, § 34 Z. 1.

Da es beim Erlaß des StGB. noch keine Reichskokarde gab, wurde diese sinngemäße Auslegung des Wortes Landeskokarde (i. w. S.) mit der Schaffung einer Reichskokarde notwendig. Gl. M. die herrschende Lehre, z. B. Allfeld 340 N. 16.

Weitere Folgen in anderen Reichsgesetzen: Vgl. z. B. BGB. § 1318 II: Nichtzuziehung zur Zeugschaft bei Eheschließung; GewO. §§ 126, 106, HGB. § 81 I: Verbot des Haltens oder Anleitens von gewerblichen Lehrlingen oder von Handlungslehrlingen; Preßgesetz § 8: Verbot der Funktion als verantwortlicher Redakteur; GVG. § 176: Entfernbarkeit als Zuhörer aus öffentlichen Gerichtsverhandlungen; Reichstagswahlgesetz § 3: Ausschluß von der Reichstagswahl.

Landesrecht kann weitere Folgen bestimmen; aber sie werden (z. B. hinsichtlich der Verjährung) nicht als Strafinhalt behandelt; z. B. der Verlust der Pension, des Hofamts.[2])

Im preußischen StGB. § 22 und im bayrischen StGB. Art. 28 war als Folge auch der Verlust des Adels aufgeführt. Auf Grund der undurchdachten Vorstellung, es sei eine Kränkung des Bürgerstandes, wenn man ihm strafweise einen bisher Adeligen zuweise, hat man im Bundesrate, entgegen dem Antrag Preußens, diese Unrechtsfolge vor der Einbringung der Vorlage an den Reichstag aus dem Entwurfe gestrichen. Allein es gibt keine Stände in dem damit unterstellten Sinne mehr, und es wäre daher ungefähr gleichwertig, wenn man den Ordensverlust ebenfalls streichen wollte mit der Begründung, es sei eine Beleidigung aller nicht mit Orden Ausgezeichneten, wenn man ihnen strafweise einen bisher Dekorierten zuweise. Der Kern des Adels liegt auch nicht in einem Familienstande, sondern in einem Ehrenvorzug.[3]) Zweifelhaft erscheint, ob Landesrecht

---

[1]) Nicht mehr gleich Unfähigkeit seit dem BGB.; vgl. Binding G. 253.

[2]) Gl. M.: v. Olshausen § 33 N. 3.

[3]) Bedenklich v. Liszt § 65 N. 4.

die Streichung aus der Adelsmatrikel als Nebenfolge, ähnlich dem Pensionsverlust, noch vorsehen kann. Die Streichung aus dem Entwurfe durch einen der gesetzgebenden Faktoren muß wohl als ein Beispiel des Ausschlusses von Landesrecht durch qualifiziertes Stillschweigen (= Entfernung einer Bestrafungsmöglichkeit) gedeutet werden, mag sie auch de lege ferenda nicht Stich halten.[1])

2. Die Aberkennung einzelner Ehrenrechte.

a) In bestimmten Fällen ist auch eine nur teilweise Aberkennung der unter 1 bezeichneten Ehrenrechte vorgesehen.

Vgl. z. B. §§ 81 III, 83 III, 84, 87 III—90, 94, 95, Gesetz gegen den Verrat militärischer Geheimnisse § 14.

Es handelt sich da um den Verlust der bekleideten öffentlichen Ämter und der aus öffentlichen Wahlen hervorgegangenen Rechte.

In § 95 ist die letztere Folge nicht mit vorgesehen.

In einigen weiteren Fällen kann auf Unfähigkeit zur Bekleidung öffentlicher Ämter erkannt werden. Hiermit sind die bekleideten öffentlichen Ämter ohne besondere Hervorhebung aberkannt § 35 II. Diese Unfähigkeitserklärung ist insbesondere zulässig in den Fällen, in welchen die bürgerlichen Ehrenrechte auch vollständig aberkannt werden dürfen. Vgl. § 35 I, außerdem die §§ 128 II, 129 II, 358.

Nur in den Fällen des § 35 I, nicht in den übrigen Fällen setzt die teilweise Aberkennung voraus, daß die erkannte Gefängnishauptstrafe mindestens 3 Monate beträgt.[2])

b) In einzelnen Fällen sind Befugnisse und Fähigkeiten aberkennbar, die nicht zu den unter 1 aufgezählten gehören.

Vgl. insbesondere § 161 (Aberkennung der Eidesfähigkeit als Zeuge und Sachverständiger bei Verurteilung als Täter oder Anstifter eines Meineids); vgl. ferner die Nebenstrafe des § 319

3. Die Aberkennung der bürgerlichen Ehrenrechte oder einzelner derselben kommt ausnahmsweise ohne

---

1) Gl. M., aber mit anderer Begründung Schwartz § 33 N. 2. A. M.: Frank § 34 I.

2) Vgl. v. Olshausen § 35 N. 7.

gleichzeitige Hauptstrafe vor.[1]) Sie darf nämlich ausgesprochen werden gegen einen Deutschen, der als solcher im Auslande wegen eines von ihm wirklich begangenen Deliktes „bestraft“ wurde, bei welchem nach deutschem Rechte die Aberkennung aller oder einzelner Ehrenrechte vorgesehen ist, § 37.

Unter einem Bestraftsein ist vor allem jedes Erledigtsein der Strafe nach ausländischem Rechte zu verstehen; nicht nur in der Form einer Verbüßung der Strafe im Ausland, sondern auch in der Form der Begnadigung und der Strafverjährung. Der Grundgedanke des § 37 ist anscheinend der: Wenn der Deutsche bei uns nicht oder nur schwer mehr zur vollen Verantwortung gezogen werden kann, so soll er wenigstens nicht notwendig in Deutschland als Ehrenträger mehr geduldet werden müssen (gleichviel, ob ihm im Ausland die Ehrenrechte aberkannt sind oder nicht; denn diese Aberkennung wirkt in Deutschland nicht). Nach § 5 kann man ihm aber den Prozeß auch dann nicht mehr machen, wenn die Strafe nach ausländischem Recht verjährt oder erlassen ist. In diesen Fällen soll er sich ebensowenig wie bei wirklicher Verbüßung in Deutschland als ehrenwerter Mann aufspielen.[2]) Ist freilich im Ausland eine Restitution (Rehabilitation) erfolgt, so gilt auch für das deutsche Recht, d. h. für § 37, die Verurteilung als nicht bestehend.[3]) Ist der rechtskräftig verurteilte Deutsche ohne volle Straferledigung nach Deutschland gekommen, so kann er völlig neu verfolgt werden; aber damit entfällt nicht jedes Bedürfnis nach einer Anwendbarkeit des § 37, da wegen § 7 jene volle Verfolgung oft sinnlos wäre.[4])

Hat die Staatsanwaltschaft eine Verfolgung nach § 37 übernommen, so ist die Aberkennung der Ehrenrechte nicht weiter freirichterliche Ermessenssache, sofern die Aberkennung der Ehrenrechte bei dem betreffenden Delikte als obligatorisch vorgesehen ist; z. B. bei §§ 161, 302d.

---

[1]) Die Meinung ist aber nicht die, daß deshalb die Aberkennung der bürgerlichen Ehrenrechte als Hauptstrafe gelten soll.

[2]) Gl. M.: Frank § 37 I, Schwartz § 37 N. 3, auch wohl Allfeld 99. A. M.: v. Bar, Ges. u. Sch. 1, 201 f., Binding H. 1, 448.

[3]) Gl. M.: Frank § 37 I.

[4]) Daher genügt auch Teilvollstreckung. Gl. M.: Binding 1, 448. Aber auch sie ist nicht verlangt. Gl. M. nur Neumeyer ZStW. 27, 30.

Die Eigenschaft als Deutscher muß zur Zeit der ausländischen und zur Zeit der inländischen Verurteilung vorliegen.[1]) Mit Recht beanstandet Neumeyer,[2]) daß in § 37 nur bürgerliche Ehrenrechte, nicht sonstige Unrechtsfolgen berücksichtigt werden (z. B. Ehrenfolgen der Zuchthausstrafe, Polizeiaufsicht, Eidesunfähigkeit), daß ferner gegen Ausländer, die im Inlande sich aufhalten, die Maßregel unzulässig ist. Mag die Anwendung selten sein, so braucht doch deshalb eine rechtliche Schlechterstellung des Inländers nicht zu bestehen. A. M.: anscheinend die Begr. z. VE. 170. Dagegen hatte schon das bayr. StGB. v. 1861 Art. 45 den ins Inland übergesiedelten Ausländer gleichgestellt; allerdings nur den nach der Bestrafung übergesiedelten.

II. Nebenstrafen an der Freiheit.

Bereits in der CCC. Art. 161 kommen bei wiederholtem Diebstahl Landesverweisung und Verstrickung an einen Ort (Konfination) vor. Auch konnte man den Dieb Urfehde schwören lassen. Aus Landesverweisung und Verstrickung entwickelte sich die Polizeiaufsicht. Dagegen ist der geschichtliche Zusammenhang mit der Urfehde (so Frank § 39 I) wohl nur sekundär. Polizeiaufsicht taucht (als Nebenfolge des Diebstahls) zuerst in der Josefina, Teil 2 § 32 auf. Der Übergang in die Partikulargesetzgebung des 19. Jahrhunderts erfolgte auf Grund von Art. 44 des Code pénal, betr. renvoi sous la surveillance de la haute police,[3]) vgl. z. B. bayr. StGB. von 1813 Teil 1 Art. 401.

1. Die Polizeiaufsicht, §§ 38, 39.[4])

a) Sie kann nur in den ausdrücklich im Gesetz vorgesehenen Fällen eintreten und setzt voraus, daß das

---

[1]) Gl. M.: Frank § 37 I 2. Nach v. Bar, Ges. u. Sch. 1, 202 ist nur der letztere Zeitpunkt maßgebend, nach Schwartz § 37 N. 2 nur der erstere; Binding 1, 447 fordert Deutscheneigenschaft zur Zeit der Tat, hiergegen jedoch der Wortlaut des § 37.

[2]) Vgl. Neumeyer ZStW. 27, 31.

[3]) Vgl. v. Liszt 268 N. 1.

[4]) Nicht als Strafübel behandelt von Beling G. 115, van Calker 68, Frank § 39 I, Mayer 471, wohl aber mit Recht de lege lata von Allfeld 330 N. 1, Finger 1, 489, Wachenfeld 238, von RGE. in GA. 48, 356 und den Komm. v. Olshausen u. Schwartz.

Gericht sie bei Ausspruch einer Freiheitsstrafe für zulässig erklärt. Die Inkraftsetzung hängt vom Willen der höheren Landespolizeibehörde ab.

Gemeint ist damit gemäß den Grundsätzen über Vollstreckungszuständigkeiten in Strafsachen zunächst jedenfalls die am Orte des erstinstanzlichen Gerichts zuständige Polizeibehörde. Gl. M. Finger 1, 490. Auf Grund Bundesratsbeschlusses vom 16. Juni 1872 ist auch die höhere Landespolizeibehörde des Aufenthaltsorts zuständig.[1]) Diese Erweiterung war zulässig. Landesrecht kann daraufhin nähere Anweisung treffen, wer über die Anordnung zunächst beschließen soll. In Bayern ist nach VO. vom 4. Januar 1872 § 1, MB. vom 13. August 1908 § 2 in der Regel die Heimat maßgebend.[2])

In Preußen sind zuständig die Regierungen; in Bayern die Distriktsverwaltungsbehörden.

Die Gefängnisverwaltung ist (= soll) vorher zu hören.

Polizeiaufsicht kommt vor teils neben Zuchthaus, z. B. §§ 44 II, 248, 256; teils auch neben Gefängnis, z. B. §§ 49a, 262, 294; ausnahmsweise auch neben Festungshaft, so § 14 des Gesetzes vom 3. Juni 1914 gegen den Verrat militärischer Geheimnisse.

b) Wirkungen (im StGB. nicht vollständig enthalten) sind:

α) Die Zulässigkeit der Untersagung des Aufenthalts an einzelnen bestimmten Orten (durch die höhere Landespolizeibehörde auch des Aufenthaltsorts), z. B. in bestimmten Städten, Wirtschaften. Aufenthaltsverbot auch am Heimatsort ist zulässig. § 39 Z. 1.[3]) Mit Rücksicht auf die rein verwaltungsrechtliche Möglichkeit der Abweisung Unterstützungsbedürftiger von jedem anderen Ort wird die Verwaltungsbehörde davon nur dann Gebrauch machen, wenn genügend für andere Aufenthaltsgelegenheiten gesorgt ist. Schuldhafte Zuwiderhandlungen gegen diese Beschränkungen auf Grund des

---

[1]) v. Olshausen § 38 N. 8, Frank § 39 III.

[2]) Nach Wachenfeld 238 kommt nur Wohnsitz oder Aufenthaltsort in Betracht. Ebenso Goldschmidt, VD. A. 4, 279 N. 6, Allfeld 333 N. 12.

[3]) v. Olshausen § 39 N. 2, Preuß. Oberverwaltungsgericht in GA. 58, 207. A. M.: Wachenfeld 239 N. 3.

§ 39 Z. 1 (nicht gegen beliebige andere Beschränkungen) fällt unter § 361 Z. 1.

Aus dem Aufenthaltsverbot darf keine Aufenthaltsverweisung gemacht werden, arg. § 39 Z. 1.

Zur Ermöglichung der Durchführung eines noch nicht verhängten Aufenthaltsverbots wird vielfach eine Kontrolle oder Meldungspflicht angeordnet.[1] Wiederholt vorgekommene unzweckmäßige Kontrolle hat die Polizeiaufsicht neuerdings erheblich in Mißkredit gebracht. Ganz entbehrlich ist sie nicht. Schutzaufsicht durch Private ersetzt sie nicht völlig; ebensowenig vorläufige Entlassung.[2] Wer schwere, sicherheitsgefährliche Verbrechen begangen hat, braucht zeitweilig nicht auf volle Freizügigkeit Anspruch zu erhalten, auch wenn er die Strafe verbüßt hat. Was einem privaten Fürsorger bei Schutzaufsicht an Kontrolle gestattet ist, muß auch den staatlichen Polizeiorganen gestattet sein. Dagegen wäre eine Haftung der Polizei für den Schaden erwägbar, den sie durch Kontrollmaßregeln oder Beschränkungen verursacht, soweit der Verurteilte dadurch an einem auskömmlichen, seiner Lebensstellung entsprechenden Fortkommen verhindert wurde. Zugleich wäre die Unzulässigkeit der Handhabung der Polizeiaufsicht in einer diesen Erfolg herbeiführenden Weise auszusprechen.[3]

β) Die Zulässigkeit von Haussuchungen ohne Beschränkung auf eine bestimmte Tageszeit, SPO. § 104, die Zulässigkeit von persönlichen Durchsuchungen, SPO. § 103 II, StGB. § 39 Z. 3; vgl. außerdem SPO. § 106 II.

γ) Die Zulässigkeit von Verhaftungen wegen Fluchtgefahr auch bei bloßem Verdacht einer Übertretung, SPO. § 113.

δ) Die Zulässigkeit der Ausweisung eines Ausländers aus dem Reichsgebiet; § 39 Z. 2. Das bedeutet u. a., daß während der Dauer der Polizeiaufsicht kein Bundesstaat ohne Aufhebung des Verbots seitens der ausweisenden Behörde dem Verurteilten Aufenthalt gestatten darf.

---

1) Vgl. Braune ZStW. 28, 31 f., Mayer 470, Goldschmidt VD. A. 4, 280 N. 3.

2) A. M.: Die Begründung zum GE. S. 107.

3) Vgl. auch Ebermayer, Der Entwurf eines StGB. (1914) 10.

ε) Nichterteilung eines Wandergewerbescheins, Verbot des Gewerbebetriebs im Umherziehen, Nichterteilung des Legitimationsscheins zur Kolportage, Gew.O. §§ 57, 62, 43; Zulässigkeit des Verbots nicht gewerbsmäßiger Kolportage, Preßges. § 5.

Dagegen gehört nicht hierher Reichstagswahlgessetz § 3. Der hier verlangte „Vollgenuß der staatsbürgerlichen Rechte" bezieht sich nur auf bürgerliche Ehrenrechte.

c) Die Dauer der Zulässigkeit, Polizeiaufsicht auszuüben, beträgt 5 Jahre. Sie wird vom Tage der erledigten Freiheitsstrafe an gerechnet. Vgl. auch S. 586.

2) Die Überweisung an die Landespolizeibehörde (soweit sie zu Arbeitshaus führt, auch korrektionelle Nachhaft genannt), § 362 II—IV. Über die Strafnatur besteht die gleiche Meinungsverschiedenheit wie bei der Polizeiaufsicht.[1]) Geschichtliche Angaben bei v. Liszt 269 N. 5, Allfeld 331 N. 4, v. Hippel, Bettel 129. Es besteht fast nirgends ein kontinuierlicher Zusammenhang mit den alten Spinn- und Zuchthäusern des 16. und 17. Jahrhunderts. Nach Vorgang Preußens 1791 und des Code pénal (art. 282) fand die Einrichtung der Nachhaft in den meisten Bundesstaaten Eingang. —

Sie ist die der Landespolizeibehörde vom Gericht erteilte Befugnis, den Verurteilten bis zu zwei Jahren nach Verbüßung der Hauptstrafe zu gemeinnützigen Arbeiten zu verwenden oder in einem Arbeitshaus unterzubringen (Letzteres der Hauptfall). Ausländer darf die Landespolizeibehörde neben oder anstatt der Unterbringung aus dem Reiche ausweisen.

Zuständig ist eine Landespolizeibehörde des in erster Instanz verurteilenden Staates.[2]) Regelmäßig ist zuständig speziell die Landespolizeibehörde, in deren Bezirk das urteilende Gericht liegt.[3]) In Bayern ist jedoch zuständig die Distriktsverwaltungsbehörde des Heimatsortes.

---

[1]) Für die Eigenschaft der korr. Nachhaft als einer Präventivmaßregel außerdem Grobleben, GS. 70, 256.

[2]) Vgl. v. Hippel, Bettel usw. (1895) S. 76 f., v. Hippel, VD. B. 2, 184.

[3]) Vgl. v. Hippel a. a. O.

Voraussetzung der Überweisung ist die Verurteilung wegen eines Vergehens nach § 181 a (verfehlt) oder wegen einer Übertretung nach § 361 Z. 3—8.

Bei Verurteilung aus § 361 Z. 4 ist die Überweisung nur zulässig, wenn der Verurteilte unter Drohungen[1]) oder vorsätzlich mit Waffen gebettelt hat, oder wenn er innerhalb der letzten drei Jahre vor der jetzigen Begehung mehrmals wegen dieser Übertretung im Inlande verurteilt worden ist, § 362 II. Diese Voraussetzung kann auch beim ersten Bettel nach der Entlassung aus dem Arbeitshause noch vorliegen, E. 7, 431. Speziell die Unterbringung in einem Arbeitshaus ist bei der Übertretung nach § 361 Z. 6 (Gewerbsunzucht) unzulässig, wenn die Verurteilte zur Zeit der Verurteilung noch nicht 18 Jahre alt ist. In den Fällen des § 181 a und des § 361 Z. 6 kann die Landespolizeibehörde statt anderer Maßregeln auch die Unterbringung des Verurteilten in einer Besserungs- oder Erziehungsanstalt oder in einem Asyl vornehmen, § 362 III.

Wegen einer vor dem auf Überweisung lautenden Urteil 1. Instanz begangenen Übertretung kann zwar auch während des Überwiesenseins eine neue Verurteilung zur Überweisung erfolgen. Aber die Überweisungen sind nicht kumulativ vollstreckbar. Eine vollzogene Überweisung konsumiert nach der ratio legis alle Überweisungen wegen der vor jenem Zeitpunkt begangenen Handlungen.

Der Beginn der in maximo zweijährigen Über-

---

1) Dieser Fall ist so regelmäßig ein Spezialfall der Erpressung, daß wohl das Verhältnis der Spezialität und nicht das der Idealkonkurrenz anzunehmen ist. Dafür auch die geschichtliche Entwicklung. Die Spezialität besteht aber nur gegenüber § 253. Die Fälle der Paragraphen 254, 255 gehen ihrerseits vor. Vgl. zu der Streitfrage E. 32, 46, Frank § 362 III, die Idealkonkurrenz annehmen, Allfeld 554 N. 22, der den Fall für zweifelhaft erklärt, v. Hippel, Bettel, Landstreicherei u. Arbeitsscheu, der zu § 253 wie hier entscheidet. — Bedenklich ist, das Merkmal „unter Drohungen" etwa auf die dem Bettel nachfolgende Drohung zu beziehen, die dann nicht Erpressung sei. Nach der Terminologie des StGB. (vgl. § 249: „wegnehmen unter Anwendung von Drohungen") liegt bei Drohung nach Abweisung kein Bettel unter Drohungen vor. Vgl. auch § 255.

weisung wird vom Augenblick der verbüßten Hauptstrafe an gerechnet.[1])

Viele rechnen erst vom tatsächlichen Eintritt der Einschaffung an.[2]) Allein da die Einschaffung nur eine Befugnis ist, keine strafprozessuale Vollstreckungspflicht begründet, hätte dies die Folge, daß die Landespolizeibehörde noch bis zum Ablauf von 2 Jahren die Anordnung treffen könnte, mittlerweile aber den Verurteilten in suspenso lassen dürfte. Das wäre bei einer so einschneidenden Maßregel eine kaum erträgliche Möglichkeit. Ist die Überweisung überhaupt keine Nebenstrafe, so würde sie auch noch längere Zeit der Verwaltungsbehörde zur Verfügung stehen (etwa während der 30jährigen auch öffentlichrechtlichen Verjährung). v. Hippel[3]) sucht diesen Folgerungen zu entgehen, indem er eine alsbaldige Entschließung der Landespolizeibehörde verlangt. Allein eine Frist hierfür ist nirgends angedeutet. Die Worte „bis zu zwei Jahren" beziehen sich auf diese Frage nicht; sie weisen nur darauf hin, daß keinesfalls das bezeichnete Maximum überschritten werden darf. — Gegen die richtige Ansicht Fingers und Wachenfelds spricht auch nicht der Grund Bindings,[4]) daß bei Flucht oder unbekanntem Aufenthalt des Täters (scil. nach der Hauptstrafverbüßung) aller Grund fehle, die Internierungszeit zu kürzen. Im geltenden Recht wird durch die Flucht des Täters Verjährung von Haupt- oder Nebenstrafen oder Präventivmaßregeln nicht unterbrochen; also kann dies Argument nur de lege ferenda vertreten werden.

In der Zwischenzeit zwischen der Verbüßung der Hauptstrafe und dem die Nachhaft anordnenden Beschluß der Verwaltungsbehörde ist Präventivhaft nur zulässig, soweit Landesgesetz sie vorsieht.[5])

---

[1]) Gl. M.: Finger 1, 494, Kriegsmann 245, Wachenfeld 241.

[2]) Z. B. Binding, L. 2, 926 N. 4, v. Hippel, VD. B. 2, 186, v. Liszt § 64 N. 5, Mayer 473, v. Olshausen § 362 N. 4, Schwartz § 362 N. 5, Goldschmidt VD. A. 4, 276 N. 1.

[3]) Vgl. v. Hippel a. a. O. 185.

[4]) Binding, L. 2, 926 N. 4.

[5]) Gl. M.: Frank § 362 V.

Über einige Grundsätze der Durchführung haben sich die Bundesstaaten in einem Bundesratsbeschluß vom 26. Juni 1889 geeinigt.[1]) Arbeitshaus soll regelmäßig verhängt werden, wenn die Gerichte die Überweisung ausgesprochen haben. Beim ersten Male soll die Dauer des Arbeitshauses regelmäßig 6 Monate betragen, bei wiederholter Einweisung progressiv mehr (Nr. 3 und 4 des Beschlusses).

Die gegenwärtige gesetzliche Ausgestaltung ist reformbedürftig.[2])

Entweder man schafft eine Arbeitserziehungsanstalt mit Abstreifung aller vermeidbaren Übelszusätze. Dazu gehört dann die methodische Anleitung des Schwächlings; geistige und körperliche Stählung; Gewährung erheblicher Arbeitsprämien, Anspornung der psychischen Faktoren, welche die Arbeit als reizvoll erscheinen lassen. Hierfür bedürfte es anderer Anstalten, als die heutigen Arbeitshäuser sind. Andererseits bedürfte es dann keiner genauen Zeitbestimmung im Urteil, sondern nur gesetzlicher Mindest- und Höchstmaße. Nach Ablauf 3jähriger Dauer wäre diese Methode der Besserung abzuschließen.

Oder man will für arbeitskräftige, aber zu ehrlicher Arbeit unlustige Personen, welche durch die anderen Strafübel, die für leichtere Delikte vorgesehen sind, nicht genügend beeinflußt werden, einen Übelszusatz schaffen. Für solche Personen paßt der Übelsgehalt des gegenwärtigen Arbeitshauses, der hinter dem des Zuchthauses kaum zurücksteht. Arbeitshaus ist dann als inhaltlich schwerere Strafe für Fälle bestimmt, für die man eine mehrjährige Freiheitsstrafe als unbillig empfindet. Der Erziehungscharakter tritt dabei zurück, weil hier hauptsächlich Personen in Frage kommen, die für die zu leistende Arbeit keiner längeren methodischen Anleitung bedürfen und in der Regel auch geistig zu besserer Arbeit wenig veranlagt sind. Eine solche Arbeitshausstrafe ist zweckmäßig Hauptstrafe; sie bedarf keiner vorausgehenden anderen Freiheitsstrafe; sie ist

1) Abgedruckt u. a. bei v. Hippel, VD. B. 2, 183.

2) Vgl. dazu Engelhardt JKV. 19, 481 (494); v. Hippel VD. B. 2, 223; Wilmanns, MonKrimPsych. 10, 346; DVE. § 42; Schweiz. VE. 32; verbesserte Fassung der Zweiten Expertenkomm. in Schweiz. StGB. 2, 12.

richterlich in festem Zeitmaße auszusprechen; sie ist ungeeignet bei Delikten, bei denen Arbeitsunlust des Täters keine typische Erscheinung bildet.

3. Die Erziehungsanstalten für Jugendliche, vgl. StGB. §§ 55, 56. Durch VE. § 69 wird es dem Strafgericht auch ermöglicht, neben einer Strafe auf Überweisung zu staatlich überwachter Erziehung zu erkennen. Das ist eine nützliche Neuerung. Daß der für schuldfähig erklärte Jugendliche statt der Strafe nur mit Erziehungsmaßregeln wegkommen könne, will VE. § 69 ebenfalls bestimmen. Dies ist bedenklich.[1] Wichtig ist, daß schon jetzt durch Personalunion des Vormundschaftsrichters mit dem Strafrichter eine Art von Schutzaufsicht über straffällige und verwahrloste Jugendliche vor der Bestrafung bzw. während bedingter Begnadigung erreichbar ist, welche (in Verbindung mit den öffentlichen und privaten Fürsorgeorganisationen) einen Zwang gegen sie ausüben kann. Über Schutzaufsicht gegen Jugendliche vor und nach der Verurteilung de lege ferenda, vgl. Aschrott JKV. **19**, 411, Kahl DJZ. **15**, 791. Erziehungsprobleme gegenüber Jugendlichen erörtert F. W. Förster, Schuld und Sühne 132 f.; er lehnt S. 28 die Ersetzbarkeit einer verdienten Strafe durch bloße Erziehungsmaßregeln ab. Vermittelnd Oetker GS. **80**, 16 (kein Ersatz, aber Straffreiheit bei unbedeutendem Verschulden).

Die Fürsorge- und Zwangserziehung der Landesgesetzgebung ist innerhalb der Normativbestimmungen des Art. 135 f. BGB. zugelassen; dieser hält die Möglichkeit ihrer Anordnung für 3 weitere Fälle außer den im StGB. §§ 55, 56 vorgesehenen offen. Davon haben die Einzelstaaten in umfangreichem Maße Gebrauch gemacht; vgl. insbesondere das preußische Fürsorgeerziehungsgesetz vom 2. Juli 1900 (Nov. v. 1915; Komm. v. Noelle-Boschan 1915).

4. Die Ausweisung aus dem Reichsgebiet. Sie ist als Straffolge außer bei den Nebenstrafen unter 1 und 2 auch vorgesehen bei Verurteilung wegen gewerbsmäßigen Glückspiels. Eines besonderen Ausspruchs der Zulässigkeit bedarf es nicht. Zuständig zur Verfügung ist die Landespolizeibehörde, § 284.

[1]) Wie der VE. auch der Komm.-Entw. und Freudenthal JKV. **18**, 453.

III. Nebenstrafen und andere Unrechtsfolgen am Vermögen.

1. Die kriminelle Einziehung (Gegensatz insbesondere die Enteignung des Verwaltungsrechts).

Sie besteht in einer durch Rechtskraft des Richterspruchs bewirkten Übertragung des Eigentums an bebestimmten Sachen vom Enteigneten an den Staat ohne Entgelt.[1]) Der Übergang vollzieht sich vorbehaltlich der Vorschriften des BGB. § 931 f. über den Erwerb in gutem Glauben.[2])

Wird der Einziehungsgegenstand nicht vor der Rechtskraft beschlagnahmt, so kann der Täter zunächst noch ungehindert über ihn verfügen. Die tatsächliche Beschlagnahme dagegen hat die Bedeutung eines Arrestes; wichtig für BGB. § 934.

Nach Frank[3]) geht durch rechtskräftige Einziehung auf den Staat zunächst nur ein Eigentumsanspruch über. Der bisherige Eigentümer bleibt zunächst Eigentümer, außer wenn der Staat bereits durch Beschlagnahme Besitzer ist.

Die Einziehung ist Strafe, wenn ihr Ausspruch an die Bedingung geknüpft ist, daß die Sache (zur Zeit des Urteils) einem strafbar an der Handlung Beteiligten gehört und dieser gleichzeitig eine Hauptstrafe erhält.

In den anderen zulässigen Fällen ist die Einziehung nur Präventivmaßregel.[4])

Nach Frank § 40 II 2, Allfeld (7) 335 N. 7 ist sie als Strafe zulässig, auch wenn bloß ein anderer Teilnehmer als der Eigentümer gleichzeitig bestraft wird. Das wäre aber eine Bestrafung des Eigentümers ohne Strafverfahren.[5])

---

1) Gl. M.: v. Olshausen § 40 N. 4, Binding Gr. 259, Schoetensack, Konfiskationsprozeß 1905 S. 12.

2) Letztere Einschränkung will u. a. Allfeld 336 Nr. 19 ausschließen. — E. **21**, 54 verweist auf das einschlägige bürgerliche Recht. Dieses schweigt. Man wird daher in dem konstitutiven Urteil einen Eigentumserwerbsgrund für den Staat zu sehen haben. Wachenfeld 249 nimmt an, mit der Rechtskraft des Urteils erlösche das bisherige Eigentum. Die Sache werde dann aber erst mit Besitzerlangung durch den Staat dessen Eigentum.

3) Vgl. Frank § 40 IV.

4) Gl. M.: v. Olshausen § 40 N. 1, 13.

5) Anders nach dem Vereinszollgesetz § 154. — Weiß ein Mittäter nicht, daß seine Sache von einem Genossen als Werkzeug benützt wird so ist Einziehung unzulässig; E. in GA. **63**, 118.

a) Hauptfall der Einziehungsstrafe ist die Verübung eines vorsätzlichen Verbrechens oder Vergehens. Objekt zulässiger Einziehung sind alsdann diejenigen dem bestraften Täter oder Teilnehmer gehörigen Sachen, welche durch das Delikt erzeugt oder zu seiner Verübung gebraucht oder bestimmt sind, § 40 (also die scelere producta und die instrumenta sceleris).

Einziehbar sind neben der Bestrafung eines Täters oder Teilnehmers solche Gegenstände dann nicht, wenn sie einem gegenwärtig nicht mit verurteilten Täter oder Teilnehmer gehören.[1] Eigentum einer jurist. Person fällt daher nie unter § 40.

Dagegen kommt es nicht darauf an, ob der geplante Abschnitt der Haupthandlung, zu dem das Werkzeug dienen sollte, auch wirklich begonnen wurde.[2] Z. B. der Anstifter legt dem Täter einen Dietrich für einen Kassaschrank in dessen Nähe zurecht, der Täter wird aber schon beim Betreten des Hauses abgefaßt. Richtig ist aber, daß ein Gegenstand, der zu einer gar nicht begonnenen Hilfe bestimmt war, bei keiner begangenen Teilnahmehandlung als Verbrechensmittel „bestimmt“ war. Wenn daher der Anstifter oder der Gehilfe vor der Tat auch während der Tat durch ein Werkzeug mithelfen wollte, sich aber doch nicht mehr beteiligte, so kann dieses Werkzeug nicht eingezogen werden. Hat ein früherer Berater des Täters diesem sein Auto bereitgestellt, so ist es einziehbar, auch wenn es nicht zur Benutzung kam; wurde er aber an der Bereitstellung verhindert, so ist der Umstand, daß der Ratgeber schon wegen des Rates straffällig geworden ist, kein Einziehungsgrund.

Formelle Vollendung des Delikts schließt den Eintritt eines nachträglichen Gebrauchs der Sache zur Begehung nicht aus, wohl aber die Beendigung des Verbrechens. Auch ist nicht entscheidend, ob die Nachhandlungen im gesetzlichen Tatbestande erwähnt sind oder nicht. Es ist aber erforderlich, daß die Begehung des Verbrechens durch die Sache erleichtert wurde oder werden sollte; einziehbar ist dann auch das Pferd und der Wagen, mit dem sich die Täter

---

[1]) Gl. M.: v. Olshausen § 40 N. 13.

[2]) Bedenklich E. 49, 208 (12).

sofortiger Ergreifung entzogen, wenn sie dies schon vorher geplant hatten.[1]) Für nur vorbereitende Werkzeuge gilt § 40 nicht.

Einziehungsobjekte sind u. a. die gefälschte Urkunde, die gefälschte Ware, der Dietrich, auch wenn ihn der Dieb bloß mitführte, aber während der Tat nicht benützte; dagegen nicht der zu Hause gelassene Dietrich, außer bei fortgesetzten und bei Kollektivdelikten, E. **42**, 315; ferner nicht die erpreßten oder gestohlenen Sachen, die dem Vermieter rechtswidrig entrückten Sachen, das gewilderte Reh, das eingeschmuggelte Reh. Hier handelt es sich um Gegenstände, die bloß (mittelbar) durch das Delikt erlangt sind (scelere quaesita), oder aber um Gegenstände, an denen ein Delikt begangen wurde; sie sind nicht durch dasselbe (unmittelbar) hervorgebracht.[2]) Es gehören hierher auch nicht Sachen, die bloß bei Gelegenheit des Delikts in Benutzung waren, ohne daß durch ihre Benutzung der Täter sich eine Erleichterung verschaffen wollte; nicht einziehbar ist daher der Wagen, der nur zu einer Spazierfahrt gebraucht wurde, wenn auf der Spazierfahrt vom Wagen aus beleidigt, geworfen, geschossen wurde.[3])

Gebraucht ist zu einer Begehung eine Sache schon dann, wenn der Täter sie im Bewußtsein ihrer Tauglichkeit (z. B. als Schutz- oder Schreckmittel) bei sich führte, auch wenn er sie zu diesen Zwecken nicht benützen wollte, sofern nur das Mitführen allein schon Tatbestands- oder Schulderhöhungsmerkmal bildet. Beispiele: §§ 243 Z. 5, 123 II, 127.[4])

Für die Strafnatur dieser Einziehung u. a. auch Binding Grdr. § 102 II, Frank § 40 I, E. in GA. 58, 445.

---

[1]) Gl. M. im wesentlichen E. **12**, 305; Allfeld 335 N. 5, jedoch ohne die angeführte Einschränkung. A. M.: Frank § 40 III 2, Mayer 475 N. 26.

[2]) Durch das Delikt „hervorgebracht" ist nach E. in LeipzZ. **10**, 756 ein Gegenstand nur dann, wenn er sich als das unmittelbare Erzeugnis derjenigen äußeren Tätigkeit darstellt, in welcher der Tatbestand der strafbaren Handlung zu finden ist. Daher keine Einziehung des einem Ausfuhrverbot zuwider erworbenen Pferdes.

[3]) Gl. M.: E. **22**, 15 (18).

[4]) Gl. M.: E. **44**, 140 (42), v. Olshausen § 40 N. 9. A. M.: Schwartz § 40 N. 5a.

Der Grundgedanke des Gesetzes ist bei Anordnung der Einziehbarkeit von instrumenta sceleris vorwiegend der, daß der Bestrafte sich unwürdig gezeigt habe, den Gegenstand weiter zu behalten. Bei der Einziehbarkeit der producta sceleris geht der Gedanke der lex lata vorwiegend dahin, daß der Gegenstand in den Händen des Bestraften gefährlich sei.

Ersterer Gedanke ist nicht zeitgemäß, da die Schuld nicht am Objekte klebt. Der letztere Gedanke aber ist der Verallgemeinerung zugänglich. Auch Gegenstände, die generell zu Verbrechen anreizen, sind für einziehbar zu erklären, sofern sie tatsächlich einmal instrumenta oder producta sceleris waren.

b) Hauptfall der Einziehung als zulässiger Präventivmaßregel ist der Tatbestand, wonach von den Voraussetzungen des § 40 nur die eine fehlt, daß der Eigentümer gleichzeitig bestraft wird, und wonach diese Bestrafung auch nicht ausführbar erscheint, § 42. Es muß also insbesondere eine subjektive Verschuldung und das Eigentum des Täters, der nicht zu Strafe gebracht werden kann, feststehen.[1] Das besondere Verfahren zur Herbeiführung der Einziehung als Präventivmaßregel nennt man gewöhnlich „objektives Verfahren“ (es ist ein Verfahren ohne ein verfolgtes Subjekt); neuerdings wird es auch Konfiskationsverfahren genannt.

Es genügt dabei nach überwiegender Lehre zur Einziehung im objektiven Verfahren, wenn die Bestrafung hinwegfällt, weil der Täter nur einen straflosen Versuch begangen hat; z. B. unzüchtige oder aufreizende Schriften wurden gerade im Augenblicke der Versendung angehalten[2].

Unausführbar ist die Verfolgung oder Bestrafung (ferner) beim Vorliegen persönlicher Strafaus-

---

[1]) Vgl. auch E. 48, 26 (33).

[2]) Binding G. 260, v. Olshausen § 40 N. 9, E. 36, 145. A. M.: E. 30, 184: Habe eine Gotteslästerung nicht bis zur Aergernißerregung geführt, so fehle es an dem objektiven Tatbestand eines Delikts, das zur Einziehbarkeit vorliegen müßte. — Hiergegen, und zwar mit Recht, auch Frank § 40 II 1, Goldschmidt, VD. A. 4, 282 N. 9, M. E. Mayer 475 N. 27, Schwartz § 40 N. 2.

schließungsgründe; z. B. im Falle der §§ 247 II, 248a III, 257 II; 11; außerdem auch bei prozessualen Hemmnissen der Verfolgung, z. B. Unbekanntsein des Täters, Abwesenheit desselben im Ausland, Geisteskrankheit nach der Tat, wenn sie Verhandlungsunfähigkeit bewirkt.

Nach der Praxis gehören auch nachträgliche Tilgungsgründe des Strafanspruchs hierher, insbesondere die Verjährung.[1]) Die Tendenz des Gesetzes geht dahin, daß mit der Verjährung auch Präventivmaßregeln (z. B. die des § 55) gegen den Täter ausgeschlossen werden.[2])

Der Tod des als Täter oder Teilnehmer beteiligten Eigentümers der Sache hebt deren Einziehbarkeit nach § 42 auf. Denn dem Toten gehört die Sache nicht mehr.[3])

De lege ferenda ist die Zulässigkeit des Einziehungsverfahrens bei Verjährung und tätiger Reue i. w. S. zu bejahen, wenn der Gegenstand im fortdauernden Eigentum des Täters eine Gefahr erneuter Deliktsbegehung bedeutet, beim Tode des Täters nur dann, wenn der Gegenstand im Eigentum des Erben eine Besorgnis der Begehung strafbarer Handlungen rechtfertigt. Zu unbestimmt VE. § 56.

Die Abolition ist längst nicht mehr notwendig auf Strafansprüche i. e. S. beschränkt, auch andere Ansprüche, z. B. auf Einziehung, sind niederschlagungsfähig. Es kommt auf die Auslegung des Einzelfalles an. Wenn der Träger des Begnadigungsrechts durch Abolition auf die Verfolgung verzichtet, wird sein Wille im Zweifel ebenso weit gehen, wie man nach der ratio legis die Antragszurücknahme auslegt, nämlich dahin, daß der Täter in jeder Hinsicht hinsichtlich der Tat unbehelligt bleiben

---

[1]). So Rspr. 9, 15, v. Olshausen § 42 N. 4, Allfeld 338. Dagegen mit Recht u. a. Wachenfeld 251 N. 1, Binding Gr. 263, Frank § 42 I, Hälschner 1, 634, M. Friedländer, Das obj. Strafverfahren (1895) S. 13.

[2]) Allfeld 338 N. 30 bemerkt allerdings, daß Präventivmaßregeln auch nach der Verjährung veranlaßt sein können. Allein die Einziehung nach §§ 40, 42, 295 ist nach dem Gesichtspunkt künftiger Gefährlichkeit aufgebaut; anders die Einziehung nach § 152.

[3]) A. M.: v. Redwitz, Die polizeilichen Maßnahmen des RStGB. (1909) 95; Schoetensack, Konfiskationsprozeß (1905) 35. Richtig: M. Friedlaender, Das objektive Verfahren (1895) 20 N. 4.

soll. Wichtig für Kriegsteilnehmer, denen die Wohltat der Abolition zuteil wurde.[1]

Jedenfalls fehlt es an einem Delikt und damit auch an den Voraussetzungen des § 42 beim Vorliegen von Schuldausschließungsgründen, z. B. bei rechtserheblichem Irrtum oder bei Verübung der Tat in Geisteskrankheit.

Ferner ist die Einziehung nicht zulässig beim Fehlen eines erforderlichen Strafantrags oder einer erforderlichen Ermächtigung, E. **14**, 382. Denn die Bedeutung dieser Bedingungen ist, daß ohne ihr Vorliegen alle Unrechtsfolgen unterbleiben sollen.

Endlich ist die Einziehung nicht mehr zulässig, wenn eine vorgängige Bestrafung erfolgt war, aber hierbei die Einziehung unterlassen wurde. Denn hierin läge dann eine unzulässige Doppelbestrafung unter Verletzung des Grundsatzes: non bis in idem, arg. § 40 II.[2]

Die Prüfung der Unausführbarkeit einer persönlichen Verfolgung ist regelmäßig ausschließliche Sache des Anklägers. Nur wenn aus seinen eigenen Angaben hervorgeht, daß ihm ein Rechtsirrtum über die Unausführbarkeit unterläuft, kann das Gericht deswegen das Einziehungsverfahren ablehnen.[3] Der Ausspruch der Einziehung ist im Falle der §§ 40, 42 Ermessenssache des Gerichts.[4]

Die Verwendung der eingezogenen Gegenstände ist meist dem Staat völlig frei gelassen.[5] Dieser vernichtet sie teils; teils läßt er sie versteigern, so daß sie der Enteignete oft um einen Spottpreis selbst oder durch einen Strohmann wieder erwerben kann. Der ratio legis entspricht dies nicht.

Bei verschiedenen Delikten findet eine Einziehung in weiterem Umfange statt, als nach § 40 zulässig wäre, vgl. z. B. § 152 (Einziehung von Falschgeld, auch wenn der Täter schuldlos war; Einziehung geboten, und zwar ohne Rücksicht

---

[1]) Bedenklich OstLG. in DJZ. **21**, 737.

[2]) Gl. M.: v. Olshausen § 40 N. 12.

[3]) Vgl. E. **38**, 101, Frank § 42 III. Streitig. A. M.: Schwartz § 42 N. 7.

[4]) Gl. M.: E. **28**, 122, Allfeld 338 N. 32, Schwartz § 42 N. 7.

[5]) Eine Ausnahme erwähnt v. Olshausen § 40 N. 4.

auf die Eigentumsfrage auch im objektiven Verfahren), § 295 (Einziehung bei Jagdvergehen geboten neben Strafe ohne Rücksicht auf Eigentumsfrage unter Erstreckung auf begleitende Hunde und Jagdgerät, auch wenn sie nicht instrumenta sceleris waren; eine Erweiterung des § 42 sieht aber § 295 nicht vor), § 296a (Einziehung bei unbefugtem Fischen von Ausländern neben der Strafe geboten, unter Erstreckung auf scelere producta), §§ 360 II, 367 II (Einziehung auch bei bestimmten Übertretungen), Nahrungsmittelgesetz § 15 (Einziehung von Nahrungs- und Genußmitteln sowie von Gebrauchsgegenständen ohne Rücksicht auf die Eigentumsfrage, und zwar auch im objektiven Verfahren), Vereinszollges. § 154 (Einziehung gegen den schuldlosen Eigentümer bei Gelegenheit der Verurteilung des schuldigen Täters; vgl. dazu auch E. in DJZ. **19**, 572).

Das objektive Verfahren ist bei den Erweiterungen der Einziehungsfähigkeit nur dann zulässig bzw. geboten, wenn dies bei dem betr. Delikt ausdrücklich gesagt wird.

Von der Einziehung zu unterscheiden ist das bei Urheberrechtsverletzungen (nicht nur bei strafbaren) bestehende Recht des Verletzten, daß ihm ein Anspruch zuerkannt werde, die widerrechtlich hergestellten oder verbreiteten Exemplare und die besonderen Herstellungsvorrichtungen zu übernehmen, Urheberges. von 1901 § 43. Hier vollzieht sich mit der Zuerkennung des Anspruchs noch kein Eigentumsübergang. Es handelt sich um einen Anspruch auf Herausgabe wegen ungerechtfertigter Bereicherung.[1]) Er richtet sich gegen die an der Herstellung oder Verbreitung Beteiligten (und ihre Erben) als Eigentümer; die Übereignung hat gegen eine angemessene, den Herstellungspreis nicht übersteigende Vergütung zu erfolgen.

2) Die Unbrauchbarmachung, §§ 41, 42.

Ist ein objektiver Deliktstatbestand verwirklicht und gehört dazu der Inhalt einer Schrift oder sonstigen Darstellung, so ist das Gericht verpflichtet, neben der Verurteilung die Unbrauchbarmachung der Exemplare sowie der zur Herstellung benutzten oder bestimmten

---

[1]) So Riezler, Urheberr. (1909) 196.

Platten und Formen auszusprechen, § 41 II. Beispiel: durch eine gotteslästerliche Schrift ist Ärgernis erregt worden.

Die Maßregel erstreckt sich nur auf dasjenige Material, das der Verfasser, Druckereiinhaber, Herausgeber (Redakteur) oder ein Buchhändler besitzt, sowie auf die öffentlich ausgestellten oder angebotenen Exemplare, § 41 II. Ist nur ein Teil der Schrift oder Darstellung zu beanstanden, so ist die Maßregel auf diesen Teil zu beschränken, sofern eine Ausscheidung möglich ist, § 41 III.

Zu den Darstellungen gehören unter der Voraussetzung eines gedanklichen Inhalts auch Phonogramme[1]) und Films.

Die Unbrauchbarmachung wird von einigen als Nebenstrafe behandelt, wenn sie einen zu Strafe verurteilten Täter oder Teilnehmer trifft.[2]) Keinesfalls gilt dies von der im Schrifturhebergesetz von 1901 § 42 vorgesehenen Vernichtung rechtswidrig hergestellter oder verbreiteter Exemplare.[3]) Ebensowenig ist die neben der Strafe auszusprechende Unbrauchbarmachung nach § 22 der Maß- und Gewichtsordnung eine Nebenstrafe.

Die Unbrauchbarmachung kann, wenn das Gericht jedenfalls auf Einziehung erkennen will, nicht neben dieser ausgesprochen werden.[4]) Die Einziehung geht dann vor. Es ist aber möglich, daß von einer Schrift einige Exemplare eingezogen, andere nur unbrauchbar gemacht werden können, dann kommt es zu einer Teilung der Maßnahmen.[5])

Bei Unausführbarkeit einer Verfolgung ist die Unbrauchbarmachung im objektiven Verfahren geboten. Dies gilt auch dann, wenn der Täter unschuldig war und deshalb nicht verfolgt wurde. Bei fehlendem Straf-

---

[1]) Gl. M.: E. **38**, 345.

[2]) So Wachenfeld 249 N. 3, Schoetensack, Konfiskationsprozeß S. 25, Binding Gr. [8] 262, E. **11**, 119 (22). Dagegen aber wohl mit Recht E. in GA. **60**, 74, v. Olshausen § 41 N. 1, Frank § 41 I, Allfeld 337 N. 23, Grünbaum, Voraussetzungen der Unbrauchbarmachung (1913) 17.

[3]) Vgl. Allfeld, Kom. zu den Ges. v. 19. VI. 1901, § 42 N. 2.

[4]) RG. in SeuffBl. 78, 87. Mißverständlich Wachenfeld 250.

[5]) Gl. M.: E. **17**, 311.

antrag und bei eingetretener Verjährung[1]) ist sie unzulässig. Anders bei Freispruch eines unschuldigen Täters (bestritten).

Besondere Vorschriften über Vernichtung von Druckschriften und Herstellungsvorrichtungen enthält das literarische Urhebergesetz vom 19. Juni 1901 (Fassung vom 22. Mai 1910) §§ 42, 43, 46, 47. Der Ausspruch setzt einen besonderen darauf gerichteten Antrag des Berechtigten voraus; vgl. auch das Gesetz, betr. das Urheberrecht an Werken der bildenden Künste und der Photographie vom 9. Januar 1907, §§ 42, 43.

3) Die Verfallserklärung, StGB § 335, Spionagegesetz vom 3. Juni 1914 § 15, Preßgesetz § 16. Das auf Grund bestimmter strafbarer Handlungen (z. B. Bestechung) Empfangene oder dessen Wert ist dem Staate für verfallen zu erklären.

Diese Nebenstrafe, die einer sonst vielleicht zulässigen Einziehung vorgeht, aber nicht im objektiven Verfahren auszusprechen ist, bewirkt Eigentumsübergang des rechtswidrig Empfangenen mit der Rechtskraft des Urteils, soweit nicht ein gutgläubiger Dritter Eigentümer ist. Rechtswidriger Empfang kann sich auch durch sogen. traditio brevi manu (BGB. § 929 S. 2) vollziehen, liegt aber nicht schon in dem Angebote, der verwahrende Beamte möge sich zueignen.[2])

Ist das Empfangene wegen rechtmäßiger Weiterveräußerung oder wegen Vernichtung oder Unerreichbarkeit des Gegenstandes nicht für den Staat zu erlangen, so tritt die im Urteil bereits festzustellende Verfallserklärung des Wertes ein. Sie bewirkt keinen Eigentumsübergang ipso iure. Steht die Nichterlangung nicht von vornherein fest, oder ist umgekehrt der empfangene Gegenstand (wozu auch Forderungen gehören können)[3]) nicht bereits beschlagnahmt, so hat die Verurteilung auf beide konkret zu bezeichnenden Alternativen zu lauten.[4]) Der Wert ist dabei nur für den Fall der Nichterlangung des

---

1) Gl. M.: Finger 1, 503. A. M.: E. 14, 382 (= Rspr. 8, 617).

2) Vgl. E. 22, 270, das den letzteren Fall richtig entscheidet, passim aber den ersteren Fall ebenso beurteilt.

3) Gl. M.: Binding L. 2, 734, Frank § 335 II, die mit Recht jede vermögenswerte Leistung dazu rechnen.

4) Das Urteil hat das Empfangene und den Wert genau zu bezeichnen. Gl. M.: Frank § 335 III 2.

Gegenstandes als verfallen zu erklären. Die Verfallserklärung des Wertes ist nicht als Geldstrafe zu behandeln (§§ 27, 28, 30 daher unanwendbar).[1] Empfangen ist ein Gegenstand von jemandem, sobald er in dessen tatsächliche Verfügungsgewalt überging, mag er ihn auch nicht angenommen haben. Den alleinschuldigen Geber trifft dann die Nebenstrafe.[2]

4. Die Entziehung einer Gewerbekonzession durch Urteil des Strafrichters. Vereinzelte Nebenstrafe im Zuckergesetz von 1896 § 56. Dagegen gehört die von selbst eintretende Rechtsfolge einer Entziehung nicht zu den Strafen, sondern bloß zu den Nebenwirkungen anderer Bestrafung. Beispiel: Salzabgabengesetz von 1867 § 14 (Verwirkung der Befugnis zur Verwaltung des eigenen Salzwerks bei Defraudationsrückfall). Endlich gehören nicht hierher die Fälle, wo ohne ausdrückliche Ermächtigung durch den Richter die Verwaltungsbehörden dem Bestraften eine Konzession entziehen können, z. B. GewO. § 59a mit 57 Z. 3, Branntweinsteuergesetz von 1909 § 127.[3] Wenn man diese Fälle anders entscheidet, müßte man ebenso auch die Amtsentziehung nach GVG. § 128 I oder den Pensionsverlust als Nebenstrafen behandeln.

5. Die Mitteilung des Urteils.[4]

Sie ist in verschiedenen Formen bei einzelnen Delikten vorgesehen; vgl. z. B. §§ 165, 200 StGB., Wettbewerbsgesetz von 1909 § 23, Nahrungsmittelgesetz § 16, Patentgesetz § 36 III. Sehr häufig, aber nicht in allen Fällen,[5] bedeutet sie zugleich eine Ehrenminderung.

a) Zum Teil wird im Urteil[6] der Vollstreckungsbehörde die Bekanntmachung des Urteils (d. h. hier der Urteilsformel) durch

---

[1] Gl. M.: v. Olshausen § 335 N. 5. A. M.: Binding L. 2, 735.

[2] Gl. M.: E. 15, 348.

[3] A. M. hierin Binding Gr. (8) 262.

[4] Sie ist bei manchen Delikten einführbar, bei denen sie heute nicht besteht, z. B. bei Wucher; gl. M.: Gennat, Das Strafensystem u. s. Reform (1905) 46. Generell eingeführt wäre sie dagegen eine verfehlte Maßnahme. Gl. M.: Goldschmidt, VD. A. 4, 423.

[5] Treffend Goldschmidt, VD. A. 4, 422.

[6] Nicht später. Gl. M. die neuere Lehre, z. B. OstLG. 13, 376, v. Olshausen § 200 N. 13, welche die ratio legis für sich hat. A. M.: Rüdorff-Stenglein § 200 N. 10 und die ältere Lehre.

die öffentlichen Blätter zur Pflicht gemacht, so z. B. nach § 200 II bei Beleidigung in einer Zeitung oder in einer Zeitschrift; nach Wettbewerbsgesetz § 23 I.

Dieser Ausspruch ist bald von einem darauf gerichteten Antrag des Verletzten abhängig (so nach § 200 II StGB.), bald nicht (so nach dem Wettbewerbsgesetz § 23 I, Nahrungsmittelgesetz § 16 I); im ersten Fall ist die Bekanntmachung geboten, im zweiten Fall ist sie zulässig.

In allen diesen Fällen ist eine Nebenstrafe zu erblicken.[1])

b) Zum Teil hat das Gericht die Pflicht, von Amts wegen dem Verletzten (bzw. dem Beleidigten) im Urteil die Befugnis zu erteilen, daß er die Verurteilung (nicht nur den Tenor) auf Kosten des Schuldigen öffentlich bekanntmache, so z. B. bei falscher Anschuldigung, § 165 I StGB., bei allen öffentlichen Beleidigungen, § 200 I StGB. Der § 200 spricht von „Beleidigten“. Wörtlich genommen, schließt das eine Ausfertigung an den Ehemann, § 195, Vorgesetzten, § 196, an den antragstellenden Sohn eines beschimpften Verstorbenen, § 189, aus. Man wird indessen jeden an der Rufreparation persönlich Interessierten als nach der ratio legis inbegriffen ansehen müssen.[2]) Beleidigter ist also hier regelmäßig im Sinne von Antragsteller zu nehmen, sonst kommen sehr unvernünftige Ergebnisse heraus. Bei Sukzession in die Rechte des Antragstellers (z. B. der Mündel wird großjährig, sein Vormund hatte den Antrag gestellt) ist dem Rechtsnachfolger die Befugnis zuzusprechen. — Weitere Fälle enthalten: § 23 II des Wettbewerbsgesetzes, § 10 III des Gebrauchsmusterschutzgesetzes. — Art und Frist der Bekanntmachung ist im Urteil festzusetzen.

Hier liegt eine Präventiv- und Rufreparationsmaßnahme vor. Die Maßregeln a) und b) schließen einander nicht aus.[3])

---

1) Vgl. über die Streitfrage Allfeld 343.

2) Gl. M.: Wachenfeld 368 N. 1, v. Olshausen § 200 N. 5 a, RGE. 14, 327 für § 196. Teilw. a. M.: Binding L. 1, 163. Demjenigen, der nicht Antrag gestellt hat, aber auch Beleidigter war, wollte eine Publikationsbefugnis nicht zugesprochen werden, E. 43, 173.

3) Die schwierige Frage, wie die Vollstreckung der angeordneten Veröffentlichung zu bewirken sei, beantwortet das Gesetz nicht. Weigert sich nach Urteilsrechtskraft die Zeitung, dem Begehren des berechtigten Privaten (z. B. im Falle des § 200 I StGB.) stattzugeben, so entscheidet

c) Zum Teil besteht die Pflicht, dem Verletzten auf Kosten des Verurteilten eine Urteilsausfertigung zu erteilen, z. B. bei falscher Anschuldigung, § 165 II, bei allen Beleidigungen,[1] § 200 III.

Diese Maßnahme dient der Rufreparation.

d) Zum Teil ist vorgesehen, daß auf Antrag eines Freigesprochenen die Freisprechung öffentlich bekanntgemacht werde. So z. B. Nahrungsmittelgesetz § 16 II, Margarinegesetz § 20, Weingesetz § 32 (In diesen Fällen ist die Anordnung nach erfolgtem Antrag obligatorisch); Wettbewerbsgesetz § 23 III (Ausspruch Ermessenssache). Die Art der Bekanntmachung ist im Urteil zu bestimmen.

Darin liegt ebenfalls eine Rufreparation.

6. Die Buße. Sie ist keine Strafe.[2] Vielmehr bedeutet sie die Zubilligung eines Schadensersatzes an den Verletzten im Strafurteil, das gegen den Täter ergeht. Straffreierklärung steht hierin einem Strafurteil nicht gleich.[3] — Hauptfall der Buße ist Verurteilung wegen Körperverletzung.

Neben der Strafe aus § 205 (Zweikampf) ist eine Buße nicht zulässig. Denn die Tatsache, daß im Zweikampf etwa eine Körperverletzung verursacht ist, wird durch die Einwilligung in den Zweikampf beeinflußt, obwohl die Strafe des Zweikampfes als solchen natürlich durch Einwilligung nicht zu paralysieren ist. — Zulässig ist dagegen eine Buße bei Körperverletzungen, die unter vorsätzlicher Übertretung der Zweikampfsregeln zugefügt werden (§ 207).[4] —

---

das Gericht nach Analogie von § 490 SPO. Der Beschluß ist dann von Amt wegen vollziehbar, wie auch das Urteil im Fall des § 200 II. Nichtaufnahme der von der Vollstreckungsbehörde an die Zeitung zur Aufnahme eingesandten Urteilsbekanntmachung auf Kosten des Schuldigen begründet eine Übertretung nach § 19 Z. 3 (mit § 10) des Preßgesetzes. So OstLG. 13, 376 (86).

[1]) Gl. M.: v. Olshausen § 200 N. 14; nach Ansicht von Frank § 200 III nur bei öffentlicher Beleidigung.

[2]) Über die allmähliche Entwickelung dieser Auffassung vgl. Hälschner 1, 601 N. 4.

[3]) Gl. M.: Frank § 188 I 1 c. A. M.: Binding G. 269.

[4]) Vgl. über dieses Problem auch Allfeld 226 N. 19, Frank III vor § 223, v. Liszt § 89 N. 3, Löffler, VD. B. 5, 358 N. 3.

Zulässig ist ferner eine Buße bei Bestrafung einer Körperverletzung, die der Täter mit Tötungsvorsatz beging.

Gl. M.: OLG. Breslau GA. **57**, 174, Frank § 73 VII 2c γ, beide aus dem Grunde, weil Idealkonkurrenz zwischen Tötungsversuch und vollendeter Körperverletzung vorliege. Allein der ratio legis entspricht es mehr, dem Verletzten, der eine Körperverletzung erlitten hat, in allen Fällen, in welchen die Körperverletzung Bestandteil des abgestraften Deliktstatbestandes ist, eine Buße gleichfalls zuzugestehen, also nicht nur in den Fällen, wo die Körperverletzung dem Täter als eigenes Delikt aufgerechnet wird, sondern auch in den Fällen, wo ihr deliktischer Tatbestand sich mit hinzutretenden weiteren deliktischen Merkmalen zu einem zusammengesetzten oder zu einem anders benannten qualifizierten Delikte zusammenschließt. Daher ist auch bei § 227 II trotz fehlender Idealkonkurrenz Buße für zulässig zu erachten. Vgl. ferner unten S. 624.

Da die Buße ihrer geschichtlichen Entstehung nach von dem Bestehen eines gleichzeitigen Schadensersatzes nach dem gemeinen bürgerlichen Recht unabhängig ist (und hierin auch durch das BGB. nicht beeinflußt wurde), kann sie bei schuldhafter Körperverletzung auch in den Fällen der Reichsversicherungsordnung von 1911 §§ 848, 1042 ausgesprochen werden, wenngleich der schuldige Unternehmer bei mangelndem Vorsatz vor dem bürgerlichen Gerichte nicht auf Schmerzensgeld oder Schadenersatz verklagt werden kann.[1])

Das Recht, eine Buße zu beantragen, ist nicht übertragbar und nicht vererblich. Der rechtskräftig zuerkannte Bußanspruch ist dagegen übergangsfähig gleich anderen Zivilforderungen. Die Zuerkennung einer Buße schließt jeden weiteren Ersatzanspruch des Verletzten aus, §§ 188 II, 231 II. Trotzdem bestehen für sie gesetzliche Höchstgrenzen.

Die zeitlich vor dem Strafurteil erfolgte zivile Ersatzleistung oder zivilgerichtliche Verurteilung zu ihr macht einen Bußantrag jedoch nicht unzulässig.[2]) —

---

[1]) Gl. M.: v. Olshausen § 231 N. 6. A. M.: E. in GA. **53**, 173 (für das ältere Unfallversicherungsrecht.

[2]) Gl. M.: Frank § 188 II.

Nach fremden und älteren deutschen Rechten bezeichnet Buße vielfach etwas anderes als nach dem StGB., nämlich eine Geldstrafe, so z. B. nach schweizerischen Kantonalrechten. —

Der Ausspruch der Buße ist von einem Antrag des Berechtigten abhängig. Das Gericht braucht dem Antrag nicht stattzugeben.[1]) Auf eine Buße darf nur bei den Delikten erkannt werden, bei denen sie vorgesehen ist, z. B. §§ 188, 231 StGB., Wettbew.-Ges. § 26, Literar. Urheberges. § 40.

Die Buße darf aber auch dann ausgesprochen werden, wenn das Delikt, das sie ausdrücklich vorsieht, in einem anzuwendenden anderen Delikte, das sie nicht vorsieht, enthalten ist und als solches mit gestraft wird; z. B. bei der Körperverletzung im Amte (§ 340) ist sie nicht ausdrücklich vorgesehen, aber in dieser geht ein Fall der gemeinen Körperverletzung auf und wird mit gestraft; demnach ist Buße gemäß § 231 zulässig.[2]) Dagegen wird bei Erfolgshaftungsdelikten nicht die Schuld an vorsätzlicher Körperverletzung mitbestraft. Ebensowenig wird hier die Körperverletzung bei fehlender Schuld an ihrem Eintritt mitbestraft. Daher gibt es z. B. bei vorsätzlicher oder schuldloser Körperverletzung neben § 118 keine Buße.[3]) Anders ist bezüglich der fahrlässigen Körperverletzung zu entscheiden, sofern man sie mit dem Erfolgshaftungsdelikt für mit erledigt erachtet.

---

[1]) Gl. M.: v. Olshausen § 188 N. 7, RGR. 4, 223; E. 7, 12 (16), E. 42, 166, letztere beiden mit der richtigen Einschränkung, daß rechtsirrige Begründung der Versagung einer Buße das Urteil anfechtbar mache. Als Rechtfertigung der Versagung hat R. 4, 325 (28) die Begründung zugelassen, daß es an Unterlagen für die Bemessung des Bußanspruchs fehle. Zu weitgehend E. 17, 190, dem Bußantrag sei stattzugeben, wenn kein in der ratio des Gesetzes (?) begründetes Hindernis entgegenstehe. Unsicherheit der Schadensfeststellung genüge nicht. Dann ist das von den anderen Urteilen angenommene Ermessen des Gerichts in Wahrheit eine sehr weitgehende Gebundenheit. — E. 7, 12 (16) läßt mit Recht die Ablehnung zu, wenn durch die Erörterung des Anspruchs das Strafverfahren Aufschub erleiden würde, arg. § 438 StPO. Stillschweigende Übergehung des Bußantrags in den Urteilsgründen wäre unzulässig, v. Olshausen § 188 N. 7.

[2]) Gl. M. in diesem Falle v. Olshausen § 231 N. 5.

[3]) Gl. M.: E. 42, 317.

IV. Weitere Unrechtsfolgen.

1. Als wichtige Unrechtsfolge, die im Strafurteil nicht zum Ausdruck kommt, ist die Eintragung der Strafe im Strafregister[1]) zu erwähnen. Die SPO. setzt die Maßregel als bestehend voraus (§ 248). Über die Straflisten darf gerichtlichen und anderen deutschen Behörden Auskunft erteilt werden. Aufzunehmen sind die Verurteilungen wegen Verbrechens, Vergehens und wegen der Übertretungen nach § 361 Z. 1—8. Ausgenommen sind u. a. Verurteilungen im Privatklageverfahren. Doch kann ihre Aufnahme sowie die Aufnahme der Verurteilung wegen aller Übertretungen landesrechtlich angeordnet werden. Die Einrichtung der Strafregister ist durch BRVO. vom 16. Juni 1882, 9. Juli 1896 und vom 17. April 1913 näher geregelt[2]). Die Registerbehörden bestimmt das Landesrecht. Vielfach sind die Register den Staatsanwälten am Landgerichte zugewiesen, in Bayern den Amtsanwaltschaften, in Württemberg den Ortsvorstehern. Der Vermerk über eine Verurteilung wird (seit 1913) gelöscht, wenn die Verurteilung auf Grund einer Wiederaufnahme des Verfahrens rechtskräftig wieder aufgehoben oder die Löschung im Gnadenwege bewilligt wird. Über gelöschte Vermerke darf nur den Gerichten und Staatsanwaltschaften und auf ausdrückliches Verlangen höheren Verwaltungsbehörden Aufschluß erteilt werden. Eine generelle Löschung im Gnadenwege ist am 27. Januar 1916 u. a. in Preußen verfügt worden für Strafen bis zu 1 Jahr Gefängnis, die bis zum 27. Januar 1906 verhängt waren, sofern der Bestrafte seit diesem Tage wegen Verbrechens oder Vergehens nicht wieder bestraft wurde. In weitergehendem Umfange wurde die Löschung vom Kommissionsentwurf vorgesehen[3]) (vgl. außerdem unten die Lehre von der Rehabilitation). Von der Löschung ist getrennt zu halten die Zulässigkeit von Mitteilungen über Registereinträge, die Angeklagte oder Zeugen betreffen, in öffentlichen Gerichtsverhandlungen. Trotz einschränkender landesrecht-

[1]) Vgl. H. Marchand, Das Strafregister in Deutschl. 1900, Jos. Müller, Strafen und Strafregister 1908, Gerland, Nord und Süd 1909, Heft 369, Delaquis ZStW. 37, 576.

[2]) Abgedr. im Zentralblatt f. d. dtsche. Reich 1882, 1896, 1913.

[3]) Vgl. Ebermayer, Der Entw. eines dtsch. StGB. (1914) 10.

licher Verordnungen ist hier bei manchen Gerichten noch ein Zuviel zu konstatieren.

2. Als Gesetzgebungsvorschlag kommen außer den bisher erwähnten Unrechtsfolgen noch andere in Betracht. Darunter wäre zu erwähnen Arbeitszwang zwecks billiger Entschädigung (nicht notwendig zur vollen, oft unerreichbaren Schadloshaltung) des Verletzten. Empfohlen schon von der italienischen positiven Schule,[1] könnte diese Pflicht auch während mancher Freiheitsstrafe zur Erfüllung gebracht werden.

Als besonders erwägenswert sind ferner zu nennen:[2]

a) Eine Schutzaufsicht über gefährliche, der Überwachung bedürftige Elemente, geführt durch staatliche Fürsorgebeamte; nicht nur gegen die zu einer Strafe Gebrachten.[3]

b) Die Ausweisung gefährlicher Ausländer nach verbüßter Strafe, wenn das Urteil dies verfügt.

c) Die Friedensbürgschaft (Friedensgebot) gegen Personen, bei denen die begründete Besorgnis strafbarer Verletzungen von Privatpersonen in ihren Rechten besteht. Vgl. über ihr Vorkommen in älterer Zeit u. a. Damhouder Prax. rer. crim. c. 138 s. 14. — Nach GE. § 78 ist die Maßregel auf Bedrohtsein von Privatpersonen nicht zu beschränken (bedenklich). Es soll eine Verpflichtung zur Beschaffung einer Sicherheitsleistung (ohne Höchstmaß?) auferlegt (Feststellungsverfahren bezüglich der Bedrohlichkeit des Beklagten?) oder subsidiär eine Zusatzstrafdrohung von 3 Monaten bis 2 Jahren Gefängnis für den Fall der Verübung der strafbaren Handlung ausgesprochen werden können. — Beachtliche Erwägungen über die Ausgestaltung de lege ferenda bei Goldschmidt VD. A. 4, 430. Nach Zürcher (Schweiz. StGB. Prot. d. 2. Exp.-Komm. 1, 339) kommt

---

1) Von Ferri, Das Verbr. als soziale Erscheinung 337, 406, später von Kraepelin, Verhandl. d. 27. Juristent. 4, 434, u. von J. C. W. Thyrén, Prinz. einer Strafgesetzref. (1910) 1, 83.

2) Über das System der sichernden Maßnahmen, die in Betracht kommen, vgl. Exner, Theorie der Sicherungsmittel 107; Sparr, SchweizZ. 26, 15. Thesen bei Mittermaier, JKV. XVIII, 359, bei A. Löffler, Verhandl. d. 31. Juristentags 2, 802; vgl. auch Oetker, Strafen u. sich. Maßnahmen; Goldschmidt, VD. A. 4, 427 f.; GE. §§ 60—79, 98; VE. §§ 43, 65, 89; Köhler, Verh. d. 31. Juristent. 2, 311.

3) Thesen bei Aschrott, Die Schutzaufsicht (1910) 46 f.

das Friedensgebot in England ca. 30000 mal jährlich vor. Es hat sich dort nach Goldschmidt (VD. A. 4, 103) gut bewährt.

d) Die Sicherungshaft gegen solche vielfach Rückfällige, von denen auch nach der Strafverbüßung noch erheblichere Straftaten zu besorgen sind (zeitliche Begrenzung der Höchstdauer, aber im übrigen keine feste Zeitbestimmung; dagegen periodische Prüfung des Fortbestandes der Gefährlichkeit; nicht gegen politische Verbrecher).[1]

e) Die Trinkerheilanstalt für Trunksüchtige. Dauer etwa 3 Monate bis 2 Jahre (GE. § 69). Erlaß eines Wirtshausverbots (Schweiz. Entw. § 45; VE. § 43, dort als Strafe, hier als Sicherungsmaßregel gedacht) weniger empfehlenswert.

f) Die vorbeugende Haft gegen näher zu bezeichnende Gefährliche,[2] die freizusprechen oder als vermindert schuldfähig nach einem herabgesetzten Strafrahmen zu bestrafen waren; vgl. Öst. RE. §§ 36, 37, D. VE. § 65. Höchstmaß wünschenswert, da sie ja von den Irren zu unterscheiden sind.[3] —

Die Maßregeln der Entziehung elterlicher Gewalt, der Entziehung einer Gewerbekonzession (dauernd oder auf Zeit) bleiben besser der Prüfung durch die Fachbehörden vorbehalten, sind also nicht dem Strafrichter als Sicherungsmaßregeln zuzuweisen.

---

1) Vgl. über den Komm.-Entw. Ebermayer, Der Entw. (1914) 27; danach keine zeitliche Schranke; Schweiz. StGB. Prot. d. 2. Expertenkommission 1, 470 (1, 250), Höchstdauer 20 Jahre, Einweisung in eine Verwahrungsanstalt an Stelle der Einweisung in die Strafanstalt, nicht Strafnachhaft. Beachtlich über die einschlägigen Fragen Nabokoff JKV. 20, 163 f. (184).

2) Sogen. „Gemeingefährliche". Vgl. gegen den Begriff v. Birkmeyer, Strafe u. Gefährlichkeit (1914) 62, 27. Nicht den Begriff, aber eine Legaldefinition des Gemeingefährlichen hält für überflüssig v. Liszt, Aufs. 2, 506. — Beispiel: Rückfall in Berufsverbrechertum.

3) Daß die verschiedenen Präventivmaßregeln durchaus nicht bei allen erheblich Abgestraften am Platze sind, betont Hoegel, Freiheitsstr. u. Gefängniswesen in Oesterreich (1916) 148.

Zweites Kapitel.

Die Anwendung der Strafen.

§ 51.

Strafumwandlung und Strafanrechnung.

I. Strafumwandlung.

1. Umwandlung von Geldstrafe in Freiheitsstrafe.

a) Die Fälle und die Art der Umwandlung.

Umwandlung ist vorgeschrieben, wenn die ausgesprochene Geldstrafe uneinbringlich erscheint, § 28. Uneinbringlichkeit setzt vergebliche Zwangsvollstreckung in das Vermögen voraus.[1]) Eröffnung des Konkurses über dasselbe steht in der Regel gleich.

In einzelnen Nebengesetzen ist die Umwandlung in Freiheitsstrafe durch ausdrückliche Bestimmung ausgeschlossen, z. B. im Zuwachssteuergesetz vom 14. Februar 1911 § 55.

Die Umwandlung erfolgt in Haft bei Übertretungen, in Gefängnis regelmäßig bei Vergehen, § 28 I.

Ist die Geldstrafe bei Verbrechen neben Zuchthausstrafe erkannt worden, so wird die umgewandelte Gefängnisstrafe in Zuchthaus weiter verwandelt, § 28 III.

Zur Zeit des Erlasses des StGB. war Geldstrafe neben Festungshaft nirgends vorgesehen, vgl. aber jetzt Gesetz vom 3. Juni 1914 § 13. Dem Wortlaute des § 28 StGB. nach würde eine uneinbringliche Geldstrafe, die neben Festungshaft erkannt

---

[1]) Gl. M. v. Olshausen § 28 N. 4.

war, in Gefängnis zu verwandeln sein: nach der ratio legis ist sie in Festungshaft zu verwandeln. —

Nach dem Wortlaut des § 28 III ist ferner eine Umwandlung uneinbringlicher Geldstrafen in Zuchthaus nicht vorgesehen, wenn die Geldstrafe neben Gefängnisstrafe ausgesprochen war und diese wegen Realkonkurrenz in Zuchthaus zu verwandeln ist. So in der Tat OstLG. **10**, 285. Allein das würde der aus §§ 28 III, 74 II offen ersichtlichen Tendenz der einheitlichen Verbüßung widersprechen. Auch liegt keine unzulässige Analogie vor, da § 21 der einjährigen Gefängnisstrafe die achtmonatlge Zuchthausstrafe völlig gleichgeachtet wissen will.

Unter bestimmten Voraussetzungen darf auch bei Vergehen die Umwandlung in Haft erfolgen. Die Geldstrafe muß entweder allein (z. B. § 285) oder an erster Stelle (z. B. § 185) oder wahlweise neben Haft (z. B. § 140 Z. 2) angedroht sein. Die ausgesprochene Geldstrafe darf ferner 600 Mark nicht übersteigen. Der Höchstbetrag der an die Stelle zu setzenden Haft beträgt dann 6 Wochen, § 28 II.

Umwandlung in Haft tritt auch bei den Vergehen nach Vereinsgesetz § 19, nach GewO. §§ 146a, 147 ein.

b) Der Umwandlungsmaßstab.

Bei Festsetzung der Ersatzfreiheitsstrafe ist in Übertretungsfällen für je 1—15 Mark ein Tag Freiheitsstrafe anzusetzen, bei Vergehen für je 3—15 Mark, § 29 I.

Also wenn ein Vergehen oder Verbrechen vorliegt, werden mindestens 3 Mark der Geldstrafe je durch einen Tag der subsidiären Freiheitsstrafe verbüßt.

Die Zahl der Mark braucht dabei durch die Zahl der ersatzweise eintretenden Straftage nicht teilbar zu sein. M. a. W.: Die zu verbüßenden Tage brauchen in der Geldstrafe nicht restlos aufzugehen; z. B. für 100 Mark Geldstrafe können auch 7 Tage, 14 Tage oder 33 Tage als subsidiäre Freiheitsstrafe ausgesprochen werden. Es genügt, wenn der Gesamtbetrag der Ersatzfreiheitsstrafe sich innerhalb der durch § 29 I bezeichneten Grenzen hält.

In maximo dürfen jedoch bei Haft nur 6 Wochen,

bei Gefängnis ein Jahr als subsidiäre Strafe ausgesprochen werden, § 29 II. Konkurrieren mehrere unbeitreibbare Geldstrafen real, so erhöhen sich diese Maximalbeträge auf 3 Monate Haft bzw. 2 Jahre Gefängnis, § 78 II.

Andere Höchstbeträge kommen in Nebengesetzen vor, z. B. im literar. Urheberges. von 1910 §§ 38, 39. Höchstbetrag der für Nachdruck an Stelle einer Geldstrafe bis zu 3000 Mark eintretenden Gefängnisstrafe: 6 Monate. Höchstbetrag einer für unbefugte vorzeitige Mitteilung an Stelle einer Geldstrafe bis zu 1500 Mark eintretenden Gefängnisstrafe: 3 Monate.

Die Ersatzfreiheitsstrafe darf ferner nicht höher sein als die bei dem betreffenden Delikte im ordentlichen Strafrahmen angedrohte Freiheitsstrafe, § 29 II. Z. B. das Höchstmaß der Gefängnisstrafe beträgt bei einfachem Hausfriedensbruch, (§ 123 I) drei Monate; daher dürfen bei Uneinbringlichkeit einer Geldstrafe von 300 Mark wegen einfachen Hausfriedensbruchs nicht etwa 100 Tage Gefängnis gegeben werden.

Teilweise Uneinbringlichkeit führt zu nur teilweiser Vollziehung der Ersatzfreiheitsstrafe. Ist auch nur für einen Bruchteil eines Tages Geld beigetrieben worden, so kann dieser Tag nicht voll und nicht teilweise zur Vollstreckung gebracht werden. Wie sonst entfallen auch hier Tagesbruchteile. Wären etwa 15 Mark = 1 Tag angesetzt, so käme im Falle der Beitreibung von 4 Mark bei Vollstreckung von Tagesbruchteilen eine Strafvollstreckung von 17 Stunden 36 Minuten heraus; für den Anstaltsbetrieb sehr unpraktisch und kaum der Tendenz des § 19 entsprechend.[1]) Vielmehr erscheint eine Geldstrafe unbeitreiblich, soweit sie nicht dem vollen Betrag eines Straftages gleichkommt. Freiwillige Angebote von Beträgen sind abzulehnen, soweit sie über die Zahl ven Kalendertagen um einen Bruchteil hinausragen.

Die Feststellung der eventuellen Ersatzfreiheitsstrafe soll bereits im Urteil bei Ausspruch der Geldstrafe erfolgen, also noch bevor es zur tatsächlichen Umwandlung kommt, arg. SPO. § 491.[2])

[1]) A. M.: Honemann ZStW. 33, 201, Zeiler ZStW. 37, 873.
[2]) Gl. M.: Frank § 28 II.

Auch nach Beginn des Vollzugs der Ersatzstrafe kann sich der Verurteilte von der Verbüßung des Restes freimachen, wenn er den der noch ungetilgten Freiheitsstrafe gleichkommenden Bruchteil der Geldstrafe entrichtet, § 28 IV.

2. Die Umwandlung einer Freiheitsstrafe in eine andere.

Wenn bei Realkonkurrenz Gefängnis oder Festungshaft neben Zuchthaus treten würden, sind sie in Zuchthaus zu verwandeln, § 74. Wo Zuchthaus unter einem Jahre auszusprechen wäre, tritt seine Verwandlung in Gefängnis ein, vgl. §§ 44 IV, 49, 157, 158. Zwischen anderen Freiheitsstrafen treten keine Umwandlungen ein, §§ 75 I, 77 I. Z. B. wenn Gefängnis nur mit Haft zusammentrifft, oder wenn mit Zuchthaus Haft, oder mit Gefängnis Festungshaft zusammentrifft, so wird jede Strafe gesondert vollzogen. Bei §§ 7, 60 kann Zuchthaus unter ein Jahr vorkommen.

Umwandlungsmaßstab ist: 4 Tage Zuchthaus = 6 Tagen Gefängnis = 9 Tagen Festungshaft, § 21.

II. Anrechnung von Übeln auf Strafen.

Bei Festsetzung der Strafe ist verschiedentlich die Anrechnung eines vom Verurteilten erlittenen Übels auf die verwirkte Strafe vorgesehen. So:

1. im Falle des § 7 (im Auslande vollzogenen Strafe), s. oben § 13 (S. 128).

2. bei Erwiderung bestimmter Delikte auf der Stelle. Das Gericht kann bei Beleidigungen (im Sinne des 14. Abschn.) und leichten Körperverletzungen (§§ 223, 230), welche vom Verletzten auf der Stelle mit einem von diesen Delikten erwidert wurden, einen oder beide Teile für straffrei erklären. Handelt es sich nicht bloß um Beleidigungen, die einander gegenübertreten, so darf es einen oder beide Täter auch mit einer beliebigen milderen Strafe belegen. §§ 233, 199.

Die Erwiderung selbst heißt auch Retorsion. Die Retorsion war als Strafe ausschließender Umstand im Mittelalter vielfach anerkannt; vgl. Günther, Idee der Wiedervergeltung 1, 215. Ob sie für das römische Recht nachweisbar ist, erscheint zweifelhaft.[1]) Im 17. Jahrhundert wurde die Erwiderung nicht selten für rechtmäßig erklärt; vgl. Carpzov Pract. 2 qu. 97 c. 22. Gleichzeitig wurden ihr aber bestimmte Schranken, insbes. in zeitlicher Beziehung, beigesellt. — ALR. 2, 20 § 664 erklärte die Erwiderung für rechtswidrig und erkannte sie nur als einen Milderungsgrund an. Die Abänderung des Milderungsgrundes zu einem Straflosigkeitsgrund für denjenigen, der leichte Beleidigungen erwiderte, wurde aus Code pén. Art. 471 Nr. 11 entnommen. Eine Strafbefreiung durch Entzug jeder Strafklage fand sich in Württemberg Art. 293. Das preuß. StGB. § 188 ließ Strafmilderung und Strafbefreiung auch bei Erwiderung von leichten (dolosen) Körperverletzungen (wozu nicht bloß Realinjurien gehörten) mit solchen zu. Das Nordd. StGB. fügte die Erwiderung von Körperverletzungen mit Beleidigungen bei. — Eine abweichende Entwicklung, die sich bis ins Mittelalter zurückverfolgen läßt, ging dahin, nur denjenigen für strafbar zu halten oder milder zu strafen, der den Anlaß zu einem Streite gegeben hatte.[2]) —

„Auf der Stelle“ bedeutet: unter dem frischen (noch nicht vorübergehend beruhigten) Eindruck der Tat. Eine sogen. schlaflose Nacht schließt den Begriff noch nicht aus.

Erwiderung seitens eines anderen als des persönlich Verletzten genügt nicht. Dagegen ist nicht erforderlich, daß gegen den Gegner des Angeklagten, dem angerechnet werden soll, ebenfalls ein Strafverfahren schwebt oder auch nur Strafantrag gestellt ist. Eine Anrechnung kann aber immer nur bei demjenigen erfolgen, der jeweils angeklagt ist.[3]) Bedauerlich ist, daß Strafanrechnung weder dann möglich ist, wenn eine kompensationsfähige Tat durch eine schwerere (also nichtkompensationsfähige) erwidert wurde, noch dann, wenn der Angeklagte auf eine schwerere Tat nur mit einem kompensationsfähigen Delikte reagiert hatte. Dagegen ist die Anrechnung unabhängig

[1]) Vgl. Weber, Injurien 2, 58, u. zur Geschichte der Retorsion überhaupt: Schoetensack, VD. A. 2, 400, Günther 2, 22.

[2]) Vgl. Osenbrüggen, Alamann. Strafr. § 73; Feuerbach-Mittermaier § 96 a, Hannover (1840) Art. 268.

[3]) Frank § 199 III.

davon, ob dem einen der beiden Gegner ein persönlicher Strafausschließungsgrund zur Seite steht.[1] — Das gleiche muß auch dann gelten, wenn der eine Täter mit einem Schuldausschließungsgrunde behaftet war; z. B. X reagiert mit Schimpfworten auf eine Ohrfeige, die ihm ein latent Unzurechnungsfähiger versetzt hat. A. M. die überwiegende Lehre.[2] Sie wäre in vollem Recht, wenn der Grundgedanke nur wäre, zwei Delikte zu kompensieren, während er wohl dahin geht, bestimmte objektiv rechtswidrige Erfolge als Übel anzurechnen Die Gegenansicht führt zu nicht zweifelsfrei durch das Gesetz gewollten Unbilligkeiten.[3] — Fehlt es bei dem einen Täter an der Rechtswidrigkeit seiner Tat, so kann dem anderen auch nichts aufgerechnet werden.[3a] — Ist der eine Gegner in einem anderen Verfahren rechtskräftig freigesprochen worden, so hat dieses Urteil gleichwohl keine die Aufrechnung verbietende Wirkung.[4] — Irrige Annahme, rechtswidrig verletzt zu sein, reicht zur Anrechnung nicht aus, da kein unverdientes Übel zur Anrechnung da ist.[5] — Steht das kompensationsfähige Delikt in Idealkonkurrenz mit geringeren anderen, so ist Anrechnung trotzdem zulässig, wenn die zu verhängende Strafe aus seinem Strafrahmen zu entnehmen wäre. (Beispiel: Beleidigung in Idealkonkurrenz mit grobem Unfug).[6] Allerdings würde durch die Bestrafung aus dem Strafrahmen des kompensationsfähigen Delikts auch das mitbegangene geringere Delikt mit abgegolten. Allein es besteht nach geltendem Recht mit seinem Absorptionsprinzip keinerlei Bindung, wegen dieses ideell konkurrierenden Delikts die Strafe irgendwie zu verändern. Sie kann inhaltlich ganz gleich bleiben. Läßt das Gesetz es überhaupt

1) Gl. M.: Allfeld 362 N. 25, v. Liszt § 72 N. 4, Mayer 491 N. 26, Wachenfeld 275 N. 2, E. 4, 14 (mit einer unhaltbaren Ausnahme für § 11).

2) Z. B. Schwartz § 199 N. 4, Binding L. 1, 53 N. 1, Frank § 199 II 3.

3) Richtig OLG. Dresden, Sächs. Arch. 1915, 20; OLG. Stuttgart (1912), Württ. Z. 25, 351. — 3a) E. 2, 181.

4) A. M.: Finger 1, 527, Frank § 199 III, Schwartz § 199 N. 6. Richtig OberLG. München (1897) 9, 214.

5) Gl. M.: Schoetensack, VD. A. 2, 413, E. 7, 100.

6) Gl. M.: v. Bar, 2, 546. A. M.: Schoetensack, VD. A. 2, 413, mit beachtlichen Gründen.

zu, daß an Stelle der vom geringeren konkurrierenden Delikte nicht beeinflußten Strafe ein anderes erlittenes Übel angerechnet werde, so wird die Anrechnung wenigstens dann möglich sein, wenn das Gericht findet, daß das ideell konkurrierende Delikt keinen Einfluß auf das ohnedies auszusprechende Strafübel auszuüben vermochte. Dieses behält dann seinen positivrechtlich sekundären Charakter auch gegenüber dem aufgerechneten Übel. Ebenso ist, wenn A durch ein Wort den B und den C beleidigt, aber nur B erwidert hat, für A und für B Anrechnung möglich[1]). Hat C allerdings ebenfalls Antrag gestellt, so muß seinetwegen B bestraft werden, arg. § 415 III SPO. Bei in Mittäterschaft verübter Beleidigung kann auch der allein verklagte Mittäter die ihm zugefügte Verletzung aufgerechnet erhalten.[2])

Eine Erweiterung der Möglichkeit, erlittene Übel, die mit einer strafbaren Handlung zusammenhängen, anzurechnen, ist erwägenswert. Weshalb sollte nicht ebenso eine erwiderte Sachbeschädigung aufrechnungsfähig werden können? Anderseits muß gesorgt werden, daß dadurch nicht verbotene Selbsthilfe in bedrohlichem Maße zunimmt. Man könnte etwa bestimmen: Wird eine strafbare Handlung durch eine rechtswidrige, gegen den Ersttäter gerichtete Handlung erwidert, oder wird zur Erwiderung seiner Handlung eine andere strafbare Handlung begangen, so kann je nach Verhältnis der erlittenen Unbill die sonst verwirkte Strafe gemildert oder für getilgt erklärt werden. Die Berücksichtigung ist ausgeschlossen, wenn der Täter mit dem Bewußtsein dieser Möglichkeit gehandelt hat. Übersteigt die an sich verwirkte Strafe einen Monat Gefängnis, so ist volle Tilgung ausgeschlossen. — Der VE. sieht eine Erweiterung indirekt vor, indem er bei einzelnen Delikten, [§§ 227, 259, erklärt, in besonders leichten Fällen könne von Strafe abgesehen werden. Allein davon werden nicht alle Fälle btroffen, die dem Aufrechnungsgedanken zugänglich sind, z. B. Sachbeschädigungen, kleine Diebstähle. Anderseits besteht kein genügendes Bedürfnis nach Einführung des richterlichen Absehens von Strafe über die Fälle des Vorliegens eines Kompensationsfalles hinaus.

---

1) A. M.: KammerGer. J. 47, 317.

2) A. M.: Schoetensack VD. A. 2, 423.

3. Bei erlittener Untersuchungshaft.

Das Gericht darf im Urteil aussprechen, daß die vom Angeklagten (im In- oder Ausland) erlittene Untersuchungshaft auf die erkannte Strafe ganz oder teilweise anzurechnen sei, § 60. Jeder Tag der angerechneten Untersuchungshaft ist einem Tage der ausgesprochenen Strafe gleichzuachten[1]. Die erlittene Untersuchungshaft darf auch bei Geldstrafen angerechnet werden. Alsdann ist der Umwandlungsmaßstab des § 29 zu berücksichtigen. Die Verfallserklärung (vgl. z. B. StGB. § 335) dagegen ist keine Geldstrafe. Sie ist einer Umwandlung in eine Freiheitsstrafe nicht fähig und kann daher auch nicht durch eine erlittene Untersuchungshaft ganz oder teilweise als getilgt erklärt werden.[2] — Auch für den Verweis paßt § 60 nicht.

Als Gesetzgebungsvorschlag ist die Untersuchungshaft in weiterem Umfang anrechnungsbedürftig, da sie ja nicht Strafe sein soll und auf besonderen Gründen (z. B. Fluchtverdacht) beruhen muß, zu denen der Täter keinen Anlaß gegeben zu haben braucht. Dafür auch der VE. § 86 und GE. § 91.[3] Der Schweizer Entw. (nach den Beschl. d. 2. Exp.-Komm.) Art. 57 will bei dem Standpunkt des deutschen StGB. stehen bleiben. Demgegenüber wäre grundsätzliche Anrechnung vorzuziehen. Aber ein Tag der Untersuchungshaft wäre nicht einem Tag Freiheitsstrafe gleichzusetzen ohne Unterschied, ob diese auf Haft oder auf Zuchthaus lautet. Untersuchungshaft wäre der Haft gleichzustellen. Anrechnung wäre auszuschließen, soweit die Untersuchungshaft durch einen Haftgrund gerechtfertigt ist, den der Verurteilte böslich herbeigeführt hat. Hat z. B. der Verhaftete zuerst Zeugen zu rechtswidriger Zeugnisweigerung zu bestimmen gesucht, dann aber während der Untersuchungshaft gestanden, so wäre von da ab dieser verschuldete Haftgrund nicht mehr Ursache der Untersuchungshaft.

Anrechnung der Untersuchungshaft ist bereits nach geltendem Recht geboten für die nach dem Urteil in ihr verbrachte Zeit,

---

[1] In gleichem Umfang ist seit dem Ges. v. 4. Dez. 1916 § 12 Schutzhaft anrechenbar.

[2] Gl. M.: RG. in StrafZ. 3, 77.

[3] Vgl. ferner Kantorowicz, MonKrimPsych. 7, 320, Kriegsmann VD. A. 3, 243. Eng der Öst. RE. § 70.

soweit auf seiten des Angeklagten ein Rechtsmittel nicht eingelegt war und nicht mehr eingelegt werden konnte, SPO. § 482.

4. Bei Disziplinarstrafen, wenn ausnahmsweise ihre Einrechnung vorgeschrieben ist. So in der Seemannsordnung § 110.

§ 52.

Strafanwendung bei Deliktskonkurrenz.

I. Die Bestrafung bei Realkonkurrenz.

1. Im Gesetz berücksichtigte Fälle.

In bestimmten Fällen soll die reine Kumulation der selbständig verwirkten Strafen einer gewissen Reduktion Platz machen.

Hat jemand in natürlicher Handlungsmehrheit eine Anzahl von Delikten verübt, so finden die §§ 74 bis 78 auf ihn in zwei Fällen Anwendung:

a) Wenn die mehreren Delikte des nämlichen Täters vom Gericht gleichzeitig abzuurteilen sind, § 74.

b) Wenn die endgültige Verurteilung des Täters wegen eines Delikts erfolgt, ehe die vorher wegen eines anderen Deliktes erkannte Strafe verbüßt, verjährt oder erlassen ist, § 79.

Der Grundgedanke dieser Bestimmung ist: Es soll der Angeklagte nicht deswegen zu Schaden kommen, weil Straffälle, die ihrer Begehungszeit nach bei der ersten, rechtskräftig gewordenen Aburteilung bereits der gemeinschaftlichen Aburteilung fähig waren (und die Vereinigung zu einer Gesamtstrafe erlaubten), zufällig in getrennten (sukzessiven) Prozessen abgeurteilt wurden. Die nachträgliche Vereinigung zu einer Gesamtstrafe soll aber nicht mehr stattfinden, wenn kein Teil der zuerst rechtskräftig gewordenen Strafe mehr mit der späteren vereinigt werden kann, weil die erstere zur Zeit der neuen Aburteilung bereits durch Verbüßung oder sonstwie ihre Erledigung gefunden hat. Dieser Gedanke des Gesetzes führt leider zur Unanwendbarkeit des § 79, wenn die letztinstanzielle Aburteilung der Delikte des neuen Prozesses erst nach Erledigung der älteren Strafe erfolgt. Gl. M.: E. 32, 7.[1]) Da aber das Revisionsgericht nicht mehr die Tat aburteilt, ist sein Urteil für die Gesamtstrafe unschädlich, wenn es nicht zurückverweist.

Die bezeichnete endgültige Verurteilung (wegen des später abgeurteilten Delikts) muß wegen einer Handlung erfolgen, die begangen wurde vor der erstinstantiellen Aburteilung des früher abgeurteilten Delikts. Wird die erstinstantielle Aburteilung in einer höheren Instanz wieder aufgehoben, so finden die Bestimmungen über Realkonkurrenz auch dann Anwendung, wenn das später abgeurteilte Delikt wenigstens vor der ersten nicht wieder aufgehobenen Aburteilung des anderen Delikts begangen wurde.

Z. B. Wenn ein am 1. März begangener Betrug am 1. Mai abgeurteilt wird, so wird die hier ausgesprochene Gefängnisstrafe mit einer früher abgeurteilten Diebstahlsstrafe von zwei Monaten vereinigt, falls der Diebstahl etwa am 1. April abgeurteilt wurde; dagegen in der Regel nicht, wenn der Diebstahl bereits am 1. Februar abgeurteilt wurde, denn der Betrug ist dann erst nach der Aburteilung des Diebstahls begangen. Anders liegt die Sache jedoch dann, wenn die Diebstahlsaburteilung vom 1. Februar in der höheren Instanz aufgehoben wurde und erst etwa am 1. April eine bei Bestand bleibende Verurteilung wegen Diebstahls erfolgt. Denn dann ist der am 1. März begangene Betrug vor der ersten aufrecht gebliebenen Aburteilung wegen Diebstahls (1. April) begangen worden.[2])

2. Die Berücksichtigung im einzelnen.

Die Art der Berücksichtigung einer Realkonkurrenz beruht hauptsächlich auf dem Gedanken, daß mit Rücksicht auf die begrenzte Lebensdauer die Intensität einer Freiheitsstrafe mit ihrer zunehmenden Dauer nicht in arithmetischer, sondern in einer geometrischen Form sich steigert. Es ist daher eine Reduktion gegenüber der reinen Kumulation mehrer verwirkter

[1]) Gl. M.: Schwartz § 79 N. 4, Wachenfeld 115. A. M.: Frank § 79 III, Mayer 516 N. 13.

[2]) Gl. M.: E. 33, 231, v. Bar 3, 554 N. 91 e. A. M.: v. Olshausen § 79 N. 6. Ein neues Delikt, das nur mit dem später abgeurteilten Delikte in dem Verhältnis der §§ 74, 79 steht, wird in die Gesamtstrafe nicht einbezogen; E. in GA. 60, 414.

Freiheitsstrafen angemessen. Der gleiche Gesichtspunkt läßt sich für die begrenzte Vermögenshöhe auch bei Geldstrafen durchführen, wird aber hierauf vom Gesetzgeber nicht angewandt. Wird die Geldstrafe vom Gesetzgeber reichlich verwendet, so geht die Steigerung des auferlegten Übels ebenfalls nicht proportional, sondern progressiv vor sich. Die Geldstrafe wirkt dann auch in erhöhtem Maße auf Angehörige; der Bestrafte selbst wird unter Umständen der Mittel zu redlichem Erwerb so beraubt, daß er auch mit Entbehrungen sein Geschäft nicht fortführen kann.[1]) Hat ein Losverkäufer 40 000 verbotene Lose abgesetzt und ist nach positiver Vorschrift jeder Einzelverkauf eine selbständige Handlung, so hätte der vielleicht wenig begüterte Verkäufer eine Geldstrafe von Millionen zu gewärtigen. Mit Recht hat daher das preußische Loshandelsgesetz vom 19. Juli 1911 § 8 auch für Geldstrafen, die nach seinen Bestimmungen zu verhängen sind, eine Gesamtstrafbildung und ein absolutes Maximum von 20 000 Mark vorgesehen.

Im Falle einer Realkonkurrenz kommt die Verbindung mehrerer Freiheitsstrafen zu einer Gesamtstrafe vor:

a) beim Zusammentreffen bestimmter gleichartiger Strafen:

Wenn mehrfach zeitliches Zuchthaus verwirkt ist, so ist die verwirkte schwerste Strafe (Einsatzstrafe genannt) zu erhöhen. Es ist aber nicht unbedingt nötig, daß beim Zusammentreffen von mehr als zwei Delikten die Erhöhung der Einsatzstrafe mindestens zwei Strafgrößen betrage.[2]) Kommt zu mehreren Einzelstrafen, die in einer Gesamtstrafe vereinigt waren, noch eine weitere Einzelstrafe hinzu, so fällt die frühere Gesamtstrafe weg. Der Richter kann daher bei der neuen, alle Delikte vereinigenden Gesamtstrafe bei der bisherigen Strafhöhe bleiben, sofern das neue Delikt nicht die schwerste Einzelstrafe nach sich zieht; z. B. wenn aus einer Gefängnisstrafe von 2 Jahren und einer solchen

---

[1]) Gegen unbegrenzte Kumulation auch v. Bar 3, 558; für sie Mayer 516.

[2]) Gl. M.: Frank § 74 III 1, Mayer 519.

von 6 Monaten eine Gesamtstrafe von 2 Jahren 5 Monaten gebildet war, kann beim Hinzutreten einer neuen Strafe von 3 Tagen Gefängnis der Richter wieder die alte Höhe bei seiner Gesamtstrafe aussprechen.[1] Würde er dagegen unter den Betrag der früheren Gesamtstrafe herabgehen, so läge darin eine unzulässige Korrektur des früheren Urteils. Gl. M.: E. **6**, 283 (85). — Fällt eine Gesamtstrafe später weg, etwa weil wegen eines Delikts die höhere Instanz freispricht, so sind die übrigen Einzelstrafen aufrecht zu erhalten, außer wenn ihre Höhe ersichtlich durch das Hinzutreten des weggefallenen Delikts beeinflußt war.[2] — Bei der Erhöhung darf der Strafrahmen des Delikts überschritten werden, für welches die schwerste Strafe verwirkt ist. Jedoch darf das Höchstmaß von 15 Jahren Zuchthaus nicht überschritten werden. Auch muß die so gebildete Gesamtstrafe niedriger bleiben als die Summe der verwirkten Einzelstrafen. Die verschiedenen Einzelstrafen, welche durch eine Erhöhung der schwersten unter ihnen vereinigt werden, sind im Urteil (am richtigsten in der Urteilsformel) zu benennen. Bei späterer neuer Gesamtstrafe fällt die frühere Gesamtstrafe stets hinweg. Die Einzelstrafen sind alsdann auf eine neue Gesamtstrafe zu vereinigen (z. B. nach gemeinschaftlicher Aburteilung zweier Delikte kommt ein drittes oder viertes auf, dessen Begehungszeit ebenfalls vor der ersten Aburteilung der anderen Delikte liegt). Wenn bei nachträglicher neuer Aburteilung dem späteren Richter das frühere Urteil bekannt ist, so hat er in seinem Tenor gleich die Gesamtstrafe auszusprechen, arg. SPO. § 492, E. 8, 62. Wenn das frühere Urteil jedoch noch nicht rechtskräftig ist, so bleibt die sofortige Bildung der Gesamtstrafe fakultativ (E. 5, 1) ebenso wenn die frühere Strafe nicht ohne Aussetzung zuverlässig festgestellt werden kann.[3]

Ist ein Teil der früheren Strafe bereits verbüßt, so ist im Tenor (zur Not in den Gründen) die bis zur Zeit der Urteils-

---

1) Gl. M.: E. **6**, 283, **44**, 302 (04); v. Olshausen § 79 N. 14.
2) Gl. M.: Ver. Strafs. E. **25**, 297 (307), Schwartz § 74 N. 5.
3) Gl. M.: E. **34**, 267.

rechtskraft verbüßte Zeit auf die neue Gesamtstrafe in Anrechnung zu bringen.[1]) Das Gericht darf aber auch, obwohl das nicht zweckmäßig erscheint, den bis zu seinem Urteil verbüßten Teil der früheren Strafe gleich von der Gesamtstrafe abziehen, die es ausspricht. Den bis zur Rechtskraft seines Urteils hinzutretenden weiteren Teil rechnet dann die Vollstreckungsbehörde an.[2])

Der Fortfall der alten Gesamtstrafe hat nicht die Bedeutung, daß sie jeder Fortwirkung beraubt wäre: Das neue Urteil kann nach Hinzutritt der neuen Einzelstrafe nicht etwa die Gesamtsumme der Einzelstrafen zu einem niedrigeren Gesamtbetrage vereinigen, als die ältere Gesamtstrafe ausgemacht hatte.[3]) Es kann auch die neue Strafe nicht in einem höheren Betrage die alte Gesamtstrafe übersteigen lassen als der Summe der neu verwirkten Einzelstrafen entspricht.[4]) Unzutreffend ist, bei Hinzutritt neuer Einzelstrafen diese auszumitteln und dann in einer bestimmten Reduktion der alten Gesamtstrafe zuzuschlagen, da das Hinzutreten überhaupt keine Steigerung als unbedingt erforderlich erscheinen läßt.[5]) Korrekt ist einfach die Bildung einer neuen Gesamtstrafe aus allen Einzelstrafen, die nur gebunden ist an die alte Gesamtstrafe als Mindestmaß und die Summe der neuen Einzelstrafen als höchstes Steigerungsmaß. Es ist unbedenklich, die etwa beliebte Steigerung gegenüber der alten Gesamtstrafe als Zusatzstrafe zu bezeichnen. Z. B.: Auf Grund einer Vereinigung der rechtskräftigen Einzelstrafen und der hinzutretenden neuen Einzelstrafen von je . . . . wird die bisherige Gesamtstrafe von 3 Jahren 11 Monaten durch eine Zusatzstrafe von 1 Monat auf 4 Jahre erhöht.

Ebenso wie mit den Zuchthausstrafen ist es zu halten mit mehrfach verwirkten Festungshaftstrafen und Gefängnisstrafen. Jedoch bildet für mehrfach verwirktes Gefängnis das Zeitmaß von 10 Jahren die Höchstgrenze, § 74 I, III. Nach dem

---

1) Gl. M.: E. 8, 62.

2) E. 8, 385; vgl. Frank § 79 II.

3) Gl. M.: E. 6, 283 (85).

4) In E. 44, 302 auf S. 303/04 übersehen.

5) Gl. M.: v. Olshausen § 74 N. 11.

Wortlaute des § 74 III besteht kein formelles Hindernis, für drei Zweikampfsvergehen 14 Jahre Festungshaft auszusprechen, während auch für die schwersten drei Vergehen nie über 10 Jahre Gefängnis hinausgegangen werden darf. Die ratio legis ging aber in § 74 III nicht dahin, die Festungshaft als Vergehensstrafe für die Angeklagten ungünstiger auszugestalten wie die Gefängnisstrafe als Vergehensstrafe. Es wird daher entsprechend der Tendenz des Gesetzes das Höchstmaß der Festungshaftgesamtstrafe bei bloßen Vergehen ebenfalls auf 10 Jahre festzusetzen sein.

Das Asperationsprinzip (§ 74 I) gilt nicht für mehrere verwirkte Haftstrafen oder Geldstrafen, auch nicht für lebenslängliche Strafen und für die Todesstrafe. Hier besteht vielmehr das Prinzip der Kumulation. Bei Haftstrafen ist jedoch als Höchstmaß der Kumulation dreimonatliche Haft festgesetzt, § 77, 78.

Die Kumulation bei Todesstrafe und lebenslänglicher Strafe, welche Bedeutung gewinnt, wenn wegen eines der Delikte Begnadigung eintritt, drückt man indirekt dadurch aus, daß man erklärt, der Angeklagte werde wegen jedes der ihm zur Last liegenden Morde zum Tode verurteilt.

Schief wäre eine Formulierung, er werde zweimal zum Tode, zu lebenslänglichem Zuchthaus usw. verurteilt. Denn im Strafvollzug schmilzt die urteilsmäßige Doppelverurteilung hier immer zur Absorption zusammen. — Nebenstrafen, welche zur Hauptstrafe der Einzeldelikte hinzutreten können oder müssen, sind ebenso neben der Gesamtstrafe zulässig bzw. geboten, § 76. Dies gilt nicht nur von den in § 76 hervorgehobenen Nebenstrafen. Für die festzusetzende Gesamtdauer ist unabhängig von den verwirkten Einzelstrafen die Gesamtstrafe maßgebend; vgl. auch E. **36**, 88, Eckstein GA. **60**, 221.

b) Beim Zusammentreffen bestimmter ungleichartiger Strafen.

Trifft Zuchthaus mit Gefängnis oder mit Festungshaft zusammen, so ist die Gesamtstrafe dadurch zu gewinnen, daß die anderen Freiheitsstrafen (nach dem Maßstabe des § 21) in Zuchthaus verwandelt werden. Dagegen findet bei sonstigem Zusammentreffen mehrerer Freiheitsstrafarten eine Verwandlung in die schwerere Strafart nicht statt. Befinden sich unter ihnen aber mehrere verwirkte Gefängnis- oder Festungshaftstrafen, so werden die zur nämlichen Strafart gehörigen Einzelstrafen zu einer Gesamtstrafe vereinigt. Der Höchstbetrag der Freiheitsentziehung beläuft sich auf 15 Jahre, wenn mehrere verschiedene Freiheitsstrafarten nebeneinander bestehen bleiben, §§ 74 II, 75.

3. Ist wegen eines Deliktes eine Strafe ausgesprochen, so hat ein Gericht, das später ein damit realkonkurrierendes Delikt aburteilt, nur dann die Pflicht im Urteil eine Gesamtstrafe auszusprechen, wenn der früher abgeurteilte Fall bereits rechtskräftig geworden ist. Ist dies nicht der Fall, so erfolgt die Feststellung der Gesamtstrafe zweckmäßig erst, wenn beide Urteile rechtskräftig geworden sind, und zwar im Vollstreckungsverfahren nach SPO. § 492.[1]) Aber die Verhängung einer bedingten Gesamtstrafe durch das später urteilende Gericht vor Rechtskraft des ersten Urteils ist auch zulässig; R. 4, 102, E. 5, 1.

II. Strafanwendung bei Idealkonkurrenz.

1. Anzuwenden ist die Strafsanktion des Gesetzes, das die schwerste Strafart vorsieht. Geldstrafe steht hinter Freiheitsstrafe. Bei gleichen Strafarten ist ausschließlich anzuwenden das Gesetz, dessen Strafdrohung höher hinaufgeht. Das hat die unerfreuliche Folge, daß das Gesetz mit dem höheren Strafrahmen dem Richter voll zur Verfügung gestellt ist, auch wenn seine untere Strafgrenze niedriger ist als die des im Höchstmaß milderen Gesetzes.[2]) — Beispiel: § 263 geht in jeder Richtung einer ideal konkurrierenden falschen Versicherung an Eidesstatt (§ 156) vor. — Man ist versucht, dagegen einzuwenden, es komme darauf an, was das Gesetz gewollt habe, nicht auf das, was es gesagt habe. Allein gewollt hat der Gesetzgeber das Absorptionsprinzip in strenger Form eine wünschenswerte Einschränkung wie die in Frage stehende hat er kaum bedacht, geschweige denn gewollt. Gewollt war erkennbar nur die völlige Ausschaltung des zweiten Gesetzes hinsichtlich des Strafrahmens.

---

[1]) Vgl. RMG. 12, 221; v. Olshausen § 79 Nr. 7, May GA. 57, 324; hier weitere Literatur.

[2]) Gl. M.: Höpfner 2, 78, Mayer 510, Köhler, Grenzlinien 148, E. 16, 301. A. M.: Eckstein GA. 60, 220, Frank § 73 IV 1, Schwartz § 73 N. 9 b.

Sind die Freiheitsstrafen einander in ihrer Höchstgrenze gleich, so kommt in Frage, ob neben einer von ihnen eine Geldstrafe vorgesehen ist. Erst wenn auch in dieser Hinsicht kein Unterschied besteht, kommen Nebenstrafen bei der Vergleichung mit in Betracht. Ist hiernach eine Verschiedenheit nicht vorhanden, so ist das Gesetz maßgebend, dessen Strafminimum höher ist, § 73; sogen. Absorptionsprinzip.[1])

Vermöge des dem geltenden Recht zugrunde liegenden Absorptionsprinzips können Nebenstrafen nicht verhängt werden, die nur bei dem mit geringerer Strafe im Sinne des § 73 bedachten Delikte vorgesehen sind; z. B. bei dem betrügerischen Bettel oder dem Hausfriedensbruch des Landstreichers kann auf Überweisung an die Landespolizeibehörde nicht erkannt werden. Bloße Präventivmaßregeln können dagegen auch dann ausgesprochen werden, wenn sie nur bei dem niedrigeren Strafgesetz vorgesehen sind; z. B. eine Unbrauchbarmachung, eine Ermächtigung an den Verletzten zur Urteilspublikation. Anders, wenn man mit E. **16**, 73 die letztbezeichnete Maßregel als Nebenstrafe ansieht. E. **17**, 311 nimmt die Strafnatur der Unbrauchbarmachung an, soweit sie den gleichzeitig zu einer Hauptstrafe verurteilten Täter oder Teilnehmer betreffe.

2. Enthält das schwerste Gesetz ein Antragsdelikt und fehlt der Strafantrag, so wird ausschließlich nach dem milderen Offizialdelikt gestraft. Rechtskräftige Verurteilung wegen des Offizialdelikts beseitigt dann nach der Praxis[2]) die Möglichkeit, bei nachträglich gestelltem Strafantrag das Antragsdelikt noch abzuurteilen.[3])

---

[1]) Vgl. dazu Höpfner, Einheit u. Mehrheit der Verbr. 2, 79 f. Mayer 509 u. a. ziehen den Ausdruck: Exklusivität der schwersten Strafdrohung vor. Allein in dem Ausschluß der geringeren Strafdrohung erschöpft sich die Erscheinung nicht; die exklusive Strafe aus dem schwereren Gesetz ist zugleich eine Strafe für das geringer bedrohte Delikt. Die Strafdrohung ist exklusiv; die verhängte Strafe aber schließt eine verdiente andere ein; also Absorption von Strafen durch andere Strafen.

[2]) Vgl. z. B. E. 23. 307. Beisp.: Idealkonk. v. § 360 Z. 13 u. 223a.

[3]) Dagegen mit Recht: Beling, Strafprozeßr. 417 N. 50, Ullmann, Strafprozeßr. 630. A. M.: v. Bar 3, 348.

Doch wird zugegeben, daß eine zweite Verurteilung wegen der gleichen Tat zulässig sei, wenn die Aburteilung der verschiedenen in ihr steckenden Delikte zum Teil den ordentlichen Gerichten, zum Teil Sondergerichten (z. B. den Ausnahmegerichten des Belagerungszustands) vorbehalten ist.[1])

In vereinzelten Fällen ist statt der Absorption Kumulation vorgeschrieben, so z. B. StGB. § 276, Vereinszollges. §§ 158, 159.

§ 53.

Strafaufhebungsgründe.

I. Übersicht.

Verschiedene Tilgungsgründe eines bereits erwachsenen Strafanspruchs (auch Strafbefreiungsgründe genannt) können nur vor Eintritt der Urteilsrechtskraft eintreten, so die tätige Reue, der Rücktritt vom Versuch,[2]) die Retorsion, die Verjährung der Strafverfolgung, der unbenutzte Ablauf der Antragsfrist und die Antragszurücknahme.

Andere Tilgungsgründe erstrecken sich auf die Zeit nach der Urteilsrechtskraft oder beschränken sich sogar hierauf; so die Begnadigung im weiteren Sinn, der Tod des Verbrechers, die Verjährung des Strafvollstreckungsanspruchs.

Die Unterscheidung von Strafausschließungsgründen wird praktisch in SPO. § 295 II, der aber nur die in einem Strafgesetz besonders vorgesehenen Strafaufhebungsgründe betrifft (z. B. nicht die Begnadigung).

II. Der Tod des Verbrechers.[3])

1. Regel.

Der Tod des Schuldigen tilgt vollständig den erwachsenen Strafanspruch. Anders in früheren Rechten,

---

[1]) So E. in ZRpfl. 12, 202.

[2]) Als Strafaufhebungsgrund mit Recht von der herrschenden Lehre anerkannt; vgl. Allfeld 283, v. Liszt § 48 I, Mayer 276. A. M.: Wachenfeld 286.

[3]) Vgl. K. Birkmeyer (jun.), Der Tod des Verbrechers 1908; v. Bar 3, 367; Wachenfeld 283.

wo zum Teil an die Stelle des bisherigen Anspruchs ein Anspruch auf eine herabwürdigende Behandlung des Leichnams (z. B. Verscharren unter dem Galgen) trat und auch sein Vermögen eingezogen werden konnte.[1] Andere Unrechtsfolgen, soweit sie noch vollziehbar sind, werden nicht ausgeschlossen; z. B. Einziehung im Falle des § 152. Zum Ausspruch einer Buße kann es nicht mehr kommen; eine nicht rechtskräftig zuerkannte Buße ist nicht vollstreckbar.[2] Ob eine dem Verletzten rechtskräftig erteilte Befugnis zur Urteilspublikation vollstreckbar ist, hängt davon ab, ob man sie als Nebenstrafe ansieht oder nicht.

2. Ausnahme.

Eine rechtskräftig erkannte Geldstrafe[3] ist in den Nachlaß des Verurteilten zu vollstrecken, § 30. Das Gesetz sagt mißverständlich, sie könne vollstreckt werden, will aber damit keine Ausnahme von der Vollstreckungspflicht ausdrücken. Die Objekte einer gerichtlich verhängten Unbrauchbarmachung oder Verfallerklärung stehen der Geldstrafe gleich.

Die Vollstreckung in den Nachlaß ist sachlich keine Bestrafung mehr; daher ist durch ihre Vereitelung keine Begünstigung begehbar. Auch de lege ferenda bleibt die Beibehaltung der Maßregel aus präventiven Gründen erwägenswert.[4] Der VE. läßt sie fallen. — Das Landesrecht kann die Vollstreckbarkeit nicht rechtskräftiger Urteile nicht verfügen, arg. § 481 StPO.

Eine andere Frage ist, ob das Landesrecht die Erben für Defraudationen des Erblassers mit Geldstrafen belegen kann. Da das Reichsrecht selbst noch Strafen ohne Schuld kennt, sind auch landesrechtliche Fälle leider nicht ausgeschlossen; bei nicht zweifelloser Fassung des Gesetzes ist aber nur an-

---

1) Vgl. v. Bar 3, 368.

2) Wohl aber eine rechtskräftig ausgesprochene Buße. Gl. M.: Binding H. 1, 813, v. Olshausen § 30 N. 4, Löwe-Rosenberg, SPO. § 444 N. 7.

3) Ebenso eine rechtskräftig ausgesprochene Einziehung Gl. M.: Allfeld 336. Hier kommt in Betracht, daß das Eigentum bereits übergegangen ist und nur noch ein Sfraf r e s t, nämlich die Herausgabe des Eigentums im Falle bisher unterbliebener Beschlagnahme zu erzwingen ist.

4) Gl. M.: v. Bar 3, 371, Schwartz § 30 N. 5, Thomsen L. 155, Ebermayer, Verh. d. 29. Juristentages 1, 295. A. M.: Wachenfeld 284. — Sterben und geisteskrank werden stehen hierin gleich.

zunehmen, daß lediglich eine öffentliche Haftung begründet werden wollte.[1]) Die Möglichkeit außerstrafrechtlicher Haftbarmachung der Erben für Steuerdelikte des Erblassers ist unter dem Gesichtspunkt einer Abgabe zweifellos.[2]) Die gleiche Art der Haftbarmachung geht für andere Delikte nicht an, wenn die Geldstrafe, welche verhängt wurde, noch nicht rechtskräftig ist. Denn die Geldstrafauferlegung bedeutet keinen deklaratorischen Akt. Der Täter ist das Geld dem Staat nicht schon vorher schuldig. Die Bedingung des Strafanspruchs ist aber durch den Tod ausgefallen und unter dem Gesichtspunkt einer öffentlichen Abgabe aus Anlaß der Erbschaft läßt sich eine solche Haftung nicht konstruieren.

III. Tätige Reue.

Manchmal baut das Recht dem Verbrecher eine goldene Brücke, um eine Vergrößerung des Schadens zu verhüten.[3])

Tätige Reue i. techn. S. ist die Bekämpfung des aus einem vollendeten Delikte sich weiter entwickelnden Schadens durch den Verbrecher selbst. Sie ist unter näher bezeichneten Voraussetzungen (in der Regel Freiwilligkeit) bald vollständiger Strafaufhebungsgrund, so nach §§ 163 II, 204, 209, 310 StGB., Besitzsteuergesetz von 1913 § 81, Wehrbeitragsgesetz von 1913 § 68, Spionagegesetz vom 3. Juni 1914 § 5 II, MStGB. §§ 61, 88, 105, BRVO. vom 22. April 1915 § 13 (betr. nachträgliche Anzeige von Getreidevorräten) bald Strafmilderungsgrund, so nach StGB. § 158, nach MStGB. §§ 75, 109 und in einem Fall des § 88 MStGB.

Tätige Reue i. w. S.[4]) ist jede Bekämpfung weiterer Erfolge durch den Verbrecher nach eingetretener Straffälligkeit. Dazu gehört auch der strafbefreiende Rücktritt vom Versuch, § 46 Z. 1, 2 StGB. Geeignet erscheint der Ausdruck bei Versuch nur im Falle des § 46 Z. 2. Gegen die Zusammenfassung des Rücktritts vom Versuch mit den übrigen Rücktritts-

---

[1]) Gl. M.: E. 45, 52; 47 15 (19). Unzulässigkeit einer Strafe behaupten: Frank § 30 II, Schwartz § 30 N. 5, Mayer 464 N. 32.

[2]) A. M.: v. Bar 3, 373.

[3]) Vgl. Schoetensack, VD. A. 2, 436.

[4]) Vgl. Allfeld 283, v. Liszt 290.

fällen Schoetensack[1]), aus dem unzutreffenden Grunde, weil der Rücktritt vom Versuch Unrechtausschließungsgrund sei.

Regelmäßige Voraussetzungen der strafbefreienden Wirkung sind: Eigene Abwendungshandlung, Nichtentdecktsein, Nichteintritt erheblicheren Schadens.

Vereinzelt (bei der Münzfälschung) war die tätige Reue schon im römischen Recht als Befreiungsgrund anerkannt.[2]) Ein Aufgeben des Versuchs mit Befreiungswirkung kommt im altnorwegischen Recht vor.[3]) Im Mittelalter wurde die tätige Reue mehrfach bei Vermögens- und Körperverletzungsdelikten berücksichtigt, wenn der Schaden freiwillig gut gemacht worden war.[4]) Nach CCC. Art. 178 war der freiwillig aufgegebene Versuch straflos. Die RPO. von 1548 c. 18 § 10 gibt dem Denunzianten Straffreiheit, der sich bei einem Warenmonopolisierungsunternehmen beteiligt hatte.[5]) Bei zahlreichen Delikten schuf dann die Theresiana aus tätiger Reue einen Milderungsgrund. Dem Code pénal war diese wenigstens bei den Delikten fremd, wo wir sie heute haben. Im bayrischen StGB. von 1813 begegne die tätige Reue i. e. S. mit mehreren Staffelungen bei Brandstiftung und Überschwemmung, Art. 253, 254. Im Gegensatz zu anderen Partikulargesetzgebungen kennt das preußische StGB. eine tätige Reue nur bei fahrlässigem Falscheid und bei Zweikampf, dagegen noch nicht bei Brandstiftung und vorsätzlichem Meineid; anders schon Sachsen (1838) Art. 178, 188, das auch die beiden in Preußen berücksichtigten Fälle enthielt.

Erweiterung auf diejenigen Fälle, in denen die formelle Vollendung vor dem Eintritt des Schadenserfolgs oder vor Beendigung der geplanten verbrecherischen Tätigkeit eintritt (z. B. §§ 105, 146), schlägt mit Recht Schoetensack[6]) vor.

---

1) Vgl. Schoetensack VD. A. 2, 437.

2) Mommsen, Röm. Strafr. 1044.

3) Wilda 1, 603.

4) Vgl. z. B. Osenbrüggen, Alamannisches Strafr. 82, und für spätere Zeit bayr. StGB. v. 1813 Art. 226, Allfeld § 45 N. 6.

5) Segall, Gesch. der RPO. (1914) 143.

6) VD. A. 2, 464.

§ 54.

A. Die Begnadigung insbesondere.

I. Begriff.

Begnadigung i. w. S. ist der Verzicht auf einen erworbenen (oder bedingt vorhandenen) staatlichen Strafanspruch oder auf andere öffentlich rechtliche Unrechtsfolgen.[1]

Zweckmäßigerweise bleibt sie eine Ausnahmemaßregel im Interesse höherer Gerechtigkeit oder besonderer Staatsnützlichkeit. Sie tritt auf als ein Verwaltungsakt der Regierung, aber der Kern ihrer Bedeutung liegt nicht in dem regelmäßigen Vorliegen eines Befehls, die Vollstreckung aufzugeben, sondern in dem Verzicht auf das Strafleiden.

Ihr vornehmster Zweck ist, Härten auszugleichen, die sich ausnahmsweise gegenüber den notgedrungen generell gefaßten Gesetzen und den nicht immer voll das Richtige treffenden Urteilen ergeben, wenn zwar schuldhaft gefehlt wurde, aber die dafür auszusprechende oder ausgesprochene Strafe den ethischen Anschauungen der maßgebenden Volkskreise zu hoch erscheint. —

Begnadigung als gruppenweise Befreiung von der Strafverfolgung oder als Aufhebung von verwirkten Rechtsverlusten war schon in der Zeit der römischen Republik bekannt, Begnadigung auch von schuldig gesprochenen Einzelpersonen wurde von den römischen Kaisern geübt.[2] Der König der fränkischen Periode konnte die verwirkte Acht mildern.[3] Von ihm ging in nachfränkischer Zeit[4] die Begnadigungsgewalt auf Territorialherren, auf Richter[5], ja in beschränktem Maße auf Frauen, auf den Henker über.[6] Seit der Bambergensis (Art. 272) kam dieses Begnadigungsrecht anderer Personen als des Trägers der Staatshoheit allmählich in Fortfall. Vereinzelt waren auch die Fürsten

---

[1]) = die Beseitigung strafrechtlicher Nachteile durch die Staatsgewalt, v. Bar 3, 457.

[2]) v. Bar 3, 460, Mommsen, Röm. Strafr. 457, 484.

[3]) v. Schwerin, Deutsche RG. 132.

[4]) v. Bar 3, 462.

[5]) Hälschner, Gesch. des brandenb.-preuß. Strafr. (1855) 52.

[6]) v. Amira, Grundriß des german. R. (3) 243.

in der Ausübung des Begnadigungsrechts beschränkt. Man konstruierte ferner Deliktsfälle, auf die sich das Begnadigungsrecht nicht erstrecken solle.[1] Grundsätzlich war aber der Landesherr der neueren Zeit in bezug auf Begnadigung unbeschränkt. Erst im 19. Jahrhundert wurde angesichts einzelner Mißbräuche das freie Recht zur Begnadigung vor eingetretener Rechtskraft des Urteils in mehreren größeren Bundesstaaten beschränkt. Eine literarische Bewegung vom 18. Jahrhundert bis zum Anfang des 19. Jahrhunderts wollte die Begnadigung gänzlich beseitigt wissen, z. B. Beccaria § 46.[2] Eine vorübergehende Abschaffung bei Schwurgerichtsurteilen im Code pénal von 1791 bewährte sich nicht.[3] Anderseits entwickelte sich eine neue Delegation der Begnadigungsgewalt auf den Justizminister und andere oberste Staatsorgane in genau umschriebenen Bagatellsachen. —

Gegenstand der Begnadigung sind nicht nur die Strafen, sondern auch sonstige öffentlichrechtliche Unrechtsfolgen, z. B. Einziehung einer Pension, Einforderung einer etwa dem Staate zugesprochenen Buße, Einschaffung in eine Erziehungs- oder Besserungsanstalt.[4] Beseitigt können durch Begnadigung auch werden die Befugniserteilung zur Urteilspublikation[5], die Kosten des Prozesses.[6] Dagegen sind privatrechtliche Ansprüche Dritter (z. B. auf Buße, auf Vernichtung von Nachdrucksexemplaren) kein Begnadigungsobjekt. Da die Prävention Sache der Landespolizei ist, kann mit Grund eine Befugnis der Regierung, diese mit negativen Anweisungen zu versehen, nicht geleugnet werden. Aber im engsten Sinne paßt das Wort Gnade nur auf bestimmungsmäßige Übel.[7] Doch hat man sich an diese Schranke längst nicht gehalten. Ein als Gnade angesehener Erlaß ist auch in anderen Verzichten zu erblicken, welche An-

1) Geib 2, 160, 162.
2) Vgl. auch Fischl, Einfluß der Aufklärungsphilosophie 249.
3) Vgl. v. Bar 3, 464.
4) A. M. in letzterer Beziehung Finger 1, 591.
5) Gl. M.: v. Bar 3, 470 N. 250a.
6) Gl. M.: v. Bar 3, 475.
7) Vgl. Mayer 530, der dies wohl etwas zu stark betont.

sprüche des Staates aus einem Delikte betreffen. Es besteht kaum ein Bedürfnis, für den Erlaß von deliktischen Präventivmaßregeln einen besonderen Ausdruck zu prägen.[1]) Wer glaubt, daß die echte Strafe des geltenden Rechts keinem Präventivzweck dient, kann allerdings geneigt sein, die Begnadignng auf echte Strafen zu beschränken. Allein der richterliche Ausspruch von Präventivmaßregeln bedeutet nicht in allen Fällen, daß die Maßregel notwendig sei. Wenn der Träger der Staatsgewalt eine Korrektur der Wirkungen des Richterspruchs in dieser Hinsicht vornehmen will, weil er mit einfacheren Mitteln auszukommen glaubt, so ist er nicht gebunden, die ihm erlaubten Rechtsminderungen zum Vollzug zu bringen.

Auch ohne Begnadigung ist ja sogar die Vollstreckung von Präventivmaßregeln zum Teil in das Verwaltungsermessen gestellt, z. B. die Verhängung von Aufenthaltsbeschränkungen, die Ausweisung.

Kraft positiven Rechts kann die Tatsache der Verurteilung wegen eines Delikts durch Begnadigung nicht völlig ungeschehen gemacht werden, arg. § 245. Für spätere Rückfälle bleibt der Begnadigte kraft Reichsrechts leider vorbestraft. Gleiches gilt für den Beweis einer Gewerbsmäßigkeit oder Gewohnheitsmäßigkeit. Dagegen steht einer Tilgung der Strafe im Strafregister nichts im Wege, wenn dies der Begnadigende will.

Der Ausspruch der Begnadigung in einem Staate vernichtet gleichzeitig die etwa vorhandenen korrealen Klagerechte anderer Bundesstaaten (wichtig für den Fall der gnadenweisen Niederschlagung des Verfahrens).[2])

II. Träger der Begnadigung.

Das Begnadigungsrecht steht dem Inhaber der Staatsgewalt zu (gleichviel ob souverän i. t. S. oder nicht), also dem Monarchen, in den Hansestädten dem Senat. Wenn über eine Strafsache im Instanzenzug die Gerichte

---

[1]) Nach v. Liszt 293 werden Verwaltungsmaßregeln von der Begnadigung nicht berührt. Das ist Auslegungsfrage des einzelnen Begnadigungsaktes.

[2]) Vgl. Binding, Hdb. 1, 868, Wachenfeld 289.

mehrerer Bundesstaaten entschieden haben, so steht die Begnadigung dem Inhaber der Staatsgewalt des erstinstanziellen Gerichts zu. Bei gemeinschaftlichen Gerichten mehrerer Staaten entscheiden abgeschlossene Staatsverträge. In denjenigen Sachen, in welchen Behörden des Reichs oder eines Schutzgebietes erstinstanziell entschieden haben, steht die Begnadigung dem Kaiser als solchem zu.

Dazu gehören:

a) die reichsländischen Sachen. Der Kaiser hat aber das Begnadigungsrecht teilweise dem Statthalter übertragen;

b) die vom Reichsgericht in erster Instanz abgeurteilten Sachen (SPO. § 484), und zwar auch die nur durch Verbindung (vgl. SPO. § 5) vor das Reichsgericht gebrachten Sachen;

c) die Sachen, welche von den Konsular- oder Schutzgebietsgerichten abgeurteilt wurden;

d) die von den Marinegerichten abgeurteilten Sachen;

e) die von Reichsbehörden erlassenen Strafbescheide und Strafverfügungen.

Das Begnadigungsrecht kann vom Inhaber der Staatsgewalt, soweit positives Staatsrecht nicht entgegensteht, auf höhere Behörden delegiert werden, d. h. sie können zur Ausübung bevollmächtigt werden.[1] — Allfeld[2] nimmt an, es bedürfe dazu ausdrücklicher gesetzlicher Ermächtigung.[3] — In Preußen ist eine Delegation u. a. erfolgt für kleine Steuerdelikte an das preußische Finanzministerium. Die vom Delegierten vorgenommene Begnadigung bindet den Inhaber des Begnadigungsrechts, die verweigerte nicht.

III. Arten der Begnadigung.

Man unterscheidet:

1. Die Begnadigung i. e. S. und die Abolition. Erstere ist die nach Rechtskraft des Urteils eintretende Begnadigung, letztere die vor Eintritt eines rechtskräftigen Urteils erfolgende Niederschlagung des Prozesses.

---

[1]) Laband (5) 3, 509, Wachenfeld 287.

[2]) Vgl. Allfeld 296.

[3]) Ebenso v. Bar 3, 499.

Der Begnadigende verzichtet hier auf einen ihm möglicherweise gar nicht zustehenden Anspruch.[1] Die Gefahr einer ungleichen Behandlung auf Grund der Abolition lag in der Tat im absoluten Staat nahe. Allein in einem gut geordneten Verfassungsstaat sind auch nützliche Wirkungen nicht ganz zu übersehen, z. B. daß bei gegenseitigen Fehlern während eines Klassenkampfs die Streitaxt möglichst bald verschwindet. v. Bar 3, 501 empfiehlt ihre Beibehaltung in Gestalt der Amnestie. Generelle Beibehaltung der Ausnahmemaßregel, aber deren Zulässigkeit bei Einzelabolition nur nach Anhörung eines örtlich zuständigen höheren Gerichts dürfte vorzuziehen sein.

a) Die Begnadigung i. e. S. kann eine vollständige oder teilweise sein. Letztere liegt nicht nur vor, wenn der Strafrest erlassen wurde, sondern auch dann, wenn eine Hauptstrafe gekürzt oder eine unter mehreren Strafen erlassen wird oder eine Verwandelung in eine mildere Strafart eintritt.[2] Wichtig ist der Begriff für § 245. Unzulässig ist bei teilweiser Begnadigung eine gleichzeitige Erhöhung der etwa substituierten Freiheitsstrafe milderer Art. Z. B. statt sechsmonatiger Gefängnisstrafe kann höchstens sechsmonatige Festungshaft gegeben werden. Sehr häufig begegnet die Umwandlung von Todesstrafe in lebenslängliches Zuchthaus.

Die Begnadigung ist Sache freien Ermessens. Jedoch bedarf es zur Vollstreckung einer Todesstrafe der Entschließung des Staatsoberhauptes hierüber. Bevor dieses die Begnadigung abgelehnt hat, darf die Todesstrafe nicht vollzogen werden, § 485 SPO.

Die Begnadigung ist von der Einwilligung des Verurteilten unabhängig, außer wenn sie dem Begnadigten Leistungen unbedingt auferlegt (z. B. eine Haftstrafe von drei Tagen in 45 Mark Geldstrafe verwandelt), deren Vollzug dem Begnadigten denkbarerweise keine Erleichterung bietet. Die Einwilligung liegt hier aber in einem Begnadigungsgesuch des Verurteilten. Eine suspensiv von bestimmten Bedingungen abhängig gemachte Begnadigung ist gültig, bindet aber bei Eintritt der Bedingung.[3]

---

[1]) Deshalb gegen die Einrichtung v. Liszt 293.

[2]) Vgl. auch Binding H. 1, 878.

[3]) Vgl. auch v. Bar 3, 479.

Frei widerruflich ist die Begnadigung nachträglich nicht, soweit sie sich auf die Zulässigkeit der Verfolgung und des Strafvollzugs bezieht.[1]) Die wiedererteilten Ämter sind aber nach Maßgabe des Landesstaatsrechts wieder entziehbar. Unter den Voraussetzungen des BGB. § 123 kann eine etwa erschlichene Begnadigung zurückgenommen werden.[2])

Die Beifügung von auflösenden Bedingungen bei Begnadigungen ist wirkungslos.

b) Die Zulässigkeit der Abolition nach geltendem Strafprozeßrecht ist bestritten.[3]) Die SPO. gedenkt ihrer nicht. Sie ist indessen als Bestandteil des Begnadigungrechts materiellrechtlicher Natur und daher reichsrechtlich nicht verboten.[4])

In einzelnen Landesrechten ist ihre Ausübung dem Begnadigungsberechtigten verwehrt, so in Preußen (außer wenn ihn ein besonderes Gesetz dazu ermächtigt, VU. Art. 49), Bayern, Baden, Hamburg.[5]) Durch Gegenschluß aus SPO. § 484 ist die Befugnis auch für den Kaiser als solchen im allgemeinen zu verneinen. Nur als Inhaber der landesherrlichen Gewalt in Elsaß-Lothringen kann er sie ausüben.[6]) Wenn Landesgesetze über Abolition schweigen, so ist sie nach dem betr. Landesrecht nicht unzulässig; denn ihrem Kern nach ist sie nicht bloßer Verwaltungsbefehl, sondern Verzicht auf einen vielleicht vorhandenen Anspruch.[7])

---

1) Gl. M.: Allfeld 298.

2) Enger Binding H. 1, 879, v. Bar 3, 481.

3) Gegen ihre Zulässigkeit in reichsrechtlichen Sachen Finger 1, 568, unbedingt gegen ihre Gültigkeit u. a. Beling, Strafpr. 610 N. 1, für Gültigkeit Allfeld 296, Wachenfeld 288 N. 2, v. Liszt § 75 N. 3 (de lege lata), v. Bar 3, 490, 501 (auch de lege ferenda). Nach Ortloff GA. 45, 247 ist Abolition nur in Gestalt einer Amnestie zulässig.

4) So auch im Ergebnis E. 33, 204 (10).

5) Vgl. dazu Heimberger, Das landesherrliche Abolitionsrecht (1901) 66 f.

6) Gl. M.: v. Bar 3, 497. A. M.: Binding G. 316. Er kann sie ausüben in der Form der Amnestie (im französ. Sinn des Worts). Gl. M. wohl Laband, Staatsr. (5) 3, 513 N. 7.

7) A. M.: Mayer 531. Richtig Heimberger, Das landesherrliche Abolitionsrecht (1901) 46.

Wo sie zulässig ist, kann sie der Träger des Begnadigungsrechts, der sich nach dem erstinstanziell angegangenen Gerichte bestimmt, auch ausüben, während der Prozeß vor einem fremden Gerichte, z. B. dem Reichsgericht, schwebt.[1]) Auch eine vor gerichtlicher Anhängigmachung erklärte Abolition ist zulässig, sofern der Begnadigende die Verfolgung durch seine Gerichte veranlassen konnte. Er braucht also, um den Täter zu begnadigen, nicht vorherige Anklageerhebung zu veranlassen. — Über die Behandlung von Strafsachen entscheidet (in Verallgemeinerung des Grundsatzes in SPO. § 12 I) die Prävention. Daher ist Abolition in einem Staate nicht mehr zulässig, sobald in einem anderen Bundesstaat die Untersuchung aufgenommen wurde.[2]) Andrerseits wirkt sie bei vorliegender Prävention, d. h. bei Lokalisierung des Anspruchs, gleich jedem anderen Begnadigungsausspruch zerstörend für alle etwa konkurrierenden Zuständigkeiten fremder Verfolgungsbehörden. Es ist kein Strafanspruch mehr da, den diese verfolgen könnten. Es bestanden wohl vielleicht mehrere Klagerechte, aber nur ein den Berechtigten gemeinsamer Anspruch auf Strafe.[3]) Fraglich erscheint, ob die Niederschlagung einer noch gar nicht begonnenen Untersuchung ebenfalls die Behörden anderer Staaten bindet.[4])

2. Die Einzelbegnadigung und die Amnestie.

Letztere ist die generelle Begnadigung von Verurteilten, deren Delikt oder Person bestimmte, näher bezeichnete Merkmale aufweist. Z. B. es wird aus Anlaß eines nationalen Festtages die Strafe allen Erstlingsverbrechern erlassen, die eine Haftstrafe wegen irgendwelcher Übertretung,

---

[1]) E. 33, 204. A. M.: Wachenfeld 288.

[2]) Gl. M.: v. Liszt 75 IV 2.

[3]) A. M.: Binding H. 1, 869, Allfeld 298 N. 36. — v. Bar 3, 493 läßt nur die vom Staate des Tatortes verfügte Abolition im ganzen Reiche wirken, und macht auch hier noch einen Vorbehalt für die Verbr. gegen Hoheitsrechte eines anderen Bundesstaates, die nur der verletzte Staat mit Wirkung für das Reich niederschlagen könne. Diese Regelung ist aber nur de lege fer. beachtlich.

[4]) Löwe-Rosenberg N. 11a vor GVG. § 12 verneint hier wohl mit Recht. Ebenso Heimberger 98, außer wenn der Landesherr des Tatorts niederschlage.

mit Ausnahme der in § 361 Z. 3—6 bezeichneten, auferlegt bekommen, aber noch nicht verbüßt haben[1]).

Auslegungsfrage des Begnadigungserlasses ist, ob idealkonkurrierende Delikte, die nicht mit aufgeführt sind, von der Amnestie dann umschlossen sind, wenn die Strafe aus einem von der Amnestie umfaßten Delikte entnommen wurde. Im Zweifel ist dies zu bejahen. Die Strafe ist wegen des amnestierten Delikts ausgesprochen, auch wenn sie zugleich ein anderes Delikt mit würdigt. Im Sinne natürlicher Sachauffassung hat hier das amnestierte Delikt für die Bedeutung der Bestrafung den Ausschlag zu geben. Scheinbare Logik, die dem Willen des Begnadigungsberechtigten nicht immer gerecht werden dürfte, würde zu dem Ergebnis führen, daß hier auch die Bestrafung des amnestierten Delikts aufrecht bleiben müsse, da eine Trennung der Strafen nicht bewirkt werden kann.[2])

3. Die einfache Begnadigung und die Restitution (Rehabilitation). Letztere bedeutet, daß nicht nur die weitere Strafvollstreckung unzulässig wird, sondern auch die bereits eingetretenen Unrechtsfolgen ganz oder teilweise rückgängig gemacht werden.

Es tritt also zur Begnadigung als einem Anspruchsverzicht noch ein Plus, nämlich eine Wiederverleihung verlorener Rechte hinzu.

Daß für späteren Rückfall die Verurteilung nicht als ungeschehen gemacht werden kann, bildet dabei eine positivrechtliche Schranke, vgl. z. B. § 245.

Fraglich erscheint, ob auch Rechtsverluste infolge einer Strafe wieder beseitigt werden können, z. B. die Entziehung der Befugnis zur Verwaltung eines Salzwerks, die Verwirkung der elterlichen Gewalt infolge der rechtskräftigen Verurteilung zu Zuchthaus.[3]) Manche bejahen, aber nur für Strafen. Also z. B. der Verlust der Zeugeneidesfähigkeit, der Fähigkeit zum

---

1) Im französ. R. bedeutet Amnestie jedes Auslöschen von Unrechtsfolgen für die Zukunft, auch gegen Einzelne; v. Bar 3, 498.

2) So v. Bar 3, 499. — Gegen ein dem Ansehen der Strafjustiz nachteiliges Übermaß von Amnestie Kuhlemann, DJZ. 21, 499.

3) Dafür bei allen Strafen v. Bar 3, 470 N. 250 a; ferner bei den meisten Nebenstrafen Binding H. 1, 876.

Eisenbahndienst kann danach beseitigt werden, dagegen nicht z. B. der Verlust des Rechts auf einen Wandergewerbeschein, der Befugnis der Anleitung von Lehrlingen. Allein wenn man die Restitution anerkennt, wird man diese Schranke nicht als positivrechtlich anerkennen können.

Nur diejenigen Rechte können durch Restitution nicht wiedergegeben werden, die überhaupt einer ausdrücklichen Verleihung bedürfen, zu der der Begnadigende nicht oder nicht mehr zuständig ist, z. B. Ämter in einem anderen Bundesstaate, ausländische Orden (soweit das Ausland sie wieder eingezogen hatte), Ämter im eigenen Bundesstaate, soweit hier die Restitution versagt ist.

Von dem Gedanken, daß die Restitution grundsätzlich unbeschränkt sei, ging man aus bei Erlaß der verschiedenen Ministerverantwortlichkeitsgesetze, in denen man die Restitution des Ministers vom Ämterverlust zum Teil beschränkte. Der Ämterverlust, welchen der Staatsgerichtshof aussprach, galt damals als öffentliche Strafe, und es wurde die Rehabilitierung von dieser Strafe besonders geregelt; vgl. z. B. bayr. Ministerverantwortlichgeitsgesetz vom 4. Juni 1848 Art. 12. — Die Restitution in die bürgerlichen Ehrenrechte ist nicht deshalb unzulässig, weil nach § 36 diese Ehrenrechte für eine bestimmte Zeitdauer aberkannt sind, die erst von der Begnadigung ab berechnet wird. Denn § 36 will dieses Problem nicht entscheiden. Er bezieht sich daher nur auf die einfache Begnadigung. Auch der verlorene Doktortitel ersteht bei voller Restitution wieder.[1])

Die Rehabilitation soll künftig weitergebildet werden zu einem kraft Gesetzes auch den Gerichten zustehenden Recht auf Tilgung bestimmter eingetretener Unrechtsfolgen wegen Wohlverhaltens oder wegen Nichteintritts erheblicher Neubestrafung des Verurteilten während einer gesetzlichen Frist. Die Frist kann verschieden sein für die verschiedenen Unrechtsfolgen der Jugendlichen und Erwachsenen für die verschiedenen Delikte. Die Tilgung kann dann bestehen in der Löschung von Einträgen in das behördliche

---

[1]) A. M.: v. Bar 3, 470. Daß der Landesherr den Doktortitel nicht primär verleiht, steht nicht entgegen. Seine Streichung kann er aufheben.

Vorstrafregister (die Strafliste), in der Beseitigung des Verlustes von Ehrenrechten, in der Befugniserteilung an den Verurteilten, sich bei behördlichen Vernehmungen als unbestraft zu bezeichnen (bzw. in der amtlichen Vernichtung aller amtlichen Aufzeichnungen über die Verurteilung). Für bestimmte schwere Strafen kann die Rehabilitation ausgeschlossen sein. — Nach diesen Grundgedanken ist die Rehabilitation gemäß den Kommissionsbeschlüssen gedacht. Nach einer weitergehenden Richtung soll sogar ein Anspruch des Verurteilten auf solche Tilgung bei guter Führung geschaffen werden.

M. a. W.: In bestimmten Fällen soll aus der Begnadigung ein mehr oder weniger regelmäßig eintretender Strafaufhebungsgrund werden, der sich ohne Mitwirkung der zur Gnadenübung berufenen Zentralstaatsgewalt vollzieht.[1]) Andrerseits sollen nur einzelne bestimmte Unrechtsfolgen dadurch beseitigt werden; z. B. nicht die vollzogene Einziehung.

Diese Restitution (Rehabilitation) besteht dann in der Aufhebung der Ehrenminderungen oder auch der Verurteilung selbst nach erstandener Hauptstrafe unter der Bedingung positiver Feststellung des seit der Strafverbüßung durchgeführten Wohlverhaltens.[2]) Dies ist die im französischen Recht ausgebildete réhabilitation judiciaire. Eine noch weitergehende, ohne Richterspruch sich vollziehende Restitution nennt man réhabilitation de droit; sie besteht für bestimmte Fälle ebenfalls in Frankreich.[3]) Vorläufer dieser Einrichtungen waren in einzelnen schweizerischen Kantonen schon in den ersten Jahrzehnten des 19. Jahrhunderts vorhanden.[4])

---

[1]) Vgl. darüber Delaquis, Die Rehabilitation (1907) S. 182 f., 220, Delaquis, ZStW. 37, 576, u. über die Kommissionsbeschlüsse Ebermayer S. 9. Lucas DJZ. 16, 898.

[2]) So Delaquis, Rehabilitation S. 13.

[3]) Für sie: Wachenfeld 298, der den leicht mißzudeutenden Ausdruck Strafverbüßungsverjährung vorschlägt. Dagegen: Delaquis 149. Nach dem VE. u. KommE. wird sie richterlicher Gnadenakt.

[4]) Vgl. Feuerbach-Mittermaier, Lehrb. 14. Aufl. (1847) S. 123.

§ 55.

B. Die Verjährung insbesondere.

Die Grundlagen der Verjährung.[1])

I. Begriff.

Verjährung des Strafrechts ist die Ausschließung krimineller Folgen begangener Delikte wegen ungestörten Ablaufs einer bestimmten Zeit, sei es nach deren Begehung, sei es nach deren rechtskräftiger Aburteilung, § 66.

Die vom Ende der Begehung ab berechnete Verjährung heißt Verfolgungsverjährung, die von der Urteilsrechtskraft berechnete Verjährung heißt Vollstreckungsverjährung oder Strafverjährung.

II. Rückblick.

Die Verjährung war schon im griechischen Rechte bebekannt.[2]) Im römischen Recht wurden Verjährungsvorschriften erst durch den Prätor für bestimmte Privatklagen (z. B. actio iniurarum aestimatoria) erlassen. Die Verjährung betrug einen annus utilis. Die leges Juliae brachten für weitere Delikte eine 5jährige Verjährungsfrist. In der späteren Kaiserzeit wurde zunächst für fiskalische Deliktsansprüche, hernach auch für andere Anklagen eine 20jährige Verjährungsfrist festgesetzt. Ob für parricidium, suppositio partus und apostasia eine Ausnahme zugunsten 30jähriger Verjährung oder gar Unverjährbarkeit bestand, ist bestritten und bei der Lückenhaftigkeit der Quellen nicht sicher festzustellen.[3])

Im deutschen Mittelalter kam vorzugsweise für leichte Delikte, wenn sie gegen Private gerichtet waren, eine kurze Klagenverjährung (z. B. Jahr und Tag) häufig vor.[4])

Da die kurzen deutschen Verjährungsfristen für den sich

---

[1]) Vgl. Loening, VD. A. 1, 379—471.

[2]) Vgl. Hefftér, Lehrb. § 186 N. 2 und dort Zitierte.

[3]) Vgl. Mommsen, Röm. Strafr. 489, Loening, VD. A. 1, 394, Binding G. 801, v. Bar 3, 382 N. 35.

[4]) Nachweise bei Loening VD. A. 1, 387.

entwickelnden Inquisitionsprozeß nicht paßten, wurden die Ansichten der mittelalterlichen Italiener nach Deutschland übernommen, welche für Wortdelikte die römische einjährige Verjährung[1]) beibehalten, im übrigen die römischen Vorschriften u. a. dahin ausgelegt hatten, daß crimina atrocissima unverjährbar sein sollten.[2]) Die Carolina schweigt. Im 17. und 18. Jahrhundert wurde die Zahl der unverjährbaren Delikte vermehrt, vgl. z. B. bayr. Malefizordnung von 1616 Titel 2 Art. 5:

„Wann nach der begangenen Missetat über 20 Jahr verflossen . . . soll man über niemand mehr inquirieren, es seie dann ein Ehebruch mit einer Blutschande, rechter vergewaltigter Notzwang, oder der auch mit Blutschande beschicht, das Laster beleidigter Majestät, wann ein fremdes Kind untergeschlaicht wurde, da einer Vater, Mutter, Weib oder Kinder ertötet, da sich jemand andere zu töten bestellen lassen, Kinderabtreibung, falsch Münz machen und dergleichen von gemeinen Regeln ausgenommene Laster."

Eine Anzahl von Kriminalisten des 18. und beginnenden 19. Jahrhunderts trat für gänzliche Abschaffung ein, z. B. Henke, Martin, zeitweise auch Feuerbach; vgl. z. B. Lehrb. 9. Aufl. § 64: „Was von politischen oder materiellen rechtlichen Gründen der Verjährung gesagt wird, ist unerweisliche und ungegründete Mutmaßung." Dagegen ließ ALR. Tl. 2, 20 § 63 die Verfolgungsverjährung allgemein zu, aber nur unter dem Gesichtspunkt einer Begnadigung wegen Besserung: „Ist der Verbrecher verborgen geblieben, hat aber seit mehren Jahren Beweise einer gründlichen Besserung gegeben und den Schaden vollständig ersetzt, so kann er auf Begnadigung Anspruch machen." Im Code pénal von 1791 und nachmals im Code d'instr. crim. von 1808 art. 635—643 wurde sowohl die Verjährung unverfolgter als auch diejenige ausgesprochener, aber unvollstreckter Strafen zugelassen.

Diese Auffassung fand volle Anerkennung im StGB. des Nordd. Bundes, während u. a. das preuß. StGB. von 1851 nur die erstere Art aufgenommen hatte (anders Bayern 1861) und

---

[1]) Vgl. v. Möller, Julius Clarus (1911) S. 132.

[2]) Loening VD. A. 1, 398.

manche Landesstrafgesetze sogar noch Unverjährbarkeit bei bestimmten schwersten Delikten aussprachen, z. B. in Thüringen.[1]

III. Rechtfertigung der Verjährung.

Hierfür wird verschiedenes vorgebracht. Manche Erwägungen liegen aber der reichsrechtlichen Ausgestaltung nicht zugrunde, einzelne sind überhaupt nicht zu halten.

Die Verjährung trägt dem in der Regel sinkenden gesellschaftlichen Bedürfnis nach Genugtuung für die Verletzung des Gemeinwillens und nach Spezialprävention wegen lange vergangener Delikte sowie dem in der Regel auch sinkenden Schuldbewußtsein des Täters Rechnung.[2]

Dazu kommt die zunehmende Schwierigkeit des zuverlässigen Beweises der Tat, welche zu kürzeren Fristen für die Verfolgungsverjährung geführt hat. Einseitig betont, läßt der Gesichtspunkt der Beweisschwierigkeit eine Rechtfertigung der Vollstreckungsverjährung nicht zustande kommen.[3] In Wahrheit bräuchte die Frist für Strafverjährung nicht einmal länger bemessen zu werden. Denn nach den Beweisschwierigkeiten stuft sich überhaupt die Dauer der Verjährungsfristen auch sonst nicht ab. Ferner bedeutet das Strafurteil bereits eine mißbilligende Warnung, die bei dem Täter und der Bevölkerung schon ohne weiteres günstige Wirkungen auslösen kann, so daß sich das Strafbedürfnis vermindert.

Eine Vermutung eingetretener rechtlicher Besserung[4] rechtfertigt nicht die Verjährung, aber vielleicht einen lohnweisen Nachlaß im Sinne einer Rehabilitation. Die Verschmelzung jenes Gedankens mit der Verjährung war freilich ein Grund, der die Verjährung vor völliger Abschaffung in früheren Gesetzgebungen bewahrte, als man sie wegen ihrer Untauglichkeit zur Abschreckung befehdete, vgl. z. B. bayr. StGB.

---

1) Vgl. v. Bar 3, 386.

2) Gl. M. im wesentlichen v. Bar 3, 387, Loening VD. A. 1, 459, Finger 1, 572, Wachenfeld 290.

3) So bei Binding 1, 828, der diese Verjährungsart daher emphatisch verwirft.

4) So Berolzheimer, Rechtsphilosophie 5, 107.

von 1813 Art. 139. Jene Vermutung führt zu einer ganz anderen Ausgestaltung der Verjährung, als wir sie haben. Auch die Idee, daß diese wegen Säumnis des Gerichts in seiner Inquisition eintreten solle, hat eine Rolle gespielt; vgl. bayr. StGB. von 1813 Art. 139 II: „Wenn der Täter dem Gerichte unbekannt geblieben oder die erforderliche Untersuchung oder Entscheidung aus Schuld des Richters unterlassen worden ist . . ., überdies aber der Übeltäter während eines Zeitenlaufes . . . eine ununterbrochen gute Aufführung bezeigt hat, dann soll derselbe von der Strafe freigesprochen werden.“ Der Gedanke ist verfehlt, weil es sich bei den Strafen doch nicht um Ansprüche handelt, die das Gericht verwirkt.

Ein verwandter Gedanke, daß die Verjährung von einer Säumnis des Anklägers abhänge, hat allerdings zur Einrichtung einer Unterbrechung der Verjährung geführt.[1] In der französichen Literatur kam außerdem die Begründung auf, daß der Verbrecher durch die während des Verjährungslaufes ausgestandene Gewissenspein und Angst vor Entdeckung bereits eine Art von Strafe erlitten habe.[2] Diese Vermutung würde zu viel kürzeren Fristen führen müssen und trifft in der Regel nicht zu.

§ 56.

Die Verfolgungsverjährung.

I. Die Fristen der Verfolgungsverjährung.

1. Ihre Dauer.

Das Gesetz stuft die Dauer der Fristen in § 67 nach der Art und Höhe der angedrohten Strafen ab. Sie betragen:

a) 20 Jahre für die mit dem Tode oder mit lebenslänglichem Zuchthaus bedrohten Handlungen.

b) 15 Jahre für die übrigen mit mehr als 10 Jahren Freiheitsstrafe bedrohten Handlungen (Hierher gehört auch MStGB.

---

1) Schütze L. 205 führt unter den Rechtfertigungsgründen an, daß der Zeitablauf Verzicht der Strafgewalt auf Verfolgung bzw. Vollstreckung vermuten lasse.

2) Vgl. Loening VD. A. 1, 425.

§ 93, das lebenslängliche Festungshaft und lebenslängliches Gefängnis androht.[1])

c) 10 Jahre für die übrigen Verbrechen i. e. S.

d) 5 Jahre für Vergehen, deren Gefängnisstrafdrohung 3 Monate übersteigt.

e) 3 Jahre für die übrigen Vergehen. Dazu gehören die bloß mit Geldstrafe bedrohten auch dann, wenn die Ersatzfreiheitsstrafe 3 Monate übersteigt (vgl. z. B. § 285[2])); ferner alle mit Festungshaft bedrohten Vergehen, z. B. Zweikampf nach § 205.

f) 3 Monate für die Übertretungen.

Maßgebend ist die Höchststrafe, wie sie aus dem verwirklichten objektiven und subjektiven Tatbestand sich ergeben kann. Rückfall, Versuch, Beihilfe, persönliche Eigenschaften, jugendliches Alter kommen in Betracht; dagegen nicht unbestimmte Strafmilderungsgründe, z. B. minderschwere Fälle, mildernde Umstände.[3])

Eine Antithese von M. E. Mayer 523 geht dahin, bei Rückfallschärfung handle es sich um einen gesonderten Deliktsbegriff, daher Veränderung der Verjährungsfrist, bei Jugendlichen um gesonderte Delinquenten, daher keine Veränderung. Wie so manche Antithese hält auch diese bei genauerer kritischer Prüfung kaum stand. Weder bildet Rückfall immer einen gesonderten Deliktsbegriff, noch kann man vom jugendlichen Alter behaupten, daß es nicht im Tatbestand einen eigenen Unterfall bilden könnte (vgl. z. B. Branntweinst.-Ges. § 120; StGB. § 173), noch ist irgendwie ersichtlich, daß das Gesetz in § 67 zwischen sachlichen und persönlichen Eigenschaften eines Delikts geschieden wissen will.

---

[1]) Gl. M.: Loening 434. A. M.: Binding H. 1, 844, soweit es sich um lebenslängliche Strafen handelt.

[2]) Gl. M.: E. 1, 167. A. M.: Finger 1, 576.

[3]) Gl. M.: Binding H. 1, 846, Finger 578, Loening 435. A. M.: Frank § 67 I 2, Allfeld 287, Wachenfeld 294, v. Olshausen § 67 N. 2 d, E. 3, 52 für jugendliches Alter; v. Liszt § 77 (S. 297) und Schwartz § 67 N. 1 auch für Versuch und Beihilfe.

Abweichende Fristbestimmungen.

Verschiedene Nebengesetze enthalten Verkürzungen der Verjährungsfristen, z. B. die GewO. für die in §§ 146a, 147 bedrohten Vergehen eine dreimonatliche Frist, § 145 (anders z. B. für § 153); eine gleiche Frist hat das Kinderarbeitsgesetz § 28; das Vereinszollgesetz § 164 hat für die Defraudation und Konterbande eine dreijährige Frist; verschiedene Steuergesetze enthalten für Defraudationen ebenfalls eine dreijährige Frist, z. B. Erbschaftssteuerges. § 51, Branntweinsteuerges. § 136, Brausteuerges. § 54.[1])

Das Gesetz, betr. die Bestrafung von Majestätsbeleidigungen vom 17. Februar 1908 und das Preßgesetz § 22 enthalten eine sechsmonatliche Verjährungsfrist. Beim Preßgesetz bezieht sie sich nur auf die „durch Verbreitung von Druckschriften strafbaren Inhalts" begangenen Handlungen und auf die preßpolizeilichen Vergehen des Preßgesetzes selbst. Unter diese Verjährung fallen nach RGE. **32**, 69 (71) z. B. die Delikte der §§ 130, 166, 184, 185 f. StGB., § 21 des Preßgesetzes; dagegen nach E. **33**, 230 nicht die Erpressung, da ihr Tatbestand nicht vollständig schon mit der Verbreitung, sondern erst durch die abgenötigte Handlung erfüllt sei. Ebenso müßte dann auch für Betrug der § 22 ausgeschlossen sein. Allein die ganze Ausscheidung geht fehl: Auch Beleidigung, Aufforderung, Gotteslästerung werden nicht schon durch das Verbreiten, sondern erst durch das Kenntnisnehmen bzw. Ärgernisnehmen der Leser vollendet.[2]) — Unter § 22 fallen auch solche Handlungen, die zwar schon vorher verübt wurden, aber zum Erscheinen der Zeitung mit gehören, z. B. die Mitteilung der beleidigenden unsittlichen Äußerung an das Druckerpersonal, die Anpreisung, Feilhaltung, mündliche Ankündigung der Schrift. Gl. M.: E. **38**, 71, ferner E. **42**, 87 (90), unter Aufgabe von E. **40**, 270. Wenn eine Ausführungstätigkeit überhaupt nicht durch den Inhalt einer Druckschrift als strafbare Tätigkeit in die Erscheinung

---

[1]) Die Reichsversicherungsordnung u. das Vers.-Ges. gegen Angestellte, die v. Liszt 297 mit aufführt, enthalten Verjährungsbestimmungen nur für nichtgerichtliche Strafen.

[2]) Gl. M.: Ebner, Das deutsche Preßr. (1909) 107, Kitzinger, Ort und Zeit 276.

tritt, sondern z. B. durch Herstellung von Nachdrucksexemplaren, von fremden Warenzeichen liegt § 22 nicht vor, E. 42, 87 (90). Ausgeschlossen sind auch Delikte, die sich nach der Veröffentlichung durch weitere Ausführungshandlungen fortsetzen, z. B. die weitere Veranstaltung einer Ausspielung im Falle des StGB. § 286.[1])

Einzelne Nebengesetze enthalten Verlängerungen der Verjährungsfristen, so Wechselstempelgesetz § 28, das für Hinterziehungen, die nur mit Geld bedroht sind, fünfjährige Verjährung festsetzt, ferner verschiedene Steuergesetze, welche für kriminelle Ordnungsstrafen bis zu 150 Mark eine einjährige Frist vorschreiben, z. B. Wechselstempelgesetz § 28, Vereinszollgesetz § 164, Brausteuergesetz § 54. Vom E.StGB. § 7 ist heutzutage nur noch die dreijährige Verjährung von Postgebührenentziehung praktisch, und zwar auch nur dann, wenn man annimmt, eine Geldstrafe im Vielfachen eines defraudierten Betrags sei Übertretungsstrafe, falls sie im Einzelfall unter 150 Mark beträgt. Es ist dann durch EG. § 7 wenigstens hinsichtlich der Verjährung diese Strafe einer Vergehensstrafe gleichgestellt. Die meisten Verweisungen in EG. § 7 sind durch neuere Gesetze erledigt. Vgl. auch oben S. 149 N. 7.

2. Beginn der Frist.

a) Die Verjährung beginnt mit[2]) dem Tage zu laufen, an welchem die verbrecherische Willensbetätigung beendet ist. Der Eintritt eines Vollendungserfolges (oder Zwischenerfolges) ist nicht erforderlich, § 67 IV.[3])

---

[1]) Gl. M.: E. in GA. 50, 128.

[2]) In einzelnen Sonderstrafgesetzen heißt es: vom Tage der Begehung; z. B. in GewO. § 145 II. Eine sachliche Abweichung von den allgemeinen Regeln über Verfolgungsverjährung ist damit nicht beabsichtigt. Gl. M.: Loening VD. A. 1, 436 N. 1. A. M.: Binding, Grdr. 304.

[3]) Gl. M. die überwiegende Ansicht, z. B. Loening VD. A. 1, 437 (mit zwingender Begründung), Allfeld 288, v. Bar 3, 402, Frank § 67 II, Kitzinger, Ort u. Zeit (1902) 204, v. Liszt § 77 N. 2, Lourié, Die Kriminalverjährung 127, M. E. Mayer 523, Pudor GA. 56, 185, Wachenfeld 291 N. 1. A. M.: Binding H. 1, 838, v. Olshausen § 67 N. 9, RGE. 3, 350; 5, 282; 26, 261; 42, 171, GA. 51, 350. Referierend van Calker Gr. 65.

Nach einer abweichenden, weder mit der ganz klaren Gegenüberstellung von Handlung und Erfolg in § 67 IV (ebenso auch in § 46 Z. 2), noch mit der Entstehungsgeschichte (Übernahme aus dem sächs. StGB., wo die Tat nur als Tätigkeit galt) vereinbaren Ansicht, die überdies nur teilweise zu befriedigenden Ergebnissen führt[1]), beginnt die Verjährung erst dann, wenn das Verbrechen als strafbares vorliegt. Wenn auf einen strafbaren Versuch ein Vollendungseintritt folgt, soll die Verjährung für das vollendete Delikt von neuem beginnen.[2]) Unberücksichtigt bleibe nur der Eintritt des entfernteren Erfolgs bei den Erfolgshaftungsdelikten.

Entsprechend dieser Auffassung wird von der Praxis angenommen, eine Teilnahmehandlung beginne nicht vor Begehung der Haupthandlung zu verjähren[3]); die Bankrotthandlung verjähre bei nachfolgender Zahlungseinstellung oder Konkurseröffnung erst von dem ersten dieser Akte an[4]); das fahrlässige Delikt (soweit es Erfolgsdelikt ist) erst mit dem Eintritt des Schadenserfolges.[5])

Besondere Anfangspunkte enthalten u. a. Seemannsordnung § 121: Die im Auslande begangenen Handlungen beginnen zu verjähren mit dem Tage, an welchem das Schiff ein Seemanns-

---

1) Bei vorsätzlicher wie bei fahrlässiger Ursachsetzung für einen viel später eintretenden Erfolg (z. B. Knallerbsen zu Zwecken eines groben Unfugs werden irgendwo hingelegt, eine Heizungsanlage wird fehlerhaft besorgt, bewirkt aber erst nach Jahren einen Zimmerbrand) ist die Empörung über längst vergangene Schuld etwas abgeschwächt, ebenso die Erinnerung des Täters an sein schuldhaftes Verhalten; auch Beweisschwierigkeiten treten häufiger ein. Man könnte daher bestimmen: mit dem Erfolge, spätestens jedoch mit Ablauf des zur Verjährung erforderlichen Zeitraums beginnt die Verjährungsfrist zu laufen, es sei denn, daß der Täter mit einem noch späteren Erfolgseintritt gerechnet hatte.

2) E. 42, 171, E. in GA. 51, 350.

3) E. 5, 282, v. Olshausen § 67 N. 16. A. M. mit Recht Allfeld 282 N. 29, Hälschner 1, 699, Kitzinger, Ort u. Zeit 228, Beling, Verbr. 407, Wachenfeld 294 N. 4.

4) E. 3, 350, dagegen aber Frank zu KO. § 239 VI, v. Bar 3, 404.

5) E. 26, 261, dagegen aber Schwartz § 67 N. 2.

amt erreicht; MStGB. § 76: Bei Fahnenflucht Fristbeginn mit dem Tage, wo die Dienstpflicht erfüllt wäre; Wechselstempelgesetz § 23 II: Fristbeginn mit dem Schlusse des Jahres, in welchem der Wechsel fällig wurde.

Bei den Urheberdelikten des Gesetzes vom 9. Januar 1907 entscheidet teils der erste Verbreitungsakt (§§ 47, 49), teils der letzte Verbreitungsakt (§ 48), teils der Akt der letzten Vervielfältigung und Zurschaustellung, §§ 47, 48.

Die Frist für die durch Verbreitung von Druckschriften usw. begangenen Handlungen (Preßgesetz § 22) beginnt nach der Tendenz und nach der ratio legis mit dem ersten Verbreitungsakt.[1] Allerdings ist die Verbreitung ein fortgesetztes Delikt, und nicht bei jedem fortgesetzten Delikte, das durch Verbreitung von Schriften begangen wird, haben wir die gleiche Regelung des Verjährungsbeginns. Offenbar will aber der Gesetzgeber für die Fälle des § 22 eine wesentliche Abkürzung der Verjährungsfrist herbeiführen; sie wäre ohne die angegebene (auch im Urheberrecht Analogien findende) Auslegung illusorisch.

Bei idealkonkurrierenden Delikten beginnt die Verjährung für jedes Delikt selbständig; denn die Tätigkeitsakte können zu verschiedenen Zeiten bei den verschiedenen Delikten enden. Erst recht verschieden kann der Zeitpunkt eines strafbaren Erfolges sein.[2] —

Bei Kollektivverbrechen, bei fortgesetzten Verbrechen und bei Dauerverbrechen hebt die für das ganze Delikt maßgebende Verjährung erst mit dem letzten Akte des verbrecherischen Verhaltens an.

Mit Unrecht wird aber in E. 3, 437 (39) der Anfang der Verjährungsfrist bei unbefugter Auswanderung (§ 140) generell erst mit der Rückkehr oder mit dem Ende des wehrpflichtigen Alters angenommen. Das Gesetz stellt in § 140 Z. 1

---

[1]) Gl. M.: v. Bar 3, 416, v. Liszt 298 N. 5, Lourié 144 (aber mit der irrigen Begründung, die Verbreitung könne kein fortgesetztes Delikt sein), Bayr. OstLG. 12, 99. A. M.: Loening, VD. A. 1, 439 N. 1, Birding Gr. (8) 305, E. 32, 69 (72); 35, 267 (70) (angeblich mit dem letzten Akt).

[2]) Gl. M. die herrschende Lehre, E. 39, 353, v. Bar 3, 407.

„verlassen" und sich auswärts „aufhalten" einander gleich; in den folgenden Ziffern fehlt aber jedes zur Annahme eines Dauerdelikts ermächtigende Zeitwort.[1]) — Das Delikt der Zuwiderhandlung gegen die Regeln der Baukunst ist nur ein beschränktes Dauerdelikt. Es beginnt nicht erst dann zu verjähren, wenn der Täter nicht mehr in der Lage ist, für Abwendung des Erfolges zu sorgen. Vielmehr beginnt die Verjährung mit dem Abschluß seiner Tätigkeit am Bauwerk oder dem Ende einer sich daran fortsetzenden Obhutspflicht.[2])

Mit Unrecht wird obige Regel für das fortgesetzte Verbrechen von einigen bestritten. Wenn eine Anzahl von Akten für die Bestrafung eine Einheit im Sinne des Gesetzes bilden soll, so kann diese Strafeinheit nur einheitlich zur Verjährung, Begnadigung oder sonstiger Strafaufhebung gelangen.[3]) Die praktische Bedeutung beruht darin, daß, wenn die nach dem letzten Akte berechnete Verjährungsfrist noch nicht abgelaufen ist, die vom Täter durch Einheit der Willensrichtung zu einem Ganzen vereinigten früheren Akte ebenfalls mitgewürdigt werden können.

In dem irrigen Glauben, daß die Bigamie Dauerdelikt sei, hat der Gesetzgeber den Verjährungsbeginn bei ihr auf den Tag verlegt, an welchem eine der Ehen aufgelöst oder für nichtig erklärt wird, § 171 III.[4])

Bei Unterlassungsdelikten beginnt die Frist regelmäßig mit dem Aufhören der Handlungspflicht.[5]) Wer seinen Dienstboten oder Gast binnen 3 Tagen anzumelden vergessen hat, kann sich daher bis zu dessen Fortzug nicht auf

---

[1]) Gl. M.: Binding L. 2, 690, 691 N. 3. A. M.: v. Olshausen § 140 N. 13.

[2]) Gl. M.: Frank § 330 VI, v. Olshausen § 67 N. 15 Ia, E. 26, 261 (62). A. M.: E. 9, 152 (57), dessen Abweichung von E. 26, 261 übersehen wurde. Nach Kitzinger, Ort u. Zeit 259 endet das Vergehen des § 330 mit Vollendung des Baues. Wenn ein Bauarbeiter vorher entlassen wird, kann aber dieser Zeitpunkt für ihn nicht maßgebend sein.

[3]) Gl. M.: Loening 1, 438, Binding G. 305, v. Liszt 298, Frank § 67 II, E. 10, 203, 38, 387. A. M.: v. Bar 3, 407, Beling Verbr. 387, Kohler L. 88.

[4]) Vgl. dazu Loening, VD. A. 1, 440, Frank § 171 V, Allfeld 288 N. 27.

[5]) Vgl. R. 2, 212, Loening, VD. A. 1, 440, Wachenfeld 294.

Verjährungsbeginn berufen, es müßte denn, z. B. wegen nachträglich eintretender Unzurechnungsfähigkeit, die Fahrlässigkeit aufhören oder eine sonstige Unmöglichkeit eintreten, der fortbestehenden Pflicht nachzukommen oder die Pflicht selbst endigen.[1] Über das Ende einer Meldepflicht entscheidet deren Sinn.

b) Als erster Tag der Verjährungsfrist wird derjenige Tag mitgezählt, an welchem die strafbare Handlung (= körperliches Verhalten) aufgehört hat. Ein am 1. Dezember begangener Bettel kann also mit dem Ablauf des 28. Februar verjährt sein.

II. Hemmungen:

Die Verjährung ruht während des Obschwebens eines jeden gesetzlichen Verfahrenshindernisses, das Prozeßstillstand vorschreibt, § 69 I. Eine noch nicht begonnene Verjährungsfrist kann während des Hemmnisses nicht ihren Anfang nehmen.

Es muß jegliche Verfolgung oder jegliche Fortsetzung des Verfahrens unzulässig sein, damit das Ruhen zustande kommt.

Die Tatsache, daß der Verfolgte flüchtig oder geisteskrank geworden ist, genügt dazu nicht. Sie verhindert nur ein bestimmtes Stadium: die Hauptverhandlung, aber nicht sonstige Verfolgungshandlungen.[2] Ebensowenig drückt § 69 aus, daß die Verjährung nicht vor dem Eintritt eines strafbaren Erfolges beginnen kann. Denn diese Bestimmung setzt ihrem Zusammenhang nach eine begangene strafbare Handlung voraus —

Ein Ruhen der Verjährung hat sich im Anschluß an französische Praxis erst im Laufe des 19. Jahrhunderts herausgebildet.[3]

---

[1]) Vgl. auch v. Bar 3, 412, der nur bei Dauerdelikten die Verjährung mit dem Beginn der Straffälligkeit noch nicht beginnen läßt. Eine Unterlassung dauert dabei nur bis zum Ende der Pflicht oder des Verschuldens als deliktisches Verhalten an. Kenntnis der Behörde von einer meldepflichtigen Tatsache beseitigt nicht ohne weiteres jede Meldepflicht. A. M.: Frank § 3 IV a. E.

[2]) Gl. M.: Frank § 69 II.

[3]) v. Bar 3, 432.

Hauptfälle möglichen Ruhens sind a) der Beginn der Sitzungsperiode einer gesetzgebenden Versammlung für die Mitglieder derselben. Die Sitzungsperiode wird nach der Reichsverfassung und nach der preußischen Verfassungs-Urkunde durch eine bloße Vertagung nicht aufgehoben oder unterbrochen.[1] Das bayrische Verfassungs-Recht (Gesetz vom 6. Juli 1908 § 2) spricht nur von einer Immunität „während der Versammlung des Landtags in ordentlicher oder außerordentlicher Tagung". Wird hier von der Regierung vertagt, so ist die Tagung vorbei und das Ruhen der Verjährung beendet.[2] — Das Ruhen tritt teils von selbst ein, teils erst auf Verlangen der Versammlung: wenn speziell bei einem Reichstagsabgeordneten das Verfahren schon vor Beginn der Sitzungsperiode von der Staatsanwaltschaft[3] betrieben war, ruht es nur auf Verlangen des Reichstags. Vgl. dazu RV. Art. 31 II III, E. StPO. § 6 Z. 1. Eine landesgesetzlich für Abgeordnete angeordnete Verfolgungshemmung wirkt nicht nur für den Bereich des eximierenden Staates; sonst wäre § 6 Z. 1 bei der Zersplitterung vieler Territorien leicht zu umgehen.

Auch die zeitweilige Exemtion von deutscher Gerichtsbarkeit bei Diplomaten gehört hierher. Vgl. ferner MStGO. § 9.

Bei Antrags- und Ermächtigungsdelikten soll die Verjährung durch den Mangel des Antrags oder der Ermächtigung nicht gehemmt sein, § 69 II. Daraus kann zugleich ein Argument gegen die Ansicht entnommen werden, das Gesetz könne in § 67 IV unmöglich eine Vorschrift gewollt haben, nach welcher denkbarerweise ein Delikt verjährt sein kann, bevor es zu Strafe gebracht zu werden vermochte.[4]

b) Die Unzulässigkeit des Beginns oder der Fortsetzung eines Strafverfahrens, bevor in einem anderen Prozeß eine Entscheidung getroffen wurde, § 69 I. Z. B. nach E. GVG. § 11 kann landesgesetzlich vorgeschrieben werden, daß eine Verfolgung von Beamten wegen eines Amtsdelikts erst zulässig ist, wenn eine verwaltungsgerichtliche

---

1) Treffend Bredt DJZ. **19**, 87, E. **22**, 379.

2) Gl. M.: OstLG. **13**, 215.

3) Vgl. Viereck, GA. **56**, 150.

4) So jedoch E. **42**, 171 (72).

Entscheidung in dem in Frage stehenden Verhalten eine Dienstpflichtverletzung festgestellt hat.

Weitere Beispiele, in denen die Entscheidung eines anderen Prozesses abgewartet werden muß, enthalten die §§ 164 II, 191 StGB. Hierher gehört auch das Ausstehen eines rechtskräftigen, die Ehe scheidenden, bzw. für nichtig erklärenden Urteils in den Fällen der §§ 170, 172, 238.[1])

Nach Beendigung des Verfolgungshindernisses läuft die Verjährungsfrist weiter ab, soweit sie nicht schon vorher verstrichen war.

III. Unterbrechung der Verjährung.

Sie bedeutet, daß im Falle des Eintritts bestimmter Ereignisse der bis dahin verstrichene Zeitraum einer laufenden Verjährungsfrist nicht in die etwaige spätere Verjährungszeit eingerechnet werden soll.

Im 17. Jahrhundert wurde der zivilistische Grundsatz von der interruptio temporis auf die kriminelle Anklage übertragen. Vgl. z. B. Carpzov qu. 141 c. 53f. Wenn der Kläger nicht in der Lage war, zu klagen, sollte die Verjährung nicht taufen; wenn er geklagt hatte (oder nach dem Inquisitionsprozeß der Richter eingeschritten war), hörte die Verjährung wieder auf. In der Theresiana Art. 16 § 8 wird für flüchtige und sich verborgen haltende Verbrecher eine Verjährung nicht anerkannt, dabei aber von einer Unterbrechung nicht gesprochen, im Code d'instr. crim. art. 637 wurde sie mit dem Zusatz des Neubeginns einer Frist eingeführt. Jede gerichtliche oder staats anwaltschaftliche Handlung war dazu geeignet. Nur bei Polizeiübertretungen war die Unterbrechungsmöglichkeit sehr eingeschränkt (Art. 640). — Die Unterbrechung erscheint nur insoweit anerkennenswert, als durch eine richterliche Untersuchungshandlung dem Ankläger noch einmal etwas Zeit gegeben wird die Verfolgung durchzuführen. Einmalige Verlängerung um ½ Jahr dürfte bei Vergehen und Verbrechen genügen (bei Übertretungen ¼ Jahr). Auch könnte man eine Periode des Ruhens für jede Instanz vorschreiben, die bei Voruntersuchung

[1]) Gl. M.: M. Cohn, Das Problem der Bestrafung des Ehebruchs (1916) 40; Frank § 172 V, v. Olshausen § 69 N. 6.

etwa um ½ Jahr zu verlängern wäre. Die Neigung der Justizbehörden, bekannt gewordene Delikte möglichst lange durch herbeigeführte Unterbrechungen zu unterbrechen, wird in neuerer Zeit von den Regierungen nicht gebilligt. Den Verfolgungsbehörden wurden Anträge untersagt, die nur zum Zwecke der Unterbrechung einer Verjährung eine gerichtliche Verfolgungshandlung anstreben. Die Gültigkeit der letzteren wird aber durch jenen Zweck nicht berührt.

1. Jede Prozeßhandlung eines inländischen Strafrichters, welche wegen eines Vorfalls zur Verfolgung eines bestimmten Beteiligten vorgenommen wird, vernichtet den ganzen dieser Person bereits abgelaufenen Teil der Verjährungsfrist, § 68 I—III. Die auf Veranlassung des Richters vorgenommenen Handlungen stehen gleich; z. B. die Verhaftung. Aber nur positive Handlungen zählen hierher; z. B. die Fortdauer der Untersuchungshaft ist keine Handlung des Richters.[1]

Außerdem bewirken einzelne nichtrichterliche Handlungen eine Verjährung, so der Erlaß einer polizeilichen Strafverfügung, SPO. § 453, oder eines Strafbescheids, SPO. § 459 (Zustellung hierzu ist nicht erforderlich); es genügt die Verfolgungshandlung auch als interner Akt, der eine Kenntnisnahme des Beschuldigten nicht verlangt.[2]

Vgl. auch E.MStGO. § 10, Unterbrechungshandlungen des Gerichtsherrn, des Gerichtsoffiziers usw. betreffend.

2. Die Handlungen des Richters unterbrechen den Verjährungslauf nur bezüglich derjenigen Person, gegen welche die Handlungen gerichtet sind.

a) Die Person muß daher wenigstens individuell bereits dem Richter bekannt sein. Unterbrechungshandlungen wirken also nicht ipso iure auch gegenüber dem Teilnehmer. Sind aber mehrere Täter oder Teilnehmer als solche bekannt, so braucht die Unterbrechungshandlung sich nicht ausdrücklich als gegen sämtliche gerichtet zu bezeichnen. Z. B. der Haftbefehl gegen den einen Mitangeklagten unter-

---

[1]) A. M.: v. Olshausen § 68 N. 14.

[2]) A. M.: Loening, VD. A. 1, 442 N. 4.

bricht dann die Verjährung auch gegen die anderen.[1]) Die richterliche Handlung braucht überhaupt keine Person zu nennen, sofern sie sich nur erkennbar gegen eine bestimmte Person richtet; z. B. als Augenscheinseinnahme. Dagegen genügt eine richterliche Handlung zur Ermittelung eines noch unbekannten Täters nicht. — Die Vernehmung einer Person, deren strafbare Beteiligung an dem untersuchten Vorfall dem Gerichte etwa unbekannt ist, als bloßen Zeugen in dem Verfahren gegen einen anderen oder gegen Unbekannt unterbricht die Verjährung gegenüber dem Vernommenen nicht.

b) Als taugliche Unterbrechungshandlungen gelten auch solche, welche nur den Gang des Verfahrens gegen den Täter befördern wollen; sie brauchen insbesondere nicht etwa eine dem Täter feindselige Richtung einzunehmen. Es gehören hierher u. a. Haftbefehle, Terminsanberaumungen, Einforderung der Strafliste (= Herbeischaffung eines Beweismittels), Eröffnungsbeschlüsse, Aussetzungsbeschlüsse, Vernehmung von Belastungs- und Entlastungszeugen, ja selbst vorläufige Einstellungen. Letztere konstatieren die Verdächtigkeit und ermöglichen eine formlose Wiederaufnahme der Untersuchung.[2]) Ablehnung eines Verfolgungsantrags genügt nicht.

c) Die Tauglichkeit einer richterlichen Handlung zur Unterbrechung der Verjährung wird nicht dadurch aufgehoben, daß sie nur im Schoße des Gerichts in die Erscheinung tritt oder doch dem Angeklagten nicht bekanntgegeben wird. Daher ist die Aufstellung eines Berichterstatters für den Eröffnungsbeschluß oder für die Rechtsmittelinstanz als tauglich anzusehen, ebenso die Urteilsfällung bzw. -beratung. Dementsprechend kommt es bei richterlichen Verfügungen auf den Zeitpunkt an, wo sie im inneren Dienste ergangen sind, mag auch die nachherige Unterzeichnung der Ausfertigung eine weitere Unterbrechungshandlung darstellen.[3])

---

[1]) Gl. M.: E. 36, 350. Anders, wenn nur an jenen gedacht war, E. 41, 17.

[2]) Gl. M.: v. Olshausen § 68 N. 9b; im wesentlichen auch v. Bar 3, 423, der jedoch die Terminsansetzung und die Eröffnung der Untersuchung nicht hierher zählt, da sie erst weiterer Ausführung bedürfe. Allein darauf kommt es nicht an. Richtig Frank § 68 II 2c.

[3]) Gl. M.: KG. in DJZ. 11, 206.

d) Andrerseits meint das Gesetz in § 68 mit dem Ausdruck Handlung nicht jedes beliebige Verhalten des Richters, das auf die Untersuchung oder Verfolgung gerichtet ist. Es ließe sich gar nicht feststellen, an welchen Tagen der Richter die Akten in die Hand genommen und studiert hat, wann er sie sich vom Diener holen ließ usw. Die Grenze wird dahin zu ziehen sein, daß nur prozeßrechtlich vorgesehene Handlungen unter den § 68 fallen, also nicht Reproduktionsverfügungen, schriftliche oder mündliche Anfragen bei der Staatsanwaltschaft nach dem Stande der Sache, Anordnungen, daß die Akten dem Beschwerdegericht nach Einlegung der Beschwerde zu übersenden seien,[1]) wohl auch nicht das Zurückverlangen der Akten vom Amtsvorsteher,[2]) mag es auch eine notwendige Vorbereitung für die weitere Verfolgung bilden.

e) Als Handlungen können im Sinne des § 68 nicht Unterlassungen gelten. Obgleich bei strafbarem Handeln die Unterlassung sich häufig an ein positives Tun anschließt und dann mit diesem vereint als ein einheitliches Dauerdelikt strafrechtlich zu behandeln ist (Beispiel: Hausfriedensbruch, Freiheitsberaubung), so paßt dieser Handlungsbegriff doch nicht für die Beurteilung richterlicher Unterbrechungsakte.

Ebensowenig wie die objektiv vielleicht pflichtwidrige Unterlassung einer Einstellung des Verfahrens als eine fortdauernde Unterbrechung der Verjährung durch Unterlassung angesehen werden darf, kann man sagen, daß während der Dauer einer Untersuchungshaft die Unterbrechung der Verjährung gegen den Verhafteten fortdauere, etwa weil der Untersuchungsgefangene unter der beständigen (?) Aufsicht des Richters stehe.[3]) Das Gesetz wollte mit den früheren Bestimmungen, wonach während des Verfahrens die Verjährung nicht laufen konnte, aufräumen, nicht nur für den Fall, daß der Beschuldigte unverhaftet sein sollte.

Die unterlassene Aufhebung eines Haftbefehls ist also keine richterliche Unterbrechungshandlung.

---

[1]) Gl. M.: KG. in GA. **49**, 143.

[2]) A. M. in diesem Punkte KG. in DJZ. **11**, 205.

[3]) A. M. : v. Olshausen § 68 N. 14, Schwartz § 68 N. 5.

f) Die Handlung des Richters muß formell wirksam sein. Unanfechtbar braucht sie nicht zu sein. Der Haftbefehl, die Urteilsverkündung haben eine Unterbrechung herbeigeführt, auch wenn sie wegen materieller oder prozessualer Mängel nachher aufgehoben werden. Das gleiche gilt von rein informatorischen Zeugenvernehmungen eines Untersuchungsrichters oder beauftragten Richters, mögen sie auch in der Hauptverhandlung nicht verwertbar sein.

Anders steht es, wenn eine absolut nichtige Prozeßhandlung (z. B. die Verhaftung eines Standesherrn, der etwa unter Austrägalgerichtsbarkeit steht) vorliegt, oder wenn den Gerichten überhaupt oder diesem Richter jede Tätigkeit in der Sache mindestens zurzeit verboten ist. Daher würde der in Widerspruch mit Art. 84 der Preuß. VU. oder mit StGB. § 191 erlassene Haftbefehl die Verjährung nicht unterbrechen, ebensowenig eine Prozeßhandlung seitens ausgeschlossener Richter gegen den Beschädigten.

Dagegen ist hinwiederum eine vom örtlichen unzuständigen Richter verfügte Verhaftung oder Beschlagnahme, eine vom sachlich unzuständigen Gericht beschlossene Verweisung an das zuständige Gericht ebenso gültig und tauglich, wie die etwa vor dem erforderlichen Strafantrag verfügte Beschlagnahme.[1])

g) Ohne Einfluß auf die Gültigkeit der Unterbrechungshandlung ist das Motiv, aus welchem sie vorgenommen wird.[2]) Es ist dem Richter nicht verboten, die Verjährung absichtlich zu unterbrechen. Es ist ihm aber auch umgekehrt nicht geboten, Anträgen der Staatsanwaltschaft auf Vornahme

---

[1]) A. M. bezüglich des Strafantrags v. Olshausen § 68 N. 16a, E. 6, 37. Das Fehlen des Antrags ist, wie aus §§ 127, 130 SPO. hervorgeht, kein absolutes Verfahrenshemmnis, sondern steht nur der erlaubten Verfahrenseröffnung entgegen. Das Verfahren ist unanfechtbar ex tunc, wenn er noch in der Revisionsinstanz nachgebracht wird. Vgl. auch E. 33, 426. Darin, daß örtliche und sachliche Zuständigkeit nicht für die Gültigkeit der Unterbrechung wesentlich sind, stimmt v. Olshausen § 68 N. 17 überein; a. M.: v. Bar 3, 422.

[2]) Gl. M.: v. Olshausen § 68 N. 9, 15, OstLG. 9, 90 (jede Handlung, die nur den Zweck verfolgt, die Verjährung zu unterbrechen, ist zugleich gegen den Täter gerichtet). A. M.: v. Bar 3, 422, Kreß GS. 71, 101 u. 116. Übersicht über den Stand der Ansichten ebenda S. 111.

von richterlichen Handlungen (z. B. wiederholte Zeugenvernehmungen) stattzugeben, wenn diese bloß den Zweck haben, die Unterbrechung herbeizuführen.[1] Endlich besteht für die Staatsanwaltschaft weder auf Grund des Legalitätsprinzips eine gesetzliche Pflicht, noch auf Grund angeblichen öffentlichen Interesses eine Ehrenpflicht, für die Herbeiführung richterlicher Unterbrechung zu sorgen. In der Praxis war vielfach bis vor kurzem die gegenteilige Meinung vertreten.

Nach Frank § 68 II 2 c ist zwar die Gültigkeit einer Richterhandlung nicht davon abhängig, daß sie die Unterbrechung der Verjährung herbeiführen soll; aber die Gültigkeit setze immerhin voraus, daß die richterliche Handlung nach Lage der Sache angezeigt war. Der § 68 wäre also nach dieser Ansicht dahin auszulegen, daß es zwar auf die Absicht des Richters nicht ankommt, daß aber nur solche Handlungen zur Unterbrechung tauglich sind, welche ein späterer Kritiker des Prozesses nicht für rein sachlich überflüssig hält. Allein, wenn der Richter weiter verfolgen will, ist es immer sachentsprechend, daß er für den Nichteintritt alsbaldiger Verjährung Vorkehrungen trifft. Das Gesetz verlangt überdies gar keine sachentsprechende (keine sachdienliche) Handlung gegen den Täter, sondern nur eine gegen den Täter gerichtete Handlung.

De lege ferenda allerdings kann man ernstlich erwägen, ob man nicht auch dem Gericht (nicht nur der Staatsanwaltschaft) die Möglichkeit benehmen soll, nach seinem Ermessen über die Herbeiführung einer Unterbrechung zu entscheiden. Die Beschränkung dieser Möglichkeit auf ein bestimmtes zeitliches Höchstmaß ist sogar zu befürworten. Wird das Höchstmaß nach der durchschnittlichen Höchstdauer der Prozesse begrenzt, so bildet dies dann zugleich einen beachtlichen Antrieb, das Verfahren nicht zu langsam zu betreiben.

h) Die Untersuchungshandlung betrifft die ganze konkrete Tat, also sämtliche in ihr etwa zu erblickenden Delikte.[2] Soweit die Identität des untersuchten Vorfalls

---

[1]) Vgl. OstLG. 9, 90.

[2]) Gl. M. die überwiegende Lehre; vgl. E. 33, 426 u. Frank § 68 II 2 a.

reicht, ist die bisherige Frist vernichtet, mag es sich um Idealkonkurrenz oder Realkonkurrenz oder um Fälle einer Konsumtion handeln.

Daher ist die Verjährung auch bezüglich solcher Einzelfälle eines Deliktes unterbrochen, die zunächst zu einem später nicht angenommenen Kollektivdelikt oder fortgesetzten Delikte gehörten, später aber anders, nämlich als selbständige Delikte gewürdigt werden. War z. B. wegen eines gewerbsmäßigen in den Jahren 1915—1917 verübten Wuchers Haftbefehl erlassen, so ist wegen aller in diesem Zeitraum liegender Wucherfälle die Verjährung unterbrochen, auch wenn sie hernach als selbständige Delikte angenommen werden und im Augenblick des Haftbefehls noch nicht alle einzeln bekannt waren.[1])

Der Tag, an dem die Unterbrechung endet, ist der erste Tag einer neuen Verjährungsfrist, E. 13, 57.

i) Wird eine Strafverfügung oder ein Strafbescheid gerichtlich für unzulässig[2]) erklärt, so wird die Unterbrechung ex tunc damit nichtig. Wenn dagegen z. B. ein richterlicher Haftbefehl in der höheren Instanz aufgehoben wird, so tritt eine gleiche Beseitigung nicht ein. Die gerichtlichen Akte gelten, auch wenn sie nachher aufgehoben werden, nicht ohne weiteres als nichtig im Sinne des Gesetzes.

Ebenso wirkt die Unterbrechung weiter, wenn die Strafverfügung oder der Strafbescheid von der erlassenden Behörde zurückgenommen wird, es sei denn, daß Unzulässigkeit des Erlasses vorlag. Bei abweichender Beurteilung des letztgenannten Falles könnte die Verfolgungsbehörde durch unzulässige Strafverfügungen bei beliebigen Delikten Unterbrechung bewirken.

IV. Wirkung der Verjährung.

Der Ablauf der Verjährungsfrist bewirkt, daß eine begonnene Verfolgung sofort einzustellen ist, sofern die Prozeßlage das gestattet. Ist das Hauptverfahren bereits eröffnet, so kann das Verfahren erst in der Hauptver-

---

1) Gl. M.: Frank § 68 II 2a, v. Olshausen § 68 N. 11. A. M.: E. 38, 426, für den Fall, daß das Urteil die Deliktseinheit, bzw. das Kollektivdelikt verneint.

2) A. M. bei irrtümlichem Erlaß v. Olshausen § 68 N. 5.

handlung zu Ende geführt werden. Da ein sachlicher Unterschied zwischen einem dauernden Prozeßhindernis und einem Straftilgungsgrund nicht besteht,[1] ist Freisprechung für das Erloschensein des Strafanspruchs die richtige Formel.[2]

§ 57.

Die Verjährung erkannter Strafen.

I. Die Frist der Strafenverjährung.

Sie bestimmt sich für die Hauptstrafen nach der Höhe der im Einzelfall erkannten Strafe und stuft sich danach ab von 30 Jahren bis zu 2 Jahren,[3] § 70.

1. Todesstrafe sowie lebenslängliches Zuchthaus und lebenslängliche Festungshaft verjähren in 30 Jahren;

2. Zuchthaus und Festungshaft je von mehr als 10 Jahren verjähren in 20 Jahren;

3. Zuchthaus bis zu 10 Jahren, Festungshaft von mehr als 5 bis zu 10 Jahren, Gefängnis von mehr als 5 Jahren (mit Einschluß des lebenslänglichen) verjähren in 15 Jahren;

4. Festungshaft oder Gefängnis je von mehr als 2 bis zu 5 Jahren, Geldstrafe von mehr als 6000 Mark verjähren in 10 Jahren;

5. Festungshaft oder Gefängnis bis zu 2 Jahren, Geldstrafe von mehr als 150 bis zu 6000 Mark verjähren in 5 Jahren;

6. Haft, Geldstrafe bis zu 150 Mark, Verweis verjähren in 2 Jahren (Gilt auch für Haftstrafe bis zu 3 Monaten).

Mehrere nebeneinander stehende Strafen verjähren getrennt.[4] Das hat z. B. zur Folge, daß eine Haftstrafe vor einer mehr als zweijährigen Freiheitsstrafe, neben

---

1) Vgl. Loening VD. A. 1, 387 N. 1, auch 1, 433 N. 1.

2) Gl. M.: Allfeld S. 284 N. 2, v. Bar 3, 399, v. Liszt § 76 N. 3, Wachenfeld 290. Die neueste Judikatur des RG., z. B. E. 41, 147, sowie v. Olshausen § 66 N. 8, Frank § 66 II verlangen Einstellungsurteil.

3) v. Liszt § 78 N. 3 schließt aus der Nichterwähnung der Strafverjährung bei gleichzeitiger Regelung der Verfolgungsverjährung in Nebengesetzen, daß solchenfalls die Strafen nicht verjähren sollen. Dagegen mit Recht: Allfeld 291 N. 49, Loening 449 N. 1.

4) Vgl. v. Olshausen § 70 N. 7.

der sie erkannt ist, zur Vermeidung der Verjährung vollzogen werden muß. Gesamtstrafen verjähren einheitlich; gilt auch für kumulierte Geldstrafen.[1] — Eine Geldstrafe kann zwar nach einer neben ihr wegen der gleichen Tat[2]) verhängten Freiheitsstrafe, aber nicht vor ihr verjähren, § 71.[3]) Subsidiäre Freiheitsstrafen verlängern die nach der erkannten Geldstrafe zu bemessende Verjährungsdauer nicht.— Umgekehrt wird die Verjährung durch teilweise Verbüßung nicht verkürzt, wohl aber durch teilweisen Erlaß, welcher eine geringere Strafe festsetzt. Diese steht der erkannten Strafe gleich.[4])

Von der Verjährung der Nebenstrafen und der sonstigen Unrechtsfolgen schweigt das Gesetz.

Bezüglich der polizeilichen Präventivmaßregeln nimmt v. Olshausen[5]) Unverjährbarkeit an. Allein dies erscheint, soweit man befristete Vollstreckung der Verjährung gleichsetzen[6]) darf, unzutreffend. Die Überweisung in eine Besserungs- oder Erziehungsanstalt kann im Falle des § 56 nicht nach dem vollendeten 20. Lebensjahre verwirklicht werden. Die im objektiven Verfahren erkannte Einziehung ist nach Ablauf von 30 Jahren nicht mehr vollstreckbar (BGB. § 218 trifft analog zu).[7]) Wo dem Verletzten die Befugnis zur Urteilspublikation zuerkannt ist, kann diese Publikation nach Ablauf der im Urteil gesetzten Frist nicht mehr auf Kosten des Verurteilten bewirkt werden. Wo das Gesetz eine solche Fristsetzung nicht verlangt (Nahrungsmittelges. § 16) oder das Urteil sie übersah, ist die Urteilspublikation nicht lebenslang dem Verletzten frei-

---

[1]) Gl. M.: Binding H. 1, 856 N. 9. Arg. § 70 Z. 4 anno 1870.

[2]) Ist wegen mehrerer selbständiger Handlungen nur eine Geld- und eine Freiheitsstrafe verhängt, so verjährt jede selbständig; anders im Falle des § 276.

[3]) Gl. M.: Allfeld 292 N. 53, Frank § 71 Z. 2, Mayer 525, Schwartz § 71 N. 1. A. M. in ersterer Beziehung Wachenfeld 296.

[4]) Gl. M.: v. Bar 3, 449. A. M.: Allfeld 292 N. 54.

[5]) Vgl. v. Olshausen § 70 N. 6.

[6]) Für die Lehre von der Unterbrechung der Verjährung gilt diese Gleichstellung nicht.

[7]) Dauernde Vollziehbarkeit wird nach der besonderen Tendenz des § 152 StGB. für die daselbst bezeichneten Gegenstände anzunehmen sein.

gestellt, sondern mit der Strafe wegen des Delikts als verjährt zu erachten.

Die rechtskräftige Buße ist als zivilrechtlicher Anspruch nach 30 Jahren nicht vollstreckbar (BGB. § 218).[1]

Nebenstrafen und von selbst eintretende Unrechtsfolgen (§ 31) sind insoweit unverjährbar, als sie die dauernde Verwirkung von Rechten und Fähigkeiten aussprechen, z. B. den Verlust bekleideter Ämter; der Verlust ist eingetreten und wird nicht wieder aufgehoben. Das gilt auch von dem Verlust der bürgerlichen Ehrenrechte soweit er in positiver Rechtsverwirkung besteht.

Polizeiaufsicht und Überweisung an die Landespolizeibehörde sind unvollstreckbar, wenn die in § 39 III bzw. § 362 II bezeichnete Frist nach Erledigung der Hauptstrafe abgelaufen ist.[2] Ist im Falle des § 362 II die Haftstrafe nicht (teilweise wenigstens) verbüßt, so ist die Überweisung überhaupt unzulässig. Die Aberkennung der bürgerlichen Ehrenrechte kann, soweit sie keine Rechtsverwirkung darstellt, sondern Verhinderung des Erwerbs neuer Rechte oder Versagung von gelegentlich geübten Befugnissen, nicht mehr in Vollzug gesetzt werden, wenn die urteilsmäßige Zeitdauer nach der Erledigung der Hauptstrafe abgelaufen ist, § 36. Bei lebenslänglicher Aberkennung ergibt dies, daß zwar die Hauptstrafe, aber nicht die Nebenstrafe verjährt sein kann. Dies steht in einem Mißverhältnis zu der Tatsache, daß andere lebenslängliche Strafen rechtsmindernden Charakters verjährbar sind.

Die übrigen Nebenstrafen, z. B. die Einziehung, soweit sie Strafe ist, die Urteilspublikation im gleichen Falle, die Beschlagnahme eines für verfallen erklärten Gegenstandes oder seines Wertes, die Unfähigkeitserklärung zum Eisenbahndienste, die Unfähigkeitserklärung, als Zeuge oder Sachverständiger eidlich vernommen zu werden, verjähren gleich-

---

1) Gl. M.: Frank § 70 III, v. Olshausen § 70 N. 6. A. M.: Loening 449, der sie für eine Nebenstrafe hält und daher früher verjähren läßt. — Die Verfolgung einer Buße verjährt erst mit der Strafverfolgung, E. 44, 294 (97).

2) Gl. M.: Frank § 70 III.

zeitig mit der Verjährung der Hauptstrafe.[1]) Anders bei deren Verbüßung. Vielfach wird überhaupt Unverjährbarkeit für solche Nebenstrafen behauptet, die einer Vollstreckung nicht bedürfen.[2]) Unterscheidet man bei der Verjährungsfrage zwischen dem eingetretenen Verlust bestehender Rechte und der Unzulässigkeit der Ausübung bloßer Befugnisse und erklärt man sich für die Regel, daß die Nebenstrafen mit der Hauptstrafe verjähren, so braucht man dem Gesetz nicht die Ungereimtheit unterzulegen, daß zwar lebenslängliches Zuchthaus verjähren kann, aber nicht die Befugnis, als Zeuge zu schwören. Letztere Maßregel würde übrigens i. w. S. ebenfalls „vollstreckbar", nämlich in dem Augenblick, wo man den Verurteilten vom Zeugeneid ausschließt. Die Unvollstreckbarkeit ist aber unseres Erachtens überhaupt nicht das vom Gesetz gewollte Kriterium. Das Gesetz ist trotz seiner etwas unvollkommenen Regelung in § 70 (36) von der offensichtlichen Tendenz beseelt, grundsätzlich alle Strafen, auch die schwersten, verjährbar zu machen. Davon existieren nur die berührten singulären Ausnahmen.

Zweckmäßig wäre die Einführung der Verjährung auch von Strafnachwirkungen; d. h. insbesondere der gerichtlichen und polizeilichen Behandlung eines anderen als vorbestraft bei Vernehmungen.[3])

II. Der Lauf der Strafverjährung.

Die Frist beginnt für Hauptstrafen mit der Rechtskraft des Straferkenntnisses.

Ein Ruhen ist nicht vorgesehen. Die Unverjährbarkeit einer Geldstrafe vor der gleichzeitig daneben erkannten Geldstrafe bedeutet sachlich ein solches. Gl. M.: Frank § 70 IV.

---

[1]) Gl. M. im Wesentlichen v. Olshausen § 70 N. 5a, Frank § 70 III 1, Loening VD. A. 1, 448 (aber über diese Fälle hinausgehend).

[2]) So z. B. von v. Bar 3, 446 N. 200, Frank § 70 III 1. Mit Einschränkung: v. Olshausen § 70 N. 5. Jedoch nimmt v. Bar 3, 447 N. 202 immerhin die Verjährung von sogen. Nebenstrafen an, auf die nicht eigens erkannt wird (also z. B. mancher Konzessionsentziehung, vgl. ferner § 31). Allfeld 291 N. 49 nimmt umgekehrt Verjährbarkeit aller Strafen an.

[3]) Vgl. darüber Wachenfeld GA. 54, 180; Vorentw. § 51 (unbeholfen).

Eine Unterbrechung tritt ein bei jeder auf Strafvollstreckung gerichteten Handlung der zuständigen Vollstreckungsbehörde sowie bei jeder Festnahme durch einen zuständigen Beamten zwecks Herbeiführung der Vollstreckung, § 72. Die Unterbrechung bezieht sich nur auf diejenige Strafe, deren Vollstreckung befördert werden soll. Auch muß es eine zum Betrieb der Vollstreckung selbst gehörige Handlung sein. Bloße Auskunfteinholung zur Entschließung über eine etwaige Vollstreckung, ein Aktenstudium oder ein Bericht über Begnadigung genügt nicht.[1]) Die Vollstreckungsbehörde kann immerhin leider durch mancherlei Handlungen (z. B. Aufenthaltsermittlung behufs Vollstreckung) die Verjährung von Strafen dauernd unterbinden.

Strafänderungsgründe.

Darunter versteht man alle Merkmale, deren Vorliegen den ordentlichen Strafrahmen eines Delikts erhöht oder vermindert, soweit sie nicht ein selbständiges Delikt begründen. Vgl. Allfeld 350 N. 2, Merkel-Liepmann 314, Mayer 481 N. 2. — Abweichende Bedeutung bei Binding Gr. 271, der nur die tatbestandlich bestimmten Umstände hierher rechnet. Sind die Fälle der mildernden Umstände etwas von den Fällen des ordentlichen Strafrahmens Unabgrenzbares, so ist Bindings Grenzlegung ganz folgerichtig. Denn dann besteht für den Richter in Wahrheit nur ein Strafrahmen, wenn mildernde Umstände vorgesehen sind.

§ 58.

A. Strafmilderungsgründe.

I. Begriff.

Strafmilderungsgründe sind diejenigen strafändernden Umstände, bei deren Vorliegen der ordentliche Strafrahmen eines Delikts einem niedrigeren Strafrahmen Platz macht.

Die Milderungsgründe sind teils unbestimmt, d. h. ihrem Tatbestande nach nicht näher bezeichnet (Beispiel: Die minderschweren Fälle; die mildernden Umstände) teils unbestimmt,

---

1) Vgl. v. Olshausen § 72 N. 5.

d. h. ihrem Tatbestand nach genauer formuliert, z. B. Versuch, jugendliches Alter.

Sie sind ferner teils allgemeine, d. h. solche, welche einheitlich für eine Anzahl von Delikten gegeben sind, z. B. Versuch, jugendliches Alter; teils besondere, d. h. solche, welche bei einzelnen Delikten, und zwar bei jedem von ihnen speziell vorgesehen sind, z. B. der Wille, sich vor schwerem Schaden zu behüten (§§ 158 Z. 1, 313), die Deszedenteneigenschaft des Täters, § 173.

Einige Milderungsgründe bedürfen an dieser Stelle noch näherer Erläuterung.

II. Hervorzuhebende Fälle.

1. Die mildernden Umstände.

Sie entstammen der französischen Gesetzgebung von 1810, 1832, 1863. Der Code pénal wurde in seinen Strafen zu hart empfunden. Statt im einzelnen die Strafrahmen zu revidieren und dem geminderten Strafbedürfnis nach oben und nach unten Rechnung zu tragen, verfiel man 1832 auf eine für alle Delikte bestimmte Generalklausel: Die circonstances atténuantes, die man nicht definierte, vgl. C. P. art. 463 (In anderem Sinne war der Ausdruck schon 1810 bekannt). Die Annahme ihres Vorliegens war dem richterlichen Ermessen freigegeben. Es konnte alsdann der Strafrahmen nach unten wesentlich niedriger gegriffen werden. Die deutsche Gesetzgebung beschränkte die mildernden Umstände auf eine allerdings große Gruppe von ausdrücklich mit ihr ausgestatteten Verbrechens- und Vergehenstatbeständen und setzte auch die zulässige Strafminderung bei den einzelnen Tatbeständen verschieden fest. An der Unbestimmtheit des Begriffs änderte sie nichts.

Die Zweckmäßigkeit einer solchen Formel ist bestritten. Vgl. Allfeld 357, Merkel in HH. 2, 561.

Der Richter kann, wo mildernde Umstände vorgesehen sind, Umstände vor der Tat, während der Tat und nach der Tat als mildernd ansehen (Im Gegensatz zum französischen Recht bildet es dagegen keinen mildernden Umstand, daß der ordentliche Strafrahmen als nicht mehr zeitgemäß erscheint). Der Tendenz des Gesetzes entspricht es, nur dann zu dem Strafrahmen der mildernden Umstände zu greifen, wenn ein (nicht ganz regelmäßig mit gegebener) Milderungsgrund vorliegt (oder eine Mehrheit von solchen), welcher das ganze Tatbild bzw. die Strafbedürftigkeit in charakteristischer Weise abweichend vom Regelfall erscheinen läßt.

Grund für diese Auslegung: Das Strafminimum des ordentlichen Strafrahmens liegt regelmäßig ganz erheblich tiefer als das Strafmaximum des durch mildernde Umstände ausgezeichneten Strafrahmens. Mildernde Umstände sind also nicht schon deswegen abzulehnen, weil die Milderungsgründe nicht sehr stark oder nicht sehr zahlreich erscheinen, umgekehrt nicht schon deshalb anzunehmen, weil die Tat im allgemeinen nicht sehr bedeutend erscheint, vgl. z. B. §§ 187, 218, 263. Zu weitgehend die vielfach aufgestellte Behauptung, die mildernden Umstände seien überhaupt undefinierbar.[1])

Die Praxis nimmt zugleich an, die Zubilligung mildernder Umstände beurteile sich immer nach dem gesamten deliktischen Vorfall, nicht selbständig für die verschiedenen, in der Tateinheit stehenden Delikte.[2]) Mildernde Umstände könnten darnach kaum zugebilligt werden, wenn bei Idealkonkurrenz von Betrug und Urkundenfälschung die Fälschungshandlung nur höchst unbedeutend war, während vielleicht die Täuschungshandlung einen sehr rechtswidrigen Vermögensvorteil betraf, so daß der Betrug nicht in mildem Lichte erscheint. Anderes Beispiel: § 174 Z. 1 in Idealkonkurrenz mit § 176 Z. 1. Die große Unzweckmäßigkeit der Ergebnisse, zu denen diese Auffassung in manchen Fällen führen muß, spricht beim Schweigen des Gesetzes nicht für sie.

2. Die minderschweren Fälle; vgl. §§ 90, 94, 96 StGB. Sie sind anzunehmen, wenn der objektive Tatbestand sich nicht als erhebliche Rechtsverletzung erweist.

Umstände nach der Tat scheiden hier aus.[3]) Gleichzeitige Annahme von mildernden Umständen ist möglich.

---

[1]) So z. B. M. E. Mayer 487.

[2]) Vgl. E. 5, 155 (sehr bedenklich). Richtig dagegen Höpfner, Einheit 2, 88.

[3]) Gl. M. Mayer 488 N. 19. A. M.: v. Olshausen § 94 N. 7.

3. Jugendliches Alter, d. h. Begehung der Handlung im Alter von 12, aber nicht 18 Jahren mit der erforderlichen Einsicht.

Folgende Milderungen sind vorgesehen:[1])

a) Ausgeschlossen sind die Todesstrafe, Zuchthaus,[2]) lebenslängliche Festungshaft. Ist der ordentliche Strafrahmen eines Delikts Todesstrafe oder lebensländliches Zuchthaus, so erhält der Jugendliche Gefängnis zwischen 3 und 15 Jahren. Ist der ordentliche Strafrahmen lebenslängliche Festungshaft, so erhält der Jugendliche Festungshaft zwischen 3 und 15 Jahren; § 57 Z. 1, 2.

b) Die übrigen ordentlichen Strafrahmen von Hauptstrafen werden ermäßigt: in ihrem Höchstbetrag auf die Hälfte, in ihrem Mindestbetrag auf das Mindestmaß der angedrohten ordentlichen Strafart. Ist diese Zuchthaus, so tritt Gefängnis von gleicher Dauer an die Stelle. Bei Realkonkurrenz mehrerer Verbrechen i. e. S. darf das in § 74 III nur für Vergehen vorgesehene Maximum von 10 Jahren Gefängnis überschritten werden;[3]) § 57 Z. 3.

Beispiele: Meineid; ordentlicher Strafrahmen Zuchthaus von 1—10 Jahren. Strafrahmen für Jugendliche demnach Gefängnis von 1—5 Jahren. — Erpressung; ordentlicher Strafrahmen Gefängnis von 1 Monat bis 5 Jahren. Strafrahmen für Jugendliche Gefängnis von 1 Tag bis 2 Jahren 6 Monaten.

Verbüßung von Freiheitsstrafen durch Jugendliche in Gemeinschaft mit Erwachsenen ist unzulässig, § 57 II.[4])

---

[1]) Daneben können dem Jugendlichen außerdem noch unbestimmte Milderungsgründe, z. B. mildernde Umstände, zugebilligt werden. Die besondere Jugend kann dabei als Grund für mildernde Umstände angesehen werden. E. 48, 308. A. M.: Allfeld 351 N. 8.

[2]) Die Ausschließung gilt nicht, wenn die vom Jugendlichen verwirkte Strafe mit einer von ihm als Erwachsenen verwirkten Zuchthausstrafe zu einer Gesamtstrafe zu vereinigen ist. Gl. M.: R. 6, 652 (54).

[3]) Gl. M.: Finger 1, 545 N. 704, v. Olshausen § 57 N. 18, Schwartz § 74 N. 4bβ.

[4]) Strafvollzug gegen Jugendliche wird häufig durch bedingte Begnadigung im Verein mit Fürsorgeerziehung umgangen.

c) Bei Vergehen und Übertretungen darf der Richter in besonders leichten Fällen statt anderer Strafen auf Verweis erkennen, § 57 Z. 4.

d) Als Nebenstrafen sind ausgeschlossen alle Minderungen der bürgerlichen Ehrenrechte,[1] ferner die Zulässigkeit von Polizeiaufsicht, endlich bei Gewerbsunzucht das Arbeitshaus; §§ 57 Z. 5; 362 III.

e) Die Strafe gegen Jugendliche, solange sie noch Jugendliche sind,[2] ist in abgesonderten Räumen oder Anstalten zu vollziehen, § 57 II. GE. § 52 sieht eine gleichartige Bestimmung für die Altersstufe von 18—21 Jahren fakultativ vor.

III. Zusammentreffen mehrerer Milderungsgründe.

Hier ist zunächst der Strafrahmen für mildernde Umstände, event. auch für Versuch und Beihilfe zu bilden. Erst daraus sind dann die Milderungen für Jugendliche zu bemessen. Praktische Bedeutung: Würde z. B. für schweren Diebstahl zunächst der Strafrahmen Jugendlicher gebildet, so wäre er Gefängnis von 1—5 Jahren; bei gleichzeitigem bloßen Versuch ermäßigte er sich nur auf Gefängnis von 3 Monaten bis 4 Jahre 11 Monate 29 Tage. Wird dagegen zuerst der Strafrahmen für Versuch gebildet, so beträgt er 4 Monate 15 Tage Gefängnis (= 3 Monate Zuchthaus) bis 9 Jahre 11 Monate Zuchthaus. Bildet man hieraus den Strafrahmen für Jugendliche, so ist der Strafrahmen Gefängnis von 1 Tag bis 4 Jahre 11 Monate 15 Tage.[3]

§ 59.

B. Strafschärfungsgründe.

I. Das geltende Recht.

Es kennt keine allgemein (d. h. ohne besondere Erwähnung beim einzelnen Delikt) eintretenden Schärfungsgründe.

Anders einige frühere Rechte bezüglich des Rückfalls (z. B. Preußen §§ 58 f.), ausländische Rechte (z. B.

---

1) Aber nicht alle Ehrennebenstrafen, also nicht die der §§ 161, 319.

2) Gl. M.: Frank § 57 III.

3) Gl. M.: Allfeld § 60 N. 42. Teilweise a. M. v. Olshausen § 57 N. 9. Völlig a. M. Schütze 180 N. 21.

Italien Art. 80f.) und begründete Reformbestrebungen (vgl. VE. § 87f.).[1]) Vgl. auch MStGB. §§ 38, 55.

Als besondere Schärfungsgründe des geltenden Rechts von allgemeinerer Bedeutung kommen in Betracht insbesondere Gewerbs- und Gewohnheitsmäßigkeit (vom VE. § 89 unter bestimmten Voraussetzungen als allgemeiner Schärfungsgrund aufgestellt), Gemeinschaftlichkeit der Begehung (z. B. §§ 223a, 293); nahe Verwandtschaft (z. B. §§ 181, 215, 221) und Rückfall.

II. Der Rückfall.

Er hat sich bei uns als Schärfungsgrund von allgemeinerer Bedeutung erst in der Zeit nach der Carolina herausgebildet. Dagegen kommt er bei einzelnen Delikten schon früher, auch bereits im römischem Recht[2]) und im germanischen Recht[3]) vor.

Die CCC. spricht Art. 161, 162 im Anschluß an die Italiener von Strafschärfung gegen den wiederholenden Dieb, setzt aber für dieselben erfolgte Vorbestrafungen nicht voraus.[4]) Erst im 18. Jahrhundert wurde der Ruf nach weitgehender Berücksichtigung aller Rückfälle laut.[5])

Die Rückfälligkeit ist nach geltendem Recht (mit gutem Grund) durchweg nicht als Tatbestandsmerkmal, sondern als Merkmal erhöhter Strafbarkeit behandelt. Auf das Bewußtsein des Täters von seiner Rückfälligkeit kommt also nichts an.

1. Es wird unterschieden:

a) gleichartiger und ungleichartiger Rückfall.

Der gleichartige Rückfall liegt nur vor, wenn die Vordelikte mindestens der gleichen Deliktsgruppe angehören. Das geltende StGB. begnügt sich mit gleichartigem Rückfall in den Fällen der §§ 244 (245), 250 Z. 5, also bei Diebstahl und Raub. — Einen engeren Kreis der Rückfallmöglichkeiten bietet das Erfordernis eines gleichen Rückfalls.

---

[1]) Vgl. ferner Radbruch VD. A. 3, 205.
[2]) Mommsen 1044 [6], Geib 2, 92.
[3]) v. Amira 234, Brunner 1, 522.
[4]) Brunnenmeister 280.
[5]) Hälschner, Preuß. StrR. 1, 420.

Ist es aufgestellt, so wird Wiederholung der nämlichen Deliktsspezies verlangt; dies ist der Fall bei §§ 261, 264, 362 II, also bei Hehlerei,[1] Betrug, Bettel. — Vorstrafen aus §§ 248a, 264a begründen keine Rückfälle; vgl. E. 47, 145. — Ungleichartigen Rückfall kennt das bürgerliche Strafrecht nicht.

b) Allgemeiner (= genereller) und besonderer (= spezieller) Rückfall.[2]

Ersterer liegt vor, wenn jedes Delikt im Falle früherer Abstrafung wegen eines Deliktes (eines ungleichartigen oder nur eines gleichartigen oder nur eines gleichen Deliktes) als strafschärfender Vorfall in Betracht kommt. Besonderer Rückfall liegt vor, wenn nur bestimmte Delikte im Falle einer Abstrafung wegen früherer Delikte eine Strafschärfung auslösen.

Außer den unter a) aufgezählten besonderen Rückfällen des StGB. gibt es zahlreiche besondere Rückfälle in Nebenstrafgesetzen (und in Landesgesetzen). Vgl. z. B. Vereinszollges. von 1869 §§ 140, 142, Weinges. von 1909 § 26 III.

Das MSGB. § 38 besitzt einen allgemeinen und zugleich ungleichartigen Rückfall; das StGB. kennt nur den besonderen Rückfall. Anders mit Recht VE. §§ 87, 88, freilich mit bedenklich weitgehender Steigerung bei allgemeiner Rückfälligkeit nach drei Vorbestrafungen an der Freiheit wegen irgend eines Verbrechens oder Vergehens.

c) Erster und zweiter Rückfall.

Die Rückfallschärfung tritt regelmäßig im geltenden Recht nur ein, wenn der Täter bereits wiederholt vorbestraft ist. Ausnahmen: StGB. § 250 Z. 5 und Nebengesetze, z. B. Vereinszollges. § 140. Regel ist ferner, daß jedes neue Delikt nach Erledigung der Hauptstrafe wegen des Vordelikts begangen sein muß, vgl. z. B. § 244 (Rechtskraft des Urteils genügt bei Bettel). Als Erledigung gilt im Sinne des Rückfalls gänzliche oder teilweise Begnadigung,

---

1) Bei Hehlerei ist die geforderte Gleichheit (d. h. die Vorbestrafung als Hehler) nur eine formelle. Denn es fallen unter diesen Begriff verschiedene Delikte: persönliche, sachliche Begünstigung und Sachhehlerei.

2) Vgl. Binding G. 282, Schütze L. 178, Geyer 1, 178, Mayer 483.

gänzliche oder teilweise Verbüßung[1]); dagegen nicht Strafverjährung. Sie wäre aber wohl richtiger gleichzubehandeln. Eingetretene Strafenverjährung bräuchte die Möglichkeit der späteren Berücksichtigung einer Verurteilung nicht aufzuheben, wenn eine Amnestie dies auch nicht tun kann.

Die Rückfallsschärfungen erhöhen den Strafrahmen meist bedeutend. Abermalige Rückfälle verändern jedoch den Strafrahmen nicht mehr. Ausnahmen in Nebengesetzen, z. B. im Vereinszollges. § 141, im Reichspostges. § 28.

2. Die Rückfallsschärfung wird nur begründet durch Vorstrafen, die im Inland ausgesprochen wurden. Begehungsort der Tat unwesentlich.[2])

Auch die im Ausland wirkenden deutschen Behörden werden gleichzusetzen sein.[3]) Verurteilungen seitens ausländischer Behörden im Inland, z. B. während einer Besetzung, stehen nicht gleich (schon wegen der geringeren Rechtsgarantien). Gleichgültig ist, ob die Vorbestrafung wegen Haupttäterschaft, Anstiftung oder Beihilfe erfolgt ist.[4])

3. Strafschärfung tritt nicht ein, wenn seit Erledigung der Strafe (nach einzelnen Gesetzen, z. B. § 362 II: seit Urteilsrechtskraft) ein bestimmter Zeitraum bis zur Neubegehung verstrichen ist. Diese Frist der Rückfallsverjährung beträgt meistens 10 Jahre (Ausnahme z. B. § 362 II, Reichspostges. § 28 III; hier 3 Jahre). Bei fortgesetzten Delikten, die vor Ablauf der Frist begonnen werden, ist das ganze Delikt im Rückfall begangen.

Bedauerlicherweise kennt aber das StGB. (abgesehen von § 362 II) in den Fällen des wiederholten Rückfalls keine Rückfallsverjährung für das erste Vordelikt.[5]) (Anders das MStGB. § 13 II). Die Folge davon ist, daß z. B. jemand rückfälliger Dieb wird, wenn er mit

---

[1]) Verurteilung aus § 37 bewirkt keine Verbüßung. Gl. M.: E. 21, 35.

[2]) Gl. M.: Wachenfeld 263. Jetziges Inland genügt; vgl. E. 21, 19.

[3]) Vgl. Frank § 244 II 1. — Früheres Inland genügt ebenfalls.

[4]) Gl. M. die herrschende Lehre, z. B. Allfeld 353, v. Liszt § 128 III, Schwartz § 244 N. 4, E. 8, 317 (gilt auch bei einer Bestrafung aus § 257 III). A. M.: Eckstein GS. 84, 472 bezüglich der Beihilfe und der Anstiftung ohne eigenes Interesse.

[5]) Gl. M.: E. 1, 246. A. M.: Binding Gr. 283, Kohler L. 82.

15 und 70 Jahren je eine kleine Diebstahlsstrafe erlitten hat und mit 75 Jahren neuerdings einen Diebstahl verübt, während derjenige nicht rückfälliger Dieb ist, der mit 15 und mit 16 Jahren je eine Diebstahlsstrafe verbüßt hat und mit 27 Jahren bereits den dritten Diebstahl verübt.

§ 60.

Die Strafzumessung.

I. Begriff.

Strafzumessungsgründe sind solche Umstände, welche der Richter bei Bestimmung der Strafe innerhalb des gesetzlichen Strafrahmens zu berücksichtigen hat.

Das geltende Recht enthält ausdrückliche Direktiven darüber nicht; anders z. B. Österr. StGB. von 1852 §§ 43—47, Hannoversches StGB. von 1840 Art. 91—95, Bayer. StGB. von 1813 Art. 90—94 sowie der deutsche VE. § 81; vgl. dazu dessen Begründung S. 314. Die Einführung unbestimmter mildernder Umstände war die Ursache des Verschwindens dieser Anweisungen.[1])

Die SPO. § 266 III enthält die instruktionelle Vorschrift, daß der Richter sich über die von ihm berücksichtigten Strafzumessungsgründe in den Urteilsgründen ausspreche. Notorisch unzutreffende Zumessungsgründe haben schon wiederholt zur Aufhebung des Urteils geführt.[2]) Hartnäckiges Leugnen wird jedoch nicht unbedingt als Strafzumessungsgrund verworfen.[3]) Wegen SPO. § 136 ist dies bedenklich. Das Nichtgestehen ist ein notwendiges Seitenstück zu der Befugnis, die Aussage zu verweigern. Da Stillschweigen als Geständnis deutbar ist, so muß das Bestreiten der Anklage zulässig sein. Es ist daher das Bestreiten auch nicht als Charaktersymptom verwertbar. Dagegen besteht kein Bedenken, wenn RMG. 8, 207 nicht das Leugnen, aber das Gestehen als Strafzumessungsgrund zuläßt.[4]) Denn dieser Grund ist dann nur einseitig beachtlich.

---

[1]) Vgl. v. Lippmann BlRA. 73, 726.

[2]) Vgl. z. B. E. 23, 91, 38, 207, DJZ. 13, 1108 (= GA. 55, 320), DJZ. 18, 412, SächsArch. 1911, 225.

[3]) E. 38, 207, OLG. Braunschw. DJZ. 16, 600, Mayer ZStW. 27, 923.

[4]) A. M. Mayer ZStW. 27, 921.

Nach herkömmlicher Terminologie zerfallen die Zumessungsgründe in Strafmehrungs- und Strafminderungsgründe.[1]) Bei Beling[2]) werden diese Ausdrücke für die gesetzlichen Strafänderungsgründe gebraucht, während die Worte Strafschärfung und Strafmilderung auf die Strafzumessung angewendet werden.

Bedenklich ist der Vorschlag des VE. § 83, ziemlich dehnbar gefaßte besonders leichte Fälle vorzusehen, bei deren Annahme der Richter die Strafe nach freiem Ermessen mildern und, wo dies ausdrücklich vorgesehen ist, von jeder Strafe überhaupt absehen darf.[3]) Geht man davon aus, daß durchaus nicht so viele Handlungen bei Strafe verboten zu sein brauchten, wie dies heute in Deutschland und außerhalb der Fall ist, so kann man bei der immerhin stattlichen Zahl verbleibender Delikte annehmen: Wenn der Staatsanwalt oder sonstige Ankläger die Straffälligkeit vertritt und die Arbeit der Verfolgung und Untersuchung in der Tat zu der Überzeugung geführt hat, daß ein meßbares Verschulden bei Verwirklichung des Tatbestandes gegeben und kein Rechtfertigungsgrund vorhanden ist, dann ist ein Verweis nie eine zu harte Strafe. Auch eine Verurteilung zu 1 Mark bzw. 3 Mark Geldstrafe ist es nicht. Zudem ist die neben dem Absehen vorgesehene Verurteilung in die Kosten doch auch eine verschämte öffentliche Mißbilligung. Warum soll man ihr nicht einen ehrlichen Namen geben? Der Verweis gegen Erwachsene bedürfte neben dem Ausspruch nicht notwendig noch einer besonderen Auskleidung durch tadelnde Worte. Das Gericht sollte andrerseits die Macht erhalten, die Nichtaufnahme ganz leichter Strafen ins Strafregister zu verfügen.

II. Die Maßstäbe der Strafzumessung.[4])

1. Zweckmäßigerweise wird der Richter angesichts einer relativ bestimmten Strafdrohung seinen Fall mit den ihm bekannten regelmäßigen Fällen dieser Deliktsbegehung ver-

---

[1]) Vgl. z. B. Allfeld 348, Binding Grdr. 272, Birkmeyer i. s. Rechtsenz. § 27, Hälschner 1, 638.

[2]) Vgl. Beling Grdz. 93.

[3]) Dagegen u. a. Birkmeyer, Beiträge zur Kritik des VE. 3, 30f.

[4]) Vgl. Allfeld, Einfluß der Gesinnung 98, Beling, Vergeltungsidee 63, v. Lilienthal Gr. 44, Rosenfeld VD. A. 3, 154.

gleichen.[1]) Die Strafe der Regelfälle ist aber nicht das arithmetische Mittel zwischen der Mindest- und der Höchststrafe, sondern liegt meist innerhalb des untersten Viertels eines Strafrahmens. Schematisch gesprochen: auf 100 Sachbeschädigungen bis zu 10 Mark Schadenswertes kommen kaum 10 Sachbeschädigungen von 100 Mark Schadenswert und kaum eine von 1000 Mark Schadenswert. Ebenso kommen auf zehn noch nicht völlig verdorbene Diebe kaum einer, der als schwerer Junge zu bezeichnen ist.

2. Gegenstand der Abwägung ist bei Bestimmung der Strafart und Strafhöhe nach geltendem Recht nur die vorliegende schuldhafte Einzeltat,[2]) nicht die Gefährlichkeit der Gesinnung für die Zukunft.

Die vom Richter zu berücksichtigenden Zumessungselemente sind:

a) Die soziale Bedeutung des Angriffs hinsichtlich seiner objektiven Wirkungen, also Umfang und Stärke der erfolgten Rechtsgüterverletzungen[3]) oder -gefährdungen, der erfolgten Erregung von Beunruhigung und Genugtuungstrieben im Publikum.

b) Die Intensität der beteiligten Willensrichtung (insbesondere der Grad der Antriebsstärke, der erforderlich war, um Gegenvorstellungen im Einzelfall zu überwinden, er ist gering bei anreizenden Gelegenheiten; außerdem der Grad der Bestimmtheit des Wollens) und ihre Nachhaltigkeit (der

---

[1]) Vgl. auch Hälschner 1, 641,

[2]) In der Begründung de lege lata unbedingt unhaltbar: E. in StrafrZ. 2, 156. Danach soll es auch zulässig sein, dem Täter andere Verfehlungen gegen das Strafgesetz anzurechnen, die noch nicht zu seiner Bestrafung geführt haben. Die nicht zum Gegenstand der Aburteilung gemachte Tat darf aber nicht entgegen allen Grundsätzen des Strafprozesses, z. B. § 153 StPO., in die Strafzumessung eingeworfen werden. Auch praktisch ist die Gegenansicht undurchführbar. Wenn die betr. andere Tat später zur Aburteilung kommt, kann der Zweitrichter meist gar nicht wissen, daß und wie stark dem Täter diese Tat schon als belastend angerechnet worden war.

[3]) Da sie beim Versuch geringer sind, ist für ihn grundsätzlich etwas niedrigerer Strafrahmen angemessen; gl. M.: v. Bar, Ges. u. Sch. 2, 570, VE. § 75. A. M.: H. Seuffert JKV. 10, 475, Thomsen 80 N. 3, Katorowicz MonKrimPsych. 7, 304.

Grad der Einwurzelung eines etwa bestehenden Hanges; mißverständlich: der Grad der Charaktermäßigkeit).

c) Die Verwerflichkeit der Willensrichtung (insbesondere zu bemessen nach den herrschenden ethischen Wertanschauungen über die Art der konkreten Antriebe zum Verbrechen, z. B. politische Verranntheit, Übermut, Genugtuungsdrang, Roheit, Unsittlichkeit, Gemeinheit). Körperliche und pathologische psychische Defekte kommen dabei schuldmildernd[1]) in Betracht. Außerdem ist der Grad der Asozialität der etwa zu konstatierenden Antriebe zu berücksichtigen, also z. B. ob falsch geleiteter Altruismus, Leichtfertigkeit, Selbstsucht oder gar Freude zu schaden vorlag.

d) Die Strafempfindlichkeit des Täters (nach Alter, Geschlecht, Gesundheit, Lebensgewöhnung) und die neben der Strafe eingetretenen oder eintretenden Übel (z. B. Verlust seiner Stellung).

e) Der Grad des Fortbestehens oder der Abschwächung eines empfundenen gesellschaftlichen Reaktionsbedürfnisses (beurteilt insbesondere nach der Länge der seit der Handlung verstrichenen Zeit, dem seither eingeschlagenen Verhalten des Täters,[2]) der erfolgten Beruhigung oder Verzeihung des Verletzten).[3])

Für das Maß, in dem der Richter die etwa zu konstatierenden Zumessungselemente zu berücksichtigen hat, kann er häufig Anhaltspunkte in der Tendenz des Gesetzes

[1]) In- oder ausländische Entmündigung bindet das Gericht nicht, unbedingt den § 51 anzuwenden.

[2]) Dabei kann freiwilliges Wiedergutmachen des Schadens bevor man gezwungen wurde oder ohne daß man dazu realiter gezwungen worden, strafmindernd berücksichtigt werden; aber auch die Verweigerung des geschuldeten Ersatzes in entgegengesetzter Richtung. Ferner kann die erfolgte Abbitteleistung oder Zurücknahme einer Beleidigung strafmindernd in Betracht kommen. Die bloße Verweigerung einer Abbitte oder eines Widerrufs darf dagegen nicht als Straferschwerungsgrund behandelt werden. Denn zu diesen Leistungen ist der Angeklagte nach geltendem Recht nicht verpflichtet, auch nicht zivilrechtlich. Es handelt sich also um einen nur einseitig in die Wagschale legbaren Umstand. Vgl. auch E. in LeipzZ. **10**, 810.

[3]) Vgl. dazu Allfeld 347f; wenig konzis der VE. § 81, nicht nennenswert gebessert der Kommissionsentwurf. — Gegen den VE. u. a. auch Allfeld 348; Mayer 487, Kitzinger ZStW. **31**, 342.

finden. Wenn dieses z. B. die Rückfälligkeit mehrfach zu erheblichen Strafrahmensschärfungen verwertet, niemals als Strafmilderungsgrund gelten läßt, so deutet das darauf hin, daß Rückfälligkeit als Beweis größerer Willensintensität erheblich ins Gewicht fällt. Wenn wirtschaftliche Not des Täters sonst schwere Vermögensdelikte, z. B. nach § 243, nach dem positiven Recht in leichte verwandelt, so entspricht es der Tendenz des Gesetzes, ihr auch bei Vermögensdelikten, wo dies nicht vorgesehen ist, z. B. bei Untreue, Raub, innerhalb des Strafrahmens die Eigenschaft eines bedeutsamen Zumessungsgrundes zu verleihen, es müßte denn sein, daß die Nichterwähnung des Umstandes bei bestimmten Tatbeständen auf dem Willen beruht, daß er hier für die Bewertung ganz einflußlos bleiben soll. Für wirtschaftliche Not ist dies bei Vermögensdelikten zu verneinen.

Die Anleitung aus der Tendenz des Gesetzes reicht nicht immer aus. Da die Erschwerungsgründe zum Teil ziemlich kasuistisch beigefügt sind, vgl. z. B. § 243 mit § 250, ist sie auch nicht immer eindeutig. Aber eine Anleitung ist deshalb nicht etwa überflüssig oder wertlos. Je nachdem, ob der Richter sich zutreffend orientiert oder von seinen Stimmungen und von Gefühlen leiten läßt, für die ihm keine Selbstkontrolle geboten ist, kann er bei der Weite der Strafrahmen segensreich wirken oder aber durch zu milde oder zu harte Urteile das Wohl und Wehe der Bevölkerung sehr ungünstig beeinflussen. Insbesondere kann man es auch nicht etwa als etwas Nebensächliches bezeichnen, ob ein Bestrafter eine Woche oder ein Jahr Freiheitsentziehung erleidet.

Daher sind zur Feststellung des Maßes, in welchem die Bewertungsfaktoren zur Berücksichtigung heranzuziehen sind, zu verwerten die wissenschaftlich geläuterten Werturteile über die Bedeutung einer konkreten schuldhaften Handlung. Es kommt in Betracht die bisherige Übung der Gerichte in gleichartigen Fällen aus neuerer Zeit; soweit sie nicht zu Gebote steht oder zu Zweifeln an ihrer Übereinstimmung mit der gegenwärtigen Volksüberzeugung über die Strafbedürftigkeit der Tat Anlaß bietet, kommt dieser das Übergewicht zu. Handelt es sich um komplizierte Tatbestände, die im Volksbewußtsein keinen klaren Niederschlag haben, z. B. die Bedeutung eines betrüglichen Bankerotts, eines Kanzelmißbrauchs, einer Verletzung des Arnimparagraphen (§ 353a), oder erscheint die Volksüberzeugung fehlerhaft (man denke etwa an den Hexenwahn früherer Zeiten, an politische oder religiöse Verhetzung, an Massensuggestionen durch Revolverpresse), so ist zurückzugreifen auf die wissenschaftliche Prüfung der vorhandenen Strafbedürfnisse, wobei die mutmaßlichen Vorteile und Nachteile einer konkreten Bestrafung abzuwägen und insbesondere mit den sonstigen einschlägigen Staatsinteressen (z. B. Erhaltung staatstreuer Gesinnung im Volke; mögliche spätere Nützlichkeit des Verbrechers) zu vergleichen sind. Zu einer derartigen wissenschaftlichen Prüfung sind gegebenenfalls in erster Linie die rechtsgelehrten Richter berufen. Nötigenfalls werden sich die Richter an die Ansicht derer zu halten haben, welche berufen sind, die Führer und Hüter der Rechtswissenschaft zu bilden.

Die Anwendung der bezeichneten Methoden ergibt nicht notwendig eine absolut bestimmte Strafe. Alsdann ist nach dem Grundsatz in dubio mitius dasjenige Maß bestimmend, mit dem man in minimo noch den erkannten Strafbedürfnissen entsprechen zu können glaubt.

Ist die mit wissenschaftlich geläuterterten Wertanschauungen übereinstimmende Strafart und -höhe zugleich nach dem Strafrahmen zulässig, so decken sich Gerechtigkeit des Gesetzes und des diese Strafe verkündenden Richterspruchs. Die Gerechtigkeit ist aber nicht ohne weiteres begrifflich identisch mit Gesetzlichkeit. Andrerseits ist es zu weitgehend, zu behaupten, daß die dem jeweiligen nationalen Stande der Kultur entsprechenden Strafen gerecht seien.[1]) Denn die Wissenschaft wie auch die ethische Erkenntnis kann einer jeweiligen Kultur vorausgeeilt sein. Die Kultur kann von einem Höhepunkt herabgesunken sein oder ihn noch nicht erreicht haben, von dem aus der gereifte, aber gesetzesgebundene Richter etwa die Erfolgshaftung, die Strafwürdigkeit der Wohnungskuppelei, der Annahme fremder Orden, der Ketzerei usw. beurteilt.

---

[1]) A. M.: Mayer 435.

Nachträge und Berichtigungen.

S. 175 N. 1 ist beizufügen: Durch das Wort Ordnungsstrafe soll in Steuergesetzen gewöhnlich ausgedrückt werden, daß diese den Nachweis eines Verschuldens nicht verlangt. Gl. M.: E. **35**, 309; **43**, 385, 390. A. M.: Binding N. **2**, 204 N. 10. Auf nicht Deliktsfähige ist die Ausnahme nicht auszudehnen.

S. 209 Textzeile 6 v. o. lies § 360 Z. 10, nicht § 360 Z. 20.

S. 268 „ 7 v. u. lies: Rühmung, nicht Ruhmung.

S. 300 „ 15 v. o. lies: die in den ersteren, nicht: nur die in den.

S. 300 „ 12 v. u. ist beizufügen: Eine Korrektur der reichsgerichtl. Rechtsprechung verfügt BRVO. v. 18. Jan. 1917. Sie weist die Gerichte an, bei unverschuldetem Rechtsirrtum über Vorschriften, die auf Grund des Ermächtigungsgesetzes ergangen sind oder ergehen, freizusprechen, bzw. die Eröffnung des Hauptverfahrens abzulehnen. — Ob das Ermächtigungsgesetz unter die „wirtschaftlichen Maßnahmen" auch Justizreformen bezüglich der Schuldlehre einschließen will, ist sehr fraglich. Vgl. auch Binding, Normen **2**, 1188. Jedenfalls wäre es gut, wenn der Bundesrat sich eine ausdrückliche Ermächtigung erteilen ließe. Hervorgehoben wird nur positiver Irrtum. Gemeint ist auch schuldlose ignorantia; sonst wäre die Vorschrift zu sehr beschnitten.

S. 304 Textzeile 17 v. o. lies: erheblichen, nicht: erhebichen.

S. 540 „ 6 v. o. lies: §§ 246 mit 350, nicht: § 296 und 350.

S. 550 „ 14 v. u. lies: Vorwerfbarkeit, nicht: Verworfbarkeit.

Sachregister.

B

W

Abkürzungen.

Auf das in § 3 angeführte Schrifttum und die dort beigefügten Kürzungen wird verwiesen; ebenso auf diejenigen Werke, deren voller Titel in dem einschlägigen Paragraphen vermerkt ist.

Abegg L. = Abegg, Lehrbuch der Strafrechtswissenschaft 1836.

Allfeld, Einfluß der Gesinnung = Allfeld, Der Einfluß der Gesinnung des Verbrechers auf die Bestrafung 1909.

Allfeld = H. Meyer—Allfeld, Lehrbuch, mit Nachtrag (7) 1912 f.

v. **Amira** = v. Amira, Grundriß des germanischen Rechts (3) 1913.

Aschrott—v.Liszt = Aschrott, v.Liszt, Die Reform des deutschen Reichsstrafgesetzbuchs 1910.

v. **Bar** H. = v. Bar, Handbuch des deutschen Strafrechts I, Geschichte des deutschen Strafrechts und der Strafrechtstheorien 1882.

v. **Bar** = v. Bar, Gesetz und Schuld im Strafrecht, 3 Bde. 1906—1909.

Baumgarten = A. Baumgarten, Der Aufbau der Verbrechenslehre 1913.

Baumgarten, Idealkonkurrenz = A. Baumgarten, Die Lehre von der Idealkonkurrenz und Gesetzeskonkurrenz 1909.

Beling L. v. Verbr. = Beling, Die Lehre vom Verbrechen 1906.

Beling Grdz. = Beling, Grundzüge des Strafrechts (4) 1912.

Beling, Unschuld, Schuld usw. = Beling, Unschuld, Schuld und Schuldstufen im Vorentwurf zu einem deutschen Strafgesetzbuch 1910.

Beling, Strafpr. = Bennecke und Beling, Lehrbuch des deutschen Reichsstrafprozeßrechts.

Beling, Vergeltungsidee = Beling, Die Vergeltungsidee und ihre Bedeutung für das Strafrecht 1908.

Berner = Berner, Lehrbuch des deutschen Strafrechts (18) 1898.

Bierling = Bierling, Juristische Prinzipienlehre, 4 Bde. 1894 f.

Binding Abh. = Binding, Strafrechtliche und strafprozessuale Abhandlungen 1915.

Binding Gr. = Binding, Grundriß des deutschen Strafrechts. Allgemeiner Teil (8) 1913.

Binding H. = Binding, Handbuch des Strafrechts I, 1895.

Binding L. = Binding, Lehrbuch des gemeinen deutschen Strafrechts. Besonderer Teil (2) 1902 f.

Binding N. = Binding, Die Normen und ihre Uebertretung (2) I, 1890, II 1, 1914, II 2, 1916.

Birkmeyer RE. = Birkmeyer in seiner Rechtsenzyklopädie (2) 1904.

Birkmeyer Strafpr. = Birkmeyer, Deutsches Strafprozeßrecht 1898.

Birkmeyer Teiln. = Birkmee r, Die Lehre von der Teilnahme und das deutsche Reichsgericht 1890.

v. **Birkmeyer**, Schuld und Gefährlichk. = v. Birkmeyer, Schuld und Gefährlichkeit in ihrer Bedeutung für die Strafbemessung 1914.

Brunnenmeister = Brunnenmeister, Die Quellen der Bambergensis 1879.

Brunner, DRG. = Brunner, Deutsche Rechtsgeschichte 1 (2) 1906, 2 (1) 1892.

van Calker Gr. = van Calker, Grundriß des Strafrechts 1916.

Coenders, strafr. Grundbegr. = Coenders, Strafrechtl. Grundbegriff, insbes. Täterschaft und Teilnahme 1909.

Cohn, Revisionsbedürftigkeit = L. Cohn, Die Revisionsbedürftigkeit des heutigen Versuchsbegriffs 1916.

Delaquis untaugl. Vers. = E. Delaquis, Der untaugliche Versuch 1904.

Doerr = Fr. Doerr, Das fortgesetzte Delikt 1908.

Graf **Dohna**, Mangel am Tatbest. = Al. Graf zu Dohna, Der Mangel am Tatbestand 1904.

Graf **Dohna**, Rechtswidrigkeit = Al. Graf zu Dohna, Die Rechtswidrigkeit als allgemein gültiges Merkmal im Tatbestande strafbarer Handlungen 1905.

Graf **Dohna**, Mangel am Tatbest. = Al. Graf zu Dohna, Der Mangel am Tatbestande 1910.

Ebner Preßr. = Ebner, Das deutsche Preßrecht 1909.

Feuerbach L. = A. Feuerbach, Lehrbuch des gemeinen in Deutschland gültigen peinlichen Rechts (1) 1801, (9) 1826.

Feuerbach—Mittermaier = Feuerbachs Lehrb. (14) 1847.

Finger = Finger, Lehrbuch des deutschen Strafrechts I 1904.

Finger ÖstStrafr. = Finger, Das Strafrecht systematisch dargestellt. 2 Bde. (2) 1914. Kompendien des österreichischen Rechts.

Galli = Galli, Preßgesetz in M. Stengleins Kommentar zu den strafrechtlichen Nebengesetzen (4) I 1911.

Geib = Geib, Lehrbuch des deutschen Strafrechts 1861/62.

Geyer Grdr. = A. Geyer, Grundriß zu Vorlesungen über gemeines deutsches Strafrecht 1884/85.

Glaser—Oetker = Oetker, Das Verfahren vor den Schwur- und den Schöffengerichten 1907 (J. Glasers Hdb. des Strafpr. Bd. 3).

Goltdammer Mat. = Goltdammer, Materialien zum StGB. für die preußischen Staaten 1851/52.

Günther, Wiedervergeltung = L. Günther, Die Idee Wiedervergeltung in der Geschichte und Philosophie des Strafrechts. 3 Bde. 1889f.

Hälschner = Hälschner, Das gemeine deutsche Strafrecht. 2 Bde. 1881—1887.

Hälschner Syst. = Hälschner, System des preußischen Strafrechts 1858, 1868.

Hälschner Gesch. = Hälschner, Geschichte des brandenburgisch-preußischen Strafrechts 1855.

Heffter L. = Heffter, Lehrbuch des gemeinen deutschen Strafrechts (5) 1854.

Hegler = A. Hegler, Prinzipien des internationalen Strafrechts 1906.

v. Hentig = v. Hentig, Strafrecht und Auslese 1914.

Hergt = R. Hergt, Die Lehre von der Teilnahme am Verbrechen 1909.

Hinschius Kirchenr. = Hinschius, Das Kirchenrecht der Katholiken und Protestanten in Deutschland 1869—1897.

v. Hippel, Bettel usw. = v. Hippel, Die strafrechtliche Bekämpfung von Bettel, Landstreicherei und Arbeitsscheu 1895.

v. Hippel, Vorsatz = v. Hippel, Die Grenze von Vorsatz und Fahrlässigkeit 1903.

Hold v. Ferneck = A. Hold v. Ferneck, Die Rechtswidrigkeit 1903 f.

Höpfner = Höpfner, Einheit und Mehrheit der Verbrechen. 2 Bde. 1901, 1908.

Jaeger KO. = E. Jaeger, Komm. zur Konkursordnung (5) 1914/16.

Kitzinger, Ort und Zeit = Kitzinger, Ort und Zeit der Handlung im Strafrecht 1902.

Kitzinger, Verhinderung strafbarer Handlungen = Kitzinger, Die Verhinderung strafbarer Handlungen durch Polizeigewalt 1913.

Kleinschrod = Kleinschrod, Systematische Entwickelung der Grundbegriffe und Grundwahrheiten des peinlichen Rechts. 3 Bde. 1799.

Knapp, Altnürnb. Recht = Knapp, Das alte Nürnberger Kriminalrecht 1896.

Knapp, Rupr. v. Freis. = Knapp, Das Rechtsbuch Ruprechts von Freising 1914.

Köhler, Strafantrag = Köhler, Die Lehre vom Strafantrag 1899.

Köhler, Idealk. = Köhler, Grenzlinien zwischen Idealkonkurrenz und Gesetzeskonkurrenz 1900.

Köhler, Reformfragen = Köhler, Reformfragen des Strafrechts 1903.

Köhler, Rechtsirrt. = Köhler, Die Strafbarkeit bei Rechtsirrtum 1904.

Köhler, Vergeltungsgedanke = Köhler, Der Vergeltungsgedanke und seine praktische Bedeutung 1909.

Köhler, Studien = Köhler, Studien zum Vorentwurf eines deutschen StGB. 1910.

Köhler, Fahrlässigk. = Köhler, Probleme der Fahrlässigkeit 1912.

Kohler Studien = Kohler, Studien aus dem Strafrecht I 1890 II—V 1895 f.

Kohler L. = Kohler, Leitfaden des deutschen Strafrechts 1912.

Kohler, Ziele = Kohler, Gedanken über die Ziele des heutigen Strafrechts 1909.

Kohlrausch, Irrtum = Kohlrausch, Irrtum und Schuldbegriff im Strafrecht I 1903.

Köstlin, Neue Revision = Köstlin, Neue Revision der Grundbegriffe des Kriminalrechts 1845.

Köstlin, System = Köstlin System des deutschen Strafrechts I 1855.

Krafft-Ebing = v. Krafft-Ebing, Gerichtliche Psychopathologie 3. Aufl. 2. Ausg. 1900.

Kriegsmann = Kriegsmann Einführung in die Gefängniskunde, 1912.

Krohne = Krohne Lehrbuch der Gefängniskunde 1912.

Laband = Laband, Das Staatsrecht des deutschen Reiches 4 Bde. (5) 1911 f.

Lammasch = Lammasch, Grundriß des (österr.) Strafrechts (3) 1911.

Landsberg = Landsberg, Die sogen. Kommissivdelikte durch Unterlassung 1890.

Liepmann = Liepmann, Einleitung in das Strafrecht 1900.

Loening Gr. = Loening, Grundriß zu Vorlesungen über deutsches Strafrecht 1885.

Löffler Schuldformen = Al. Löffler, Die Schuldformen des Strafrechts I 1895.

Lucas Subjekt. Verschuldung = Lucas, Die subjektive Verschuldung im heutigen deutschen Strafrecht 1882.

Luden Abh. = Luden, Abhandlungen aus dem gemeinen teutschen Strafrecht, 1836, 1840.

Mayer, Schuldh. Handlung = M. E. Mayer, Die schuldhafte Handlung und ihre Arten im Strafrecht 1901.

Meili = Meili, Lehrbuch des internationalen Strafrechts und Strafprozeßrechts 1910.

Merkel L. = A. Merkel, Lehrbuch des deutschen Strafrechts 1889.

Merkel-Liepmann = Liepmann, Die Lehre von Verbrechen und Strafe von Adolf Merkel 1912.

Miřička = Miřička, Formen der Strafschuld 1903.

Mittermaier, Krit. Beitr. = Mittermaier, Kritische Beiträge zur Strafrechtsreform 1908.

Mommsen = Mommsen, Römisches Strafrecht 1899.

Nagler = Nagler, Der heutige Stand der Lehre von der Rechtswidrigkeit.

Nagler, Teilnahme = Nagler, Die Teilnahme am Sonderverbrechen 1903.

Nagler, Prophylaxe = Nagler, Verbrechensprophylaxe und Strafrecht 1911.

v. **Olshausen** = Die 10. Aufl. des Olshausenschen Kommentars 1916.

Oppenhoff = Oppenhoff—Delius, Das StGB. für das Deutsche Reich (14) 1901.

Osenbrüggen, Abh. = Osenbrüggen, Abhandlungen aus dem deutschen Strafrecht 1857.

Osenbrüggen, Alam. Strafr. = Osenbrüggen, Das alamannische Strafrecht 1860.

Osenbrüggen, Langob. Strafr. = Osenbrüggen, Das Strafrecht der Langobarden 1863.

Osenbrüggen, Studien = Osenbrüggen, Studien zur deutschen und schweizerischen Rechtsgeschichte 1881.

Osenbrüggen, Kasuistik = Osenbrüggen, Kasuistik des Kriminalrechts 1854.

Oetker, Verantw. Redakteur = Oetker, Die strafrechtliche Haftung des verantwortlichen Redakteurs 1893.

Petersen, Willensfreiheit = Petersen, Willensfreiheit, Moral und Strafrecht 1905.

v. **Rohland** = v. Rohland, Die soziologische Strafrechtslehre 1911.

v. **Rohland**, Prakt. Kausallehre = v. Rohland, Die Kausallehre des Strafrechts 1903.

v. **Rohland**, Gefahr = v. Rohland, Die Gefahr im Strafrecht (1) 1886, (2) 1888.

Rosenfeld = Rosenfeld, Der Reichsstrafprozeß (5) 1912.

Rüdorff-Stenglein = Rüdorff-Stenglein, Das StGB. für das Deutsche Reich (4) 1892.

Schmidt, Aufg. d. Strafrechtspfl. = R. Schmidt, Die Aufgaben der Strafrechtspflege 1895.

Schmidt, Strafrechtsform = R. Schmidt, Die Strafrechtsform in ihrer staatsrechtlichen und politischen Bedeutung 1912.

Schoetensack = Schoetensack, Der Konfiskationsprozeß 1905.

Schreuer = Schreuer, Die Behandlung der Verbrechenskonkurrenz in den Volksrechten 1896.

Schütze, L. = Schütze, Lehrbuch des deutschen Strafrechts (2) 1874.

v. Schwarze = v. Schwarze, Kommentar zum StGB. für das Deutsche Reich (5) 1884.

v. Schwerin, DRG. = Cl. Freih. v. Schwerin, Deutsche Rechtsgeschichte 1912.

Seeger, Abh. = Seeger, Abhandlungen aus dem Strafrecht 1858.

Stintzing - Landsberg = Stintzing-Landsberg, Geschichte der deutschen Rechtswissenschaft 1880—1910.

Stooß, Öst. Strafr. = Stooß, Lehrb. des österreichischen Strafrechts (2) 1912/13.

Temme = Temme, Lehrbuch des preuß. Strafrechts 1853.

Temme, Gem. d. Strafr. = Temme, Lehrbuch des gemeinen deutschen Strafrechts 1876.

Tesař, Symptom. Bedeutung = Tesař, Die symptomatische Bedeutung des verbrecherischen Verhaltens 1907.

Traeger, Kausalbegr. = Traeger, Der Kausalbegriff im Straf- und Zivilrecht 1904.

Traeger, Unterlassung = Traeger, Das Problem der Unterlassungsdelikte 1913.

Ullmann, Strafpr. = Ullmann, Lehrbuch des deutschen Strafprozeßrechts 1893.

Ullmann, Völkerr. = v. Ullmann, Völkerrecht (2) 1908.

Walter DRG. = Walter, Deutsche Rechtsgeschichte (2) 1857.

Wächter, Sächs.-Thür. Strafr. = Wächter, Das K. Sächs. und das Thüringische Strafrecht I, 1857.

Wächter, Beil. = Wächter, Beilagen zu Vorlesungen über das deutsche Strafrecht 1877.

Wächter, Vorl. = v. Wächter, Deutsches Strafrecht, Vorlesungen 1881.

Wilda = Wilda, Das Strafrecht der Germanen 1842.

Zachariä, Versuch = Zachariä, Die Lehre vom Versuche der Verbrechen 1836.

BlGefK. = Blätter für Gefängniskunde.

BlRA. = Blätter für Rechtsanwendung.

DJZ. = Deutsche Juristenzeitung.

E. = Entscheidungen des Reichsgerichts.

GA. = Archiv für Strafrecht, begründet von Goltdammer.

GE. = Der Gegenentwurf zum Vorentwurf eines deutschen Strafgesetzbuchs 1911.

GS. = Der Gerichtssaal.

HH. = v. Holtzendorff, Handbuch des Strafrechts.

JKV. = Mitteilungen der Internationalen Kriminalistischen Vereinigung.

KrVJSchr(NF.) = Kritische Viertel-Jahres-Schrift. (Neue Folge.)

KGJ. = Entscheidungen des Kammergerichts (Jochow).

LeipzZ. = Leipziger Zeitschrift für deutsches Recht.

OLG. = Oberlandesgerichtsentscheidung.

OstLG. = Sammlung von Entscheischeidungen des bayr. Obersten Landesgerichts.

ÖstRE. = Oesterr. Regierungsentwurf.

ÖstZStrafr. = Zeitschrift für österreichisches Strafrecht.

R. = Rechtsprechung des Reichsgerichts in Strafsachen.

RE. = Rechtsenzyklopädie.

RMG. = Entscheidungen des Reichsmilitärgerichts.

StrafrZ. = Deutsche Strafrechtszeitung.

Warneyer = Warneyers Jahrbuch der Entscheidungen B Strafrecht und Strafprozeß.

Z. oder ZStW. = Zeitschrift für die gesamte Strafrechtswissenschaft.

Vgl. im übrigen die „Vorschläge des Deutschen Juristentags für die Art der Anführung von Rechtsquellen, Entscheidungen und wissenschaftlichen Werken, 2. Ausgabe 1910“.

Verzeichnis von Gesetzesstellen.

Druck von Dr. Reinhold & Co., Leipzig.

FSC
www.fsc.org
MIX
Papier | Fördert gute Waldnutzung
FSC® C083411

Kolibri 360 GmbH
Ferdinand-Jühlke-Straße 7
99095 Erfurt, Deutschland
produktsicherheit@kolibri360.de